MOEURS,
USAGES ET COSTUMES

DE TOUS LES

PEUPLES DU MONDE.

MOEURS,
USAGES ET COSTUMES

DE TOUS LES

PEUPLES DU MONDE,

D'APRÈS DES DOCUMENTS AUTHENTIQUES ET LES VOYAGES LES PLUS RÉCENTS;

PUBLIÉ

PAR AUGUSTE WAHLEN,

CHEVALIER DE PLUSIEURS ORDRES.

EUROPE.

Bruxelles,
A LA LIBRAIRIE HISTORIQUE-ARTISTIQUE,
RUE DE SCHAERBEEK, 12.

1844

EUROPE.

NOTIONS GÉOGRAPHIQUES.

Europe. — *Europa*, une des cinq parties du monde, la plus petite pour la superficie, mais de toutes la plus peuplée, la plus riche, la plus éclairée et la plus puissante; s'étend de 34° 52′ à 76° 58′ latitude nord, et de 27° 5′ longitude ouest à 60° longitude est. Ses bornes sont au nord la mer Glaciale, à l'ouest l'Atlantique, au sud la Méditerranée, à l'est la rivière Kara, les monts Ourals, le fleuve Oural, la mer Caspienne, le Caucase, la mer Noire, la mer de Marmara et l'Archipel. Elle a 3,900 kilomètres de long, sur 3,500 de large. Sa population est d'environ 290,000,000 d'habitants.

Géographiquement, l'Europe est divisée en seize contrées principales, dont quatre au nord : les îles Britanniques, le Danemark, la Suède et la Russie : sept au centre : la France, la Belgique, la Hollande, la Suisse, l'Allemagne, l'Autriche et la Prusse; cinq au sud : l'Espagne, le Portugal, l'Italie, la Turquie et la Grèce. — Politiquement, l'Europe est actuellement partagée entre trente États souverains ou indépendants; ce sont : les îles Britanniques ou royaume-uni de la Grande-Bretagne, le royaume de Suède et Norwége, celui de Danemark; les royaumes de France, de Belgique, de Hollande et de Prusse, la confédération germanique, la confédération suisse et l'empire d'Autriche; les royaumes de Portugal et d'Espagne (avec la république d'Andorre), les États sardes, la principauté de Monaco, le grand-duché de Toscane, les duchés de Parme, Modène et Lucques, les États de l'Église (avec la république de Saint-Marin) et le royaume des Deux-Siciles; l'empire de Russie (y compris la Pologne), la république de Cracovie, l'empire ottoman, les principautés de Servie, Moldavie et Valachie, le royaume de Grèce et la république des îles Ioniennes.

L'Europe est découpée profondément par plusieurs mers intérieures et par des golfes nombreux. Les mers intérieures sont : la mer Blanche, la mer Baltique, la mer du Nord, la Manche, la mer Adriatique ou golfe de Venise, la mer de Marmara, la mer Noire, la mer d'Azov. Les principaux golfes sont ceux de Botnie, de Finlande, le Zuyderzée, les golfes de Gascogne, du Lion, de Gênes, de Lépante. Les détroits principaux sont : le Skager-Rack, le Cattegat, le Sund et les deux Belts, entre le Danemark et la Suède, le Pas-de-Calais entre la France et l'Angleterre, le détroit de Gibraltar entre l'Espagne et l'Afrique, le détroit de Bonifacio entre la Corse et la Sardaigne, le détroit de Messine entre l'Italie et la Sicile, le détroit des Dardanelles ou Hellespont, et le canal de Constantinople ou Bosphore, entre la Turquie d'Europe et la Turquie d'Asie. Beaucoup d'îles de toute dimension font partie de l'Europe; nous citerons : la Nouvelle-Zemble et le Spitzberg dans l'océan Glacial; la Grande-Bretagne, l'Irlande, les îles Hébrides, Orcades, Shetland, Færoer entre l'océan Atlantique et la mer du Nord; les Baléares, la Sardaigne, la Corse, la Sicile, les îles Ioniennes, les Cyclades et les Sporades, Candie et Chypre, dans la Méditerranée. — Le sol de l'Europe orientale est plat, surtout au nord; elle n'offre que peu de montagnes, sauf sur les frontières, où les monts Ourals et le Caucase s'élèvent à d'assez grandes hauteurs. Partout ailleurs, l'Europe est hérissée de hautes montagnes : au centre s'élèvent les Alpes d'où sortent de nombreuses ramifications, formant elles-mêmes de nouvelles chaînes, et portant des noms particuliers; tels sont en Italie les Apennins ; en France, le Jura, les Vosges, les Cévennes; en Espagne, les Pyrénées, les monts de Gata, Estrella, de la Sierra-Morena, des Alpuxarras; en Allemagne le Harz, le Bœhmerwald, l'Erzgebirge, le Riesengebirge, les Sudètes; en Hongrie les Carpathes; en Turquie le Glioubotin, le Tchardagh, le Balkan : entre la Norwége et la Suède s'étendent les Dofrines ou Alpes scandinaves; dans la Grande-Bretagne les monts Cheviot et Grampian. — Les principaux fleuves de l'Europe sont (outre l'Oural, commun à l'Europe et à l'Asie) le Volga, le Don, le Dniepr, le Dniestr, les deux Dwina, le Danube, la Vistule, l'Oder, l'Elbe, la Meuse, le Rhin, la Seine, la Loire, la Garonne, le Rhône, l'Èbre, le Tage, le Pô, etc. Parmi les rivières qui se jettent dans les fleuves, celles dont le cours est le plus étendu sont : la Kama, la Theiss, le Pruth, la Drave, la Save, la Varta. — L'Europe est presque tout entière comprise dans la zone tempérée; elle n'a que peu de territoires dans la zone glaciale; aussi le climat y est-il en général doux et sain. L'aspect de l'Europe est moins brillant, moins riche que celui des belles contrées de l'Amérique et de l'Asie; le sol y est moins productif; mais l'agriculture, bien mieux dirigée, fait produire immensément à la terre; nulle part il n'y a moins de jachères, de steppes et de lieux inhabitables; nulle part les animaux féroces ne sont devenus plus rares. — On trouve en Europe quelques mines d'or et d'argent, notamment en Transylvanie, en Hongrie, en Valachie, et dans les monts Ourals; le cuivre, l'étain, le platine y sont plus communs ; tous les autres métaux, surtout le fer, s'y trouvent en abondance, ainsi que la pierre à bâtir, les marbres, le sel gemme, la houille, etc. — Presque tous les habitants de l'Europe sont de la race blanche caucasienne; ceux qui habitent le Nord appartiennent à la famille finnoise; au centre se sont répandues les familles celte, germaine et slave; au sud les familles ibère, thraco-pélasgique, turque, sémitique. — La religion dominante en Europe est le christianisme, mais il se divise en plusieurs églises, dites : catholique romaine (Italie, France, Espagne, Portugal, Autriche, Irlande et Belgique); grecque (Grèce et Russie); luthérienne; réformée ou calviniste (Allemagne, Suisse, Suède, Norwége, Hollande); anglicane (Angleterre); presbytérienne (Écosse). On y trouve encore le judaïsme, professé par les restes du peuple juif répandus par toute l'Europe, mais surtout en Allemagne, et l'islamisme, pratiqué par les Turcs. — La plupart des gouvernements de l'Europe sont monarchiques; mais les uns sont absolus (Russie, Autriche, Prusse, Danemark, une partie des États de la confédération germanique, l'Italie tout entière, la Turquie); les autres sont constitutionnels et représentatifs (France, Grande-Bretagne, Hollande, Belgique, Espagne, Portugal, Suède et Norwége). Viennent ensuite quelques républiques : les cantons de la Suisse, Cracovie, Saint-Marin, les îles Ioniennes, Andorre. Ces quatre derniers États sont sous la protection des puissances voisines, et n'ont qu'une ombre d'indépendance. De toutes les puissances européennes, il en est cinq surtout qui sont prépondérantes, et de qui dépendent les destinées de l'Europe; on les nomme les cinq grandes puissances; ce sont : la France, l'Angleterre, la Russie, l'Autriche et la Prusse. — Les lettres, les beaux-arts, les sciences et leurs applications; le commerce et l'industrie ont atteint en Europe un degré de développement inconnu aux autres parties du monde. Les peuples de l'Europe règnent, par leur marine, sur toutes les mers; ils ont formé dans toutes les autres parties du monde des établissements importants : l'Amérique presque entière est occupée par les Européens ; l'Afrique, l'Asie, l'Océanie ont aussi reçu d'eux de nombreuses colonies.

TURQUIE D'EUROPE.

Cette contrée, qui correspond à la *Thrace*, la *Macédoine*, l'*Illyrie*, l'*Epire* et la *Thessalie* des anciens, est généralement divisée par les Européens en cinq régions : Bulgarie, Bosnie avec la Croatie, Roumélie, Albanie, Macédoine avec la Thessalie; mais ces divisions sont inconnues aux Turcs. Ils divisent tout le pays en trois grands gouvernements ou *eyalets* : 1° eyalet de Roumélie ou Roum-Ili (comprenant les régions dites Roumélie propre, Bulgarie, Macédoine et Thessalie, Albanie ou Épire, Servie méridionale), chefs-lieux, Sophia et Monastir;—2° eyalet de Bosnie (comprenant Bosnie propre, Croatie, Herzégovine); chef-lieu, Bosna-Seraï—3° eyalet des Iles, ou Al-Djézaïr (comprenant, outre les îles de Métélin, Rhodes, Chypre, Candie, Chio, Samos, etc., les villes continentales de Gallipoli en Europe; de Smyrne, d'Isnikmid, de Biga, etc., en Asie); chef-lieu, Gallipoli. A ces divisions de la Turquie d'Europe il faut joindre les trois principautés tributaires : la Servie (mieux, Serbie), la Valachie, la Moldavie, qui depuis le traité d'Andrinople (1829), ne dépendent plus guère que nominalement de la Porte. Longtemps aussi la Grèce propre, sous le nom de Livadie et Morée, ne fut qu'une des provinces de la Turquie. Ces eyalets ou gouvernements se subdivisent en *livas* ou *sangiaks*, c'est-à-dire *bannières*. Les eyalets nommés aussi *pachaliks* sont gouvernés par des *pachas*, et les livas indifféremment par des pachas ou des mutselimes. Deux chaînes de montagnes traversent la Turquie d'Europe, l'une, l'ancien *Hémus*, de l'ouest à l'est (elle se subdivise en Glioubotin, Tchardagh, Argentaro, Balkan), l'autre, les anciens monts *Candavii*, du nord au sud (elle part du Tchardagh et court jusqu'à la Grèce). Au nord de la première chaîne coulent la Save (affluent du Danube) et le Danube lui-même : ces deux fleuves reçoivent à droite beaucoup d'affluents : l'Unna, la Bosna, le Drin septentrional (Morava), l'Isker, etc. Dans la partie méridionale se trouvent à l'ouest le Drin méridional, la Voïoussa, l'Aspropotamo ; à l'est la Salempria, le Vardari, le Kara-sou, la Maritsa. Le climat, très-varié, est chaud hors des hautes montagnes. Les côtes, très-découpées, surtout au sud, offrent beaucoup de ports et de baies : Constantinople est un des plus beaux ports du monde. Le sol est très-fertile en général, et, quoique mal cultivé, il produit beaucoup de grains, de fruits exquis, de plantes tinctoriales, potagères, oléagineuses, etc. Beaucoup de gros bétail, dont partie à l'état sauvage; vers à soie, abeilles, gibier, poisson en abondance. Argent et or (près de Ghiustendil), cuivre, fer, plomb, sel, houille, alun, marbre, etc.; eaux thermales et minérales. Industrie médiocre : cependant les Turcs sont très-habiles en quelques parties (essence de rose ou *atar*, préparation du safran, teinturerie rouge, velours et autres soieries; tapis, mousselines peintes, sabres, fonderies de canons); mais en général ils n'inventent ni n'adoptent de procédés nouveaux, et sont prodigieusement en arrière de l'Europe. Le commerce est peu prospère, à l'intérieur il se fait par les Grecs et les Arméniens; à l'extérieur, il est aux mains des Européens (Vénitiens et Génois autrefois; Français,

Anglais, Italiens et Autrichiens aujourd'hui). Quoique bien moins nombreux dans la Turquie d'Europe que les populations sujettes, les Turcs ne se sont jamais mêlés avec elles ; ce qui a fait dire avec raison que *les Turcs ne sont que campés en Europe.*

Gouvernement. Il est absolu ; le souverain se nomme *sultan, padischah* ou *Grand Seigneur, empereur,* et ne peut se marier. La cour est nommée *la Porte, Sublime Porte, Porte Ottomane.* La couronne passe généralement à l'aîné de la famille, fils ou frère.

Nous allons tracer un tableau rapide de l'état actuel du gouvernement ottoman.

Le *Coran*, livre sacré des musulmans, servant à la fois de code religieux, civil et politique, et le sultan étant regardé comme le successeur des anciens califes, il en résulte que le prince est investi de tous les pouvoirs à la fois. Mais le sultan, du moins depuis plus de deux siècles, n'exerce pas l'autorité par lui-même, et il a deux lieutenants qui sont censés le représenter. Le premier, sous le nom de *mufti* est à la tête des ministres de la religion et de la loi décorés du nom d'*oulemas* ou *savants ;* le second, appelé *grand vizir,* dirige le gouvernement civil et militaire.

Sous les ordres de ces deux grands dignitaires se trouvent tous les fonctionnaires de l'empire. Ceux dont il est plus souvent question dans nos relations sont les pachas. Le mot *pacha,* qu'on prononce aussi *bacha,* est d'origine turque et signifie *chef.* Il sert de titre au grand vizir et au *capitan-pacha,* qui est le commandant en chef des forces navales de l'empire. Mais il désigne d'une manière plus générale les gouverneurs des provinces. On en distingue trois classes, suivant l'étendue des pays soumis à leur juridiction, et ils reçoivent pour emblème de leur autorité une queue de cheval suspendue au bout d'une pique, terminée par un pommeau doré. Les pachas du premier rang reçoivent trois de ces queues ; ceux du second rang, deux ; et ceux du troisième, une. L'usage des queues de cheval vient de la Tartarie, pays d'où les Turcs tirent leur origine.

La réunion du grand vizir, du mufti, du capitan-pacha, du defterdar (au trésor), du reïs-effendi (à l'extérieur), du kiaïa-bey, (à l'intérieur), et de tous les chefs d'administration en conseil, s'appelle *divan ;* ce mot est d'origine arabe et signifie assemblée. Ainsi le divan est proprement le conseil de l'empire, et il traite de toutes les grandes affaires d'État. Il n'est pas besoin d'ajouter qu'il ne s'assemble qu'à Constantinople.

On suppose que les revenus de l'empire turc montent à près de 400 millions de francs ; mais le trésor n'en perçoit pas réellement la moitié.

Le gouvernement reconnaît au reste deux classes de sujets bien distinctes : les musulmans, qui représentent les vainqueurs et constituent l'État proprement dit, et les non musulmans, c'est-à-dire les chrétiens, les juifs et les païens, qui représentent le parti vaincu, et qui sont soumis à la capitation. Les sujets non musulmans sont appelés du nom général de *rayas,* mot arabe qui signifie *troupeau.*

Il existe encore une classe de sujets, et celle-ci est privée de tout droit politique ; c'est celle des *esclaves.* L'esclavage est admis dans les pays musulmans, comme il l'a été de tout temps en Orient : seulement il est de principe qu'un musulman né libre ne peut pas être fait esclave ; et si un esclave embrasse l'islamisme, il reçoit ordinairement la liberté. Cette classe est malheureusement très-nombreuse. Les Turcs, ainsi que les Asiatiques en général, ont toujours recherché des esclaves des deux sexes, soit pour se décharger sur eux de toutes les fonctions pénibles, soit pour satisfaire plus librement leur penchant à la volupté, penchant qui est plus fort en Orient qu'ailleurs. Il n'est guère de musulman qui n'ait une femme esclave pour partager son lit, et quelques-uns en ont vingt et même davantage. Ce goût même a été commun à des chrétiens et à des juifs. Les esclaves sont nés dans une condition servile, ou ont été pris à la guerre, ou bien encore ils ont été achetés à prix d'argent de parents inhumains. Le nombre tend sans doute à diminuer. D'une part le gouvernement ottoman commence à user de quelques ménagements envers les prisonniers de guerre; de l'autre la Circassie et la Géorgie, où se faisait surtout le commerce de jeunes filles, étant maintenant au pouvoir des Russes, les parents doivent se porter plus difficilement à ce sacrifice contre nature. Une chose qui n'a rien de contradictoire avec le despotisme, c'est que les esclaves deviennent quelquefois pachas et grands vizirs.

Halil-Pacha, *ex-capitan-pacha*, (ministre de la marine), à qui le sultan Mahmoud II avait donné sa fille aînée en mariage, (cette princesse, décédée, était la propre sœur du sultan régnant, Abdul-Medjid), a lui-même été esclave; et comme tel acheté par Husrew-Pacha, ex-grand vizir, actuellement (1843) en disgrâce et exilé à Gallipoli.

La belle comtesse Potocki, d'origine grecque, fut vendue comme esclave pour la somme de quinze cents piastres à un gentilhomme français qui se trouvait attaché à l'ambassade de France près de la Porte Ottomane. L'histoire de cette intéressante personne, l'une des illustrations des esclaves, trouvera ici sa place naturelle.

Quelques mois après son acquisition, le marquis de V........ quitta Constantinople, et repartit pour la France avec son trésor oriental. Pour diminuer autant que possible les fatigues d'un long voyage, il marchait à petites journées, et s'arrêtait toutes les nuits. Après avoir franchi les frontières de la Turquie d'Europe, il arriva, suivi de sa belle compagne à Kamanieck, forteresse russe, située en Podolie. M. de V........ s'y arrêta quelque temps pour prendre un peu de repos. Le comte de Witt, hollandais de naissance, au service de Russie, et descendant du grand pensionnaire du même nom, était alors gouverneur de cette place; il accueillit M. de V........ avec toute sorte d'égards; mais il ne put voir la jeune esclave sans en devenir amoureux, et lui fit proposer de l'épouser. Le comte était un fort bel homme, d'une trentaine d'années, il avait le grade de lieutenant général et possédait toute la faveur de Catherine II. Sophie (c'était le nom de la jeune esclave) comprit qu'il valait mieux devenir l'épouse d'un général russe, que de rester la maîtresse d'un gentilhomme français.

Deux ans après cet étrange mariage, le comte de Witt obtint un congé et en profita pour visiter les cours d'Europe. La beauté de sa femme excitait partout la plus grande admiration et Marie-Antoinette, à Versailles, la vit plusieurs fois dans une maison tierce. Le comte Félix Potocki, grand général et grand maître de l'artillerie de la république de Pologne, rencontra M. et Mme de Witt à Hambourg. Sophie produisit sur lui son influence accoutumée, et en la voyant pour la première fois, il en devint éperdument épris. Le comte Potocki força à son tour M. de Witt à rompre son mariage (on sait que le divorce est chose facile en Pologne), et la belle esclave de Constantinople devint la femme d'une des plus grandes illustrations de la Pologne.

Les *janissaires*, créés dans le xive siècle, furent ainsi nommés de deux mots turcs qui signifient *nouvelles troupes*. Ils étaient d'abord choisis parmi les enfants des chrétiens de Bosnie, d'Albanie et de Bulgarie, hommes robustes et belliqueux. On avait décidé qu'ils ne pourraient pas se marier, et que constamment sous les armes ils seraient en toute saison sous les ordres du gouvernement. Dans ces temps reculés où l'Europe chrétienne n'avait pas d'armée permanente, les janissaires se présentèrent avec une grande supériorité; mais avec le temps l'institution des janissaires, comme toutes les institutions des hommes, subit de sensibles altérations. Au titre de janissaire étaient attachés de nombreux priviléges et des revenus en terre très-considérables; les gens en crédit cherchèrent à faire admettre leurs créatures dans ce corps privilégié, et on y inscrivit les artisans, les employés de l'administration; le titre de janissaire devint même héréditaire, et l'on vit des enfants en bas âge décorés de ce nom jadis si terrible.

Il n'y a pas plus de vingt ans que le sultan Mahmoud II résolut de tenter une de ces dangereuses mais nécessaires entreprises, qui avaient déjà coûté la vie ou l'empire à quelques-uns de ses prédécesseurs. Il entreprit de changer l'organisation des janissaires. Cette milice dut fournir cent cinquante hommes par *orta* (compagnie) pour qu'on les dressât à la tactique européenne. Le 15 juin 1823, une grande revue devait avoir lieu en présence du sultan, des oulémas et des ministres; la veille les troupes avaient été réunies pour un exercice préparatoire; tout à coup un porte-étendard s'écria: « On nous fait exécuter les manœuvres russes! » A cette seule parole les janissaires s'émurent, se portèrent au palais de l'aga, et demandèrent à grands cris la tête du grand vizir. Il s'assemblèrent ensuite à l'*Atméidan*, (ancien hippodrome), au nombre de plus de vingt mille. La crise était arrivée au point qu'attendait le sultan; l'aga avait à l'avance réuni soixante mille hommes d'élite; on les fit marcher contre les janissaires qu'on avait inutilement sommés de se retirer. Les malheureux révoltés furent bientôt environnés de troupes et de canons chargés à mitraille; le massacre commença, les casernes où ils crurent trouver un refuge furent incendiées. Pendant deux jours le sang coula à flots, les portes de la ville et des quartiers (voisinages), de Constantinople restèrent fermés, et peu de janissaires parvinrent à s'échapper; enfin, lorsque le carnage n'eut plus d'aliments, les communications dans les villes redevinrent libres comme auparavant. Le sultan parcourut sa capitale, et des crieurs publics proclamèrent partout que l'ordre était rétabli.

Ainsi fut anéantie cette puissance qui, pendant quatre cent cinquante ans, avait tour à tour défendu et fait trembler l'empire de Mahomet. Une obscure conspiration, découverte en 1828, fut le dernier signe de vie que donna cette redoutable milice.

Sultans ottomans.

Othman I, 1287 ou	1299	Othman II,	1618
Orkhan,	1326	Mustapha I, 2e f.	1622
Amurat I,	1359	Amurat IV,	1622
Bajazet I,	1389	Ibrahim,	1639
Soliman I,	1403	Mahomet IV,	1648
Mousa,	1410	Soliman III,	1687
Mahomet I,	1413	Ahmed II,	1691
Amurat II,	1424	Mustapha II,	1695
Mahomet II,	1451	Ahmed III,	1703
Bajazet II,	1481	Mahmoud I,	1730
Sélim I,	1512	Othman III,	1754
Soliman II,	1520	Mustapha III,	1757
Sélim II,	1566	Abdul-Hamid,	1774
Amurat III,	1574	Sélim III,	1789
Mahomet III,	1595	Mustapha IV,	1807
Ahmed I,	1603	Mahmoud II,	1808
Mustapha I,	1617	Abdul-Medjid,	1839

Le sultan Mahmoud, homme dégagé de beaucoup de préjugés et doué d'une fermeté inébranlable, a enfin commencé de régénérer l'empire. Les circonstances étaient fort critiques; mais ces mêmes circonstances l'ont puissamment aidé dans ces projets de réforme.

Pendant la guerre contre la Grèce, en 1826, quelques janissaires obscurs et échappés au carnage de 1823 annoncèrent de nouveaux projets de révolte, le sultan Mahmoud abolit les restes de l'institution, et fit massacrer tous ceux qu'on soupçonnait de vouloir résister. A Constantinople, seulement, plus de vingt mille hommes furent tués, brûlés ou noyés. C'est alors qu'à l'imitation de ce qui existait déjà en Égypte, les troupes régulières actuelles furent créées; et si, dans la guerre qui eut lieu en 1828 et 1829 contre la Russie, ces troupes opposèrent des efforts impuissants, il faut s'en prendre non pas seulement à la supériorité morale des Russes, mais à l'infériorité numérique des troupes régulières turques, et au peu de temps qu'elles avaient eu pour s'exercer à la tactique européenne. L'armée régulière est d'environ 60,000 hommes; mais toute la population mahométane de l'empire est censée armée irrégulière ou milice.

Une des mesures les plus efficaces que Mahmoud ait prises pour réduire l'autorité des pachas à de justes bornes, c'est de séparer l'autorité civile de l'autorité militaire; de plus il a aboli le droit de confiscation, droit barbare qui si souvent faisait imaginer des criminels et des coupables; enfin, voulant se rattacher les diverses classes de ses sujets chrétiens, il a défini d'une manière plus précise les droits de chaque communion, et a accordé un chef particulier aux Arméniens du rit catholique, qui jusqu'ici étaient en butte aux vexations de leurs compatriotes du rit schismatique : il a même cherché à réveiller dans la masse de ses sujets le sentiment du bien public, en invitant pendant la dernière guerre les *ayans*, ou notables de toutes les provinces, à se rendre à Constantinople pour y délibérer sur la situation de l'empire. Non-seulement il a fondé à Constantinople un collége de médecine, et des écoles militaires et navales; mais, à l'imitation du pacha d'Égypte, il a envoyé à Paris quelques jeunes Turcs pour qu'ils y profitent des lumières de l'Europe civilisée. Déjà il existait des traductions turques des règlements militaires de terre et de mer de la France. Ce sultan était si peu accessible aux préjugés de sa nation, que sans cesse il disait à ses courtisans : « Si vous voulez être hommes, imitez les Européens. » Lui-même se montrait souvent vêtu à l'européenne, et prenait plaisir à assister à leurs fêtes et à leurs amusements.

Le sultan a fait publier un édit par lequel tous les sujets, de quelque religion qu'ils soient et à quelque classe qu'ils appartiennent, sont déclarés égaux devant la loi et soumis au même code; la différence de religion, est-il dit dans le décret, étant une affaire de conscience qui ne regarde que Dieu. A l'avenir les magistrats ne pourront infliger de châtiments aux rayas, que du consentement des primats dont ils dépendent. Quant aux îles et autres lieux occupés exclusivement par les chrétiens, et qui se trouvent encore sous l'autorité immédiate du sultan, les gouverneurs turcs seront obligés de soumettre tous leurs actes à l'approbation des primats. Les habitants ne pourront être jugés que d'après leurs propres lois, et jamais ils ne seront soustraits à leurs juges naturels. Les habitants de l'île de Samos n'auront dans leur île ni cadi ni gouverneur turc. Ils seront libres de demander quelque Grec, leur compatriote, pour les gouverner. Il leur est accordé de porter un pavillon particulier, dans lequel se verra la croix.

Une justice à rendre aux Turcs, c'est qu'au milieu de religions et de races si diverses, ce sont eux dont le caractère moral offrirait le plus de garanties. D'un naturel mou et insouciant, imbus de préjugés, ils ne sont pas sales comme les juifs, avides et fourbes comme les Grecs. Leur caractère est à la fois simple et plein de dignité. Il est vrai que les Turcs n'ont pas, comme les juifs et les chrétiens, été soumis depuis plusieurs siècles à un despotisme capricieux et barbare, à un joug avilissant.

Constantinople. — CONSTANTINOPLE est située dans une contrée charmante, entre la mer Noire et celle de Marmara, sur le canal qui sépare l'Europe de l'Asie, et dont l'enfoncement forme un des plus beaux ports de l'Europe. Cette cité porta d'abord le nom de Byzance, et ce n'est que vers l'an 320 de notre ère, que l'empereur Constantin l'ayant choisie pour la capitale de l'empire romain, elle reçut, avec sa nouvelle importance, le nom qu'elle porte aujourd'hui. Tombée au pouvoir des Turcs en 1453, elle devint la capitale des vainqueurs, et est appelée par eux tantôt *Constantinié*, tantôt *Islamboul* ou *ville de l'Islamisme*. La ville proprement dite forme une espèce de triangle, dont la pointe s'avance dans la mer. Au delà du bras qui forme le port, sont l'arsenal, les chantiers de construction et les faubourgs de Pera et de Galata. En face sur la côte d'Asie, se trouve près de l'ancienne Chalcédoine, Scutari, qui est une assez grande ville, et qu'on peut cependant regarder comme une dépendance de la capitale.

Peu de villes au monde se présentent extérieurement sous un aspect plus imposant; mais des rues étroites et fort sales, des maisons pour la plupart basses et construites en terre et en bois, détruisent en partie la première impression. Les incendies y sont fréquents et quelquefois terribles; celui de 1826 détruisit six mille maisons. Souvent ce sont les mécontents qui y mettent le feu, et c'est pour le peuple une manière de faire connaître ses griefs. Il est vrai que les immenses forêts qui bordent les côtes de la mer Noire permettent de reconstruire les maisons brûlées : d'ailleurs ces maisons sont loin d'offrir le luxe de meubles et d'ornements que présentent les nôtres. Des tapis, des sofas, quelques matelas, voilà tout leur mobilier. Mais comment remplacer les objets de tout genre entassés dans les bazars et qui deviennent trop souvent la proie des flammes! Un autre fléau non moins terrible pour cette ville, c'est la peste qui presque chaque année y exerce ses ravages : celle de 1834 est la plus horrible dont on puisse se souvenir. Jusqu'ici l'insouciance des musulmans et l'esprit de fatalisme qui les anime ont fait négliger les ressources de la prudence humaine; sans doute à une époque où des idées de réforme animent le souverain, on cherchera à imiter les mesures préventives mises en usage dans l'Europe civilisée.

Constantinople est la résidence du sultan, du mufti, des ministres et de tous les grands dignitaires de l'empire. Les religions chrétienne et juive y ont également un chef particulier qui les représente auprès du gouvernement. Les Grecs du rit schismatique, qui rappellent les anciens maîtres du pays, ont un patriarche qui prend le titre d'*œcuménique*, c'est-à-dire d'*universel*, et qui est à la tête d'un *synode de douze évêques*; les Arméniens schismatiques ont un archevêque, et la même faveur vient d'être accordée aux Arméniens catholiques; enfin, les Juifs sont gouvernés par un *Hakam-baschi*.

Les palais impériaux à Constantinople portent le nom de *sérail*; c'est une corruption du mot turc *seraï*, qui signifie *demeure*. Le *Sérail* par excellence est le palais qu'occupe le sultan régnant et qui est construit sur l'emplacement de l'ancienne Byzance. Ce palais, bâti par Mahomet II, se compose d'édifices et de jardins, et peut être considéré comme une ville à part. On dit qu'il égale par son étendue la ville de Vienne proprement dite; on y distingue l'appartement du prince et celui des femmes, qui est appelé *harem*, la salle du trône, l'hôtel des monnaies, le seul qui existe maintenant dans l'empire, et le trésor, où sont déposées toutes les richesses acquises depuis l'origine de la monarchie. On a longtemps cru que ce trésor renfermait des manuscrits d'ouvrages grecs et latins qui ne nous sont point parvenus, et qui se trouvaient dans les bibliothèques de la ville, lorsque les musulmans y entrèrent. Ce qu'il y a de certain, c'est que M. le général Sébastiani y découvrit un fort beau *manuscrit de Ptolémée*, qui depuis a été vendu en Angleterre, et que ce trésor recèle encore des objets de tout genre, bien dignes d'exciter la curiosité des savants si jamais ces vieux débris étaient rendus à la lumière. Un genre d'objets qui intéressent beaucoup plus les musulmans, ce sont des espèces de reliques qui se rattachent à la gloire de l'islamisme, et qui y sont déposées. Il suffira de citer le *sangiak-schérif* ou *noble drapeau*, étendard qu'on dit avoir appartenu au prophète Mahomet, et qui étant déployé dans les circonstances critiques, a plus d'une fois relevé l'empire pendant sa ruine. La porte principale du sérail a reçu le nom de *porte Auguste* et de *porte Sublime*; et comme jadis en Orient la porte d'une maison était la partie principale de l'édifice, parce qu'on y traitait de toutes les affaires importantes, le mot *porte* a désigné ensuite le palais lui-même et la cour impériale. Nous citerons encore l'*Eski-seraï* ou vieux sérail, palais situé dans l'intérieur de la ville, et qui est habité alternativement par les femmes et les esclaves du sultan mort ou déposé, et par le *seraskir*, Husrew-Pacha (ministre de la guerre), ainsi que par ses successeurs.

Parmi les plus beaux monuments de Constantinople, il faut placer les mosquées; on en compte 344. Rien de plus pittoresque que cette forêt de coupoles et de minarets qui s'élèvent dans les airs; la principale mosquée est *Aia Sophia* ou *Sainte-Sophie*, église fondée par l'empereur Justinien en 532, et qui fut convertie en mosquée lorsque Mahomet II s'empara de la ville. Sainte-Sophie, eu égard à son ancienneté et à la place qu'elle occupe dans l'histoire de l'architecture, mérite d'être comparée à Saint-Pierre de Rome. Sa coupole a servi de modèle à celles qui furent élevées plus tard à Venise, à Pise, à Rome, et ailleurs; les autres mosquées qui méritent d'être citées sont celles de *sultan Ahmed*, située sur la place de l'Hippodrome, de *sultan Soleyman* et de *sultan Osman*; cette dernière est moins grande que les autres; mais elle les surpasse toutes en élégance et en régularité. On cite encore la mosquée de la *sultane Validé*, c'est-à-dire de la sultane mère, du nom de la mère de Mahomet IV, parce que la plupart des colonnes qui la supportent ont été tirées des ruines d'*Alexandria-Troas*. Il n'est pas besoin d'ajouter qu'à l'exception de Sainte-Sophie, chaque mosquée est appelée du nom de son fondateur.

Les mosquées forment ordinairement un corps isolé, et sont entourées de parvis où se trouvent des fontaines à l'usage des personnes qui veulent faire les ablutions prescrites par la religion. Plusieurs de ces mosquées sont accompagnées de *turbés* ou chapelles sépulcrales, où reposent les corps des sultans et des grands personnages de l'empire; chaque turbé a un gardien particulier, et des vieillards y doivent réciter tous les jours le Coran à l'intention du mort. A la plupart des mosquées sont annexées des écoles ou *mekteb*, où l'on apprend à lire et à écrire, et des collèges ou *medressé*, où l'on forme la jeunesse dans la logique, la théologie et la jurisprudence; on y trouve même des bibliothèques publiques, des hôpitaux pour les malades, des lieux de distribution d'aliments pour les pauvres; plus de 30,000 personnes y reçoivent des secours chaque jour. Les mosquées, comme les autres établissements publics, sont en possession de recevoir les legs en argent ou en terres, que les personnes pieuses veulent leur faire : aussi n'est-ce pas une exagération de dire que ces établissements jouissent maintenant d'une grande partie des richesses de l'empire. On peut citer à la suite des mosquées les nombreux couvents de religieux mahométans, qui composent plusieurs ordres différents, et qui, sous le nom de derviches, de sofis, possèdent des biens considérables. Le *couvent des Meulevis*, à Galata, passe pour le plus beau de tous.

La principale église des Grecs est l'*église patriarcale*; celle des Arméniens est l'*église de Saint-George*.

Constantinople offre plusieurs places remarquables. Toutes sont appelées *meidan*, d'un mot persan qui signifie *plaine*. La plus célèbre porte le nom d'*At-Meïdani* ou place aux chevaux, parce que les jeunes Turcs s'y exercent encore à monter à cheval; c'est l'ancien *Hippodrome*, et il est encore orné d'un *obélisque égyptien* en granit de soixante pieds de haut, ainsi que des débris de la *colonne aux trois serpents*, qu'on croit avoir jadis supporté le fameux trépied offert au temple de Delphes par les Grecs vainqueurs à Platée; vient ensuite la *place de Top-Kana*, qui est décorée d'une fontaine superbe.

On compte à Constantinople un grand nombre de *bazars* ou marchés, remplis de tout ce que l'empire offre de plus précieux. C'est là qu'on trouve ordinairement les médailles, les pierres gravées et autres objets curieux qu'enfanta l'ancienne Grèce, et qui, après un oubli de plusieurs siècles, sortent chaque jour du sein de la terre. Telle est la sûreté des bazars en général, qu'on a coutume d'y déposer les biens des mineurs, des orphelins et des voyageurs. Un genre de marché dont on se fait difficilement l'idée dans l'Europe chrétienne, c'est le *marché d'esclaves*. Là sont exposées les personnes à vendre. Les filles esclaves sont examinées par des matrones préposées à cet objet. Leur prix dépend de leur âge, de leurs attraits et de leurs talents pour la danse, la musique et la broderie. Des femmes font la spéculation d'en acheter de très-jeunes, et de leur donner une éducation soignée pour les revendre. C'est le présent le plus précieux qu'on puisse offrir.

Outre les marchés proprement dits, il y a des *khans*, espèces d'hôtels réservés aux banquiers et aux gros commerçants qui y suivent le cours de leurs affaires, et des *caravansérais*, c'est-à-dire séjour des caravanes, espèce de halles où descendent les voyageurs et les marchands avec leurs effets. On sait qu'en Orient, faute de sûreté suffisante sur les routes, les voyageurs ont coutume de se réunir ensemble, et traînent avec eux leurs bagages et presque tout ce qui leur appartient. Dans toutes les villes musulmanes, particulièrement en Asie, et d'espace en espace sur toutes les routes, le gouvernement ou des personnes charitables font construire de ces édifices, où les voyageurs et leur escorte trouvent un abri assuré.

Les Orientaux n'ayant pas de linge comme nous, et ayant conservé le goût de leurs ancêtres, font un fréquent usage des *bains;* on remarque à Constantinople plus de 300 édifices destinés à cet objet; les femmes surtout recherchent ce genre de plaisir. Privées de la faculté de se promener dans la ville, si ce n'est couvertes d'un voile, et ne pouvant recevoir aucun étranger chez elles, elles trouvent une société choisie dans les bains et y passent les journées entières; quant aux hommes ils ont la faculté de se rendre dans les *cafés* et autres lieux publics. On trouve à Constantinople des *cabarets;* mais ces maisons sont ordinairement tenues par des chrétiens et des juifs.

On se tromperait beaucoup si on croyait que Constantinople manque d'établissements littéraires et de moyens d'instruction. Nous avons dit qu'à la plupart des mosquées sont attachées des écoles où l'on enseigne à lire et à écrire, et des colléges destinés à l'étude de la logique, du droit et de la théologie. Le nombre des *écoles primaires* s'élève à 1,255; on compte dans les *colléges* environ 4,600 jeunes gens qui reçoivent une éducation gratuite. C'est dans les principaux de ces colléges qu'à l'exemple de ce qui se passe dans nos universités, se confèrent les grades aux étudiants qui se consacrent à la carrière des emplois civils ou ecclésiastiques. Il existe encore quelques écoles supérieures, telles qu'une *école de mathématiques*, une *école de navigation*, une *école de médecine* et une *école militaire*, fondées par le sultan Mahmoud; la ville possède encore près de 40 *bibliothèques publiques* où se trouvent les principaux ouvrages orientaux, et qui pourraient fournir d'utiles suppléments aux collections analogues de Paris, de Saint-Pétersbourg, etc. Enfin, Constantinople, outre son ancienne *imprimerie rabbinique* et *arménienne*, a une *imprimerie arabe*, *persane* et *turque*, qui, jusqu'à la fondation d'un établissement du même genre en Égypte par le pacha actuel et à Tauris par le prince royal de Perse, était la seule en possession de fournir les musulmans de livres consacrés à leur littérature. Cet établissement, créé en 1727 et interrompu en 1746, a été restauré en 1784; il a été transféré à Scutari et acquiert tous les jours plus d'importance. On y publie toutes sortes de livres, sans excepter les ouvrages qui nécessitent l'emploi de figures; tels que les livres de médecine et d'art militaire; le Coran seul est excepté, et il sert encore à occuper un grand nombre de copistes qui n'auraient pas d'autre moyen d'existence.

Un genre de monuments qui, dans ces derniers temps, a excité les recherches des savants, ce sont les *aqueducs* qui fournissent de l'eau à Constantinople; les uns sont sur arcades, les autres forment des canaux souterrains. Les uns, ainsi que la plupart des *citernes* de l'intérieur de la ville, remontent au règne de Constantin; d'autres datent du Bas-Empire; quelques-uns appartiennent à la domination ottomane. Les plus connus sont : l'*aqueduc de Valens*, la *citerne des mille et une colonnes*, l'*aqueduc de Justinien*. Le général Andréossi, qui a fait une étude particulière de ce genre de monuments, a cru y reconnaître des procédés qui étaient en usage chez les anciens, et qui sont tombés en désuétude chez nous.

Constantinople étant le centre de l'empire, renferme tout ce qui se rapporte à l'armée, à la marine et au gouvernement civil. On trouve le long du port, les arsenaux, les chantiers de construction et tout ce qui appartient au matériel de la marine. L'*arsenal militaire*, situé dans le voisinage et appelé *top-khana* (dépôt de l'artillerie), contient une manufacture d'armes qui fournit des fusils, des bombes et des canons. Dans l'intérieur de la ville sont plusieurs *casernes* qui pourraient rivaliser avec les plus belles casernes de l'Europe civilisée. Les deux qui sont aux environs sont des espèces de camps retranchés pouvant renfermer une armée; l'une porte le nom de *Daoud-Pacha*, et l'autre de *Ramis-Tchifflik*. C'est dans celle-ci que, pendant la dernière guerre contre la Russie, le sultan planta son étendard, ne se montrant qu'en habit militaire, et annonçant l'intention de s'ensevelir sous les ruines de l'empire. On peut citer à la même occasion le fameux *château des Sept-Tours*, situé à l'extrémité méridionale de la ville, sur les bords de la mer, et où l'on enferme les prisonniers d'État. Quant aux remparts qui entourent la ville, ils consistent dans un double mur garanti par des fossés et fortifié de tours, et ils pourraient donner lieu à une défense formidable. Mais quelle armée ne faudrait-il pas pour garnir une si vaste enceinte!

La ville est accompagnée de plusieurs faubourgs considérables : celui d'*Ayoub* est ainsi appelé du nom d'un compagnon du prophète qui y fut tué, lors du premier siége de Constantinople par les musulmans, l'an 668 de notre ère; les Turcs y construisirent plus tard, en l'honneur d'Ayoub, une mosquée où les sultans, en montant sur le trône, sont dans l'usage d'aller ceindre le sabre, cérémonie qui leur tient lieu de couronnement. Ce faubourg est situé à l'ouest de la ville, vers le fond du port. Les autres sont placés de l'autre côté du port; ce sont, outre l'arsenal proprement dit et ses dépendances, Pera et *Galata*. Galata est le quartier des négociants, Pera celui de la diplomatie. C'est à Pera que les ambassadeurs des puissances chrétiennes ont établi, eux et leur suite, leur séjour; dans les villes du Levant les chrétiens n'osent pas se mêler avec les musulmans, et ils adoptent un quartier particulier, autant pour leur sûreté commune que pour les agréments de la société. Pera, par son élévation, domine le Bosphore, le sérail, le port et une bonne partie de la ville. Rien de plus frappant que ce mélange de costumes, d'idiomes, de mœurs et d'usages; cette diversité se fait remarquer surtout dans les fêtes que donnent les Européens, et auxquelles assistent depuis quelque temps le sultan et les officiers de sa cour.

Derrière Pera et Galata est un autre faubourg appelé *Saint-Demetri* et qui est occupé par les Grecs; ce faubourg ne doit pas être confondu avec le *Fanal* ou *Fanar*, quartier habité par les anciennes familles grecques qui depuis long-temps étaient en possession de fournir des hospodars à la Valachie et à la Moldavie. Le Fanal est situé sur le port, dans l'intérieur de la ville.

Les Turcs étant naturellement graves et sédentaires, sentent peu le besoin des promenades; aussi en existe-t-il peu dans les environs de Constantinople. On rencontre seulement çà et là des kiosques et des fontaines élevées par la piété des fidèles, et auprès desquelles les musulmans viennent fumer et boire du café; l'heure de la prière arrivée, ils font leur ablution, tendent un tapis à terre et s'acquittent de ce qu'ils regardent comme un devoir sacré. On ne voit guère les musulmans se promener que dans les cimetières, surtout celui qui avoisine le faubourg de Pera. Les *cimetières* sont plantés d'arbres, particulièrement de cyprès, et les tombes sont couvertes de fleurs; ce mélange d'images tendres et lugubres inspire une mélancolie qui plaît à l'âme. Il est remarquable que les Turcs de la capitale, ayant conservé une espèce de prédilection pour l'Asie, berceau de leur religion et de leur nation, préfèrent se faire enterrer sur les côtes d'Asie; aussi trouve-t-on à Scutari un cimetière qui est regardé comme le plus vaste de l'empire. Un genre de promenade que les musulmans recherchent beaucoup, c'est la promenade en bateau sur le Bosphore et vers les îles des Princes; le soir, dans la belle saison, l'eau est sillonnée dans tous les sens, et l'on jouit du plus beau spectacle qu'offre la nature.

On est loin de connaître d'une manière précise la population de Constantinople; chaque année, suivant la remarque de M. Reinaud, la population des provinces, fatiguée par la tyrannie des agents subalternes, vient y chercher un refuge; et le gouvernement, craignant de ne pouvoir suffire à l'approvisionnement d'une grande multitude, est obligé de renouveler de temps en temps la défense d'agrandir la ville par de nouvelles bâtisses. Nous croyons pouvoir évaluer le nombre des habitants de Constantinople à 600,000.

Autant, dit le général Andréossy, les environs de Constantinople sont incultes, arides et privés d'arbres et d'habitations, autant les coteaux des deux rives du Bosphore sont riants et peuplés de jardins, de villages, de palais, de kiosques, de fontaines, de bouquets de bois. Ils n'offrent pas d'interruption d'une extrémité à l'autre du canal; disposés sans art, ces objets si diversifiés imitent dans leur ensemble la prodigieuse variété de la nature. Parmi les nombreuses localités qui méritent d'être citées, nous nommerons *Belgrade*, dans une situation charmante, autrefois séjour d'été de plusieurs Européens, mais que le mauvais air a engagés à déserter; c'est encore l'endroit où se retirent les plus riches familles chrétiennes de Pera et de Galata lorsque la peste fait ses ravages à Constantinople. *Doulukh-Baktche*, avec un palais du Grand Seigneur construit d'après le goût chinois. *Bechiktach*, remarquable par le magnifique palais du Grand Seigneur qui se trouve dans son voisinage et dont une grande partie fut brûlée en 1816. *Kouroutchesme*, où les principales familles grecques se retirent pendant l'été. *Roumily-Hissar*, le plus fort de tous les châteaux qui défendent le Bosphore, presque au milieu du canal. *Therapia*, avec un grand nombre de maisons de campagne. *Bouiouk-Déré*, lieu considérable, orné d'un quai servant de promenade; la plupart des ministres européens y passent tout le temps de la belle saison. Les botanistes y admirent un des plus grands arbres du monde : c'est le fameux *platane*; on assure que le tronc de cet arbre n'a pas moins de 150 pieds de circonférence.

Scutari, sur le Bosphore, est située en Asie, vis-à-vis de Constantinople, dont elle est regardée comme un des faubourgs. Quoique bien déchue, cette ville est encore très-commerçante, étant le rendez-vous des caravanes de l'Asie qui font le commerce de Constantinople et d'une partie de l'Occident. Elle est remplie de belles maisons et de mosquées; on y voit aussi les plus beaux *cimetières* de l'empire ottoman, étant le lieu que les plus riches Turcs de Constantinople choisissent pour se faire enterrer. Sa population peut s'élever encore à 35,000 habitants.

Adrianople ou Andrinople (*Ederneh* des Turcs), située partie sur une colline et partie sur les bords de la Tundja, près de son confluent avec la Maritza. On la regarde comme la seconde capitale de l'empire; les sultans y ont résidé depuis 1366 jusqu'en 1453, époque où ils transférèrent leur résidence à Constantinople. Parmi les bâtiments les plus remarquables qui décorent la seconde capitale de l'empire ottoman, il faut d'abord nommer la *mosquée de Sélim II*, regardée comme le temple le plus magnifique que l'on ait encore élevé à l'islamisme; on dit que son immense dôme, soutenu par des colonnes de porphyre, est de deux pieds plus haut que celui de Sainte-Sophie à Constantinople; il faut monter 380 marches pour arriver à la galerie supérieure de ses quatre minarets, d'où l'on jouit d'un coup d'œil superbe; on admire leur grande élévation et leur forme svelte et élégante. Viennent ensuite la *mosquée de sultan Bajazet II*, surmontée d'une belle coupole et de deux minarets; celle de *sultan Mourad II*, dite aussi *Outch-Serfali*, située au milieu de la ville et ornée de neuf coupoles et de quatre minarets. Mais on doit mentionner un bâtiment d'un autre genre qui vient immédiatement après la mosquée de Sélim II; c'est le *bazar d'Ali-Pacha*; M. Alexander le regarde comme un des plus beaux du monde; sa haute galerie a près d'un quart de mille de longueur. On ne doit pas oublier l'*Eski-Serai*, ou l'ancien palais des sultans, bâti hors de la ville sur les rives de la Tundja; abandonné depuis longtemps, ce magnifique bâtiment a beaucoup souffert; la tour octogone, entourée de beaux kiosques qui s'élèvent dans sa vaste cour intérieure, et la belle porte par laquelle on y entre, sont maintenant les parties les plus remarquables de cette résidence, où les sultans, dans la plénitude de leur puissance, ont reçu avec un luxe asiatique les ambassadeurs de tant de princes dont ils étaient le fléau et la terreur. Andrinople est le siége d'un grand mollah, d'un archevêque grec, et possède plusieurs écoles supérieures turques; elle se distingue aussi par son industrie. On ne connaît pas la population de cette ville; nous lui accorderons 100,000 âmes, en suivant l'opinion d'un voyageur récent, M. Alexander.

Voici les autres villes les plus remarquables de la ROMÉLIE :

Dans l'intérieur, nous nommerons PHILIPPOPOLI (*Filibé* des Turcs), grande ville, le siége d'un archevêché grec. — SELIMNIA (*Islemje* des Turcs), près de l'important défilé du Balkan, nommé *Demir Kapou* ou *Porte de Fer*; sa foire est une des plus importantes de l'empire. — OUROUNDJOVA, le rendez-vous des principaux négocians de l'Asie-Mineure, de l'Arménie, de la Crimée, de la Russie, de l'Allemagne, de la Pologne et des pays circonvoisins.

Sur la côte de l'Archipel on trouve ENOS, qu'on peut regarder comme le port d'Andrinople, dont elle est le débouché principal.

Sur la mer de Marmara on voit GALLIPOLI, sur la péninsule de ce nom, grande ville, avec un port à l'entrée du détroit des Dardanelles et un évêché grec. Ses fabriques de maroquin, qui jouissent d'une grande célébrité, son commerce assez étendu, ses magasins pour l'approvisionnement de la flotte ottomane et les 80,000 habitants que M. Turner lui accordait en 1815, la placent à côté des principales villes de l'empire; le capitan-pacha, qui réside ordinairement à Constantinople, y tenait son lieutenant, de qui dépendaient jusqu'à ces derniers temps tous les pays compris dans le sandjak auquel Gallipoli donne son nom. — KILID-BAHR (*Cadenas* de la mer), petite forteresse, pour défendre le passage des Dardanelles; on la nomme aussi le CHATEAU D'EUROPE; elle est armée de 155 canons dont plusieurs d'un calibre énorme; vis-à-vis, sur la côte d'Asie, s'élèvent les batteries de *Sultanie-Kalessie*, armées de 196 pièces. — BOVALLI-KALESSIE, l'ancien SESTOS, autre batterie de 50 canons; vis-à-vis, sur la côte d'Asie, est situé *Nagara-Bourum*, l'ancienne *Abydos*, armé de 94 canons; c'est là, selon le capitaine Trant, le seul ouvrage sur le détroit qui, étant entouré de murailles, est susceptible d'être défendu du côté de terre. Nous ajouterons que, d'après cet officier anglais, toutes les batteries élevées sur la côte d'Europe comptent 332 canons et 4 mortiers; celles qui défendent la côte asiatique ont 482 canons et 4 mortiers, ce qui fait un total de 814 pièces de canons et 8 mortiers.

Les principales villes de la MACÉDOINE sont :

SALONIQUE (*Selaniki* des Turcs et *Thessalonica* de la géographie ancienne), grande ville, située presque au milieu des côtes de Macédoine, au fond du golfe qui porte son nom, et au pied du mont Kortiach, contre lequel elle est en partie bâtie. Vue de la mer, son aspect est celui d'un vaste amphithéâtre demi-circulaire, dans lequel les maisons et édifices s'élèvent par degrés jusqu'à la moitié des hauteurs sur lesquelles la ville est construite. C'est sans contredit la première place commerçante de la Turquie d'Europe après Constantinople; toutes les nations maritimes de cette partie du monde y entretiennent des consuls, et son port reçoit tous les ans plusieurs centaines de vaisseaux étrangers. Elle est la résidence d'un archevêque grec, d'un grand mollah et du *grand hakam* des Juifs, espèce de grand prêtre de cette religion, dont les disciples, qui y sont très-nombreux, possédaient jadis une école célèbre regardée comme leur *université*. Les Juifs partagent avec les Grecs la supériorité dans les manufactures et le commerce de la ville. Une grande partie des Turcs qui habitent Salonique, est regardée comme de race juive; aussi les musulmans de la ville sont-ils distingués en deux classes. Salonique est un lieu très-important par les monuments d'architecture qu'elle possède, et par les objets d'antiquité, tels que médailles, mosaïques et bas-reliefs qu'on y découvre chaque jour. Dans le quartier grec et l'ancien *hippodrome*, et au milieu des constructions modernes qui obstruent l'ancienne *grande rue*, on distingue des restes d'une *colonnade* bâtie sous Néron avec huit statues. Ces statues reçurent des juifs d'Espagne, le nom de *las encantadas* (figures enchantées), nom qu'elles conservent encore; quant aux Turcs ils les nomment *soureti malek*, c'est-à-dire *figures d'anges*. Cette ville était jadis célèbre par ses nombreuses églises; la plupart ont été converties en mosquées, et on y distingue à peine quelques traces de leur ancienne origine. Il est vrai que quelques-unes, dit-on, n'étaient pas l'ouvrage des chrétiens, et avaient été primitivement élevées par les païens. La mosquée de *Cassim* est l'ancienne église de *Saint-George*. L'*Eskidjami* ou *vieille mosquée*, composée de deux temples et revêtue de porphyre et de jaspe, est la célèbre *église de Saint-Démétrius*. On en pourrait dire autant de la *Rotonde*, bâtie sur le modèle du Panthéon de Rome, et de *Sainte-Sophie*, construite à l'imitation de Sainte-Sophie de Constantinople. Les trois principaux marchés de Salonique sont ceux de *Sulidjé-khan*, *Mustapha-pacha-khan* et *Milta-khan*. Quelques palais y attirent aussi l'attention des curieux par leur luxe intérieur. On sait que cette ville est la résidence de plusieurs familles distinguées, entre autres de celle des Ghavrinos, descendant du conquérant de la Macédoine sous Amurat II. La population de Salonique nous paraît pouvoir être évaluée à 30,000 habitants.

Dans un rayon de 46 milles on trouve SERES, assez grande ville située au pied des montagnes, à quelques milles à l'est du lac Takinos, florissante par ses fabriques de coton, de laine et de tabac, et remarquable en ce qu'elle est le centre de la culture et du commerce du coton de la Turquie européenne. — DRAMA, ville assez florissante par ses manufactures de calicot et de tabac, et dont les environs sont d'une grande importance historique et archéologique, parce qu'ils offrent les *ruines de Philippi*, qui, malgré leur importance, n'ont encore été visitées par aucun voyageur récent; Belon, qui les examina en détail, cite de grands *tombeaux* de marbre blanc, un *amphithéâtre* de forme ronde, plusieurs *statues* et les *restes d'un temple* élevé à Claude.

Dans ce même rayon, mais vers le sud-est de Salonique, commence l'isthme de la célèbre péninsule Chalcidique, à l'extrémité de laquelle s'élève le MONT ATHOS, nommé

Hagion Oros, (montagne sainte) par les Grecs modernes. Avant les troubles et les dévastations qui eurent lieu dernièrement dans cette partie de l'empire ottoman, cette montagne célèbre portait sur ses flancs plusieurs bourgades, 22 couvents, outre 500 chapelles, cellules et grottes qui servaient d'habitations à plus de 4,000 moines; ceux nommés ermites, dont on comptait une vingtaine, vivaient dans des grottes. Ces moines, entre leurs offices religieux, labouraient la terre, cultivaient des vignes et des oliviers et élevaient un grand nombre d'abeilles qui les mettaient en état d'exporter annuellement de 36 à 40,000 okas de cire; plusieurs fabriquaient un grand nombre d'images saintes, de couteaux, de cuillers et autres objets en bois qui formaient des articles importants d'exportation par le port d'*Alvara*, bourg fortifié, situé sur le côté oriental de cette montagne et habité par environ 500 moines. C'est encore ici que se trouvaient le premier *séminaire ecclésiastique* de l'église romaine grecque et son *école théologique* la plus célèbre, ainsi que les débris des fameuses *bibliothèques* qui fournirent, il y a quelques siècles, à l'Europe savante les manuscrits de tant de chefs-d'œuvre de l'ancienne littérature grecque.

Au sud de Salonique, mais un peu vers l'ouest, s'élève le majestueux MONT LACHA, qui est l'OLYMPE des anciens Grecs; nous rappellerons que, selon le docteur Clarke, tous les ans, le 20 juin, le prêtre du village de *Scamnia* va célébrer une messe dans la chapelle élevée sur un des hauts sommets de l'Olympe; c'est la continuation d'une ancienne fête religieuse qu'on y célébrait au temps du paganisme.

C'est ici qu'il nous semble plus convenable de placer les petites îles européennes que les derniers traités ont laissées sous la domination ottomane; on peut les regarder comme des dépendances géographiques de la Romélie; ces îles sont : THASSO (*Thassos* des anciens Grecs et *Tháchos* des Turcs). — SAMOTHRAKI (*Samothrace* des anciens Grecs et *Semendereke* des Turcs). C'est dans cette île qu'a été découvert le célèbre *bas-relief d'Agamemnon*, conservé au Louvre et réputé l'un des plus anciens monuments de l'art grec. — LIMNO ou STALIMENE (*Lemnos* des anciens Grecs et *Limno* ou *Limni* de Turcs), la plus importante de ce groupe. Cette île offrait autrefois un des quatre fameux *labyrinthes* de l'antiquité, remarquable surtout par ses 150 colonnes, qui, selon Pline, pouvaient être facilement mises en mouvement sur leurs pivots malgré leurs énormes dimensions. La *terre sigillée* qu'on extrait encore avec de grandes cérémonies des collines au nord-ouest de l'île, et qu'on vend pour le compte du gouvernement, a beaucoup perdu de sa célébrité depuis que la médecine moderne a réduit à leur juste valeur les propriétés extraordinaires que l'ignorance et la superstition lui avaient attribuées.

Les villes principales de la THESSALIE sont :

LARISSE (*Larissa* des anciens Grecs; *Ienischehr* des Turcs), assez grande ville.

TRICALA (Tirhala), ville de médiocre étendue, importante par son château, par sa population estimée à 12,000 âmes, et parce qu'elle est la résidence du pacha qui gouverne cette province et d'un archevêque grec. Dans ses environs sont situés les *défilés* du canton d'Agrafa, susceptibles d'une longue défense; ils conduisent dans la basse Albanie ou Épire; et les *Météora* (les hauts lieux), série de monastères situés sur des pics escarpés et isolés, où l'on ne monte que dans des corbeilles suspendues à des cordes; ces retraites extraordinaires sont des cavernes naturelles ou des chambres taillées dans le roc; aujourd'hui on ne compte que dix de ces couvents.

TOURNAVOS, petite ville, renommée par la fabrication de ces étoffes légères, tissues de coton et de soie, connues dans le commerce européen sous le nom de *bourre de la Grèce*; 6,000 habitants.

La BULGARIE et ses dépendances nous offrent les villes suivantes :

SOPHIA (*Triaditza* des Bulgares), située entre l'Isker et la Nissava, et environnée de hautes montagnes, grande ville, mal bâtie comme presque toutes les autres villes de la Turquie, résidence d'un métropolitain grec et d'un archevêque catholique.

Choumla ou Schoumna, agréablement bâtie sur une colline, assez grande ville à laquelle on accorde au-dessus de 30,000 habitants. Les Turcs habitent la partie élevée de la ville, les Bulgares, les Grecs, les Arméniens et les juifs, les parties basses. On la place justement parmi les principaux boulevards de l'empire, et une des plus fortes positions de l'Europe. C'est le point militaire le plus important de la Turquie orientale; elle occupe le centre où viennent aboutir toutes les routes des forteresses du Danube et d'où partent celles qui, à travers le Balkan, se dirigent vers la mer Noire et la Thrace. Choumla occupe aussi une place distinguée par son industrie et son commerce; elle se distingue surtout par le talent de ses chaudronniers et ferblantiers, regardés comme les plus habiles de toute la Turquie. On doit citer aussi le *mausolée* du célèbre amiral *Hassan-Pacha*. Elle fut assiégée par les Russes en 1774, 1810 et 1829.

Dans un rayon de 58 milles on trouve : Madara, gros village dans les environs de Choumla, qu'on dit habité uniquement par 2,000 femmes mahométanes, vivant en communauté et se recrutant depuis longtemps de toutes les jeunes et belles personnes des pays limitrophes qui veulent se soustraire à la vengeance d'un mari ou de parents irrités par leur mauvaise conduite. C'est dans cette singulière colonie que les *Déré-Beys* choisissaient leurs *Guvendés*, qui, en temps de guerre, armées de pied en cap les suivaient à cheval dans leurs expéditions contre l'ennemi. — Torlach ou Torloqui, petit village que nous ne citons que pour mentionner, d'après le docteur Neale, le berceau d'une secte de derviches errants, qui vivent aux dépens de la stupide terreur des Turcs, qui croient, à l'aide de présents, pouvoir être délivrés des ravages de la peste, des tremblements de terre, de la disette et autres fléaux dont les menace un vieux fripon que ces derviches mènent avec eux, et qui y a sa station principale ; ce personnage extraordinaire, de même que le *Xamolxis* des anciens Gètes et le *Dalaï-Lama* des Tibétains, est regardé comme un *dieu incarné*, et traité avec les plus grands honneurs.

La vaste contrée, connue depuis longtemps sous la dénomination d'ALBANIE, offre plusieurs villes considérables, dont, avant les derniers troubles, la principale, sous tous les rapports, était

Janina (*Ianina* des Albanais, *Yania* des Turcs), située presque au milieu de la basse Albanie, dans une situation pittoresque, sur la rive occidentale du lac de Janina, assez bien bâtie, mais avec des rues étroites et mal pavées, à l'exception de celle du Bazar. Janina est une ville ouverte, dominée par deux fortes citadelles, l'une construite sur la péninsule qui s'avance dans le lac, et l'autre nommée Litharitza, bâtie sur une roche escarpée située au milieu de la ville. C'est dans la première de ces forteresses que se trouve le sérail du pacha; le célèbre Ali-Pacha résidait ordinairement dans un palais qui y est renfermé. Il avait en outre fait bâtir un autre *palais* d'une magnificence vraiment royale dans la Litharitza ; toutes les ressources des arts de l'Europe civilisée avaient été mises à contribution pour son ameublement. De simple chef de klephtes, cet homme extraordinaire était parvenu peu à peu à se rendre maître, non-seulement du sanjak de Janina, mais aussi de ceux de Delvino, Avlona, Elbassan et Ochri dans l'Albanie, de Tricala dans la Thessalie. Maître absolu dans tout ce qui regarde l'administration intérieure de ces vastes provinces, faisant des traités de paix et d'alliance avec les souverains des pays limitrophes et avec les principales puissances maritimes de l'Europe qui tenaient des représentants à sa cour, Ali-Pacha ne reconnaissait que le nom de suzeraineté du Grand Seigneur, auquel il payait un tribut annuel. Il s'était formé une flottille de quelques corvettes et une armée forte de 20,000 hommes, mieux organisée et mieux commandée que tout autre corps ottoman. Assiégé en 1822, dans la citadelle du lac, il termina misérablement sa longue vie et son règne souillé de crimes. Mais l'histoire impartiale attestera à la postérité que, malgré sa tyrannie atroce, ce despote avait rendu Janina une des villes les plus florissantes de la Turquie; sa population s'était élevée jusqu'à 40,000 âmes. Ses habitants étaient presque à l'unisson des cités italiennes, dont ils avaient adopté insensiblement les mœurs et les usages. On avait établi non-seulement plusieurs *écoles élémentaires*, mais même un *lycée*, où l'on enseignait les langues anciennes et modernes, la philosophie et les mathématiques; il y avait une *bibliothèque publique* assez riche, et quelques négociants qui faisaient des affaires de librairie assez considérables. Durant la catastrophe qui termina le règne d'Ali-Pacha et les troubles qui la suivirent, tous ces établissements littéraires furent détruits, et le commerce de Janina et son industrie, qui avaient pris un si grand développement, disparurent. Cette ville paraît n'être habitée maintenant que par quelques milliers d'Albanais mahométans et par des juifs.

La BOSNIE et ses dépendances offrent les villes suivantes :

BOSNA-SERAÏ (*Serajevo* en illyrien), grande ville, située sur la Migliazzi ou Miliaska, affluent de la Bosna, sur un plateau élevé et couronné de montagnes boisées. Ses fabriques d'armes, de lames, d'ustensiles de fer et de cuivre, son orfévrerie, ses manufactures de laine et de coton, ses tanneries lui assignent un rang important parmi les principales villes industrieuses de la Turquie. Bosna-Seraï est le siége des principaux capitaines héréditaires qui gouvernent la Bosnie, dont elle est censée la capitale, quoique le pacha à trois queues de cette grande division de l'empire réside à Traunik.

Il ne nous reste qu'à parler de la grande île de Candie, que le sultan a mise en dépôt entre les mains du vice-roi d'Égypte, pour le dédommager des dépenses de la guerre de Morée; elle formait l'eyalet de Kirid.

CANDIE (*Kirid* en Turc), ville de médiocre étendue et, quoique capitale de l'île, très-déchue en comparaison de ce qu'elle était lorsque les Vénitiens en étaient maîtres. Les fortifications qu'ils ont élevées sont assez bien entretenues, mais les maisons qu'ils avaient bâties sont tombées en ruines, et le port est presque entièrement comblé. Le palais habité par le pacha et ses nombreuses savonneries méritent d'être mentionnés. Candie est la résidence de l'archevêque de Gortyne; ce prélat grec jouit de grands priviléges et tient un rang éminent dans l'église orthodoxe grecque.

Population de la Turquie. Jamais un recensement exact n'a été fait en Turquie; de sorte qu'il existe une grande diversité d'opinions au sujet du chiffre de la population. On peut dire que ce chiffre s'élève à neuf millions d'habitants (il est entendu que nous ne parlons que de la Turquie d'Europe) et, comme la Bosnie, la Bulgarie et les villes maritimes sont peuplées presque entièrement de chrétiens, on peut conclure que la population turque ne va pas au delà du tiers pour cette partie de l'empire. La partie la plus active et la plus utile de la population de la Turquie, est celle des *raïas*.

Les raïas sont des sujets non musulmans. Ce sont principalement des Grecs et des Arméniens, parmi lesquels un certain nombre de juifs. Les Arméniens sont banquiers, manufacturiers, excellents agriculteurs. Aussi leurs villages se distinguent-ils par leur propreté et par leur élégance. C'est encore parmi cette secte chrétienne que se trouvent les plus habiles mécaniciens et les architectes. Plus remuants, plus entreprenants et plus vifs, les Grecs fournissent les armateurs, les marins, les marchands, les interprètes et les artisans. Les raïas payent un *haratch* ou capitation distincte de l'impôt qui se lève sur les Turcs. Soumis à mille avanies, il s'ensuit que même les plus riches mènent une vie isolée et recluse. Un chrétien, s'il soutient un procès contre un Turc, doit avoir un musulman pour témoin; tandis que le Turc peut appuyer sa défense d'un

Turc ou d'un raïa indifféremment. Les raïas sont forcés de porter une marque distinctive sur leurs vêtements. Repoussés, rudoyés dans les bazars, aux bureaux des douanes ou dans les rues par les derniers des Turcs, ils n'oseraient porter leurs prétentions jusqu'à louer un caïque à trois rames pour traverser le Bosphore, et fussent-ils même dans la plus misérable barque, le premier Turc venu pourrait les en faire sortir et prendre leur place, sans que le batelier osât garder le chrétien, celui-ci lui offrît-il dix fois le prix du passage. Il leur est défendu d'aller à cheval dans les rues de Constantinople, et aussi de porter des châles autour de leurs *kulpacs*, ou de se servir de parasols. Les *sarafs* seuls (banquiers) peuvent éluder ces règlements par quelques cadeaux faits aux pachas, leurs patrons. C'est pour échapper à ces vexations que les raïas ont formé une corporation appelée *baratlias*, où, après avoir payé une grosse somme pour leur entrée ou une rente annuelle, ils sont relevés du *haratch*, des droits extraordinaires, etc.

Pour échapper à ces exactions, les riches raïas, ceux surtout qui font le commerce étranger, se font naturaliser dans un pays chrétien. Quelques-uns adoptent l'Angleterre, d'autres la France; mais le plus grand nombre préfère la protection de la Russie.

Commerce. Quand on se représente les ressources naturelles et inépuisables des provinces qui composent l'empire turc, quand on jette les yeux sur cette belle étendue de côtes tout échelonnée de ports commodes, on ne sait à quoi attribuer le peu de prospérité du commerce des Turcs. Une des causes principales de ce manque de prospérité est attribuée, non sans raison, à l'altération continuelle des monnaies et au peu de souci que prend le gouvernement local des intérêts des *importateurs*. Une conséquence des fréquentes dépréciations des monnaies a été l'exportation des espèces : l'or et l'argent monnayés ont graduellement disparu ; aussi n'y voit-on guère en usage qu'une sorte de monnaie appelée *beshlicks*, dont la valeur intrinsèque est minime. Le gouvernement a depuis eu recours à une émission de papier-monnaie qui fut presque aussitôt déprécié qu'émis, et, du train dont vont les choses, un déluge d'assignats menace d'inonder l'empire.

Et puis aussi, il règne en Turquie un système de monopole presque exclusif. Les industries indigènes, protégées par des droits restrictifs, ont décliné dans la même progression et avec la même rapidité que le commerce extérieur. Le régime des Turcs est généralement réputé maladroit. Sous ce régime, jamais ni l'industrie, ni le commerce, ni l'agriculture ne sauraient prospérer. C'est sous le dernier sultan que commença ce système de monopole qui, selon toute probabilité, devait, plus que toute autre cause, achever de tarir les ressources du gouvernement, en mettant des entraves à la culture du sol. Une fois les banquiers ruinés par la dépréciation successive des monnaies et la circulation des espèces arrêtée, quelles ressources restait-il au gouvernement, si ce n'est de prendre sur les revenus du cultivateur? Le sultan vendait à Constantinople au plus offrant les grains encore sur pied, et il les achetait au cultivateur à un prix qu'il fixait lui-même. Un voyageur raconte que pendant son séjour à Constantinople, une députation vint de Mytilère pour se plaindre d'une vente que venait de faire un pacha de la production annuelle de l'huile qui se recueillait dans l'île entière. L'acheteur du *teskeri*, ou ordre du favori, exigeait la marchandise à un prix ruineux pour les propriétaires, et comme ce voyageur demandait quels moyens de faire révoquer le marché avaient les réclamants, il lui fut répondu que la députation achèterait un autre pacha. La vélanède, l'opium, la soie, les figues, les graines, toutes les productions, en un mot, furent alternativement exposées à de semblables monopoles. La conséquence fut que les fermiers ne cultivèrent que pour leur plus strict nécessaire, et que la contrée, demeurée inculte jusqu'aux abords même de

Constantinople, laissa les habitants dans la dépendance de la Russie pour leur pain de tous les jours.

Langue. La langue est un des dialectes de celles du Turkestan ; pauvre et dure, elle manque d'expression pour tout ce qui a rapport aux arts et aux sciences. Les Turcs sont, en effet, presque universellement étrangers à toute culture intellectuelle ; leur littérature n'est guère qu'une imitation de celle des Persans et des Arabes.

En fait de beaux-arts, les Turcs ne réussissent qu'à peindre ou à sculpter la nature inanimée (fleurs, arabesques, etc.), et à élever de jolies mosquées que surmontent de hardis minarets.

Religion. L'islamisme (du rit Sonnite) est la religion dominante, mais, comme nous l'avons déjà dit, les autres religions sont tolérées.

Funérailles. Les funérailles des musulmans sont empreintes d'un caractère de gravité et de simplicité qui éveille l'émotion. Lorsque le corps a été bien lavé, on l'essuie avec soin, et l'on jette du camphre sur le front, les genoux, les mains et les pieds. On l'enveloppe ensuite d'une étoffe blanche, chargée de versets du Coran, et on l'expose à la porte de la maison, dans une bière soutenue par des tréteaux. Cette exposition dure quelques heures : l'iman arrive ensuite, jette de l'eau sur le corps, et se met en devoir de le conduire à sa dernière demeure où il est porté tantôt par des amis, tantôt par des mercenaires, et quelquefois par des personnes qui regardent ce pieux devoir comme un acte de dévotion méritoire. Le cortége n'est composé que d'hommes : on voit cependant assez souvent venir, quelque temps après, auprès de la tombe, des femmes payées pour pleurer le défunt. Lorsque le convoi funèbre est arrivé au cimetière, l'iman place avec précaution le mort sur le côté, la figure tournée vers la Mecque, s'avance au bord de la fosse, et prononce d'une voix grave cette profession de foi : « Je crois en un seul
» Dieu tout-puissant, et je n'adore que lui ; je crois que Mahomet est l'envoyé d'Allah
» sur la terre, et le prophète des prophètes. Je crois aussi qu'Ali est le vrai chef des
» fidèles, que cette terre est à lui, etc., etc. »

L'iman s'adressant ensuite au mort : « Sache bien, lui dit-il, que la mort est vraie ;
» que la visite que vont te faire Mounkir et Nékir, les deux anges des ténèbres et les
» messagers d'Allah, est vraie ;…. que le ciel et la terre existent ; que l'enfer, ainsi que
» le jour du jugement, sont vrais ; aie la plus grande confiance dans toutes ces choses,
» car elles sont véritables. Maintenant que Dieu, ton maître, qui viendra un jour
» relever tous les morts de leur tombe, t'accorde la faveur d'approcher de sa divinité
» et de ses prophètes, et que sa grâce soit avec toi pour toujours ! *Amin!* »

Alors l'iman s'éloigne d'une quarantaine de pas, et s'écrie : « Approchez Mounkir et
» Nékir, voici un vrai croyant ; venez, il vous attend ! » — Il revient ensuite au bord de
la tombe : « Dieu, grand et glorieux, dit-il, nous te prions humblement de rendre la
» terre légère à ton serviteur ; et puisse-t-il trouver grâce et miséricorde auprès de
» toi ! Amin ! »

Autres cérémonies. Une sécheresse est regardée à Constantinople comme une calamité plus grande que la peste dont elle semble quelquefois augmenter les ravages. L'eau d'ailleurs est la boisson favorite des Turcs, qui montrent une recherche extraordinaire sur cet article. La renommée que certains lieux se sont acquis pour la fraîcheur de leurs eaux, est un sujet qui occupe toujours les longues conversations des caravanes, et pendant la sécheresse le sultan ordonne souvent des prières publiques pour obtenir du ciel la cessation de ce fléau. Un missionnaire assista une fois à ces exercices pieux prescrits en ces occasions. Parmi ceux qui obéirent à l'ordre du sultan étaient cinquante maîtres d'école, qui allèrent avec leurs élèves faire leurs prières dans la vallée des Eaux-Douces.

Après avoir choisi pour le lieu de sa dévotion une grande prairie, l'assemblée en fit trois fois le tour sous la conduite d'un iman; ensuite les maîtres s'assirent sur le gazon entourés de leurs élèves. Devant chaque maître on plaça deux sacs, dont l'un était vide et l'autre rempli de petits cailloux qu'on avait eu soin de bien laver. La cérémonie commença. Chacun des maîtres assistants prit un caillou dans le sac plein, répéta une courte prière, et soufflant trois fois sur la pierre, la déposa ensuite dans le sac vide; à la fin de chaque prière, tous les enfants répondaient en chœur: *Amin*. Quand l'iman eut calculé qu'il avait été dit ainsi soixante et douze mille prières, il fit signe de les cesser. Les sacs contenant les cailloux sur lesquels les prières avaient été dites, furent réunis, vidés dans une grande outre de peau qu'on ferma soigneusement, et qu'on jeta dans le ruisseau qui arrose la prairie, pour y rester sous l'eau jusqu'au moment où ces prières auraient obtenu la cessation du fléau.

Ces superstitions si opposées à l'esprit simple et austère du mahométisme, s'y sont glissées dans les derniers siècles. Mais dans l'Orient, chrétiens et musulmans sont également superstitieux, grâce sans doute à cet universel amour du merveilleux qui caractérise les Orientaux.

Parmi les cérémonies du mahométisme, il y a ce qu'on appelle le *ramadan*; c'est une sorte de pendant du carême de l'Église romaine. Pendant le ramadan, tandis que les pauvres travaillent comme à l'ordinaire, tout en observant le jeûne, les dévôts fréquentent les mosquées et lisent le Coran; mais le plus grand nombre croit satisfaire sa conscience en dormant jusqu'au moment où le coup de canon du soir annonce que le jeûne est fini pour ce jour-là.

Dans la ville, c'est l'instant du coucher du soleil qui est le plus intéressant de la journée. A mesure que le soleil descend à l'horizon, toute la population musulmane semble s'éveiller. Les cafés, abandonnés pendant le jour aux chrétiens, commencent à se remplir de Turcs, qu'on y voit assis, la pipe à la main, et attendant dans le silence le coup de canon du soir. Les rues habitées par les Turcs sont remplies de gens allant de tous côtés avec une vivacité de mouvements qui n'est pas ordinaire à ce peuple. Les boutiques sont encombrées de chalands; celles des pâtissiers, arrangées et décorées avec un luxe inaccoutumé, étalent leurs mets les plus recherchés. Une multitude de curieux empressés tiennent leurs regards fixés sur les horloges parfaitement réglées dont sont pourvues quelques mosquées. Tout le monde s'adresse la même question : Quelle heure est-il? Le port, est selon l'usage, sillonné par une flottille innombrable de caïques, se dirigeant sur les débarcadères de la Corne-d'Or. Tout ce mouvement se fait sans bruit, et c'est seulement lorsque l'attente universelle est enfin calmée par la détonation majestueuse du canon, qu'il semble que toutes les langues sont déliées comme par enchantement. Mais, même alors on n'entend ni cris ni clameurs; et en approchant de la ville par mer, on n'entend autre chose qu'un murmure confus qui s'échappe de la ville joyeuse.

Avec la nuit commencent les illuminations ; sur des cordes tendues entre les minarets des mosquées on suspend des milliers de lampes, qui représentent des chiffres, des devises pieuses, des figures fantastiques. Cependant l'illumination ordinaire ne se compose que d'un cordon de feu suspendu autour des minarets, du haut desquels le *muezzin* appelle les fidèles à la prière. « Le 21 décembre, ou plutôt le treizième jour du ramadan, était le jour anniversaire de la naissance du sultan; le solennel silence du jeûne, dit M. Southgate, fut interrompu à chaque heure de la prière, par le bruit du canon ; et pendant la nuit, la ville présenta encore un aspect encore plus gai que celui des jours précédents. Tous les bâtiments de la flotte furent magnifiquement illuminés par des fanaux suspendus aux sabords et dans les haubans. Devant l'arsenal, se déployaient des illuminations représentant des ancres et tous les attributs de la marine. Sur le pont de bateaux récemment établi sur la Corne-d'Or, se déroulaient deux longues lignes de feux, dont les reflets produisaient dans les flots un effet magique. Entre les minarets des mosquées, étaient suspendus des emblèmes de feu; ici un croissant gigantesque; là, entre les flèches élancées de la mosquée de Soliman, on lisait : Ya Osman (le père des Ottomans), en caractères immenses; sur le magnifique temple élevé par le sultan, on voyait une barque dessinée avec des verres de couleur, et représentant celle qui portait ordinairement Mahmoud sur les eaux du Bosphore.

» Mais toute cette splendeur était éclipsée par la magnificence du Bosphore. Sur ses deux rives, et dans presque toute son étendue depuis Constantinople jusqu'à la mer Noire, les palais, les kiosques, les cafés, les maisons particulières, se baignaient dans des flots de lumière. C'était vraiment un spectacle digne des *Mille et une Nuits*, et qui ressortait d'autant plus que l'obscurité du ciel était vraiment merveilleuse. Les diadèmes de feu qui couronnaient les minarets semblaient suspendus dans les airs par un pouvoir magique. Les rues étaient aussi illuminées, quoique d'une manière moins brillante; la foule assiégeait les cafés, où des conteurs amusaient les assistants; dans d'autres réunions, la musique, bien que défendue par la loi austère de l'islamisme, charmait les heures de la nuit. Une rare faveur avait été octroyée à la population en faveur du jour de l'anniversaire de la naissance du sultan. Les rues restèrent ouvertes toute la nuit, et je profitai de cette faveur impériale pour passer la plus grande partie de la nuit au milieu des scènes que je viens d'essayer de raconter.

» Pendant toutes les nuits du ramadan, les principales rues furent éclairées assez médiocrement, il est vrai, mais l'intérieur des mosquées était illuminé de la manière la plus brillante. La liturgie mahométane comprend un service spécial pour le ramadan qui se célèbre dans les mosquées pendant la nuit

» Cette splendide période d'humilité se termina le 7 janvier, quand le coup de canon du soir annonça le premier jour du mois de chewall. Alors commença la fête du *Baïram*, proclamée, comme le jeûne l'avait été par des décharges d'artillerie qui durèrent plusieurs heures. Dès lors, la joie devint universelle; les cours spacieuses des mosquées impériales étaient remplies de la foule la plus bruyante que j'aie jamais vue en pays turc. Des crieurs publics allaient dans toutes les directions, criant : Baïram! baïram! avec une voix et une figure aussi joyeuses que celle de nos écoliers, quand l'heure de la récréation leur permet de se précipiter hors des classes. Les mendiants demandaient la charité au nom du *baïram*, mot magique, dont sans doute ils avaient déjà éprouvé la puissance pour ouvrir les bourses et les cœurs.

» Le jeûne est considéré par les mahométans comme d'obligation divine, mais la célébration des fêtes est facultative; le Coran n'en parle pas. Les cérémonies religieuses de ces fêtes sont célébrées avec une grande splendeur : le sultan, successeur du prophète, y assiste entouré de tous les grands officiers de l'État. Cependant la partie impériale des cérémonies, si l'on peut parler ainsi, est, malgré sa magnificence, moins intéressante que les réjouissances populaires.

» Le premier jour, l'appel à la prière fut suivi, aux cinq heures canoniques, d'un salut de toute la flotte. Pendant tout le temps de la première fête, et les trois premiers jours de la seconde, les boutiques restèrent fermées, et tous les travaux furent interrompus. La population musulmane remplissait toutes les rues; on ne pouvait trouver de place dans les cafés. Hommes, femmes, enfants, tous étaient en habits de fêtes; jamais les turbans blancs ne m'ont paru si propres et si fraîchement plissés. Les femmes turques, par groupes de cinq à six personnes, accompagnées de leurs enfants revêtus de leurs plus beaux costumes, circulaient dans les rues. On faisait des visites à ses amis ; quand on les rencontrait dans la rue, on les embrassait sur les deux joues. L'inférieur donnait le même signe d'attachement à son patron, en lui baisant la main. Les effendis à cheval et les femmes dans leurs *arabas* couvraient le pont qui unit Stamboul à Salata; des escamoteurs exerçaient librement leur métier dans les rues fréquentées. Les vendeurs de fruits, de confitures, de conserves, vantaient d'une voix de stentor les merveilles de leurs magasins, et les mendiants recommençaient à vous importuner de plus belle, au nom du baïram. On eût dit que ce mot portait avec lui une invitation au plaisir et à la gaieté. Tout cependant se passait sans désordre; on ne voyait ni presse, ni spectacles indécents, ni gaieté folle, ni éclats de rire bruyants, ni surtout ces querelles et ces rixes sans cause qui accompagnent invariablement les grandes fêtes de nos pays civilisés. On trouve la raison de cette différence dans la modération habituelle, et l'empire sur soi-même qui caractérisent les Turcs, et aussi dans l'absence de ces grandes douleurs qui affligent toujours une partie de notre population. Pendant le baïram, les autorités turques déploient une grande vigilance pour éloigner les musulmans des boutiques où se débitent les liqueurs spiritueuses, et qui, j'ai honte de le dire, sont presque exclusivement fréquentées par les chrétiens. La seule partie de la population qui donne toute carrière à sa gaieté, ce sont les enfants; les uns sont montés sur des ânes, les autres courent sur des chevaux ou se livrent au mouvement rapide des balançoires, dont j'ai vu au moins quatre espèces à Constantinople. On les voit jouer et sauter dans les cours des mosquées, tirer des pétards, manger des bonbons, absolument comme font les enfants dans les États-Unis d'Amérique au glorieux anniversaire du 4 juillet.

» Un autre trait caractéristique des deux baïrams peint trop bien l'état actuel de l'islamisme pour qu'on n'y fasse pas attention. Un Turc n'est jamais plus musulman que pendant le temps du jeûne et des fêtes, il se sent rappelé à lui-même et à sa religion. Quelque négligent qu'il puisse être à faire ses dévotions pendant le reste de l'année, il est rare qu'il manque aux cérémonies extraordinaires de cette époque, ou qu'il ne se ressente pas des sentiments qui agitent le reste de la population. S'il a quelque connaissance parmi les Francs infidèles, il a soin de s'en éloigner à cette époque. Un respectable chrétien de Constantinople m'assurait qu'il y a quelques années encore, les chrétiens ne se considéraient pas comme en état de sécurité parfaite pendant le ramadan et les deux baïrams, et se hasardaient dans les rues le moins qu'ils pouvaient. Heureusement ces temps sont changés. »

Mœurs. — On peut définir l'Ottoman : un être qui prie et qui fume. A pied, à cheval, debout, couché, à bord d'un vaisseau, qu'il dorme, rêve, chante, pêche, chasse, achète, vende, écrive, raconte, lise, s'amuse, s'ennuie, étudie, le Turc n'a pas plutôt entendu la voix perçante qui jaillit des minarets, qu'aussitôt il étend son tapis, tombe à genoux et prie. Jamais à l'heure voulue il ne manque à ce devoir d'adoration et de reconnaissance. Nous rencontrerions difficilement parmi nous un chrétien assez zélé pour quitter la table et aller dire sa prière? Aucun bon musulman ne se ferait scrupule de rentrer dans sa chambre et d'interrompre ainsi le meilleur et le plus délicat des repas. La régularité dévote du musulman est frappante. L'œil fixé dès le matin sur l'orient à peine rosâtre, il épie le premier réveil de l'astre, il déplie son tapis avec un soin merveilleux, s'agenouille et passe un quart d'heure dans cette situation. Après cela, il n'est plus à reconnaître. Ce n'est pas le même homme : il redevient gai, charmant, hospitalier, bon compagnon. Qu'on ne croie pas à tous les récits qui ont été faits sur la barbarie, sur la grossièreté, sur la dureté inhospitalière des Ottomans. Un voyageur raconte qu'il se promenait un jour dans le magnifique cimetière, espèce de palais de la mort, qui se trouve aux portes de Constantinople, et dont les colonnades sont des cyprès aux mélancoliques ombrages. Un Turc, jeune encore, s'approcha de lui, cassa en deux une croix et lui en offrit la moitié en souriant. Il accepta sans trop savoir quel était le sens de cette familiarité singulière. Quand il s'en informa auprès de voyageurs plus versés que lui dans les mœurs orientales, il lui fut répondu que c'était une trace de l'ancienne hospitalité de l'Asie. Ce jeune Turc avait reconnu en lui un étranger et lui avait fait connaître par ce symbole qu'il était le bienvenu dans son pays, et qu'il pouvait partager le bien que produisait le territoire; symbole touchant et gracieux, qui n'a rien assurément de barbare.

Un Turc n'a pas de vie privée, si l'on excepte la vie du harem. Il mange, il boit, il dort au grand jour; il fume sa chibouque à la face du peuple, Presque tous les cafés ont des balcons, et ceux qui n'en ont pas restent ouverts à la curiosité des passants. Rien de moins amusant pour un Européen étranger que d'exposer ainsi à la vue de tous son repas modeste. Souvent une armée de petits Turcs avides observent chacun des morceaux et comptent les bouchées de votre repas. Qu'importe à notre musulman : il reste là toute la journée, humant son café, fumant sa pipe, grave comme une idole, et n'accordant pas la moindre attention à ceux qui font tant d'attention à lui. Du café, quelques saucisses, voilà toute la consommation faite par les habitants. Les délices vaporeuses du tabac leur sont évidemment beaucoup plus chères que toutes les recherches de la table.

En Turquie le plus triste isolement est réservé à l'homme qui ne sait pas manier la pipe. Si vous ne fumez pas, vous êtes regardé comme le plus innocent des barbares, ou plutôt vous êtes une énigme, un logogriphe, une chimère; on ne sait d'où vous venez, ni qui vous êtes, on n'a pas la plus légère idée de l'homme qui ne fume pas. Autant vaudrait s'enquérir si vous buvez et si vous mangez. Quiconque a fumé du tabac turc pardonne aux Ottomans cette habitude. Ce n'est pas du tabac que fume le Turc, c'est un parfum. Ne pas fumer au milieu de gens qui fument, c'est vouloir rester paria. Quatre ou cinq personnages qui allument gravement leur cigare au même flambeau et grossissent le même nuage de fumée, s'unissent par je ne sais quelle sympathie.

On pourrait appliquer à la pipe le mot d'Ovide : « *Smolliet mores, nec sinit esse feros*; la pipe adoucit les mœurs et civilise la férocité. » Comment conserveriez-vous des sentiments de haine contre ce paisible fumeur qui croise si tranquillement les jambes, et aspire si doucement auprès de vous la vapeur de sa chibouque!

C'est en Turquie qu'on trouve la figure réellement *virile*, car c'est toujours et partout la physionomie de l'homme avec barbe, moustaches et favoris, qui à force de se montrer devant vous finit par vous causer un véritable et profond dégoût. C'est là que vous appréciez ce que vaut une figure de femme; vous la cherchez partout, et partout en vain; dans les villes, dans les villages, autour des forêts, sur les bords des lacs. Que ne donnerait-on pas pour être délivré de cette éternelle barbe, de cette sombre physionomie qui se représente partout, qui vous persécute, vous hante, ne vous quitte pas. Au lever du soleil, à midi, le soir, ce vieux et triste fantôme, venu du Palus-Méotide, se représente plus impérieux, plus ennuyeux que jamais. Quelquefois, il est huit heures du matin, vous allez, déjà fatigué, déjà las de votre course, vous laissez tomber la bride sur le cou de votre cheval; puis sur le seuil de quelque petite cabane, vous croyez apercevoir le voile, la robe, attributs du sexe absent et exilé. Vous hâtez le pas. « Quoi! il existe encore des femmes, vous écriez-vous, je vais entrevoir le nez d'une femme turque! » Vous approchez, vous espérez; vous franchissez un fossé, une haie, une vieille muraille. A peine la tête de votre coursier se trouve-t-elle à douze pieds du seuil, la vision disparaît, le fantôme s'évanouit, le voile rentre dans la maison; à sa place un museau de bouledogue, ou un turban surmontant une face plus féroce encore, est là pour vous recevoir.

Le temps n'a rien changé. L'Asie reste comme autrefois ennemie de la population féminine en l'ensevelissant dans les entrailles de la terre. Vous ne découvrirez nulle part, dans quelque contrée de la Turquie que vous portiez vos pas, les doigts longs et effilés, la blanche main, le regard étincelant et doux qui caractérisent la fille d'Ève.

« Il me semble encore, dit M. Michel-Jacques Quin, apercevoir ce qui a si souvent offensé ma vue pendant ma longue traversée, la botte-pantoufle, le cimeterre damasquiné, l'œil féroce et inquiet, l'expression orgueilleuse et indolente, la main maigre et musculeuse, la barbe épaisse et dure du souverain maître de ces climats. Je suis heureux, je l'avoue, depuis que j'ai perdu de vue cette éternelle taille grosse et courte environnée d'un châle qui n'en finit pas, cet énorme yatagan, cette gigantesque pipe et cette canne plus gigantesque encore ; tout cela, je dois en convenir, ne cache pas trop mal les véritables défauts de la nature turque, la lourdeur et l'épaisseur des membres, la massive et gauche fabrication de la charpente humaine et la disgrâce naturelle de l'individu. »

Un Turc peut-être fort beau et fort agréable dans les romans et dans les tableaux, mais toujours seul il finit par causer un insoutenable ennui ; les Turcs n'ont pas mieux conservé la bergère, la triste caricature que les Européens nomment la bergère, et qui, portant des sabots en France et allant nu-pieds en Suisse, ne se rattache à l'espèce féminine que pour lui faire injure. Ils ne connaissent que les bergers, Corydons peu agréables qui conservent tout l'orgueil et toute la gravité musulmane. Vous découvrez de loin un troupeau, même de porcs, vous courez, vous espérez Philis ou seulement Toinon. Hélas ! le guide du troupeau est quelque chose de plus étrange que Caliban, mais quelque chose d'incontestablement viril. Demi-Robinson, demi-ours, cet intéressant personnage, enveloppé dans une vieille capote longtemps battue des vents d'hiver, est endormi au coin d'une haie, symbole peu touchant de la vie pastorale et de ses délices. Le soir, quand vous arrivez à un petit bouquet d'arbres et à quelque misérable chaumière placée au milieu d'eux, c'est encore un homme qui vous reçoit dans cette auberge turque. — « Pour dîner, dit un voyageur, nous n'avions que trois œufs durs, une croûte de pain et une poignée de sel ; pour souper, on nous offrait une mesure de café noir de la capacité d'un dé à coudre. En vérité, c'était trop peu ; j'insistais. Le seul habitant de la cabane, de souffler le feu aussitôt, de nettoyer les tasses, de revenir à la charge et de m'offrir toujours, comme c'était la coutume, ce que j'avais une fois refusé, du café. Puis, comme je faisais grand bruit, mon hôte s'en alla sans doute dans le but de me faire préparer un repas plus convenable. Il me semblait, dans mes idées européennes, que les préparatifs culinaires appartenaient spécialement au sexe faible, et j'espérais que mon insistance aurait pour résultat l'arrivée de trois ou quatre habitants du harem. J'attendais les assiettes et les plats portés par ces dames. O déception ! Un long plateau de bois pesant sur la tête de mon hôte descendit du premier étage sans être accompagné de la moindre houri, vieille ou jeune. »

Tout ce qu'on a dit de plus beau et de plus éthéré sur la femme, sur son importance, sa dignité, sa beauté, n'empêche par l'existence d'un fait bien remarquable et qui lui semble contraire. L'Asie, son berceau, la condamne à la captivité ; c'est là qu'elle est née, c'est là qu'elle gémit ; à peine l'Orient se montre dans l'histoire, qu'il nous apprend à renfermer nos femmes et nos filles. C'est une fausse idée de croire que la reclusion des femmes date du Coran de Mahomet. L'Européen peut trouver cela singulier, bien patriarcal, mais il est certain que l'effet de cette similitude dans les visages, dans les tournures, dans les costumes, devient fastidieux à la longue. Il ne respire que lorsqu'il arrive en Bulgarie, où il trouve enfin des familles chrétiennes semées à travers la population musulmane. C'est chose charmante et nouvelle de voir ces femmes chrétiennes jouir de la liberté que le Christ est venu leur apporter. Leur figure est découverte, et la croix rouge brodée en soie qu'elles sont obligées de porter sur l'épaule ou sur la poitrine produit le plus piquant effet. On se rappelle involontairement les croisades. Presque toujours leurs traits sont jolis et délicats; un mouchoir est noué coquettement autour de leur tête. Souvent les jeunes filles bulgares se groupent autour des fontaines. C'est auprès d'une de ces fontaines enchantées, après avoir traversé les villages mahométans où l'on ne découvre que des figures viriles, c'est là que vous rêvez involontairement à la tristesse d'un monde qui n'aurait pas ce que Milton appelle impoliment le *beau défaut de la création*, la femme.

Pendant que l'Orient reste cloué à ces usages, Constantinople, qui n'est que la porte de l'Orient, commence à les répudier. Un voyageur qui arrive de l'Inde ou de l'Égypte s'étonne de trouver Bysance si européenne. Les hommes composent la majorité des passants, sans doute, mais un grand nombre de robes et de voiles ne laissent pas que de glisser dans les rues de la ville. Et ici, par voile, n'entendez pas un morceau de mousseline ou de dentelle carrée d'une délicieuse transparence, coquettement jeté sur la tête, un voile qui ne voile rien; il ne ressemble point à cette prison hermétique que les Turcs appellent un voile : celui-là est un véritable manteau pour la figure, une enveloppe jalouse et épaisse destinée à mettre la beauté à l'abri des regards profanes. S'il était fidèle aux premiers règlements de l'islamisme, il formerait un rempart inviolable derrière lequel se cacheraient les yeux, le nez, la bouche, le menton et le front de celle qui le porte, ainsi le veut la loi; mais la loi est éludée. Tout en continuant d'attacher ce voile autour de sa tête, la femme musulmane l'abaisse avec une négligence assez bien calculée pour éveiller l'attention, provoquer les regards, piquer la curiosité. La femme reste femme en dépit des lois et des mœurs. Entre la chevelure et les yeux, un espace reste à découvert, poli, blanc, rayonnant, orné de deux arcs à la courbe d'ébène. Dieu sait que de soins, d'artifices, de ruses même la belle musulmane et la femme de chambre mettent en œuvre pour faire ressortir avec avantage ce gracieux symbole. C'est là le genre d'attraits qui domine à Constantinople, — les sourcils. Quelquefois, il arrive que le voile trompeur descend un peu plus bas encore et découvre une partie des yeux; il arrive encore, ô Mahomet! que les plis inférieurs du même voile découvrent, en se drapant avec beaucoup de grâce, des lèvres vermeilles faisant la plus agréable moue que l'on puisse imaginer, et des joues fraîches, grasses, rosées, qui donnent une fort bonne idée du paradis inventé par ce grand législateur.

Un fait également certain, c'est que la plupart des femmes turques se fardent, si l'on doit nommer fard cette légère teinte rose, excusable supplément que les couleurs naturelles doivent au pinceau de poil de chameau. La vie de la femme turque est une longue somnolence. Dormir est la grande récréation et la principale occupation de la femme turque; elle dort par habitude, elle dort pour se distraire, elle est plus que somnambule. Ses paupières se ferment, et sa volonté se tient *ad libitum*; elle regarde la veille comme un état bizarre et contre nature. De là cet embonpoint maladif, cette pâleur froide et mate. Pardonnez à la jolie femme qui a épousé le sommeil en s'alliant à un mari turc, la couche de carmin à laquelle elle a recours. Voyez dans l'appartement d'une femme turque comme tout y est bien arrangé pour le sommeil.

« Nous entrons, dit miss Pardoe, dans la cour spacieuse de la maison où nous étions attendues (la maison d'un marchand turc), et nous montons un vaste perron qui conduisait au harem ou appartement des femmes. Nous arrivons dans une grande antichambre de trente pieds carrés environ, et sur les deux côtés de laquelle ouvraient plusieurs chambres, cachées par des rideaux de drap brun, bordés de franges. Un immense miroir remplissait un espace vide entre deux portes, et un long corridor conduisait de cette antichambre à l'appartement principal du harem, dans lequel nous fûmes introduites par un esclave noir.

» Lorsque je dis *nous*, je parle de moi et d'une dame grecque qui m'accompagnait, car aucun homme, excepté ceux de la famille et le médecin, ne sont jamais admis dans l'intérieur d'un harem turc.

» L'appartement dans lequel nous fûmes reçues était vaste et rempli d'une douce chaleur, garni de très-beaux tapis et entouré de sofas élevés d'à peu près un pied, et couverts de peluche cramoisie. Les coussins, appuyés contre la muraille ou étendus sur le sofa, étaient brodés de fils d'or et de soie. Dans un angle du sofa, on voyait le *tandour*, meuble si peu semblable à tous ceux que nous possédons en Europe, que je ne puis m'empêcher d'en faire la description.

» Le *tandour* est un meuble de bois sur lequel se trouvent deux couvertures cachées par une troisième, beaucoup plus petite, en soie très-riche. Au milieu est fixée une table à déjeuner, soutenant un vase de métal plein de cendres chaudes de charbon de bois. Des deux côtés qui ne touchent pas au sofa, des piles de coussins sont entassés sur le parquet, à peu près à la même hauteur que le *tandour*, pour la commodité de ceux dont le rang dans la famille ne leur permet pas de prendre place sur ce sofa.

» Les fenêtres étaient à l'extrémité de l'appartement soigneusement garnies de jalousies. Au fond de la chambre, dans une niche cintrée, se voyait un vase de terre rempli d'eau, et un verre posé sur une soucoupe de cristal. De chaque côté de cette niche, était attaché un cordon de soie, auquel pendaient des serviettes richement travaillées et frangées d'or; une copie du Coran, recouverte d'un mouchoir de gaze d'or, placée sur un morceau de bois de rose ciselé.

» Au milieu de l'appartement se trouvait le *mangal*, grand vase de métal d'environ un pied de hauteur, posé sur un guéridon de même métal, et rempli, comme celui du *tandour*, de charbon de bois. La famille était composée du père et de la mère, de leur fils et de sa femme, de leur fille et de son mari, et d'un plus jeune fils adoptif. Les dames étaient assises sur les coussins, cachées jusqu'au cou sous les couvertures du *tandour*. Quand elles se levèrent pour nous recevoir, je fus frappée de la beauté de la fille, dont les grands yeux bleus et la chevelure d'un brun doré étaient complétement différents de ce que je m'étais attendue à rencontrer dans un harem turc. La femme du fils était belle, grande, brillante; elle avait les yeux noirs, mais ses autres traits n'étaient pas agréables, quoiqu'elle eût, comme la plupart des femmes de son pays, cette peau douce, blanche et veloutée, qu'elles doivent à l'usage constant du bain. C'est à ce même usage que je crois pouvoir attribuer la perte de leurs cheveux, qui, en devenant luisants et lustrés, ne conservent pas de force: aussi sont-elles obligées de se servir de fausses tresses; elles les portent en profusion, entrelacées dans les plis de mouchoirs brodés qu'elles tournent autour de leur tête de la manière la plus disgracieuse, et qu'elles attachent avec de grosses épingles de diamant ou d'émeraude; en général, elles aiment beaucoup ces ornements. Elles portent toutes des chemisettes, espèce de vêtement de gaze de soie, bordées de rubans étroits, et de larges pantalons de coton de couleur qui tombent jusqu'aux pieds, qu'elles ont presque toujours nus, excepté quand par hasard elles les enferment dans de petites mules jaunes qui couvrent à peine les orteils, et leur servent à marcher dans la chambre, avec la plus grande aisance, traînant derrière elles leurs grandes robes flottantes. Plus souvent, elles marchent pieds nus dans le harem. Leurs habillements de dessus sont de coton des couleurs les plus brillantes. Celui de la fille, par exemple, avait un fond bleu, avec une frange verte et mouchetée. Ces robes, faites d'un seul morceau, sont coupées à la hanche de chaque

FEMME TURQUE.

DAME TURQUE.

côté, à cause de leur extrême longueur, et relevées autour du corps par un cachemire. Ce costume est complété en hiver par une veste serrée, d'une couleur claire, verte et mouchetée, et doublée de fourrures. — Toutes leurs habitudes, si l'on en excepte celle de se lever de bonne heure, sont, en général, pleines de volupté et d'indolence. Leur temps est employé à s'habiller et à varier l'arrangement de leurs ornements, à prendre des bains et à se livrer au sommeil, ce qu'elles font à volonté; dans l'hiver, elles s'enveloppent sous les couvertures du *tandour;* dans l'été, elles se cachent au milieu de leurs coussins, et, en cinq minutes, elles sont transportées dans le pays des songes. Elles sont tellement habituées à ce genre de vie qu'elles invitent leurs hôtes à dormir, avec le même naturel qu'une dame européenne inviterait ses amis à faire un tour de promenade. La civilisation a cependant fait des progrès jusque dans le harem, et quoique ces progrès n'aient pas encore influé sur les manières et les sentiments des femmes, toutefois l'oisiveté complète n'est plus considérée comme l'attribut nécessaire des dames turques de la haute classe. »

Les dames turques sortent, soit à pied, chaussées de bottines jaunes qui montent jusqu'au milieu de la jambe, et par-dessus lesquelles elles mettent des pantouffles de la même couleur, soit en *araba,* espèce de voiture du pays en drap cramoisi, peint et doré : là, elles s'enfoncent dans leurs coussins, et font plus usage de leurs yeux qu'aucune femme de la terre. On n'a jamais vu tant de coquetterie que chez les femmes turques quand elles sortent. Si l'*araba* marche lentement, la *feridjhe* est rejetée en arrière pour laisser voir ses glands d'or et de soie blanche; et si elles aperçoivent un groupe de beaux hommes, elles choisissent ce moment pour arranger, comme par hasard, leur *yashmac.* Pour vous former une idée de leurs voitures, représentez-vous celle que la belle marraine de Cendrillon lui avait faite avec une citrouille. Sa forme est celle d'un waggon couvert; son extérieur est en drap cramoisi avec des franges et des glands de soie bleue; son intérieur ressemble à un morceau de pain d'épice. Quatre glaces rondes sont emboîtées de chaque côté des portières, et au lieu de fenêtres, il y a des jalousies dorées, si serrées qu'on n'y est nullement à l'aise, et l'on y respire péniblement.

Les bazars ressemblent à une petite ville commerciale; chaque rue est appropriée à un genre particulier de commerce, depuis le comptoir du marchand de diamants jusqu'aux raccommodeurs de fourrures. Le Beizensteen est merveilleusement riche en bijoux; mais pour obtenir la permission de les voir, il faut se présenter comme acheteur, sinon vous vous contentez de regarder ceux de moindre valeur qui servent d'ornements dans des montres de glace. Presque tous les bijoutiers sont Arméniens, ainsi que les changeurs. Les parfumeurs attirent particulièrement l'attention; leur quartier est une véritable Arabie-Heureuse en miniature. C'est là que l'on comprend l'*embarras des richesses,* car tous les produits de l'Orient et de l'Occident viennent vous séduire à la fois, depuis le flacon svelte et allongé d'eau de Cologne jusqu'à la petite fiole dorée et soigneusement enveloppée d'*Atar-Gull.* L'atmosphère du bazar des aromates ne répand pas un parfum moins agréable, avec ses pyramides de girofles, ses piles de cannelle et ses sacs de muscades. Quel étalage de porcelaines de la Chine ancienne et moderne; quel étalage de soies, de velours, de satins de *broussa,* de gazes d'or ! — Vous quittez les bazars de Constantinople, les yeux éblouis de tant de magnificence.

Le dîner existe pour la race musulmane comme pour nous. On place au milieu de la chambre une espèce de table dont l'élévation n'est pas de plus de huit pouces au-dessus de terre, et sur laquelle on dépose un plateau de bois, d'argent ou d'argent plaqué; selon la fortune de la famille. Le potage en occupe le centre, et tout autour sont disposés des sorbets à la rose, des saucières de porcelaines remplies d'anchois, de dragées, de gelées, de caviar, de morceaux de pain sans levain et servis chauds, enfin des cuillers de buis. On s'assied autour de cet appareil, les jambes repliées sous le corps, chacun déploie une serviette, s'appuie sur un coussin, on fait des ablutions, et l'opération commence. Au potage succède un grand plat rempli de petits morceaux de viande et de volailles d'espèces diverses. Il faut les aller chercher dans ce mélange confus, soit avec une cuiller, soit avec les doigts. L'étranger, accoutumé à la fourchette civilisée, a peine à supporter la cérémonie hospitalière qui est le comble de la politesse envers le convive. La cuiller sépare un de ces petits morceaux de viande dont le plat est chargé : puis, avec le bout du doigt, le Turc qui vous invite le saisit délicatement ; après quoi on le présente à l'étranger qui ne saurait refuser une telle offrande. D'ailleurs, on y met toutes les formes possibles : le sourire est doux, la main grasse et potelée, et votre répugnance est bientôt vaincue. Les mets qui se succèdent ensuite, bravent toutes les lois symétriques recommandées par les savants de la gastronomie européenne. Vous y trouvez des fritures, des légumes, du poisson, de la pâtisserie, des crèmes, des dragées, le tout sans ordre et sans autre programme que le caprice du cuisinier. Une pyramide de pilau s'élève au centre, et sert de couronne indispensable ou plutôt de tiare à l'ensemble du repas. Une eau délicieuse, des sorbets, et depuis quelque temps le vin, liqueur révolutionnaire que l'on a osé intercaler dans les repas des descendants de Mahomet, servent de breuvage. On enlève le plateau et ce qui le couvre, on apporte les nappes brodées, l'eau de rose et les aiguières ; les ablutions recommencent, et le repas est terminé. Chacun se lève, s'étend sur son coussin, fume sa chibouque, afin qu'agit comme il lui plaît. Cette parfaite liberté du convive après le repas, est une des plus frappantes marques de raffinement et de civilisation dont un peuple puisse se vanter. Elle prouve une grande connaissance du bien-être individuel, un extrême respect pour les jouissances d'autrui, un culte de l'indépendance qui ferait honneur aux salons les plus célèbres de Paris et de Londres. Ordinairement, après le dîner, on passe dans un autre appartement. Le massalghi, ou conteur, vient occuper les loisirs de la famille, et tuer le temps dont la fuite est pesante dans un pays tel que la Turquie. Les plus habiles et les plus inventifs font, comme à Naples, des histoires qui ne manquent pas d'intérêt ; d'autres empruntent des fragments aux *Mille et une Nuits;* quelques-uns essayent le récit comique, ou tombent dans la farce, ou esquissent un roman mystique. Les plus habiles et les plus estimés répètent des tirades de Hafiz et de Sadi. Il y a de l'harmonie dans leur voix, de la grâce dans leur attitude, de l'éclat dans leurs locutions. Ce qui est surtout admirable, c'est leur habileté à ne pas finir leur contes, au moment où l'attention de l'auditeur est vivement excitée ; lorsque la catastrophe la plus intéressante menace le héros, notre conteur qui était accroupi, se relève, salue, s'élance vivement et prend la fuite. On court après lui, on le rattrape dans la rue, mais il est trop tard, il ne veut pas rentrer, il ne rentrera que sur un pont d'or. Voilà une habile façon de gagner son argent. Pendant que dure cette diplomatie, père et mère, fils et filles restent tous nonchalamment étendus, les yeux fermés, enfoncés dans leurs coussins moelleux, savourant le souvenir des événements racontés, attendant avec extase le dénoûment que l'on achète. Les récits des narrateurs, ce sont pour les Turcs leurs poëmes, leurs journaux, leurs drames, leurs revues. Pour eux, les jouissances intellectuelles ne vont pas plus loin. Pendant cette extase littéraire, des flots de fumée s'exhalent des chibouques, et tous les membres de la famille fument à l'envi ; lorsque le conteur achève son histoire, un nuage épais couvre toute la chambre, et le plus robuste des Européens n'y tiendrait pas.

PRINCIPAUTÉ DE SERVIE (Serbie).

Confins. En comptant les six districts qui en ont été détachés au commencement du siècle, et qui ne lui ont pas encore été rendus, cet état confine, au nord, avec les confins militaires autrichiens; à l'est, avec la principauté de Valachie et avec la Bulgarie; au sud, avec la Romélie, la Macédoine et l'Albanie; à l'ouest, avec la Bosnie.

Pays. Presque toute la Servie, dans les confins qu'elle avait avant l'insurrection de 1801.

Fleuves. Le Danube, qui reçoit la *Save* grossie par le *Drin*, etc.; la *Morava*; le *Timok*.

Villes. Semendria (*Smedreno*, ou *Sent-Andriya* ou *Saint-André* des Serviens, et *Semendra* des Turcs), située au confluent de la Jessova ou de la branche occidentale de la Morava avec le Danube, ville de médiocre étendue et fortifiée. Elle est regardée depuis assez longtemps comme la capitale de la principauté, étant la résidence du prince, du sénat servien et d'un archevêque qui a le titre de primat de Servie. Elle a été prise et reprise à diverses époques. On estime à 10 ou 12,000 âmes sa population; ses environs produisent d'excellents vins.

Dans un rayon de 22 milles on trouve :

Belgrade, ville la plus grande et la mieux bâtie de toute la Servie, siége d'un évêché grec, une des fortes places de l'Europe et depuis longtemps renommée dans les annales militaires de la Turquie. Ses vastes et belles fortifications sont gardées par une garnison turque qu'on estime au moins à 6,000 hommes. Quelques-unes de ses mosquées, le palais du pacha, l'arsenal et le puits très-profond de la citadelle, sont ce qu'elle offre de plus remarquable. Belgrade est l'entrepôt principal entre Constantinople et Salonique d'un côté, et Vienne et Pesth de l'autre; elle se distingue aussi avantageusement par son industrie, surtout par ses fabriques d'armes, de tapis, d'étoffes de soie et de coton, ainsi que par ses tanneries et sa fonderie de cloches. Belgrade est la patrie de l'empereur Jovien. On estime sa population à près de 30,000 âmes.

Les autres villes les plus remarquables de la principauté sont : Kragojevacz (Karagiofdschaf), petite ville, située aux pieds des monts Rudnicks, où, en 1830, les représentants de la nation servienne se sont assemblés au nombre de mille, pour élire Milosch, prince héréditaire, élection confirmée par le Grand Seigneur. — Usicza, centre du commerce de la Servie occidentale et point important pour les routes qui y aboutissent; on lui accorde 6,000 habitants.

Dans les districts qui doivent être rendus à la Servie on trouve : Kruschevacz (*Aladja-Hissar* des Turcs), presque au milieu de la principauté. Elle possède un évêché grec, avec un château où plusieurs souverains de la Servie ont résidé. — Novi-Bazar (*Icini-Bazar* des Turcs) sur l'Jbar, assez grande ville, fortifiée, chef-lieu d'un pays connu sous le nom de *Rascie*; on lui accorde de 7 à 8,000 habitants. — Nissa, place forte, restaurée dernièrement, siége d'un évêché grec. On estime sa population à 4,000 âmes.

Gouvernement. Depuis le traité stipulé entre la Porte et les Serviens, garanti par la Russie et confirmé par celui d'Andrinople, on doit regarder la Servie comme un État seulement tributaire et non sujet de l'empire ottoman. Un firman envoyé par la Porte au pacha de Belgrade, accorda aux Serviens entre autres priviléges les suivants : la liberté complète du culte; la faculté de choisir librement les chefs de l'administration; l'indépendance de l'administration intérieure; l'intégrité de l'ancien territoire de la Servie; la fixation invariable de la somme que la Servie doit payer comme tribut à la Porte; l'administration par les Serviens de toutes les propriétés turques qui sont en Servie; la liberté de faire le commerce dans tout l'empire ottoman avec des passe-ports serviens; la faculté d'établir des hôpitaux, des écoles et des imprimeries; l'interdiction à tous les Turcs de résider en Servie à l'exception de ceux qui font partie des garnisons qui doivent occuper certaines places fortes. Le gouvernement pourrait être regardé actuellement comme *monarchique héréditaire constitutionnel*, puisque le Grand Seigneur a confirmé l'élection faite par l'assemblée nationale réunie à Kragojevacz, le 4 février 1830, d'un prince héréditaire dans la personne et dans les descendants de Milosch Obronowitsch, qui déjà depuis 14 ans dirigeait l'administration de ce pays. Une commission s'occupa depuis, par ses ordres, de la rédaction d'un code de lois, en prenant pour base celui de Napoléon; d'autres mesures furent prises pour établir des écoles, des imprimeries et des hôpitaux. Le prince Milosch, renversé du trône en 1839, a été remplacé par son second fils Michel. Le sénat administre la justice, la police et le culte d'après les lois nationales renouvelées. Le pays paye un tribut fixé, et fournit en cas de guerre un corps particulier de 12,000 hommes.

Religion. La plupart des Serbes sont du rit grec *non-uni*. Fille de l'Église orientale et grecque, celle de Servie s'est pourtant donnée un chef particulier qui, selon les uns, est un patriarche résidant à Pechia, ou Ipeck, dans la haute Albanie, mais selon les meilleures autorités, est l'archevêque de Semendria.

Langue. Les Serbes, race vigoureuse et même belle, parlent un des dialectes slaves les plus doux et les plus purs; leurs chants nationaux, remplis de grâce, de naïveté, et souvent de la plus belle poésie, célèbrent leurs anciennes guerres contre les musulmans. Cette langue expressive se parle en Servie, en Esclavonie, dans une partie de la Dalmatie et de la Croatie, et dans quelque districts de la Hongrie. Il existe de fort beaux chants Serbes (épiques et lyriques) : Vouk-Stéfanovitch les a recueillis et mis en allemand. Ils ont été traduits en polonais et en français. Simples plutôt que barbares, les Serviens recherchent déjà l'instruction; ils écrivent dans leur belle langue, et comme elle est presque identique avec celle de la Russie, ils envoient leurs enfants étudier dans les universités russes. Les femmes, douées de beaucoup de charmes, de sensibilité et d'exaltation, commencent à apprendre les arts agréables de l'Europe.

PRINCIPAUTÉ DE VALACHIE.

Confins. Au nord, la Transylvanie ou les confins militaires autrichiens, et la principauté de Moldavie; à l'est, la Bulgarie; au sud, la Bulgarie; à l'ouest, la Bulgarie, la principauté de Servie et les confins militaires autrichiens.

Pays. Toute la ci-devant principauté de Valachie, plus les petits districts qui formaient la banlieue des forteresses turques sur la rive gauche du Danube.

Fleuves. Le DANUBE, qui sépare la principauté de l'empire ottoman et qui reçoit le *Schyl*, l'*Aluta*, l'*Ardjis* grossi par la *Dumbovitza*, la *Ialovitza* et le *Sereth*; ce dernier trace une partie de la frontière du côté de la Moldavie.

Villes. BUKAREST (*Bukarescht* des Valaques), grande ville moderne, fort sale, située sur la Dumbovitza dans une vaste plaine marécageuse, siége d'un archevêché grec, devenue depuis 1698 capitale de la principauté et résidence de l'hospodar et des consuls étrangers. Ce n'est, dit un géographe célèbre, qu'un grand village, quelques beaux châteaux, plusieurs beaux et grands couvents, les tours nombreuses de soixante églises

HOMME DE LA MONTAGNE.
Valachie

grecques se perdent parmi des jardins fleuris, des bosquets odorants, des promenades délicieuses. Ses rues sont droites, assez larges et presque toutes garnies, au lieu de pavé, d'un plancher en madriers, sous lequel on a creusé de larges canaux pour recevoir les immondices. Les maisons sont construites en briques, enduites de plâtre et blanchies en dehors et en dedans. Le *palais*, où résidait l'hospodar, vaste édifice, a été brûlé en 1813 par accident; nous ignorons s'il a été rebâti depuis. Les *hôtels des consuls autrichien* et *russe*, le *palais archiépiscopal*, l'*église métropolitaine* et la *tour du Kolza* ou *Hôpital* sont les bâtiments les plus remarquables. Bukarest pourrait être regardée comme le point de partage entre la civilisation européenne et la civilisation asiatique; les mœurs et les usages de ces deux parties du monde viennent pour ainsi dire s'y confondre. Le *lycée*, qui comptait il y a quelques années douze professeurs et près de trois cents étudiants; la *bibliothèque publique* et la *société littéraire* sont des établissements qui doivent être mentionnés, ainsi que la gazette en valaque qu'on y publie depuis quelque temps. L'industrie de cette ville est peu de chose eu égard à son étendue; mais en revanche le commerce y était très-considérable avant la dernière guerre, époque où l'on portait jusqu'à 80,000 le nombre de ses habitants.

Dans un rayon de quarante cinq milles on trouve : PLOYESTI, gros bourg, remarquable par la grande foire de laine qu'on y tient; — WALENI et KIMPINA, sur la Prachowa, par leurs douanes, leur commerce et surtout par les riches mines de sel gemme qu'on exploite à *Slanikul*, près du premier, et à *Okna-Teleaga*, près du second; près de ce dernier, on recueille aussi du bitume qui sourd en abondance. — TERGOVIST (Tergowischti), sur la Jalowitza, dont les grandes maisons, les palais et les remparts tombent en ruines, depuis qu'elle a cessé d'être la résidence de l'hospodar; sa population, qui autrefois s'élevait à 50,000 âmes, est réduite à 5,000. — GIURGEWO, place forte, sur la gauche du Danube, vis-à-vis de Routschouk, importante par son commerce et par ses fortifications qui, d'après le dernier traité, doivent être rasées. On compte 15,000 habitants.

Les autres villes les plus remarquables de la principauté sont : FOKSCHANY, sur la frontière de la Moldavie, principauté à laquelle appartient une partie de cette ville, qui n'est importante que par son commerce; on accorde 4,000 habitants à la partie valaque. — BUSEO, ville épiscopale, très-déchue, avec environ 4,000 âmes. — BRAÏLOW, place forte, sur le Danube, dont les fortifications doivent être rasées; des troupes de janissaires et de spahis sortaient autrefois de ses remparts pour piller les champs et enlever les troupeaux des malheureux paysans valaques. Elle a 25,000 habitants.

A l'ouest de Bukarest on trouve : ARDISCH ou ARDJISCH (Kurtea de Ardjisch), petite ville remarquable par son monastère, dont l'église est réputée la plus belle de toute la Valachie; la grande route qui mène au fameux défilé de la Tour Rouge (Rothe-Thurmpass) dans les Krapacks y passe, et va aboutir au magnifique *chemin Carolinien*, dont la construction a coûté des sommes énormes au gouvernement autrichien. — CRAJOVA, ville de médiocre étendue sur la Schyl, mais régulièrement bâtie, et importante par son commerce et par l'industrie de ses habitants, dont on porte le nombre à près de 8,000. — IZLAS, près du confluent de l'Aluta avec le Danube, petite ville, importante par son commerce; — RIMNIK, qu'il ne faut pas confondre avec une autre ville de ce nom située dans la Valachie orientale; c'est dans ses environs qu'est située *Okna Mare*, gros bourg, très-important par la mine de sel gemme qu'on y exploite, et dont le produit annuel rivalise avec celui des plus riches mines de ce genre que possède l'Europe.

Gouvernement. Le pouvoir exécutif est confié aux *ghospodars*, et le pouvoir législatif à l'assemblée des *boyards*, que préside le métropolitain. Les ghospodars sont investis de cette dignité à *vie*, sauf le cas d'abdication volontaire ou de destitution pour cause de délits, prévus par le traité d'Andrinople entre la Porte Ottomane et la Russie. La chambre des boyards de la Valachie est composée de quarante-deux membres élus au scrutin secret par un collége de boyards; elle est présidée par le métropolitain de Bukarest. Les ministres ne peuvent point être élus députés. La première dignité de l'État après celle de ghospodar est celle de *banno*, titre qui appartenait jadis aux souverains de la partie de la Valachie appelée Bannat, dont Kraïova était le chef-lieu, et qui est conféré au gouverneur de ce district. Cette dignité donne à son titulaire l'entrée au conseil, c'est-à-dire au divan, tandis que son lieutenant, qui porte le titre de *caïmacan*, le représente dans son gouvernement.

Quatre *vorniks*, pris dans la noblesse, sont de droit membres du divan; réunis au banno et au métropolitain, ils y remplissent les fonctions judiciaires. Deux *logothètes* sont encore membres du conseil; ils notifient les sentences rendues par la cour et revêtues de la ratification du prince.

Le *divan-effendi* est le titre par lequel on désigne le secrétaire du conseil. Quelques-uns des titres que nous venons de nommer, ainsi que les suivants, ont été conservés du Saint-Empire byzantin.

Le *Grand spathar* commande toute la force armée : il est membre du divan. Le *vestiar* est le grand trésorier : il a aussi son entrée dans le conseil. Le *portelnik* remplit auprès du prince les fonctions de secrétaire des commandements.

Telles sont les principales charges de l'État; celles de second ordre sont les suivantes : le *cloziar*, qui ne remplit qu'un emploi honorifique; l'*aga*, qui est chargé de la police générale et municipale de Bukarest; le *comniyo* ou écuyer du prince; le *paharnik* ou échanson; le *stolnik* ou maître d'hôtel; enfin l'*harmache*, qui fait exécuter les sentences criminelles. Quatre ministres, chargés de l'intérieur, de la justice, des cultes et des finances, dirigent les affaires de la principauté; un secrétaire d'État, un contrôleur général, un comité des quarantaines, et une commission des prisons complètent l'administration.

Un code de lois, tirées de celui de Justinien et fondues avec des lois esclavones, empruntées aux Bulgares qui s'établirent en Moldavie au moyen âge, régit la Valachie et la Moldavie. La justice est administrée par des tribunaux de district qui jugent en première instance toutes les affaires civiles, criminelles et commerciales; par un tribunal rustique ou de paix dans chaque commune; par des divans d'appel dans la capitale de chacune des principautés.

Le total du revenu public est d'environ 14 à 15,000,000 de piastres, ou 5 à 5 1/2 millions de francs. Les agriculteurs payent à l'État une capitation de 30 piastres; les tsiganes appartenant à l'État en payent une de la même somme; les maziles ou petits nobles, sont soumis à une capitation moindre. Les négociants payent suivant la classe à laquelle ils appartiennent : une patente de 240 piastres dans la première classe, de 120 dans la seconde, et de 60 dans la troisième. Enfin les fabricants, les maîtres ouvriers et les apprentis sont soumis également à une taxe.

Religion. Les habitants sont chrétiens-grecs.

Langue. Leur langue est le *valaque* ou *roumouni*, formé du latin et du slave.

Population. D'après le recensement fait en 1839, la population de la Valachie s'élevait à environ 2,500,000 âmes.

JEUNE FILLE VALAQUE.

PRINCIPAUTÉ DE MOLDAVIE.

Confins. Au *nord*, la Bukovine dans l'empire d'Autriche et la Bessarabie dans l'empire russe. A l'*est*, la Bessarabie. Au *sud*, le Danube qui, le long d'un très-petit espace, la sépare de l'empire ottoman, et la principauté de Valachie. A l'*ouest*, la Transylvanie et la Bukovine dans l'empire d'Autriche.

Pays. Toute la Moldavie à l'occident du Pruth, à l'exception de la Bukovine, qui depuis longtemps a été cédée à l'empire d'Autriche; la partie à l'est du Pruth depuis 1812 a été incorporée à l'empire russe, et forme la province de Bessarabie.

Fleuves. Le DANUBE, qui reçoit le *Sereth* et le *Pruth* grossi par le *Bachlui.*

Villes. JASSY (*Jasch*), assez grande ville située sur une hauteur, environnée d'éminences encore plus élevées et arrosées par le Bachlui, qui est plutôt une longue série d'étangs bourbeux qu'une rivière. C'est la capitale de la principauté, le siège d'un archevêché grec et la résidence des consuls étrangers. Irrégulièrement bâtie, avec des rues recouvertes de grosses planches de chêne au-dessous desquelles coulent des ruisseaux fétides, son séjour n'est rien moins que sain et agréable, surtout pendant les fortes chaleurs. Les maisons, qui n'ont en général qu'un seul étang, sont presque toutes en bois et assez dans le goût oriental. Nous n'avons aucun moyen d'indiquer quels sont ses édifices les plus remarquables, tant cette ville a été ravagée par les incendies. L'ancienne *Cour des Princes*, dont on attribuait la construction aux Romains sous Trajan, a été la proie des flammes en 1783. Avant les deux terribles incendies qui en 1827 ont détruit la plus grande partie de Jassy, l'*archevêché* avec l'*église métropolitaine*, celle de *Saint-Nicolas*, où les princes sont sacrés par l'archevêque, le *Golic* avec la plus haute tour de la ville, l'*imprimerie* valaque et quelques couvents étaient les édifices les plus remarquables. Un petit gymnase décoré du titre de *lycée* avec trois professeurs, était encore dernièrement l'établissement littéraire le plus important de cette ville et de toute la principauté. Le peu d'industrie qu'on y voit est entre les mains des Allemands qui s'y sont établis depuis plusieurs années. Mais le commerce est assez actif; les plus grandes affaires sont faites par des maisons grecques et arméniennes. Avant la dernière guerre et les deux incendies de 1827, on portait la population de cette ville jusqu'à près de 40,000 âmes.

Les autres villes les plus remarquables de la principauté dans la basse Moldavie (*Zara de Schoss* ou *Pays-Bas*) sont: — ROMAN, petite ville épiscopale, d'environ 4,500 habitants, dans les environs de laquelle on voit les ruines d'une ville slavonne nommée *Semendrowa.* — HUSCH, sur le Pruth, autre petite ville épiscopale, renommée par son tabac regardé comme le meilleur de toute la Moldavie, et célèbre dans les annales militaires par la paix que Pierre le Grand fut obligé de faire avec les Turcs qui l'avaient cerné près de Falschy en 1711. — GALACZ (Galasch), située sur le Danube, entourée de remparts et beaucoup mieux bâtie que les autres villes de la Moldavie; c'est le centre principal du commerce d'importation, qui par ce grand fleuve se fait dans les deux principautés. Ce port, qu'un célèbre géographe nomme l'*Alexandrie du Danube*, est très-fréquenté par des bâtiments autrichiens et russes; des vaisseaux de 300 tonneaux peuvent s'approcher jusqu'au quai. Avant la dernière guerre on estimait à 7,000 âmes la population permanente de Galacz. — FOKSCHANY, petite ville, commerçante, dont la partie la plus considérable appartient à la Valachie; on accorde près de 2,000 habitants à la partie Moldave.

Dans la haute Moldavie (*Zara de Suss* ou *Pays-Haut*) on trouve: DOROHOE (Dorogoie), petite ville, regardée comme la capitale de la haute Moldavie. — Botuschani (Bottoschani), la plus considérable de cette partie de la principauté par sa population qu'on portait, avant la dernière guerre, au-dessus de 4,000 âmes, et surtout par ses relations commerciales qui s'étendaient jusqu'à Brody, Brunn et Leipzig. — Niamts (Nemza), remarquable par sa situation pittoresque et par son *monastère* où se trouve une image de la Vierge en argent massif, visitée annuellement par un grand nombre de pèlerins. — Okna, petite ville, très-importante par ses mines de sel gemme, dont le produit rivalise avec les plus riches mines de ce genre que possède l'Europe.

Gouvernement. Tout ce que nous avons dit de la Valachie, peut s'appliquer également à la Moldavie. Le revenu de la Moldavie s'élevait, en 1839, à 8,491,956 piastres. La liste civile du prince est de 1,200,000 piastres (400,000 francs).

Religion. Les habitants sont chrétiens-grecs.

Pour étudier la vie domestique des habitants des trois provinces de Servie, de Valachie, de Moldavie, et de quelques autres provinces de la Turquie au sujet desquelles nous n'avons encore rien dit, il faut quitter les grandes villes, les routes battues, et aller chercher au fond de leurs gorges et de leurs sauvages vallées les tribus restées fidèles aux mœurs primitives. Là se dévoilent, dans toute la naïveté de leurs vertus et de leurs défauts, le robuste et laborieux Bulgare, au cœur mieux doué que l'esprit; le Serbe paresseux, mais poëte et guerrier intrépide; le simple et obstiné Bosniaque; le Monténégrin, libre penseur au village, renard aux mille ruses dans le combat, mais vainqueur généreux; l'astucieux et indomptable Albanais; le doux et spirituel Valaque; le Grec, à la fois économe et magnifique, enthousiaste et raisonnable, aventureux et prudent. Mais pour entreprendre un pareil voyage, il faut se préparer à toutes les privations; savoir coucher en plein air, vivre de fruits comme un anachorète et risquer sa vie comme un soldat. Si on ne craint pas de s'exposer, à travers les repaires des Klephtes, aux hasards d'une telle excursion, on fait sa provision de vivres et on se procure un guide pour la route; une petite boussole même, pour s'orienter au besoin, n'est point chose superflue. Il faut se garder d'emporter des armes brillantes; un fusil simple, un poignard et des pistolets communs doivent suffire. Les brigands laisseront passer le voyageur ainsi armé, en lui souhaitant bonne fortune, *dobra strctja;* peut-être même l'inviteront-ils à partager leur repas sous le rocher. Il ne faut pas non plus, comme dans un voyage d'Asie, prendre le turban et l'habit osmanli. Ici le Turc n'est plus chez lui : il est seulement campé. Si donc l'on veut être respecté de tous, on doit revêtir le magnifique costume grec ou garder l'habit franc. Comme on est assez exposé à s'égarer, même avec un guide, il ne faut pas manquer non plus de se munir de cartes.

On monte ces chevaux slavo-tatars, maigres et petits, qui semblent n'avoir que le souffle et qui vont comme le vent. A peine le cavalier a-t-il un pied dans l'étrier qu'il est emporté au galop. Nos belles voitures à vapeur, marchant sur des lignes de fer, vont-elles aussi vite? Je ne sais; mais elles offrent certainement aux hommes lassés de la vie casanière moins de jouissances qu'une caravane ainsi lancée. Au lieu de grandes routes, à peine trouve-t-on des sentiers; là où manque un pont, ce qui n'est pas rare, le voyageur n'a qu'à pousser sa monture dans le torrent, sans s'inquiéter de sa profondeur, et le cheval le transportera sûrement vers l'autre rive, à gué ou à la nage, peu lui importe. Si l'on persévère quatre ou cinq jours, cette manière de voyager ne tardera pas à séduire; bientôt on comprendra tout le charme de la vie nomade, on comprendra l'Orient, pays des pèlerins et des *sophis,* où l'homme ne regarde sa maison que comme une tente, son existence que comme une halte passagère, pour laquelle il est superflu de s'entourer de tant de meubles et de choses prétendues confortables à l'usage de notre Europe. Le soir on cherche, pour y camper, un lieu pittoresque, une colline, un platane près d'une source. On enfonce dans le sol la lance à boule dorée, d'où se déroule la toile de lin qui doit abriter le voyageur. On s'étend sur le sein maternel de cette vieille terre qui nourrissait nos premiers aïeux, comme elle nourrira nos derniers descendants. Un tapis préserve de l'humidité du sol, sans enlever ce qu'a d'embaumé le contact des gazons fleuris. Aux lèvres la chibouque, près de soi une amphore de vin grec, on regarde se coucher le soleil, et dans un repos total, partagé en ce moment avec toute la nature, on attend le repas du soir. Vous êtes dans le désert, mais en même temps sur le grand chemin du monde ; tout *frère*, c'est-à-dire tout homme qui passe, s'arrête, ou vous envoie la *temena*, ce magnifique salut oriental qui consiste à s'incliner en posant la main sur le cœur et à se redresser en la portant au front, comme pour dire : Ami, mon cœur t'est dévoué et mon esprit t'élève vers le ciel. Si vous prenez votre repas, souvent le passant s'invitera lui-même et viendra s'asseoir à votre table de gazon. Si c'est vous qui passez, on vous appelle, on vient vous prendre ; il faut que vous partagiez le repas de vos frères inconnus ; bergers ou marchands, grands ou pauvres, n'importe, ils sont vos égaux, et il est si naturel que des frères partagent ce qu'ils ont.

La nuit venue, on se range autour du foyer improvisé, et la conversation se fait souvent en quatre ou cinq langues. Si les environs du campement sont infectés de chakals et de sangliers, au lieu d'élever une tente on suspend avec des cordes son hamac entre des arbres ; d'un tapis étendu on se fait un dais pour se préserver de la rosée, et l'on s'endort en sécurité.

Le matin, le soleil se lève sans aurore et inonde subitement la terre de ses rayons. Un léger cri du guide fait accourir vos petits chevaux arabes et slaves, aux yeux à fleur de tête, au front saillant et aigu. Vous partez, et, s'il le faut, votre monture ira jusqu'au soir sans broncher, sans s'arrêter même pour boire. De distance en distance, on rencontre quelque tombeau turc, avec ses deux colonnes debout, que, sous le crépuscule, on pourrait prendre de loin pour deux rayas qui causent. Parmi ces colonnes, il y en a de très-belles, et même d'antiques, de marbre blanc ; presque toujours elles sont penchées : qui sait si par là les anciens imans ne voulaient pas indiquer la chute du guerrier retombant au sein de la terre? Ces sépulcres alternent sur les routes avec les fontaines. Quelquefois celles-ci sont couvertes d'un tronc d'arbre creusé, ou d'une grosse pierre forée et plantée sur l'orifice du puits. On trouve de ces pierres qui sont d'élégants chapiteaux pareils à ceux qui ornent les gracieuses fontaines des petites rues déterrées de Pompéïa. Au-dessus de ces puits, les Grecs et les Bulgares du désert ont soin d'entretenir, pour l'usage de leurs caravanes, un balancier et un seau formés d'un tronc d'arbre.

Autant ces plaines sont tristes et dépouillées, autant les villages sont frais et riants. Voyez ceux des musulmans de la Bosnie, de la Macédoine et de l'Albanie : le silence règne dans les rues désertes ; mais ces bosquets qui entourent, qui cachent presque chaque maison, ces arbres qui entrelacent autour des fenêtres et des portes leurs branches chargées de fruits, ces eaux courant sous l'herbe haute, comme à la dérobée, vers la cabane qui sert de salle de bain à la famille, tout cet ensemble enfin, porte un caractère d'innocence, de pureté calme, qui ramène la pensée vers les jours des patriarches. Si l'on entre dans un village chrétien, par exemple dans un *celo* bulgare, on n'y remarque pas le même luxe de végétation, parce que le Bulgare, exploitant toute la campagne, ne peut consacrer autant de soin à l'entourage de sa demeure ; et puis il est raya, il tremble de paraître riche, il enfouit sous le sol sa hutte de branchages. Mais attendons le soir : dès que la nuit approche, on voit descendre de toutes les montagnes voisines les bergères et les enfants ramenant du désert leurs innombrables troupeaux. A leurs chants joyeux se mêlent les bêlements des moutons, des chèvres, le mugissement des grands buffles et le tintement de la sonnette des vaches mères. Chaque *baba* (femme de ménage bulgare), debout sur le seuil de sa cour, compte le bétail au passage, et se prépare à traire le lait. Alors se révèle toute la magie agreste des Balkans.

En Orient même, où l'hôte est un être si sacré, l'hospitalité des Bulgares est proverbiale; elle ne peut être comparée qu'à la *philoxenia* des Grecs. C'est grâce à cette hospitalité que les coins les moins fréquentés de l'empire deviennent abordables pour le voyageur. En Serbie, il en est de même : dès que sont dissipés les premiers soupçons que provoque nécessairement l'arrivée d'un inconnu chez des hommes qui ont été longtemps esclaves; dès qu'ils se sont assurés qu'on ne leur veut pas de mal, ils sont tout à l'étranger. Le Serbe offre à son hôte la place d'honneur au foyer, le consulte sur les lois de l'État, comme pour l'organisation de sa famille. Dans toutes les cabanes où entre l'étranger, les petits enfants viennent à lui en souriant, au lieu d'aller se cacher, comme font les enfants des Turcs. S'il visite un riche citoyen, la maîtresse de la maison se présente d'abord pour lui baiser la main, et il ne peut échapper à cette triste politesse de l'Orient qu'en élevant la main et la posant à la grecque sur son cœur. Introduit dans la salle d'honneur qui sert en même temps de chambre à coucher, sans laisser, ainsi que doivent faire les Turcs, leurs souliers sur le seuil, il s'avance, en Franc libre, sur les beaux tapis rouges, et va se placer en face du Knèze ou chef, sur des coussins de velours.

L'habitant des villes n'exerce pas l'hospitalité avec moins d'empressement que le montagnard. Pour héberger le Franc, il vient souvent le chercher au *hhane* (hôtellerie), que l'on quitte sans regret, car tout ce que le voyageur peut se procurer au *khane*, c'est une chambre vide pour lui et une place à l'écurie pour son cheval. Il faut aller à la *mehana* (restaurant oriental) prendre ses repas; et si c'est l'hiver, dans une chambre sans vitres, on n'a pour se préserver du froid qu'un *mangal* (brasier) qu'il faut renouveler sans cesse. Content de quitter un tel gîte, vous suivez votre nouvel hôte, dont la famille regarde comme une fête votre entrée sous son toit. Ce jour-là, une activité inaccoutumée règne dans cet intérieur, d'ordinaire si monotone. Pour vous honorer, votre hôte invite tous ses voisins. Le chef de la maison, qui mange presque toujours à part, trop respecté de la famille pour qu'elle ose partager son repas, ce pontife du foyer descend cette fois jusqu'à la table commune. Le *raki* (eau-de-vie de prunes ou de cerises sauvages) circule d'abord, dans un gobelet grossier chez le pauvre Bulgare, mais chez l'Albanais, le Grec, le Slave macédonien, dans une belle et ancienne coupe, souvent dorée, où ont bu les aïeux. Transmise aux convives par le père, qui la vide le premier, elle passe à la ronde. On mange au même plat, mais avec beaucoup plus de propreté qu'un Franc ne le croirait possible. Le dîner fini, les toasts commencent, car l'Oriental ne boit qu'avant et après ses repas, et rit de nous voir boire en mangeant. Si les libations se prolongent longtemps, c'est que le Grec et le Slave aiment la conversation, et que le vin l'anime. L'ancien de la famille se lève enfin de table, en disant : Nous nous sommes assis honnêtes, nous nous levons en tout honneur. De la salle (*oda*), on passe au *tchardak* (espèce de belvédère), où les pipes et le café ne tardent pas à être apportés. De même qu'en Orient on boit à la même coupe, ainsi l'on fume, en signe de respect, à la même chibouque, que l'on se passe de main en main. Aussitôt après le coucher du soleil, l'étranger est conduit dans l'appartement qui lui est destiné, et sur le seuil de sa chambre les enfants, de préférence les jeunes filles, veillent toute la nuit comme des anges silencieux, en se relevant les uns les autres jusqu'au jour, pour entretenir le feu et garder le sommeil de leur hôte.

D'autres fois, au lieu d'un pareil accueil, le voyageur ne trouve le soir, au bout de sa route, qu'un *khane* désert et ruiné, où, seul avec son guide, il étend son grabat et mange les provisions dont il s'est pourvu. Ce cas se reproduit fréquemment en Roumélie, en Bosnie et dans le bas Danube. Mais souvent aussi il rencontrera dans ce *khane* abandonné une compagnie de *palikares*, et l'arrivée d'un *vrai Franc* éveillera chez eux une gaieté, une verve poétique où se révélera tout le moderne hellénisme. Tantôt ce seront des danses mimiques et à caractères, comme l'Europe n'en connaît plus; tantôt ils raconteront quelque légende des anciens temps de la *ville*, c'est-à-dire de Stamboul, qui égalera en luxe d'images les plus beaux contes de l'Asie, ou bien ils se livreront à des exercices où éclate leur admirable souplesse, et où l'on reconnaît tous les jeux décrits par Homère. Puis, s'accompagnant de la lyre de leurs frères *barbares*, comme quelques-uns appellent encore les Slaves, c'est-à-dire, de la *gousla*, ils chanteront leurs derniers combats. Au milieu du silence profond des auditeurs, assis en cercle autour du feu, passe et repasse, pleine de vin pourpré, l'énorme *tchoutoura*, bouteille de bois ciselé, dont le bouchon, de bois aussi, ferme si hermétiquement l'orifice, qu'on a peine d'abord à le croire séparé du vase. Peu à peu tout s'anime, la réserve fait place à l'abandon, et alors devient claire la grande, l'éternelle antithèse entre l'Orient et l'Occident. Le raya accable de questions le voyageur étonné, sur les événements et les institutions de l'Europe civilisée. L'Oriental admire le Frankistau pour ses lumières et pour la discipline de ses troupes, mais il le croit impie, novateur, sans respect pour les mœurs et la vieillesse. Notre costume le fait sourire, nos rapides saluts lui paraissent sans dignité, nos danses efféminées le révoltent, notre galanterie lui semble une prostitution; les statues, la musique instrumentale, transforment pour lui nos églises en temples d'idoles; nos théâtres lui paraissent une insulte au créateur. Il appelle tyrannie notre manière de traiter les domestiques, et ne peut comprendre les nuances si variées de notre état social. En effet, dans ce pays, où le dernier raya et le capitaine causent ensemble avec une égale familiarité, les gens pauvres n'ont pas à supporter les mêmes humiliations que chez nous, et la classe ouvrière ne peut éprouver les irritations d'amour-propre qu'excitent parmi nos travailleurs le luxe et le ton dédaigneux de la bourgeoisie et de l'aristocratie. En Turquie, les valets ne sont que ce qu'étaient les pages de la féodalité, des enfants que des familles d'un rang égal se confient entre elles; de cette domesticité on peut s'élever aux plus hautes positions. Quant aux esclaves des musulmans, ils ont aussi de très-grandes facilités pour sortir de leur état, qu'on ne peut nullement comparer à celui des nègres de nos colonies.

Les habitants de ces contrées ont conservé dans leurs mœurs de nombreuses traces de la vie antique, beaucoup de poésie primitive, comme aussi beaucoup de superstition. Chez eux, les nymphes et déités locales du rocher, de la source, de la montagne, de la ville ou du foyer, n'ont pas cessé d'être vénérées sous le nom d'*anges* et de *génies*. Le génie (sticheiou) se manifeste de diverses manières dans les lieux qu'il protège; tantôt il apparaît sous la forme d'un serpent; tantôt un souffle aérien, une lumière nocturne, révèlent sa présence; les sorcières thessaliennes font descendre la lune des cieux, et l'astre transformé en génisse leur donne un lait qu'elles emploient dans leurs opérations magiques. La foi dans les talismans est universelle. Chrétiens et Turcs, dans leurs maladies, avalent des papiers enchantés, ou boivent de l'eau que les sorcières ont bénie en y plongeant deux cailloux sacrés, emblèmes de deux génies, mâle et femelle. Les Slaves portent souvent dans leurs poches du poivre rouge ou de la corne de chamois, pour se préserver du *mauvais œil*. De là la défense faite par les Turcs aux giaours de regarder leurs étendards.

Dans ce théocratique Orient, où la religion est restée la base des mœurs, toutes les fêtes nationales sont demeurées des fêtes religieuses. Les Gréco-Slaves ont dans l'année deux grands jours, celui de Pâques et celui de Noël, ou de l'Épiphanie, nommés, l'un *fête des lumières*, l'autre *fête du Jourdain* ou de la *bénédiction des eaux*. La veille de Noël, chaque famille se procure un pain sans levain, dit *tchesnitsa*, et fait rôtir un cochon tout entier ou quelque autre animal; on appelle ces mets *pescir petchesnitsa* (rôti par excellence). La nuit se passe à l'église, ou plutôt dans l'enceinte qui l'environne. Là, tout le peuple est réuni, et quand, caché par les voiles qui dérobent le sanctuaire à tous les regards, le *popos*, au milieu de la liturgie, fait retentir les solennelles paroles : *Mix bojiy, Christos se rodi* (paix de Dieu, le Christ est né)! Alors la population se sent électrisée, et tous répètent d'une voix de tonnerre : *Vo istinou rodi* (il est véritablement né)! Puis chaque voisin embrasse son voisin, l'ennemi cherche son ennemi, pour lui donner, en l'embrassant, la *paix de Dieu;* même les époux, s'ils se rencontrent, sont forcés d'échanger un baiser en public. De retour au foyer, la famille réunie s'embrasse encore, et, chacun tenant à la main une bougie allumée, on se met à table. Le chêne coupé pour faire cuire le repas de l'aurore n'a pas été entièrement brûlé; le premier visiteur qui se présente le matin est prié de frapper de son bâton sur cette bûche sacrée, il le fait en disant : A vous autant de chevaux, de moutons, de vaches que cette bûche a donné d'étincelles. L'accent plus ou moins affectueux avec lequel il prononce ces bénédictions est un augure plus ou moins favorable pour la famille. Les tisons non consumés sont alors éteints et réservés pour être suspendus aux branches des jeunes arbres fruitiers qu'ils feront prospérer. La pâque, en grec *lampri* (jour de lumière) commence de même à minuit, quand le pope du fond de la *cella* a crié : *Christos anesti ou voskres* (vraiment ressuscité), et, comme à Noël, ce ne sont partout que fraternels embrassements. L'*anaphora* (pain bénit) est partagé entre tous; on s'invite pour manger l'agneau, que chaque famille, même la plus pauvre, n'a pas manqué d'immoler. Les villages et les montagnes retentissent de coups de carabine et du cri : *Vo istinou voskres*. Les passants qui se rencontrent se présentent des œufs de Pâques et les claquent l'un contre l'autre; l'œuf cassé appartient à celui qui le brise, et qui tire de cette circonstance un augure de longévité pour lui-même. Cet usage grec est passé jusqu'à Pétersbourg, à travers tous les pays slaves. En Servie et en Bulgarie, les réjouissances pascales ont ordinairement pour théâtre le foyer domestique; car, à cette époque de l'année, la nature, engagée dans sa dernière lutte contre les vents du nord, est encore inhospitalière; vers le sud, au contraire, les fêtes se célèbrent en plein air sous les tentes. Durant la sainte semaine, l'Albanais et le Monténégrin cessent de guerroyer; c'est la trêve qu'avaient coutume d'observer chaque dimanche les châtelains féodaux. Mais les haines héréditaires ne tardent pas à se jurer de nouveau sur la tombe des aïeux. Le lundi ou le mardi après Pâques, on se rend au cimetière; chaque famille porte une tablette généalogique, transmise d'âge en âge, où sont écrits les noms de ses morts, et qui ressemble assez aux dyptiques des anciennes catacombes latines et grecques. On allume sur les tombeaux des bougies ou des lampes, et la journée se passe en prières funèbres pour les âmes des défunts. Alors on songe à leur mémoire terrestre, on exalte ce qu'ils ont fait de bien, et, pour perpétuer leur noble sang, on cherche de dignes alliés; les mariages se concluent, ainsi que les *fraternités*. Cette dernière institution consiste dans une adoption solennelle, comme frère ou comme sœur, de la personne que l'on préfère. Pendant cette belle cérémonie, bénie par le prêtre comme un mariage, ceux qui s'aiment se tiennent par la main, et par-dessus la tombe de leurs pères se mettent mutuellement sur la tête une couronne de feuilles nouvelles; puis ils se donnent le baiser d'union qui les rend l'un pour l'autre *pobratim*, frères ou sœurs d'adoption, *pootchim, pomaika*, mères ou pères adoptifs. Ainsi liés, les pères et frères en Dieu sont tenus de s'entr'aider en toute occasion, suivant leurs moyens, jusqu'à l'année suivante, où ces mêmes liens se renouvellent, à moins qu'on ne préfère les contracter avec d'autres personnes. Ces liens ne sont plus indissolubles, comme ils paraissaient l'être autrefois, mais ils n'en sont pas moins sacrés, et le Serbe comme le Bulgare n'ont point de formule de serment plus solennelle que de jurer par leur frère adoptif. L'institution du *pobratsvo* (syn-adelphotis) a chez les Klephtes un caractère encore plus chevaleresque : deux Klephtes qui ont formé cette alliance sont unis à la vie et à la mort.

Chez les peuples pasteurs des montagnes, ainsi que chez ceux du Nord, les mœurs se distinguent par leur rudesse. Les Slaves danubiens et les Moldo-Valaques ont souvent de sanglantes visions. Les populations de la Serbie, de la Hertsegovine ont conservé plus d'une sombre légende d'âmes condamnées, après la mort, à errer sur la terre pour expier leurs fautes, ou même à se renfermer dans le sépulcre, pour y faire vivre les *voukodlaks* ou vampires. Le *voukodlak* (littéralement loup-garou) dort dans sa tombe, les yeux ouverts, le regard fixe ; ses ongles et ses cheveux croissent, un sang chaud court dans ses veines. C'est aux nuits de pleine lune qu'il sort pour faire ses courses, et sucer le sang des vivants, en leur ouvrant la veine dorsale. Quand un mort est soupçonné de quitter ainsi sa couche, on le déterre solennellement : s'il est en putréfaction, le pope se borne à l'asperger d'eau bénite ; s'il est rouge et sanglant, on l'exorcise, et, en l'inhumant de nouveau, on lui plonge un pieu dans la poitrine, pour qu'il ne bouge plus. Autrefois les Serbes criblaient de balles la tête du cadavre, puis brûlaient le corps. Ils ont aujourd'hui renoncé à ces vengeances, mais ils répètent encore que les corbeaux les plus affamés fuient loin de ce cadavre vivant, sans même oser le toucher du bout de leur bec. La Thessalie, l'Épire et les *Vlakhi* du Pinde connaissent une autre espèce de vampires dont parlait déjà l'antiquité. Ce sont des hommes vivant en proie à une sorte de somnambulisme, qui, saisis par la soif du carnage, sortent la nuit de leurs huttes de bergers, et courent la campagne, déchirant de leurs morsures tout ce qu'ils rencontrent, hommes ou bestiaux. Ces *voukodlaks*, avides surtout du sang frais des jeunes filles, s'accouplent, dit le peuple, avec la *viechtitsa*, gnome femelle, fantôme aux ailes de feu, qui descend la nuit sur le sein des braves endormis, les étreint dans ses embrassements, et leur communique sa rage ; quelquefois aussi, changée en hyène, la viechtitsa emporte les petits enfants dans les bois.

Toutes ces terreurs d'hiver se dissipent peu à peu devant le sourire du printemps. La résurrection de Lazare devient, dans les chansons des paysans, le symbole de cette renaissance de la nature. Le lendemain du dimanche des Rameaux, les jeunes filles, au lever du soleil, rassemblées avec leurs amphores autour de la *tchesma* (fontaine), chantent l'eau délivrée de la glace, le ruisseau troublé, auquel l'œil ardent du cerf, image du soleil, rend, en s'y mirant, la limpidité. Puis, quand vient le soir, assises à la porte de la chaumière paternelle, elles répètent : « O saint George, ta fête est prochaine ; mais en revenant m'amène-t-elle un époux ? Oh ! puisse-t-elle ne plus me trouver chez ma mère ! Puissé-je être morte ou fiancée ! » La veille de la Saint-George arrive. Alors les femmes mariées s'en vont cueillir des herbes printanières, surtout celles qui entrent dans la composition de philtres d'amour ; elles jettent ces plantes dans l'eau puisée sous la roue du moulin, emblème de la roue de la fortune, et le lendemain, à l'aurore, elles se lavent avec cette eau, espérant rajeunir comme la nature, dont elles aspirent ainsi les sucs mystérieux ; ensuite elles s'attachent derrière l'oreille ou se mettent à la ceinture des bouquets de fleurs nouvelles, et s'en vont à l'église. Pendant ce temps, chaque père de famille fait couler devant sa porte le sang d'un agneau ; on sert cet agneau rôti tout entier au grand repas domestique qui se donne en l'honneur de saint George, patron des tribus slaves, et représentant général des laboureurs. Cette fête, une des plus populaires parmi les Danubiens, arrive vers la fin d'avril; elle est, comme le *sémik* des Russes, destinée à célébrer le retour du soleil, en même temps qu'à honorer un pieux aniversaire. A partir de ce jour, le paysan ne couche plus qu'en plein air, sous ses hangars ou *tchardaks*, kiosques champêtres ouverts de tous côtés : à ses yeux, le dragon tué par saint George est vraiment le génie noir et glacé de l'hiver. C'est après la Saint-George que les bergers partent avec leurs tentes et leurs troupeaux pour le désert, et les *haïdouks* ou kleptos pour la montagne. C'est aussi à cette époque qu'ont lieu les grandes assemblées nationales des tribus libres de la Turquie. Dans ces assemblées, qui rappellent les champs de mai de l'ancienne France, on arrête, comme chez les Gaulois du temps de Clovis, le taux de l'impôt que doit payer chaque tribu dans l'année; ou, si l'on est en guerre, on trace le plan de la prochaine campagne. A ces réunions, qui se tiennent dans certains couvents privilégiés, le laboureur et le marchand se rendent d'une distance de cinquante à soixante lieues. Le premier jour est voué aux prières; le commencement et l'issue des offices sont annoncés par des salves de carabines; on couche en plein champ autour du monastère; on prie, on délibère, on danse, et le peuple dans ses hymnes célèbre deux choses que jamais Oriental n'a pu séparer, son Dieu et sa patrie. La *slivovitsa* (eau-de-vie slave) coule en abondance; des chèvres, des moutons entiers sont cuits et servis sur l'herbe. Les cimetières, autour desquels se tiennent ordinairement ces réunions, sont ornés çà et là de drapeaux de diverses couleurs; et, comme pour réjouir les mânes plaintifs, on se livre sur les tombes à des divertissements variés.

Pendant ce temps, les vieillards discutent gravement des plans politiques ou des projets d'alliances entre les familles ou les villages. Il y a parmi les capitaines de la tribu des orateurs éloquents, dont les moines parfois sont obligés de tempérer la fougue. Le clergé, avec des dehors plus austères que le nôtre, est cependant beaucoup moins séparé du monde civil. Non salarié par l'État et très-pauvre, il est obligé de vivre davantage avec les populations, de s'associer à toutes les douleurs comme aussi à toutes les joies des hameaux; il est l'hôte nécessaire de tous les festins, il est le juge de toutes les querelles. Soumis par des barbares étrangers au christianisme, les peuples de ces contrées n'ont sauvé leur nationalité, à travers les âges, qu'en la cachant au fond du sanctuaire, en investissant, à l'instar des Gaulois de l'époque mérovingienne, leurs évêques de tout le pouvoir civil laissé à leurs cités conquises, et en les proclamant *despoti*, *vladikas*. Mais le *despoti*, ou mieux l'igoumène, présent aux fêtes nationales, n'en trouble point la gaieté, comme ce serait souvent le cas si un semblable usage existait dans nos communes rurales. Sans se mêler aux danses, il les regarde en spectateur satisfait. C'est qu'au lieu d'affaiblir la morale publique, ces danses la fortifient et élèvent les âmes vers l'héroïsme. Voyez *les palikares* grecs et les *yonnaks* slavons préparer leur danse du *kolo*; ils se placent sur deux lignes dans une plaine ouverte; chacun saisit son voisin par la ceinture, en lui tendant un mouchoir blanc. Alors commence le *kolo* (danse du cercle), qui va s'élargissant toujours, entraînant par centaines, dans sa course circulaire, tous ceux qu'elle trouve sur son passage.

Ailleurs, dans quelque coin de la plaine, au son de la *gousla*, s'exécute une danse plus paisible, celle de *l'oie*, où le danseur et la danseuse isolés tracent des cercles de plus en plus étroits l'un autour de l'autre. On voit aussi danser la *valaque* (la *momatchkaigra* des Bulgares), qui consiste à tourner sur les talons en se baissant et se relevant, puis à sauter en rentrant les genoux et en faisant claquer les doigts. On retrouve cette danse chez les paysans de la Moscovie.

GRÈCE.

Ce royaume, au sud-est de l'Europe, comprend la Grèce propre ou Hellas, la presqu'île de Morée ou Péloponèse et les îles voisines. Il s'étend de l'ouest à l'est, depuis le golfe de l'Arta jusqu'au golfe de Volo, de 18° 20′ à 25° 20′ longitude est, et du sud au nord depuis 36° 20′ jusqu'à 40° latitude nord; il a pour bornes au nord la partie continentale de la Turquie d'Europe; au nord-est et à l'est l'Archipel; au sud la Méditerranée, et à l'ouet la mer Ionienne. La Grèce continentale peut avoir 520 kilomètres de long sur 200 de large. Capitale : Athènes depuis 1834 (c'était auparavant Nauplie). Immédiatement avant son indépendance, le territoire de la Grèce formait le pachalik de Morée, le sandjakat de Livadie, la plus grande partie de ceux de Carélie et de Lépanie, et une partie de l'eyalet des îles (Négrepont, les Cyclades et une partie des Sporades). En 1833, la Grèce libre fut divisée en 10 *nomes* (Argolide, Achaïe et Elide, Messénte, Arcadie, Laconie, Acarnanie et Etolie, Locride et Phocide, Attique et Béotie, Eubée, Cyclades); ces nomes étaient subdivisés en 54 *éparchies*. Au mois de juin 1836, cette première division fut remplacée par 30 gouvernements qui eux-mêmes ont été réduites à 24 au mois de juillet 1838. En voici les noms avez les chefs-lieux.

	Gouvernements.	Chefs-lieux.
Morée.	Argolide,	Nauplie.
	Hydra,	Hydra,
	Corinthe,	Sicyone.
	Achaïe,	Patras.
	Kynœthe,	Calavitra.
	Elide,	Pyrgos.
	Triphylie,	Kyparissia.
	Messénie,	Calamata.
	Mantinée,	Tripolizza.
	Gortynia,	Caritena.
	Lacédémone,	Sparte.
	Laconie ou Maïna,	Ariopolis.
	Étolie,	Missolonghi.
Hellas.	Acarnanie,	Amphilochion.
	Eurytania,	Oïchalia.
	Phocide,	Amphissa.
	Phthiotide,	Lamia.
	Attique,	Athènes.
	Béotie,	Libadia.
Les îles.	Eubée,	Chalcis.
	Tinos et Addros.	Tinos.
	Syra,	Hermoupolis.
	Naxos et Paros,	Naxos.
	Thera,	Thera.

La Grèce est traversée au nord, au centre et au sud par plusieurs chaînes de montagnes très-élevées, et qui sont entrecoupées de vallées fertiles; plusieurs de ces montagnes sont surtout célèbres par les souvenirs qu'elles rappellent par le rôle qu'elles ont joué, soit dans la mythologie, soit dans l'histoire ; telles sont : l'Agrapha-Geb (le Pinde ancien), les monts Aninos (l'OEta), Liakoura (le Parnasse), Zagara (l'Hélicon), Élatia (le Cithéron), Malava (le Taygète), Trelo (l'Hymette), etc. — Il en est de même des rivières, qui toutes sont fort peu importantes par leur étendue, mais dont le plus grand nombre sont célèbres, telles que l'Aspropotamo (l'ancien Achéloüs), le Roufea (l'Alphée), le Gastunialf (le Pénée), l'Iri ou Vasili-potamo (l'Eurotas), la Spirnatza (le Pamisus), le Mavro-potamo (le Céphise), etc. Les principaux lacs sont ceux d'Argyro Castro et de Topoglia (l'ancien Copaïs).

Dès le mois de décembre 1821, un congrès national s'assembla à Argos et rédigea une constitution pour la Morée, une partie de l'Épire et les îles qui venaient de secouer le joug des Turcs. D'après cet acte, le gouvernement grec se composait d'un conseil exécutif de cinq membres et d'un sénat. En 1827, une nouvelle constitution, promulguée à Trézène, déclara la souveraineté du peuple, l'égalité de tous les Grecs devant la loi et la liberté des cultes. Le gouvernement se composa d'un président élu pour sept ans, et d'un sénat dont les membres étaient choisis pour trois ans par le peuple. Mais en 1830, la France, l'Angleterre et la Russie arrêtèrent que la Grèce formerait une monarchie héréditaire, et le choix du nouveau roi tomba sur un prince catholique, le prince Frédéric Othon de Bavière, qui fut placé sous la direction d'une régence, jusqu'au 1er juin 1834, époque à laquelle il atteignit sa vingtième année, âge fixé pour sa majorité. L'ordre de succession au trône fut déterminé par les représentants des trois grandes puissances, le 30 avril 1833. « La succession à la
» couronne et à la dignité royale en Grèce, dans la branche du prince Othon de
» Bavière, roi de la Grèce, comme dans les branches de ses frères puînés les princes
» Luispold et Adalbert de Bavière, lesquelles ont été éventuellement substituées à
» la branche du dit Othon de Bavière, par l'article 8 de la convention de Londres,
» du 17 mai 1832, aura lieu de mâle en mâle, par ordre de primogéniture.

» Les femmes ne sont habiles à succéder à la couronne grecque que dans le cas
» d'extinction totale des héritiers légitimes mâles dans toutes les trois branches de la
» maison de Bavière ci-dessus désignées ; et il est entendu que, dans ce cas, la couronne
» et la dignité royale, en Grèce, passeront à la princesse et aux descendants légitimes
» de la princesse qui, dans l'ordre de sa succession, se trouvera être la plus rap-
» prochée du dernier roi de la Grèce.

» Si la couronne grecque vient à passer sur la tête d'une femme, les descendants
» légitimes mâles de celles-ci obtiendront, à leur tour, la préférence sur les femmes,
» et monteront sur le trône de la Grèce par ordre de primogéniture. Dans aucun cas
» la couronne grecque ne pourra être réunie sur la même tête avec la couronne d'un
» pays étranger. »

La population du nouvel État grec, bien qu'imparfaitement connue, se compose de plus de 600,000 à 700,000 habitants ; mais son sol peut en nourrir environ 3,000,000. Le revenu ne s'élevait, en 1836, qu'à la valeur de 11,000,000 de francs et les dépenses excèdent cette somme de près de 3,000,000 de francs ; aussi l'État a-t-il déjà eu recours à la voie des emprunts. L'armée de terre se compose de 10,000 hommes de troupes régulières, et la marine de 131 voiles.

En franchissant les Thermopyles pour entrer dans la Grèce proprement dite, le ciel devient plus ardent, les eaux abondent moins, mais le sol serait encore riche s'il était cultivé. L'huile est la production la plus importante des provinces méridionales. Celle de l'Attique passe pour la plus fine. L'olivier de l'Attique est alterne, comme la taille qu'on lui fait subir ; mais il n'alterne pas de même dans tous les cantons de la Morée.

GREC.

Une brume épaisse qui s'élève de l'Archipel nuit quelquefois aux oliviers ; en retombant sous la forme de rosée, elle pénètre partout et infecte jusqu'aux racines et jusqu'à la séve ; les feuilles jaunissent, les fleurs tombent, et celles qui nouent donnent une olive avortée.

L'Attique exporte pour 300,000 piastres et la Morée pour 400,000. Corinthe peut toujours vanter ses petits raisins, et l'Arcadie ses fromages. Les plantes aromatiques dont le sol de l'Attique est couvert, donnent au miel de ses abeilles les bonnes qualités qui l'ont rendu célèbre. Plus doux et doué d'un parfum plus exquis que tous les autres miels connus, il est en même temps de la plus belle transparence, quoique d'une couleur rousse.

La Grèce peut devenir l'émule de l'Espagne pour la beauté de ses laines ; ses pâturages sont très-favorables pour les brebis. Les terrains les plus incultes produisent en abondance le thym, le serpolet, la marjolaine, et toutes les plantes aromatiques. Ici, comme en Espagne, on fait voyager les troupeaux. Les bergers Albanais mènent leurs bestiaux paître en Grèce pendant l'été. Le mouton de Livadie et d'Arcadie est le plus beau ; celui de l'Attique a le plus perdu.

Le sol de la Grèce continentale est en général très-montagneux ; mais aucune de ses montagnes n'atteint la région des neiges éternelles : le Taygète est la plus élevée. Voici d'après les travaux de MM. les officiers d'état-major Puillon de Boblaye, Pétrier et Servier, les hauteurs des principales montagnes de la Grèce :

	mètres.
Le Saint-Élias du Taygète.	2408
Le mont Ziria, l'ancien Cyllène.	2374
Le Khelmos, à l'extrémité septentrionale du Magne.	2355
Le Liakoura, l'ancien Parnasse.	2240
L'Olonos, au sud de la Kaminitza.	2233
Le Saint-Élias de Levidi, au nord-ouest de Tripolitza.	1980

Le climat de la Grèce, de tout temps si vanté, offre, comme dans le midi de l'Europe, la variété de nos saisons, mais avec des nuances différentes. L'approche du printemps s'annonce dès le mois de janvier, par la floraison des amandiers ; en février, il tombe beaucoup de pluie, quelquefois de la neige, mais le soleil a beaucoup de force et la chaleur commence à se faire sentir ; c'est en mars que le printemps est dans toute sa beauté, et que les prairies se parent de mille fleurs qui durent ou se succèdent jusqu'à la fin d'avril. Le mois de mai voit paraître l'été ; c'est alors que les vergers sont dans toute leur beauté ; en juin, on s'occupe de la récolte des céréales ; en juillet, les épis sont mis sous les pieds des chevaux et des buffles pour en faire sortir le grain : vers cette époque commence une longue sécheresse qui tarit les sources et les ruisseaux, et qui dessèche toutes les plantes ; ce mois est le plus chaud de toute l'année. Vers la moitié de septembre commencent les vendanges. C'est en octobre que tombent les premières pluies, mais avec quelques interruptions ; les derniers beaux jours de l'année sont en novembre ; en décembre, les pluies deviennent presque continuelles, les rivières et les ruisseaux débordent, et les travaux des champs cessent complètement. Cet état dure quatre à six semaines, pendant lesquelles les orages se succèdent continuellement : c'est le fort de l'hiver. La neige tombe aussi quelquefois en abondance ; mais elle ne persiste que sur le sommet des monts ; le froid est rarement rigoureux. Les chaleurs de l'été sont quelquefois assez fortes pour faire monter le thermomètre centigrade à 34 et même à 40 degrés. Malgré la douceur et la beauté du climat, la Grèce n'est pas une contrée généralement saine. Il faut en excepter l'Attique, dont la salubrité est attestée par la longévité de ses habitants, et dont les marais situés dans les champs de Marathon ont été défrichés par les soins du gouvernement. C'est à l'influence des terrains humides que certaines provinces doivent leur insalubrité: la Béotie, les environs de Corinthe, et les plaines voisines de la mer en fournissent la preuve.

Les Grecs parlent une langue dérivée de l'ancien grec classique, et connue sous le nom de grec moderne ou romaïque. Ils ont malheureusement conservé de leurs pères la vanité, l'inconstance, et peut-être aussi la mauvaise foi; mais la nature ne leur refuse pas les dons de l'esprit, ils naissent encore orateurs et poëtes, le défaut seul d'instruction étouffe leurs talents. Le sarcasme et la raillerie sont encore, comme chez les anciens grecs, les principaux ornements du discours. Au milieu des objets les plus sérieux, un geste, une parole, une frivolité suffisent pour leur faire oublier les affaires les plus importantes. Les *Moraïtes* paraissent moins frivoles que les citadins de la Roumélie, et plus faits pour devenir un peuple libre sous une bonne discipline. Les Athéniens ont conservé quelques traces de leur ancienne politesse. L'idiome y est plus doux que partout ailleurs : il y a quelque chose de plus animé dans les sons, de plus précis dans l'expression.

Les Athéniennes d'aujourd'hui ne le cèdent en rien à celles d'autrefois : la forme ovale de leur figure, la ligne droite et régulière qui en dessine le profil, la pureté du contour, les yeux à fleur de tête, grands, noirs et vifs, le front petit, les lèvres vermeilles et l'inférieure un peu renflée, les sourcils fins et bien arqués, la gorge ronde, la taille légère, les mains petites ainsi que les pieds; enfin un ensemble qui plaît, intéresse et enchante, soit qu'elles se meuvent languissamment dans la mélancolique *danse d'Ariadne*, soit que la volupté les entraîne dans les tourbillons de la *rouréika*. Leur costume a conservé quelques traces de l'antique. La tunique blanche et transparente qui caresse leur taille, à partir de leur gorge jusqu'en bas, le manteau de drap d'or ou de soie qui couvre leurs bras et tombe avec grâce sur leurs épaules, un mouchoir fin dont elles entourent négligemment leur tête, et sur lequel s'entrelacent en petites tresses leurs beaux cheveux noirs, tout cela fait un effet charmant et admirable. Mais une ceinture grossière et mal placée, mais des culottes d'étoffe rouge, mais un lourd manteau turc, désenchantent notre imagination et nous rappellent l'empire de la barbarie.

La religion des Grecs est le christianisme, mais ils ne reconnaissent pas le pape, et forment depuis Photius (858) une église particulière, dite Église grecque ou d'Orient, qui a pour chef un patriarche résidant à Constantinople. Les Grecs conservent avec leur foi leur Église et leur clergé. Les ecclésiastiques séculiers occupent les places de lecteur, de chantre, de diacre, de prêtre et d'archiprêtre. C'est parmi les moines que s'élisent les évêques, les métropolitains, les archevêques et les patriarches. Les prêtres et autres desservants peuvent se marier, mais seulement avant leur ordination, une seule fois et à une vierge. Les Grecs font cinq carêmes tous les ans, pendant lesquels ils ne peuvent prendre d'autre nourriture que des poissons secs ou salés, assaisonnés seulement avec de l'huile d'olive ; c'est ainsi qu'ils observent tous les vendredis de l'année, et avec tant de rigueur, qu'ils pardonnent plus volontiers à celui qui vole ou qui assassine qu'à celui qui enfreint le carême ou le vendredi. Une partie des Grecs pourtant a été entraînée à une sorte de réunion avec l'Église romaine; en conséquence, ils reconnaissent le pape pour chef spirituel, en retenant néanmoins le mariage des prêtres et les rites de l'Église d'Orient.

Une tribu de paysans de Laconie, réfugiés dans les monts Taygètes, a toujours conservé sous le joug des Turcs une ombre de la liberté si chère à leurs ancêtres. Les *Maïnotes*, accoutumés dès l'enfance, à manier les armes, étaient toujours prêts à s'aller mesurer avec les Turcs; leur courage, qui dégénère souvent en témérité, prend encore de la force d'une connaissance parfaite de leurs défilés. Souvent des dissentions ensenglantent leurs chaumières : implacables dans leur haine et dans leurs vengeances, ils n'abjurent les unes et les autres qu'à la voix des vieillards les plus respectables du canton. Les avis de ces vieillards sont des oracles. C'est devant eux que l'on règle dans des *synodes* les dépenses communes, et que l'on détermine les mesures de sûreté et de conservation pour le pays. Ces mesures concertées dans les réunions des capitaines, sont adressées à un chef qui les met à exécution. Ce chef ou bey, simulacre de puissance, recevait autrefois une investiture du gouvernement turc, lorsque les Maïnotes lui avaient déféré le commandement. Ce peuple, qui a bravé si longtemps les forces ottomanes, est peu nombreux. On n'estime la population du pays qu'à 60,000 âmes, dans lesquelles on ne compte que 15,000 hommes faits. Les productions de ce petit pays et les principaux objets de son commerce sont l'huile, la vallonée, le seigle, le miel, la cire, la noix de galle, le coton, le kermès, les cuirs bruts et les laines. L'agriculture a fait depuis quelque temps de très-grands progrès. Les cantons du nord se fertilisent insensiblement; les ports du Magne, capables de recevoir les plus gros vaisseaux, sont destinés à acquérir un jour un haut degré de splendeur. Sobres, courageux et amis de la liberté, comme les Spartiates dont ils descendent, ils ont puissamment contribué à la conquête de l'indépendance de la Grèce. Les Turcs n'ont jamais pénétré dans leurs montagnes.

Les *Cacovonniotes*, pirates sanguinaires, qui demeurent vers le cap Matapan, ne doivent pas être confondus avec les Maïnotes. Ennemis du genre humain, ils ne respirent que le pillage et le meurtre. On en dit autant des *Baniotes* qui demeurent dans l'intérieur.

ZIGUEUNES OU TSIGANES (Bohémiens).

Nous allons terminer notre voyage dans la Turquie d'Europe; il ne nous reste à décrire qu'un seul peuple; nous allons descendre au dernier degré de l'échelle de la civilisation. Quel est ce misérable à figure humaine qui étale au milieu des ordures son corps plus sale encore? Il semble fier et heureux; un tas de fumier lui sert de trône, et un vieux chêne lui sert de dais. Quelle odeur infecte annonce de loin le festin dont il se régale? C'est un bœuf tombé de maladie, et dont il vient d'arracher aux vautours les restes dégoûtants. Autour de lui des femmes, des enfants, couchés dans la boue, rassasient leur faim dévorante, et font circuler l'outre remplie d'eau-de-vie. Le feu de l'ivresse et le feu de la lubricité pétillent dans tous ces yeux noirs, roulent dans un visage ovale, régulier, de couleur tannée, à l'ombre de longs cheveux d'ébène. L'éclatante blancheur de leurs dents et le vif incarnat de leurs lèvres, semblent comme un emprunt fait à d'autres visages. Dans tout ce bizarre mélange, perce un caractère sombre et féroce, un abrutissement extrême. Cependant, au milieu des haillons affreux qui couvrent à moitié leur nudité, une vieille jaquette galonnée, un fragment de bonnet en dentelle, un mouchoir déchiré, signalent du goût pour la parure. Tout à coup les jeunes filles s'élancent avec agilité, tournent sur un pied, exécutent les sauts et les pirouettes les plus difficiles, et se placent dans mille attitudes lubriques et obscènes, unissant les œillades de la volupté aux grimaces de la mendicité la plus abjecte. Le voyageur, en détournant les yeux, leur jette l'aumône.

Ce sont les *Zigueunes* ou *Tsiganes*.

D'autres fois, cette famille nomade s'occupe à forger de grossiers ustensiles de fer, à réparer de vieux chaudrons, à confectionnner des assiettes et des cuillers d'étain ou de bois. Dans la Valachie et la Moldavie, une classe des Tsiganes (c'est ainsi qu'on les nomme ici) sont employés au métier d'orpailleurs, et mènent une vie régulière. Ceux du Banat et de la Hongrie, habiles marchands de chevaux, commencent à se soumettre aux règlements de Joseph II, qui leur ordonne du cultiver la terre. Mais en général les travaux réguliers leur sont en horreur. Les femmes trompent la crédulité des paysans allemands et polonais, en guérissant les bestiaux par de prétendues opérations de sorcellerie, et en disant la bonne aventure d'après l'inspection des linéaments du creux de la main.

En Turquie, les femmes des *Tchinganes* (c'est ainsi que les Turcs les nomment) ont le privilége de la prostitution générale impunie. Beaucoup d'invidus de l'un et de l'autre sexe, surtout en Hongrie, poussent très-loin la musique instrumentale, principalement sur le violon; ménétriers favoris du peuple des campagnes, ils ont quelquefois figuré dans les chapelles des grands seigneurs. En Espagne, où la guitare retentit au milieu de leurs troupes mendiantes, la paresse des habitants leur abandonne l'entretien des petits cabarets. Ils s'emparent volontiers de toute occupation méprisée. En Hongrie, en Valachie, beaucoup d'entre eux font le métier d'écorcheurs et même de bourreaux. Le fond de cette nation est un ramas de voleurs et de mendiants.

Le nombre de ces sauvages d'Europe ne saurait être évalué à moins de 500,000, dont 180,000 en Turquie, 260,000 en Valachie et en Moldavie, 40,000 en Hongrie et en Transylvanie, le reste en Russie, en Prusse, en Pologne, en Allemagne, en Jutland, en Espagne et autres pays. La Perse et l'Égypte en sont infestées; ils ont passé dans l'Amérique espagnole. Leurs dénominations sont diverses : ils s'appellent *Zigani* en polonais, *Zigonas* en lithuanien, *Tsingani* en valaque, *Zingari* en italien et en hongrois, *Zigeunes* en allemand, *Tchinganes* chez les Turcs, et *Atchingaus* chez quelques auteurs du moyen âge. On doit remarquer le nom de *Pharaonni*, ou peuple de Pharaon, que dans le moyen âge une horde de ces vagabonds se donna, et d'où viennent ceux de *Gypsys*, ou Égyptiens chez les Anglais, et de *Gitanos* chez les Espagnols C'est leur invasion en Allemagne et en France, à travers la Bohême qui leur a valu le nom de *Bohémiens*.

Placées à l'ouest de la Grèce, sous l'influence des zéphyrs doux et pluvieux, ces îles jouissent d'un long printemps et d'étés modérés. Les vents y amènent des changements subits. Le sol est généralement rocailleux et aride; mais où il se trouve un peu de terre, les oliviers, les citronniers, les orangers, les figuiers y étalent, sans interruption, leurs fruits, leurs fleurs et leur feuillage. On fait dans plusieurs endroits la vendange quatre fois l'année, et on cueille des roses et des giroflées en abondance au cœur de l'hiver.

La principale et la plus importante de ces îles est *Corfou*, traversée du nord au midi par une chaîne de montagnes dont le sommet nommé *San-Stéphano* atteint 1,400 pieds. Elle s'étend sur une longueur de 70 milles et une largeur de 30 milles, et renferme plus de 70,000 habitants. L'huile y est âcre, mais nulle part l'olivier ne devient plus beau. Cette île fut longtemps considérée comme le boulevard de l'Italie contre les musulmans, et aujourd'hui encore sa capitale, *Corfou*, ville de 16,000 habitants, offre un système formidable de fortifications. L'île de Corfou n'est séparée de l'Épire que par un canal de deux milles, dont une partie forme un port sûr et commode. Toute la campagne de Corfou est habitée par des Grecs; il y a des familles italiennes dans la ville qui possède, du reste, plusieurs établissements utiles, tels qu'une université, un collége, une bibliothèque publique et une société d'agriculture. Le palais du gouverneur, les églises de Saint-Spiridion et de Marie Spiliotissa, en sont les principaux édifices.

La petite île de *Paxo* contient environ 7,000 habitants : il n'y a là ni eau de source, ni blé, ni printemps; mais, en revanche, l'huile et le vin y abondent.

L'île de *Sainte-Maure*, à laquelle on donne encore quelquefois l'ancien nom de *Leucade*, a 30 milles de long, 16 milles de large, et 22,000 habitants grecs. Cette île produit du sel en abondance. On prétend qu'elle a été naguère liée au continent par un isthme que les Corinthiens coupèrent. Elle n'y communique plus aujourd'hui que par un banc de sable et des ponts de bois. Sa capitale, *Amaxichi*, peut renfermer 6,000 âmes. Le tremblement de terre du 19 janvier 1825 a détruit un aqueduc de 370 arches, construit à la façon des Romains, lequel, traversant la mer, s'appuyait d'un côté sur la forteresse de *Santa-Maura*, bâtie sur le banc de sable qui joint l'île au continent, et de l'autre sur la ville d'Amaxichi.

Céphalonie, plus étendue que Corfou, mais moins importante sous le rapport politique, a une circonférence d'environ 170 milles et une population de 60,000 à 70,000 habitants, peuplade bien courageuse, bien intelligente, mais vindicative, et peu scrupuleuse sur les moyens de gagner. Elle a produit plus d'un Ulysse. Le sol est montueux, mais fertile en raisin, en huile et en vin. Le sommet du mont *Aïnos*, s'élève à 4,000 pieds. Il y a, entre les deux petites villes *Argostoli* et *Lixouri*, un port excellent qui contient quelquefois jusqu'à 150 voiles marchandes. Argostoli est la résidence d'un évêque grec; elle a 5,000 habitants et un collége.

Près de là est l'île de *Théaki*, qu'on prétend être l'ancienne Ithaque; elle est nommée aussi Petite-Céphalonie; elle a 30 milles de tour, une petite ville appelée *Vathi*, quelques villages, et 700 à 800 habitants. Dans le voisinage de Vathi, remarquable par le beau port de *Squinosa*, on découvre au pied d'une montagne, et sous le château d'Ulysse, près de 200 tombeaux, d'où l'on a retiré un grand nombre de figurines antiques et de bijoux en or.

Zanthe, la plus grande de ces îles après Corfou et Céphalonie, et qui n'est éloignée que de douze milles de cette dernière, a environ 24 milles de long sur 19 de large, et renferme près de 40,000 Grecs, qui, plus que dans les autres, ont conservé les mœurs et costumes antiques de leurs célèbres ancêtres; mais que n'a-t-on pas dit de leur jalousie, de leurs vengeances perfides, de leur corruption profonde! *Zanthe*, la capitale, est la plus grande ville de toutes les îles Ioniennes; elle a 20,000 habitants, dont un douzième de juifs. Une cathédrale, l'évêché, la douane, la bourse et un théâtre, sont ses principaux édifices. L'île, sujette aux tremblements de terre, produit beaucoup de raisin de Corinthe, de l'huile, du coton et du vin.

Cerigo, l'ancienne Cythère, au sud de la Morée, séparée de toutes les îles précédentes, appartenait aux Vénitiens, et fait partie de la nouvelle république. On y recueille du raisin de Corinthe, du vin et de l'huile. C'est une île pierreuse, d'un aspect romantique, et derrière son enceinte de rochers elle renferme des vallées bien arrosées, des champs fertiles en blé, de gras pâturages, et une population rustique, heureuse, toute grecque, de 9,000 à 10,000 individus. Le chef-lieu de Cerigo est *Capsali*, petite ville épiscopale près de laquelle on voit d'anciens tombeaux et les ruines du temple de Vénus, qui donna tant de célébrité à l'antique Cythère.

La république des îles Ioniennes, avec 200,000 habitants, un revenu public de deux millions de francs, et une milice nationale de 4,000 à 5,000 hommes, ne pourrait maintenir son indépendance; mais l'Angleterre y entretient environ 2,400 hommes de troupes, et quelques frégates y viennent souvent montrer le pavillon britannique.

Les Ioniens, partagés en noblesse, en bourgeoisie et en cultivateurs, se gouvernent par des institutions où prédomine l'aristocratie. La religion grecque est maintenant celle de l'État; mais le clergé se ressent de l'ignorance où les Vénitiens le retenaient.

Les généreux soins de lord Guilford ont créé à Corfou une bonne université grecque.

EMPIRE DE RUSSIE.

Position astronomique. Longitude orientale, entre 16° et 62°. Latitude, entre 40° et 70°. Dans ces calculs on a compris le royaume de Pologne, mais on a exclu le groupe de Novaya-Zemlia et l'archipel de Spitzberg.

Dimensions. Plus grande longueur : du revers septentrional du Caucase, près des sources de la Samoura aux rives de la Muonio, dans les environs d'Enontekis dans la Bothnie orientale, 1,840 milles. Plus grande largeur : depuis le revers occidental de l'Oural, près des sources de la Sylva dans le gouvernement de Perm, à la frontière occidentale de la Volhynie, à l'ouest de Loutsk, 1,300 milles. Dans ces calculs, on n'a pas compris le royaume de Pologne.

Confins. Au nord, l'océan Arctique. A l'est, la Russie asiatique et la mer Caspienne. Au sud, la Russie asiatique, la mer Noire, les empires ottoman et autrichien, et la république de Cracovie. A l'ouest, la principauté de Moldavie et l'empire d'Autriche, la monarchie prussienne, la mer Baltique et la monarchie norwégiéno-suédoise.

Pays. La Russie proprement dite, qui forme le noyau de l'empire, nommée mal à propos Moscovie, les territoires des cosaques du Don et de la mer Noire; les ci-devant royaumes de Kazan et d'Astrakhan, conquis depuis longtemps sur les Tatars; la Biarmie; presque toute la Laponie; l'Ingrie, la Carélie, la Finlande, l'Ostrobothnie, l'Esthonie, la Livonie, les archipels d'Abo et d'Aland et les îles Dago, Osel, etc., pays autrefois appartenant au royaume de Suède; la plus grande partie du ci-devant royaume de Pologne, savoir : les gouvernements de Witebsk, de Mohilev, de Minsk, de Volhynie, de Grodno, de Wilna, de Podolie, la province de Bialystok et le nouveau royaume de Pologne; le ci-devant kanat de Crimée avec la petite Tatarie, la Bessarabie et partie de la Moldavie, contrées conquises sur l'empire ottoman; toute la partie de la région caucasienne, au nord de la chaîne principale du Caucase, pays enlevés aux indigènes, aux Turcs et aux Persans.

Montagnes. On peut regarder la Russie d'Europe comme un vaste plateau d'une médiocre élévation, sillonné de quelques hauteurs. Les véritables montagnes se trouvent vers ses frontières orientale et méridionale. Toutes les hauteurs de cette contrée peuvent être classées entre les systèmes suivants : SCANDINAVIQUE, auquel appartiennent les hauteurs de la Finlande et des gouvernements d'Olonets, Arkhanghelsk et autres; SLAVIQUE, qui embrasse toutes les hauteurs de la Russie centrale, et dont le point culminant, dans les prétendus monts Waldaï, ne s'élève qu'à 175 toises; HERCYNIO-CARPATHIEN, auquel appartiennent les hauteurs du sud-ouest de la Russie, et les petites montagnes de la partie méridionale du nouveau royaume de Pologne; le Katharinenberg, haut de 333 toises, et le Lysa, de 320, sont les points culminants de ce système dans cette partie de l'Europe; CAUCASIEN, qui comprend, outre la chaîne qui sépare l'Europe de l'Asie, les hautes montagnes de la Crimée méridionale, dont le point culminant est la pointe sud-ouest du Tchatyrdagh, haute de 790 toises; enfin, l'OURALIQUE, qui sépare l'Europe de l'Asie et auquel appartiennent toutes les montagnes et les hauteurs de la Russie orientale, au nord de la mer Caspienne.

Iles. Parmi les nombreuses îles qui appartiennent à cet empire, on doit surtout distinguer les suivantes :

Dans l'OCÉAN ARCTIQUE : le groupe de Novaya-Zemlia (la terre nouvelle) et l'archipel de Spitzberg, qui sont déserts et que leur seule position nous engage à ranger parmi les dépendances géographiques de l'Europe. Voyez ce qui concerne la colonie temporaire du Spitzberg; nous avons déjà signalé, dans le groupe de Novaya-Zemlia, l'existence du volcan le plus septentrional que l'on connaisse sur le globe : ici nous ajouterons que les affreuses solitudes de Novaya-Zemlia sont fréquentées par un nombre prodigieux de vaches marines et d'autres animaux semblables, que les armateurs d'Arkhangelsk et de Mezen y vont chasser; quelquefois ils y passent l'hiver. Viennent ensuite l'île de Kalgoiev et celles de Waigats : ces dernières donnent le nom au détroit de Waigats.

Dans la MER BLANCHE, les îles Solovetskoï, célèbres par le monastère situé dans une des principales.

Dans la MER BALTIQUE : les îles Osel ou OEsel (Saare-ma des indigènes), qui est une des plus grandes de la Baltique; elle dépend du gouvernement de Riga, ainsi que celle de Mon, qui en est voisine; Dago et Wormo, qui relèvent du gouvernement de Revel; Kronstadt, au fond du golfe de Finlande, remarquable par ses fortifications, son port et ses chantiers; l'archipel d'**Abo**, qui se développe devant cette ville et le long de la côte méridionale et d'une partie considérable de la côte occidentale de la Finlande; composé presque entièrement de rochers innombrables peu élevés, pointus ou taillés à pic de diverses variétés de granit et de calcaire, il offre un labyrinthe redoutable aux marins et une des merveilles de la géographie physique aux géographes; enfin, l'archipel d'**Aland**, ainsi nommé de l'île principale; il est situé à l'entrée du golfe de Bothnie et est pour la Russie d'une grande importance politique et militaire.

La MER NOIRE n'offre aucune île assez étendue et assez remarquable pour mériter d'être mentionnée dans cet ouvrage.

Lacs et lagunes. La Russie offre les plus grands lacs de l'Europe dans sa partie septentrionale, et plusieurs lagunes dans la méridionale; celles-ci se trouvent dans la partie septentrionale de la Crimée et le long des côtes du gouvernement de Khersen et de la province de Bessarabie, aux environs de Perekop, d'Otchakov et aux embouchures du Danube. Parmi le grand nombre de lacs de la Russie, on doit mentionner surtout, pour leur étendue : le Ladoga, qui est le plus grand de toute l'Europe; viennent ensuite l'Onéga, dans le gouvernement d'Olonets; le Saïma, le Payana et le Kolkis, dans la Finlande; le Paeïpous, entre les gouvernements de Revel, de Riga, de Pskov et de Pétersbourg; les Russes, depuis longtemps, le connaissent sous le nom de Tchoudskoïe; l'Ilmen, dans le gouvernement de Novgorod; l'Enara, dans la Laponie dépendante de la grande principauté de Finlande. Nous ajouterons les lacs bien plus petits nommés Bielo (blanc), dans le gouvernement de Novgorod, et Koubinskoe ou Koubensk, dans celui de Vologda, à cause de leur grande importance pour les communications hydrauliques de l'empire. Il y a aussi un grand nombre de lacs salés, dont on retire une immense quantité de sel; parmi ceux-ci, il faut nommer surtout le lac Elton, dans le gouvernement de Saratov.

Fleuves. La Russie est traversée par les plus grands fleuves de l'Europe. Voici les principaux, rangés d'après les mers différentes auxquelles ils aboutissent.

La MER BALTIQUE reçoit :

NOTIONS GÉOGRAPHIQUES.

La TORNEA, le KEMI, l'ULEA, le PYHAJOKI, le KUMO, le KYMEN ou KUNMENE, la NEVA, dont le cours est peu considérable, mais dont la masse d'eau est immense, étant l'émissaire du grand lac Ladoga et de tout le vaste système d'eau qui lui appartient, et qui s'étendant sur une grande partie de la Finlande, des gouvernements de Pétersbourg, d'Olonets, de Novgorod et de Pskov, baigne Saint-Pétersbourg et entre dans le golfe de Finlande; mais ce beau fleuve, qui contribue tant à l'embellissement de la capitale de l'empire, et qui lui est d'une si grande utilité par sa profondeur et par sa largeur, menace quelquefois son existence par les terribles inondations auxquelles il l'expose; celle de 1825 a laissé des traces funestes; la NARVA ou NAROVA, la DUNA (Drugowa des Lettons, et Dvina méridionale de quelques géographes russes et d'autres nations); le NIEMEN, la VISTULE, qui vient de l'empire d'Autriche, touche les palatinats polonais de Cracovie, de Sandomirz, de Lublin, de Podlaquie, et baigne Sandomirz, Pulawy, Varsovie, Modlin et Plock, dans le royaume de Pologne.

La MER NOIRE reçoit :

Le DANUBE, dont seulement l'extrémité inférieure appartient à l'empire, et qui sépare l'empire de Russie de la principauté de Moldavie; le DNIESTER, le DNIEPER, qui forme les fameuses cataractes situées au dessous de Kiev; le DON, auquel quelques géographes conservent encore le nom de TANAÏ, remarquable non-seulement par la longueur de son cours, mais aussi parce qu'il a été choisi par Malte-Brun pour déterminer avec la Kouma une partie de la frontière orientale de l'Europe; le KOUBAN se jette aussi dans la mer Noire.

L'OCÉAN ARCTIQUE reçoit :

Le PASWIG, qui, d'après le dernier traité définitif entre la Russie et la Suède, trace les confins de ce côté entre les deux États; la KOLA et la PETCHORA.

La MER BLANCHE, qui n'est qu'un grand golfe de l'océan Arctique, reçoit :

Le VIG, le KIATM ou KEM et le KOVDA, l'ONÉGA, la DVINA, dite aussi DVINA septentrionale, pour la distinguer de la Duna ou Dvina méridionale, et le MEZEN.

La MER CASPIENNE reçoit :

Le IAÏK, nommé par les Russes OURAL; le VOLGA, nommé IDEL ou ATEL par les peuples turcs, dont il traverse le territoire; c'est par 65 embouchures, et selon d'autres par 70, que ce fleuve, le plus grand de l'Europe, entre dans la mer Caspienne, où il forme un delta très-considérable; plus de 5,000 barques chargées de productions, le descendent annuellement; ses pêches sont d'un produit immense; on doit le regarder comme le premier sous le rapport des communications hydrauliques, devenues si importantes depuis les grands travaux exécutés pour faciliter les communications par eau, dans l'intérieur de toute la partie européenne de l'empire.

Canaux. Malgré les reproches que les géographes peu instruits adressent aux Russes sur le manque presque total de ce qui contribue à faciliter le commerce, nous n'hésitons pas à dire que la Russie d'Europe offre maintenant le plus vaste système de canalisation de cette partie du monde, et un des plus remarquables qui existent sur tout le globe. Elle doit ce grand avantage à Pierre Ier. En fondant sa nouvelle capitale, ce monarque se proposa de faire de la ville de Saint-Pétersbourg le centre de tout le commerce de la Russie avec les pays étrangers, un magasin général et le débouché commun de toutes les productions de l'intérieur. Embrassant d'un seul regard les lacs de Ladoga, d'Onéga, d'Imen et Bielo-Ozero (le lac blanc), avec toutes les eaux qui les alimentent et les principaux affluents des grands fleuves qui sont peu éloignés de leurs bassins, Pierre Ier imagina de réunir par des canaux, non-seulement entre eux leurs systèmes hydrauliques respectifs, mais aussi de les mettre en communication avec des rivières appartenant à d'autres systèmes entièrement différents. Ses successeurs ayant marché sur ses traces, il en est résulté que la Baltique, la mer Blanche, la mer Noire et la mer Caspienne communiquent entre elles par plusieurs canaux depuis longtemps livrés à la navigation intérieure.

Ethnographie. Aucun État de l'Europe n'offre un plus grand nombre de peuples différents. Tous ceux qui vivent dans la partie européenne d'après les démarcations naturelles, peuvent être réduits aux souches suivantes : souche SLAVE, qui dépasse de beaucoup toutes les autres en nombre ; elle comprend les Russes, qui sont la nation dominante, distingués en grands Russes, petits Russes, Rusniaks et Cosaques ; les Polonais, qui sont assez nombreux dans plusieurs gouvernements du ci-devant royaume de Pologne ; les Lithuaniens, les Lettes, les Koures et autres peuples moins nombreux. Souche FINNOISE ou OURALIENNE, à laquelle appartiennent les Finnois proprement dits de la Finlande, les Careliens, les Éthoniens, les Tcheremisses, les Votiaques, les Lapons, les Lives, les Zyrianes, les Vogoules, les Permiens, les Mordva ou Mordouins, et une partie des Teptières. Souche TURQUE, improprement nommée TATARE ou TARTARE, dans laquelle sont rangés les Turcs de Kazan, d'Astrakhan, etc. ; les Turkomans du Caucase, les Nogaï ; les Bachkires, les Tchouvasches, les Metcheriaques, une partie des Teptières et autres. Souche GERMANIQUE, à laquelle appartiennent les Allemands des gouvernements de Riga, Revel, Pétersbourg, Mitau, etc., et ceux des colonies dans les gouvernements de Saratov, de la Tauride, etc. ; les Suédois, qui forment une partie considérable de la population de la Finlande, et un petit nombre d'Anglais et Danois établis en Russie. Souche SÉMITIQUE, qui comprend les Juifs, très-nombreux dans le royaume de Pologne et dans les gouvernements ci-devant polonais, et quelques milliers d'Arabes dans la région caucasienne. Souche GRECO-LATINE, dans laquelle il faut classer les Moldaves et les Valaques de la province de Bessarabie, les Grecs, les Skipetars ou Albanais et quelques milliers de Français et d'Italiens établis en Russie. Souches CIRCASSIENNE, LESGHIENNE, ABASE et MITSDJEGHIENNE, auxquelles appartiennent les Circassiens ou Tcherkesses, plusieurs peuples lesghiens, tels que les Avars, les Kazi-Koumuk, les Akoucha, etc. ; les Abases et les Mitsdjeghi, dans la partie européenne de la région caucasienne. Souche ARMÉNIENNE, qui comprend les Arméniens assez nombreux, surtout dans les provinces du Caucase et dans les villes les plus commerçantes de la Pologne. Souche PERSANE, dans laquelle il faut ranger les Osètes, dans la région du Caucase, avec les Boukhares. Souche MONGOLE, qui embrasse les Kalmuks des gouvernements d'Astrakhan, de Tauride, de Kherson, du pays des Cosaques du Don et de la région caucasienne. Souche SAMOYÈDE, à laquelle appartiennent les petites *tribus samoyèdes* qui errent dans les vastes solitudes du gouvernement d'Arkhangelsk. Souche SANSKRITE, dans laquelle on range les Bohémiens de la province de Bessarabie, du gouvernement de la Tauride et autres. Ces différents peuples parlent quatre-vingts dialectes divers.

La population du royaume de Pologne est partagée entre les souches suivantes : souche SLAVE, qui comprend les Polonais ; ils forment à eux seuls presque les trois quarts de la population ; les Rusniaks et les Lithuaniens. Souche SÉMITIQUE, qui comprend les Juifs, qui se sont tellement multipliés depuis quelques années, qu'on peut les regarder comme formant le dixième de la population totale du royaume. Souche GERMANIQUE, à laquelle appartiennent les Allemands, dont le nombre a beaucoup augmenté dans ces derniers temps ; ils forment un neuvième environ de la population. Viennent ensuite les Turcs, les Bohémiens et les Arméniens, dont le nombre est très-petit ; les premiers appartiennent à la souche TURQUE, les seconds à la souche HINDOUE OU SANSKRITE et les troisièmes à la souche ARMÉNIENNE.

Places fortes et *forts militaires.* L'empire russe a peu de places fortes relativement à son étendue. Dans la Russie, que nous regardons comme européenne, il faut surtout mentionner les suivantes : Svéaborg, Helsingfors et Frederickham, en Finlande; Kronstadt, dans le gouvernement de Pétersbourg; Riga, dans celui de ce nom; Dunabourg, en Courlande; Robrouisk, dans le gouvernement de Minsk; Tangarock, dans le gouvernement de Jekaterinoslav; Ismaël, Bender, Chotim et Akkerman, dans la Bessarabie. Zamos et Modlin sont les places les plus fortes du royaume de Pologne.

Les principaux ports militaires sont : Kronstadt, où stationne la flotte de la Baltique, Revel, Svéaborg et Rotchensalm; ce dernier est la station de la flottille de la Baltique. Arkhangelsk, sur la mer Blanche; Sevastopol, centre des forces navales de la Russie sur la mer Noire, et Nicolaïev sur le Bog où stationne la flottille de cette mer; Astrakhan, station de la flottille de la mer Caspienne. Les principaux chantiers de construction se trouvent maintenant établis à Saint-Pétersbourg et à Okhta tout près de cette capitale, à Kronstadt, à Arkhangelsk et à Nicolaïev.

PROVINCE DE LA BALTIQUE.

Villes. — SAINT-PÉTERSBOURG ou PÉTERSBOURG, avec 497,933 habitants, dont plus de 30,000 allemands, chef-lieu du gouvernement de ce nom, capitale moderne de l'empire, siége ordinaire de l'empereur, d'un archevêque métropolitain russe et d'un archevêque catholique, pour tous les catholiques de l'empire russe et du royaume de Pologne. Cette ville, une des plus belles du monde, a été fondée en 1703 par Pierre le Grand, au milieu des marais traversés par la Néva, qui, par ses branches et canaux, la partage en plusieurs îles et y forme un port vaste mais peu profond. Saint-Pétersbourg peut être regardé comme une ville ouverte n'étant environnée qu'en partie d'un fossé, et sa citadelle étant absolument inutile sous le rapport militaire. De toutes les grandes capitales de l'Europe, Saint-Pétersbourg est celle qui frappe le plus au premier aspect, par la largeur, l'alignement et la propreté des rues, par l'élégance et la régularité des édifices, par la situation avantageuse de ses bâtiments les plus remarquables; par les quais en granit qui bordent la Néva, la Fontanka et autres canaux, et qui sont regardés comme les plus beaux de l'Europe. Ses principales places sont : la place du palais d'hiver; celle de l'Amirauté; la place d'Isaac, ornée par la belle église de ce nom, qui n'est pas encore achevée; la place du Sénat, sur laquelle vient d'être élevé le superbe bâtiment destiné à recevoir le sénat et le saint-synode, et où l'on remarque surtout le monument colossal dédié par Catherine II à Pierre Ier : la statue de ce monarque, ouvrage de Falconet, est posée sur un immense bloc de granit d'une seule pièce, du poids de 1,700,000 livres; la place du Théâtre, qui prend sa dénomination du grand théâtre, qui s'élève au milieu; le champ de Mars ou Tsaritsin-Loug (le pré de la Tsarine), destiné aux exercices militaires et décoré de la statue de Souvarov; la place du premier corps des cadets, ornée d'un obélisque érigé en l'honneur du maréchal Raumiantzov; enfin la nouvelle place, formée par le palais d'Anitschkov et les nouveaux bâtiments de la bibliothèque impériale, au fond de laquelle on admire le nouveau théâtre d'Alexandre, un des plus élégants édifices de ce genre, derrière lequel s'étendent d'immenses bâtiments auxquels on a donné le nom de Palais-Royal; le centre de cette place est décoré d'un fort beau square. Ses plus belles rues sont : la perspective de Nevsky, où se trouve l'église de Kazan; cette superbe rue, en partie ornée d'arbres, est embellie par des édifices élégants et de magnifiques magasins; viennent ensuite les deux Morskoi, la Millionne, la Liteinéia, etc.

Parmi les principaux édifices qui décorent la nouvelle capitale des tsars, nous nommerons de préférence : le palais d'hiver, demeure ordinaire de l'empereur, bâtiment immense, mais d'une architecture lourde et défectueuse; une galerie le met en communication avec l'Ermitage, beau palais bâti par Catherine II, dont il était le séjour favori; on y admire la galerie de tableaux et le cabinet de pierres gravées, l'un des plus riches de l'Europe; le cabinet des bijoux et joyaux, où l'on conserve les diamants de la couronne, et entre autres le fameux diamant de 194 carats, un des trois plus grands qui existent; les bibliothèques de Voltaire, de Diderot et de d'Alembert; les superbes collections de tableaux et de statues qui ornaient la Malmaison, un des séjours favoris de Napoléon ; c'est aussi dans ce palais qu'est situé le théâtre de la cour; le palais de marbre, bâtiment magnifique mais irrégulier, rentré après la mort du grand-duc Constantin dans les domaines de la couronne; le palais d'Anitschkov, bâti dans le goût italien; c'est pour ainsi dire la maison particulière de l'empereur Nicolas, où il demeurait lorsqu'il était grand-duc, qu'il habite encore quelquefois et qu'il paraît beaucoup affectionner : le palais de la Tauride, remarquable par l'élégance de son architecture, par ses vastes galeries, par son jardin et parce qu'il a été construit tout exprès par l'opulent prince Potemkin pour donner une fête à Catherine II; le palais du grand-duc Michel, récemment construit; il se recommande par la beauté de son architecture, l'élégance et la richesse de son ameublement; on y voit une belle collection des armes et des uniformes de presque tous les peuples anciens et modernes. Viennent ensuite : l'ancien palais de Saint-Michel, maintenant occupé par le corps du génie; sa construction rappelle les châteaux du moyen âge; il a été élevé par Paul Ier, à la suite d'une prétendue vision; c'est dans un de ses appartements que ce monarque termina sa vie d'une manière si tragique; l'hôtel de l'Académie des beaux-arts, regardé comme le plus beau bâtiment de Saint-Pétersbourg sous le rapport de la régularité et du grandiose de son architecture; la bourse, qui est un des plus beaux édifices de la capitale; l'amirauté, dont la flèche dorée, très-élevée, est le premier objet qui se présente en approchant de Saint-Pétersbourg; son immense enceinte renferme un vaste chantier où l'on construit des vaisseaux de ligne, et de grandes salles occupées par les objets intéressants qui forment le musée de la marine; le bâtiment de l'Académie des sciences; la banque des assignats; le bâtiment du sénat; le bâtiment du corps des pages, dans l'enceinte duquel se trouve l'église de Malte; l'hôtel de ville et surtout l'état-major, magnifique bâtiment semi-circulaire, élevé récemment vis-à-vis du palais d'hiver pour en former l'enceinte; un arc immense joint les deux parties de cet édifice, qui est surmonté d'une Victoire dans un char à six chevaux; on y a transféré tous les bureaux relatifs à l'administration de la guerre; vis-à-vis de l'arc s'élève le monument d'Alexandre, immense colonne d'ordre dorique, dont le fût composé d'un seul bloc de granit, n'a pas moins de 84 pieds anglais de haut, et 12 de diamètre; le monument entier surmonté de la statue de l'archange Michel, a 154 pieds de haut; M. Alexander le regarde comme supérieur à tous les monuments de ce genre anciens et modernes. On ne doit pas oublier le gostinoï-dvor avec ses deux galeries, dont celle du rez-de-chaussée a plus de 170 boutiques où sont étalées, comme dans un grand bazar, des marchandises de tout genre; le vaste local de la bibliothèque impériale; les manèges, rangés parmi les plus beaux de l'Europe; à l'entrée de celui de la garde à cheval sont placés deux belles statues, imitation de celles qui ornent la place de Monte Cavallo à Rome; le nouvel arsenal, remarquable par son étendue et par ses beaux ateliers; on y admire surtout la fonderie; le corps des mines, où il y a un souterrain qui imite les différentes couches du sol dans les mines; le Smolnoï, monastère; l'institut de Sainte-Catherine; le magnifique hôpital des pauvres malades; la maison des enfants trouvés; le bâtiment de l'institut des voies et communications; les casernes, aussi remarquables par leur étendue que par leur nombre, et parmi lesquelles se distinguent celles des régiments des gardes Ismaïlovsky, Pavlovsky, Moskovsky et des chevalier-gardes; les vastes et beaux édifices du premier et du deuxième corps des cadets de terre; celui des orphelins militaires; le bâtiment des douze colléges.

Parmi les nombreuses églises de Saint-Pétersbourg, on doit surtout nommer les suivantes : la cathédrale ou Notre-Dame de Kazan, construite sur le modèle de Saint-Pierre de Rome, mais dans des dimensions beaucoup plus petites; l'église de Saint-Isaac, dont la reconstruction sur un nouveau plan a commencé en 1822; une coupole très-élevée et quatre portiques décoreront l'extérieur de ce temple; chacun d'eux doit avoir huit colonnes de face et trois colonnes latérales à base et chapiteaux de bronze; elles sont toutes d'un seul bloc de granit, de 5 pieds 10 pouces de diamètre à la base et de 56 pieds anglais de haut; ce sera un des plus beaux monuments de l'architecture moderne; l'église de Saint-Pierre et Saint-Paul, située dans la forteresse de Saint-Pétersbourg; elle se recommande par sa flèche hardie; elle renferme le caveau qui sert de sépulture aux membres de la famille impériale; viennent ensuite celles de Saint-Nicolas, de Saint-Siméon, de la Transfiguration, etc. On ne doit pas oublier aux portes de la ville la belle église du couvent de Saint-Alexandre Nevsky, renfermant le riche tombeau de ce saint en argent massif; dans son enceinte se trouve un cimetière remarquable par la magnificence des monuments funéraires qu'il renferme. Nous ne citerons pas tous les hôtels magnifiques appartenant à des particuliers, parce qu'on pourrait regarder Saint-Pétersbourg comme presque composé d'une suite de palais; nous nommerons cependant ceux de Strogonov, de Bezborodko, de Cheremetev, de Gagarin, de Beloselsky, de Labanov.

Une foule d'établissements publics de tout genre ajoutent à l'importance et à la splendeur de la moderne capitale de l'empire russe. Nous signalerons à l'attention du lecteur les plus importants : l'université, fondée en 1819; on y a réuni l'école de droit, créée en 1805; on a le projet d'y ajouter une grande section pour les langues orientales, composée de onze professeurs et de plusieurs adjoints; elle possèdera une typographie, une bibliothèque et publiera un journal asiatique; 40 élèves seront instruits et entretenus dans ce bel établissement; l'Académie chirurgico-médicale de Saint-Pétersbourg, fondée par Pierre le Grand et réorganisée par l'empereur Alexandre; c'est un des plus beaux établissements de ce genre; le nombre de pensionnaires qu'on y admet peut monter à 520; 386,000 roubles sont affectés aux dépenses annuelles qu'exige leur instruction; l'institut central pédagogique, rétabli en 1828; il est placé au même rang que les universités et reçoit les jeunes gens qui se destinent à l'enseignement; la haute école de Saint-Pétersbourg, fondée en 1822 : on a le projet de la convertir en gymnase; l'Académie ecclésiastique de Saint-Pétersbourg, un des quatre grands établissements de l'empire, où l'on enseigne les sciences théologiques aux jeunes gens attachés à la religion dominante; la pension noble, annexée à l'université; les deux écoles militaires, connues sous le nom de premier et deuxième corps des cadets de terre; l'école d'artillerie de Saint-Pétersbourg, ouverte en 1809; le corps des cadets de la marine, fondé par Pierre Ier, auquel l'empereur Alexandre a ajouté, en 1803, une école de navigation pour 50 élèves; l'institut du corps des ingénieurs des voies et communications (ponts et chaussées), fondé en 1820; le corps des pages, espèce de collége militaire, dont les élèves font le service de la cour; l'école des beaux-arts, connue sous le nom d'Académie des beaux-arts; l'école des cadets des mines, à laquelle l'empereur Alexandre a donné en 1804 une nouvelle extension; l'établissement oriental, fondé en 1823 pour former de bons drogmans, si utiles et même indispensables dans les nombreuses relations diplomatiques de la Russie avec les souverains de l'Orient ; l'école de commerce ; l'institut technologique, établi récemment pour former de bons ouvriers et fabricants : 132 élèves y sont nourris et instruits ; l'école impériale d'agriculture, fondée en 1801, et celle que la comtesse Strogonov a ouverte en 1802, dans le même but ; l'école de marine marchande, que l'empereur Nicolas vient de créer pour former des capitaines et des pilotes habiles pour la marine marchande, ainsi que quelques constructeurs de navires de commerce : la couronne y entretient trente-deux élèves ; l'école vétérinaire ; les deux gymnases ; l'école principale protestante, où plus de 500 élèves sont formés à toutes les connaissances utiles dans les différentes conditions de la vie : l'enseignement s'y fait en allemand ; l'institut des demoiselles du couvent Smolnoï, où 500 jeunes filles reçoivent aux frais du gouvernement une éducation soignée : on y enseigne en outre aux demoiselles qui appartiennent à la classe des filles nobles, tout ce qui concerne les talents d'agrément et de société ; l'institut de Sainte-Catherine, où 180 jeunes filles de haute naissance sont élévées avec le plus grand soin. L'institut de Sainte-Marie, pour les demoiselles bourgeoises ; la maison des orphelins militaires, réorganisée en 1805 ; l'école des filles de cette même maison ; l'école des porte-drapeaux ; la maison des enfants trouvés de Saint-Pétersbourg ; les écoles allemandes de Sainte-Anne et de Sainte-Catherine sont de grandes écoles élémentaires qui ne doivent pas être passées sous silence.

Les sociétés savantes et les associations qui ont pour but l'avancement de la civilisation, en luttant contre les préjugés et en répandant des notions nouvelles et de nouveaux moyens d'aisance, sont beaucoup plus nombreuses à Saint-Pétersbourg qu'on ne le croit généralement. On doit placer à leur tête l'Académie impériale des sciences de Saint-Pétersbourg, illustrée par tant d'hommes célèbres, et renommée par les savants mémoires qu'elle publie ; l'Académie impériale russe ; l'Académie des beaux-arts ; la Société libre des amis des sciences, de la littérature et des arts ; l'Académie médico-chirurgicale, dont on a déjà parlé sous le rapport de l'enseignement ; la Société des amateurs de la langue russe ; la Société de médecine ; la Société pharmaceutique ; la Société impériale de minéralogie ; la Société libre économique ; la Société libre d'économie rurale ; la Société impériale philanthropique ; la Société militaire ; la Société pour l'encouragement des écoles d'enseignement mutuel ; la Société pour l'encouragement des artistes : elle entretient à Rome les meilleurs élèves qui sortent de l'école des beaux-arts.

Saint-Pétersbourg offre un grand nombre de collections scientifiques et de beaux-arts, dont quelques-unes figurent à côté des premières de l'Europe. Parmi ses nombreuses bibliothèques, nous citerons : la bibliothèque impériale, qui est la plus riche de tout l'empire et une des plus grandes de l'Europe ; celle de l'Ermitage, à laquelle est jointe la précieuse collection nommée bibliothèque russe, composée de 10,000 volumes d'ouvrages écrits tous dans la langue nationale ; la bibliothèque de l'Académie des sciences, qui possède une précieuse collection de manuscrits orientaux, enrichie récemment par les trésors bibliographiques enlevés à la Perse, et par les magnifiques manuscrits persans dont le schah Fet-Ali a fait don à l'empereur Nicolas ; c'est dans le même bâtiment qu'on a établi l'observatoire, par lequel les géographes russes font passer leur premier méridien, près duquel se trouve le fameux globe de Gottorp, dont l'intérieur représente le ciel, avec le lever des étoiles, leur passage par le méridien et leur coucher ; sur sa surface est figurée la terre ; il a onze pieds de diamètre. Viennent ensuite les bibliothèques de l'université, de l'amirauté, du palais de marbre, du corps des cadets, du couvent d'Alexandre Nevsky et de l'Académie des beaux-arts. Parmi les collections d'un autre genre nous nommerons :

le cabinet d'histoire naturelle de l'Académie des sciences, auquel celui de l'amirauté vient d'être ajouté; c'est un des plus riches qui existent; il s'est successivement enrichi par les voyages de découvertes faits en diverses contrées et par des achats considérables; la galerie impériale des tableaux à l'Ermitage, une des plus riches et des plus remarquables de l'Europe; le musée de sculpture et d'architecture de l'Académie des beaux-arts, et la petite collection du palais de Tauride, qui offrent ce que la Russie possède de plus précieux en fait de sculpture; le musée asiatique de l'Académie des sciences contenant le plus riche médailler oriental que l'on ait encore rassemblé; l'empereur régnant vient d'y joindre l'immense collection de monnaies persanes formée par M. Fraehn avec l'autorisation du ministre des finances, comte Cancrin, en les choisissant parmi les sommes que la Perse vient de payer à la Russie; le médailler de l'Ermitage, remarquable surtout pour les monnaies et médailles nationales; la belle collection minéralogique du corps impérial des mines, où l'on admire en outre des curiosités de toute espèce, surtout des armes; les belles collections de modèles, de machines et d'ornements conservés à l'amirauté et surtout dans le local du corps des mines, le musée ethnographique que l'on vient d'établir; la superbe collection d'armes anciennes et modernes de l'ancien arsenal; le magnifique jardin botanique, dont on admire surtout la beauté et l'étendue des serres; il a été enrichi dernièrement de la belle collection de plus de mille plantes du Brésil recueillies par M. Riedel, attaché à l'expédition de M. Langsdorf. Saint-Pétersbourg, comme toutes les autres grandes capitales de l'Europe, possède plusieurs collections particulières remarquables, que d'après notre plan nous passerons sous silence; c'est dans les ouvrages spéciaux que nos lecteurs trouveront la description des objets que renferment les musées de Roumiantzow, de MM. Svignine et Orlovsky, et les galeries de tableaux de MM. Narichkin, Bezborodko, Strogonov, Moussin-Pouchkin, etc., etc.

Sous le rapport de l'industrie, Saint-Pétersbourg est la ville la plus importante de la Russie; bon nombre de fabriques de tapisserie, de miroiterie, de cristaux, de bronzes et autres sont entretenues aux frais de l'empereur, et servent aux autres de modèle et d'exemple : on y entretient de nombreuses relations de commerce, tant avec l'intérieur qu'avec l'extérieur. Les premières sont devenues faciles par le grand nombre de voies de communications qu'offrent les nombreux canaux. Les bâtiments qui tirent plus de sept pieds d'eau, ne peuvent arriver jusqu'à la capitale, et sont obligés de transborder leurs chargements à Kronstadt. Ce dernier port a reçu en 1833, 52 bâtiments russes, 62 américains, 594 anglais, 17 brêmois, 28 hanovriens, 8 hambourgeois, 43 lubeckiens, 77 prussiens, 54 français, 12 mecklembourgeois, 43 suédois, et 44 de différentes autres nations, total 1134 bâtiments (en 1716, la totalité des bâtiments qui y arrivèrent s'élevait à 16). A ce nombre il faut ajouter 1238 bâtiments de petit tonnage, dont 850 étaient chargés de marchandises; pendant la même année, 1239 bâtiments divers, dont seulement 34 bâtiments chargés de sel, ont quitté Kronstadt. Le commerce de Saint-Pétersbourg acquiert chaque année plus d'importance, et se répand au fur et à mesure que la culture du pays augmente. En 1789, les exportations ne s'élevaient encore qu'à une valeur de 19 $^{3}/_{4}$ millions de roubles argent; en 1802, à 30 $^{1}/_{2}$ millions; en 1830, au contraire, elles avaient atteint le chiffre de 111 millions $^{1}/_{4}$ de roubles papier, et celui des importations, pendant la même année, s'élevait à 145 millions de la même monnaie. Les principaux articles exportés de Saint-Pétersbourg, consistent en cuivre, fer, chanvre, lin, potasse, huile de lin, (en 1832 on a exporté 3,678,900 pouds de ce dernier article), cordages, colle de poisson, cuirs de roussi, soies, toiles à voiles, toiles, graine de lin et céréales. Il n'existe point de bourse à Saint-Pétersbourg; les principaux établissements commerciaux sont :

société de commerce américaine, la chambre de commerce et la banque de virement.

Nous ne devons pas quitter Saint-Pétersbourg sans faire mention de son marché d'hiver (zimnoï rinok), qui offre un trait si caractéristique de cette grande métropole. L'Européen du midi est frappé d'étonnement en voyant s'élever sur une vaste place d'énormes pyramides formées de corps d'animaux entassés les uns sur les autres. Ce sont des bœufs, des moutons, des cochons, des poulés; ensuite du beurre, des œufs, des poissons, enfin toutes sortes de provisions; le froid a rendu tous ces objets durs comme des pierres. Les poissons présentent encore toute la fraîcheur de leurs couleurs naturelles; on serait presque tenté de les croire vivants. Mais les autres animaux offrent un spectacle pour ainsi dire effrayant. On en voit des milliers, tout écorchés, rangés les uns à côté des autres, debout sur leurs pattes de derrière comme s'ils voulaient grimper les uns sur les autres. Leur dureté est extrême, on emploie la hache pour en couper des morceaux, les éclats volent au loin comme si on coupait du bois. Les provisions amassées dans ce marché y sont apportées des parties les plus éloignées de ce vaste empire, au moyen des traîneaux; tout s'y vend à meilleur marché à cause de la facilité des transports et du grand nombre de vendeurs, et chacun se hâte d'y faire ses provisions pendant la durée temporaire de ce marché. Elles se conservent pendant longtemps lorsque l'on a la précaution de les mettre dans des caves garnies de glace qui se trouvent dans toutes les maisons. Du reste tous les marchés de la Russie du nord offrent, quoique sur une moindre échelle, le même spectacle pendant les froids rigoureux, qui donnent aux provisions cette dureté extraordinaire et les préservent ainsi de la corruption.

Dans les environs immédiats et dans un rayon de 40 milles on trouve plusieurs lieux remarquables; nous nous bornerons à signaler les suivants en avertissant qu'ils sont tous situés dans le gouvernement de Saint-Pétersbourg. — KAMENOÏ-OSTROV (l'île de pierres), joli château impérial, où l'empereur Alexandre passait une grande partie de la belle saison. — TSARSKO-SELO (Tsarskoïe-Selo), regardée comme la plus belle maison de plaisance de l'empire. — PAVLOVSKI, château impérial. — GATCAINA, maison impériale, d'une assez belle architecture et séjour favori de Paul Ier, qui y a fondé une colonie allemande; on en loue surtout les beaux et vastes jardins.

STRELNA, beau palais situé sur le golfe de Finlande; il appartenait au grand-duc Constantin. — PÉTERHOF, château impérial bâti sur une colline près du golfe de Finlande, et attenant à un misérable village. On admire ses beaux jardins, dont les nombreux jets d'eau, les fontaines, les bassins, les cascades artificielles, les statues et les groupes vomissent de l'eau sous mille formes différentes, et rivalisent avec les fameux jets d'eau de Versailles. Près de ce magnifique château se trouve la fabrique impériale destinée à tailler les pierres précieuses. — ORANIENBAUM, autre château impérial, situé sur la côte du golfe de Finlande, remarquable surtout par sa superbe orangerie et par la belle vue dont on y jouit; de ce point, on découvre entièrement Kronstadt, Saint-Pétersbourg, et une grande partie du golfe, la petite ville d'Oranienbaum est chef-lieu du cercle de ce nom.

KRONSTADT, jolie ville, forte, régulièrement bâtie, sur la petite île Codlin, qui domine le golfe de Finlande, la place de la parade, la bourse, le grand bureau des douanes; mais surtout le *dock* où l'on radoube les vaisseaux, le canal de Pierre le Grand, l'hôpital et les casernes de la marine, les magasins et ses fortifications sont ce qu'elle offre de plus remarquable. Tout ce que l'on peut inventer en fait de chantiers, d'arsenaux, de fortifications, s'y trouve multiplié avec un luxe extraordinaire.

Plusieurs maisons de plaisance d'une beauté et d'une magnificence remarquables appartenant à des particuliers, embellissent les grands chemins qui mènent aux résidences spéciales et aux lieux que nous venons de nommer. Nous citerons surtout celles des Narichkin, de Stcherbatov, Zavadowsky, Soltikov; elles ornent le chemin qui conduit de Saint-Pétersbourg à Péterhof; on peut dire que ce chemin est en entier couvert de maisons de plaisance.

Riga (Riolin ou Righo), chef-lieu de la Livonie et du gouvernement général militaire de ce nom, assez jolie ville, située sur la rive gauche de la Duna ou Dvina, non loin de son embouchure dans la Baltique, qui y forme un port vaste quoique peu profond. L'entrée en est étroite, et comme les profondeurs sont très-inégales, les bâtiments de fort tonnage sont obligés, pour s'alléger, de décharger une partie de leur chargement sur la rade de Dunamunde. 1,300 à 1,400 bâtiments viennent y jeter l'ancre chaque année; son phare a 110 pieds d'élévation, 12 miroirs en métal reflètent sa lumière, on peut l'apercevoir en mer à une distance de 16 milles des côtes. Ses maisons sont presque toutes bâties en pierres, mais ses rues sont fort étroites. Les bâtiments les plus remarquables sont : l'hôtel de ville, la bourse, la maison dite Schwarzenhœupter, le palais impérial, l'église cathédrale, celle de Saint-Pierre, dont on loue la tour très-élevée; le palais des états, le Catharineum, l'hôpital de Saint-George, la douane, le théâtre, la cour des corps des marchands et artisans, l'arsenal. On doit encore mentionner le monument des incendiaires, la colonne de la Victoire, élevée en 1817 par le commerce; les machines hydrauliques; le canal où les vaisseaux vont hiverner, et le beau pont de bateaux sur la Dvina, qui par sa longueur remarquable et par sa situation forme une promenade magnifique. Ses principaux établissements scientifiques et littéraires sont : le lycée ou Catharineum, le gymnase, l'école de navigation, la grande école des filles, la Société littéraire, la Société lettone, la Société libre d'économie rurale, la Société livonienne d'utilité publique et d'économie, la bibliothèque de la ville, l'observatoire, le musée de Himmsel. Riga est une des plus fortes places de l'empire et une des villes les plus commerçantes de l'Europe.

Les autres villes les plus remarquables de la Russie baltique sont :

Derpt ou Dorpat, sur l'Empa, 10,000 habitants; petite ville du gouvernement de Livonie, remarquable par sa florissante université, son gymnase, son école normale des maîtres d'école de campagne et par plusieurs beaux établissements tels que la bibliothèque, une des principales de l'empire, l'observatoire, le cabinet d'histoire naturelle, le musée, le jardin botanique, la riche collection de cartes géographiques, etc.

Mitau, chef-lieu du gouvernement de Courlande, avec 13,000 habitants; elle est remarquable par ses établissements publics, parmi lesquels se distinguent le gymnasium illustre, le pensionnat particulier, la Société courlandaise, qui publie de savants mémoires, la bibliothèque, l'observatoire et le cabinet d'histoire naturelle.

Revel, chef-lieu du gouvernement de l'Esthonie, ville fortifiée, avec un beau port et un môle rendu meilleur par d'importants travaux faits dernièrement, et dans lequel stationne une partie de la flotte russe. Le gymnase, l'école de la noblesse et la bibliothèque sont ses principaux établissements publics; le Catherinenthal, maison de plaisance impériale avec un beau jardin, se trouve dans ses environs immédiats. — L'île de Dagoé. Les Esthoniens habitent principalement les campagnes; les villes sont peuplées d'Allemands et de Russes.

Narva, petite ville du gouvernement de Saint-Pétersbourg, importante par ses fortifications, son port et son commerce; Charles XII y défit les Russes le 20 novembre 1700. — Iambourg, jolie petite ville, nouvellement bâtie, avec plusieurs fabriques de draps, de batistes et de bas de soie.

Helsingfors, petite ville du grand-duché de Finlande, bien bâtie, avec un beau port sur le golfe de Finlande, et florissante par son commerce; elle a été beaucoup embellie et fortifiée par les Russes, qui en font la capitale du grand-duché, et y ont transféré l'université d'Abo; ses collections d'objets scientifiques et littéraires et sa bibliothèque deviennent tous les jours plus remarquables; le séminaire théologique dépend de l'université. Tout près est située la célèbre forteresse de Svéaborg, consistant en sept îlots fortifiés qui défendent un port magnifique et les chantiers de construction; une grande partie de ses fortifications sont taillées dans le roc; selon M. Alexander ses vastes casernes peuvent loger douze mille hommes. Les immenses travaux faits par les Suédois et continués par les Russes en ont fait une place imprenable; on l'appelle justement le *Gibraltar de la Baltique*.

GRANDE RUSSIE.

Moscou, en russe Moskva, chef-lieu du gouvernement de son nom, et une des capitales de l'empire, située agréablement sur la Moskva, dans un terrain ondulé, presque au milieu du grand plateau de la Russie centrale, dont on a beaucoup exagéré l'élévation. Moscou est une des plus grandes villes de l'Europe; elle a été presque entièrement rebâtie après le mémorable incendie de 1812, qui en consuma les deux tiers. Depuis cette catastrophe elle s'est non-seulement embellie, mais le nombre de ses maisons s'est considérablement accru. Elle est divisée en quatre quartiers : celui du *Kremlin*, celui de *Kitaigorod*, celui de *Beloigorod*, et celui de *Semlanaigorod*, auxquels il faut ajouter 30 hobodes, ou faubourgs. Ses plus belles places sont : l'Arbate; la place Rouge, près du Kremlin, où se trouve le monument de Minine et de Pojarsky; et celle du grand théâtre russe, appelé *Petrovskaïa*. On ne saurait déterminer exactement le nombre de ses habitants; il paraît cependant que sa population moyenne doit être portée pour le moins à 250,000 âmes.

Les édifices les plus remarquables qui décorent cette métropole sont : le Kremlin (Kreml), ancienne demeure des tsars, restaurée depuis 1812; ses palais, ses monastères, ses églises, leurs innombrables coupoles dorées ou peintes en vert, leurs nombreux clochers, toutes ces constructions de différents styles et de diverses époques offrent un contraste d'architecture asiatique et européenne, du moyen âge et moderne, dont l'ensemble aussi bizarre que magnifique excite l'étonnement du voyageur. Viennent ensuite : le palais anguleux, ainsi nommé parce que le revêtement en est à facettes; la maison des enfants trouvés, réputée la plus vaste et la plus belle dans son genre qui existe en Europe; le bazar (gostinoï-dvor), vaste édifice contenant un grand nombre de boutiques où sont étalées d'immenses richesses; le palais des antiquités (granovitaïa palata); l'arsenal; le palais dit du *patriarche*; la tour de Soukarev; la maison Pachkof; le théâtre, remarquable par sa beauté et par ses dimensions; le palais du sénat et la grande salle pour l'exercice des troupes; cette dernière nous paraît être la plus grande qui existe; M. Alexander lui donne 560 pieds anglais de long, 168 de large et environ 50 de haut; aucun pilier n'en soutient l'immense plafond. Parmi les églises nous citerons : la cathédrale, sous l'invocation de l'Assomption de la Vierge; on y couronne et sacre les empereurs; celles de l'Annonciation, de l'Archange-Saint-Michel, de Notre-Dame-de-Kazan et de Vassili-Blajennoï. On doit aussi mentionner le fameux clocher d'Ivan Vélikoï; c'est un monument isolé de la cathédrale du Kremlin, qui per-

HABITANT DES ENVIRONS DE MOSCOU.

pétue le souvenir de la famine affreuse qui eut lieu en 1600; tout près on voit, enfoncée dans la terre, la plus grande cloche peut-être qui ait jamais été fondue; elle pèse 10,000 pouds, selon le docteur Lyall. On a tout à fait abandonné l'exécution d'une église consacrée à Jésus-Christ le Sauveur, qui devait rivaliser par sa magnificence et par ses dimensions colossales avec la superbe basilique de Saint-Pierre de Rome.

On ne saurait passer sous silence les deux hôpitaux fondés par le comte Cheremetiév et par le prince Galitzin, qui contiennent chacun 300 lits et sont entretenus aux frais des fondateurs.

L'ancienne capitale de la Russie possède un grand nombre d'établissements publics dont nous signalerons les plus importants : l'université, qui est maintenant la première de l'empire pour le nombre des professeurs et pour celui des étudiants qui la fréquentent; l'Académie ecclésiastique, qui est une des quatre de l'empire; la pension des nobles, attachée à l'université, regardée comme un des principaux colléges de la Russie; l'Académie chirurgico-médicale, qui, quoique inférieure à l'établissement de même genre à Saint-Pétersbourg, dont autrefois elle dépendait, n'en est pas moins propre à former d'excellents médecins et chirurgiens; l'école militaire, connue sous le nom de *corps de cadets*; l'école arménienne, fondée par Catherine II; l'école de commerce, l'Académie pratique du commerce, où 60 élèves sont instruits dans tout ce qui est nécessaire pour former des négociants habiles; l'école des beaux-arts; l'école vétérinaire; le gymnase; l'institut de Sainte-Catherine, où 250 filles sont formées à toutes sortes de talents; l'institut d'Alexandre, destiné à l'éducation de 120 demoiselles choisies parmi les classes moyennes de la société; l'institut de Lazarev, ainsi nommé à cause de son fondateur; il renferme 80 élèves, parmi lesquels se trouvent plusieurs princes arméniens; il possède une belle bibliothèque, la plus riche peut-être qui existe pour la littérature arménienne, après celle du collége de Saint-Lazare à Venise. Viennent ensuite : la Société impériale des naturalistes; la Société des sciences physiques et médicales; la Société des amateurs de l'histoire et des antiquités de la Russie; la Société des amateurs de la littérature russe; la Société d'économie rurale, à laquelle est jointe une école d'agriculture; la bibliothèque de l'université, qui égale déjà pour le nombre des volumes celle qui a été consumée dans l'incendie de 1812; le jardin botanique, l'observatoire et le cabinet de physique; celui d'histoire naturelle, renfermant des morceaux très-curieux, et surtout le musée anatomique formé par M. Loder, qui est un des plus riches que l'on connaisse, étant composé, selon M. Schnitzler, d'environ 50,000 préparations.

Moscou est la résidence des familles les plus anciennes et les plus riches de la noblesse de l'empire, d'une section du sénat et du saint-synode, d'un gouverneur général militaire et d'un métropolitain; elle fait un commerce intérieur immense, et les spéculations de ses plus riches négociants s'étendent depuis la côte nord-ouest d'Amérique et les capitales de la Chine, de la Perse et de la Boukharie, jusqu'à Leipzig, Vienne, Hambourg, Londres, Paris, Marseille et Bordeaux.

Toula, au confluent de la Toulitza avec l'Oupa, chef-lieu du gouvernement de son nom, ville épiscopale et commerçante, dont les nombreux dômes rendent la vue extérieure une des plus agréables de la Russie. Elle a été presque entièrement détruite en 1834, par un incendie. Ses rues étaient mal pavées et formées par des maisons en bois, qui diminuaient l'impression que l'on avait d'abord reçue. Toula possède un séminaire ecclésiastique avec neuf professeurs, un collége pour la noblesse peu fortunée nommé *Alexandrinum*, du nom de l'empereur qui l'a fondé, un gymnase et quelques autres établissements littéraires. Avant cet incendie on pouvait ranger Toula parmi les villes les plus industrieuses de l'empire; mais c'est surtout sa grande manufacture d'armes, créée par Pierre Ier, agrandie et perfectionnée par Alexandre, qui l'a rendue célèbre. Plus de 7,000 ouvriers y travaillent continuellement pour fournir les armées russes d'armes blanches et d'armes à feu; ils font aussi divers instruments de physique et de mathématiques, dont on loue l'exécution. Un vaste arsenal pour armer plus de 100,000 hommes est attaché à ce superbe établissement, digne de figurer à côté de tout ce que l'Europe a de plus grand en ce genre. Ces deux édifices ont été épargnés par les flammes.

Tver, chef-lieu du gouvernement civil et du gouvernement général militaire de ce nom, ville archiépiscopale et industrieuse, située sur la rive droite du Volga. Tver a été presque entièrement rebâtie par Catherine II, et est une des villes de la Russie les plus avantageusement situées pour le commerce, favorisée surtout par le canal de Vichni-Volotchok qui la rend le centre des affaires commerciales entre Saint-Pétersbourg et Moscou. Le magnifique palais impérial, la cathédrale, d'une belle architecture gothique, l'hôtel du gouvernement, les tribunaux, l'hôtel de ville, le monument de Catherine II, plusieurs belles places, de belles rues tirées au cordeau et les superbes quais sur le Volga, l'ont fait justement ranger parmi les plus belles villes de l'empire, surtout depuis les nombreux embellissements qu'elle doit à la grande-duchesse Catherine, qui y a séjourné longtemps avec son époux, le prince d'Oldenbourg. Le séminaire ecclésiastique avec onze professeurs, le gymnase et le collége des nobles sont ses établissements littéraires les plus remarquables.

Iaroslav, chef-lieu du gouvernement de ce nom, ville archiépiscopale, bien bâtie, sur un plateau élevé, dans une situation riante, avec une forteresse située au confluent du Kotorotsk avec le Volga. On doit regarder cette ville comme un des plus grands ateliers de l'empire, surtout par la fabrication des toiles pour le service de table, la papeterie et les soieries. Iaroslav se distingue aussi particulièrement par ses établissements publics, à la tête desquels il faut placer l'école des hautes sciences, fondée par Paul Grigoriévitch Démidov, à laquelle cet opulent philanthrope a joint en 1811 une pension noble; elle possède une riche bibliothèque et jouit de l'égalité de rang avec les universités russes. Viennent ensuite le séminaire ecclésiastique, un des plus considérables de l'empire; il compte douze professeurs et plus de 1,200 étudiants; le gymnase et la Société des amateurs de la langue russe. On doit rappeler comme une curiosité que cette ville, avant l'incendie de 1768, ne comptait pas moins de 84 églises avec une population qu'on estimait à 21,000 âmes.

Arkhangel, ville archiépiscopale, chef-lieu du gouvernement de ce nom, fut découverte en 1554 par un navigateur anglais; elle est située sur la Dvina, avec un beau port, mais, à cause de sa haute latitude et de la rigueur du climat, elle n'est libre de glace que depuis juillet jusqu'en septembre. Elle est toute bâtie en bois; le grand marché, bâti en pierre, et les chantiers de la marine militaire, sont ses constructions les plus remarquables. Le séminaire ecclésiastique avec neuf professeurs, l'école de navigation et le pensionnat particulier sont ses établissements publics les plus importants. Arkhangel a été la seule place maritime commerciale de la Russie jusqu'à la fondation de Saint-Pétersbourg, époque où son commerce commença à déchoir. Malgré cela, cette ville est toujours restée l'entrepôt des marchandises qui passent en Sibérie, et le centre des affaires commerciales d'une grande partie de la Russie européenne du nord, surtout pour le trafic des cordages, résine, goudron, soies, toile à voile, bois de pin, planches et nattes. Nous rappellerons que c'est dans cette ville qu'en 1670 le cours du change fut introduit en Russie, où il était totalement ignoré. Arkhangel est le siége d'un département de la marine russe, d'une compagnie établie dernièrement pour le commerce et la pêche des harengs; elle possède plusieurs fabriques, et ses négociants,

PAYSAN DU GOUVERNEMENT TWER.
(Russie.)

qui fréquentent les principales foires de l'empire, étendent leurs relations jusqu'aux frontières de la Chine et prennent une part active aux grandes pêches que l'on fait dans les parages du Spitzberg et de Novaya-Zemlia.

Vologda, ville épiscopale, chef-lieu du gouvernement de ce nom, située au confluent de la Vologda avec la Soukhona. C'est une des villes les plus industrieuses de la Russie. Elle doit en partie cet état florissant aux fabricants de Novgorod-Veliki, qui s'y sont réfugiés lors des malheurs dont cette dernière ville a été accablée. On peut aussi la regarder comme l'entrepôt du commerce intérieur de tout le nord de la Russie d'Europe et de la Sibérie; avantage qu'elle doit à sa position intermédiaire entre Saint-Pétersbourg, Arkhangel, Moscou et Kazan, ainsi qu'aux canaux et aux fleuves navigables qui facilitent le transport des marchandises. Vologda possède un des principaux séminaires ecclésiastiques de l'empire, puisqu'il compte quatorze professeurs et est fréquenté par plusieurs centaines d'étudiants, un gymnase et autres établissements littéraires.

Les autres villes principales de la GRANDE RUSSIE sont :

SMOLENSK, située sur la rive droite du Dnieper, chef-lieu du gouvernement de Smolensk, siége d'un évêché et d'un gouverneur général militaire, importante par son commerce, par son séminaire ecclésiastique, qui compte dix professeurs, par son gymnase, par son école militaire, et remarquable par l'épaisseur extraordinaire de ses murailles. La célèbre bataille qui se livra sous ses murs pendant la désastreuse campagne de 1812, l'a rendue à jamais célèbre dans les annales militaires.

NOVGOROD ou NOVGOROD-VELIKI (Novgorod la Grande), chef-lieu du gouvernement de Novgorod, est une des plus anciennes villes de la Russie, mais très-déchue en comparaison de ce qu'elle était dans le moyen âge, époque où, formant partie de la puissante ligue anséatique, elle étendait sa domination sur une grande partie de la Russie septentrionale, et était devenue l'entrepôt du commerce de l'Asie avec le nord de l'Europe. Plusieurs auteurs prétendent qu'elle avait alors près de 400,000 habitants. Malgré les pertes immenses faites par Novgorod, cette ville est encore assez importante par ses monuments, son commerce et son industrie, par son séminaire ecclésiastique, son gymnase, et parce qu'elle est la résidence d'un archevêque métropolitain. C'est dans les archives de sa célèbre cathédrale de Sainte-Sophie, un des temples les plus anciens de l'empire, que l'on a découvert un exemplaire complet de la *Rousskaïa Pravda* ou le code de Iaroslav; M. Strahl croit que ce précieux manuscrit sur parchemin a été écrit l'an 1280. Cette même cathédrale présente encore ces fameuses portes de bronze, dont la construction paraît être allemande et remonte au XIIe ou XIIIe siècle de notre ère; les divers sujets pieux et profanes, et les inscriptions latines et russes qu'on y remarque, ont été dans ces derniers temps l'objet des investigations du savant M. Adelung.

KOSTROMA, chef-lieu du gouvernement de Kostroma, ville épiscopale.

NIJNI-NOVGOROD, ville épiscopale, chef-lieu du gouvernement de Nijni-Novgorod et du gouvernement général militaire de son nom, importante par ses nombreuses fabriques de coton, de cordes, ses brasseries, et par son commerce florissant favorisé par sa position centrale sur le Volga. En 1828, on en exporta pour 8 millions de roubles de sel gemme. On y tient la célèbre foire qui, il y a quelques années, donnait tant d'importance à la petite ville de Makariév; on peut la regarder comme la plus grande de l'Europe, puisque la valeur moyenne des marchandises qu'on y apporte dépasse 115 millions de francs, et que l'on estime de 120,000 à 150,000 le nombre des personnes qui la fréquentent. Pendant sa durée, une division de la banque commerciale de Moskoa y est transportée. Les beaux et vastes bazars, construits dernièrement pour les marchands qui y accourent des parties les plus reculées de l'Europe et de l'Asie, méritent une mention particulière. Nijni-Novgorod possède un séminaire ecclésiastique et un gymnase.

Koursk, ville épiscopale et commerciale, chef-lieu du gouvernement de Koursk, avec un gymnase et un des principaux séminaires ecclésiastiques de l'empire. Dans son district se trouve le couvent de Korenaïa, célèbre par son image miraculeuse de la Vierge, qui y attire quantité de pèlerins, dans un vaste local divisé en 350 boutiques, appartenant au gouvernement, on tient une des principales foires de la Russie, où l'on vend annuellement pour plus de 7 millions de francs de marchandises.

PETITE RUSSIE.

Kiév, grande ville assez bien bâtie, sur la rive droite du Dnieper, le long duquel elle s'élève majestueusement de colline en colline, embrassant dans une quadruple enceinte quatre parties distinctes nommées le Podol ou la ville basse, vieux Kiév ou la ville haute, le Petcher ou la citadelle, dans laquelle se trouve l'église de Sainte-Sophie, et la ville de Vladimir, fondée par Catherine II. Les inscriptions grecques sur des tables d'albâtre se rapportant à l'année 260 de notre ère, et découvertes sur les débris de l'ancienne église de Saint-Basile, démontrent la grande antiquité de cette ville, qui a été pendant longtemps le panthéon des divinités slavonnes, plus tard une des cités sacrées de la religion chrétienne grecque et capitale de l'empire russe (en 998 elle était la résidence de saint Vladimir). Elle a été tour à tour au pouvoir des Polonais, des Tartares et des Cosaques; en 1686 elle a été cédée par les Polonais aux Moscovites, qui l'ont possédée depuis. Maintenant elle est chef-lieu du gouvernement de Kiév, le siège d'un des quatre métropolitains russes et d'un évêché grec-uni et la résidence d'un gouverneur général militaire. Ses bâtiments les plus remarquables sont : la cathédrale de Sainte-Sophie, un des plus beaux temples de la Russie et remarquable par son antiquité, par la richesse de ses ornements et par le tombeau en marbre de son fondateur; ce dernier est surtout précieux parce qu'il donne une idée de l'état où se trouvaient les arts dans cette partie de l'Europe au xie siècle; un riche monastère en dépend; le palais impérial; les vastes bâtiments de l'université ecclésiastique ou de l'Académie; l'arsenal; le fameux monastère Petcherskoï avec ses catacombes, où l'on conserve dans un état de dessiccation 110 corps de martyrs, que plusieurs milliers de pèlerins, accourus de toutes les parties de la Russie, viennent visiter tous les ans : dans ce couvent vivait vers la fin du xie siècle le célèbre annaliste russe Nestor. En 1824 on a découvert les restes de la fameuse église Dekiakinnaya, bâtie en 996 par Vladimir et détruite en 1240 par les Mongols. Outre la célèbre académie déjà mentionnée, la plus ancienne de l'empire, avec 19 professeurs, et fréquentée par environ 1,500 étudiants, Kiév possède un gymnase, une riche bibliothèque et d'autres établissements publics. C'est dans cette ville que l'évêque de Zaluski était parvenu à former une bibliothèque composée de 200,000 volumes qu'il légua à la république de Pologne, et que Catherine II, en 1795, fit transporter de Varsovie, où elle se trouvait, à Saint-Pétersbourg, où elle forma le noyau de l'immense bibliothèque impériale. C'est encore ici que se tient la fameuse foire des contrats, qui était autrefois à Dubno; 30,000 personnes la fréquentent tous les ans.

Les autres villes les plus importantes de la PETITE RUSSIE sont :

Ouman, dans le gouvernement de Kiév, petite ville la plus peuplée après Kiév, avec

HABITANTS DE LA PETITE RUSSIE.

une école pour la noblesse, et remarquable par le voisinage de la fameuse Zofiovka, la magnifique résidence des comtes Potocki. Tout ce que l'art peut faire pour embellir une nature ingrate a été réalisé dans ses superbes jardins, qui ont coûté plusieurs millions à Stanislas-Félix Potocki; c'est un monument qu'il éleva à la mémoire d'une de ses épouses nommée Sophie.

Poltava, sur la Worskla, ville épiscopale et commerçante, chef-lieu du gouvernement de Poltava, avec un gymnase et un séminaire ecclésiastique qui compte huit professeurs et est fréquenté par un assez grand nombre d'étudiants; au milieu de sa place principale s'élève un beau monument élevé à Pierre le Grand pour conserver le souvenir de la victoire qu'il remporta, le 8 juillet 1709 sur Charles XII. — Loubny, importante par sa grande pharmacie fondée par Pierre Ier, par son école vétérinaire et son jardin botanique.

RUSSIE MÉRIDIONALE.

Odessa, bâtie sur une hauteur vers la fin du dernier siècle, dans l'emplacement même du chétif village tartare nommé Hadji-bey, près d'un petit golfe, qui forme un port défendu par une citadelle et des batteries. Cette brillante création de Catherine II, qui tient de l'enchantement, est due en grande partie à l'habileté du duc de Richelieu; quelques années ont suffi pour transformer un espace aride et désert du gouvernement de Kherson en un territoire couvert de vergers et de villages populeux, au milieu desquels s'élève une des villes les plus florissantes de l'Europe. Rien n'a été épargné pour y attirer l'affluence des étrangers; dans l'endroit, dit un voyageur qui a bien vu et bien décrit, où naguère encore se trouvait le chétif palais du pacha de cette province, s'élève maintenant un superbe théâtre où les artistes de toutes les nations viennent tour à tour faire admirer les chefs-d'œuvre de leur scène. Odessa est déjà la principale ville marchande de toute la mer Noire et le débouché principal des produits de la Russie méridionale. Son port est divisé par des digues en cinq parties; une citadelle le protége; un phare a été élevé depuis le mois de septembre 1833 sur le cap Takli. Des rues larges et alignées, dont plusieurs ont de beaux trottoirs, des maisons bâties en pierres et la plupart à deux étages, des places publiques ornées de superbes allées d'arbres, un beau jardin public, la cathédrale russe, le bâtiment de l'amirauté, la douane, la bourse, l'hôpital et l'aqueduc que l'on construit, placent cette ville parmi les plus belles de son rang que compte l'Europe. Le lycée Richelieu, nommé généralement gymnase de commerce; l'école de droit, celle de navigation; le séminaire, l'école spéciale pour l'étude des langues orientales, fondée dernièrement pour former des interprètes; la pension des demoiselles nobles; la Société rurale de la Russie méridionale; le jardin botanique et le musée d'antiquités de la Russie méridionale sont ses établissements publics les plus importants. Le musée vient de s'enrichir de plusieurs antiquités et médailles trouvées récemment à Sisopolis et autres villes de la Mœsie inférieure, de la Thrace et de la Macédoine. Son port a été déclaré franc pendant trente ans à commencer de 1817. En 1830, 844 bâtiments y entrèrent, et, 945, exportant pour environ 15,360,000 roubles de denrées et marchandises diverses en sortirent. Dans les années fertiles l'exportation des céréales augmente cette somme de plus d'un tiers. Odessa est le siége d'un gouverneur général militaire de la Russie méridionale. Nous ajouterons que l'on a déjà ouvert deux puits artésiens et que l'on se propose d'en ouvrir plusieurs autres dans la ville et les environs, afin de remédier aux inconvénients de l'aridité du sol. Odessa renferme une population d'environ 25,000 habitants.

Les autres villes les plus remarquables de la Russie méridionale sont :

Kherson, chef-lieu du gouvernement de Kherson.

Nikolaïev, petite ville, bien bâtie et ornée de plusieurs édifices remarquables, tels que l'église principale, l'hôtel de ville avec deux belles colonnades sur les ailes, la douane, l'amirauté avec de beaux chantiers; mais qui manque d'eau potable. Nikolaïev possède une école des pilotes à laquelle est jointe l'école de l'architecture navale et une bibliothèque, une belle collection de modèles de vaisseaux au dépôt de l'artillerie, où se trouve un musée formé des antiquités découvertes en Crimée et sur les rives du Dniéper; elle est aussi le siége de l'amirauté qui dirige toutes les opérations des flottes de la mer Noire et des constructions qu'elles nécessitent. Nous avons déjà vu que c'est dans son port, formé par le Bog et l'Ingoul, que stationnent les galères de la mer Noire et les vaisseaux qui ne peuvent plus tenir la mer.

Iekaterinoslav ou Cathérinoslav, chef-lieu du gouvernement de Iekaterinoslav, petite ville archiépiscopale, qui s'agrandit tous les jours; elle a un séminaire ecclésiastique, qui compte dix professeurs, et un gymnase.

Taganrock, petite ville, assez bien bâtie, au milieu d'une campagne d'une fertilité extraordinaire, avec un beau port sur la mer d'Azov, une forteresse et un gymnase de commerce. C'est l'entrepôt de tout le commerce que la navigation du Don alimente par des débouchés sans nombre qui y apportent à peu de frais les produits de toute espèce, si abondants dans la Russie, et surtout en bois de mâture, bois de construction, fer, chanvre, goudron, cuivre, potasse, salpêtre, blés et viande. L'empereur Alexandre mourut dans cette ville en 1825.

Bakhmout, très-petite ville, dans les environs de laquelle, vers le sud, on voit les restes d'une ancienne muraille élevée par les Tatars lorsqu'ils dominaient sur ces vastes plaines, alors désertes et dont une partie a déjà été livrée à l'agriculture; cette muraille était distribuée en trois lignes sur un espace de près de trois milles. Dans ces mêmes lieux on rencontre plusieurs *kourgans* ou tertres élevés et semblables à ceux qui s'élèvent au-dessus des vastes déserts qui s'étendent depuis le Dniéper jusqu'à l'Oural d'un côté, et au Terek de l'autre. Une partie de ces élévations artificielles sont incontestablement des tombeaux.

Ioursouf, Nikita, Aloutchi et Soudak, lieux remarquables par leur situation romantique, au pied de la chaîne de montagnes qui borde la côte sud-est de la Crimée; c'est la partie la plus tempérée et la plus fertile de tout l'empire; toutes les cultures les plus utiles de l'Europe méridionale et de l'Asie mineure pourraient y être établies avec succès.

Théodosie (Caffa), ville très-déchue en comparaison de ce qu'elle a été pendant la domination des Génois sur ces contrées, et plus tard, jusques en 1783, sous le gouvernement des kans de Crimée, mais encore importante par son port franc et son commerce; elle possède une douane, une quarantaine, un musée, une bibliothèque publique et un jardin botanique, où l'on cultive toutes les plantes indigènes de la Russie.

Iekaterinodar, petite ville nouvellement bâtie, chef-lieu des Tchernomorsks ou Cosaques de la mer Noire, restes des fameux Zaporogues, dont la terrible et singulière association a été dissoute par Catherine II en 1775. Bien différents de leurs ancêtres qui, établis sur les bords du Dniéper, près de ses cataractes, vivaient dans le célibat, n'avaient d'autres femmes que celles qu'ils enlevaient à leurs voisins et ne se repeuplaient qu'en s'emparant des enfants qu'ils rencontraient dans leurs terribles excursions, les Tchernomorsk sont mariés, cultivent avec succès un sol fertile et sont aussi renommés par leur bravoure que par leurs mœurs pacifiques.

Le territoire habité par les Cosaques du Don n'est fertile que sur les bords des fleuves et des rivières. Tout le reste consiste en steppes. Les Cosaques sont commandés par un hetman qu'ils choisissent eux-mêmes et qui jouist de beaucoup de prérogatives.

WILNA, grande et assez jolie ville, située au confluent de la Wilenka avec la Willia, et entourée de monticules qui rendent sa position une des plus pittoresques. Antique capitale du grand-duché de Lithuanie, fondée en 1320 par le grand-duc de Lithuanie Gaymin, Wilna est aujourd'hui le chef-lieu du gouvernement de son nom. Sa cathédrale, dédiée à saint Stanislas, est une des plus belles églises de la Pologne; elle remplaça en 1387 le célèbre temple de Perkunias, le dieu du foudre des Lithuaniens, qu'on y adorait encore à cette époque; on y admire la magnifique chapelle de Saint-Casimir, dont le cercueil, en argent massif, ne pèse pas moins de 3,000 livres. Les autres bâtiments qui se distinguent le plus sont : l'église de Saint-Jean, remarquable par sa grande étendue et par les vastes bâtiments qui l'environnent, consacrés aux établissements scientifiques et à l'université; celle de Sainte-Anne, d'une architecture élégante; et, dans le faubourg Antokol, la magnifique église de Saint-Pierre, bâtie par la famille des Paç; l'hôtel de ville, bel édifice; le palais du gouvernement; l'arsenal; et, parmi les édifices appartenant à des particuliers, les hôtels des Paç, des Oginski, des Radziwill, de Chodkiewiez, aujourd'hui Polowski, des Wankowiez, etc. L'immense château royal des Jagellons, agrandi et embelli par Sigismond Ier et Sigismond-Auguste, a été détruit par les Russes en 1797 et les années suivantes. Wilna était, jusques en 1830, la ville la plus importante de toute cette partie de l'empire, par ses nombreux établissements littéraires et par l'activité de ses presses. Mais après la catastrophe qui mit fin à l'insurrection polonaise, l'université érigée en 1587, renommée dans toute l'Europe par les célèbres professeurs qui y ont enseigné, et par les beaux établissements qui en dépendent, fut fermée pour punir la jeunesse lithuanienne de la part active qu'elle avait prise dans la cause de ses frères, et on n'y laissa que quelques écoles spéciales, tels que l'observatoire, les cabinets de physique et d'histoire naturelle, le laboratoire, la salle anatomique, la bibliothèque et le jardin botanique; le gymnase; l'école normale, nommée séminaire des maîtres d'école de campagee; l'école grecque de théologie et la Société médicale de Wilna. Cette ville est la résidence d'un évêque catholique, d'un évêque grec et le centre d'un grand commerce intérieur, dont les plus importantes affaires sont faites par les juifs, qui forment plus de la moitié de sa population, qui s'élève à 50,000 âmes.

Les autres villes les plus importantes de la Russie occidentale sont :

KAZAN, grande ville assez bien bâtie, dont la majeure partie est située sur des collines non loin du Volga; la Kazanka la traverse. Elle a une citadelle en briques, dont l'enceinte est formée par de hautes murailles flanquées de tours; deux de ces dernières sont d'une hauteur remarquable. Presque entièrement détruite en 1774, Kazan s'est relevée plus belle qu'auparavant; on loue surtout les constructions qui ont succédé aux ravages faits par l'incendie de 1815. Autrefois capitale du royaume tatare de Kazan, cette ville n'est aujourd'hui que le chef-lieu du gouvernement de son nom, et l'entrepôt du commerce entre la Sibérie et la Russie d'Europe, ainsi que le centre d'une assez grande industrie, dont les principaux produits consistent en draps, cuirs, ancres, tuiles, savon, cordonnets et un grand nombre d'articles sortis de ses fabriques de fer et d'acier. Cette ville, résidence d'un archevêque et d'une amirauté, possède une des quatre grandes académies ecclésiastiques de l'empire, avec seize professeurs et fréquentée par un millier d'étudiants; une université, fondée en 1803, dont dépendent l'observatoire, la bibliothèque, le jardin botanique, l'institut chimique et un médailler assez riche; on doit aussi nommer l'école normale pour former des maîtres, l'école tatare, le gymnase, la typographie turque, où l'on a déjà imprimé plusieurs ouvrages dans cette langue; la Société des amis de la littérature nationale et l'institut pour former des missionnaires et des prêtres parmi les Turcs (les Tatars des Russes), les Tlchérémisses, les Mordva et autres peuples. Son séjour est assez brillant et très-animé, surtout pendant l'hiver. C'est une des villes de l'empire dont l'accroissement a été le plus rapide; on peut la regarder aussi comme la ville principale des Turcs soumis à l'empire; leurs écoles, leurs fabriques et leurs ateliers les placent au premier rang parmi les peuples de ces régions.

Saratov, située sur la rive droite du Volga, ville régulièrement bâtie et chef-lieu du gouvernement de son nom. Son industrie, mais surtout son commerce florissant, ont beaucoup contribué aux rapides progrès de sa population, qui la range aujourd'hui parmi les villes principales de l'empire.

Astrakhan, jadis capitale du royaume tatare et aujourd'hui chef-lieu du gouvernement de son nom, bâtie sur une des îles formées par le Volga, à son embouchure dans la mer Caspienne, qui en est éloignée de 24 milles, avec un port qu'on peut regarder comme le plus fréquenté que cette mer possède. Ses nombreuses églises, ses beaux vergers, ses vastes faubourgs, sa citadelle (nommée Krem ou Kremlin, comme celles de Kazan, de Novgorod et de Moscou) produisent une sensation agréable sur les voyageurs qui en approchent, mais qui est détruite à la vue de ses maisons, presque toutes bâties en bois, de ses rues irrégulières, boueuses et sans pavé. Astrakhan est le siége d'un archevêché russe, d'un archevêché arménien et d'une amirauté dont dépendent les chantiers situés à l'embouchure du Volga, ainsi que d'un comptoir pour la pêche que l'on fait sur ce fleuve et dans ses parages; elle emploie plusieurs milliers d'hommes et rapporte tous les ans plusieurs millions de francs. Favorisée par sa position, qui la fait communiquer avec les parties les plus riches et les plus fertiles de l'empire et avec les principaux ports de la mer Caspienne, cette ville est devenue l'entrepôt du commerce que fait la Russie avec la Perse, la Boukharie et l'Inde. Trois bazars ou kans, à la manière asiatique, sont destinés aux principales affaires commerciales qui se font exclusivement dans l'un par les marchands des villes russes, dans l'autre par les Asiatiques, et dans le troisième par les Indiens; ces derniers, quoique en petit nombre, font les affaires les plus importantes et vivent en communauté de célibataires dans un édifice de bois. Astrakhan se distingue aussi par son industrie; les fabriques des étoffes de coton, de soie, celles de maroquin, de chagrin, de suif et les teintureries en sont les branches principales. Le séminaire ecclésiastique, le gymnase et le jardin botanique sont les établissements publics les plus remarquables; on en exporte beaucoup de caviar.

Une seule volonté souveraine et légalement illimitée gouverne la Russie. La qualification de *samoderjetz*, que se donne le souverain, et qui est la traduction du mot *autocrator* (autocrate), par lequel se désignaient les empereurs de Byzance, indique qu'il tient son autorité de Dieu seul. Pour tout ce qui concerne les droits des particuliers et des corporations, des mesures extrêmement adoucies ont été établies. Chacun a le droit d'adresser directement des pétitions à l'empereur; elles sont transmises à une commission spéciale qui en fait un rapport, et qui adresse la réponse du souverain aux pétitionnaires.

Un conseil de l'empire, présidé par l'empereur, délibère régulièrement sur toutes les affaires importantes, autres que celles de la politique extérieure, réservées au cabinet du souverain. Il se compose d'un nombre illimité de membres, parmi lesquels les ministres sont toujours compris; d'un secrétaire de l'empire et d'un président. Il se divise en cinq sections ou départements : la législation, la guerre, les affaires civiles et religieuses, l'administration et les finances, les affaires de la Pologne.

Le premier corps de l'État, le sénat dirigeant, ou le tribunal suprême, est le gardien des lois et veille à leur exécution : il surveille la conduite et la gestion de tous les hauts fonctionnaires; il promulgue les édits et les lois rendus par l'empereur; il nomme à un grand nombre d'emplois; il juge souverainement toutes les causes, à l'exception d'un petit nombre de cas, où il a recours à la clémence du monarque. Divisé en huit sections, dont trois résident à Moscou et cinq à Pétersbourg, le sénat exerce une autorité salutaire, surtout depuis que le gouvernement s'est occupé de grands changements relatifs à la législation, changements qui, tout en garantissant la force et l'action des lois pour le présent, ont en même temps établi une base solide pour leur perfectionnement graduel dans l'avenir, et ouvert en quelque sorte une nouvelle ère pour l'avancement de la civilisation de la nation russe.

Le saint-synode, autorité suprême de l'église grecque, présente à tous les emplois ecclésiastiques, surveille les droits de la religion nationale, mais seulement au nom de l'empereur. L'Église évangélique luthérienne a les mêmes droits dans la Finlande, l'Esthonie, la Livonie et la Courlande. Tous les autres cultes sont libres.

Le pays est divisé en cantons, comprenant environ 3,000 individus; chaque canton se subdivise en communes. Dans chaque commune il n'y a ni journaliers, ni pauvres : chacun reçoit le morceau de terre qu'il doit cultiver. Les habitants de la commune s'assemblent à certaines époques pour élire un chef et deux députés, qui, avec le secrétaire, forment une régence chargée de surveiller tous les travaux et exercent une sorte de juridiction inférieure. Dans chaque village, les habitants choisissent pour magistrat un des anciens, *staroste*, et, en outre, pour dix habitants, un *déçatnik*, qui est chargé de la petite police; mais dans chaque canton sont désignés trente surveillants pour maintenir la police. Les redevances individuelles sont réparties par l'assemblée de la commune. Il y a des lois qui protègent les paysans contre l'oppression des seigneurs : l'exécution de ces lois est confiée au gouvernement et au maréchal de la noblesse, nommé dans chaque district.

La police et l'instruction des affaires sont du ressort des tribunaux de chaque district; le juge de paix et les assesseurs qui exercent cette juridiction sont élus pour trois ans par la noblesse; il y a aussi des assesseurs qui sont élus par les paysans. Le tribunal de district juge en première instance au civil et au criminel; un avocat impérial est chargé de protéger les paysans de la couronne. La police des villes est exercée par un *gorodnitch*, qui n'a jamais le droit de pénétrer dans le domicile d'un citoyen sans l'assistance d'un officier municipal. Le premier magistrat d'une ville, ou le prévôt des marchands, *golova*, n'est point nommé par le gouvernement; il est élu par la commune, et il ne peut être destitué sans un jugement. C'est le chef de toute la bourgeoisie; il préside le conseil municipal; il est assisté de six assesseurs ou adjoints, qui forment un conseil chargé de régler et de répartir les contributions, et d'administrer les revenus communaux.

Les droits des marchands et des bourgeois sont réglés en première instance par un magistrat, assisté de maîtres de la bourgeoisie et de conseillers électifs. Telle est l'organisation municipale qui protège en Russie les habitants de toutes les classes. On y distingue trois sortes de juridictions : 1° les communes rurales; 2° les communes urbaines, toutes soumises au régime électif; 3° l'administration du plat pays, confiée aux délégués de la noblesse héréditaire.

L'administration et la police de chaque gouvernement appartiennent à des fonctionnaires civils et militaires appelés gouverneurs, et à une régence. Une chambre des finances y correspond avec le ministre des finances et avec les receveurs de districts. La justice y est rendue par une cour civile et criminelle, dont une partie des membres est éligible, et par une cour d'appel, dont les membres sont inamovibles. Il y existe aussi un conseil de salubrité, un comité de bienfaisance, des consistoires grecs, catholiques ou protestants. Un maréchal de la noblesse, élu par celle-ci, préside à différentes époques une assemblée composée de députés élus par les nobles; il a sous ses ordres les maréchaux de districts.

Les gouvernements sont agrégés, au nombre de deux, de trois ou de quatre, suivant les circonstances, en gouvernements généraux, dont le nombre total, en y comprenant la Finlande est de quatorze. Les gouverneurs généraux peuvent être regardés comme de véritables vice-rois.

Le gouvernement russe respecte avec une politique éclairée tous les droits acquis, tous les priviléges de provinces, de villes, de classes; les seuls changements que les peuples conquis éprouvent, sont, en général, favorables à la liberté personnelle, industrielle et surtout religieuse. Le besoin des lois fondamentales s'était manifesté à l'esprit élevé d'Alexandre, et, sur les bords de la tombe, il méditait encore des réformes qu'une grande pensée pouvait concevoir, et qu'aujourd'hui une grande énergie effectue.

Les revenus de l'État sont évalués à plus de 460,000,000 de roubles papier, ou à plus de 1,640,000,000 de francs. Si l'on ne jugeait le budget de la Russie que sur l'apparence, aucun État de l'Europe ne serait administré avec si peu de frais; mais il est à remarquer que plusieurs charges qui dans tout autre État figureraient, soit en recettes, soit en dépenses, ne sont portées sur aucun compte, et, sans entrer dans les caisses du trésor, servent à couvrir certaines dépenses ou sont supportées en nature par plusieurs classes d'habitants. C'est ainsi que le fermage des pêcheries du fleuve Oural n'est point porté parmi les revenus publics, parce qu'il sert de paye, ou est assigné à perpétuité à certaines classes de la population; c'est ainsi que des gouvernements entiers sont souvent requis de fournir les denrées nécessaires à l'approvisionnement de l'armée, sans que ces fournitures soient portées en recettes et en dépenses dans le budget de l'État. Ici le travail des mines et le transport des métaux et du sel remplacent en totalité ou en partie la capitation; là des tribus entières en sont exemptes sous la condition de faire le service militaire toutes les fois qu'elles en seront requises; ailleurs, des nations payent l'impôt en fourrures ou en peaux que l'on emploie pour le service de l'armée; enfin, on ne porte dans les comptes de l'État ni les matières premières qu'il retire de ses domaines, ni les boulets que lui fournissent ses fonderies.

Les principales branches du revenu public sont :

1° La capitation (*po douchnika dennghi*), à laquelle sont assujétis les bourgeois (autres que les marchands), tous les paysans russes et différentes tribus; elle est évaluée à environ quatre francs par tête pour la population mâle seulement; mais elle est répartie par l'autorité municipale, dans les communes urbaines et rurales, selon le revenu présumé de chaque habitant.

2° La taxe sur le capital des marchands : celui-ci produit à discrétion l'état de son capital, sans contrainte ni examen judiciaire; mais ses priviléges et immunités relatifs au commerce, aux charges et à la considération personnelle, dépendent de la quotité plus ou moins forte de sa déclaration; ce droit est d'environ $4\,^{3}/_{4}$ pour 100.

3° Les terres du domaine, dont le revenu est très-varié et très-important : il comprend l'*obrok* des paysans de la couronne, la rente des terres affermées, le produit des fabriques de la couronne; les paysans mâles appartenant aux domaines de la couronne payent annuellement dix francs par tête.

4° Les droits des douanes de terre et de mer : ces droits dépendent de circonstances qui en font varier la valeur; mais les progrès de la civilisation russe en rendent chaque année le produit plus élevé.

5° Le papier timbré et le droit sur la vente des propriétés immobilières (*pochlina*) : ce droit, qui porte non-seulement sur les maisons et les terres, mais encore sur les vassaux, est fixé à 6 pour 100 du montant de chaque rente : on y comprend les patentes, les passe-ports ou permis de séjour.

6° Le monopole de la vente des liqueurs spiritueuses dans les cabarets : c'est le plus important des revenus de l'État.

7° Le monopole du sel : la couronne fournit tout l'empire, à raison d'un rouble le poud, quels que soient les frais d'exploitation ; et, bien que la consommation annuelle de sel soit d'environ 20 millions de pouds, les frais de transport et d'extraction absorbent la plus grande partie des bénéfices ; mais la couronne règle par ce moyen le prix de cette denrée de première nécessité.

8° Le droit régalien des mines : il s'accroît de jour en jour par le lavage des terrains d'alluvion aurifères et platinifères de l'Oural.

9° Le bénéfice sur la monnaie : autrefois il était limité principalement au cuivre ; maintenant il est peu profitable à la couronne.

10° L'impôt par lequel les marchands se rachètent du recrutement, et qui comprend la redevance que chaque seigneur paye à raison de 2,000 roubles par homme pour être dispensé de fournir le nombre de recrues fixé par le gouvernement.

11° Les amendes pécuniaires auxquelles sont condamnés les contrebandiers et les contrevenants aux règlements de police.

12° Le produit des pêcheries, des moulins, des bains et autres propriétés de la couronne.

13° Le bénéfice des fabriques impériales.

14° La poste aux lettres, et autres moindres droits.

15° Le *iassac*, ou le tribut en pelleterie, payé par les hordes nomades.

Les forces de terre sont évaluées à 750,000 hommes armés ; mais sur cette masse on ne compte qu'un peu plus de 600,000 hommes de troupes parfaitement régulières, et plus de 29,000 de troupes d'élite formant la garde : en temps de guerre l'armée est portée par les réserves à près d'un million d'hommes. Sous le règne d'Alexandre, on a tenté d'établir des colonies militaires ; ce premier essai eut lieu dans les environs de Novgorod, où il existe une grande étendue de terrain en friche. Des grenadiers furent cantonnés dans les villages de la couronne ; les chefs de famille et les maîtres de fermes devinrent colons en titre ou maîtres colons ; on construisit sur un plan uniforme de nouveaux villages qu'on peupla de paysans mariés qui jusque-là n'avaient point eu de fermes ; chaque colon fut tenu d'entretenir chez lui un soldat avec son cheval et de pourvoir à sa subsistance ; le soldat, en revanche, partageait ses travaux agricoles ; dans chaque maison se trouvait outre le colon et le soldat, un aide ou suppléant qui se livrait aux mêmes travaux, et qui, choisi par le colon, était obligé de prendre la place du soldat en cas de maladie ou de mort : en conséquence, il portait l'uniforme et était assujéti aux exercices militaires. Les aides ou suppléants formaient au besoin un corps de réserve ; les soldats colonisés pouvaient se marier comme les autres colons ; en temps de guerre, ceux qui restaient prenaient soin des femmes et des enfants de ceux qui étaient en campagne. Les enfants appartenaient à la colonie tout entière ; ils restaient chez leurs parents jusqu'à huit ans ; passé cet âge, ils entraient dans les écoles de la colonie ; à treize ans, ils étaient instruits au maniement des armes et à la culture des champs ; à dix-sept, ils étaient membres de la colonie sous le nom de *cantonnistes* : leur service devait durer vingt-deux ans, après lesquels ils pouvaient recevoir leur congé, en se faisant remplacer par leur suppléant. Toute cette population militaire, divisée en régiments et en compagnies, était régie par un code spécial et soumise à une discipline rigoureuse. Du gouvernement de

Novgorod, ces colonies s'étendirent dans ceux de Kherson, de Kharkof et d'Ickaterinoslav. En 1824, le nombre des soldats colonisés était de 80,000, qui, avec les suppléants et les cantonnistes devaient former un total de 240,000 hommes. Mais de 1829 à 1831, l'empereur Nicolas a modifié cette vaste institution dont il a arrêté les funestes progrès. Le but de l'organisation que nous venons de décrire était de faire à volonté, de chaque colon, un soldat ou un paysan. Ceci a été changé. L'élément militaire est complétement séparé de l'élément agricole. Maintenant les colonies militaires ne sont plus que les cantonnements stables d'une partie de l'armée; c'est-à-dire, d'environ 100,000 soldats.

L'état-major de l'armée se compose de trois feld-maréchaux et d'un grand nombre de généraux en chef, de généraux de division ou de lieutenants généraux, de généraux de brigade ou de généraux majors, et de colonels ou commandants de régiments qui reçoivent souvent le titre de général-major. Le traitement de ces officiers supérieurs et même des officiers subalternes est fort modique. Pour passer officier, il faut avoir fait ses preuves de noblesse, ou avoir été admis préalablement dans un institut militaire; néanmoins, de simples soldats peuvent aussi par leurs services s'élever à ce grade, et les plus hauts honneurs militaires ne sont point inaccessibles aux hommes de cette classe. C'est ainsi que l'on voit fort souvent des sous-officiers de la garde passer à l'armée avec le rang d'enseigne, et tout officier de ce grade est apte à devenir général. La paye d'un simple soldat n'excède pas 30 francs par an, sur lesquels on lui fait même encore à divers titres plusieurs réductions. Il reçoit en outre 3 baril de farine, 24 livres de sel, et une certaine quantité de gruau, de blé sarrasin. On lui donne chaque année un uniforme. L'armée se recrute à certains intervalles, ordinairement tous les trois ans. Ce recrutement frappe indistinctement tous les artisans et les paysans mariés ou garçons qui ont moins de 40 ans. Dans les temps ordinaires, cette sorte de conscription atteint un individu sur 500 mâles, et en temps de guere deux. Mais comme plusieurs tribus, telles que les Lapons, les Samoyèdes, les Kamtchadales, les Koriaks, les Tcheremisses, les Mordoniers, les Ostiaks, les Iakoutes, les Tchouvaches, les Boukhares, les Mandchoux et les Bouriaites, sont exemptes du recrutement ainsi que la plupart des Allemands et les classes privilégiées; comme les seigneurs de la Livonie, de la Courlande, de la Finlande, du gouvernement de Kiev et de douze autres gouvernements formés des provinces polonaises réunies à l'empire, obtiennent pour chacun de leurs serfs l'exemption moyennant 1,500 à 2,000 francs par tête, il en résulte que ce n'est que sur environ 25 millions d'individus que porte la levée de 2 hommes sur 500, ce qui donne près de 100,000 hommes. Il est vrai que les Cosaques ne sont point soumis au recrutement. En vertu d'un oukase du 25 juin 1832, à partir du 15 janvier 1833, les Cosaques des gouvernements de Poltava et de Tchernigov fournissent chaque année cinq hommes sur mille, qui servent à compléter les régiments de cavalerie, et dont le temps de service est fixé à quinze ans. Chaque année, cette levée est opérée du 15 janvier au 15 février. Les Cosaques, après avoir servi pendant le temps désigné retournent dans leurs foyers; et leurs corporations seront tenues de pourvoir à l'existence de ceux qui n'auront pas les moyens de s'entretenir eux-mêmes. Les enfants mâles des cosaques nés pendant leur service ou après leur retraite, suivront l'état primitif de leurs pères. Depuis 1827, la population juive de la Russie fournit des recrues à l'égal des autres. La durée du service militaire est beaucoup plus longue en Russie que dans le reste de l'Europe : d'après l'ukase de 1827, elle a été fixée à 20 ans dans la garde et à 22 dans la ligne; avant ce décret il était plus considérable encore. Le recrutement de la marine se fait en même temps que celui de l'armée de terre; la durée du service est la même; son entretien n'est pas plus coûteux. Des pensions sont accordées aux militaires que leurs blessures mettent hors de service. Depuis 1832, les pensions reçues sur la caisse de retraite et accordées aux généraux et aux officiers *mutilés*, sont réglées de la manière suivante : un général d'infanterie ou de cavalerie 6,000 roubles, un lieutenant général 4,500, un général-major 3,000, un colonel 1,200, un lieutenant-colonel 1,125, un major 1,050, un capitaine d'infanterie ou de cavalerie 975, un capitaine en second 900, un lieutenant 825, un sous-lieutenant 750, un enseigne d'infanterie ou de cavalerie 675. Les mêmes pensions sont réservées aux marins. De plus, on accorde pour frais de domestiques aux généraux 600 roubles, et aux autres officiers 300. Les militaires simplement *blessés* ne reçoivent que la moitié de ces pensions. Les militaires *mutilés*, s'ils sont malades, ont le droit de se faire traiter chez eux et sans frais, par des médecins de la couronne; les médicaments peuvent leur être servis également sans frais par les pharmacies particulières. Les villes leur fournissent le logement, le chauffage et l'éclairage. En 1831, une *colonie d'invalides* a été fondée avec l'approbation de l'empereur, près de Gatchina, entre Ingerbourg et la barrière de Mozine, sur la route qui conduit à Tsarskoïé-Celo. Cette colonie porte le nom de *Slobvde-Pavslsvskaia;* elle a pour but d'offrir aux sous-officiers et aux soldats de la garde impériale invalides, un asile qui les mette à l'abri de la misère, quand ils n'ont plus les moyens de subsister dans le lieu de leur naissance. Chaque maison possède un jardin et contient deux familles; les frais de premier établissement sont à la charge de l'empereur, qui paye sur sa cassette une somme de 100 roubles à chacun des invalides. Après leur mort, les enfants héritent seulement du mobilier. Les veuves chargées d'enfants en bas âge peuvent rester dans les maisons, et jouir du produit des terres jusqu'à l'entrée de leurs fils dans les établissements d'instruction militaire, ou jusqu'à ce que leurs filles aient atteint l'âge de seize ans.

La marine russe, quoique organisée sur un pied respectable est loin d'avoir une importance égale à l'armée de terre : c'est une conséquence toute naturelle de la petite étendue des côtes que possède la Russie relativement à sa superficie. Toute la flotte, qui se divise en trois escadres, celle de la Baltique, celle de l'Archipel et celle de la mer Noire, porte au moins 6,000 bouches à feu, et plus de 33,000 hommes. Les côtes et les récifs de la Finlande et de l'Esthonie lui donnent de nombreux et d'habiles matelots, surtout pour la petite guerre; mais elle n'est destinée qu'à dominer la mer Baltique et la mer Noire; plus loin, elle serait inférieure aux marines et aux équipages accoutumés à la grande mer.

On est dans une grave erreur lorsqu'on pense, avec beaucoup de géographes, que la Russie manque de fabriques et de manufactures. Même longtemps avant le règne de Pierre le Grand, cette contrée possédait des fabriques de cuir, de toiles à voiles, de cordages, de coutil, de feutre, de chandelles, de savon, dont les produits étaient exportés. Pierre Ier, Élisabeth, Catherine II et Alexandre sont les souverains dont les règnes sont les plus mémorables pour les progrès de l'industrie. Mais c'est surtout depuis les dernières années de celui d'Alexandre et depuis l'avénement au trône de Nicolas que toutes les branches de l'industrie ont pris un grand essor; non-seulement leur nombre s'est beaucoup accru, mais leurs produits se sont aussi perfectionnés. En 1812 on ne comptait encore dans tout l'empire que 2,332 ateliers avec 119,093 ouvriers; aujourd'hui les premiers s'élèvent à plus de 6,000, les seconds à 260,000. Les gouvernements de Moscou, de Vladimir, de Nijni-Novgorod, de Tambov, de Kalouga, d'Olonets se distinguent entre tous les autres par leur activité industrielle. Mais ce n'est pas seulement dans la fabrication des cuirs, du savon, du caviar, de la colle de poisson, des chandelles, de l'huile, de la toile à voile, des cordages, des nattes d'écorce d'arbre, de l'eau-de-vie de grain, de la carrosserie et de la bijouterie qu'on remarque ces progrès; la soierie, la verrerie, les draps, la faïence, la papeterie, la porcelaine, plusieurs articles de quincaillerie grosse et fine, d'armurerie, comptent aujourd'hui plusieurs manufactures dont les produits peuvent rivaliser avec ceux des meilleures fabriques de l'Europe. Lors de l'exposition des produits de l'industrie nationale à Moscou en 1830, on a vu des draps provenant des fabriques du comte Komarovsky, du prince Nicolas Troubetskoï, etc., qui n'offraient aucune différence avec les plus beaux draps des fabriques françaises et anglaises. Les filatures et les manufactures de coton ont fait des progrès extraordinaires dans quelques gouvernements; celui de Vladimir les surpasse tous pour l'importance de ses produits en ce genre. Ce développement de l'industie est dû en grande partie au nouveau système adopté par quelques manufacturiers de n'employer que des ouvriers libres et bien payés. Le gouvernement à son tour surveille l'administration des fabricants et sévit contre ceux qui ne payent pas exactement les ouvriers. On a remarqué que les établissements où l'ouvrage se fait par des esclaves et où la main-d'œuvre par conséquent ne coûte presque rien, n'atteignent jamais la prospérité et le degré de perfection de ceux qui n'emploient que des ouvriers libres.

Les importants travaux exécutés, surtout depuis le commencement du siècle actuel, pour faciliter le transport des marchandises dans toutes les parties de l'empire, et les progrès extraordinaires faits par les fabriques et les manufactures nationales, ont puissamment contribué à donner une grande étendue aux relations commerciales, non-seulement des provinces entre elles, mais aussi aux relations de l'empire avec les nations étrangères. Nous bornant au commerce extérieur qui est le seul dont nous parlons dans cet ouvrage, nous ferons observer que des calculs officiels ont démontré qu'il a plus que doublé depuis trente ans. Les principaux articles d'exportation de l'empire consistent en suif (on en exporte annuellement pour 38 millions de roubles), lin, chanvre et farine, fer, cuivre, graine de lin, bois de construction, soies de porc, cire, cuirs, toiles à voiles, potasse, goudron, poix, huile à brûler, cordage, fils, pelleteries, cuirs, maroquins. Les principales importations sont : vins, coton, soie, draps fins, soieries, cotonnades, articles de teinture, étain, thé, sucre, café et autres denrées coloniales, fruits, eau-de-vie, plomb, mercure, tabac, bois de menuiserie, résine, machines, outils et instruments.

La Russie compte trois compagnies marchandes : la *compagnie d'Amérique*, créée en 1797, dont la direction est à Pétersbourg, et dont dépendent les établissements de l'Amérique russe : elle a des comptoirs à Moscou, Kazan, Tomsk, Irkoutsk, Iakoutsk, Okthotsk et la *compagnie pour la navigation à vapeur*, fondée en 1823; son but est de faciliter la navigation par des bateaux à vapeur établis sur le Volga, la Kama et la mer Caspienne; la *compagnie russe du sud ouest*, fondée en 1823, pour étendre la navigation sur les grands fleuves de l'intérieur, la mer Noire et la Baltique.

Les Russes ont adopté le système monétaire décimal. Tout calcul d'argent s'exprime en *roubles* qui sont l'unité monétaire, et en *kopecks* qui forment le centième du rouble. Le *rouble* d'argent équivaut à peu près à quatre de nos francs; le *kopeck d'argent* représente donc quatre de nos centimes. Le *rouble papier* ou *assignation* égale 100 kopecks, mais il a en valeur un huitième de moins que le rouble d'argent.

Il y a des pièces d'or de cinq et dix roubles (argent) qui correspondent à nos pièces de vingt et de quarante francs; de platine qui sont de la grosseur de nos pièces d'un franc; des pièces de cinq à cinquante kopecks; des assignations de 200 roubles en papier gris; de 100, de 50 et de 25 roubles en papier blanc; de 10 roubles en papier rouge; de 5 roubles en papier bleu.

Puis, il y a des banknotes de 3, 5, 10, 20, 25 roubles d'argent, dont l'émission est récente. Il faut les distinguer des roubles assignations, parce qu'ils ont la même valeur que les roubles d'argent.

On voit encore en Russie des pièces d'argent de deux tiers de rouble. Mais, s'ils sortent du système décimal, ils ont l'avantage de représenter sans fraction, cinq florins de Pologne.

La *livre* (poids) russe égale 409 grammes 3 décigrames. Le *poud* vaut 40 livres et correspond à peu près au tiers de notre ancien quintal.

Les mesures linéaires sont : l'*archine* qui représente environ 71 centimètres ; la *sagène* qui fait trois archines ; la *verste,* mesure itinéraire qui est composée de 500 sagènes Il y a 104 verstes au degré ; la *dessiatine*, mesure agraire qui est formée de 2,400 sagènes carrées.

Le *védro,* mesure de capacité, se compose de huit *schtofs* ou environ seize bouteilles ordinaires. Il faut 40 védros pour égaler un *botschka* ou tonneau russe.

Pour mesurer les céréales, on emploie le *tchetvert* qui se divise en huit tchetveriks. Le tchetvert contient un peu plus de deux hectolitres.

Les liquides se mesurent au *last* qu'on peut évaluer à 33 hectolitres et demi environ.

L'année russe prend cours le 13 janvier. Lorsqu'en 1582, le calendrier grégorien fut adopté par les Européens, la Russie continua de se servir de l'ancien calendrier julien dont les divisions étaient subordonnées aux phases de la lune, et qui faisait commencer l'année au 1er mars. Cependant, Pierre le Grand, pour mettre, sous ce rapport comme sous beaucoup d'autres, son empire autant que possible au niveau des nations de l'Occident adopta le mois de janvier pour le premier de l'année, de sorte qu'il n'existe entre le calendrier russe et le nôtre qu'une différence de douze jours. — L'usage veut que les négociants apposent sur leurs lettres et leurs transactions la double date du style russe et du nôtre, qui s'expriment par ancien et nouveau style.

La population est partagée en un grand nombre de classes. La plus importante par son rang, par son influence, et comme centre de la civilisation, c'est la noblesse, qui, sous le double rapport moral et intellectuel, a fait bien des progrès depuis le siècle dernier. Des documents officiels, publiés il y a peu de temps par le ministère russe, portaient le nombre des nobles à 389,542. Cette classe paraît offrir plus d'exemples de relâchement de mœurs que celle des autres contrées de l'Europe.

Le nombre des ecclésiastiques était de même évalué à plus de 243,500 de toutes les classes: plus de 223,000 appartiennent au culte greco-orthodoxe, 7,000 aux grecs-unis, environ 6,000 au culte catholique, 6,600 à la religion de Mahomet, 400 au christianisme réformé, et le reste aux autres religions. Les membres du clergé catholique sont les seuls qui ne soient pas mariés ; aussi porte-t-on à près de 200,000 le nombre des pères de famille appartenant au clergé, et le total des individus de tout âge et de tout sexe qui composent cette classe à 900,000.

Les deux catégories précédentes sont exemptes de tout impôt ; le fardeau des principales charges de l'État pèse sur la classe productive. Celle-ci que l'on peut évaluer à plus de 50 millions d'individus, se divise en hommes libres et en serfs.

Les hommes libres se distinguent en bourgeois (*mechtchanine*) et en individus de différentes classes (*raznotchini*).

Les premiers jouissent de tous les droits attachés ailleurs au titre de citoyen ; ils ne peuvent en être privés que par une sentence judiciaire. Ils ont des tribunaux particuliers où leurs pairs prononcent sur leur sort ; ils sont dispensés de toute corvée imposée par la couronne. Les villes ont chacune un sceau accordé par l'empereur, une municipalité et une caisse. Tous les citadins ne sont pas compris sous la dénomination de bourgeois : on distingue parmi ceux-ci les bourgeois notables qui forment la classe la plus élevée. On donne ce titre à ceux qui remplissent des fonctions municipales, ou qui sont propriétaires de grands établissements industriels, aux savants munis de diplômes, aux artistes membres d'académies et reconnus par elles, aux rentiers possédant une fortune de 50,000 fr. au moins, aux banquiers justifiant d'un capital du double, aux négociants en gros ou armateurs de vaisseaux, au marchand qui aura été nommé conseiller de commerce ou des manufactures, ou qui aura reçu la décoration d'un des ordres de l'empire, ou enfin à celui dont la famille aura été dix-huit ans de suite dans la première *guilde* et vingt ans dans la seconde sans avoir été flétri par un jugement. Les prérogatives attachées au titre de bourgeois sont l'exemption de la capitation, du recrutement et des châtiments corporels, le droit de prendre part aux élections de la propriété foncière dans la ville, et d'être éligibles aux fonctions publiques communales. Ce titre appartient par droit de naissance aux enfants légitimes de ceux qui sont admis dans cette classe, et aux enfants légitimes des personnes qui jouissent de la noblesse personnelle, lorsqu'ils sont de condition libre. On admet aussi parmi les bourgeois notables les juifs qui ont rendu des services extraordinaires, ou qui ont obtenu des succès remarquables dans les sciences, les arts ou l'industrie. A la troisième génération, tout individu de la classe des notables peut obtenir des titres nobiliaires.

La classe des marchands des trois guildes suit immédiatement celle des notables. Eux et leur famille sont exempts du recrutement et de tout impôt autre que celui prélevé sur le capital qu'ils déclarent lorsqu'ils sont traduits devant les tribunaux; des assesseurs de leur classe sont adjoints aux juges. Pour être inscrit dans la première guilde, il faut posséder un capital de 50,000 roubles; dans la seconde de 20,000, et dans la troisième de 8,000. Outre ces trois classes de marchands, il y en a encore une quatrième, c'est celle des marchands étrangers (*inostrannii* ou *inogorodnii-gost*). Certains priviléges leur sont aussi accordés.

La grande classe de la bourgeoisie est formée des artisans de tribus (*tsekhovyié*), dont on porte le nombre à plus de 700,000. Mais dans les grandes villes, les artisans d'origine étrangère forment des corporations distinctes. Parmi les hommes libres, on distingue les *Raznotchinni*, qui comprennent tous ceux qui ne peuvent pas être rangés dans les classes précédentes, et qui cependant n'appartiennent pas aux suivantes. Ils ne payent pas d'impôts en numéraire, mais ils sont en partie soumis au recrutement. On évalue à plus de 3 millions les individus qui font partie de cette catégorie.

Les habitants de bourgs et de faubourgs compris dans la dénomination générique de *pocadoki*, sont des gens ou entièrement libres, ou des paysans de la couronne et des apanages. Ils exercent les professions d'ouvriers, d'aubergistes, de petits marchands ou de fermiers. Les paysans de la couronne ou de l'État doivent être considérés comme tout à fait libres; ils payent, outre la capitation commune, une redevance qui varie selon les catégories auxquelles ils appartiennent. Ils forment une population de 6,500,000 individus mâles. Les paysans des apanages, au nombre d'environ 600,000, jouissent des mêmes avantages que ceux de la couronne, avec cette différence qu'ils sont soumis à une administration spéciale. Ils ne sont tenus à d'autres corvées que celles relatives à l'entretien des chemins.

Les propriétaires d'une seule ferme (*odnovortsi*) sont des paysans libres qui, possédant la terre qu'ils cultivent, peuvent aussi se livrer à d'autres occupations et se faire inscrire dans une classe supérieure. Le recrutement et la capitation leur sont imposés. Ils passaient jadis pour nobles et jouissent encore de priviléges particuliers.

Le nom d'*Iamtchiks* a été donné à des individus qui forment une corporation libre d'impôt personnel et possèdent plusieurs autres priviléges, entre autres celui d'être admis par députation devant l'empereur dans les occasions solennelles. On en compte plus de 80,000. « Leur nom, dit M. Schnitzler, désigne l'habitant d'une *Iame* ou d'un village, dont la population mâle a pour principale occupation le transport des personnes et des marchandises. Il existe beaucoup de ces villages habités par des rouliers ou voituriers seulement. Les colons, très-nombreux, surtout au sud et au sud-est de la Russie, mais que l'on trouve aussi aux environs de Saint-Pétersbourg, sont pour la plupart Allemands, originaires particulièrement du grand-duché de Bade et du Wurtemberg. Leur économie rurale les met dans une grande aisance. »

Les militaires retirés du service et devenus cultivateurs ; les serfs émancipés par le gouvernement ou par leurs maîtres, et qui se sont adonnés au métier de colporteur, aux travaux publics, au service domestique, à l'agriculture, ou à des professions sédentaires, forment la dernière classe des hommes libres ; on peut encore y ajouter les différentes peuplades soumises à la Russie, et même les Juifs. Cette classe compte environ deux millions d'individus mâles.

On le voit, le peuple russe, généralement considéré comme un peuple d'esclaves, comprend, dans la seule partie européenne, près de vingt millions d'individus libres. L'erreur que nous signalons provient de ce qu'on a souvent confondu l'esclavage domestique avec l'esclavage politique. Entre les hommes libres et les serfs, il existe une classe intermédiaire : celle des paysans censitaires, c'est-à-dire payant un cens annuel pour jouir de la faculté de disposer librement de leur temps et de leur personne. Leur nombre n'est pas moindre de 14 millions d'individus.

Les paysans attachés à la glèbe forment la dernière classe ; ils ne sont plus, aux yeux de la loi, la propriété de leurs maîtres ; mais les dispositions du législateur sont facilement éludées par la faculté qu'a le maître de louer à un autre, pour un terme indéterminé, le serf que la loi ne lui permet plus de vendre. On estime chacun de ces paysans à la valeur de 700 à 2,000 roubles, selon la qualité de la terre qu'ils cultivent. On porte leur nombre à dix millions de mâles, disséminés dans la grande Russie et dans les provinces polonaises. Dans la petite Russie, les paysans libres sont en majorité ; dans la Finlande, l'esclavage n'a jamais été connu ; il est aboli dans les provinces baltiques. La plupart des serfs sont soumis, aux termes de la loi, à trois jours de corvées par semaine. Nous devons faire observer que, sous le rapport de la vie animale, comme leurs seigneurs sont tenus de les entretenir, leur condition est préférable à celle des paysans de l'Europe libre.

C'est par l'instruction répandue dans toutes les classes qu'un gouvernement sage autant qu'éclairé peut accélérer les bienfaits de la civilisation. Celui de Russie semble avoir senti tout le parti qu'on peut tirer de ce moyen de régénération politique. On comptait, il y a peu d'années, dans tout l'empire, huit universités, occupant 296 professeurs et plus de 3,000 étudiants. La théologie est enseignée dans quatre académies ecclésiastiques, 37 grands séminaires, 18 petits séminaires greco-orthodoxes dont on évalue le nombre des professeurs à 427, et celui des élèves à 53,000 ; dans un séminaire supérieur et 13 petits séminaires catholiques qui entretiennent 47 maîtres et 235 élèves ; enfin, dans 4 séminaires de grecs-unis qui renferment 105 étudiants. Voilà donc pour l'instruction ecclésiastique 77 établissements employés à l'instruction de 53,360 jeunes gens.

Quoique la médecine et la chirurgie soient enseignées dans les universités, elles le sont encore d'une manière particulière à l'Académie chirurgico-médicale de Pétersbourg, qui reçoit 520 pensionnaires, et à celle de Moscou, où l'on en entretient plus de 200. L'école normale établie à Pétersbourg, sous le nom d'institut central pédagogique, fournit un grand nombre de jeunes professeurs qui en sortent après six années d'études. Les jeunes gens qui se destinent à de hautes fonctions publiques doivent avoir suivi les cours de langues anciennes et modernes, d'histoire, de géographie, de littérature et de mathématiques, dans certaines écoles qui jouissent des mêmes priviléges que les universités ; tels sont le lycée de Tsarkoïé-Celo, la haute école de Pétersbourg, l'école des hautes sciences de Iaroslav, fondée par Paul-Grégorievitch Demidoff, et diverses pensions nobles des universités de Pétersbourg et de Moscou.

Une éducation spéciale est encore donnée à plus de 6,000 jeunes gens dans les corps de cadets, des troupes de terre et de mer, les écoles militaires, des ponts et chaussées, des pilotes, des usines, et dans celles de l'art forestier, dont l'une est établie à Pétersbourg et l'autre à Kalouga. L'enseignement des langues orientales a lieu dans une école spéciale établie dans la capitale, à l'école arménienne de Moscou et à celle d'Orenbourg. Ceux qui se destinent au commerce peuvent acquérir toutes les connaissances nécessaires à l'école de commerce de Pétersbourg, à l'académie pratique de commerce de Moscou, au gymnase commercial de Tanganrog et à sept autres écoles semblables. A Pétersbourg, on a fondé, il y a peu d'années, un institut de technologie pratique, où viennent se former de bons ouvriers et d'habiles fabricants ; les élèves choisis parmi les orphelins sont au nombre d'environ 140. Les sciences agronomiques sont démontrées à l'école impériale d'agriculture de Pétersbourg, et à celle que la comtesse Strogonoff a fondée en 1824 dans le même but. Des écoles vétérinaires sont établies à Pétersbourg, Moscou et Loubny.

Ces établissements ne sont pas les seuls qui existent en Russie ; on y compte encore plus de 250 pensionnats particuliers soumis au contrôle de l'université. Un ukase de 1828 organisa des écoles centrales d'apanages pour former des maîtres d'écoles de villages, et des écoles de villages d'apanages pour former dans les campagnes des individus capables de servir comme écrivains dans l'administration locale de ces apanages. Un grand nombre d'écoles paroissiales où l'on suit le mode d'enseignement mutuel sont établies dans différents gouvernements, et principalement dans les provinces baltiques où, en 1822, l'on comptait sur 57,000 individus, 11,000 enfants fréquentant les écoles. Il y a peu d'années, le nombre total des écoles entretenues aux frais de l'État et des particuliers, s'élevait à 1,410, et à 69,452 celui des jeunes gens des deux sexes qui recevaient l'instruction. En ajoutant à ce nombre 344 écoles entretenues par le clergé, dans lesquelles on instruit 45,851 jeunes gens, on aura 1,754 écoles et 115,303 écoliers, sans compter ceux qui fréquentent les écoles des colonies militaires, ce qui porterait le nombre total de ceux qui reçoivent l'instruction au delà de 150,000. Dans ces derniers temps, et depuis l'ukase de 1831 qui établit 4,000 écoles primaires, on compte que le nombre des écoles s'élève à plus de 200,000, ou à un écolier sur 280 habitants.

Depuis Pierre le Grand la presse périodique n'a cessé de s'accroître, et d'exercer en Russie son heureuse influence. Aujourd'hui il se publie dans tout l'empire plus de cent journaux ou écrits périodiques, parmi lesquels se trouvent une douzaine de recueils scientifiques et littéraires. Et pourtant tous ces écrits, ainsi que tous les livres qui y sont imprimés ou importés, sont soumis à une double censure.

Les écrivains allemands regardent la fusion entre les *grands* et les *petits Russes* comme consommée. Nous ne partageons pas cet avis. Cette fusion, en effet, est à peine commencée. Le grand Russe, en se répandant sur une immense étendue de contrées occupées par les Finnois et les Huns, s'est fondu avec ces races ; de là ces cheveux roux ou jaune brun, ces physionomies sauvages et quelque peu hébétées, que l'on remarque parmi les paysans de la grande Russie Le petit Russe, plus anciennement établi dans

PRÊTRE ET MOINE RUSSES.

le même pays, a mieux conservé la physionomie nationale; ses yeux presque généralement noirs, ses cheveux bouclés, ses traits plus beaux, sa taille plus élevée, sa langue plus musicale, le distinguent au premier coup d'œil. Le caractère moral diffère aussi : le grand Russe avide et intéressé est tout entier aux finesses de son commerce ou de son métier; et il semble, par le laps des siècles, et son mélange avec les Finnois, façonné au joug de l'esclavage auquel, pourtant, il oppose quelquefois une indocilité obstinée et même sauvage. Au contraire, le petit Russe, indolent, généreux, confiant, ne pense guère au lendemain; et, jouissant des douceurs de son climat, ne retourne au travail que lorsque la nécessité l'y oblige; il se repose pour son commerce sur les talents des Juifs, des Grecs et des grands Russes. La liberté personnelle donne à tous les petits Russes une démarche franche, un regard assuré, un maintien décent, qui ne manque pas même tout à fait aux paysans de l'Oukraine polonaise, si longtemps maltraités par les Polonais. C'est du sein des petits Russes qu'est sortie originairement la fière nation des Cosaques, quoique modifiée en partie par les mélanges.

Les Russes sont, en général, plutôt petits que grands; mais, bien que leurs proportions ne soient pas généralement belles, on en voit fort peu de contrefaits : ce qui résulte non-seulement de l'ampleur de leur habillement et de ce qu'ils prennent beaucoup d'exercice; mais en partie aussi de ce que les enfants disgraciés par la nature, ne peuvent guère résister à la rude éducation qu'ils reçoivent. Les traits caractéristiques varient, mais peut-être trouve-t-on partout les dents blanches, de petits yeux peu vifs, le front étroit. La forme du nez est très-variée : en général, il est petit et un peu retroussé dans le nord; plus fort, plus arrondi dans la petite Russie. La barbe est presque toujours très-forte; la couleur des cheveux est de toutes les nuances, depuis le brun foncé jusqu'à la couleur rousse; mais il est rare qu'ils soient tout à fait noirs et lisses. Les Russes ont l'ouïe fine; les autres sens sont plus ou moins émoussés, suivant la manière de vivre et la rigueur du climat. Ils ont souvent la vue faible, à cause des neiges. La marche et les mouvements du corps ont une vivacité caractéristique et souvent passionnée : les gens même de la campagne ont une certaine souplesse.

Un teint frais, la peau fine, tels sont les charmes qui, selon les Russes, constituent la beauté d'une femme. Il est vrai que les femmes russes ont la peau d'un plus vif incarnat que dans beaucoup d'autres pays, et cependant, on n'emploie nulle part le fard avec autant de profusion qu'en Russie, même dans la dernière classe du peuple. Comme la taille des femmes n'est gênée ni par des corps durs, ni par des lacets, elle excède les dimensions que les Européens ont fixées pour marquer une belle proportion. La plupart des jeunes filles ont atteint l'âge de puberté à douze ou treize ans; ce que l'on ne peut attribuer dans un climat aussi froid, qu'au fréquent usage des bains de vapeurs, qui accélèrent sans doute le développement du corps, mais le flétrissent aussi plus tôt. Il est rare que les femmes mariées conservent leur fraîcheur et leur jeunesse après leurs premières couches.

Nous dirons un mot des ecclésiastiques auxquels on a souvent fait le reproche d'ignorance, d'ivrognerie et de bassesse. Cette accusation, en partie exagérée, en partie mal appliquée, nous paraît avoir sa source principale dans ce fait : que les membres du clergé russe sortent tous du sein des bourgeois et des paysans; car si les habitudes de l'Église grecque favorisent l'ignorance et la superstition; les mœurs des *popes* (prêtres) ont leurs côtés estimables.

Différant essentiellement du clergé catholique et du clergé protestant, celui de la Russie occupe une position toute spéciale et qui mérite attention. Le mariage n'est pas seulement permis aux prêtres, il leur est imposé par la discipline de l'Église, comme une condition *sine quâ non;* aucun membre du clergé ne peut recevoir l'ordination s'il n'est en état actuel de mariage; il ne lui est pas permis de s'unir à une veuve ni à une personne qui se serait rendu coupable d'une faute notoire. A la mort de sa femme, il est tenu d'offrir sa démission; et si, dans des cas très-rares, son évêque a la faculté de l'autoriser à continuer ses fonctions, il n'en est pas moins régulièrement obligé de les cesser. Ainsi privé de sa cure, le prêtre séculier entre ordinairement dans un couvent en qualité de *hiéro-monaque;* c'est dans ces retraites austères qu'on choisit les évêques et archevêques. — Les popes, respectés, vénérés même des habitants des campagnes, exercent sur leurs ouailles une influence d'autant plus grande qu'eux seuls lisent quelquefois les journaux littéraires et scientifiques du pays, et sont conséquemment les seuls qui puissent faire pénétrer des idées nouvelles dans la masse du peuple qu'ils dirigent. Leur qualité de pères de familles, fait naître chez les popes des intérêts mondains auxquels le clergé catholique doit demeurer étranger, d'après l'esprit même de son institution. Le pope destine un de ses fils à l'Église, un autre à l'état militaire ou à la marine; quelques-uns des meilleurs officiers de marine sont des fils de curés; on en voit encore qui entrent dans le commerce. — D'un autre côté, le mélange avec un clergé monacal, imprime au clergé séculier un caractère plus sacré aux yeux du peuple; les mœurs patriarcales de plus d'un archevêque sont citées comme exemple de simplicité et d'austérité. — De plus, l'ambition du haut clergé le détermine à étendre le cercle de ses connaissances, et il trouve naturellement des imitateurs dans les rangs inférieurs.

Les voyageurs anciens et modernes ont écrit tant de choses horribles contre la noblesse russe; ils ont porté sur cette classe tant de jugements défavorables; ils ont accumulé contre elle tant de traits humiliants, tant d'anecdotes scandaleuses, que l'écrivain impartial doute involontairement de leur véracité, surtout en remarquant leur contradiction flagrante. L'un accuse les nobles russes « d'être des filous et des escrocs », l'autre se moque « de leur crédulité et de leur simplicité »; et, tandis que celui-ci retrouve dans leurs mœurs « de la férocité scythique », un quatrième leur reproche « de la bassesse napolitaine. » Quel degré de foi peut-on accorder à cette divergence d'opinion?... Nous, qui ne sommes prévenu ni en faveur ni contre la noblesse russe, nous laisserons parler un de ses membres les plus distingués.

« La noblesse russe, dit-il, a eu le malheur de vivre longtemps sous un joug despotique, et de conserver encore elle-même un pouvoir arbitraire; mais nous n'avons commencé à jouir d'un état légal que sous Alexandre. Encore, la négligence avec laquelle les ordres du gouvernement central sont exécutés par les régences locales, la nullité et même la vénalité des tribunaux choisis parmi les nobles pauvres et n'ayant presque pas de traitement, mille actes arbitraires ignorés d'une autorité éloignée et sans moyens de communication, une fatale complaisance pour la transgression des lois protectrices du peuple, voilà des vices de notre état social qui produisent nécessairement des vices de mœurs dans une aussi énorme multitude de familles nobles, vivant presque toute une moitié de l'année au milieu de leurs serfs et de leurs champs, sans moyen de suivre régulièrement l'éducation de leurs enfants, ne possédant encore qu'un petit nombre d'universités éparses et faiblement fréquentées, ne trouvant pour la plupart qu'une seule carrière, celle du militaire, et ne cultivant dans celle-ci que les connaissances nécessaires au métier. Ailleurs, la noblesse peu nombreuse a tous les moyens de civilisation à sa porte; chez nous, la proportion est renversée; un peuple entier de nobles n'a que peu de moyens à sa disposition. Ne serait-il pas juste d'apprécier plutôt les brillantes sommités que présente la noblesse russe, que de s'appesantir sur l'ensemble des défauts qui résultent de circonstances impérieuses?

« Les grandes écoles et les superbes hôpitaux des Demidov, des Galitzin, des Besborodko, l'établissement pour les sourds-muets des Ilinski, le jardin botanique des Rasounowski, les entreprises littéraires et savantes du dernier Romanzov, les grandes exploitations des Strogonov, la bienfaisance éclairée des Cheremetiev, les sacrifices patriotiques des Dolgorouki, des Orlov, des Kourakin, ont-ils beaucoup de pendants en Europe? Des milliers de nobles de province ne cherchent que l'occasion de signaler leur patriotique dévouement. Partout il s'élève des écoles, des musées, des sociétés, des cercles littéraires, mais ce sont des essais de bienfaisance et d'instruction qui manquent encore d'ensemble et de suite.

» Ce que Catherine fit de mieux pour répandre la culture d'esprit en Russie, ce fut de tolérer l'introduction des livres étrangers. A peine Paul Ier fut-il sur le trône que l'empire russe s'isola, pour ainsi dire, du monde pensant : des prêtres et des censeurs furent placés sur toutes les frontières. Ces douaniers de la pensée firent leur métier avec la plus grande rigueur; les libraires finirent par ne rien faire venir de l'étranger; en même temps, toutes les lettres tant soit peu suspectes furent décachetées à la poste; on permit à très-peu d'étrangers l'entrée du territoire russe; les jeunes Russes qui étudiaient en Allemagne furent rappelés, sous peine de confiscation de leurs biens et d'exil perpétuel. Enfin, toutes les mesures étaient prises pour empêcher le moindre rayon de lumière de pénétrer en Russie. Un des premiers actes du gouvernement d'Alexandre Ier fut l'abolition de toutes ces ordonnances extravagantes. Ce jeune monarque mit beaucoup de zèle à l'amélioration de l'instruction publique; et tout faisait présager à la Russie un siècle de lumières. Tout à coup des soupçons, des craintes, des insinuations étrangères ont suspendu cette marche du gouvernement. Ce sont les agitations de l'Europe qui menacent de troubler les progrès de la civilisation en Russie. Mais un gouvernement éclairé lui-même ne doit-il pas reconnaître que les lumières, c'est-à-dire les connaissances positives, sont le seul moyen d'assurer le repos et la prospérité publique?

» Aux désavantages anciens qu'offrait la position civile de la noblesse russe, il fallut ajouter pour les familles attachées à la cour cet esprit d'intrigues qui naît des révolutions fréquentes; il a cessé avec un long règne légal; il n'avait d'ailleurs jamais atteint qu'une fraction relativement petite de la masse immense des nobles. Proportion gardée, il y a moins d'ambition, moins de bassesse, moins d'avidité, plus d'honneur et de loyauté parmi les nobles russes que chez aucune autre classe dans la même situation. Combien d'entre eux qui fuient et les plaisirs et les troubles de la cour! Mais l'oisiveté de la vie militaire dans les garnisons est un germe universel de tous les vices; peut-être est-ce même le plus grand fléau moral de notre patrie. »

Nous extrairons de l'ouvrage de M. Ancelot, intitulé *Six mois en Russie*, le passage suivant sur la haute société de la capitale :

« Dans une *soirée*, les *dames* se groupent autour d'une table présidée par la maîtresse de la maison; les *demoiselles* vont s'établir dans quelque coin de l'appartement; les *hommes* adressent, en entrant, quelques mots aux dames de la table, et se rassemblent entre eux; les *jeunes gens* n'usent qu'avec un extrême scrupule, on pourrait dire avec une certaine répugnance, de la liberté qui leur est accordée de causer avec les *demoiselles*. Comme tous les jeunes gens nobles (et il n'y en a point d'autres dans les salons, puisque les classes intermédiaires sont inaperçues en Russie) doivent être et sont militaires, et que, dès l'âge de seize ans, ils sont enrégimentés, leur éducation, quelques soins qu'on y ait donnés, ne peut jeter de profondes racines; ils ne peuvent avoir sur toutes choses que des notions superficielles; ils éblouissent d'abord par un certain éclat; mais, condamnés tout à coup à un service militaire que rendent vraiment pénible les revues, les parades, les exercices multipliés auxquels on les oblige, ils n'ont le temps de rien approfondir. Durant ses études, un enfant apprend à apprendre, et la vie que mènent les jeunes Russes ne leur permet pas de se livrer à ces travaux sérieux dont l'éducation première n'est que la préparation indispensable. Nécessairement, le cercle de leurs idées doit se rétrécir et se borner bientôt à la tenue des régiments, aux chevaux et aux uniformes; ils se rappellent et ils répètent ce que leurs instituteurs ont confié à leurs jeunes mémoires, et l'on pourrait les comparer à des arbres étalant aux regards, un moment trompés, les fleurs brillantes dont une main officieuse décora leurs branches. On sent bien qu'il est d'heureuses exceptions, et qu'on peut trouver ici des jeunes gens qu'une organisation vigoureuse dérobe à la règle commune, et dont l'étude mûrit et féconde les esprits; une application générale de cette comparaison serait donc injuste, et moi-même j'en ai déjà rencontré quelques-uns que distinguent et leur instruction et l'élévation de leurs idées.

» La séparation des deux sexes n'est pas observée moins rigoureusement dans les dîners que dans les réunions du soir : on donne le bras à une dame pour sortir du salon; mais cet éclair de familiarité s'évanouit à la porte de la salle à manger; toutes les femmes se placent d'un côté de la table, tous les hommes de l'autre; de sorte que, durant le dîner, les deux sexes ne peuvent guère communiquer entre eux que par quelques monosyllabes jetés au travers des vases de fleurs qui décorent le surtout : il semble que ce soit une espèce de transaction entre les coutumes de l'Europe et celles de l'Asie. Les mœurs gagnent-elles quelque chose à cette pudique et sévère séparation? Je l'ignore; mais ce qu'on peut affirmer, c'est que l'esprit de société doit y perdre beaucoup.

» La noblesse russe est divisée par classes, au nombre de quatorze : elles sont toutes assimilées à un grade militaire; la quatorzième correspond au grade d'*enseigne*, et l'on remonte ainsi jusqu'au rang de *feld-maréchal*, qui forme la première. »

Il faut remarquer que les femmes occupent le même rang que leurs maris; mais l'auteur que nous venons de citer est dans l'erreur lorsqu'il pense que les dames d'honneur ont le *rang* de capitaine; on leur donne le titre d'Excellences, et elles jouissent d'un certain droit de préséance, mais sans aucune attribution de grade.

» En Russie, continue M. Ancelot, tout noble qui veut jouir des prérogatives attachées à sa naissance doit être au service soit civil, soit militaire. Cette obligation fut imposée à la noblesse par Pierre I*er*, et ceux qui refusèrent de s'y soumettre furent déclarés déchus de leur rang; ils sont soumis au recrutement comme les simples paysans; ils labourent leurs terres; mais il leur est interdit de posséder des esclaves. Le gentilhomme russe commence ordinairement par entrer au service militaire, et, lorsqu'il est parvenu au grade de colonel, s'il ne veut pas suivre la carrière des armes, il obtient un rang civil équivalent au grade supérieur à celui qu'il abandonne; alors il brigue un emploi de gouverneur ou de vice-gouverneur d'une province, ou quelque place éminente dans les douanes, et, chose remarquable, il prend, en fort peu de temps, l'esprit de son nouvel état. Pour lui, c'est un moyen de faire ou de rétablir sa fortune; car le désintéressement n'est pas la vertu des administrations russes.

» Il est impossible d'être plus hospitalier que le seigneur russe; il recherche les étrangers, et surtout les Français; mais ici, plus que partout ailleurs, il faut bien prendre garde de trop se confier à ces obligeantes démonstrations, qui ne sont souvent que d'aimables faussetés. Un étranger doit surtout éviter de se prodiguer; car s'il s'abandonne d'abord aux affectueuses protestations dont il est l'objet, il se prépare pour l'avenir de pénibles déceptions. Un Russe débute par se dire votre intime ami, bientôt vous devenez une simple connaissance, et il finit par ne plus vous saluer.

» Nous avons remarqué avec étonnement en France la facilité, la grâce d'élocution des Russes dans un idiome étranger. L'étonnement cesse quand on a vu de près leur système d'éducation. Dès l'âge le plus tendre, les enfants entendent parler français. A peine sont-ils en état de se livrer à quelques études, qu'ils sont confiés à un *outchitel* (précepteur) français ; c'est notre langue qui leur sert à exprimer leurs premières idées, c'est avec nos grands écrivains qu'elles se développent, et nécessairement elles en reçoivent une empreinte que rien ne saurait effacer. La langue russe, d'ailleurs, mélange agréable de douceur et de force, donne à l'organe de la parole une flexibilité qui lui permet de se familiariser promptement avec toutes les consonnances ; aussi les Russes prononcent-ils sans difficulté l'allemand et l'anglais, qu'ils apprennent également dès l'enfance. Mais ces idiomes, qu'ils possèdent parfaitement, sont pour eux d'un usage moins habituel que le nôtre ; c'est le luxe de l'instruction ; la langue française est un besoin. »

Construites avec une prévision minutieuse de tout ce qui peut garantir du froid, les habitations russes sont chauffées entièrement, et comme enveloppées dans une atmosphère particulière. On peut les parcourir dans tous les sens, et faire quelquefois un tour de promenade au jardin, sans qu'on s'aperçoive de différence bien sensible dans la température. Les fenêtres sont partout à double vitrage. Les immenses forêts qui couvrent le pays jusqu'aux abords des villes rendent le chauffage peu dispendieux, au point que dans la plupart des loyers de maisons, le bois est compris par-dessus le marché. Les maisons de paysans sont construites en bois, ce qui les isole parfaitement du froid. Un énorme poêle, qu'on allume le matin, suffit pour conserver la chaleur intérieure toute la journée, et le soir la famille tout entière se couche sur sa plateforme encore chaude.

En Russie, les vivres sont fort chers ; mais la classe la plus élevée, à qui une fortune immense permet de se livrer aux fantaisies les plus extravagantes, n'y connaît aucun genre de privations. Les produits de l'extrême nord et de l'extrême sud, comme ceux de nos contrées ; le mouton d'Astrakhan, d'un prix exorbitant pendant l'été ; le sterlet, pêché à l'embouchure du Volga, qui se paye presque au poids de l'or ; les vins de France, qu'aucun autre climat ne peut imiter, se confondent et sont aussi communs sur les tables des seigneurs russes que dans leurs pays originaires. Quand l'hiver est venu, que les provisions peuvent se conserver aisément, et que la neige facilite leur transport, les prix deviennent plus modérés, et tous les objets descendent à la portée des autres classes.

La chasse est un des plus grands plaisirs de la noblesse russe, et les forêts immenses qui couvrent le pays fournissent une quantité considérable de gibier de toute espèce, dont la chair et la fourrure sont également recherchées. Certains volatiles, comme le pigeon et le corbeau, y sont plus nombreux que dans les autres contrées de l'Europe, parce que, chez le peuple des campagnes et même des villes, le premier est presque un objet de vénération, comme symbole de l'Esprit-Saint, et le second passe pour purifier l'air en se nourrissant des substances animales en putréfaction.

La capitale, grâce au traînage, est pourvue de provisions expédiées des climats les plus éloignés, de gibier tué quelquefois à mille ou douze cents lieues de l'endroit où il doit être mangé. Alors les lièvres, les coqs de bruyère, les gelinottes, si enviées des gourmands de notre pays, les canards sauvages, rangés par couche avec de la neige dans des tonneaux, affluent aux marchés et se donnent plutôt qu'ils ne se vendent. Quant aux animaux de boucherie, on les expose en vente debout sur leurs quatre pieds, comme s'ils étaient vivants. Les bœufs les plus estimés viennent des provinces méridionales, de l'Ukraine, de la Crimée; au contraire, les veaux les plus délicats se tirent d'Arkhangel et des provinces qui avoisinent la mer Blanche.

La quantité de poisson qui se pêche dans les rivières et dans les lacs est prodigieuse. Dans beaucoup de contrées, le poisson est la seule nourriture des habitants, et, dans les capitales, les longs jeûnes fidèlement observés ne parviennent pas à en élever le prix, qui reste toujours extrêmement bas.

Le laitage est excellent en Russie, mais fort cher à Saint-Pétersbourg. Les laitières le portent dans des cruches de terre et se distinguent par leur propreté des autres marchands ambulants.

Les hôtels sont généralement mauvais et malpropres dans toutes les parties de la Russie. Les Russes s'y arrêtent peu; ils voyagent très-rapidement, portent leurs provisions avec eux, et dorment dans leurs voitures.

Nous n'avons que bien peu de renseignements sur la bourgeoisie vraiment moscovite; car il est plus difficile aux étrangers de s'introduire dans les familles de cette classe que dans les cercles de la noblesse. Les bourgeois russes conservent les mœurs qu'ils ont apprises, il y a bien des siècles, des Arméniens, des Chinois et des habitants des villes hanséatiques : ils sont actifs, assidus au travail, minutieux dans les comptes, ardents au gain, sobres dans leur intérieur; mais leur éducation est resserrée dans des limites fort étroites, et ils n'ont aucune idée politique ni morale. A l'occasion des grandes fêtes, on voit les femmes des négociants de Moscou se promener en drowski, dans une toilette dont la richesse frappe d'étonnement; elles portent des bonnets chargés de cordons de perles fines, les plus beaux châles turcs et persans, et des boucles d'oreilles de diamants. Ce costume réunit à un caractère national beaucoup de grâce et de goût, soit avec le châle tombant en plis légers jusqu'aux pieds, soit avec le feredja en dentelles fines.

Les maisons des paysans russes sont construites avec des arbres posés en travers, avec de la mousse dans les intervalles, et jamais avec l'écorce. Elles sont toutes bâties sur le même modèle : la cour intérieure forme un carré long entouré de hangars; le magasin de foin, l'emplacement pour les bestiaux, ainsi qu'un petit jardin potager, sont ordinairement au fond. Quelquefois la chambre du paysan est au rez-de-chaussée, plus communément elle se trouve au premier étage, où l'on arrive par un escalier ou par une échelle. Un four occupe presque un quart de cette chambre, au-dessus de laquelle est une plate-forme où couchent pêle-mêle hommes, femmes, enfants, la famille et les étrangers. Une chaleur de 18 à 25 degrés règne habituellement dans ces chambres, de 15 à 20 pieds carrés.

On nommerait difficilement un peuple qui se contente d'un si pauvre ameublement; les vases et les cuillers sont généralement en bois, la poterie en terre. Un mauvais grabat garni d'un matelas et d'une couverture est un indice d'aisance qu'on voit quelquefois chez les paysans de la noblesse. Mais des images de saints décorent la plus misérable chaumière comme le palais le plus somptueux. A leur entrée dans une habitation, les Russes saluent ces images et, pour la plupart, se prosternent devant elles et baisent la terre; le soir et le matin ils leur adressent des prières en faisant beaucoup de signes de croix.

Les paysans russes se nourrissent de mets grossiers dont il résulterait de graves inconvénients pour des estomacs faibles; aussi quelques verres d'eau-de-vie sont-ils indispensables à une bonne digestion. Un assez grand nombre de liqueurs fermentées sont pour les Russes des poisons habituels; mais le *braya* ou bière blanche, le *vymorosli* ou vin aigrelet, et le jus pétillant qu'on obtient de la sève fermentée du bouleau ne produisent qu'une ivresse momentanée. On dit aussi que l'usage abondant du *kvas* et des divers jus de baies antiscorbutiques sont propres à balancer l'abus des liqueurs fortes.

On connaît peu de maladies dominantes parmi le peuple russe, qui s'en préserve par la diète et des remèdes simples. Les femmes accouchent aisément, surtout dans les bains, et les enfants mort-nés sont en petit nombre relativement aux autres pays. On voit moins de cas de petite vérole, mais la rigueur du climat augmente la malignité des affections vénériennes.

Les Russes ont des remèdes populaires fort extraordinaires, principalement une panacée universelle, résultant d'un mélange de poireaux, d'oignons, de poivre d'Espagne et d'eau-de-vie, et qui est indistinctement employée pour les maladies les plus opposées. L'aconit et l'ellébore sont aussi en grande réputation. Pour les coliques et les rhumatismes, ils appliquent sur la peau des ventouses d'armoise. Afin de compléter le système hygiénique russe, nous devons encore mentionner, d'abord le verre d'eau-de-vie double, dans laquelle on délaye de la poudre à canon, ou, selon les circonstances, du sublimé de mercure; puis le bain de vapeur, dont nous dirons un mot.

Ordinairement, les bains publics sont établis dans de mauvaises maisons de bois, situées autant que possible à proximité d'une eau courante. Quelquefois, une chambre précède ces bains ; mais le plus souvent, c'est une simple cour où l'on a placé des banquettes, et dans laquelle on s'habille et se déshabille en commun. La chaleur commune des pièces de bains est de 32 à 40 degrés Réaumur ; il est facile de l'augmenter en versant de l'eau, de cinq en cinq minutes, sur les pierres du poêle. Ainsi, le thermomètre monte parfois à 44°. En sortant de ces bains, beaucoup de gens se plongent dans la rivière voisine, tandis que d'autres se roulent dans la neige par un froid de dix degrés et plus.

Le paysan russe, naturellement imitateur, est obligé, dans plusieurs localités, de tout faire par lui-même. Dans la plupart des gouvernements de la Russie centrale, par exemple, tout est le produit de l'industrie particulière et domestique : charrues, voitures, ustensiles, vêtements, etc.; et les seigneurs profitent admirablement de cette aptitude mécanique du peuple. A l'un, ils disent : Fais-toi maçon ; à l'autre : Tu seras peintre; à un troisième : Sois tailleur. Et tout s'arrange, tout marche par le magique effet de la volonté souveraine, laquelle, au besoin et tour à tour, se fait aider du bâton et du verre d'eau-de-vie.

La nomenclature des amusements du peuple est réduite en nombre depuis que le patriarche n'est plus promené sur un âne, par le tsar en personne, aux cris de *hosianna,* et depuis que l'on ne voit plus les ambassadeurs, conduits par une cavalcade de mille personnes, portant des présents ou des tributs à l'autocrate, et en recevant en échange des pelisses et des cafetans d'honneur. Cependant les dispositions du peuple russe à la gaieté bruyante, et son goût pour tout ce qui est parade, n'ont pas dégénéré. Aucune nation européenne ne danse et ne chante autant que le Russe; mais ses danses ne brillent pas toujours par la décence. Les instruments suivants composent l'orchestre national des Russes : 1° Le *rojock*, espèce de cornet des montagnes qu'on croit être le chalumeau pastoral de Théocrite; 2° la *dudka*, espèce de flûte primitive analogue à celle que mentionne Horace : *Tibia non ut nunc aurichalco veneta tubæque æmula, sed tenuis simplexque foramine pauco adspirare adesse choris erat utilis;* 3° la *gelaïka*, ou *sipooba*, espèce de double flûte semblable à celle des Grecs; 4° la *swirella*, ou flûte de roseaux, la flûte de Pan ; 5° le *rog,* espèce de cor de chasse; 6° le *pilai*, cornemuse de forme primitive ; 7° la *balaika,* espèce de guitare russe très-ancienne, dont on voit l'analogue sur un obélisque égyptien à Rome; 8° le *goudock*, violon de forme primitive; 9° le *gouzli*, harpe horizontale ; 10° le *loschki*, modification du *sistrum* antique.

En Russie, les jeux de gymnastique, et surtout celui de l'escarpolette, sont poussés à une grande perfection. — Longtemps admirées de loin, les montagnes russes ont été tout à coup naturalisées en Europe, et ont fait, pendant quelques années, les délices des Parisiens; mais dans leur patrie, elles conservent une supériorité incontestable; la course, mieux assurée sur la glace, est aussi plus rapide. L'exercice le plus dangereux consiste à descendre la montagne en patins; c'est un spectacle qui inspire réellement l'effroi chez ceux qui n'ont pas vu les patineurs norwégiens. Durant le carnaval, les montagnes de glace sont très-multipliées; elles sont entourées de boutiques où l'on vend du café et des liqueurs, des comestibles, où l'on joue des farces, et devant lesquelles le peuple danse en plein vent par un froid de 15 à 20 degrés.

Dans la petite Russie, le paysan s'habille, comme le Polonais, d'une *kourtka*. Dans la grande Russie, il est vêtu pendant l'hiver d'une peau de mouton qui descend jusqu'au milieu de la jambe, et pendant l'été d'un surtout de drap lié avec une ceinture. Dans les saisons rigoureuses, ils ont, en guise de bas, une bande de drap qui fait plusieurs fois le tour de la jambe; leur chaussure se compose d'un soulier d'écorce, attaché avec des cordes de même matière. Ils ont, selon qu'il fait chaud ou froid, un chapeau rond ou un bonnet fourré pour coiffure. On ne leur voit jamais rien autour du cou, ce qui, bien qu'inconcevable dans un pareil climat, n'en est pas moins extrêmement salubre. Ils portent toujours à la ceinture une hache et un couteau.

Tantôt battues comme esclaves, tantôt adorées comme souveraines, les femmes trouvent toujours moyen de varier, d'embellir et d'orner leur costume, dont le *sarafan*, robe étroite et boutonnée, forme la pièce principale, et qui a pour ornement obligé une belle pelisse, présent du jour des noces. Mais c'est dans leur coiffure qu'elles déploient l'art et le luxe. Dans les gouvernements des environs de Novgorod, elles portent une bande en travers du front (*kakochnick*), garnie de perles et de grains de différentes nuances, et qui ressemble assez à une tiare ou à une couronne ouverte. Les jeunes filles partagent leurs longs cheveux en deux tresses ornées de rubans. — Quant aux paysannes des gouvernements occidentaux, elles se couvrent d'un filet, à la manière espagnole, mais toujours décoré de tresses, de perles et de pierres fausses.— Les femmes slaves paraissent avoir pour coiffure fondamentale un bonnet avec un bord, assez semblable à un chapeau; mais la forme est très-variée. Dans le voisinage de Moscou, de Kalonga et de Iaroslav, ces bonnets-chapeaux se rabattent par devant comme ceux des jockeys; les tresses et les guirlandes sont subordonnées au goût et à la richesse. Par-dessus elles attachent un voile de soie avec un cordon d'or ou d'argent, qui sert à le retenir rejeté en arrière comme chez les femmes tatares. Près de l'Oka, surtout aux environs de Mourome et de Kasimov, les bonnets affectent la forme d'un croissant perpendiculairement élevé.

Dans la petite Russie, le costume des femmes a un caractère particulier; depuis Voroneje jusque dans la Kiovie et la Volhynie, ce sont des jupons rouges sous lesquels se montrent des bottines de la même couleur, un collier et une chaîne formés de monnaies, enfin, des tresses qui prennent juste à la tête, et entremêlées d'une multitude de rubans et de fleurs naturelles.

Ce qui est fâcheux pour le goût des belles Russes, c'est l'universel emploi du fard ; elles sont peintes comme des dames de l'ancienne cour de Versailles. Elles se servent de compositions minérales apportées de l'Orient et de la Grèce. Cependant, les paysannes pauvres restent forcément assujetties à l'usage des sucs innocents provenant des herbes des champs.

Autrefois, les Russes avaient pour le mariage des cérémonies particulières et bizarres, dont la plupart sont maintenant hors d'usage. Lorsque deux familles étaient d'accord sur une alliance, quoique les parties intéressées ne se fussent jamais vues, la prétendue était présentée entièrement nue à un certain nombre de femmes, qui fai-

FEMME DE L'UKRAINE.
(Russie d'Europe.)

saient l'examen de sa personne, et lui indiquaient les défauts corporels qu'elle devait s'efforcer de faire disparaître. Le jour de ses noces, on la couronnait d'une guirlande d'absinthe, et lorsque le prêtre avait formé le nœud nuptial, un clerc jetait une poignée de houblon sur la tête de la mariée, en lui souhaitant d'être aussi féconde que cette plante.

Nous mentionnerons une coutume remarquable qui actuellement subsiste encore : lorsqu'une femme est en couches, ceux qui viennent la voir, en s'approchant d'elle pour la saluer, glissent une pièce de monnaie sous son chevet; la pièce varie selon la qualité et la fortune de l'accouchée. Les gens mariés sont seuls soumis à cette contribution, parce qu'il est censé qu'ils en profiteront à leur tour. Cet usage, qui subsiste dans la Russie centrale, et même à Moscou, parmi les classes moyennes ou inférieures de la société, est tombé en désuétude parmi les classes distinguées, ainsi qu'à Saint-Pétersbourg.

Les TATARES ou Tatars de la Crimée sont divisés en plusieurs classes, mais il n'y a point de serfs parmi eux. Les nobles font cultiver leurs terres par des fermiers ou par des mercenaires, qu'ils traitent fort bien ; les nobles ont seuls le droit de posséder des terres. Chaque village est encore gouverné par son *mursa* ou chef électif, qui exerce la justice ordinaire et la justice locale. Les habitations des Tatares rappellent la simplicité des premiers âges : des poutres, ou plus souvent des branches d'arbres, placées d'une manière assez irrégulière les unes sur les autres, et dont chaque intervalle est rempli de mousse; des toits couverts en paille ou en bois, et sur lesquels sont étendues des pierres destinées à les contenir; voilà ce qui compose la demeure des paysans. Celles des nobles sont également des bâtiments très-légers et d'un seul étage; quelques colonnes sveltes en bois, et peintes de vert, de rouge et de jaune, voilà tous les ornements extérieurs. Dans l'intérieur, l'on ne voit ni tables ni chaises, ni aucun meuble de bois. De larges coussins sont disposés autour des appartements pour s'y asseoir ou s'y appuyer; mais ce qu'il y a de très-commode, c'est un grand espace qu'on laisse derrière les lambris, de manière que dans un petit appartement où l'on ne voit que des coussins, on trouve tout ce qui peut être nécessaire. Comme tous les voisins et tous les sujets de la Russie, les Tatares n'aiment guère ni les manières des Russes, ni leur façon de penser; par conséquent ils ne se soucient pas beaucoup d'apprendre la langue russe. Nous terminerons en disant que les qualités morales de ce peuple sont vantées par tous ceux qui l'ont visité : on remarque parmi eux des traits sublimes de douceur et de générosité, une noble simplicité vraiment patriacale, et un grand empressement à exercer l'hospitalité. Les particuliers aisés ont à côté de leurs maisons un bâtiment destiné à recevoir les étrangers.

Les Tatares d'Oufa sont, de tous les habitants du gouvernement d'Orenbourg, les cultivateurs les plus laborieux et les plus vigilants; aussi sont-ils, pour la plupart, très-aisés.

Ces Tatares sont assez propres dans leur ménage. Les riches ont à côté de leurs maisons un petit bâtiment composé d'une seule pièce, qui leur sert à la fois de salon d'été et de lieu de réception pour les étrangers ou les amis qui les visitent. On remarque dans cette pièce, qui correspond à la maison par une galerie que plusieurs font couvrir, une cheminée à la bachkire et un banc très-large. Presque tous les villages ont des *abisscs* ou maîtres d'école, pour l'éducation de la jeunesse. La plupart de ces Tatares n'ont qu'une femme; aucun n'en a plus de deux. L'habillement de celles-ci diffère beaucoup de celui des femmes des Tatares de Kazan. L'habit ordinaire est, ainsi que celui des Tchouvaches et des Bachkirs, de grosse toile cousue à points de poignets autour du cou et sur les bords des manches. Les femmes et les filles ne se montrent qu'avec leurs plus belles parures. Les premières laissent pendre sur le dos les extrémités brodées d'un voile appelé *tastar*. Leur bonnet paraît collé autour de la figure; il est échancré sur le front, et attaché sous le menton avec un bouton. Presque tous leurs bonnets sont garnis d'anciens copecks, ou de petites plaques d'étain taillées en forme de cette monnaie, de manière qu'il en est presque tout couvert; mais le devant du bonnet et les bandes qui tombent sur les joues, sont ornés d'une broderie de grains de corail rouge, de l'épaisseur de deux doigts. Deux autres rayons de grains prennent du sommet de la tête, et bordent les deux bandes mentonnières. Ces bonnets ont par derrière une autre bande, large de trois doigts, qui tombe jusque dans la ceinture, où elle est fixée par des lamines et de petites monnaies. Le bout est garni de grains de coraux et de franges, et il se termine au-dessous du jarret. Deux autres bandes étroites et ornées de monnaies pendent également jusqu'à la ceinture, où elles sont fixées par des franges. Ces femmes portent un *sacal* ou pièce qui leur couvre toute la poitrine jusqu'au menton, et qui tient au moyen de deux bandes qui sont derrière les oreilles; elle est garnie comme les bandes mêmes. Ces pièces sont plus ou moins longues et larges. Les filles ont des bonnets ronds et sans échancrure. La pièce qui tombe sur la poitrine est petite et étroite; elles n'ont que deux bandes étroites sur le dos, et même toutes ne les portent pas. Ainsi que les femmes, elles ont les cheveux tressés en deux nattes qu'elles laissent pendre, mais en les cachant soigneusement dans leur tunique. Leurs principaux bijoux consistent communément en grains de corail; le mari achète les bijoux qui doivent servir à la future, avec le *calun*, c'est-à-dire la dot. Excepté cette petite différence dans le costume, on n'en distingue pas d'autres, quant aux mœurs et à la langue, entre les Tatares d'Oufa et ceux de Kazan. Ces derniers sont venus peupler quelques villages de la province d'Orenbourg, et vivent confondus avec les autres.

Les mœurs des Tatares, ou plus exactement des Turcs de Kazan, tendent à se rapprocher des mœurs européennes. Industrieux, riche, sobre et plein de vertus domestiques, ce peuple vaincu nous semble presque supérieur aux Russes, ses vainqueurs. Une physionomie noble et fine, des yeux noirs et perçants, une longue barbe, leur donnent un air imposant, quoiqu'ils soient généralement d'une taille peu élevée. Leur exactitude aux cérémonies et aux abstinences religieuses n'exclut pas les sentiments d'une tolérance hospitalière envers les chrétiens. Leurs femmes ne craignent même pas de se montrer, et M. Erdmann a pu retracer comme témoin oculaire le tableau d'une noce tatare. Le costume des hommes réunit le caractère oriental aux modifications raisonnablement motivées par le climat; dans celui des femmes, le luxe des perles et des franges se marie à des caprices de mode et de coquetterie. Cependant les mœurs sont austères : la famille est une monarchie patriarcale; l'homme commande en maître, et la loi lui permet la polygamie; toutefois, par un effet naturel de la civilisation, peu de Tatares épousent plusieurs femmes à la fois; seulement si la première épouse a vieilli, une autre plus jeune partage la couche du maître, mais non pas les honneurs domestiques de la maîtresse. Les Tatares parlent très-purement leur langue natale, la turque, et savent souvent le russe et le boukharo-persan.

Les Cosaques *du Don* sont actuellement répandus dans les plaines qui environnent ce fleuve, entre les gouvernements de Saratov, d'Astrakhan, de Voroneje et d'Iekatherinoslav jusqu'à la mer d'Azov. Leur territoire est encore de 3,600 milles géographiques carrés, bien qu'en 1708, après leur soulèvement, une partie ait été réunie aux provinces voisines.

Ce peuple jouit d'une liberté civile et politique très-grande; le monopole de la couronne ne pèse pas sur lui; il n'est pas non plus assujetti à la capitation, ni au recrutement, ni à la gabelle. Si la couronne les requiert, ils sont forcés à marcher en masse, mais c'est pour eux une jouissance, non un devoir : les combats et le pillage semblent être l'élément du Cosaque qui n'est heureux que lorsqu'il est sur son cheval. Le gouvernement russe, ou plus exactement le département de la guerre, adresse ses ordres à l'*ataman* ou *hetman*, chef ou général de cette nation de soldats, lequel les notifie au peuple; on décide alors à la pluralité des voix comment ils seront exécutés. Il est arrivé que la majorité s'est déclarée contre les propositions du gouvernement. La Russie a quelquefois cédé ; dans d'autres circonstances elle traite toute opposition de révolte.

Les *stanitzes* ou villages renferment de 150 à 400 maisons; chacun a son magistrat électif et forme une compagnie militaire. Les habitations ont un air de propreté et d'aisance que l'on chercherait en vain dans la plus grande partie de la Russie proprement dite. Une maison blanche, pourvue de cheminées et de fenêtres, invite l'étranger à y entrer et à jouir de l'hospitalité qui s'est conservée ici dans toute sa latitude. Déjà les Cosaques riches commencent à se meubler avec un certain luxe; en même temps ils cherchent à se procurer de nouvelles connaissances, et envoient quelquefois leurs enfants à Pétersbourg pour y être élevés.

Les habitants ne cultivent que depuis peu les arts utiles, et l'agriculture est négligée à tel point, qu'il n'y a pas même de limites fixes entre les villages : de vastes terrains incultes les séparent; le premier venu peut s'en mettre en possession; les prairies seules ont été partagées. Le bétail fournit à l'indolent et fier Cosaque les premiers besoins de la vie. La pêche est, après le bétail, sa principale ressource; il exporte pour 500,000 roubles de poisson et de caviar. Il abandonne souvent les travaux rustiques aux paysans russes et autres, qu'il loue à bon marché. Tous ses soins sont réservés pour son cheval; les *tabounes*, ou troupeaux des Cosaques riches, se composent de 500 à 1,000 têtes; les seuls chevaux de selle sont abrités pendant l'hiver. A chaque réunion un peu nombreuse, les courses de chevaux forment le principal amusement. Les femmes fabriquent de la toile, du drap, des bas; elles font des pelisses et des manteaux. Ce sont elles qui soignent les jardins, les vergers, même les vignobles, plus nombreux ici que dans aucune autre province russe. Leur taille est plus ramassée que celle des hommes; mais elles ont pour la plupart le teint frais, de grands yeux noirs et des traits assez agréables. Dans les jours de fêtes, leurs robes, qui sont faites d'étoffes de soie ou de coton et qui leur descendent jusqu'à la cheville, sont boutonnées jusqu'aux hanches, qu'entoure une ceinture élégamment ornée et pourvue d'une agrafe. Sous cette robe, elles portent de larges pantalons et souvent des bottes jaunes. Les femmes mariées ont des bonnets ornés d'or et de perles; les filles entourent leur tête d'un mouchoir, et laissent tomber leurs cheveux noirs en boucles sur leurs épaules.

Les ABASEKHS ou ABASEKHI forment environ 15,000 familles d'origine circassienne qui se divisent en trois tribus principales : les *Eminosk*, les *Antchoks* et les *Jedeghis*. Ce sont des hommes de haute stature, de constitution robuste; ils ne vivent plus, ainsi qu'autrefois, de brigandages, et se distinguent par la douceur de leurs mœurs.

Les KARATCHAS ou KARATCHIAGHI sont généralement beaux, et ressemblent plutôt aux Géorgiens qu'aux Tatares; ils sont moins pillards et moins grossiers que les Tcherkesses. — Leurs femmes sont jolies et bien faites. — Ils élèvent de nombreux troupeaux de moutons, de chevaux, de mulets et d'ânes. — Toute leur industrie se réduit à la fabrication des étoffes qui leur servent de vêtements; et leur commerce se borne à l'exportation du tabac qu'ils cultivent, et des fourrures que la chasse leur procure. Ils échangent ces objets contre de la quincaillerie, des pipes, des aiguilles, des soieries et des armes que leur procurent les Iméréthiens. — Ils tirent du plomb des mines du Kargatchin-Tau (mont du plomb), préparent du salpêtre et vendent de la poudre.

Les Suanètes ou Souanes, dont le nom, dans leur langue, signifie habitants des hautes montagnes, sont aujourd'hui libres, et n'ont de liaisons avec les Géorgiens que sous le rapport du dialecte. Ils sont remarquables par leur malpropreté, leur rapacité, autant que par leur aptitude en fait d'armes. Les femmes enveloppent leur tête dans un mouchoir de lin de couleur rouge, de façon que de tout le visage on ne leur voit qu'un œil. Ce peuple, sans chef et sans prince, compte environ 5,000 familles. Les Souanes sont renommés pour leur valeur sauvage; et leur taille haute et avantageuse contribue à les faire craindre. Ils manient bien le fusil, fabriquent la poudre et toutes sortes d'armes pour lesquelles leurs mines fournissent les matériaux nécessaires. On a vu chez eux du plomb, du cuivre, des vases et des chaînes d'argent et même d'or.

Les Badilles habitent les plus hautes montagnes; ce sont des espèces de chevaliers, suzerains des Dugores, tribu de la famille des Ossètes.

Les Tcherkessates ont des bois sacrés, partagés en plusieurs sections, suivant le nombre de leurs familles. Chaque année, ils célèbrent des fêtes qui durent huit jours, et qui offrent quelque ressemblance avec celle des Tabernacles chez les Juifs. Les passants et les voyageurs sont libéralement invités à prendre part à ces fêtes, et sont hébergés gratuitement par une des familles.

Les Ingouches sont la principale tribu des habitants de la Kistie ou Kistitie, connus sous divers noms généraux [1]. Les Ingouches ont une physionomie caractéristique, et une prononciation tellement dure que l'on croirait qu'ils roulent des cailloux dans la bouche. Au nombre de 800 familles, cette peuplade s'oppose aux brigandages des Tchetchentzes. Outre les soins du ménage, les femmes ont encore dans leurs attributions la fabrication des vêtements, les travaux agricoles, tandis que les hommes font la guerre ou vont à la chasse.

Les Tousches [2] comprenent environ 5,000 familles. — Dès que le fils a atteint sa sixième ou septième année, le père lui donne une jeune fille adulte, il remplit les fonctions maritales jusqu'à ce que le jeune homme soit pubère; les enfants issus de cette union sont élevés comme membres de la famille. — Les Tousches ont les chats en grande vénération.

Ainsi que beaucoup d'autres moins connues, toutes ces peuplades sont indépendantes et gouvernées par des princes que des inimitiés particulières ou l'amour du pillage arment souvent les uns contre les autres. Le gouvernement russe se borne à prélever sur eux quelques impôts, ne se mêle point de leurs querelles, ne s'interpose point dans leur administration, et ne les considère autrement que comme une barrière propre à défendre ses frontières vers l'Asie.

Les Lesghis ou Lesghiens [3] habitent le Daghestan. Leurs continuels brigandages les rendent redoutables. Ils enlèvent les hommes, les troupeaux, et tout ce qui se trouve dans les régions circonvoisines; ils emportent le butin sur des coursiers agiles, et rompent derrière eux les ponts de glace et de neige qui couvrent les précipices du Caucase. Accoutumés à supporter la faim et la soif, ils n'emportent dans leurs courses qu'une petite provision de vivres, renfermée dans des outres ou des peaux de chèvres; mais, réduits à toute extrémité, ils tirent au sort entre eux, et celui que le hasard désigne est dévoré par ses camarades. Leur genre de vie et l'air pur qu'ils respirent sur leurs montagnes prolongent leurs jours d'une manière extraordinaire. Peu d'instants avant sa mort, le vieux Lesghien, si toutefois il ne succombe pas au champ de bataille, fait venir ses parents et ses héritiers, leur indique l'endroit qui renferme son or, son

---

[1] Les Géorgiens les appellent *Kistes*, les Tatares *Mizshigis*.
[2] Ce nom signifie *rêveurs*.
[3] Ce sont vraisemblablement les *Legœ* des anciens.

argent et ses pierreries, et meurt ensuite en riant. Cette nation possède quelques mines. Dans le Daghestan, on voit les Lesghiens conduire paisiblement leurs troupeaux loin des montagnes, et payer une contribution pour le pâturage. Leurs femmes, renommées pour leur beauté, se distinguent encore par leur valeur et leur intrépidité. Plusieurs tribus lesghiennes suivent la religion mahométane; on s'est aussi aperçu de quelques traces de christianisme; mais les moins civilisés adorent encore le soleil, la lune, les arbres et les fleuves.

Bien que la diversité des dialectes lesghiens soit fort grande, la langue de ces peuples n'a de rapport qu'avec celle que parlent les Finlandais.

Les KOUVESCHES ou KOUBASCHES se prétendent originaires de l'Europe et se donnent entre eux le nom de *Frenks*; ils habitent dans les montagnes, entre les sources du Bougam et du Chary. On les dit sobres, loyaux et susceptibles d'application. Ils forment une peuplade particulière et soumise à une organisation démocratique; chaque année, ils nomment un conseil chargé des affaires publiques; tous ont voix élective dans cette circonstance. Les Koubasches sont les courtiers du commerce qui se fait entre la Perse et la Russie; ils apportent à Kisliar des quantités considérables de coton. Chez eux ils emploient leur temps à fabriquer des ouvrages de fer, d'or et d'argent, à forger des cuirasses, et à faire des mouchoirs fins, des manteaux de feutre et des tapis. Leurs femmes, habiles, spirituelles, et même instruites, s'occupent aussi à broder. Les Koubasches bannissent de leur présence les paresseux et les mendiants; leur intégrité et leur probité sont si généralement reconnues, que les princes des Lesghiens déposent chez eux des trésors qu'ils ont amassés, et que les peuplades voisines les choisissent pour arbitres. Ils professent l'islamisme, mais ne sont point polygames. Un trésor, produit de leurs communs travaux, est conservé par douze de leurs doyens.

Les KARAKAÏDAKS ou KARAKAÏTAKS sont d'une grande légèreté à la course, et d'une adresse remarquable dans le maniement du sabre et du fusil.

Les KAÏDAKS ou KAÏTAKS ont parsemé de villages superbes les fertiles vallées qu'ils peuplent. Leur prince (l'Ouzney) fait, dit-on, allaiter son fils par toutes les femmes du pays, dans le but probablement de faire naître chez elles de l'amour pour leur souverain futur. On doit leur reconnaître les qualités qui distinguent les Karakaïdaks.

Les KOUMOUKS ou KOUMOUIKS habitent dans des cabanes de claies d'osier, et les breloques qui surchargent en grand nombre ce vêtement léger annoncent de loin leur approche.

Les MORDOUINS ou MORDOUANS [1] paraissent être d'origine finnoise, fortement mêlée de russe; ils forment trois tribus, les *Mokchanis*, les *Erzanis* et les *Karataï*. Ces derniers sont en petit nombre. La différence principale entre les deux autres tribus consiste en ce que les Erzaniens, parmi lesquels les cheveux rouges et jaunes sont plus communs, ont aussi conservé plus de traits sauvages et en général plus d'originalité que les Mokchanis, dont une grande partie est convertie à la religion chrétienne-grecque. Ils s'habillent d'une tunique et d'un jupon de toile, brodés de laine bleue et rouge, attachés au moyen d'une ceinture de laquelle tombe, par derrière, un tablier de peau, aussi brodé de laine de couleur, et garni de franges, de grains de verre, de coraux et de grelots. Par-dessus ces vêtements ils mettent une autre tunique de toile jaune à manches larges et courtes, retenues sur la poitrine par une grande agrafe qui soutient différents ornements de corail et de cuivre. Leur coiffure, qui est un bonnet très-élevé, n'a pas moins de broderies et

---

[1] Les Mordouins sont vraisemblablement un reste des *Mordens*, vassaux des Grecs sous Hermanarik, selon Jornandès.

d'ornements que les autres parties du costume. — Lors du mariage, ils ont la coutume d'amener de force la nouvelle mariée dans la chambre nuptiale; là, ses conducteurs la remettent au marié, en prononçant ces mots : « Tiens, loup, voici la brebis. »

Les VOTIAIKES ou VOTIAKES [1] sont faibles et laids; ils ont les cheveux roux ou jaunes et la barbe rare. Ils sont paisibles, et se livrent à l'agriculture et au soin des abeilles. Ce sont les femmes qui, par leur industrie, fournissent à la famille les objets nécessaires, soit en feutre, en drap, ou en toile d'ortie et de chanvre; ce sont également elles qui préparent les peaux. Les hommes sont tourneurs et font beaucoup de petits ouvrages qu'ils rendent très-durs à l'aide d'un vernis de leur composition. — Ils achètent les femmes, dont ils ont rarement plus de deux; souvent, l'amant pauvre enlève une fille, lui fait violence devant témoins, et l'obtient ensuite à bas prix. S'il est surpris avant la consommation, c'est-à-dire lors de l'enlèvement, le ravisseur reçoit de nombreux coups de bâton, et la belle demeure un objet de commerce.

Les PERMIAIKES ou PERMIENS et les SIRIAINES [2] ne forment au fond qu'une seule tribu, car leurs traits physiques, leurs mœurs, leurs dialectes se confondent. On doit pour la plupart les assimiler aux Russes.

Les COSAQUES *ouraliens* vivent dans une grande aisance, grâce à la vente de leur pêche, de leurs bestiaux, de leurs laines, de leurs chevaux, etc. Ils sont très-hospitaliers envers les étrangers. Ils se vêtent à l'asiatique, d'étoffes de coton et de soie. Les femmes ornent la *soroka* ou bonnet d'un mouchoir de soie persane et de perles fines Ces Cosaques conservent la barbe et ont le tabac en horreur, parce qu'ils appartiennent à la secte des *roskolniki*.

Les BACHKIRS ont le visage un peu plat, la poitrine et les épaules larges; ils sont forts, hardis et opiniâtres. Leur extérieur est rude et sauvage, et le pillage est un de leurs défauts; mais ils sont gais et hospitaliers, et l'on pourrait facilement les civiliser, car ils ne manquent ni de bon sens, ni de pénétration; il est fâcheux qu'on ne leur enseigne dans les écoles que la lecture et quelques préceptes religieux. Les chevaux, les bestiaux et les abeilles composent toute leur richesse. — Divisés en trente-quatre hordes, dont chacune prend son chef parmi les personnes les plus âgées, ce sont eux qui fournissent la cavalerie à l'armée russe, et leurs armes sont un arc, une lance, un casque et une cotte de mailles; ils gardent eux-mêmes les frontières. Libres d'impôts, ils sont tenus de s'approvisionner de sel dans les magasins de la couronne. Ils se nourrissent principalement de chair de cheval, de galettes et de miel.

Les METCHERIATKS vivent en petit nombre au milieu des Bachkirs; ils sont vêtus de peaux de cheval, dont la crinière flotte sur leur dos, et leur donne un aspect tout à fait étrange.

Les TEPTIAIRES ne payent aucun impôt, mais ils font des corvées pour la couronne.

Les TCHOUVACHES ou SOUIACHES [3] ont les cheveux noirs, la barbe peu fournie et formant une pointe vers le bas du menton; la physionomie tatare; les pommettes plus saillantes que les hommes de cette dernière race; enfin, les yeux enfoncés et l'air stupide. On ne rencontre pas dans leurs usages civils de traits particulièrement frappants. Les filles, après s'être rendues à eux, deviennent esclaves de leurs maris. Ceux qui possèdent des champs très-étendus appellent leurs voisins à leur aide lors de la mois-

---

[1] Ils se donnent à eux-mêmes le nom de *Oudy* ou Out-Murt (hommes hospitaliers). Les Tatares les appellent *Ari* (les éloignés).

[2] Les uns et les autres se nomment *Komi-Murt* (gens de la nation) ou bien (gens des bords de la Kama).

[3] Brenner les appelle *Souiaski*; les Tcheremisses leur ont donné le nom de KOURK-MARI (hommes du haut pays).

son, et les régalent ensuite dans un commun repas; cette fraternelle assistance est donnée gratuitement à la veuve et à l'orphelin.

Les TCHEREMISSES qui se nomment entre eux *Mari* (les hommes), ont les traits physiques semblables aux Tchouvaches, mais avec des nuances plus agréables. Ce sont eux qui ont engagé les Russes à la conquête du royaume de Kazan. Néanmoins, ils sont restés musulmans et épousent quatre femmes à la fois. Les limites de leur pays ayant été restreintes par les Russes, ils ont renoncé à leur vie nomade; excellents agriculteurs, ils sont aujourd'hui riches en grains et en bestiaux. — L'année en usage chez les Tcheremisses commence en mars. Les hommes s'habillent comme les paysans russes, mais ils se rasent la tête; les femmes n'ont pas encore renoncé à l'énorme bonnet cylindrique, orné de franges, de verroteries et de pièces de monnaie. Durant l'été, elles ne portent que des chemises très-courtes, sous lesquelles sont des caleçons.

Aujourd'hui que les deux tiers du territoire occupé par les Lapons dépendent de la couronne de Russie, c'est en décrivant cet empire que nous devons parler de ce peuple.

Les LAPONS se donnent à eux-mêmes les noms de *Salerne, Same* ou *Soms*, noms auxquels ils joignent le mot *lads* ou *lain* qui signifie gens, habitants. Les Lapons d'aujourd'hui sont encore les Fenni du temps de Tacite : « Ce peuple sans armes, sans chevaux, sans maisons, vêtu de peaux, dormant sur la terre nue, abrité seulement sous des branches entre-croisées pour se garantir de l'inclémence du ciel et des bêtes sauvages, préférant néanmoins cette vie à celle du laboureur, à la réclusion dans des demeures fixes, aux soucis et aux inquiétudes de la vie civilisée. » — « Ils n'ont rien à perdre, et, ajoute l'historien romain, ils ont atteint ce point difficile de n'avoir rien à désirer. »

Les Lapons proprement dits ne sont qu'une poignée de peuple, ne dépassant pas le nombre de huit mille. Une partie des Lapons sont les sujets de la Suède; les autres appartiennent à la Norwége ou à la Russie, payant tribut à ces diverses dominations.

La taille ordinaire des Lapons ne dépasse pas quatre pieds et demi; ils ont le visage large, les joues creuses, le menton pointu, la barbe peu fournie et en petites touffes éparses, les cheveux roides et noirs, la peau naturellement jaunâtre, mais rembrunie par la fumée qu'on remarque dans leurs cabanes. — Ce n'est que par exception ou par suite de mélanges qu'on rencontre la stature plus élevée, la peau plus blanche, les cheveux de diverses nuances. Cette race doit à la rigueur du climat sous lequel elle vit une extrême agilité, une grande force passive. Jeunes, les Lapons atteignent sur leurs patins à neige les loups et les renards à la course; hommes faits, ils forcent l'arc à fléchir sous leurs bras nerveux; déjà vieux, ils traversent les fleuves à la nage et portent des fardeaux très-pesants. Cependant, malgré cette constitution robuste, on voit chez eux peu d'exemples de longévité; ils ne dépassent pas généralement 50 à 60 ans. — Ils sont très-passionnés et très-craintifs : un regard excite leur colère; une feuille qui tombe les trouble et les inquiète. Ils regardent les voyageurs comme autant d'espions chargés de sonder l'état de leur fortune, et de les soumettre à un impôt plus considérable. Quelques voyageurs les disent avares, égoïstes, dépourvus d'honneur et de pitié.

Ce peuple n'a pas d'histoire; il n'y a chez les Lapons d'autre union sociale que l'accouplement des sexes et l'agrégation des enfants autour du père et de la mère, société à laquelle parvient même l'animal privé de raison, et au delà de laquelle peut difficilement aller l'homme dans l'état de chasseur, de pêcheur et de pasteur, parce que ces trois genres de vie exigent en tout pays l'espace et la solitude. Il faut au chasseur et au berger le parcours de cent montagnes : pour eux comme pour le pêcheur, tout voisin est un intrus et un ennemi qui peut envahir leurs moyens d'existence.

Grâce à leur état de peuple pasteur et à l'absence de ces besoins qui ont formé ailleurs les associations sociales, les Lapons n'ont jamais fait assez de progrès pour avoir une politique commune. Chaque famille est restée isolée, séparée des autres par son occupation qui consiste à paître des troupeaux de rennes sur une vaste terre rase mamelonnée de montagnes très-peu élevées.

Les Lapons nomades sont de deux espèces qui diffèrent par leur manière de vivre : les Lapons de *fjeldes* ou de montagnes, et les Lapons des forêts. Les premiers vivent pendant l'été sur les fjeldes; les autres dans les bois de la Laponie qui couvrent les trois quarts de sa surface. On appelle fjelde une haute montagne non boisée, et dont le sommet est éternellement couvert de neige, même en été. Ce mot de fjelde s'applique aussi, surtout chez ceux qui vivent dans le bas pays, à certaines hauteurs stériles dont les habitants sont les Lapons des fjeldes ou Lapons montagnards, et dans ce sens toute la Laponie est un fjelde. La principale chaîne des fjeldes lapons est la chaîne norwégienne qui s'étend nord et sud, courant dans la partie septentrionale de la Scandinavie jusqu'à la côte maritime de la Norwége, qui est là très-étroite. Cette chaîne descend en pente graduée vers la Suède, mais s'arrête brusquement contre la Norwége. La limite entre les deux royaumes, suivant les extrêmes sommets, longe donc de très-près les habitations norwégiennes, et se trouve assez loin des habitations suédoises. De cette grande chaîne de fjeldes se détachent plusieurs branches courant à l'est, souvent à angles droits et généralement de plus en plus basses, jusqu'à ce qu'elles se perdent enfin dans les plaines. C'est entre ces branches du fjelde qu'est le cours des principales rivières de la Laponie, se rendant au golfe Bothnien, la Lutea, la Pitea, la Skelleptea et l'Umea. Leurs sources sont dans la grande chaîne, et leurs tributaires sortent des branches latérales du fjelde. Ces rivières et ces branches du fjelde guident les Lapons montagnards dans leurs migrations, qui sont toujours dans le sens de leur longueur, jamais en travers. Dans l'automne et le printemps les Lapons montagnards se tiennent dans ces branches transversales de la grande chaîne, et c'est là qu'ils ont leurs principales résidences appelées la station d'automne (*Fjakt-jasaye*), située sur la bordure de la forêt (*orto*), c'est-à-dire dans le tracé où les arbres cessent de croître, entre la forêt et le fjelde. Les branches latérales de la grande chaîne du fjelde sont couvertes de bois à une certaine hauteur. Dans sa station d'automne, le Lapon a son magasin (*vjalla*), petite maisonnette, ou plutôt grande boîte de planches, perchée au bout d'un piquet dont l'extrémité inférieure est fixée à terre dans un trou. Cette demeure aérienne sert à préserver les provisions des dents destructives de l'unau ou paresseux, animal qui ronge les toits et les portes des habitations ordinaires, dévore tout ce qu'il y trouve, emporte ou gâte tout ce qu'il ne peut manger, mais qui ne peut grimper à cette perche droite.

Le Lapon a souvent aussi son abri (*enoor luopte*), à côté de son magasin : cet abri est un toit sans mur, soutenu par quatre piquets, un à chaque angle; c'est là qu'il suspend ses vêtements, le poisson ou la viande qu'il veut faire sécher; tous ses ustensiles d'hiver : traîneaux, patins à neige, harnais de rennes, etc. Vers la fin de l'automne, quand le Lapon émigre à l'est, vers la côte, il laisse dans son magasin ses munitions de printemps, c'est-à-dire la viande qu'il se propose de manger au printemps suivant; car, dans cette saison, il ne peut tuer de rennes; non-seulement les rennes sont alors d'une maigreur extrême, mais encore leurs peaux sont inutiles, étant percées d'innombrables petits trous ronds faits par la larve d'un insecte qui, pendant tout l'hiver, séjourne sous l'épiderme de l'animal, en sort au printemps, et se transforme en mouche : une peau de renne, à cette époque de l'année, est un véritable crible. On appelle cette larve *kurbma* dans la langue laponne, et l'insecte *slautza* ou *sunpok* ; ce qui

LAPONS.

doit former probablement deux espèces distinctes. Le Lapon, immédiatement après le mois de juin, émigre dans le haut fjelde, où les rennes sont obligés de se réfugier, autant pour fuir les mouches que pour paître. Il y reste tout juillet et la moitié d'août, allant souvent jusqu'en Norwége. Pendant ce temps-là le Lapon des montagnes trait ses rennes, fait du fromage avec le lait, partie pour sa propre consommation, partie pour l'échanger en Norwége contre du wadmal, espèce de drap grossier, ou contre des peaux de mouton et de l'eau-de-vie. Vers le milieu ou la fin d'août, il commence à rebrousser chemin vers l'est, par petites journées, faisant des haltes selon les circonstances. Vers les premiers jours de septembre, il est de retour à sa station d'automne, où est son magasin déjà décrit. Là, s'il y a la paix, c'est-à-dire s'il n'y a pas de loups dans le voisinage, il laisse errer ses rennes selon leur instinct, liberté qui leur profite et les engraisse, mais dont ils n'abusent jamais jusqu'à s'éloigner beaucoup de leurs pâturages habituels. Le Lapon les rassemble de nouveau en octobre : l'instinct des rennes vient pour cela à son secours, car c'est bientôt la saison du rut ; mais le Lapon tue le renne mâle, ayant soin de ne pas attendre que le rut soit arrivé, de peur que la chair ne devienne rance. Il s'arrête à sa station d'automne jusque vers le milieu de novembre, quand les lacs se couvrent de glace, descendant alors plus ou moins rapidement vers les bas pays et la côte du golfe de Bothnie. Les loups déterminent ses migrations de cette époque : s'ils se sont montrés de bonne heure, il hâte son départ, et fuit aux régions où il espère n'en pas rencontrer. Au mois d'avril, nouvelle migration à l'ouest ; si le soleil fond déjà la surface de la neige, il attend la nuit pour faire route, dormant comme il peut dans le jour ; il arrive en mai à son magasin, ou station automnale, et là se termine son voyage. Tel est le cercle parcouru annuellement par le Lapon des montagnes, tel est son mode d'existence, vivant de ses rennes exclusivement, ne chassant et ne pêchant jamais. Cependant ceux qui séjournent près d'un lac peuvent bien avoir quelques instruments de pêche, et prendre du poisson par hasard ; quant à la chasse, il n'y a à tuer sur les hauteurs du fjelde que quelques *ptarmigans,* ou petits coqs de bruyère. Les plus pauvres Lapons peuvent bien jeter le filet dans les rivières et tendre des piéges aux oiseaux, mais ce n'est pas là l'occupation régulière du Lapon des montagnes qui a un troupeau de rennes à lui.

Voici maintenant la manière de vivre du Lapon des forêts. Pendant tout l'été, il demeure dans les bois de la Laponie, et n'entreprend aucune migration lointaine. Chaque Lapon de cette classe a son canton distinct, où il se tient et où s'élèvent ses nombreuses huttes en bois, placées à une lieue environ l'une de l'autre ; chaque hutte a son hangar et son enclos, c'est-à-dire un espace entouré de barrières où l'on conduit les rennes pour les traire en été. Les fromages sont pendus sous le hangar pour être séchés. Il y a un magasin de provisions dans plusieurs stations, mais particulièrement à la principale où demeure ordinairement le Lapon. Commençons, au reste, son histoire au printemps, lorsqu'il revient des bas pays de la côte. En arrivant à son canton de dépaissance, vers la fin d'avril ou aux premiers jours de mai, il laisse aller ses rennes en liberté jusqu'aux approches du mois de juillet, ou à la mi-été. Pendant cette période de loisirs, il se livre à la chasse et à la pêche, qui sont, en seconde ligne, les occupations régulières du Lapon des forêts. Immédiatement après le mois de juillet, les mouches commencent à devenir nombreuses : c'est le signal de réunir les rennes. Il est toujours quelque clairière, ouverte à tous les vents, qu'affectionnent les rennes, parce qu'ils s'y préservent plus facilement des mouches ; c'est là que le Lapon va les chercher d'abord ; au premier qu'il trouve, il attache une clochette, et parcourt avec lui le bois : bientôt un troupeau s'est formé en entendant ce tintement bien connu ; les rennes se réunissent volontiers d'ailleurs, et ils se laissent conduire à la demeure du maître; mais comme ce troupeau, ainsi rassemblé, appartient à divers propriétaires, chacun, d'un commun accord, vient y reconnaître ses rennes, et c'est un échange qui a lieu entre les Lapons, échange qui coûte une ou deux semaines de visites réciproques. Pendant tout le mois de juillet et une partie d'août, le Lapon tient ses rennes en troupeau : c'est l'époque où l'on trait les femelles. Pour cela on les mène deux ou trois fois par jour dans les enclos ci-dessus mentionnés. On y allume des feux sur lesquels on jette de la tourbe humide, et la fumée épaisse qui s'en dégage écarte les mouches; l'animal peut ainsi se reposer, ruminer, et laisser presser sa mamelle : chaque renne donne près de trois quarts de pinte de lait par jour. C'est un lait qui est riche, presque aussi épais qu'une bouillie, ou potage au sucre : on ne saurait en prendre beaucoup à la fois; mais il est excellent surtout avec des groseilles, dont il tempère l'acidité; abondant en matières caséeuses, il se convertit facilement en fromage.

Si les Lapons des forêts établissent un si grand nombre de stations à de courtes distances les unes des autres, c'est pour n'avoir pas à aller trop loin conduire leurs rennes au pâturage ou dans leur enclos de la traite. Ils les placent volontiers près de quelque lac où ils puissent pêcher lorsqu'ils ne paissent pas leurs troupeaux. Vers la mi-août, quand la chaleur diminue, que les nuits sont plus fraîches et que les mouches deviennent moins fatigantes, on ne peut plus tenir les rennes ensemble, et ils commencent à se débander d'eux-mêmes. Alors le Lapon leur rend la liberté pendant six semaines; il s'arme de ses filets et de ses piéges pour prendre le poisson et le gibier, jusqu'à la Saint-Michel, à la saison du rut : puis encore une fois rassemblant le troupeau, toujours de la même manière, il le conduit pendant tout l'hiver, comme le Lapon des montagnes, dans les régions du bas pays. Les rennes du Lapon des forêts sont plus gros et plus forts que ceux du Lapon des montagnes, ce qu'on attribue à la liberté qui leur est rendue deux fois l'année.

Les Lapons des forêts ne sont pas en aussi grand nombre que les Lapons des montagnes, mais on en trouve dans toute la Laponie; dans la province de Pitea, ils égalent les autres; dans le canton d'Arvidsjour, ils sont seuls de leur race; et dans celui d'Arjeplog, il y en a beaucoup. Ce sont aussi les plus civilisés et les meilleurs de tous; leur genre de vie paraît aussi le plus heureux; et il serait difficile pour tout homme forcé de gagner sa vie à la sueur de son front, de trouver une existence plus digne d'envie. Les poëtes vantent le bonheur de la vie pastorale, la chasse est un divertissement de roi; pour bien des gens, il n'est pas de plaisir au-dessus de la pêche : que manque-t-il donc au Lapon des forêts? Nous parlons de ceux qui possèdent un certain avoir; car la pauvreté est dans tous les pays un pesant fardeau; mais comparez la vie du Lapon des forêts à celle du Lapon des montagnes : celui-ci est condamné dans toutes les saisons et par tous les temps à conduire ses rennes sur le fjelde stérile; point d'abri pour lui contre la pluie et les frimas dans ses caravanes, et sous sa hutte même il est bien mal à couvert. Ce n'est qu'à sa station d'automne qu'il peut faire sécher ses vêtements sous son hangar : il lui est souvent refusé d'allumer du feu, car dans le fjelde où il erre en été, il n'y a d'autre combustible qu'un frêne nain, et encore cet arbre rabougri est rare, humide d'ailleurs et donnant plutôt de la fumée que de la flamme; il faut donc qu'il se couche sous sa tente tout mouillé, sans quitter ses vêtements : c'est ce qui ôte au Lapon des montagnes tout goût de propreté, tout soin de ses habits; jamais il ne se peigne; jamais il ne se lave, et la vermine vit sur lui comme elle veut. Serait-il riche, il est exposé à la faim; car, dans le vaste désert du fjelde, il ne peut toujours retourner à sa tente quand il le désirerait. Il ne change que rarement de costume, soit pour aller à l'église, soit pour se rendre en un pays étranger; peu lui importe comment il paraît devant les autres. Il a cependant des habits de gala, quelquefois assez coûteux, mais, s'il les met, ils sont couverts de poils de renne, et tachés de boue depuis la dernière orgie où il les a portés. L'hiver est peut-être sa meilleure saison; il descend alors aux régions boisées, où il est moins exposé aux intempéries du ciel. S'il a deux pelisses, il en suspend une à l'air, pour que le froid tue la vermine qui y abonde. Pourvu que les loups laissent son troupeau tranquille, il dort, fait sa cuisine, et mange nuit et jour dans sa tente. Il ne se nourrit guère que de viande. Plusieurs de ces Lapons négligent de traire leurs rennes en été. C'est là l'existence du Lapon des montagnes.

Mais le Lapon des forêts, pendant que ses enfants conduisent ses rennes au pâturage, va se promener avec sa femme sur le lac où est située sa hutte : il pêche tranquillement; et, lorsqu'il distingue le bruit des clochettes, près du clos où le troupeau va se faire traire, il y dirige son bateau avec son butin. Les enfants accourent sur la plage pour voir ce qu'il a pris et nettoyer le poisson. Pendant que l'on trait les rennes, le repas est préparé. En automne, le gibier ajoute un rôti au poisson, et des fruits sauvages servent de dessert : voilà, certes, des mets aussi délicats que ceux qui parent la table des riches; et le Suédois, dans sa chambre, n'est pas mieux abrité que le Lapon des forêts dans sa hutte. Celui-ci change d'habit quand il a été mouillé, et fait sécher ceux qu'il quitte, soit sous le hangar, soit sous sa hutte même. En quelque lieu qu'il erre dans ses forêts bien connues, il a toujours, à peu de distance, une maison nette pour se mettre à couvert. Il y a aussi un indéfinissable plaisir à changer d'habitation, un charme irrésistible dans la nouveauté; le Lapon éprouve si vivement le bonheur du départ et celui du retour, qu'à la vue d'un site familier à ses souvenirs, il entonne une mélodie qui a sa grâce dans les échos de la forêt.

Ces Lapons sont propres; ils ont soin de leur personne, de leurs habits, de leur vaisselle et de leurs habitations. Ils ont un costume de dimanche pour aller à l'église, moins orné que celui du Lapon des montagnes, mais plus commode et de meilleur goût, leurs troupeaux sont moins nombreux; mais leur maison est mieux meublée, surtout en ustensiles de cuivre, et ils ont de plus une maison à eux sur la pelouse de l'église pour y passer le dimanche et les jours de fête, tandis que ces mêmes jours le Lapon des montagnes loge où il peut, mange où il se trouve. En hiver enfin, les Lapons des forêts et ceux des montagnes descendent au bas et y vivent également sous la tente; mais ceux-ci se contentent de dresser la leur au premier endroit venu, étendent quelques branches d'arbres par terre, et s'y couchent sur une peau de renne; le Lapon des forêts commence par balayer la neige, dans un lieu choisi, et y cherche ses aises; si bien qu'il est facile de distinguer les traces des uns et des autres partout où ils ont passé.

Ces peuples font usage d'un traîneau qui ressemble beaucoup à une nacelle; la personne assise dedans doit savoir maintenir l'équilibre. Les rennes, tirant avec le front seul, font quelquefois vingt de nos lieues avec un traîneau chargé; mais souvent aussi ils s'arrêtent haletants, ou quittent la direction pour chercher de la mousse, et, au bout de trois jours, le meilleur des coursiers est hors de service. Une famille laponne voyage dans une longue suite de traîneaux, divisés par séries ou *raid*; le père, la mère, chaque enfant dirige la sienne. C'est ainsi que les marchandises des négociants sont transportées par les Lapons les plus pauvres. A la chasse ou en voyageant seul pendant l'hiver, le Lapon glisse avec une rapidité et une hardiesse étonnantes sur ses longs patins à neige. En été, il voyage à pied, et ne charge les rennes que de ses paquets. Grâce à la nature particulière du pays, il se sert aussi pendant cette dernière saison d'une frêle nacelle qu'il transporte sur des rouleaux d'un lac à l'autre; comme les lacs se suivent à peu de distance, c'est la manière la plus sûre d'avancer sur certaines parties du plateau. Le voyage dans l'intérieur, au milieu de l'été pendant le jour perpétuel, présente d'innombrables inconvénients : transports plus difficiles, interruption causée par les fleuves, morsures des insectes, fatigue occasionée par la chaleur; on peut y ajouter le danger de rencontrer des incendies de forêts.

Les Lapons sont fort sujets à l'*oullem*, ou colique causée par l'eau échauffée dans les lacs. Lorsqu'ils sont atteints de ce mal, ils se servent d'une espèce de moxa qu'ils appellent *toide* ou feu; c'est un *fongus* qui croit sur les bouleaux, et dont on applique un petit morceau sur la partie malade, en le laissant brûler doucement.

Une des joies des Lapons, c'est de se réunir pour manger et boire jusqu'à l'épuisement des provisions. Le *puolem vine* ou eau-de-vie, apporté de Flensbourg, circule abondamment dans ces festins. La loquacité la plus bruyante s'y mêle aux facéties les plus gaies. Les deux sexes y entonnent des *joila* ou chansons sur des airs sauvages et peu mélodieux. Les cartes à jouer ne leur manquent pas; elles sont faites d'écorce d'arbres, et coloriées avec du sang de renne. A l'occasion d'un mariage, on voit souvent une tribu entière se réunir. On donne à chaque enfant, lors de sa naissance, un ou plusieurs rennes qui lui appartiennent en propre, indépendamment de sa part dans la succession future.

Nous ne nous occuperons pas des anciens habitants de la Finlande. Les FINLANDAIS actuels ne manquent ni de bonnes ni de mauvaises qualités. Intrépides, infatigables, la persévérance devient souvent chez eux une obstination sauvage. Leur caractère est sérieux, et ils montrent un attachement extrême pour leur nom national, leur langue et leurs usages. Ils n'ont pas su apprécier les bienfaits de la civilisation que les Suédois ont tenté de répandre parmi eux; ils ont prouvé leur ingratitude envers Gustave III, qui, sans leur trahison, se fût emparé de Pétersbourg. On remarque entre ces peuples et les Russes une certaine sympathie de caractère. Cependant quelques-uns préféreraient à la domination russe un gouvernement indépendant qui sût tirer parti des avantages naturels du pays. Ils en ont obtenu en quelque sorte l'image. Le grand-duché est censé une principauté distincte de la Russie, quoique inséparable. On a nommé à toutes les places des Finlandais. Un *sénat* de Finlande veille sur l'administration, et sur la justice, toutes les deux réglées par les lois suédoises, traduites en langue finnoise. La représentation nationale pour quatre ordres d'État, selon le système suédois, est conservée de droit, puisque Alexandre Ier a présidé une diète finlandaise.—La liberté du paysan est aussi étendue que dans les provinces suédoises les plus libres; dans certaines localités, cette liberté dégénère même en licence.

Jusqu'au temps de Gustave III, l'instruction fut très-négligée, et les lumières, plus généralement répandues en Suède que dans d'autres pays de l'Europe n'avaient pu pénétrer parmi les Finlandais, à cause de la différence des langues. Mais depuis 1806, on a établi des écoles primaires finnoises dont le nombre va chaque jour croissant. On importe beaucoup de livres, principalement suédois. Dans tous les endroits où la population est composée de Finnois et de Suédois, le service divin se célèbre alternativement dans les deux langues. Un archevêque luthérien préside au clergé, et le rite grec ne progresse nullement.

On reproche à tous les Finlandais (d'origine finnoise) des sentiments profonds de vengeance, et l'on accuse les habitants des côtes méridionales d'être égoïstes et de mauvaise foi. Néanmoins, dans leurs relations particulières, les Finlandais sont hospitaliers, charitables; on leur accorde même de la franchise et de la bonhomie. — Ils ont pour la poésie et la musique une disposition innée. Un misérable village au fond des bois et des marais voit souvent naître un poëte populaire dont les chants, quoique grossiers, ne sont dépourvus ni de verve, ni d'esprit, ni de sentiment, et qu'ils disent en s'accompagnant sur une espèce de harpe nommée *kandela*.

Les *pœrti* ou cabanes des paysans finlandais ne sont point divisées en chambres; on les chauffe au moyen d'un grand poêle appuyé contre le mur; la fumée sort indifféremment, soit par un trou pratiqué dans le toit, soit par la porte ou par la fenêtre. En hiver, de longs éclats de bois de sapin produisent une flamme assez vive qui compose le système d'éclairage. Aussi, n'est-ce pas sans étonnement qu'on voit du linge et des habits entretenus avec soin et propreté dans ces huttes noires et enfumées.

Parmi les plaisirs les plus recherchés des Finlandais, il faut citer les bains de vapeur. Les étuves sont spacieuses et garnies de bancs de pierre qui s'y élèvent en forme d'escalier. On les chauffe jusqu'à 64 degrés Réaumur; ensuite, on verse sans interruption de l'eau sur les pierres chauffées à rouge : l'étuve en peu de temps, se remplit de vapeur, et le baigneur qui descend de banc en banc est bientôt dans un état complet de transpiration. Après cela, tout son corps est lavé à l'eau tiède, frotté et fouetté légèrement avec des branches de bouleau en feuilles; opération que font les femmes, et à la suite desquelles le Finlandais se roule dans la neige, ou sur le gazon pendant l'été.

La province habitée par les Finlandais bien plus fertile qu'on ne le supposerait d'après sa position astronomique, pourrait un jour nourrir 2,000,000 d'habitants, mais il y a des obstacles naturels que l'industrie humaine ne saurait entièrement faire disparaître. En 1832 on portait la population à environ 1,400,000 âmes. Les gelées subites détruisent souvent les blés naissants; une espèce de ver, nommé dans le pays *turila*, dévore les moissons au moment où elles vont récompenser les soins du laboureur. L'humidité de l'air oblige les cultivateurs à sécher tous les grains dans des fours semblables à ceux qu'on emploie dans le reste de la Russie. Grâce à cette opération, on conserve en Finlande les grains jusqu'à la quinzième ou même jusqu'à la dix-huitième année. L'humidité du sol rend excusable et peut-être nécessaire la méthode que les Finlandais emploient pour défricher leurs terres, quoique cette méthode, poussée à l'excès, soit extrêmement nuisible à la conservation des forêts. Les Finlandais ont de temps immémorial semé dans les cendres produites par l'incendie de leurs forêts. Les terres ainsi défrichées sont divisées en trois classes; ils appellent *houtka* ou *alme* celles où les bois sont coupés lorsque la feuille est grande; on y consacre des terrains fort étendus, couverts de vieux bois, et surtout de sapins blancs. Les bois ainsi coupés restent deux ans sur la place avant d'être brûlés; ensuite le terrain est ensemencé de seigle. On nomme *kaski* un terrain couvert d'un plus jeune bois, et qui peut-être brûlé au bout d'une année; on l'ensemence de menu blé ou de raves; cependant on s'en sert communément pour le seigle. Enfin on désigne sous le nom de *kieskamaa* la coupe que l'on fait au printemps sur de petites collines où le bois a peu d'élévation. On commence par couper les branches et les sommités de ces arbres; et, la même année, aussitôt qu'elles sont sèches, on les réduit en cendres, après quoi on ensemence le terrain de seigle, et un peu plus tard de blé sarrasin et de lin. En quelques endroits on met le feu aux arbres au milieu de l'été; un jour suffit pour sécher la terre, et le même soir où le feu s'éteint, on jette la semence, afin que les cendres s'y attachent au moyen de la rosée, et qu'elles ne soient point enlevées par le vent de la nuit. Ces terres ainsi ensemencées sont labourées avec une charrue en forme de fourche, qu'ils nomment *kaskisachra*, et râtelées avec un râteau de bois; car les charrues ordinaires et les herses de fer ne sauraient y servir. Lorsque ce travail réussit, il produit trente et quarante pour un. Un champ ainsi cultivé rapporte ordinairement le centuple.

Ils ont encore une méthode de culture pour les terrains marécageux, qu'ils appellent *kytœ*. Ils commencent par mettre le feu à un morceau de la terre pour l'essayer; si elle rend de la cendre rouge, c'est un signe que l'endroit peut servir pendant longtemps et avec avantage, mais lorsque la cendre est blanche, la terre est considérée comme mauvaise. Ensuite on éconduit les eaux ; on coupe les arbres qui peuvent se trouver sur le terrain ; au bout de quelques années, on l'environne d'un fossé ; on arrache les racines, et on le laboure à différentes reprises. On laisse sécher la terre pendant quelque temps ; on brûle la tourbe, puis on laboure et râtelle la terre, et on y sème le seigle.

Les ESTHONIENS repoussés vers le nord, subirent de bonne heure les incursions des Scandinaves, qui y répandirent le culte de Thor ; les envahissements des Lettons qui y introduisirent leur idiome wende et les invasions plus durables des Allemands renversèrent leurs arbres sacrés. La langue esthonienne embrasse les idiomes de Reval ou de la Harrie, celui de Dorpat ou de l'Ungannie, et celui de l'île d'OEsel, ou Kurri-Saar. Elle possède des chants populaires, versifiés à la manière finnoise, c'est-à-dire par le mètre et l'allitération. Un littérateur plein de goût, l'ingénieux Herder, en a recueilli un grand nombre, où respirent à la fois la naïveté d'un peuple encore peu civilisé, et la mélancolie d'hommes réduits à la servitude. Harmonieuse à force de voyelles sonores et bien distribuées, la langue esthonienne est aujourd'hui assujettie à une prosodie plaintive et traînante ; ce n'est peut-être que l'accent de l'oppression. Les Esthoniens furent toujours sensibles aux charmes de la musique. Dans le XIII° siècle, une de leurs armées qui assiégeait un château fort, cessa les hostilités aux sons d'une harpe qu'un prêtre chrétien fit entendre du haut des remparts. L'Esthonien, obstiné comme tous les Finnois, a résisté à tant d'influences étrangères avec un rare succès ; il conserve les cheveux roux-jaunes et les autres traits caractéristiques de sa race. Les paysannes, peu sévères envers leurs compatriotes, ne se laissent que bien rarement séduire par un Allemand ; celles qui cèdent à la puissance de l'or sont bannies de la société de leurs villages ; mais la soldatesque russe a nui à la pureté des mœurs et du sang. La haine d'une caste esclave contre une caste dominante n'est pas la seule barrière entre les Allemands et les Esthoniens ; il en est encore une, non moins moins puissante : c'est la langue qui ne diffère du finnois que comme un dialecte de l'autre.

Les Esthoniens, sont vigoureux, quoique de taille moyenne, obstinés, patients, soutenus par une humeur joviale, mais avilie par tous les vices inhérents à la servitude. Ils ont conservé une fierté personnelle, une aversion pour les insultes et les châtiments arbitraires, une tendance aux révoltes et aux vengeances qui prouvent un fonds de sentiments élevés.

Les paysans esthoniens sont les seuls débris de la population aborigène de ce pays ; naguère encore ils étaient serfs, mais en 1828, un ukase de l'empereur Nicolas décida leur émancipation. Une des conséquences de ce fait fut que le paysan, autrefois désigné comme les autres sefs russes par son nom de baptême joint à celui de son père, dut enfin se choisir un nom de famille. Ce soin fut dévolu par lui aux châtelains et châtelaines qui ne trouvèrent pas sans quelque peine toutes les appellations nécessaires pour distinguer leurs nombreux tenanciers. Le dictionnaire et Walter Scott en firent les frais ; aussi la moitié des Esthoniens porte-t-elle des noms allemands, tandis que l'autre semble issue des Cameron et des Douglas ; ce qui donnera sans doute du fil à retordre aux généalogistes à venir. La grande difficulté de cette opération fut de contenter tous ces braves gens. Plus d'un, qui avait accepté son nouveau baptême, revint le lendemain, l'oreille basse, dire que sa femme ne s'accommodait pas du nouveau nom, et en demander un autre. Très-souvent il terminait sa doléance en sollicitant la permission de porter le nom imposant et aristocratique du comte ou du baron auquel il s'enorgueillissait d'obéir ; cela lui semblait aussi simple que de passer un collier à ses armes : mais, loin de tolérer un pareil abus, le noble esthonien n'accorde pas même à la caste qu'il domine le droit de partager avec lui l'appellation nationale dans laquelle partout ailleurs se mêlent les citoyens d'un même pays, quelle que soit la différence des conditions. Il garde le nom d'*Esthlander* : le paysan n'est qu'un *Esthe*. Une autre conséquence de l'affranchissement est de soumettre le paysan à la loi générale de conscription et de faire enregistrer tous les actes de leur état civil, non par le seigneur, comme jadis, mais par l'administration impériale. Les seuls motifs qui exemptent du service militaire sont des défauts de conformation physique, ou cette circonstance, qu'on est père de trois enfants. L'année dernière, un paysan, à qui sa femme avait déjà donné un fils et qui allait devenir père pour la seconde fois, fut atteint par le sort, et, l'œil plein de larmes, il sortait déjà de la salle pour aller dire adieu à tous les siens, lorsque son père, accouru tout à coup, le prit dans ses bras et lui annonça qu'il était libre, sa femme venant d'accoucher de deux jumeaux.

Les LETTONS, ainsi que les restes des Koures, des Semigalles et d'autres tribus, appartiennent à la race wendo-lithuanienne, qui, sous le rapport des idiomes, des croyances, des monuments, doit être distinguée de la race finno-hunnique.

Nous retracerons ici, d'après M. de Storch, l'état civil et moral de ce peuple, qui occupe aujourd'hui le sud de la Livonie. « L'esclavage, dit-il, le défaut de civilisation et le dénûment des choses les plus nécessaires à la vie, sont gravés sur leur figure en traits lisibles. Les Lettons sont, en général, d'une très-petite taille, les femmes surtout; il y en a qu'on prendrait pour des naines. Ils auraient de l'embonpoint s'ils étaient bien nourris. Les paysans lettons ont rarement autant de force que les Allemands, surtout pour lever et porter ; au reste, ils résistent à de grandes fatigues, au froid, à la chaleur, à l'humidité; ils prennent peu de repos. Les Lettons font usage de bains chauds, comme les Russes, et passent de la chaleur la plus excessive à l'air extérieur; ils sont peu sujets aux rhumatismes, aux refroidissements et aux douleurs de dents. En général, les Lettons ont peu de maladies dominantes; ils supportent également bien les excès et la disette; leurs dents sont fermes et ordinairement très-blanches jusqu'à un âge avancé. L'usage immodéré des liqueurs fortes paraît peu nuisible à leur santé. Les femmes accouchent très-aisément, la plupart debout, et sans aucun secours. »

Les habitants de la Samogitie, ou les SAMOGITIENS, paraissent appartenir à deux races distinctes : l'une, de stature élevée, descendant des Goths ou des Wendes qui, jadis, occupèrent ces contrées; l'autre, petite et trapue, mais dure et robuste comme celle des Lettons. — Les jeunes filles ne se marient qu'entre vingt-quatre et trente ans; les Samogitiennes et les Lithuaniennes sont, dit-on, aussi chastes que les Russes le sont peu. — Ce peuple n'a que de petits chevaux, et ses bœufs ne sont pas non plus d'une grande taille; mais ces animaux sont robustes et en grand nombre. Les cultivateurs s'obstinent à se servir d'une charrue, ou plutôt d'un araire, entièrement composé de bois ; ils prétendaient même autrefois qu'une charrue munie de fer porterait malheur à leurs terres. Aussi manquent-ils souvent de blé, et sont-ils réduits à manger des raves qui deviennent ici d'une grosseur énorme. Ils ne commencent guère les semailles que trois semaines après la Pentecôte. Mais les très-fortes chaleurs de l'été font mûrir les grains en six à sept semaines. Ils les moissonnent ordinairement le matin et le soir, tant ils trouvent insupportable la chaleur du milieu du jour, au rapport de témoins oculaires.

Les LITHUANIENS, dit le docteur Lafontaine, ressemblent aux Polonais et aux Russes, mais ils sont inférieurs en tout à ces deux nations. Opprimés par la misère et l'esclavage, leur caractère physique même porte toutes les marques de l'avilissement dans lequel ils sont tombés. Leur santé est meilleure que leur extérieur ne l'annonce : on remarque moins de maladies en Lithuanie qu'en Pologne. Presque toute la contrée est humide et marécageuse ; cependant, les fièvres intermittentes y sont rares. La plique et les maladies vénériennes y sont aussi moins communes que dans le reste de la Pologne : parmi le bas peuple, un dixième seulement est attaqué de la plique, et dans les classes les plus relevées, 1 sur 90 ou 100. Les érésipèles, la gale, les écrouelles, les fluxions de poitrine et les fièvres inflammatoires, sont les maladies les plus communes ; cependant, aucune ne l'est autant que les vers. L'usage de l'inoculation est encore inconnu.

Le peuple de la Russis blanche croupit dans une ignorance et une misère qui le rapprochent des sauvages. Un auteur moderne a vu des paysans de la Russie blanche arriver à Riga couverts de peaux de mouton, et exténués par la faim, quoiqu'ils conduisissent des bateaux chargés de blé pour le compte de leurs seigneurs; ces pauvres esclaves couchaient sur le rivage, sous de vieux bateaux ou dans des cabanes construites de débris de planches, liées ensemble avec de l'écorce; après avoir vendu leur cargaison et même leurs bateaux, ils s'en retournaient en chantant, aussi misérables qu'ils étaient venus, et rapportaient fidèlement à leurs seigneurs ou aux intendants de ces seigneurs de grandes sommes d'argent comptant, sans s'en approprier la moindre partie.

POLOGNE.

« L'Europe, dit le continuateur de Malte-Brun, avait pu effacer le nom de la Pologne sur les cartes éphémères de la statistique, mais ce nom survivait toujours dans la véritable géographie, fondée sur les divisions naturelles et nationales. Après bien des traités conclus, rompus et établis, les arrangements du congrès de Vienne semblent enfin avoir fixé, du moins pour quelques générations, un résultat. Les grandes provinces de l'Oukraine et de la Lithuanie sont incorporées à l'empire de Russie. Les pays sur la Vistule, la véritable Pologne, nous offrent au midi le *royaume de Galicie* ou la *Pologne autrichienne*, qui embrasse tout le haut pays du ci-devant empire polonais, et qui, bien que soumis au sceptre autrichien, jouit d'une représentation par ordre d'États, et d'une administration en grande partie nationale; au milieu, le nouveau *royaume de Pologne*, composé des parties de la ci-devant grande et petite Pologne, et qui, uni à l'empire de Russie sous un seul et même souverain, devait posséder aux termes des actes du congrès de Vienne une constitution représentative, une législation et une organisation administrative indépendantes; vers l'ouest la *république de Krakovie* sous la protection de l'Autriche, de la Prusse et de la Russie; enfin vers le nord-ouest, le *grand-duché de Posen*, uni à la Prusse, mais ayant ses États provinciaux spéciaux.

» Le nom de la Pologne (*Polska*) dérive d'un mot qui signifie champ, plaine (*polé*, *rownina*, plaine). Comme tant d'autres, la nation polonaise a pris dans la nature du pays qu'elle habitait le motif de la dénomination particulière par laquelle elle se distingue des autres branches de la grande race slavonne. On saurait d'autant moins révoquer en doute cette étymologie, que les noms des autres tribus slavonnes en présentent des exemples; ainsi le nom de Croates, ou probablement Chrobates, signifie montagnards; celui de Poméraniens, ou *Pomorzanie*, indique des peuples voisins de la mer; et nous pourrions en citer bien d'autres.

» En effet, la plus grande partie de la ci-devant Pologne s'étend comme une plaine immense des bords de la Baltique aux rivages du Pont-Euxin, ou du moins jusqu'aux petites chaînes de collines qui, au sud de la Volhynie, traversent le bassin du Dnieper, et qui, au sud de Lemberg, s'unissent aux premières terrasses des monts Karpathes.

Ces terrasses, quoique bien abaissées, se reproduisent encore vers Zamosc dans la région entre le Bog (Bug) et le San, et vers Kielce et Konskié dans la région entre la Vistule et la Pilica. Au nord de cette limite, on ne trouve dans toute cette vaste contrée que des collines et des mondrains. »

Sans entrer dans aucun autre détail géographique de la Pologne, nous nous bornerons à dire que l'ancienne capitale, VARSOVIE, digne en tout d'une nation célèbre par ses lumières et son patriotisme, n'est plus que le quartier général d'un grand corps d'armée russe.

Les véritables POLONAIS sont, pour la plupart grands, forts, et ont beaucoup d'embonpoint : leur physionomie est ouverte et douce; leur taille est bien proportionnée; ils ont seulement le cou plus gros que ne l'ont ordinairement les autres nations européennes. Les cheveux blonds ou châtains ne sont pas très-rares, et prouvent, ainsi que la langue, le fréquent mélange des races gothique et slave. Les hommes de tous les états portent des moustaches. La beauté des femmes les a rendues célèbres dans le Nord; elles surpassent du moins celles de Russie pour la noblesse des formes, et celles d'Allemagne pour le teint. Elles ont la taille svelte, le pied petit et joli, et de beaux cheveux; leurs manières sont plus agréables et plus animées que celles des dames de Russie. Indépendamment de la force et de la vigueur naturelles aux Polonais, l'éducation et la manière de vivre du peuple ont dû encore nécessairement l'endurcir : cependant les maladies sont, toute proportion gardée, plus nombreuses en Pologne que parmi les nations voisines; elles sont causées ou par la qualité de l'air, que de vastes et nombreux marais rendent malsain; ou par la disette d'eau potable, ou enfin par les habitudes de malpropreté de la plus grande partie des habitants. C'est un fait au moins étonnant de voir la Pologne attaquée de plusieurs maladies vives et malignes inconnues en Russie, quoique la majeure partie de cet empire soit située plus au nord : on remarque encore que les maladies communes aux deux peuples sont plus contagieuses et plus dangereuses en Pologne.

Toutefois, les maladies épidémiques sont peu fréquentes : celle qui fait le plus de ravages est la petite vérole : ce qu'on doit attribuer au mauvais traitement et au mauvais régime, ainsi qu'à la négligence générale du peuple. Les paysans polonais se préservent aussi peu de la petite vérole la plus dangereuse, que les Turcs de la peste : ceux qui sont en bonne santé, les malades et les bestiaux vivent tous ensemble dans un espace fort étroit : les vapeurs fétides qu'ils exhalent, la chaleur excessive des chambres augmentent la malignité du mal. On peut porter la mortalité à six ou sept sur dix, et souvent même ceux qui ne périssent pas sont défigurés de la manière la plus affreuse. Aussi n'y a-t-il aucun pays en Europe où le nombre des aveugles soit aussi grand qu'en Pologne. — Les accouchements laborieux sont excessivement rares : sur huit cents ou mille, à peine s'en trouve-t-il un seul où l'art de l'accoucheur soit nécessaire. — La proportion des maladies vénériennes est de six sur dix dans les villes considérables. « Sur cent recrues qui furent visitées, dit le docteur Lafontaine, quatre-vingts en étaient attaquées. » Il y a peu de pays en Europe où l'on voit autant d'hommes sans nez qu'en Pologne.

Toutes les maladies de la Pologne, dont nous avons parlé jusqu'à présent, sont connues dans les autres contrées de l'Europe; mais la plique est un mal particulier à ce pays, et la singularité de cette affection exige que nous en fassions une mention plus détaillée.

La plique est une maladie endémique en Pologne et dans quelques pays qui l'avoisinent. La matière peccante, en se développant, passe dans les cheveux, et les colle d'une manière si singulière, qu'il est impossible de les démêler, ou de les peigner : cependant souvent le mal ne s'amasse pas seulement dans les cheveux, quelquefois il se fixe encore dans les ongles des mains ou des pieds. Cette maladie dangereuse et dégoûtante n'épargne ni âge ni sexe; elle attaque les habitants de toutes les classes, et même les étrangers nouvellement arrivés en Pologne; quelquefois les enfants l'apportent en naissant; les dernières classes du peuple y sont les plus sujettes, ainsi que les paysans, les mendiants et les juifs. Plusieurs personnes n'en sont jamais attaquées; d'autres le sont à différentes reprises, quelquefois même à des époques périodiques. Toutes les couleurs de cheveux y sont sujettes, surtout les bruns clairs : plus les cheveux sont souples, plus il est aisé que la matière y passe. La plique est contagieuse et se communique, soit par les nourrices, soit par le commerce des deux sexes, soit enfin par les habillements. Les animaux y sont aussi exposés, surtout ceux qui ont de longs poils. — La plique est occasionnée par une matière inconnue jusqu'à présent; il est aussi difficile de déterminer la nature de cette matière, que celle du scorbut et de la maladie vénérienne. L'expérience nous apprend seulement que c'est une matière particulière, visqueuse et âcre, qui a son siége dans la lymphe, et se dépose dans les cheveux ou les ongles. Il est d'autant plus difficile d'assigner l'origine de cette matière, que ni l'air, ni l'eau, ni les aliments, ne paraissent contribuer à son développement : la propreté et le soin de peigner les cheveux n'en préservent pas. — Une expérience assez récente de M. Schultes a prouvé que la substance d'une plique contient de l'acide urique. Ce fait conduira peut-être à une solution de l'énigme. — Il resterait toujours à expliquer le caractère endémique de cette peste polonaise. Pourquoi la plique est-elle presque exclusivement le fléau des Polonais, lorsque leur genre de nourriture semble favorable à la santé? Peu ou point de viande, beaucoup de légumes, une soupe aux pommes de terre, tels sont leurs mets ordinaires. Il est vrai qu'ils boivent plus d'eau-de-vie qu'aucune autre nation, à l'exception peut-être de certains peuples de la Russie. — La matière de la plique passe dans les cheveux lorsqu'elle est séparée du sang : c'est alors le moment de la crise. Le malade souffre beaucoup avant cette époque : quelquefois aussi la plique se forme sans qu'il éprouve la moindre incommodité. Si le médecin ne réussit pas à faire passer la matière dans les cheveux ou dans les ongles, ou si la nature n'opère pas pour parvenir à ce but, le malade est dans le plus grand danger; car si cette matière se rejette sur les parties nobles, le cerveau, les poumons ou l'estomac, elle engendre des maladies mortelles; si elle se jette sur les yeux, elle occasionne des cataractes; enfin si elle devient corrosive, au point d'attaquer la moelle des os, la maladie est incurable, et le malade périt dans des douleurs affreuses. Aussitôt que la crise arrive, et que la matière se porte dans les cheveux et les ongles, tous les accidents cessent, et le malade guérit insensiblement; si les accidents reviennent, c'est un signe certain qu'une partie de la matière est encore restée dans le sang. Souvent, quand elle est trop épaisse pour que les cheveux puissent la contenir, ils se fendent, et la matière se répand sur toute la tête; alors le malade est tourmenté par la vermine d'une manière incroyable. Quelques anciens écrivains ont dit que les cheveux s'exténuent à un tel point, que le sang en découle : cette assertion n'a aucun fondement. Quand la plique est entièrement formée, la nature chasse le mal, et il croît de nouveaux cheveux qui séparent la plique de la tête. Il est rare que ce mal se passe en quelques jours, ou même en plusieurs semaines; il faut ordinairement un mois et même quatre, quelquefois un an. On ne peut fixer avec certitude, ni l'époque, ni le pays où cette maladie a pris naissance. Quelques auteurs polonais prétendent qu'elle ne s'est montrée qu'en 1387, après une incursion des Tatares; mais ils joignent à cette tradition, peut-être exacte, des fables ridicules. Si cette opinion était fondée, il faudrait examiner pourquoi la plique n'a point été portée en Russie par les Tatares, qui, pendant quelques siècles, sont restés maîtres de la plus grande partie de cet empire. Les Russes mêmes qui vivent sur la frontière de la Pologne y sont rarement sujets, bien qu'ils suivent le même genre de vie, jouissent de la même température et usent des mêmes aliments. Peut-être l'usage des bains de vapeur, général parmi les Russes, contribue-t-il à les préserver de cette maladie qui, sans être exclusivement propre au climat de la Sarmatie, ni à la race slavonne, paraît pourtant n'exercer chez aucun autre peuple, et dans aucun autre climat, un empire aussi général et aussi funeste.

Dès que l'on a passé la frontière de la Pologne, du côté de l'Allemagne, les regards sont frappés par la rencontre d'une race d'hommes singulière, et qui se distingue sous tous les rapports du reste de la population. Les barbes flottantes, les longues robes à manches pendantes, les traits fortement marqués des hommes, les cheveux et les yeux des femmes, noirs comme du jais, leur haute coiffure, leurs étranges colliers et bracelets, présentent un tableau qui, semblable à un monument d'architecture gothique au sein d'une ville moderne, nous fait retourner en imagination de plusieurs siècles en arrière. Ce sont là ces juifs polonais, si fameux dans le monde entier, véritables momies de la plus parfaite conservation. L'aspect de leurs personnes, joint à la malpropreté des quartiers qu'ils habitent, et l'audace avec laquelle ils se réunissent partout où il y a de l'argent à gagner, font des juifs de la Pologne comme un nuage noir étendu sur le pays, si mieux on n'aime les comparer à des sangsues se nourrissant du suc le plus pur de ses veines.

Pénétrons dans une auberge tenue par un juif polonais; mais faisons remarquer en passant que le nombre en est considérablement diminué aujourd'hui. La maison se compose d'une vaste salle à l'usage des voyageurs, et d'une autre plus petite, qui sert d'habitation à la famille. Cette dernière est en général encombrée de meubles de toute espèce, parmi lesquels les objets les plus apparents sont des piles de lits de plume, mais qui séduisent si peu la vue, que l'étranger n'éprouve guère le désir d'y chercher le repos. Les habitants essayent par là de couvrir leurs richesses sous les apparences de la misère. Cette petite chambre sert ordinairement d'asile à plus d'une famille; et à cet effet elle est divisée en plusieurs compartiments, non pas, à la vérité, par des cloisons, mais par des lignes tracées sur le plancher avec de la craie. Le cercle est souvent augmenté d'un veau, qui repose couché devant le feu, et d'un certain nombre d'oies renfermées dans des paniers; les cris de ces volatiles, joints à la voix des enfants qui pleurent et des femmes qui grondent, forment le plus délicieux des charivaris. Mais il ne faut pas oublier de parler d'autres objets bien plus intéressants que renferment ces chétives demeures : ce sont ces grandes et grossières armoires remplies de vaisselle d'argent, de riches parures de femme, étincelantes de diamants et de perles, et surtout d'obligations pour des sommes immenses, prêtées à un intérêt usuraire.

Si le contraste que le juif polonais offre avec le reste de la population frappe pour son apparence extérieure, celui que présente son état moral est plus remarquable encore.

Après avoir passé la journée entière à verser de l'eau-de-vie et de la bière à ses pratiques, tout en calculant ce qu'il pourrait gagner en achetant de quelque paysan ivre, du blé, du foin et du bois, ou en vendant de vieux habits, le juif polonais se renferme le soir dans son cabinet et se met à explorer, jusque fort avant dans la nuit, les trésors de science renfermés dans les livres rabbiniques. Il se plongera d'abord dans le volumineux Talmud, par les subtilités duquel il essayera de calmer sa conscience, — car le juif polonais lui aussi en a une; — puis il s'élancera dans la cabale et méditera sur les questions les plus ardues de la nature de l'âme et du corps, sur leur alliance, sur le mystère de la création, etc. Il n'oublie pas d'aiguiser le talent pour la dialectique que la nature lui a départi, en étudiant la métaphysique d'Aristote, expliquée par Maimonides, ou la version hébraïque des éléments d'Euclide. Tel était le juif polonais il y a dix siècles, tel il est encore aujourd'hui.

Afin de compléter le tableau des particularités qui distinguent le juif polonais du reste de la population, il est indispensable de dire quelque chose du langage étrange qu'il a coutume de parler, et qui se compose d'une espèce de bas allemand corrompu, mêlé d'un certain nombre de mots hébraïques. C'est aussi de ce langage qu'il se sert en écrivant; ce qu'il fait avec des caractères hébraïques et de droite à gauche. On prétend que ce jargon a été apporté en Pologne quand les juifs, persécutés par les premiers croisés, se réfugièrent dans ce royaume, où ils furent favorablement accueillis. Mais si, en effet, il arriva à cette époque beaucoup de juifs allemands en Pologne, il est certain qu'ils y trouvèrent un assez grand nombre de leurs coreligionnaires qui y étaient déjà établis. Aujourd'hui, des six millions de juifs qui, selon l'abbé Grégoire, sont dispersés sur la surface de la terre, deux millions vivent en Pologne, où ils forment la dixième partie de la population totale du pays. Séparés du reste des habitants, ils deviennent incontestablement une source de faiblesse pour leur patrie adoptive, mais on aurait grand tort d'en accuser le gouvernement, qui ne néglige rien pour les amalgamer avec la masse de la nation; c'est évidemment le résultat de l'esprit d'égoïsme exclusif inhérent au peuple juif.

Depuis le partage de la Pologne, la situation des juifs a éprouvé plus ou moins de changements, selon les divers gouvernements sous l'autorité desquels ils se sont trouvé placés. Joseph II leur accorda quelques nouveaux priviléges, mais les assujettit au service militaire, qu'ils regardent comme la plus pénible de toutes les obligations. En Prusse, ils sont exempts du service, mais soumis d'autre part à des règlements nouveaux et sévères. En Russie, pendant le règne d'Alexandre, ils payèrent des impôts considérables pour remplacer le service militaire. A l'avénement de l'empereur qui règne aujourd'hui, l'exemption cessa, et le service est maintenant exigé des juifs plus rigoureusement même que des autres sujets russes. En vertu d'un ukase publié l'année dernière, les juifs sont obligés de fournir deux roubles pour chaque déserteur. De jeunes garçons de douze à quatorze ans sont enlevés pour entrer dans la marine; mais les deux tiers d'entre eux meurent prématurément, par suite des souffrances qu'on leur fait endurer. Il est défendu aux juifs de pénétrer dans la Russie propre ou Moscovie, sous quelque prétexte que ce soit; ils parviennent néanmoins à s'y glisser sous l'apparence de chrétiens. La raison donnée par Pierre le Grand pour cette prohibition fut que les juifs mourraient de faim en Russie, parce qu'ils auraient affaire à des gens plus rusés qu'eux. Toutes ces mesures oppressives frappèrent d'autant plus cruellement les juifs, qu'ils y étaient peu accoutumés, et après avoir jusqu'à ce moment toujours pris le parti le plus fort, ils commencèrent à prier hautement pour la restauration de la Pologne.

Il faut se faire une juste idée des préjugés des juifs pour bien comprendre jusqu'à quel point les dispositions du nouvel ukase leur sont odieuses. Le service militaire est en opposition directe avec leurs mœurs nationales. Quel intérêt le juif peut-il prendre à une guerre qui n'a pas pour but de recouvrer la terre sainte? D'un autre côté, la conservation, l'augmentation même de leur race est le dogme le plus sacré de leur religion et une des règles de leur politique. Pendant vingt siècles de persécution, ils ont maintenu une sorte d'existence négative, et le nouvel ukase est devenu pour eux une ère de calamités. Les recrues se prenant généralement parmi les jeunes gens, la population se trouvait dominée à la fois par les chances de guerre et par la perte des chefs de famille. Le soldat juif ne peut ni se nourrir ni s'enrichir par le commerce. Les juifs forment à peu près le tiers des marins russes. Par un second ukase, les enfants juifs étaient enlevés et envoyés à Sébastopol et dans les ports de la mer Noire pour en faire des matelots; mais toutes ces jeunes victimes périrent dans les hôpitaux. Ce système d'extermination est suivi partout avec la même rigueur. Les juifs d'un misérable bourg nommé Oshyn, étant arriérés de 50,000 roubles en papier pour le montant de leurs impositions, l'empereur Nicolas ordonna de solder le compte en prenant un juif pour la valeur de 500 roubles. Par cette mesure, cent quinze personnes furent enlevées sur douze cents, y compris les femmes et les enfants. En même temps il était défendu aux juifs d'entrer dans une province russe, sous quelque prétexte que ce fût. Par suite de cette sévérité, l'empereur a créé au sein de ses États une foule de dangereux mécontents. En attendant, les juifs n'en sont pas moins très-nombreux dans la Russie, mais il serait fort difficile de prouver leur origine. On assure qu'à Saint-Pétersbourg seul il y a plus de huit mille juifs baptisés; et malgré cela, tout tend à démontrer que la race ne s'éteint point, quelque métamorphose qu'on lui fasse subir. L'oppression d'Israël est aussi douloureuse à l'humble colporteur qu'à l'opulent accapareur, au dignitaire de l'empire qu'à l'officier général. Et ces personnages mystérieux sont prodigieusement nombreux en Russie; ils se rattachent par mille liens à leurs frères de Pologne, et ceux-ci, à leur tour, aux juifs dispersés sur le continent de l'Europe; ce qui forme une association dont la Russie connaît tout le danger sans vouloir l'avouer. Les opérations de l'empire sont dans leurs mains, ainsi que les fournitures de l'armée, tant en paix qu'en guerre, ainsi que tous les établissements sanitaires.

Les observations qui précèdent regardent plus particulièrement les juifs de Lithuanie, de Podolie, de Volhynie et d'Ukraine. Ceux qui habitaient le royaume de Pologne, tel qu'il avait été créé par le congrès de Vienne, et qui étaient au nombre de quatre cent mille sur une population de quatre millions d'habitants, éprouvèrent pendant quelque temps un sort moins rigoureux que les autres juifs polonais. Ayant arraché des monarques de l'Europe assemblés une apparence de liberté, et leur petit royaume n'étant uni à la Russie qu'en vertu d'une constitution et d'un gouvernement séparés, les Polonais saisirent avidement l'occasion de faire d'une partie de leur pays un moyen de rétablissement pour le pays tout entier.

Ils s'efforcèrent en conséquence d'augmenter les forces en inspirant à tous les citoyens des sentiments d'une morale plus élevée, et les juifs devinrent l'objet spécial de la sollicitude du gouvernement. Toutes les écoles publiques et les universités leur furent presque gratuitement ouvertes, et une commission fut nommée pour aviser aux mesures les plus efficaces à prendre pour les réformer. Une de ces mesures fut l'établissement à Varsovie d'un séminaire où les futurs rabbins et professeurs des écoles juives devaient être élevés. Ils devaient suivre deux cours d'études différents; d'abord celui du Talmud, dont, malgré ses absurdes doctrines, la connaissance est indispensable aux rabbins; puis celui de langue et de littérature polonaises, de mathématiques, d'histoire et de géographie, ainsi que de grammaire hébraïque. Cette dernière partie fut celle qui éprouva la plus forte opposition de la part des talmudistes, qui prétendent qu'une connaissance grammaticale de la langue hébraïque conduit à l'incrédulité. Pour concevoir cela, il faut se rappeler que beaucoup de passages du Talmud sont fondés sur de fausses interprétations de l'Écriture. Le but de cet établissement était d'attaquer indirectement les absurdités talmudiques, et, en excitant la génération à s'occuper de sujets graves, de la conduire par degrés à reconnaître les sublimes vérités du christianisme. Il eut plus de succès qu'on n'avait osé l'espérer : en peu de temps il compta environ deux cents élèves, beaucoup de juifs tenant à honneur d'y envoyer leurs enfants. Mais au commencement de l'insurrection de 1830, cette école fut supprimée et n'a point été rétablie depuis. Parmi les étudiants, il y en eut plusieurs qui entrèrent dans l'armée nationale, où ils combattirent vaillamment pour l'indépendance de la Pologne, et ils partagent aujourd'hui le sort des exilés.

Il y a cinq ans, on essaya de fonder à Cracovie un séminaire juif à l'instar de celui de Varsovie, et un juif d'un grand mérite littéraire fut placé à la tête de cet établissement; mais nous ignorons jusqu'à présent quel en a été le succès. Les juifs de Cracovie, qui étaient au nombre de douze mille, et qui formaient le tiers des habitants de la ville, vivent dans un quartier séparé, que l'on appelle, d'après Casimir le Grand, la ville de Casimir, où ils jouissent encore aujourd'hui de quelques-uns des priviléges qui leur avaient été accordés par ce prince. Ils ont leur propre conseil municipal, appelé *cahal*, qui répartit les impôts, juge les petites discussions, prononce les divorces, entretient les synagogues, etc. La principale objection que l'on élève contre le cahal, c'est la tyrannie qu'il exerce quelquefois sur ses subordonnés, en soumettant, par exemple, un juif qui aura enfreint les règlements du Talmud, au *cherim*, ou anathème, qui est aussi funeste pour lui que l'étaient autrefois pour les chrétiens les foudres du Vatican.

Une grande érudition talmudique constitue parmi les juifs une sorte d'aristocratie, et donne au plus humble colporteur le droit de rechercher en mariage la fille de quelque riche banquier. L'aristocratie de la naissance ne compte pour rien parmi eux, si ce n'est dans le cas des descendants d'Aaron. L'éducation d'un juif polonais commence à l'âge de quatre ans, et son âme est de si bonne heure souillée par les obscènes définitions du Talmud, que les sentiments que lui inspirent les femmes sont de la nature la plus grossière. Les juifs se mariant très-jeunes, et leurs inclinations n'étant jamais consultées par leurs parents, aucune affection ne peut exister entre les époux. Le mariage est pour eux une obligation absolue, et c'est peut-être à cause de cela que la débauche est si rare parmi eux.

Les occupations auxquelles ils se livrent de prédilection sont le commerce de détail et l'état d'aubergiste. Rien n'est plus rare que de rencontrer un serrurier, un menuisier ou un maçon juif; mais les tailleurs et les fourreurs juifs sont plus communs. L'agriculture, pour laquelle la Pologne semblerait devoir leur fournir des occasions inappréciables, n'est pas conforme à leur manière de voir; car ils vivent toujours dans l'attente d'être rappelés vers la terre sainte. Cette espérance, que rien ne saurait étouffer, est sans doute l'origine de l'étonnante indifférence que le juif polonais, malgré son avidité proverbiale pour l'or, témoigne en perdant sa fortune. Le Messie viendra et le récompensera amplement : telle est la philosophie, ou, pour mieux dire, la foi erronée qui le soutient dans le sein de l'adversité.

Les juifs regardent les femmes comme des créatures en quelque sorte inférieures à l'homme; ils les tiennent dans une espèce de sujétion orientale; mais cependant leur condition est bien améliorée depuis l'abolition de la polygamie, qui eut lieu par le crédit de rabbi Gerson. Il est rare qu'elles comprennent l'hébreu; elles savent, en général, tout juste assez d'allemand corrompu pour tenir les comptes et pour lire des romans écrits dans ce même jargon. Le divorce s'obtient facilement, mais il est rare qu'on le demande.

Il existe parmi les juifs polonais quatre sectes principales, qu'il faut considérer comme autant d'organes de l'esprit qui anime ce corps. Ce que nous venons de dire en parlant d'eux doit s'entendre particulièrement de la première secte, qui est celle des *rabbinistes* ou *talmudistes;* elle est la plus nombreuse de toutes, et ses membres peuvent être considérés comme les descendants des pharisiens. Les trois autres sectes sont celles des *Hassios*, des *Caraïtes* et des *Frankistes*.

ILES BRITANNIQUES.

Les terres connues sous la dénomination générique d'Iles Britanniques sont : la *Grande-Bretagne* ou l'*Angleterre* proprement dite, la principauté de *Galles* et l'*Écosse*; l'*Irlande* à l'ouest de l'Angleterre; les îles *Hébrides* à l'ouest de l'Écosse; au nord des précédentes les *Orcades*, et plus loin les *Shetland*; les îles *Anglo-Normandes* au sud de la Grande-Bretagne, et au sud-ouest le petit archipel des *Sorlingues*. Enfin, plusieurs autres qui s'élèvent entre celles que nous avons nommées.

ROYAUME D'ANGLETERRE ET PRINCIPAUTÉ DE GALLES.

Ces deux contrées sont formées dans l'île de la Grande-Bretagne, par l'espace compris depuis le cours du Tweed, la chaîne septentrionale des monts Cheviot, et le golfe de Solway jusqu'à la Manche. On donne à l'Angleterre proprement dite une population de 10,000,000 à 12,500,000 individus; le pays de Galles renferme environ de 700,000 à 800,000 âmes.

A proprement parler, l'Angleterre a huit mois d'hiver. La végétation commence au mois d'avril, et quelquefois les vents d'est viennent en mai l'arrêter brusquement, et souvent détruire l'espoir de l'année. Les mois de juin, juillet et août sont ordinairement fort chauds; cependant le givre paraît parfois au milieu des nuits du mois d'août: Mars est généralement le mois le plus variable de l'année; on éprouve alors des vents impétueux et des ouragans qui versent à la fois la grêle, la neige et la pluie. Quoique l'on trouve en Angleterre autant de gens sains et robustes que dans le reste de l'Europe, le climat de ce pays porte naturellement à la mélancolie; c'est le lieu du monde où l'on aperçoit le moins de gaieté, où l'étranger sent le moins de désir de se fixer; et souvent des affections préjudiciables à la santé obligent impérieusement de le quitter.

L'Angleterre est divisée en quarante comtés, le pays de Galles en douze comtés. Ces comtés se subdivisent en districts et en paroisses. La superficie de l'Angleterre est de 6,607 lieues et celle du pays de Galles de 1,062 lieues géographiques carrées.

Bien qu'appropriée aux mœurs de la nation, la constitution anglaise n'est pas sans défauts : c'est une mosaïque composée de morceaux appartenants à différentes époques ; c'est la grande charte de Henri Ier (en 1100), modifiée un siècle plus tard, et que Jean sans Terre fut forcé d'accepter (en 1215); c'est celle que confirma, avec de grands changements, Henri III (en 1265), et que sanctionna Édouard Ier (en 1272). Son complément est la déclaration des droits de 1688. Mais elle offre l'avantage de n'entraver en aucune manière le développement de toutes les facultés; de garantir toutes les libertés par l'exercice sans bornes de celle de la presse, et de relever la qualité de citoyen, en plaçant sa vie et sa propriété sous la sauvegarde des lois. Le roi d'Angleterre unit à la dignité de magistrat suprême celle de chef de l'Église. La première lui donne le droit de faire la paix et la guerre, de conclure des alliances et des traités, de lever des soldats, d'assembler, de proroger, d'ajourner ou de dissoudre le parlement, de nommer à tous les emplois civils et militaires, et aux principales dignités ecclésiastiques, de faire grâce aux condamnés ou de commuer leur peine; la seconde lui confère celui de convoquer les synodes nationaux et provinciaux, qui, de son consentement, règlent le dogme et la discipline. Le parlement jouit d'une prérogative dont on a senti l'avantage en France, en l'insérant dans la charte de 1830 : c'est celle de proposer des lois; mais aucun de ses actes n'a de valeur qu'autant qu'il a reçu la sanction royale, d'un autre côté, la volonté du prince ou de ses ministres, la demande annuelle de nouveaux impôts, ne peuvent être érigées en loi que lorsque, sous cette forme, elles ont été sanctionnées par le vote des deux chambres. Le roi peut augmenter, non-seulement le nombre des pairs, mais encore celui des membres de la chambre des communes, en autorisant une ville à envoyer des députés au parlement. Il atteint sa majorité à dix-huit ans, et à son avénement, il doit approuver toutes les lois rendues pendant sa minorité. Les femmes participent comme les hommes à l'hérédité de la couronne. La responsabilité des ministres, qui n'est pas un vain mot en Angleterre, consacre l'inviolabilité du monarque. Ils sont au nombre de quatre, indépendants les uns des autres ; le secrétaire d'État au département des affaires étrangères ; le lord de la trésorerie et de l'Échiquier, qui a dans son département les contributions, les douanes, le timbre et la poste; le secrétaire d'État au département de l'intérieur, qui a sous sa surveillance les colonies, à l'exception des Indes orientales ; le secrétaire d'État au département de la guerre, qui étend son autorité sur les Indes orientales. Un conseil est organisé pour examiner tout ce qui se rapporte aux affaires des Indes : un autre, chargé du commerce et des colonies, est composé d'hommes éclairés qui combinent entre eux les intérêts de l'agriculture, de l'industrie et du commerce, et qui étudient sans cesse les besoins et les goûts de tous les peuples pour trouver les moyens de les rendre tributaires de l'industrie britannique.

Depuis la réunion du parlement de l'Irlande à celui de la Grande-Bretagne, la chambre des communes se composait de 658 membres, dont 489 représentent l'Angleterre, 24 la principauté de Galles, 45 l'Écosse et 100 l'Irlande. Mais, comme le droit d'élection dans les trois royaumes remonte à plusieurs siècles, la représentation nationale était depuis longtemps faussée dans son principe, lorsque la nécessité d'une réforme a été sentie par tous les amis d'une sage liberté. Pouvait-on ne pas mettre fin à des abus criants? Ainsi, des bourgs jadis importants, devenus presque la propriété d'une seule famille, et que leur décadence autant que la corruption électorale dont ils étaient le théâtre ont fait nommer *bourgs pourris*, jouissaient du privilége d'élire des députés, tandis que d'antiques villages ou hameaux, devenus des villes riches et populeuses, restaient privés des droits électoraux. Malgré les intrigues des antiréformistes la raison a eu le dessus. Le bill de réforme, adopté par les deux chambres, au mois de juin 1832, a définitivement mis un terme à ces abus, et les droits électoraux ont été étendus à plus d'un million de citoyens.

C'est par enrôlements volontaires seulement que l'armée anglaise se recrute; ce n'est que par suite d'une loi qui déclare la patrie en danger qu'un individu peut être contraint à prendre les armes. On forme alors le corps de la milice par la voie du tirage au sort. Chaque année le parlement fixe le nombre des troupes régulières : en temps de guerre, on les augmente par des levées faites en pays étrangers. La garde des colonies est confiée à des mercenaires ramassés chez toutes les nations; mais les régiments

SMOGLEUR.
Grande-Bretagne.

britanniques, réservés au service de l'intérieur, ne doivent être composés que de nationaux. Les volontaires à cheval formaient naguère un corps appelé *yeomanry cavalry*, dont le service ne pouvait être comparé qu'à celui de la gendarmerie en France : cette institution, après cinq siècles d'existence, a été détruite en 1829, sous le ministère de lord Landsdown. Il est à remarquer que les grades militaires sont, comme les emplois civils, presque la propriété de ceux à qui ils sont confiés : ainsi un colonel ou un capitaine cède, moyennant finances et suivant certains règlements, son régiment ou sa compagnie. C'est principalement dans la marine que l'avancement est réglé d'après le rang d'ancienneté. Quant à la levée des troupes de mer, elle se fait par recrutement, comme pour celle de terre; mais, en temps de guerre, le gouvernement est souvent obligé d'avoir recours aux enrôlements forcés, à cette coutume inique appelée la *presse*, et qui consiste à s'emparer par la force de ceux qui paraissent aptes au service militaire. — Cette coutume n'est-elle pas une anomalie monstrueuse, incompréhensible dans un pays qui admet en principe la liberté individuelle !

« Examinons, dit un écrivain anglais, un à un les divers étages de notre édifice social, et nous aurons lieu, dans cette revue, de relever plus d'une erreur commise par les publicistes étrangers et par nos propres écrivains politiques. Montesquieu, le premier de tous, dans le tableau qu'il a tracé de la constitution d'Angleterre (*Esprit des lois*, livre XI, chap. 6) a cru que l'excellence de cette constitution résidait exclusivement dans la pondération des pouvoirs, et il n'a pas réfléchi que quelque précaution que l'on prenne, l'équilibre ne peut manquer de se déranger bientôt, si le peuple lui-même ne contribue à le maintenir par son respect pour les divers pouvoirs, non-seulement en leur seule qualité de pouvoirs, mais encore en la position spéciale où ils se trouvent placés chacun par rapport aux deux autres. Il est certain que, ce respect existant, notre constitution sera la plus belle, la plus noble, la plus durable du monde, parce qu'elle procure aux citoyens la plus grande masse de liberté dont il soit donné à l'homme de jouir en société; mais si ce respect était détruit où s'il n'avait jamais existé, la prétendue pondération des pouvoirs ne serait plus qu'une illusion et ne résisterait pas au premier despote commandant une armée, à la première émeute populaire qui voudrait la renverser. La hiérarchie en Angleterre peut être considérée sous deux rapports : celle qui est primitive et stable, et celle qui est accidentelle ou modifiée par les circonstances. »

A la tête de la hiérarchie primitive se trouve le roi ou la reine régnante : aucune circonstance ne peut changer sa position; puis viennent les princes de la famille royale, qui sont aussi, en tout temps, supérieurs au reste de la nation, le roi et la reine seuls exceptés. Nous trouvons après cela les pairs; ceux-ci sont aussi supérieurs au reste de la nation, mais leur position peut être modifiée, les uns à l'égard des autres, selon les charges ou dignités dont ils sont revêtus. Après ceux-ci viennent les personnes ayant droit au titre de *gentleman*, et formant ce que l'on appelle en Angleterre *the gentry*. Cette classe comprend les fils cadets de pairs, les riches propriétaires, les baronnets et autres personnes vivant noblement. Or, c'est surtout dans cette classe que la hiérachie accidentelle cause les plus grandes modifications et fixe la véritable place que chaque individu doit occuper. Au-dessous de la *gentry* se trouvent les différentes professions industrielles. Observons toutefois, chose importante pour la stabilité de toute hiérarchie sociale, que les places ne peuvent être assignées que par la naissance d'abord, par le roi ensuite, et, dans quelques cas fort rares, par la fortune; mais il n'existe aucune personne ou réunion de personnes, en Angleterre, qui puisse élever un citoyen au-dessus du rang qu'il occupe naturellement. C'est par cette raison que les membres de la chambre des communes n'ont à ce titre aucune place dans la hiérarchie. Ils sont considérés comme simples citoyens, chargés d'une mission spéciale et passagère. La chambre des communes *en corps*, au contraire, d'après le principe établi plus haut, se trouve placée immédiatement au-dessous des pairs, jouit du prédicat d'*honorable*, et est représentée par son président sur le tableau des préséances.

On chercherait vainement en Angleterre ce dévouement personnel et sans bornes, cette espèce de culte dont les rois de France étaient entourés avant la première révolution; l'Anglais est trop fier, trop républicain pour cela; comme homme, il se croit l'égal de son roi; mais en retour, rien n'égale le profond respect, l'humilité même qu'il témoigne en parlant de la souveraineté abstraite du roi. En disant que le roi a assisté à une cérémonie quelconque, et que la présence du monarque a ajouté à la solennité, un Anglais n'exprimera point le mot français de *monarque* par le mot équivalent de *monarch*, ni par celui de *king* ou de *sovereign*, ni même par le titre usité de *His Majesty*; mais il dira *Majesty* tout court : *the presence of Majesty*; ne donnant point le titre de Majesté à la personne du roi, mais personnifiant la majesté royale dans l'individu présent. — Le peuple anglais se croit le droit de juger la conduite de son roi et d'en témoigner son approbation ou son mécontentement; mais cela ne diminue point son profond respect pour la magistrature royale.

Croirait-on que dans un pays où les idées républicaines ont, sous certains rapports, jeté de si profondes racines, les hauts fonctionnaires de l'État; tels que le lord chancelier, le président de la chambre des communes et quelques autres encore, ne s'adressent jamais au roi, en qualité officielle, qu'en posant un genou en terre? — Toutes les fois qu'un crieur proclame soit une ordonnance de police, soit une vente publique, soit un effet perdu, il commence par répéter trois fois le vieux mot normand : *Oyez! oyez! oyez!* et finit invariablement par crier : *God save the King!* Les affiches qui se distribuent à la porte des spectacles, et qui contiennent les titres des pièces et les noms des acteurs, se terminent toujours par ces mots, imprimés en petites majuscules : *Vivant rex et regina!* — En Angleterre aucune réunion n'a lieu sans que la santé du roi ne précède toutes les autres, et cela quelle que soit l'opinion individuelle des membres dont la réunion se compose. Si dans une de ces réunions ou dans un spectacle public on joue des airs nationaux, *God save the King* précède toujours le *Rule Britannia*.

A la mort du roi, de la reine ou d'un des membres de la famille royale, le deuil ne se porte pas seulement à la cour ou dans les grandes solennités, mais tout Anglais au-dessus des dernières classes s'habille de noir, comme pour un proche parent. Il y a quelques années, lors de la mort de Guillaume IV, la majeure partie des habitants de Londres avaient pris le deuil, et les marchands de la cité tinrent leurs boutiques fermées pendant plusieurs jours. Les actes du parlement ne sont jamais désignés, quant à leur date, par l'année de l'ère commune, mais toujours et exclusivement par celle du règne du monarque sous lequel ils ont été rendus. Enfin, et pour dernière remarque, nous ferons observer que, tant dans les actes authentiques que dans les écrits familiers, on ne se sert jamais de l'expression de *citoyens anglais*, et rarement du mot d'*anglais* tout court; le terme consacré est celui de *sujets anglais*, de sorte qu'en Angleterre on se glorifie d'une épithète repoussée ailleurs comme entachée de servilité.

Les membres de la pairie anglaise jouissent de plusieurs grands priviléges, dont les principaux sont : de ne pouvoir être jugés que par leurs propres pairs, de ne pouvoir être arrêtés pour dettes; autrefois ce privilége s'étendait jusque sur leurs domestiques, mais cette partie a été abolie en 1770. Ces deux priviléges sont purement politiques; c'est pourquoi ils ont été adoptés par les nations du continent qui ont imité la constitution anglaise. En voici d'un autre genre : quand un pair siége comme juge dans la cause d'un autre pair, il ne rend point son verdict sous serment, comme un juré ordinaire, mais sur son honneur; c'est de la même manière aussi qu'il répond aux actions intentées contre lui à la cour de la chancellerie; mais quand il est interrogé comme témoin dans une cause civile ou criminelle, il faut qu'il prête serment; car le respect que la loi témoigne à l'honneur d'un pair ne s'étend pas jusqu'au renversement de la maxime générale : *In judicio non creditur nisi juratis*. Toutes les fois qu'un grand procès se juge dans une cour de justice, tout pair a le droit d'entrer dans la cour et de s'asseoir, la tête découverte, à côté des juges.

On s'étonne généralement de ce que les Anglais, si fiers de leur liberté, sont si obséquieux devant les pairs; mais on oublie que s'ils n'avaient pas un grand respect pour les pairs individuellement, c'est-à-dire, comme à l'égard du roi, pour la pairie personnifiée dans les individus, la chambre des pairs serait hors d'état de remplir les fonctions auxquelles elle est appelée dans l'ordre de la constitution. On ne se doute pas généralement, sur le continent, du féodalisme qui existe encore dans les mœurs anglaises.

Par la même raison, si la chambre des communes est encore l'objet d'une haute vénération, chacun des membres n'est guère estimé que selon les talents qu'il déploie ou le degré d'influence personnelle dont il jouit. Cela doit être ainsi pour que l'équilibre puisse se maintenir, et pour que la constitution réponde véritablement au but pour lequel les pouvoirs ont été institués.

Les pairs d'Angleterre se distinguent entre eux par cinq titres différents, savoir : par ceux de duc, de marquis, de comte (*earl*), de vicomte et de baron.

Le titre de duc n'est pas très-ancien en Angleterre. Édouard III l'accorda à deux de ses fils; le célèbre Prince Noir fut créé duc de Cornouailles en 1337, et Jean de Gand, duc de Lancastre, quelque temps après. Les premiers pairs qui obtinrent le titre de duc sans faire partie de la famille royale, le reçurent de Richard III, en 1397. Aujourd'hui, le premier duc et comte d'Angleterre est le duc de Norfolk, de la maison de Howard; il est en même temps contre-maréchal, et maréchal héréditaire d'Angleterre. Le duc actuel est le douzième duc de sa maison, le premier ayant reçu ce titre de Richard III, en 1483. Le président des ducs est le plus noble (*Most Noble*). Quand on leur parle ou qu'on leur écrit, on les traite de *Votre Grâce*,

Le prédicat des marquis est le plus honorable (*Most Honorable*). En leur parlant ou en leur écrivant on les traite, ainsi que tous les autres pairs, de *Votre Seigneurie*.

Les comtes, vicomtes et barons ont pour prédicat : très-honorable (*Right Honorable*). Quant à ces derniers, il faut remarquer que le titre de baron ne leur est jamais donné que dans les actes authentiques; en tout autre cas, on ne les désigne que sous le titre général de lord.

Les pairs actuellement siégeant au parlement sont les seules personnes en Angleterre qui aient le droit de prendre un des titres susdits, et leurs enfants sont les seuls qui puissent faire précéder leur nom du titre d'honorable. Ce prédicat est même, rigoureusement parlant, la seule distinction que la loi accorde aux fils de pairs, et la seule qu'ils aient le droit de prendre dans les actes judiciaires. L'usage a pourtant prévalu de donner des titres de courtoisie à tous les enfants de duc et de marquis, au fils aîné ainsi qu'à toutes les filles de comte. Les enfants de vicomte et de baron ne peuvent point porter de titre. Les fils aînés de duc, de marquis et de comte portent ce que l'on appelle le second titre de leur père; ainsi le fils aîné du duc de Norfolk s'appelle le comte de Surrey; celui du marquis de Londonderry est le vicomte de Castlereagh, et celui du comte Spencer est le vicomte Althorp. Les fils cadets de comte et de marquis ne peuvent point porter de titre proprement dits; mais ils ajoutent celui de lord à leur nom de famille, qui dans ce cas, doit toujours nécessairement être précédé du nom de baptême. Lord John Russell est un fils cadet du duc de Bedford. Toutes les filles de duc, de marquis et de comte prennent également le titre de lady qu'elles placent devant leur nom de famille, lequel est nécessairement précédé du nom de baptême. On voit quel soin minutieux on prend en Angleterre pour qu'au simple énoncé du nom d'une personne on connaisse sur-le-champ son rang dans la société.

Il y a encore une remarque à faire au sujet du titre de baron; c'est que s'il n'existe point en Angleterre comme distinction nobiliaire, on l'y retrouve comme désignation de charge judiciaire : ainsi les juges de la cour de l'Échiquier s'appellent les barons de l'Échiquier, sans que pour cela ce titre se joigne à leur nom, et moins encore à celui de leurs épouses.

On ne doit considérer comme noblesse en Angleterre que la pairie; il y existe cependant une distinction héréditaire qui s'en rapproche, et dont on ne trouve l'équivalent dans aucun autre pays de l'Europe : c'est celle des chevaliers baronnets. Les étrangers les confondent tantôt avec les *bannerets*, dont la distinction est purement personnelle et militaire, et tantôt avec les barons; c'est ainsi que chez les écrivains allemands et français on lit souvent : « Le jeune baronnet, » pour désigner le fils d'un lord, ce qui paraît fort ridicule à des oreilles anglaises.

Le titre de baronnet est une distinction purement honorifique, créée en 1611, par Jacques Ier, qui en distribua un certain nombre moyennant finance; et les sommes qu'il en retira furent employées à achever la conquête de la province d'Ultonie, en Irlande : ce titre est héréditaire. Le privilége des baronnets consiste d'abord à pouvoir, comme les chevaliers des ordres, employer le mot *sir* au lieu du mot *mister*, au nominatif, devant leur nom, tandis que, pour le reste des sujets anglais, ce mot n'est usité qu'au vocatif et toujours sans nom propre. Toutefois il faut remarquer que ce mot de sir, de même que le don en espagnol et en italien, doit toujours nécessairement être suivi du nom de baptême, et ne s'emploie jamais immédiatement devant le nom de famille. Le second privilége des baronnets leur est encore commun avec les chevaliers des ordres; il leur donne le droit de conférer à leurs épouses le titre de lady, précisément comme si elles étaient femmes d'un lord; enfin, les armoiries des baronnets sont distinguées par un franc-quartier chargé d'une main de gueules, qui sont les armes de la province d'Ultonie.

Le respect que portent les Anglais aux titres de noblesse est si grand, qu'ils les regardent comme indélébiles. La fille d'un pair, qui, par sa naissance, a droit au titre de lady, bien que ce titre ne lui soit accordé que par courtoisie, le conserve lorsqu'elle épouse un roturier, et place ce titre de lady devant le nom de son mari, qui reste simple mister. Bien plus; la veuve d'un pair qui épouse en secondes noces un pair d'un titre inférieur à celui de son dernier mari, conserve pendant toute sa vie non-seulement le titre, mais encore le nom de ce premier mari. A la vérité, il y a des jurisconsultes qui sont d'avis que ce droit n'existe que pour les duchesses; mais l'usage l'a consacré.

La classe de la *gentry*, se distingue encore par le droit de porter des armoiries. C'est à tort que nous disons le droit, car toute personne pouvant disposer d'une certaine somme, qui, avec les frais, monte à environ cent guinées, peut obtenir du héraut d'armes d'Angleterre le droit de faire peindre ou graver un écusson armorié sur les panneaux de sa voiture, sur sa vaisselle et sur son cachet. Il faut cependant convenir qu'il n'y a guère que les personnes jouissant d'un certain rang et d'une fortune indépendante qui se décident à faire cette dépense et les démarches qu'elle exige; d'ailleurs, si les larges écussons qu'étalent ces nobles de contrebande imposent à la multitude, ces mêmes classes savent fort bien distinguer les cimiers de fantaisie qui surmontent ces écussons, des couronnes dont les pairs seuls peuvent décorer leurs armes.

On aurait tort de supposer que la hiérarchie sociale telle que nous venons de la décrire n'existe en quelque sorte qu'en théorie, ou qu'elle n'a d'effet que dans certaines occasions rares et officielles. Jamais, même dans la conversation la plus familière un Anglais n'omettra de donner à une lady le titre qui lui appartient. Pour adresser la parole à un baronnet, il faut nécessairement savoir son nom de baptême, afin de pouvoir l'appeler sir Richard ou sir George; tout ecclésiastique est *Your Reverence;* tout juge, *Your Worship;* enfin, ce qui pourra paraître incroyable chez un peuple aussi véritablement libre que l'est le peuple anglais, quand des personnes de rangs différents se trouvent réunis autour d'une table ou dans un salon, le baronnet n'aura garde de se lever ou de quitter la société avant le pair, ni le simple gentleman avant le baronnet. Ce serait un manque de savoir-vivre qui exposerait le délinquant à se voir exclus de la bonne compagnie.

L'étranger, dit un auteur contemporain mais anonyme, qui veut se former une idée exacte du caractère des Anglais ne doit pas seulement les observer dans la métropole : il faut qu'il aille dans la campagne; qu'il séjourne dans les hameaux et les villages; qu'il visite les châteaux, les fermes, les chaumières; qu'il erre au milieu des parcs et des jardins, des verts sentiers et des haies qui les bordent; qu'il visite l'église champêtre; qu'il assiste aux foires et aux autres divertissements de la campagne; qu'il sympathise avec les habitudes et l'humeur des gens de toutes les conditions.

Dans certains pays, les familles éclairées et opulentes vont toutes se concentrer dans les grandes villes, et la campagne n'est habitée que par de grossiers paysans. Dans la Grande-Bretagne, au contraire, la métropole n'est qu'un simple lieu de rendez-vous, où les classes supérieures consacrent une petite portion de l'année à une vie dissipée et bruyante. Après cette espèce de carnaval, elles reprennent les habitudes de la vie des champs, qui paraissent leur convenir davantage. Les divers ordres de la société sont répandus sur toute la surface du royaume, et, dans les lieux les plus retirés on trouve des personnes de toutes les classes.

Les Anglais semblent faits pour ce genre de vie : ils en aiment également les travaux et les plaisirs, et ils ont une vive sensibilité pour les beautés de la nature [1]; cette passion est innée chez eux. Les habitants des villes eux-mêmes, élevés au milieu de leurs murs de brique et du tumulte de leurs rues, s'accoutument sans peine à l'existence paisible de la campagne. Le négociant se choisit une retraite dans le voisinage de la métropole, et il est aussi fier des fleurs de son parterre ou des fruits de son verger, que du succès de ses opérations commerciales. Il n'y a pas jusqu'à ceux dont l'existence doit s'écouler dans l'obscure boutique et dans les occupations subalternes du commerce inférieur, qui ne cherchent à se rappeler le riant aspect de la nature. Dans les quartiers les plus sombres et les plus bruyants de la cité, la fenêtre du salon offre l'apparence d'un parterre. Chaque endroit où se trouve un peu de terre végétale se couvre de gazon et de fleurs, et les ombrages distribués avec goût sur les places publiques leur communiquent quelque chose de l'aspect d'un parc.

Ceux qui ne voient l'Anglais qu'à la ville sont disposés à se former une opinion peu favorable de son caractère social. Il est ou absorbé par les affaires, ou distrait par les mille engagements qui dissipent le temps et qui divisent l'attention dans cette grande

---

(1) Dans leur pays bien entendu ; car à l'étranger l'Anglais est l'être le moins enthousiaste qui se puisse rencontrer, et souvent on l'a vu, devant les sites les plus magnifiques, les monuments les plus grandioses de l'Italie, s'écrier froidement et avec dédain : « Ce n'est que cela ! »

capitale. Aussi, il a presque toujours un air de presse et d'agitation ; partout où il se trouve, il est sur le point de se rendre ailleurs ; au moment où il parle d'un sujet, son esprit s'occupe d'un autre. Quand il va voir un ami, il calcule comment il économisera son temps, afin de faire dix ou douze visites à des indifférents. Une immense ville, comme Londres, est faite pour rendre les hommes intéressés et personnels. Dans leurs courtes entrevues, ils ne peuvent parler que de lieux communs : ils ne présentent que les surfaces de leur caractère ; la froide atmosphère dans laquelle ils vivent resserre leur cœur et n'en laisse pas épanouir les meilleures qualités.

C'est à la campagne que l'Anglais se livre à ses sentiments naturels. Il s'affranchit des froides formalités et des civilités négatives de la ville ; il renonce à ses habitudes réservées, et devient gai et cordial. Il rassemble autour de lui toutes les aisances de la vie élégante des villes, mais il en bannit la contrainte. Sa maison des champs réunit à la fois tout ce qui convient à une retraite studieuse ou aux exercices de la campagne. On y trouve également des livres, des tableaux, de la musique, des chevaux, des chiens et des équipages de chasse de toute espèce. Il n'impose pas plus de gêne à ses hôtes qu'à lui-même ; mais, dans le véritable esprit de l'hospitalité, il rassemble tout ce qui peut leur rendre sa maison agréable, et laisse chacun se livrer aux inspirations de son goût.

Il n'est point de peuple qui égale les Anglais dans l'art des jardins pittoresques. Ils ont profondément étudié la nature, et il en est résulté pour eux un sentiment exquis de ses belles formes et de ses combinaisons harmonieuses. Ses charmes, qu'elle ne fait voir ailleurs que dans des solitudes sauvages, sont rassemblés, en Angleterre, autour des modestes asiles de la vie domestique. Les Anglais semblent avoir surpris ses grâces les plus furtives et les plus cachées, pour les répandre, d'une manière magique, autour de leurs habitations champêtres.

Rien n'est plus imposant que le tableau qu'un parc anglais présente. De grandes prairies y étendent leurs beaux tapis de verdure, qu'ombragent çà et là des bouquets d'arbres gigantesques, dont les rameaux projettent dans l'air leurs magnifiques ombrages. La pompe solennelle des bosquets et des bois s'harmonise parfaitement avec les troupeaux de daims qui les parcourent en silence, le lièvre qui bondit sous la feuillée, et l'oiseau sauvage qui fend l'air comme un trait. Tantôt le ruisseau qui les divise forme, en murmurant, ses méandres naturels, et tantôt il s'épand comme un lac. Plus loin, dans quelque endroit retiré, vous trouverez un étang que la truite anime par ses rapides évolutions, et qui reproduit dans ses eaux limpides toutes les oscillations des arbres qui les environnent, tandis qu'un temple rustique ou quelque statue champêtre, que l'âge et l'humidité ont couverts de mousse, donnent à cette retraite une sorte de majesté classique.

Mais ce qui charme encore davantage, c'est le talent créateur qui décore les simples habitations des classes moyennes. La portion de terrain située le moins favorablement, et la plus stérile, devient bientôt un petit paradis, sous la main d'un Anglais. D'un œil prompt et pénétrant, il saisit tout le parti qu'on peut en tirer, et compose, dans sa tête, le futur paysage. Il ne tarde pas à commencer l'exécution de ses projets, et ses procédés sont aussi simples qu'ingénieux. Des arbres dont il cherche à étendre l'ombrage, d'autres qu'il émonde avec prudence ; des fleurs, des plantes dont il mêle avec adresse les nuances délicates ; l'introduction d'un tapis de verdure, une ouverture qu'il dirige vers un cours d'eau, ou les teintes bleuâtres d'un endroit écarté ; voilà tous ses artifices. Il exécute tous ses travaux avec une application persévérante et paisible, comme un peintre qui termine avec amour un tableau de prédilection.

Le séjour des gens riches à la campagne a répandu, dans l'économie rurale, un certain degré de goût et d'élégance auquel les dernières classes ne sont pas restées étrangères. Le prolétaire lui-même s'applique à embellir sa chaumière et la petite portion de terrain qui l'environne. La haie touffue qui sert d'enceinte à son petit domaine, le banc de gazon placé devant la porte, les plates-bandes qu'entoure le buis, le chèvrefeuille qui tapisse le mur, le pot de fleurs qui décore la fenêtre, le houx planté près de la maison et dont le feuillage éternel égayera l'aridité de l'hiver, tout annonce une influence qui découle des plus hautes sources, pour se répandre ensuite sur les niveaux les moins élevés. Si l'amour, comme le prétendent les poëtes, se plaît dans les chaumières, c'est sans doute dans celles des paysans anglais.

Le goût de la vie champêtre dans les hautes classes a exercé, dans la Grande-Bretagne, une influence puissante et salutaire sur le caractère national. On trouverait difficilement une plus belle race d'hommes que celle des gentilshommes anglais. Au lieu de cette apparence molle, efféminée, qui distingue les hommes des classes supérieures dans la plupart des autres pays, ils ont un heureux mélange d'élégance et de force, de fraîcheur de teint et de vigueur de constitution, que l'on attribue principalement à ce qu'ils vivent beaucoup en plein air, et à l'ardeur avec laquelle ils se livrent aux exercices de la campagne. Ces rudes exercices donnent également du ton et de l'énergie à l'âme, et quelque chose de mâle et de simple aux manières, que les folies et les dissipations de la ville ne changent pas sans peine et qu'elles ne détruisent jamais entièrement. Dans la campagne aussi, les différents ordres de la société semblent disposés à se rapprocher davantage, et à réagir favorablement les uns sur les autres. Les distinctions ne sont pas aussi marquées ni aussi difficiles à franchir que dans les villes. La manière dont la propriété a été distribuée en petits domaines a établi une gradation régulière, depuis le noble pair jusqu'au simple cultivateur, et, en réunissant les deux extrêmes de la société, elle a, en quelque sorte, infusé dans chaque rang intermédiaire un esprit d'indépendance. A la vérité, cet état de choses a éprouvé, en dernier lieu, quelques changements. Pendant les années de détresse, les grandes propriétés ont absorbé les autres, et, dans certains districts, presque anéanti l'honorable classe des petits fermiers; mais ce n'est qu'une modification accidentelle au système général dont on vient de parler.

Les travaux champêtres n'ont rien qui rabaisse et qui dégrade l'humanité : ils nous placent constamment au milieu de scènes imposantes et d'une majesté naïve. Un cultivateur peut être simple et rude, mais il ne saurait être vulgaire. Aussi l'homme le plus dintingué par l'élégance de ses manières n'est point sans cesse révolté dans ses rapports avec les paysans, comme dans ceux qu'il est quelquefois forcé d'avoir avec les ouvriers des villes. Il met de côté les formes réservées, et, oubliant les distinctions de rang, il s'associe avec plaisir aux joies simples et cordiales de la vie commune. Les plaisirs de la campagne tendent a unir tous les hommes, et il semble que le son du cor et les cris des chiens harmonisent tous les sentiments. C'est par cette raison sans doute que les classes aristocratiques sont plus populaires dans la Grande-Bretagne que dans quelques autres contrées, et que les autres classes ont supporté des charges excessives sans trop se plaindre de l'inégale distribution des fortunes.

C'est ce mélange des différentes conditions qui a donné un caractère particulier à la littérature anglaise. De là le fréquent usage de comparaisons empruntées à la vie champêtre, et ces incomparables descriptions de la nature qui abondent dans les poëtes britanniques, depuis *la Fleur et la feuille* de Chaucer, et qui ont, en quelque sorte, introduit dans nos cabinets la fraîcheur et le parfum de nos paysages. Les écrivains bucoliques des autres pays semblent n'avoir rendu que des visites occasionnelles à la nature et ne connaître que ses charmes généraux, mais les poëtes anglais ont vécu intimement avec elle; ils l'ont suivie dans ses retraites les plus mystérieuses, ils ont observé ses plus légers caprices. Que le vent fasse frémir le peuplier; qu'une feuille, détachée de l'arbre, voltige sur le sol, qu'une goutte d'eau étincelle dans la source; que la violette répande dans l'air son doux parfum; que la marguerite épanouisse au soleil ses pétales cramoisis; leur attention sera éveillée sur-le-champ, et ils en tireront quelque moralité touchante!

Ce goût des esprits les plus distingués pour la campagne a produit une influence extraordinaire sur l'aspect du pays. Une grande partie de l'île est de niveau, et paraîtrait monotone sans les charmes de la culture; mais elle est, en quelque sorte émaillée de châteaux et de palais; et, qu'on nous permette cette comparaison, les parcs et les jardins semblent y former une espèce de broderie. Elle n'est pas riche en aspects imposants et sublimes, mais elle offre à chaque instant de petites scènes de bonheur et de tranquillité champêtre. Chaque vieille ferme, chaque cabane couverte de mousse, a un caractère pittoresque. Comme les routes serpentent sans cesse à travers les haies et les bocages, l'œil est perpétuellement captivé par de petits paysages pleins de repos, de charme et de grâce.

Toutefois le principal attrait des campagnes de l'Angleterre, c'est le sentiment moral qu'elles font prévaloir. Elles rappellent des idées d'ordre, de sécurité, de principes anciennement établis, d'usages antiques, de coutumes révérées. Tout y paraît être le produit d'une longue série de siècles d'une existence paisible et régulière. La vieille église, avec son portail massif, sa tour gothique, les vitraux peints de ses fenêtres, conservés avec un soin scrupuleux; les monuments des chefs et des guerriers d'un autre âge, ancêtres des maîtres actuels du sol; les pierres sépulcrales de plusieurs générations successives d'honorables cultivateurs, dont la postérité laboure encore les mêmes champs et s'agenouille au même autel; l'habitation du pasteur, avec ses constructions irrégulières, en partie modernes et en partie gothiques, selon les goûts des différentes époques et de ses différents maîtres; le sentier qui conduit au cimetière à travers des campagnes riantes et des haies d'aubépine; le village voisin avec ses vénérables chaumières et ses vieux arbres qui prêtaient déjà leur ombrage aux jeux des aïeux de la génération existante; l'antique manoir seigneurial, isolé dans la plaine ou sur le haut de quelque colline, et qui semble protéger la scène environnante; tous ces caractères habituels d'un paysage annoncent une tranquillité antique, une transmission héréditaire d'attachements locaux et de vertus qui semblent être le produit du sol, et qui donnent une forte garantie et une idée intéressante du caractère moral de la nation.

C'est un spectacle agréable, le dimanche, quand le timbre argentin de la cloche du village commence à se faire entendre dans le silence de la campagne, de voir les paysans se diriger vers l'église, à travers des prairies verdoyantes, avec une joie modeste, et parés de leurs plus beaux habits. Ce n'est pas avec moins d'intérêt que le voyageur les voit le soir, réunis à la porte de leur chaumière, considérer avec satisfaction les petites commodités et les embellissements qu'ils avaient eux-mêmes ajoutés à leurs demeures.

C'est ce goût pour les jouissances intérieures, ce sont ces paisibles joies de famille, dont les frivoles distractions du monde ne sauraient offrir l'équivalent, qui constituent le bonheur et qui font la gloire de l'heureuse Angleterre.

Les exemples ne manqueraient pas pour prouver que les jeux et les amusements d'aujourd'hui ne ressemblent plus à ceux de la vieille Agleterre. Les Anglais de notre époque ont la prétention d'être polis et graves; leurs ancêtres étaient rudes et gais. L'esprit d'industrie, de spéculation et d'entreprise s'est emparé de toutes les classes; on ne prend goût à rien, on ne s'intéresse à quelque chose qu'en vue d'un profit réalisable.

Tout est devenu objet de spéculation. Le *steeple chase*, le *pigeon shooting*, le *cricket*, la course à pied et à cheval, toutes les variétés du *turf*, le *coursing*, la *canine fancy*, les combats de coqs, les *regata*, et tous ces mille prétextes d'exercice et d'amusement n'ont été inventés que pour stimuler la passion du jeu. Voilà la grande transformation qui s'est opérée. Ce ne sont plus des sujets de distraction que l'on cherche; ce sont des affaires que l'on fait : la fortune en dépend. Aussi que de soins, que de peines pour assurer le triomphe : le jockey, pour être accepté, ne doit pas avoir plus de quatre pieds de haut; on exige qu'il soit d'une maigreur extrême, que ses cuisses grêles et arrondies s'adaptent parfaitement à la courbe du cheval; s'il pèse quelques livres de plus que le tarif, on le rejette, à moins qu'il ne consente à se faire maigrir. Le coq de bataille n'obtiendra aucun pari s'il n'a les plumes ébouriffées, le plumage noir, sans aucune tache blanche, la tête haute, la crête ardente, droite et bien plantée, le regard assuré, la démarche fière; son chant doit être sonore, retentissant, son bec recourbé, l'os de la patte très-fort et couleur de sang, et son ergot plein de vigueur. — Quel plaisir, peut-on éprouver à voir des chiens égorger un blaireau ou éventrer des rats?... Le principal attrait réside dans les gageures que ces exercices provoquent.

Le *coursing* lui-même, malgré son antiquité, est devenu un sujet de lucre pour les amateurs. Le coursing remonte à une époque bien antérieure au règne d'Élisabeth; mais, sous le gouvernement de cette grande reine, des lois furent rendues qui en réglèrent les conditions et les usages. Les voici en peu de mots. Un lièvre ne pouvait être poursuivi par plus de deux lévriers à la fois; en second lieu, celui qui retenait le lièvre devait attirer l'attention des chiens à trois reprises différentes, avant de lancer le lièvre, celui-ci devait avoir devant lui deux cent quarante *yards*, avant qu'on lâchât les chiens; enfin, celui des chiens qui rapportait le lièvre sans aucune déchirure gagnait le prix à son maître. Cette loi est encore en vigueur aujourd'hui.

Mais le grand législateur de tous ces plaisirs excentriques, c'est le *Bell's Life in London* : c'est lui qui décide les cas douteux, qui s'érige en censeur, qui prononce en dernier ressort, qui proclame le nom du vainqueur, qui décerne l'éloge ou le blâme, et qui rend des arrêts souverains.

Il ne faut pas croire que les gageures soient exemptes de ces petites filouteries si communes dans le commerce. Il est maintenant avéré que sur dix paris, il n'en est pas deux qui suivent leur cours ordinaire sans être entachés de mauvaise foi; et, chose remarquable, c'est que ces fraudes sont commises par des hommes de haut rang et bien nés. Les courses de chevaux n'ont plus d'autre objet que le gain des paris; on sacrifie à la vitesse les plus belles qualités du cheval, et de là une dégénérescence telle que les chevaux anglais de course sont maintenant hors de service à l'âge où leurs devanciers brillaient de tout leur éclat. On doit remarquer encore l'habileté que l'on met à varier les moyens, à créer mille subtilités pour favoriser les enjeux. Ce n'était pas assez de la course ordinaire sur un terrain nivelé. Celui-ci ne parie que sur le *trotting match*, la course au trot; l'autre lui préfère le *dead heat*, la course à outrance; un troisième ne pariera qu'autant que la course aura lieu sur le versant d'une colline, tandis que les plus madrés se retranchent dans les paris du *steeple chase*. La course au clocher réunit même aujourd'hui le plus de suffrages; c'est la plus belle des courses, dit-on, ou plutôt c'est celle qui offre le plus d'attrait aux amateurs du turf. Que l'on imagine pourtant ce qui peut en résulter pour le cheval coureur et celui qui le monte. La course au clocher se fait à travers plaines et fossés; il faut franchir des haies, courir à travers champs, sauter des fossés, gravir des collines escarpées, ou les descendre bride abattue. Cent fois pour une, dans cette course dangereuse, cavaliers et chevaux risquent de se tuer; mais la perspective de ces dangers et de ces obstacles à surmonter offre à la spéculation des chances sans nombre; voilà pourquoi aujourd'hui la course au clocher est plus que jamais en vogue auprès des parieurs.

Le chasseur d'aujourd'hui est un vrai fashionable; dans son costume, dans ses chevaux il déploie le luxe et la magnificence; ses piqueurs sont nombreux, ses chenils ressemblent à des palais. Ce n'est plus cette bonhomie, ce sans façon d'autrefois; ses manières sont polies, mais froides, et la mode de réunir à la campagne un grand nombre de personnages distingués lui donne un air d'affectation qui n'était point dans les mœurs des chasseurs du vieux temps. La civilisation le veut ainsi. Le chasseur d'il y a vingt ans, était si l'on peut employer cette expression tout d'une venue; simple, mais franc; quand il chassait, c'était pour le plaisir de chasser; à sa table régnait la gaieté; les vins n'y étaient peut-être point aussi délicats ni aussi recherchés que dans les modernes *country houses*; mais ils coulaient à larges flots; les titres ou la naissance n'y jouissaient de la prééminence qu'autant qu'ils étaient accompagnés de trophées nombreux conquis à la chasse du renard. C'est au parieur le plus heureux que s'adressent aujourd'hui tous les hommages.

Mais la fureur du jeu n'est pas concentrée dans les paris du turf: elle s'étend à tout et sur tout; et comme les gentlemen rougiraient de se présenter à la bourse, ils se font construire de fort jolis temples où le biribi, la roulette et tous les jeux de hasard sont en pleine activité. C'est en vain que la presse et l'opinion publique les ont flétris du nom de *hell* (enfer), leur nombre, leur importance ne font que croître et grandir. Le club de Crockford, celui de Molton-Maubray et celui de la Chasse au Renard et celui d'Éphraïm Bond à New-Market sont également dignes d'attention Que l'on juge de la prospérité de ces établissements par le fait suivant. Il y a quelques années Éphraïm errait dans New-Market en vendant des éponges et des crayons; eh bien, cet intervalle a suffi pour faire de cet homme un important personnage. Aujourd'hui, grâce au succès de son entreprise, l'enfant d'Israël brille parmi les hommes fashionables, ses chevaux sont les plus beaux, et il n'est pas de course remarquable où il ne remporte quelque prix. « Ce n'était pas encore assez, dit un écrivain anglais, il nous fallait, comme en France, un salon des étrangers. Point de pudeur, point de subterfuge; on brave la vindicte des lois, et, pour réunir les sacrificateurs autour de l'autel, on dédaigne ces formes mystérieuses sous lesquelles les maisons de jeu de l'Angleterre avaient jusqu'à ce jour dissimulé leur existence. Le nouveau club s'adresse aux journaux le mieux accrédités, et par leur intermédiaire apprend à tous les avantages qu'il offre, ce qu'il veut, où il va, d'où il vient. Cinquante mille livres sterling forment le chiffre de son capital, et les joueurs sont officiellement avertis que l'on procédera d'après la méthode française : cinq schellings pour la plus petite mise, et deux cents livres sterling pour la plus forte. »

« Ainsi, on le voit, plaisirs, fêtes, exercices, amusements, tout devient une occasion de jeu, tout est transformé en paris; ce n'est ni pour améliorer nos races, ni pour développer l'habileté de nos marins que l'on établit des courses, que des clubs de navigation sont institués, mais bien pour avoir un prétexte de jouer, pour créer de nouvelles chances, et pour alimenter les caprices du joueur. La chasse elle-même n'a pu s'affranchir de cette influence fatale; on joue, on parie en courant la bête; c'est une martingale continuelle. »

La boxe actuelle se traîne dans la fange ou s'expatrie. Tous les jours de nouvelles infractions aux règles établies contribuent à la dépopulariser, et à lui faire perdre ce caractère de loyauté qui la distinguait. Croirait-on que dans une de ces solennités gymnastiques, qui a eu lieu à Manchester, les deux champions ont osé se présenter sur le terrain avec des souliers dont l'extrémité était enveloppée d'un morceau de fer, et dont la semelle était couverte de clous! Après une lutte de vingt-huit minutes, l'un des combattants, baigné dans son sang, était emporté mourant loin du théâtre de sa défaite. Cette modification a été universellement flétrie par les plus chauds partisans du pugilat. De telles infractions aux règlements de la boxe doivent nécessairement porter un préjudice grave à l'existence déjà si compromise de cet exercice.

Jadis une réunion, un dîner, un bal ne se terminaient que par d'ignobles orgies. Tout cela est aujourd'hui bien changé. Qui ne connaît Almack? Là règne en souverain maître un conclave féminin devant lequel tout plie et tout fléchit; ses décrets suprêmes sont sans appel; c'est lui qui pèse dans sa balance les quartiers de noblesse du membre qui brigue l'honneur de faire partie de l'illustre assemblée, et qui décide dans sa sagesse si les portes du sanctuaire s'ouvriront pour le postulant; décision qui, sujette à faillir comme celle de tous les humains, a coûté souvent bien des larmes. Là, le luxe s'allie au bon goût, l'aménité à la grandeur, le plaisir à l'élégance. Là, vous trouverez des hommes de toutes les nations; des femmes d'une rare beauté, aimables sans affèterie. Les modes françaises y font fureur; les fleurs, la gaze, les robes de tulle et de crêpe y sont artistement ornées de bouquets de violettes, d'aubépine, de pâquerettes; là brillent les aigrettes de diamants et les colliers de perles.

Dans les réunions les plus bourgeoises le *roast beef* et le pudding, ces deux mets classiques et populaires ne sont offerts qu'accompagnés de plats empruntés à la gastronomie exotique. La soupe à la tortue n'est plus exclusivement réservée aux aldermen; et chez tous les marchands de comestibles vous voyez étalé l'innocent animal, avec cette inscription solennelle : *Soup to morrow*.

ÉCOSSE.

La limite de l'Écosse avec l'Angleterre va du nord-est au sud-ouest de l'embouchure de la Tweed à celle du Sark, dans le golfe de Solway. Elle suit la Tweed jusqu'à Carham, gagne le Cheviothill, suit le faîte des monts Cheviot jusqu'à la source du Jed, va joindre le Liddel, l'accompagne pendant environ trois lieues, jusqu'au confluent de l'Esk, et rencontre ensuite le Sark. Tout le reste de l'Écosse a la mer pour bornes : à l'est est la mer du Nord, au nord et à l'ouest l'Atlantique. Toutefois, si l'on fait abstraction des îles nombreuses et assez considérables qui dépendent de l'Écosse et l'avoisinent au nord et à l'ouest, il faut cesser d'assigner au territoire écossais des limites aussi générales. Alors le détroit de Pentland le sépare des Orcades au nord; à l'ouest, le Minch le sépare de Lewis, la plus septentrionale des Hébrides; l'Inner-sound de Skye; le Mull-sound de Mull; le Sound of Jura de Jura; le golfe de Clyde d'Arran, et le canal du nord de l'Irlande. Cette dernière exceptée, toutes les îles que nous venons de citer dépendent de l'Écosse : on peut nommer encore Bute et les Shetland, au nord-est; Islay, Colonsay, Tirree, Col, Rum, et Rassay, à l'ouest. La partie occidentale est échancrée d'une manière bien remarquable; les eaux de l'Atlantique y ont pénétré sur tous les points fort avant, ont formé des presqu'îles sans nombre, et semblent ne s'être arrêtées qu'au pied de montagnes indestructibles : les presqu'îles de Galloway, de Cowal, de Cantyre, de Benediraloch, de Morvern, d'Ardnamurchan, de Morer, de Knoydart, de Glenelg, d'Applecross, de Greinord, etc., sont effectivement couvertes de montagnes pour ainsi dire isolées. Sur la côte orientale, au contraire, on ne trouve pas d'îles, et les presqu'îles de Tarba, de Cromarty et de Fife ne sont que des promontoires formés par des ramifications bien marquées des chaînes qui couvrent l'Écosse.

L'Écossais Chambers se sert d'une image étrange pour donner une idée de la configuration de son pays : « L'Écosse, dit-il, n'offre ni la forme hexagone de l'Espagne, ni le profil rectangulaire de la France; elle ne ressemble pas à une botte comme l'Italie, à une pomme de terre comme l'Irlande, à un tronçon de serpent comme la Suède, ni enfin comme la Russie, à une baleine dont la gueule béante menace l'Europe, et la queue la Chine et l'Amérique. Elle a l'apparence assez grotesque d'une vieille femme accroupie qui se chaufferait devant un bon feu. Le Sutherland pourrait figurer son visage, Ross sa guimpe, dont Cromarty serait l'agrafe; Caithness représenterait sa toque, à laquelle l'archipel des Orcades et des Shetland s'attacherait comme un panache flottant. L'île de Skye formerait sa main droite, et l'île de Rull sa main gauche, étendues toutes deux vers les Hébrides occidentales, ainsi que vers la flamme du foyer; Perth, Argyle, Inverness, Angus et les autres comtés des Highlands composeraient le corps monstrueux de la géante que termineraient les comtés de Lowland, représentant ses jambes et ses genoux ployés. »

L'Écosse doit à sa position l'extrême variation de son climat; elle lui doit aussi, en hiver, une température plus douce que celle des contrées occidentales situées sous la même latitude; mais cette saison y dure davantage; en été, les brises modèrent la chaleur. Les vents sont très-variables : suivant le journal météorologique de Castle-Huntly, il paraît que sur la côte orientale, le vent souffle du sud-ouest, de l'ouest et du nord-ouest, deux cent vingt-six jours en un an; du sud et du sud-est, vingt-trois jours; de l'est, soixante-deux; du nord-est et du nord cinquante-quatre. Il paraît certain que sur la côte occidentale le vent vient du sud pendant les deux tiers de l'année, principalement en été et en automne, et contrarie souvent les travaux de cette saison. Cette contrée, comme tous les pays de montagnes, est sujette aux pluies; on évalue de trente à trente et un pouces la quantité de pluie qui tombe annuellement. Les vents dominants sur la côte occidentale y apportent l'humidité de l'Atlantique, ce qui rend cette partie plus sujette aux pluies que les autres d'environ un cinquième; on estime qu'il pleut et qu'il neige sur cette côte occidentale pendant deux cent cinq jours, et qu'il y fait beau pendant cent soixante.

Quoique n'ayant jamais été réellement soumise, l'Écosse subjuguée au premier siècle par Agricola fut considérée comme la conquête de Rome pendant plus de trois cents ans.

Les ruines et les monuments que l'on rencontre dans tout le royaume et qui se rapportent aux trois époques les plus obscures de l'histoire, nous font remonter aux événements les plus anciens et nous conduisent à la réunion définitive des deux couronnes de la Grande-Bretagne. Les recherches historiques nous portent à croire que les Cimbri ou Kymri, sortis de la Chersonèse cimbrique, formèrent la population originaire de l'Écosse et furent les maîtres du pays jusqu'au débarquement des Calédones ou Picti. Ceux-ci, venus de la Norwége sur les côtes septentrionales, chassèrent les Cimbri vers le sud et s'établirent dans la basse Écosse (*low lands*), où ils furent toujours distingués des habitants des hautes terres (*high lands*) occidentales.

Les Aittacotti passèrent de l'Irlande dans le comté d'Argyle, vers le milieu du troisième siècle, et devinrent la souche des montagnards écossais.

A la chute de l'empire romain, les Cimbri et les Attacotti formèrent une alliance et combattirent longtemps contre les Picti pour la domination; ce ne fut qu'en 843 qu'un traité conclu entre leurs souverains mit un terme aux débats sanglants de ces deux nations et les soumit à Kenneth II, roi d'Écosse. Les Danois et les Norwégiens s'emparèrent ensuite du pays où ils firent peser leur joug pendant plusieurs règnes, jusqu'à ce que le courage des Écossais eût affranchi le sol natal.

Le royaume resta divisé sous les dénominations suivantes jusqu'au règne de Malcolm II (commencement du onzième siècle).

Au nord de l'Écosse, le Pictland ou pays des Pictes, au midi le Valencia et le Cumbria, noms qui rappelaient la domination romaine; et au pied des Crampians les vallées de Strathcluyd peuplées par les descendants des Attacotti. Toutes ces divisions furent alors confondues et composèrent le royaume d'Écosse. Guillaume le Conquérant, qui l'envahit, respecta son indépendance.

Les agressions des souverains de l'Angleterre commencèrent à se faire sentir dès le douzième siècle; Henri III fut d'abord glorieusement repoussé par Alexandre II; mais bientôt Édouard Ier, profitant de la mort d'Alexandre III, détruisit les archives de l'Écosse, dans le but d'attribuer à l'Angleterre la suzeraineté du pays. Il donna à l'Écossais Jean Baillot ou Bailleul le titre de roi (titre purement nominal, puisque celui qui le portait demeura sous la dépendance du monarque anglais), et l'accabla ensuite des plus grandes humiliations. Le malheureux roi d'Écosse dut à chaque instant se rendre à la barre du parlement anglais pour y rendre compte et y faire les plus honteuses concessions, qu'il désavoua après, en proclamant l'indépendance de sa patrie. Édouard, qui n'attendait qu'un prétexte pour prononcer la confiscation du royaume et la forfaiture du vassal, put aisément s'emparer d'un pays qui n'était point préparé à se défendre, conduisit le roi à Londres et emporta le palladium de la souveraineté écossaise, la fameuse pierre appelée *Inisfail*. Alors la population se soulève, le généreux Wallace, à la tête de ses compatriotes, combat en héros pour leur délivrance; mais l'inimitié des partis, l'inégalité de la lutte les font succomber, et Wallace trahi est livré au vainqueur et périt du dernier supplice.

En 1306, Robert Bruce, qui avait pris le commandement des armées, se fit proclamer roi, et, huit ans après, l'indépendance de l'Écosse fut cimentée par la bataille de Bannookburn.

A dater de cette époque commença une série continuelle de révolutions. Jacques Ier à sa sortie de la Tour de Londres, veut réprimer l'anarchie et meurt assassiné. Pendant quatre siècles, une suite de revers poursuit les Stuarts jusqu'à l'abdication de Marie Stuart en faveur de Jacques VI, son fils, qu'en 1603 la mort d'Élisabeth appela au trône d'Angleterre. Il y monte sous le nom de Jacques Ier et réunit les deux couronnes sur sa tête. Mais c'est seulement en 1707 que les deux royaumes sont définitivement compris sous le nom de Grande-Bretagne et que les intérêts de l'Écosse et les détails de son histoire se confondent avec ceux de l'Angleterre.

Aujourd'hui l'Écosse est divisée en trente-trois comtés dont la superficie ne forme que 3,830 lieues, en y comprenant les îles. Elle présente deux grandes régions naturelles: la haute et la basse Écosse; mais on peut la partager d'une manière plus exacte encore en trois divisions: la région méridionale, la région centrale et la région septentrionale. La première est séparée par le golfe de Forth à l'est et par celui de Clyde à l'ouest; ces deux golfes sont joints ensemble par le grand canal qui traverse le royaume. La seconde est séparée de la troisième depuis le golfe de Murray, ou de Moray, au nord-est, jusqu'au lac ou golfe Linnhe au sud-ouest, par une suite de lacs à travers lesquels passe le canal calédonien, qui, long de trente lieues, joint la mer du Nord à l'océan Atlantique.

Les Écossais ont conservé leurs anciennes lois et leurs institutions; la justice est administrée par une *haute cour* (*court of session,*) dont les décisions ne peuvent être soumises qu'à la révision de la chambre haute du parlement, et qui statue sur les procès civils et criminels; par la cour du *justicier* (*court of justiciary*), le premier tribunal criminel du royaume et dont les membres font deux fois par an une tournée dans les différents districts; par celle de l'*Échiquier* de l'*amirauté*, et enfin par celle des *commissaires* composée de quatre juges qui décident les questions de mariages, de divorces, etc. Chaque comté a son *shérif*, magistrat électif auquel il appartient de faire poursuivre les criminels, d'instruire les procès, et de faire exécuter les jugements. Les cités et les bourgs royaux ont aussi des magistrats inférieurs, des juges de paix, ainsi qu'un officier royal appelé *coroner*, qui, lorsqu'il s'agit de mort violente, est chargé de l'enquête qui a toujours lieu. Le jury cependant est établi sur des bases différentes; ses jugements ne s'appliquent qu'au criminel, et la simple majorité est suffisante pour condamner et absoudre. Si l'unanimité, exigée en Angleterre pour condamner est trop favorable à l'accusé, en Écosse cette simple majorité lui est beaucoup trop défavorable. Certaines superfluités honorifiques et qui ne sont profitables qu'à très-peu de personnes aux dépens de la masse, sont encore conservées à l'Écosse; nous voulons parler de ces *grands officiers de la couronne*, au nombre de huit, qui, maintenus quand la couronne n'existait plus, perçoivent environ 20,000 livres sterling d'appointements. L'ordre du Chardon d'Écosse, est également maintenu. Il ne se compose que de douze chevaliers et du roi. Les chevaliers portent un cordon vert et une plaque décorée d'un chardon avec cette devise: *Nemo me impune lacesset*; vulgairement: *Qui s'y frotte s'y pique.*

L'Écosse, qui, d'après l'acte d'union de 1707, n'est taxée pour l'impôt territorial qu'à la quarantième partie de ce que paye l'Angleterre, exerce au parlement, par ses 16 pairs et ses 53 députés, le huitième du pouvoir législatif, et prend environ le douzième des hauts emplois de l'administration.

Appuyée sur l'Angleterre, l'Écosse se nourrit en partie de la sève de son robuste soutien. Elle s'est soumise, il est vrai, aux lois anglaises concernant les douanes, les accises et le commerce, mais ces lois lui ont été plus profitables que nuisibles; elles ont établi les choses sur un pied d'égalité et d'équité qui n'existait pas auparavant. Quels que soient les droits que l'industrie et le commerce ont eu à payer, ils sont loin d'être aussi onéreux qu'une prohibition absolue. Avant sa réunion à l'Angleterre, les importations et les exportations de l'Écosse étaient peu considérables: l'industrie y était encore dans l'enfance. Aujourd'hui ce pays se distingue par ses fabriques de toile et de coton, par ses tissus de laine, par ses fonderies et ses usines; ses pêcheries ont acquis plus de développement, et le commerce est devenu une de ses plus grandes ressources. Leith, Dundee, Abroath, Montrose, Aberdeen, Peterhead, Banff, Inverness et Glascow, sont les principaux ports qu'alimente ce mouvement commercial.

D'après le traité d'union, l'Écosse entretient en état de défense quatre forteresses, savoir: Edimbourg, Stirling, Dumbarton et Blakness, ainsi que plusieurs forts occupés par des garnisons, tels que ceux de George, d'Auguste, de Guillaume, de Charlotte et quelques autres encore. Par un acte récent du parlement, les lois sur la milice ont été étendues à tout le pays.

Les Écossais acquièrent presque tous une médiocrité de connaissances qui tient le milieu entre le savoir et l'ignorance, et qui est très-convenable dans la conduite ordinaire de la vie. Ces connaissances, le sentiment de l'émulation raisonnablement développé, et quelque chose d'entreprenant dans le caractère, les conduisent rapidement à la fortune et aux honneurs. Leurs députés aux communes se créent la plupart une très-grande influence. L'homme politique, le jurisconsulte, le manufacturier, le commerçant et le campagnard possèdent, chacun dans sa sphère, une somme de connaissances pratiques qu'en France les mêmes classes n'ont pu acquérir, l'initiation chez elles étant moins ancienne, et les moyens d'expansion plus récemment et moins sagement mis en œuvre. L'Écosse est ainsi que l'Angleterre, le pays pratique des lieux communs raisonnables en politique, en morale, en législation, en économie politique ou domestique. En général les Écossais sont moins lourds que ne pourraient le faire supposer leurs longs raisonnements, et leur pesante manière d'étudier les questions les plus frivoles, et l'Écosse est peut-être celle des provinces du royaume-uni où le savoir solide est aujourd'hui le plus universellement répandu.

L'esprit de parti, tout passionné qu'il paraisse être en Écosse, comme en Angleterre, ne marche cependant qu'à la suite de l'intérêt national, qu'il ne fait jamais oublier. Quand Muir, Palmer et Gérald, au début de la réforme, déployaient le drapeau de l'insurrection et appelaient leurs concitoyens aux armes, jamais il ne fut question de faire intervenir l'étranger dans ces querelles domestiques. Toute allusion au rappel de l'union des deux royaumes fut même soigneusement écartée, l'Écossais tout mécontent qu'il pouvait être, se rappelant qu'il habitait la même île que l'Anglais. Les deux peuples ont pu se combattre pendant des siècles, aujourd'hui les mêmes intérêts les rapprochent comme le même sol les fait vivre. A Édimbourg et à Glascow comme à Londres, on trouve tous les amours-propres d'accord pour déguiser aux yeux de l'étranger le côté faible de la nation. La haute opinion que ces insulaires ont d'eux-mêmes, la supériorité qu'ils s'accordent comme peuple sur toute autre nation, les défauts mêmes de leur caractère, cette roideur et cette contrainte qui leur sont particulières, sont peut-être les principaux mobiles du patriotisme anglais. A Édimbourg et à Glasgow, ainsi qu'à Londres, le gouvernement a su tirer un merveilleux parti de cette susceptibilité nationale; il s'est surtout bien gardé de la dédaigner, et souvent il renonce à faire sentir son action plutôt que d'y porter atteinte. Nous nous étonnons de la violence des publications réformistes et des feuilles démocratiques de Glasgow, d'Édinbourg et des comtés du sud; le gouvernement n'en est jamais inquiété. Cette tolérance porte un coup mortel au prosélytisme, qui a besoin de persécutions; elle a de plus pour effet de diminuer la fougue des attaques : les gens qu'on ne poursuit pas, qu'on n'écoute pas, peuvent crier à la tyrannie. En un mot le gouvernement sait fermer l'oreille à propos, la police s'efface à l'occasion et permet le tumulte à certaines doses.

Dans les villes du sud de l'Écosse, le prodigieux développement de l'industrie est le résultat d'une tolérance analogue. On s'effrayait vivement au début, on criait à l'imprudence, à la folie, les intéressés étaient prêts à réclamer une direction modératrice; effrayés eux-mêmes du mouvement qui les emportait, ils eussent voulu que la main du pouvoir en ralentît la furie; le pouvoir plus calme parce qu'il était désintéressé, ne s'est pas ému de ces vaines terreurs. Il a senti que le meilleur moyen de protéger, c'était de laisser faire. L'expérience a prouvé qu'il ne s'était pas trompé. Sa sécurité, son indifférence même, ont fait naître la confiance; l'impulsion donnée s'est continuée, et l'industrie a vaincu.

La capitale de l'Écosse, ÉDINBOURG (en anglais *Edinburgh*) ne se composait vers la fin du seizième siècle que d'une rue principale, qui s'étendait depuis le château jusqu'à l'abbaye d'*Holy Rood,* et de quelques ruelles adjacentes. Pendant les divisions intestines qui désolèrent si longtemps cette contrée, les murailles fortifiées qui entouraient la capitale s'opposèrent à son accroissement; mais quand la réunion de l'Écosse et de l'Angleterre fit cesser les querelles des seigneurs, le gouvernement sentant la nécessité de rassembler le peuple en grande masse pour le gouverner plus facilement, favorisa l'agrandissement de la ville, la population prenait un accroissement si rapide, que l'espace devint bientôt insuffisant, et en 1767 les magistrats obtinrent, par acte du parlement, l'autorisation de bâtir une ville nouvelle au delà du ravin septentrional. Les familles nobles et riches qui demeuraient dans la vieille ville émigrèrent dans la nouvelle. Un chaudronnier occupa l'hôtel du lord président Dundas; celui du duc d'Errol fut transformé en cabaret; l'appartement d'Olivier Cromwell fut habité par le clerc d'un shérif, et un tourneur délogea de la maison de lord Drummore, parce qu'il s'y trouvait trop à l'étroit. En 1763 on ignorait même le nom d'un parfumeur, d'un coiffeur, d'un mercier; un parapluie était un objet de luxe et de curiosité, et les femmes d'une haute considération osaient seules prendre un maître à danser. Mais avec l'aspect de la ville les mœurs des habitants changèrent, et en 1783 il y eut des cours de parfumerie, de coiffure, et on établit des écoles de danse. L'accroissement de la population ne s'est pas ralenti depuis cette époque; en 1811, il y avait à Édimbourg 102,000 habitants, elle en renferme aujourd'hui 165,000.

Une partie de la population se compose de riches, d'écrivains et de professeurs distingués, d'un grand nombre de gens de loi et d'étudiants; Édimbourg est par conséquent, le rendez-vous du luxe, des modes, de la politesse et du goût. Elle est particulièrement célèbre pour ses écoles de droit, de médecine, de littérature et de philosophie. On y fabrique principalement des toiles renommées, des châles, de la soierie, des casimirs, des meubles de goût et surtout de belles voitures qu'on exporte en grande partie.

Les jouissances simples et naturelles de la famille semblent suffire aux Écossais, aussi la vie est-elle beaucoup plus réglée à Édimbourg qu'à Londres. Les esprits contemplatifs chez qui l'imagination même a des allures raisonnables se plaisent dans leur intérieur; on ne se trouve bien que chez soi (*at home*); le coin du feu absorbe la meilleure partie des soirées, et ce n'est que fort accidentellement que l'on va chercher des distractions au dehors. La musique est cultivée avec plus de succès chez les Écossais que chez les Anglais; cet art, comme la conversation et la lecture, étant de ces plaisirs que l'on se procure aisément chez soi. Le piano est à peu près le seul instrument dont les Écossais sachent tirer parti. Quoique les gémissements aigus de la cornemuse excitent chez les dilettanti d'Édimbourg un singulier enthousiasme; on peut se figurer qu'il y a là beaucoup de cet esprit de nationalité, de ce patriotisme un peu étroit que les habitants du royaume-uni appliquent à tout. Par les mêmes raisons, le goût des spectacles n'existe pas chez les Écossais, ils préfèrent de beaucoup le plus mauvais sermon au plus beau drame et à la meilleure comédie. Aussi on peut dire qu'il n'y a pas de théâtre à Édimbourg. Quelquefois il est vrai, des acteurs de passage se réunissent dans une petite salle noire et enfumée qui ferait honte à une de nos villes de province, et jouent devant une cinquantaine d'auditeurs décemment vêtus et une centaine de pauvres déguenillés, quelque drame insipide ou quelques farces anglaises ou écossaises bien grossières, souvent aussi d'effroyables mélodrames remplis d'incidents horribles où certaine vérité atroce et triviale paraît dans toute sa laideur et sa nudité repoussante. Dans telle de ces affreuses pièces, l'héroïne arrivait sur la scène tenant en main l'épée qui venait de percer le cœur de son bien-aimé. Cette épée était teinte de sang; la malheureuse passait sa main sur cette lame et la retirait toute rouge; elle la regardait d'un œil fixe, puis la montrait aux spectateurs avec égarement. Ce n'était pas tout encore : elle étendait le sang dans sa main, sur ses bras nus, le regardait de nouveau avec désespoir, le montrait encore aux assistants, l'essuyait enfin avec ses longs cheveux flottants, et se jetait à la renverse en poussant de ces éclats de rire sardoniques d'un effet prodigieux quelquefois, mais dont les acteurs médiocres font en Angleterre un abus vraiment déplorable. Voilà où en est encore le drame en Écosse, pays essentiellement littéraire, qui cependant n'a jamais eu, et qui probablement n'aura jamais ni théâtre, ni acteurs, ni poëtes dramatiques. Du reste les Écossais avouent d'autant plus volontiers leur infériorité à cet endroit, que sous tout autre rapport ils ont une excellente opinion d'eux-mêmes, et que, comme poëtes, philosophes ou critiques, ils se croient sans rivaux. Cette prétention a pu être légitime un instant; mais aujourd'hui les grandes lumières sont éteintes, l'illustration véritable a fait place au mérite secondaire, et ces hautes prétentions ne sont plus fondées que sur des titres rétroactifs. En un mot, le génie littéraire de l'Écosse est remarquable encore, mais moins puissant que son génie industriel, qui paraît bien autrement assuré de l'avenir. Cependant, si depuis Walter Scott on a publié peu d'excellentes choses, on en a publié encore moins de mauvaises ou tout à fait médiocres. Ce fonds de fierté et de respect pour soi-même qui distingue chaque individu l'empêche de se compromettre et de faire de ces débauches d'esprit non moins déplorables que dégradantes. Ailleurs la vanité remplace l'amour-propre; la vanité ose beaucoup plus, parce qu'elle est plus confiante. Une des causes de la suprématie intellectuelle de l'Écosse et de l'éclat que depuis un demi-siècle Édimbourg a jeté comme ville scientifique et littéraire, c'est la concentration. La société de cette ville, moins fractionnée que celle de Londres, a des limites qu'on peut facilement embrasser. L'homme d'un vrai talent est à peu près sûr de ne jamais rester ignoré dans la foule, et trouve sans difficulté des personnes qui apprécient son mérite. Toute personne dans son camp et dans sa caste occupe aisément le rang auquel elle a droit.

La politesse en Écosse n'est pas hautaine et gourmée comme en Angleterre; mais elle n'est pas non plus familière comme en France, où les connaissances d'un jour sont souvent traitées sur le même pied qu'un ami d'enfance. La politesse écossaise se borne à être naturelle et franche, et va quelquefois envers les étrangers, jusqu'au dévouement.

Les Anglais qui, pendant plus de deux siècles se sont plu à donner aux Écossais tous les défauts et tous les ridicules possibles, déblatèrent contre la parcimonie écossaise, et prétendent qu'au delà de la Tweed, l'avarice s'étend à toutes les classes. Parmi la multitude de faits caractéristiques à l'aide desquels les Anglais s'efforcent de justifier leurs railleries, en voici une rapportée par M. Fred. Mercey, et qui nous paraît assez ingénieusement imaginée.

« Un indigent rencontre un jour dans une des rues d'Édimbourg un ministre qui passait pour très-riche, et lui demande une guinée. — Une guinée! mon ami; comment veux-tu que je te donne une si forte somme? lui répond le prêtre.—Alors donnez-moi un schelling? — C'est encore beaucoup trop. — Alors un farthing? —Pas plus un farthing qu'un schelling, on ne peut faire la charité au premier venu.—Vous me donnerez du moins votre bénédiction? — Soit, mon enfant; passe pour la bénédiction. — Fi donc! s'écrie le mendiant, qu'ai-je besoin de votre bénédiction? si elle eût valu un farthing, vous ne me l'auriez pas donnée! »

Ces épigrammes peuvent avoir un fonds de vérité, mais on doit aussi les considérer comme des médisances nationales; et il y aurait de l'injustice à les prendre à la lettre. L'économie est souvent obligatoire chez les Écossais; ils sacrifieront beaucoup moins au désir de paraître que les Anglais; mais en revanche, ils ne se refusent aucune des jouissances du *confort*. Au lieu de dépenser fastueusement les trois quarts de son revenu en trois mois, et de vivre misérablement pendant les neuf autres mois, caché dans ses terres ou dans quelque bicoque du continent, l'Écossais préférera vivre toute l'année sans faste, mais aussi sans privations.

La démarcation des classes est peut-être plus profonde encore en Écosse qu'en Angleterre. Le besoin des distinctions sociales n'y est pas moins impérieux. L'aristocratie y étale le même orgueil et les mêmes prétentions qu'à Londres, mais en mêlant à sa hauteur une sorte de simplicité et de bonhomie, reste des mœurs patriarcales des clans abolis. D'ailleurs les mêmes armoiries fastueuses remplissent les panneaux des voitures chargées de grands laquais poudrés, portant la canne, signe distinctif de la noblesse de leurs maîtres. Le même esprit d'exclusion préside aux réunions de plaisir, et, telle personne de la caste inférieure ne peut, par exemple, figurer au même quadrille que telle autre de la caste supérieure. Néanmoins, cette hauteur aristocratique n'exclut pas la politesse et n'est offensante que d'une manière toute négative. Ces vanités bourgeoises qui sèchent de douleur de ne pouvoir jouir de quelques priviléges insignifiants attachés au titre de noble, de ne pouvoir se mêler avec aucune classe de la société que la leur en sont seuls affectés. On ne rencontre guère dans l'aristocratie écossaise de ces grands seigneurs impolis de propos délibéré, insolents avec calcul. Les hommes d'une haute naissance laissent aux parvenus ces ridicules odieux. L'orgueil timide et la hauteur maladroite, si communs autrefois, corrigés par les voyages et des relations plus fréquentes avec cette société de Londres, que naguère encore les Écossais accusaient de mollesse et de fadeur (*soft and washy*), ont fait place à plus d'aisance et à plus de liant. On ne rencontre plus que rarement, dans certaines classes de la société, de ces tartufes de mœurs, gens de noblesse douteuse, et par cela mêmes pleins de morgue et d'insolence, qui, tout à la fois altiers et fourbes, ambitieux et parasites avec du savoir-faire et de l'audace, régentaient la société qu'ils effrayaient et qui les méprisait.

La langue écossaise est un composé du celtique et de différents idiomes du nord. On y remarque facilement plusieurs dialectes : l'écossais proprement dit, ou le *lowland scotch*, parlé autrefois à la cour des rois d'Écosse, et dans lequel Jacques V composa plusieurs poésies gracieuses, le *border language*, idiome mélangé que l'on parle vers les frontières de la région méridionale, et auquel appartiennent les ballades que chante le peuple; et l'idiome des Orcades, remarquable par le mélange d'un grand nombre de mots norwégiens. Le *gaelic* ou le *celtique* et le *caldonach*. Cependant l'anglais est répandu dans toutes les parties de l'Écosse, mais il y est aussi mal prononcé que dans le midi de l'Angleterre. Les habitants des hautes et des basses terres se distinguent par leur langage, leurs coutumes et leurs vêtements : tandis que les derniers offrent dans leurs manières plusieurs traits de ressemblance avec les Anglais; les autres par leur langue et leurs usages, se rapprochent des Gaulois et des Irlandais. Les montagnards ont toujours montré le plus grand attachement pour tout ce qui rappelle leurs ancêtres. Ils ont remplacé la harpe du barde par la cornemuse du pâtre, mais leur musique n'a pas varié dans son harmonieuse simplicité. Une grâce naïve et touchante caractérise encore leurs chants consacrés à l'amour; ceux qui par un rhythme plus vif et plus cadencé invitent au plaisir de la danse, conservés à dessein dans les armées anglaises, y excitent l'Écossais au combat. Le costume national, qui, dans les révoltes dont l'Écosse fut si souvent le théâtre, était un signe de ralliement, fut proscrit par le parlement après le dernier soulèvement en faveur du dernier Stuart; mais il est redevenu général dans les montagnes; on l'a même conservé dans les régiments de cette partie de l'Écosse. Il consiste en un justaucorps, en une espèce de jupe courte appelé *feil-beg*, ou *kilt*, et un long et large manteau, le *plaid*, qu'ils rejettent sur l'épaule et qu'ils retiennent à l'aide d'une épingle ou agrafe d'argent appelée *broach*, leur cuisse est nue, mais leur jambe est couverte d'un bas fait, ainsi que les autres parties de l'habillement, d'une étoffe de laine à carreaux de diverses couleurs nommée *tartan*. Ces bas sont, depuis la chaussure jusqu'aux genoux, retenus avec des jarretières de laine bigarrées. Leur coiffure est un petit bonnet qu'ils ornent d'une plume. Le costume des femmes de la montagne diffère principalement de celui des autres Écossaises par l'espèce de manteau dont elles s'enveloppent et surtout par le *tartan* dont elles s'habillent aussi.

CHEF DE CLAN.
(Écosse.)

On remarque le long de la côte d'Écosse des villages qui consistent en un petit nombre de chaumières. On les rencontre semés parmi les dunes, ou cachés au fond de quelque *glen* (vallon), ou perchés sur le sommet d'un rocher, au pied duquel se brisent les vagues de la mer. Dans ces villages vit une race d'hommes dont les mœurs, extrêmement curieuses, sont cependant peu connues; race particulière qui, pour l'origine, le sang, les idées, les habitudes, les usages, le dialecte, n'a rien de commun avec les populations avoisinantes, soit qu'elle provienne d'une souche étrangère, soit qu'il faille attribuer ce résultat à son isolement du reste du monde.

Aberdeen montre, par un exemple frappant, comment une même ville peut renfermer deux races, non-seulement distinctes, mais encore tout à fait différentes. Les rues qu'habite à Aberdeen la population maritime, ne sont séparées que par quelques chantiers de deux places, nommés *squares* des pêcheurs. Les maisons de ces squares sont de pauvres cabanes couvertes en terre, et disséminées parmi les dunes de l'embouchure de la Dee. C'est le quartier des *fittee-folks* (pêcheurs). Ils forment une population à part et ont la double industrie de la pêche et du pilotage.

Jusque dans ces derniers temps, les deux classes de citoyens d'Aberdeen ne pouvaient pas comprendre le dialecte l'une de l'autre, quoiqu'il y eût entre les deux langues un certain nombre de mots communs. Le dialecte d'Aberdeen est plus doux. Celui des fittee est plus labial que guttural.

Un pêcheur, homme de la côte orientale d'Écosse, ressemble plus à un Français de la même classe que tout autre Anglais ou Irlandais. Le type des *poissardes* françaises s'y retrouve aussi fréquemment; il n'est point de voyageur qui n'en soit d'abord frappé.

Les villages qu'habitent les pêcheurs et l'intérieur de leurs demeures présentent un aspect singulier. Le long de chaque rangée de cottages sont tendues, en dehors, des cordes auxquelles pendent des vestes, des jaquettes, des mouchoirs aux couleurs éclatantes, et autres vêtements qui sèchent au soleil. On y voit aussi divers engins de pêche. Quand le soleil ne se montre pas, on les expose devant le feu et jusque sur la cheminée. Pendant que les hommes sont en mer, la plupart des femmes s'occupent à trier ou à vendre le poisson; il ne reste que des mères avec leur nourrisson et des enfants folâtres; çà et là on aperçoit quelque mouette solitaire, ou quelque cormoran dont on a rogné les ailes et qu'on retient dans une demi-captivité. Ces oiseaux se promènent gravement dans les rues ou sur le faîte des maisons; souvent aussi ils s'avancent à la rencontre des vagues qui viennent mourir au pied des dunes.

Les cottages n'ont d'autres planchers que la terre. Le soir de chaque samedi on le recouvre d'une couche de sable. Les chaumières se composent de deux pièces, un *but* et un *ben*. En face de la porte d'entrée, un feu de tourbe brûle sur un lit de briques, et la fumée s'échappe par un trou que l'on a ménagé dans le toit. Quand vient la nuit, les *hakes* (morceaux de bois en forme de triangle ayant des clous pour crochets) auxquels on a attaché le poisson, afin de le faire sécher, sont placés dans l'intérieur des habitations. Quelques planches, jetées dans un coin, servent de lit aux enfants; vis-à-vis est un berceau en bois. Les siéges consistent en chaises et en escabeaux de sapin; une petite table ronde, également de sapin, occupe le milieu de la chambre; tout cela est propre et brillant; des rames, des paniers d'osier, des filets sont disposés tout autour. Ce sont les richesses de ces braves gens et leur gagne-pain.

Cependant, la nuit approche, on allume la *crisie*, ou petite lampe en fer. La famille s'assemble autour du foyer, on se croirait reporté au temps des patriarches. La vieille grand'mère tient sa petite-fille sur ses genoux, la femme du pêcheur allaite son dernier né, le mari travaille à réparer ses filets, les plus jeunes enfants jouent et se roulent sur le plancher, tandis que ceux qui sont déjà grands secondent activement leur père.

Les hommes qui habitent le rivage de la mer ont en quelque sorte une existence double. Comme les autres paysans, ils appartiennent à un village, à une paroisse; ils ont un jardin et parfois un coin de terre à cultiver; mais ils ont de plus, pour occuper leur pensée et leur imagination, les mille bruits, les mille aspects de l'Océan. La vente de leur poisson, le soin de leur barque et de leurs filets, occupent tous leurs instants. Ils affrontent des dangers qui renaissent sans cesse; si leurs moyens de subsistance sont plus prompts et plus faciles, en revanche ils ont toujours la mort devant les yeux, et c'est là justement ce qui les attache à leur métier.

Les pêcheurs écossais sont loin de montrer ces sentiments d'inhumanité qu'on reproche aux pêcheurs du comté de Sussex, en Angleterre.

Pour ces hommes simples et ignorants, un nom contient tout, depuis un siége au parlement jusqu'à une humble chaire dans une école de village.

Ils sont constamment en quête de surnoms nouveaux. Comme ils descendent tous d'un petit nombre d'ancêtres qui leur sont communs, et que depuis un temps immémorial ils ne se sont point mêlés aux autres habitants des basses terres, il n'y a souvent pour un village entier que deux ou trois surnoms. Ainsi l'on compte à Burkie vingt-cinq George le Vacher.

On cite l'histoire d'un facteur de la poste aux lettres qui avait si complétement oublié son propre nom, qu'il colporta partout le village une lettre adressée à lui-même, s'enquérant à qui cette lettre pouvait être destinée.

Wordsworth décrit ainsi les femmes des pêcheurs de Calais : « vieilles, ridées, à la voix rude et glapissante. » Ceci peut s'appliquer à quelques-unes des femmes des pêcheurs écossais, mais non pas à toutes : plusieurs d'entre elles sont des matrones aux yeux brillants, aux joues fraîches, aux robustes appas. Leur costume diffère complétement de celui des paysannes écossaises. Leurs couleurs favorites sont le bleu, le blanc, le jaune. Par-dessus leurs cheveux tressés avec soin, elles portent une cape étroite et un mouchoir de couleur qui se noue sous le menton. Les jeunes filles bordent ce mouchoir de dentelle; quelques-unes même, quand vient le dimanche, se coiffent d'un bonnet. Les femmes mariées portent l'*owercroon*, ou cape d'une forme antique et disgracieuse, laquelle se termine en pointe sur le haut de la tête. On en voit qui ne dédaignent point d'endosser les jaquettes de leurs maris; d'autres se revêtent d'un justaucorps de laine, coupé aux manches et sur le devant de la poitrine; d'autres enfin s'affublent d'une couverture rayée de bleu. Leur robe de dessus descend à peine plus bas que celles de nos dames d'Opéra. L'étoffe en est communément rayée de blanc et de jaune. Aux environs d'Édimbourg, toutes ont de gros souliers et des bas bleus. A Aberdeen on en rencontre qui n'ont pas de souliers, ou qui portent des bas auxquels le pied manque, et qu'on appellle *moggins*.

Lorsqu'on songe à quel point la crainte de n'être pas mises à la dernière mode tourmente les dames de la classe moyenne, on ne peut s'empêcher d'applaudir aux goûts stationnaires des pêcheurs; ce qu'ils aiment et admirent dans leurs femmes ce n'est point leur parure, mais leur bonne mine et leur robuste santé; ils les préfèrent mille fois à ces dames pâles, frêles, maladives, dont la taille, comprimée dans un étroit corset, ressemble à celle d'une guêpe, et que les pensionnats d'une capitale de l'Europe nous rendent à moitié instruites et à moitié corrompues.

Les filles de ces pêcheurs se marient presque toutes fort jeunes. On ne voit guère parmi elles ce qu'un philosophe de nos jours appelle poétiquement le stigmate de la civilisation,... une vieille fille. C'est que pour ces bonnes gens une femme active qui seconde son mari dans ses travaux est un trésor. Ces unions, que l'amour seul a formées, sont rarement malheureuses. La prostitution est une chose inconnue. Seulement il arrive quelquefois que le premier enfant vient au monde avant les neuf mois de rigueur.

La vie laborieuse et constamment occupée des femmes de pêcheurs exerce sur leur moralité une influence salutaire. Elles ne perdent jamais leur temps en compagnie de ces femmes désœuvrées que l'oisiveté et la paresse conduisent au crime. Une autre circonstance heureuse, c'est l'étroite union des familles. Les divers membres dont chacune d'elle est composée habitent sous le même toit ; ils participent aux mêmes délassements et aux mêmes travaux. Les plus jeunes croissent sous les yeux de leurs aînés ; ils se forment par les conseils de leurs parents ; ils profitent de leur longue expérience. Il n'en est pas ainsi dans les districts manufacturiers où, moyennant quelques shellings par semaine, les enfants quittent de bonne heure le toit paternel et grandissent à l'aventure.

Chaque classe de la société a ses formules de serment et fait peu de cas de celles qui ne lui sont point particulières. Un gentleman promettant quelque chose à un paysan jure sur *son honneur* qu'il tiendra sa parole. « Ne jurez pas sur votre honneur, réplique celui-ci ; mais dites *aussi sûr que nous mourrons*, et je vous croirai. » Un homme de loi d'Aberdeen, interrogeant les pêcheurs de Collieston et de Fenny-Fauk, dans un procès de contrebande, leur fit prêter serment à tous sans leur arracher le moindre aveu ; quelqu'un conseille de leur imposer la formule suivante : « *foi de pêcheur !* » — Non point ! s'écrie le premier témoin, auquel on demande de prononcer ces mots sacramentels : Je jurerai tout ce qu'on voudra, je ferai tous les serments, excepté celui-ci.

Les pêcheurs professent une grande vénération pour les idiots. « Mais vous avez un autre enfant dont vous ne parlez pas, » disait une bourgeoise de Peterhead à la veuve d'un pêcheur. — « C'est un pauvre garçon dont l'esprit est au ciel, répondit celle-ci : il ne faut pas s'inquiéter pour lui, c'est l'oint du Seigneur. »

Ils ont sur la mort des idées empreintes d'une sombre superstition. Suivant une croyance reçue, lorsqu'un malade doit succomber, une lumière mystérieuse que ne portent point des mains mortelles, part de sa maison à l'heure de minuit, et, traversant les airs, va s'arrêter sur la place où, le lendemain, on creusera pour lui une fosse. La veille du jour où un naufrage a lieu en mer, le spectre des pêcheurs qui y perdront la vie apparaît à leurs camarades ; puis il s'enlève dans un linceul de flamme ou un chariot de feu.

IRLANDE.

L'Irlande est située entre 51° 20' de latitude nord et entre 7° 35' et 12° 40' de longitude occidentale. Elle a, du nord au sud, 105 lieues dans sa plus grande longueur, et sa largeur extrême est de 62 lieues. On évalue sa surface à 3,970 lieues carrées.

Le climat de l'Irlande est analogue à celui de l'Angleterre, mais l'atmosphère y est encore plus humide, ce qui paraît résulter du nombre et de l'étendue de ses lacs.

Ce pays renferme une multitude de montagnes, dont quelques chaînes sont assez considérables, mais elles sont peu élevées.

Les forêts qui jadis couvraient l'Irlande sont remplacées aujourd'hui par des *bogs* ou marais qui forment un des traits caractéristiques du pays. L'Irlande recueille au fond de ces bogs le bois nécessaire à son usage. Ce bois est parfaitement conservé, et ce qui fait supposer que les troncs d'arbres qu'on retrouve sont des restes d'antiques forêts de chêne, c'est que les eaux qui les recèlent semblent être chargées de tan : elles ont la propriété de convertir en une sorte de cuir la peau des animaux, et quelquefois même celle des hommes qui sont engloutis dans leur profondeur. On y a découvert, dit-on, des ornements d'or et des restes d'antiquité.

Jusqu'en 1800, l'Irlande, qui depuis plusieurs siècles était vassale de l'Angleterre, eut son parlement séparé ; mais en 1801, il fut réuni à celui de la Grande-Bretagne.

Ce pays est administré par un lord-lieutenant nommé par le roi d'Angleterre, et qui correspond avec le secrétaire d'État pour les affaires de l'intérieur ; il réside au château de Dublin, où il tient une espèce de cour composée d'un secrétaire privé, d'un steward ou intendant, d'un chambellan, d'un écuyer, des gentilshommes de la chambre, des pages, etc.; ses appointements sont de 675,000 francs : il préside un conseil privé, dont les membres sont les principaux fonctionnaires de l'État.

En 1827, la noblesse irlandaise était représentée par deux cent dix-huit individus, savoir : cinq pairs du sang royal, un duc, quatorze marquis, soixante-seize comtes, quarante-huit vicomtes, soixante et dix barons et quatre pairesses ; ce corps de noblesse élit pour la vie vingt-huit membres de sa classe pour siéger dans la chambre des pairs de la Grande-Bretagne, où ont droit de siéger aussi un archevêque et trois évêques qui alternent à chaque session. Les communes sont représentées par soixante-quatre *knights* ou chevaliers, et trente-six *burgesses* ou bourgeois, en tout cent représentants.

L'Irlande est divisée en quatre provinces : Ulster, Connaught, Leinster et Munster ; elles se subdivisent en trente-deux comtés, dont neuf pour la première, cinq pour la seconde, douze pour la troisième, et six pour la dernière.

On compte en Irlande quatre provinces ecclésiastiques ou archevêchés dont les siéges sont Armagh, Dublin, Cashell et Tuam, et en vingt-deux évêchés suffragants.

Dublin, la capitale, est une ville populeuse et commerçante. Son gouvernement et sa police sont confiés aux soins du lord-maire, assisté d'un *recorder*, de deux shérifs, de vingt-quatre *aldermen* et d'un conseil municipal ; la garde aux ordres d'un magistrat se compose de quarante cavaliers et de quatre cents fantassins qui fournissent des sentinelles à tous les postes convenables. Elle ne peut dépasser la route qui forme une enceinte autour de la ville.

On dirait que l'humidité de l'atmosphère qui entretient en Irlande une végétation si fraîche, y contribue aussi à la beauté du sang : il y a peu de peuples aussi beaux que les Irlandais. Ce n'est pas seulement dans les classes supérieures que l'on fait cette remarque : sous les haillons de la misère on trouve dans les campagnes des hommes grands et vigoureux, et des femmes dont les traits réguliers, dont les grâces et la fraîcheur seraient enviés par plus d'une élégante de Dublin. La noblesse irlandaise, dédaignant généralement les occupations productives, aime le luxe et la dépense ; mais la partie la plus riche de la nation est celle qui se compose des nombreuses familles anglaises et écossaises appartenant principalement à la classe industrielle : elle habite les côtes orientales et septentrionales de l'île. La population de l'Irlande se compose donc de la grande masse des prolétaires indigènes séparés du reste des habitants par leur manière de vivre, leur langage et leur abrutissement, et façonnés aux humiliations des propriétaires ; de riches Irlandais, dont les mœurs et le langage ne diffèrent pas de ceux des Anglais ; de presbytériens écossais, descendants de ceux qui, fuyant la persécution sous le règne de Jacques Ier et de ses successeurs, s'établirent avec leur industrie sur les côtes septentrionales de l'île ; et de négociants anglais qui ont répandu le mouvement et la vie sur les côtes orientales.

Quoique l'Irlande soit inférieure à l'Angleterre sous le rapport de l'instruction, de l'industrie, du commerce et de l'agriculture, et que le petit cultivateur irlandais n'ait pour nourriture que des pommes de terre, ce qui a fait donner par les Anglais, à cette île, le nom de *Land of potatoes* (pays aux pommes de terre), elle possède des germes féconds de prospérité future : il suffit d'en donner pour preuve l'accroissement de ses produits en moins d'un siècle, et surtout celui de sa population. En 1726, celle-ci se composait de 2,309,000 individus ; en 1827, elle était de 7,672,000 âmes. Le recensement de 1831 la porte même à 8,200,000. Ainsi, chose extraordinaire, sa population a presque quadruplé en moins d'un siècle : ce qui annoncerait des ressources immenses ou une dépopulation considérable pendant les troubles et les révolutions qui ont si longtemps agité ce pays.

On voit souvent en Irlande des familles composées de six, huit et dix enfants, tous élevés dans une liberté insouciante et sauvage, aimés de leurs parents, gâtés comme le sont les enfants des riches et imprévoyants de l'avenir.

Les filles reçoivent une éducation très-superficielle : on leur apprend un peu de tout ; elles ne savent rien. La plupart, jolies et gracieuses, naissent avec des qualités que l'on ne trouve pas toujours en Angleterre ; elles ont de la douceur, de la bienveillance, un naturel heureux. Mais étourdies, négligées, violentes dans leurs expressions et leurs désirs, capricieuses et impétueuses, elles contrastent singulièrement avec la grave et modeste race saxonne.

Les fils, en grandissant, s'occupent surtout de politique ; s'exaltant les uns les autres, ils exposent leurs opinions avec chaleur, et sont prêts à se couper la gorge pour les soutenir. Tout ce qui flatte leur orgueil les enivre. Voués à une coterie, mais sans patriotisme, ils sont peu disposés à faire un sacrifice personnel à leur pays. La chasse, la pêche, l'indolence remplissent leurs journées. Ils ne manquent cependant pas d'une certaine instruction variée, et ce sont les meilleurs enfants du monde tant qu'on ne les attaque pas sur la politique.

Cependant, quelle perspective s'ouvre devant eux? Le père possède une fortune médiocre ; souvent même elle est si embarrassée qu'il ne peut, en restant en Irlande, ni la liquider, ni l'accroître. S'il parvient à marier une ou deux de ses filles, les autres restent à sa charge, augmentent la dépense du ménage ou vont passer six mois chez des amies, espèce de demi-mendicité que l'on accepte sans scrupule, et qui, voilée d'un prétexte de cordialité, fait taire les remords de l'orgueil.

Il arrive fort souvent que la fierté et la misère sont intimement liées en Irlande. La première s'efforce de couvrir, de protéger le fruit de ses propres entrailles ; mais semblables à l'ombre empoisonnée du mancenillier, elle porte la mort sur le pays qu'elle couvre. Il faut espérer toutefois qu'avant peu d'années les classes supérieures sentiront l'absurdité de cet orgueil, et que les générations futures prouveront que la fierté irlandaise ne diffère en rien de celle qui donne à l'homme le sentiment de ses devoirs et rend une nation digne de respect.

Par quel moyen obtenir un tel résultat? comment apprendre à des gens fiers de leur nom et de leur oisiveté que le travail ne dégrade point l'homme, et qu'il est plus humiliant de mendier que de servir? La loi sur les pauvres telle qu'elle est établie en Angleterre suffirait-elle pour cela? ce n'est pas probable. Il existe une trop grande différence entre les deux nations. Il faut reconnaître que, sous le rapport de la civilisation, l'Irlande est restée bien loin de l'Angleterre. Les préjugés et l'ignorance la dévorent. Les Irlandais suivent toujours l'impulsion première. La loi s'oppose-t-elle aux préventions qui les dominent ils s'élèvent contre la loi. Est-elle conforme à leur idées, ils ne s'embarrassent guère alors si elles nuisent ou si elles conviennent au pays. Il est très-difficile de gouverner les basses classes en Irlande : le législateur doit connaître parfaitement leurs usages, leurs mœurs, leurs vertus et leurs vices.

Le respect, l'affection de l'ancien serviteur irlandais pour son maître, tous ces excellents sentiments sont bien déchus. Jadis l'Irlandais était fier de son rang, de sa supériorité de race; aujourd'hui il est fier de sa personne. L'orgueil n'a pas diminué; il a seulement changé d'objet.

Jamais les Irlandais ne pourront acquérir le sage esprit d'indépendance qui donne au paysan anglais les manières honnêtes et franches qui le caractérisent. En Angleterre, le fermier n'est que civil envers son propriétaire; en Irlande, il est bas et rampant, capable de venger en secret sur son maître une injure personnelle, quoiqu'en sa présence il ait toujours l'air d'un esclave; car, sous cette apparence d'abaissement, l'orgueil subsiste.

Nés avec un tempérament ardent et impressionable, les Irlandais exposent leur vie avec indifférence; le wiskey allume en eux des transports de fureur effrayants et les convertit en bêtes féroces. Néanmoins, ces fureurs, ces transports ne leur ôtent pas leur bonté de cœur naturelle. Deux boxeurs qui luttent ensemble, deux gladiateurs qui font assaut, ne sont point pour cela ennemis. Il en est de même des Irlandais quand ils se battent. C'est un amusement qu'ils trouvent plus excitant que les autres, et auquel le sentiment du danger prête un nouvel attrait.

Les mœurs sociales parmi les paysans de l'Irlande sont beaucoup moins avancées qu'en Angleterre. La loi n'y a point encore été fermement établie : on n'y croit pas. D'un autre côté l'animosité qui divise les factions est implacable; les vieilles traditions de haine et de vengeance se conservent et se perpétuent soigneusement dans les tribus et dans les familles, et ces haines sont irritées par ceux-là mêmes qui devraient travailler à les éteindre; enfin le courage y est l'objet d'une vive admiration : tout cela, joint à l'influence du wiskey, contribue à entretenir chez les Irlandais cette humeur batailleuse qu'un observateur superficiel appellerait une sauvage barbarie. Il n'en est rien cependant. Convenablement dirigée, elle se changerait facilement en une valeur guerrière; c'est un élément admirable entre les mains d'un sage législateur, et qui deviendrait le fond du caractère national.

Il n'y a pas au monde de meilleurs soldats que les Irlandais, quand ils sont bien disciplinés. Il existe point d'hommes qui supportent plus patiemment les privations et les souffrances, qui affrontent la mort avec plus de sang-froid; tout ce qu'ils demandent, c'est que leurs chefs ne manquent ni de courage ni de vigueur, et sachent les conduire; mais un gouvernement faible, vacillant, pusillanime, un landlord susceptible de lâches craintes : jamais le peuple irlandais ne se laissera gouverner par eux!

En énumérant les éléments nécessaires qui doivent former un bon caractère national, un des plus grands philosophes de l'antiquité exige, outre le courage physique, une vive et prompte intelligence. Eh bien! aucune nation, pas même celle des Grecs, ne l'emporta à cet égard sur les Irlandais. Les Anglais, obstinés à ne voir chez leurs voisins que le mauvais côté des choses, appellent cela subtilité, fausseté, imagination déréglée, humeur grotesque mêlée d'accès de sensibilité; ils condamnent également toutes ces ruses évasives qui finissent trop souvent par le parjure, et derrière lesquelles le pauvre Irlandais bataille contre la loi.

Les étourderies amusantes de celui-ci proviennent de la même source. C'est qu'une grande vivacité d'intelligence s'accorde rarement avec le sens commun qui résulte du calcul : or, les Irlandais ne sont pas calculateurs. — « Le sens commun, dit lady Chatterton, qui certes est favorablement disposée pour l'Irlande, le sens commun est ici d'une rareté déplorable. Il manque, et tout manque à cause de lui. Les portes mal fermées de chaque chaumière, les fenêtres bouchées avec de la paille, ce qu'on fait et ce qu'on ne fait pas; les amas de fumier qui obstruent l'accès des maisons, la fumée qui s'échappe de toutes les ouvertures, excepté de la cheminée, tout signale l'absence du sens commun. Pourquoi les hommes se couvrent-ils de manteaux si lourds et si épais pendant les jours les plus chauds de l'année? Pourquoi la jeune fille du village, chargée d'un panier, retrousse-t-elle sa mante, la seule qu'elle possède, pour déposer au fond de son vêtement ce même panier, dont le poids va endommager l'étoffe? C'est le manque de bon sens qui est cause de tout cela, et cette sorte d'infirmité se reproduit dans mille circonstances. »

Néanmoins, il serait injuste de conclure que la fausseté, la perfidie, la légèreté d'esprit soient la conséquence nécessaire d'une vive intelligence.

« D'ou vient, dit un écrivain anglais, que de tous les défauts de la population irlandaise le plus prononcé soit le penchant au mensonge? Nous allons essayer de résoudre ce problème : Supposez un homme au cœur chaud, à la tête ardente, sympathisant avec quiconque souffre ou est en danger, même avec les criminels; supposez-le négligé par ses supérieurs, et ignorant ce que c'est que la loi; que ceux qui le gouvernent lui soient représentés journellement comme ses ennemis et les ennemis de son pays, comme des oppresseurs contre lesquels il est en droit de se soulever; qu'une pareille doctrine soit confirmée à ses yeux par des exemples tirés des anciens temps. Supposez-lui encore l'éloquence du langage, une faculté singulière d'invention, la disposition à s'amuser en parant une attaque et en embarrassant son adversaire; que, chez lui, la religion tourne à la superstition; qu'il soit accoutumé à chercher des compromis, même avec la justice de Dieu, à faire des restrictions mentales, à compter sur une puissance qui le relève de ses serments, puissance hostile au magistrat et à la loi; qu'un tel homme soit condamné à l'oppression, astreint à un travail sans récompense, réduit à la pauvreté, forcé de vivre de ressources; vous étonnerez-vous après cela qu'il contracte l'habitude de la dissimulation, et qu'on dise de lui : Parole irlandaise! mensonge irlandais? »

M. Carlton nous montre l'Irlandais devant la barre du tribunal :

« Nous devons reconnaître, dit-il, que son habileté à soutenir un contre-interrogatoire égale presque celle qu'il déploie à établir un alibi. Il possède une versatilité d'esprit qui le rend toujours prêt à la riposte, un bonheur d'invention qui déconcerte ordinairement l'homme de loi le plus expérimenté, une simplicité apparente qui est impénétrable, une *vis comica* qui arrache des larmes aux juges eux-mêmes, et des démonstrations de chagrin si originales qu'elles excitent un rire fou. Est-il serré de près, ses ressources sont inépuisables : l'adresse avec laquelle il tâche de gagner du temps, afin de combiner ses réponses, est merveilleuse. Étudiez un peu sa physionomie; quel air de préoccupation! quel regard timide! Ce corps déhanché, ces membres qui semblent mal attachés, et cette grande redingote en ratine, ne promettent pas beaucoup; parfois, notre homme donne à ses traits une expression de simplicité et de confusion admirable. Vous n'attendriez de lui que bévues et stupidités. C'est de sa part pure hypocrisie; observez avec quelle circonspection il place son chapeau sur le banc; avec quel air sournois et madré il relève sur la hanche la ceinture de son pantalon, comme s'il préparait ses reins pour une lutte au pugilat.

» Le premier interrogatoire est terminé : voici l'instant du contre-interrogatoire. Paddy redouble de circonspection et de prudence; ses yeux bleus fixés sur les yeux de l'homme de loi, et comme plongeant dans le regard de celui-ci, il attend le premier coup. La question arrive enfin. Paddy change de position, fait un mouvement des épaules et s'agite dans sa grosse redingote; puis il renvoie la question à l'avocat, sans y changer une syllabe, afin de bien s'assurer que c'est là ce qu'on lui demande; car Paddy a de la conscience. Les deux adversaires déploient une habileté égale; l'un est un vétéran stylé aux termes techniques de la jurisprudence, maniant tour à tour l'ironie, le sarcasme, les quolibets; l'autre, un pavre paysan comptant seulement sur la justice de sa cause et ses dons naturels, dénué d'expérience et d'éducation, et n'ayant d'autre arme que sa modestie. »

Après avoir parlé des rires frénétiques qui éclatent presque toujours pendant le cours de ce contre-interrogatoire; M. Carlton ajoute :

« Il n'est pas impossible qu'une telle manière d'administrer la justice n'encourage Paddy dans ses restrictions mentales et dans son indépendance. L'idée d'être enchaîné par les nombreux serments qu'on exige de lui l'inquiète. En effet, pour la plupart des Irlandais un serment est quelque chose de solennel et de sacré; mais deux ou trois témoignages prêtés devant le tribunal guérissent bien vite ce scrupule. Grâce à l'indifférence et au laisser aller avec lequel on prête serment, à l'accent musical que prend la voix, et à la rapide prononciation de la formule obligée, cet acte véritablement sérieux devient une scène d'un grotesque parfait. Il n'est plus question de vérité et de réalité; c'est une sorte de représentation dramatique où la fiction abonde, et qu'égayent le mérite et l'à-propos de la pantomime. N'oublions pas la ressource que Paddy s'est donnée de baiser son pouce dans les moments critiques; il en tire un parti merveilleux. Comment parviendrait-il à échapper si heureusement aux attaques et aux embûches du contre-interrogatoire, et à rendre si clair ce qui semblait si obscur, s'il n'était pas persuadé qu'en baisant son pouce au lieu de l'Évangile, non-seulement il ne s'est lié par aucun serment, mais qu'il s'est assuré au contraire un champ plus large et plus libre pour ses inventions? Que s'il est forcé de baiser le livre même, il se console et étouffe les scrupules de sa conscience en réfléchissant qu'après tout ce n'est qu'une Bible de loi (*law Bible*). »

ILES HÉBRIDES.

Les Hébrides qui paraissent avoir été peu connues des anciens, furent d'abord appelées *Ébudes*, et ensuite *Hébrides*, nom sous lequel elles sont également désignées aujourd'hui; les Anglais les nomment *Western-islands* (îles occidentales).

Ces îles sont au nombre d'environ deux cents, dont à peu près quatre-vingt-sept seulement sont habitées, et ont une superficie de 360 lieues ou 1,792,000 acres anglaises, dont 262,257 en culture. Le climat y est généralement doux, malgré la latitude élevée : les vents d'ouest y dominent pendant huit mois de l'année; celui de sud-ouest y amène de violentes tempêtes, et de fortes bourrasques accompagnent fréquemment le vent d'est, celui de nord-est cause une température froide, mais sèche et agréable.

. Plusieurs parties de cet archipel sont naturellement fertiles, et produiraient d'abondantes moissons de blé, si l'agriculture y était bien entendue, mais plus des trois quarts du territoire sont stériles ou ne présentent que de la mousse. La mer, qui baigne les Hébrides, est très-poissonneuse. Ces îles où sont riches en minéraux, tels que fer, plomb, cuivre, marbre, porphyre, pierre calcaire, pierre de taille, ardoise, terre à foulon, houille, alun, etc. Les habitants, au nombre d'environ 66,000, sont hospitaliers, et ressemblent aux montagnards écossais par les mœurs, le langage et le costume; ils font peu de commerce, s'occupent de la pêche, et fabriquent de la soude, dont on exporte annuellement 5,000 à 6,000 tonneaux.

ILES ORCADES.

Ces îles sont appelées *Orkney* par les Anglais. Elles sont situées entre 58° 42' et 59° 22' de latitude nord, et entre 4° 35' et 5° 35' de longitude occidentale.

On peut les diviser en deux groupes, dont l'un, au nord, est séparé de l'autre par les *firths* ou canaux de Westray et de Stromsay, et se compose de seize îles et îlots. Le deuxième groupe qui comprend le reste des terres est séparé du comté de Caithness, en Écosse, par le firth de Pentland.

Les Orcades sont situées dans la zone tempérée; le plus long jour y est de dix-huit heures et quelques minutes; dans la plus grande partie du mois de juin, il fait tellement clair à minuit qu'on peut facilement lire une lettre dans sa chambre.

On prétend que les Pictes furent les premiers habitants ou possesseurs des Orcades. Cette opinion, paraît confirmée par l'existence de ruines auxquelles les Orcadiens se sont toujours accordés à assigner une origine pictique, et aussi par l'usage de la langue norse, qui a été parlée par le peuple jusque vers le milieu du dernier siècle, et qui a la plus grande affinité avec l'idiome gothique, peu différent du teutonique que l'on croit avoir été employé par les Pictes. Ce peuple était originaire de la Germanie; il venait des bords de la mer Baltique, du duché de Mecklembourg et de la Poméranie.

L'époque à laquelle cette peuplade germaine descendit aux Orcades est à peu près inconnue. Quelques-uns la font remonter à l'an du monde 4867; d'autres pensent qu'elle n'y est arrivée que beaucoup plus tard et du temps de Reuther, roi d'Écosse. Ces derniers racontent ainsi cette émigration : Les Écossais étaient alors en proie à la guerre civile, et chacun des deux partis comptait dans ses rangs un nombre considérable de Pictes. Ceux de ces derniers qui combattaient sous les ordres de Géthus, leur roi, ayant été presque entièrement détruits, et une invasion des Bretons en Écosse leur faisant craindre de ne pouvoir résister à ce nouvel ennemi, ils se réfugièrent dans les parties les plus reculées du comté de Caithness, et de là passèrent aux Orcades.

La population que l'on pense avoir été beaucoup plus considérable autrefois est évaluée aujourd'hui à un peu plus de 23,000 habitants, qui peuvent être divisés en trois catégories : 1° les seigneurs, propriétaires de presque toutes les terres; 2° les marchands et les artisans; 3° les fermiers et les laboureurs qui forment plus des huit dixièmes du nombre total.

Les Orcadiens justifient encore de nos jours la réputation de beauté et de vigueur dont jouissaient leurs ancêtres.

Ils sont assez grands, robustes, et ont en général une physionomie agréable. Les femmes surtout sont très-jolies; elles sont fécondes, et ont des enfants dans un âge très-avancé.

De bien faibles traces des mœurs antiques se sont conservées parmi les Orcadiens; ils semblent prendre à tâche d'imiter les habitudes des Écossais, leurs voisins et presque leurs frères, dont ils copient jusqu'à l'accent, au lieu de conserver celui qui aurait pu rappeler leur origine danoise ou norwégienne. Ils sont intelligents, polis, hospitaliers, et éminemment susceptibles d'être entièrement civilisés.

ILES SHETLAND.

Les Shetland sont appelées *Zetland* par les Hollandais, et *Yetland* par les Danois. Elles sont entre 59° 45′ et 61° 12′ de latitude nord, et entre 3° 5′ et 4° 36′ de longitude ouest.

Ce groupe qui se compose d'une quarantaine d'îles, dont les principales sont Mainland, Yell et Unst, a trente-six lieues du nord au sud et seize lieues de l'est à l'ouest.

La population de cet archipel est d'environ 25,000 âmes, et d'origine norwégienne.

Les Shetlandais sont vigoureux, bien faits, mais un peu basanés; ils ne sont pas moins hospitaliers que leurs voisins des Orcades, mais ils passent pour être plus hardis encore et plus laborieux. Ils se marient de très-bonne heure, et rien n'est plus rare chez eux qu'un célibataire. Les femmes sont blondes, ont le teint frais et coloré, et passent pour chastes et laborieuses. Dans ces îles, une petite hutte, une couverture, une vache, un pot à cuire les aliments, une bêche pour labourer la terre, quelques filets, sont le mobilier d'un ménage pourvu du nécessaire.

Outre qu'elle est de mauvaise qualité et souvent insuffisante, la nourriture des Shetlandais est encore très-communément conquise au prix de la vie de ces malheureux. Beaucoup d'entre eux se nourrissent pendant la belle saison, des œufs et des petits des oiseaux sauvages qu'ils vont chercher au pied des rochers escarpés, hauts de trois à cinq cents pieds, et ce n'est point par la grève qu'ils y arrivent. La mer, constamment agitée n'a laissé qu'en bien peu d'endroits d'intermédiaire entre elles et les rochers de la côte; l'aventurier hardi descend du haut du rocher avec une corde faite de paille ou de soie de porc, et que tient une personne placée au sommet du rocher. Dans l'île de Foula, on fixe en terre un petit pieu, ou même une cheville au bord du précipice, et l'on y attache une ligne à pêcher. C'est avec un soutien aussi frêle que les insulaires descendent aux endroits où se trouvent les nids; ils prennent ce qui s'y trouve, et remontent avec une agilité suprenante. Les lois de Norwége regardaient, avec raison, cette manière de chasser comme une espèce de suicide, et punissaient le mort dans les membres restants de sa famille, si le plus proche parent ne consentait à aller, par le même chemin, chercher et rapporter le cadavre du défunt.

Le paysan, ou le pauvre, ne possède en propre que sa liberté; et il est obligé de payer la terre où il végète dans la misère, et la vague qui engloutira sa frêle barque de pêcheur. Autrefois les redevances des fermiers se payaient en deux termes : l'un en beurre l'autre en argent; mais depuis longtemps, les stewards, ou délégués des lairds absents, exigent que les deux termes soient acquittés en argent. Tant de misère d'une part, de dureté et d'avarice de l'autre, chasseraient bientôt tous les habitants pauvres, si la ruse ne venait au secours de leurs despotes. Obligés de fournir un certain nombre d'hommes pour le service militaire, dont ils ont soin de faire un épouvantail à ces gens, qui voient si rarement un uniforme, ils éloignent de préférence le Shetlandais qui a tardé à se marier, et à s'établir comme on l'y avait engagé dès l'âge de dix-sept ans. A ceux au contraire, qui ont consenti à prendre ce dernier parti, ils donnent la valeur de trois acres de terrain stérile, et le retiennent ainsi au pays par l'attrait d'un simulacre de propriété. Car donner, ne signifie que prêter, dans la langue des lairds shetlandais.

La condition des pêcheurs est encore plus dure que celle des fermiers. M. Biot, dans sa notice sur les Shetland, décrit ainsi les vicissitudes de la vie de pêcheur : « Six hommes, bons rammeurs et sûrs les uns des autres, s'associent pour occuper une même barque, un canot léger, entièrement découvert. Ils prennent avec eux une petite provision d'eau et de gâteaux d'avoine, une boussole; et, dans ce frêle esquif, ils s'en vont hors de la vue des îles et de toute terre, à une distance de quinze ou vingt lieues; là ils tendent leurs lignes, et passent un jour et une nuit à pêcher. Si le temps est beau et la pêche favorable, ils peuvent gagner chacun dix ou douze francs dans un pareil voyage; si le ciel se couvre et que la mer gronde, ils luttent, dans leur nacelle découverte, contre sa fureur, jusqu'à ce qu'ils aient sauvé les lignes, dont la perte serait leur ruine et celle de leur famille; puis ils rament et voguent, dans la direction de la terre, au milieu de vagues hautes comme des maisons. Le plus expérimenté, assis sur l'arrière, tient le gouvernail; et, jugeant la direction de chaque lame, élude son choc direct qui suffirait pour les engloutir. En même temps, il commande les mouvements de la voile; il la fait baisser chaque fois que la barque est montée sur le dos d'une vague, afin de modérer sa descente, et hausser chaque fois qu'elle est descendue au fond, afin que le vent la fasse voler sur le dos de la vague suivante. Quelquefois, enveloppés d'une obscurité profonde, les malheureux ne voient pas la montagne d'eau qu'ils fuient; ils n'ont, pour juger son approche, que le bruit de son mugissement. Cependant les femmes et les enfants sont sur la côte, implorant le ciel, épiant l'apparition de la barque qui porte leurs seules espérances, croyant parfois la voir soulevée ou engloutie dans le roulis des ondes, s'apprêtant à assister leurs maris ou leurs pères, s'ils arrivent assez près pour qu'on puisse les secourir, et quelquefois appelant à grands cris ceux qui ne les entendront plus. Mais leur destinée n'est pas toujours si funeste. A force d'adresse, de fatigue, de sang-froid et de courage, le canot sort vainqueur de cette lutte terrible; le son bien connu de sa conque se fait entendre; il arrive : alors les embrassements succèdent aux larmes, et la joie de se voir s'accroît par le récit de l'affreux péril auquel on vient d'échapper.

» Toutefois, pour ces pauvres gens, ajoute M. Biot, l'âpreté même de leur patrie a des charmes. Ils aiment ces vieux rochers, dont les formes hardies et l'aspect si souvent observé leur marquent l'étroit passage que leur barque doit suivre, lorsqu'au retour d'une pêche heureuse, et ramené par un vent favorable, elle rentre dans la baie protectrice, saluée par les cris des oiseaux de mer. Ils aiment ces cavernes profondes où ils ont souvent lancé leur nacelle au milieu des vagues, pour aller surprendre les phoques endormis. Moi-même, tranquille sous leur conduite, j'ai contemplé avec admiration ces hauts escarpements des roches primitives, cette vieille charpente du globe, dont les couches, penchées vers la mer, et minées à leur base par la fureur des flots, semblent menacer d'ensevelir sous leurs ruines la frêle barque qui bondit à leurs pieds. A notre approche, des nuées d'oiseaux de mer sortaient par milliers de leurs retraites, surpris de se voir troubler par des humains, et faisant retentir ces lieux solitaires de leurs cris confus; les uns s'élançant dans les airs, d'autres se plongeant dans les vagues et ressortant presque aussitôt avec la proie qu'ils y avaient saisie; tandis que des cétacés et des phoques élevaient çà et là leurs têtes noirâtres au-dessus des ondes transparentes comme le cristal; partout la vie semblait abandonner une terre froide et humide, pour se réfugier, plus variée et plus active, dans l'air et dans les eaux. Mais aussitôt que le soir étend son voile sur ces sauvages retraites, tout rentre dans la paix, dans le silence. Quelquefois un léger vent du sud adoucit la froideur de l'air et permet aux astres de la nuit d'éclairer de l'éclat le plus pur cette scène tranquille, dont aucun bruit n'interrompt plus la paix profonde, si ce n'est, par intervalles, le murmure lointain des vagues mourantes, ou le cri doux et plaintif d'une mouette rasant rapidement la surface des flots. »

Les Shetlandais sont adonnés à une foule de superstitions et de croyances bizarres; voyez à ce sujet nos *Cérémonies religieuses de tous les peuples.*

Ce peuple si malheureux et si ignorant n'est pourtant pas entièrement dépourvu d'industrie; les bas qu'il tricote sont si fins, que quelquefois on peu les faire passer au travers d'une bague.

Avant de savoir apprêter les peaux de phoque, dont il fait des harnais et des couvertures à ses chevaux, il fabriquait, pour sa consommation, des draps grossiers, des toiles communes, des bonnets et des gilets de laine.

On présume aisément que le commerce de ces îles n'est pas très-important. Le plus étendu est celui qui se fait avec les bâtiments pêcheurs qui s'approchent des côtes. Il consiste principalement en échange de matières ou d'objets fabriqués; on remarque surtout, dans ces transactions, le talent que déploient les Shetlandais pour apitoyer les chalands. Ils commercent aussi par l'intermédiaire des *stewards*, qui en ont tout le profit. Ils exportent ainsi environ mille tonneaux de morue sèche ou salée et d'autres poissons; cinq cents tonneaux de soude, extraite du varech, de l'huile de baleine, des plumes d'oiseaux rares, et enfin différentes espèces de peaux.

ILES ANGLO-NORMANDES.

Ces îles, situées dans la partie méridionale de la Manche, près de la côte occidentale de l'ancienne Normandie, dépendent du comté de Southampton en Angleterre. Les principales sont :

GUERNESEY, l'antique *Sarnia* ou *Sarmia*. Depuis la conquête, cette île est annexée à la couronne d'Angleterre; mais le roi n'y exerce son autorité que comme ancien duc de Normandie : en conséquence, le pouvoir législatif réside dans le roi et le conseil, et non dans le parlement. Les autorités judiciaires et exécutives réunies sont désignées sous le nom d'assemblée des états : elles consistent en un bailli, douze jurats, un procureur général de la cour royale, huit recteurs des paroisses, deux constables et cent trente-deux douzainiers. Le vote des impôts appartient à ce qu'on appelle les états de délibération; cependant, pour opérer les levées ordonnées par ce corps, il faut en appeler au roi, excepté dans les cas urgents. Le code qui y est en vigueur est très-imparfait, et paraît être une compilation mal entendue des anciennes lois normandes ou lois de l'ancienne aristocratie féodale. La couronne nomme le gouverneur militaire.

Les habitants de Guernesey ont plus de ressemblance avec les Français qu'avec les Anglais : leur costume, leur manière de vivre, leurs meubles et leurs instruments d'agriculture sont à la française; toutefois, dans la haute classe, tous ces objets subissent des changements par le commerce fréquent avec les Anglais. Tout le monde parle le vieux français-normand un peu corrompu; à peine quelques personnes de distinction parlent-elles l'anglais. Une médiocrité qui approche de la pauvreté est le partage de l'île entière. Toutes les classes sont passionnées pour la danse; les habitants de la campagne aiment beaucoup l'exercice du cheval.

JERSEY ou *Gersey* [1], peu florissante autrefois, a, dans ces dernières temps, acquis une certaine importance commerciales. On évalue sa population à plus de 30,000 habitants.

Cette île est divisée en douze paroisses, et a pour chef-lieu Saint-Hélier.

[1] L'île Cæsarea de l'itinéraire d'Antonin.

Les rois de France ont tenté souvent, mais inutilement, de l'enlever aux Anglais, notamment en 1781.

Une cour de justice et un corps ecclésiastique, indépendants l'un de l'autre, forment avec douze baillis, l'assemblée des états, sans la sanction de laquelle aucune loi, faite en Angleterre, n'est obligatoire : cette assemblée est convoquée par le gouverneur, qui, nommé par la couronne, la représente à Jersey.

Les autres îles sont Sarth ou Cers, et Alderney ou Aurigny que les Romains nommaient *Arica*.

La plupart des fermiers sont propriétaires et chacun y est généralement dans l'aisance; la mendicité est très-rare parmi les personnes du pays. Les habitants sont exempts de service dans l'armée et dans la marine, et jouissent du droit de port franc. Cinq régiments de milice, composés des insulaires mêmes, gardent l'île, à la défense de laquelle concourent aussi plusieurs forts construits dans les dernières guerres; tout homme fait y est inscrit. L'agriculture et le commerce sont les principales occupations des habitants. La langue française est généralement en usage parmi eux.

ILES SORLINGUES.

Le groupe des Sorlingues ou *Scilly* se compose de cent-quarante-cinq îles, dont cinq seulement sont habitées; ce sont : Sainte-Marie, Sainte-Agnès, Tresco, Saint-Martin et Bryor.

Ces îles ne sont pour la plupart que des rochers; les autres, quoique montagneuses, offrent des terrains propres à l'agriculture, et plusieurs ports le long des côtes. Le climat est doux et sain, et les températures extrêmes de l'hiver et de l'été y sont modérées par les brises de mer. Leurs principales productions sont l'orge, l'avoine, les pois et les pommes de terre en abondance; on y récolte très-peu de blé. On y élève un petit nombre de bestiaux de taille médiocre. On y fabrique beaucoup de soude avec les herbes marines. La pêche y est active.

Une de ces îles, Aney, aujourd'hui inhabitée, paraît avoir eu jadis plus d'importance. A la marée basse, on peut, dit-on, apercevoir les fondations de plusieurs édifices que la mer a détruits.

PÉNINSULE SCANDINAVE

ou

SUÈDE ET NORWÉGE.

SUÈDE.

Située entre 55° 20′ et 69° 5′ de latitude nord, et entre 8° 30′ et 21° 45′ de longitude est, la Suède [1] est bornée au nord et à l'ouest par la Norwége, dont les monts Dofrines la séparent en grande partie; au sud-ouest, par le Skager-Rack, le Cattegat et le Sund, du côté du Danemark; au sud et à l'est, par la Baltique, qui la sépare des États prussiens et de la Russie européenne, et dont la partie septentrionale, resserrée entre la Suède et la Finlande, prend le nom de golfe de Bothnie; au nord-est, le Tornea marque la limite suédoise vers la Russie.

Le climat de la Suède est moins froid que la température ne le ferait supposer. Le printemps est la partie de l'année la plus inconstante et la moins salubre. L'été est rapide, mais chaud, et la présence du soleil durant les longs jours dont jouissent les parties septentrionales, fait croître et mûrir les grains avec une promptitude extraordinaire. L'hiver n'est point accompagné de vents violents, et le froid, sec et continu, permet à la neige de se durcir et de rendre les routes faciles. La quantité de pluies qui tombe annuellement est peu considérable.

La Suède se divise en trois grandes régions : la plus septentrionale est le Nordland, au pays du nord; au centre c'est le Svealand ou la Suède, et au sud le Gœtland ou la Gothie.

On croit que la Suède fut primitivement peuplée par les Finnois et les Goths, qui, vers l'époque de la décadence de l'empire romain, se répandirent dans les parties méridionales de l'Europe, et y exercèrent d'affreux ravages. Le christianisme y fut introduit dans le IXe siècle par des missionnaires de France et d'Angleterre, surtout par Anscaire, qu'envoya Louis le Débonnaire; mais il ne s'y affermit que dans le XIe siècle. Dans le XIIIe, les deux royaumes de Gœtland et de Svealand, dont cette contrée était alors composée, furent réunis en un seul par l'anéantissement de la ligne royale dans le premier; le même siècle vit fonder Stockholm. En 1388, mécontents d'Albert de Mecklenbourg, qu'ils avaient appelé au trône auprès avoir déposé Magnus II, les Suédois reconnurent pour leur reine Marguerite de Danemark, et le traité de Calmar, en 1397, établit l'union de la Suède, de la Norwége et du Danemark, sous le sceptre de cette ambitieuse princesse. La Suède ne souffrit qu'avec peine le joug tyrannique des

---

[1] Le nom de la Suède paraît dériver de celui de la peuplade de *Succia* citée par Tacite.

Danois : des révoltes éclatèrent dans son sein ; elle se créa un grand maréchal, Charles Canutson, qui eut un rival dangereux dans Jean de Salstad, archevêque d'Upsal ; elle se donna ensuite des administrateurs, dont le dernier, Sténon-Sture II, mourut en combattant contre le despotique Christian II.

Gustave Wasa s'échappe du Danemark, où la perfidie l'avait conduit captif, vient chercher un asile dans les mines de la Dalécarlie, et, avec une poignée d'hommes courageux, chasse les étrangers de sa patrie, dont il est couronné roi en 1523. Ce prince embrassa la doctrine luthérienne, et laissa, en 1560, un trône affermi à Éric XIV; mais la gloire de la Suède pâlit sous ce prince et sous Jean et Sigismond ; elle prit un nouvel éclat sous Gustave-Adolphe, qui joignit à ses États la Livonie, l'Ingrie, la Carélie, soutient avec succès le protestantisme en Allemagne, dans la guerre de trente ans, et mourut victorieux à la bataille de Lützen, en 1632. Christine, sa fille, acquit une partie de la Poméranie et les duchés de Brême et de Verden ; elle abdiqua par esprit philosophique, en faveur de son cousin Charles X, qui soutint des guerres contre les Polonais, et enleva aux Danois l'extrémité méridionale de la péninsule scandinave. Charles XI fit fleurir en Suède les sciences et les arts, et conclut l'heureux traité d'Oliva : il est suivi du belliqueux Charles XII, qui pénètre dans le cœur de la Russie et ébranle un instant le colosse du Nord; mais il est vaincu par Pierre Ier à Pultawa, et termine, devant la forteresse danoise de Fréderikshald, sa vie aventureuse et chevaleresque. Ulrique Éléonore et son époux, Frédéric de Hesse, eurent un règne long, mais peu fortuné, qui vit prendre à la Suède Brême et Verden, une portion de la Poméranie suédoise, la Livonie, l'Esthonie, l'Ingrie, la Carélie et une partie de la Finlande.

Adolphe-Frédéric, qui monte sur le trône en 1751, est le chef d'une nouvelle dynastie, celle de Holstein-Gottorp ; Gustave III a un règne troublé par les factions politiques, et meurt assassiné, après avoir restreint l'autorité du sénat. Gustave IV, entraîné dans des guerres malheureuses, perd la Finlande et une nouvelle partie de la Poméranie suédoise; ses sujets le déposent en 1809, et élisent Charles XIII. Sous ce dernier, la Suède enleva, en 1814, la Norwége au Danemark, qui reçut, comme un faible dédommagement, le duché de Lauenbourg. A la mort de Charles XIII, en 1818, Bernadotte, élu prince royal en 1810, fut naturellement appelé au trône sous le nom de Charles XIV.

Les états de la Suède se composent des quatres chambres, de la noblesse, du clergé, des bourgeois et des paysans. Ils se réunissent tous les cinq ans. Ils ont seuls le droit de voter l'impôt et de régler les dépenses ordinaires et extraordinaires. La diète vote par ordre. Une simple majorité de deux voix dans chacun des trois ordres l'emporte ainsi sur l'unanimité du quatrième, réunie à l'imposante minorité des autres.

Les états comprennent 718 membres. La chambre des bourgeois en compte 74, dont près de la moitié sont des fonctionnaires salariés; 25 membres au plus dans cette chambre, 18 dans celle des nobles, 122 dans celle des paysans, étaient en 1846 dans une position indépendante du gouvernement. L'ordre des nobles est aujourd'hui si pauvre, que beaucoup de ses députés sont hors d'état d'aller passer le temps de la session à Stockholm, et pourtant presque aucun des priviléges de la vieille noblesse n'a été supprimé. L'exemption de l'impôt subsiste toujours, non pour elle personnellement, mais pour les terres nobles, quels qu'en soient les détenteurs actuels. Ce privilége surtaxe de 54 à 225 pour cent le reste de la propriété foncière.

Le cabinet ministériel est formé de neuf membres. Une absence d'un an de la part du roi donne à la diète le droit de disposer du trône. Un tribunal de douze magistrats, nommés par le roi, fait l'office de la cour de cassation. Ses membres sont justiciables de la diète, et, en certain cas, d'une haute cour, chargée de juger les ministres accusés de trahison ou de concussion.

MOEURS, USAGES ET COSTUMES.

Le bill des droits garantit la liberté individuelle et celle des cultes. Quant à la liberté de la presse, elle est gênée par des lois terribles, qui confondent avec l'outrage au souverain la critique des actes ministériels, et créent une foule de délits mal définis, dévolus à un jury spécial. Pour s'affranchir de leur empire, l'écrivain n'a d'autre refuge que de soumettre son manuscrit à une censure facultative, exercée par un comité nommé par la diète.

La constitution suédoise offre, par ses qualités et ses défauts, un juste milieu d'où le gouvernement peut faire osciller la bascule politique à droite ou à gauche, vers la noblesse et le clergé, ou vers les bourgeois et les paysans. Son vice capital est de parquer la société en quatre castes, dont la moins nombreuse dans la nation est celle qui compte le plus de voix à la diète, et qui possède exclusivement les hautes fonctions civiles ou militaires et les charges de la cour : c'est la noblesse. Quelques-uns de ses membres sont propriétaires de vastes domaines, le reste vit du budget ou de la liste civile. Comme il suffit aux *gentlemen* du pays de faire valoir l'urbanité de leurs manières et de savoir commander une compagnie ou un régiment, ils puisent dans les gymnases les talents nécessaires à leur profession, l'escrime ou la danse, le dessin ou la musique, quelques éléments d'anglais, de français ou d'allemand, relevés d'un peu de grec et de latin. Sauf de rares exceptions, ils entrent dans le monde parfaitement élevés, mais doués d'une instruction médiocre. Ils aspirent à justifier leur titre de Français du Nord; ils le sont en effet, mais de l'ancien régime. Nous savons, par exemple, comment un fils de famille parvient à ruiner une grande fortune ou à gaspiller un modeste héritage, par quelles transitions il passe des mains des usuriers dans celles des escrocs du grand monde, et lassé d'être leur victime dans les clubs et les tripots, finit par être leur complice. Ces exemples sont, toute proportion gardée, aussi communs en Suède qu'en Angleterre. Le contact de la noblesse inférieure avec les classes moyennes, et une fierté héréditaire, dédaignant le commerce et les professions libérales, rendent ces exemples plus dangereux. La rivalité existante entre la noblesse et le clergé n'est rien moins que favorable aux mœurs politiques. L'une cherche à dominer la bourgeoisie, l'autre le peuple des campagnes. Le sentiment religieux ne peut que perdre à l'indifférence des nobles pour un culte que le clergé paraît exploiter au profit de ses vues ambitieuses.

Lorsque le luthéranisme s'établit dans la péninsule scandinave, les esprits n'y étaient pas préparés. Cette révolution fut l'œuvre exclusive du gouvernement. Le peuple l'accueillit avec indifférence. Il ne vit d'abord dans le luthéranisme qu'une liturgie plus simple et plus sévère. L'opinion n'était pas encore assez éclairée pour apprécier la différence entre les dogmes catholiques et protestants. Gustave Ier se défendit d'avoir introduit une nouvelle doctrine, et les paysans croyaient de bonne foi que la seule différence entre eux et les autres membres de la communion romaine consistait à entendre la messe en suédois. « Je conçois, observe M. Laing, que la réforme n'ait d'abord exercé aucune influence sur les mœurs du pays. Elle trouva l'esprit national excité par la glorieuse insurrection qui plaça Gustave sur le trône, mais indifférent sur tout le reste et ne connaissant du culte que ses rites. Le clergé a pris soin de le maintenir dans ces dispositions. Nulle part les cérémonies religieuses ne s'accomplissent avec plus de solennité et de recueillement. Les églises y sont d'une belle structure, bien entretenues; les prêtres, convenablement dotés, logés dans de bons presbytères, vivent dans les meilleurs termes avec les fidèles. Ils possèdent en général une instruction solide et variée, pourtant il est peu de sociétés chrétiennes où la religion exerce moins d'influence qu'en Suède sur la morale publique. Ne pourrait-on pas en conclure que ce pays n'a jamais possédé un esprit religieux et que le catholicisme était, par la sévérité de sa discipline, mieux assorti à l'âpreté de caractère et à l'ignorance des habitants?... »

Le clergé et le peuple considèrent le christianisme d'un point de vue différent du nôtre. L'un possède une haute instruction théologique, l'autre une instruction élémentaire à peu près suffisante. Tout homme y sait lire et écrire ; mais l'éducation religieuse se borne à savoir du cathéchisme ce qu'il en faut pour recevoir la confirmation et la communion, connaître le rituel ordinaire et celui des mariages, des baptêmes et des services funèbres.

Le soin de l'instruction populaire ajoute un modeste bénéfice aux revenus du bas clergé; mais les instituteurs laïques leur font une utile concurrence. Le nombre de ces derniers est, y compris leur famille, le cent vingt-sixième de la population, ou environ 6,000 : ce qui fait supposer un pareil nombre d'institutrices :

« Au reste, dit M. Laing, jusque dans les rangs les plus pauvres, les pères sont eux-mêmes les instituteurs de leurs enfants, et ils croient aussi inutile de payer des maîtres d'école pour leur apprendre à lire et à écrire que des boulangers pour faire leur pain, et des couturières pour entretenir leurs vêtements. »

Il est à désirer que la liberté des cultes, qui n'existe dans ces contrées qu'en théorie, permette aux sectes dissidentes de se propager et ramène le clergé à sa véritable destination : celle de veiller exclusivement aux intérêts moraux du pays. M. Laing, s'érigeant en sévère censeur des mœurs suédoises, fonde son opinion sur des données statistiques criminelles dont il reconnaît lui-même l'inexactitude et l'insuffisance.

L'ordre des bourgeois comprend toutes les professions industrielles : chacune d'elles forme dans chaque ville une corporation que la loi protége contre toute concurrence étrangère. De même que le mérite est réputé un attribut de la naissance chez les nobles, ou une délégation du prince dans l'état-major de l'armée, la considération du citoyen dans la carrière qu'il a embrassée dépend, non de sa conduite, de son talent, de son caractère, mais des droits attachés à sa patente et à sa corporation. C'est là un mal inhérent à tous les ordres privilégiés. Chez les nobles, les prêtres, les militaires ou les magistrats, il est déguisé ou compensé par le sentiment de l'honneur, de la religion, ou par une éducation libérale. Dans les autres professions, les séductions de l'immoralité sont moins combattues, et la vanité a autant de prise sur elles que sur la plus haute aristocratie.

L'architecture et l'ameublement attestent cette disposition des mœurs ; on y sacrifie le confort au clinquant, la solidité à l'apparence. On a du placage pour meubles, du papier doré pour tentures, des glaces, des lustres, des divans, des gravures françaises, à côté de lits sans rideaux, de croisées sans jalousies, de lavabo sans cosmétiques ou de commodes sans tiroirs, ou bien cette partie du mobilier est traitée sans aucune intelligence de ce bien-être matériel, que les autres peuples aiment à savourer dans leur intérieur. Cependant les réunions sont rares dans les grandes villes et même dans la capitale ; mais là du moins on a les cafés et les cercles. Les deux principaux sont réservés, l'un à la noblesse, l'autre au haut commerce.

Bien que les paysans suédois aient le privilége de donner des représentants à l'État et soient affranchis de la féodalité telle qu'elle existe en Allemagne, en Pologne et en Russie, ils sont soumis par le gouvernement à certaines corvées. L'une des plus bizarres et des plus onéreuses est l'obligation de fournir des chevaux de poste aux voyageurs, moyennant la rétribution dérisoire de 35 centimes par lieue et par cheval, ou 70 centimes par mille suédois, un tiers de moins que ce qu'on paye en Norwége pour la même distance. Il est évident que cette chétive somme ne saurait indemniser le propriétaire de la perte de son temps et du travail des chevaux, surtout pendant les trois mois qui s'écoulent entre les semailles et la moisson. N'est-ce pas d'ailleurs une source d'abus que d'attirer à la maison qui sert de relais et parfois d'hôtellerie, bien qu'en général on prenne ses repas dans une taverne du voisinage, les valets de ferme de tout le canton? L'infraction à ce service est punie d'une aussi forte amende que celle qui frappe en Angleterre la contrebande. De nombreux préposés en surveillent l'exécution, et leur traitement fort modique, s'accroît d'une assez forte part dans les amendes prononcées sur leurs procès-verbaux.

Une institution plus favorable modifie la condition des paysans; c'est l'*indelta*. On nomme ainsi l'armée de réserve, organisée en colonies rurales. Cette institution remonte à Gustave-Adolphe, qui en fit l'essai en Livonie, en 1626. Peu de temps après, quelques districts des États héréditaires demandèrent à être exemptés du recrutement forcé et de la contribution de guerre payable en argent, sous la condition de fournir et de tenir au complet un contingent déterminé, et de concéder à chaque soldat une habitation, des terres à cultiver, un droit de chauffage dans les forêts, et celui de prendre dans les fermes voisines les instruments et les chevaux de labour. Charles XI appliqua ce système à toute la Suède en 1680, et ses successeurs l'ont étendu à la cavalerie et à la marine. Les matelots ont leurs colonies sur les côtes de la Baltique. Tous les dimanches, le sous-officier passe en revue le peloton de sa paroisse; chaque mois le capitaine réunit sa compagnie au chef-lieu du canton, et tous les ans, à la fin de l'été, l'indelta forme un camp de manœuvres. M. Laing rencontra à Westeras une de ces compagnies, composée d'environ cent hommes, parfaitement équipés, en veste blanche, épaulettes jaunes et pantalon bleu. Ils se rassemblèrent le soir à la porte de son hôtel, où logeait leur capitaine. Après l'appel et l'inspection, un des soldats sortit des rangs, et, tête nue, il récita à haute voix la prière du soir. Il la termina en entonnant un hymne que tous ses camarades chantèrent en chœur. Le lendemain, à la pointe du jour, avant de se remettre en route, la prière du matin fut dite, et l'hymne chanté avec le même recueillement.

La condition et le caractère des paysans varient suivant les provinces. Dans la partie méridionale, le blé, le lin, le chanvre, les pommes de terre, d'abondants pâturages, des lacs poissonneux, le voisinage de la Baltique dans sa partie la plus commerçante, d'assez bonnes routes, trois canaux importants, leur assurent une subsistance abondante et une aisance supérieure à celle des provinces de l'est et du nord.

Un mal grave affecte la prospérité du royaume plus profondément que celle des autres États du continent qui n'en sont pas encore délivrés. Toutes les industries, à l'exception de l'agriculture, y sont exercées par privilége et monopolisées en une sorte de hiérarchie féodale maintenue par des taxes onéreuses. Un système aussi monstrueux suffirait pour paralyser les forces productives de l'Angleterre; qu'on juge de sa funeste influence sur celles de la Suède. Là, pour raboter une planche, il faut deux hommes, dont l'un pousse le rabot et l'autre le tire à lui; pour scier une pièce de bois de huit à dix pouces de diamètre, il suffit chez nous d'un ouvrier armé d'une scie; là, on emploie deux hommes tenant chacun une poignée d'une scie à deux mains, et un troisième qui pèse sur la pièce pendant l'opération. — « Un chimiste avait commandé à un chaudronnier un alambic dont il lui avait donné le plan. Les robinets et certaines autres pièces devaient être fondues et soudées par l'ouvrier chargé de confectionner l'appareil. Mais un chaudronnier n'a pas le privilége de la fonte, il est dévolu à la corporation des fabricants de *girdlet* (on nomme ainsi une espèce de tourtière en fonte pour cuire des gâteaux de gruau). Notre homme fut donc poursuivi judiciairement pour exercice illégal d'une industrie étrangère à sa profession. En vain opposa-t-il la nécessité où il s'était vu de confectionner lui-même toutes les parties de l'appareil, dans les formes et les proportions données : il était en contravention, et il fut condamné à l'amende. »

La position excentrique de la Suède, et la division des classes, élément principal de sa constitution politique, maintiennent seules cette détestable organisation du travail. Chez nous, tout ce que la loi ne prohibe pas est reconnu légal; là, rien n'est légal que ce que la loi autorise; lorsqu'elle se tait, il faut une permission générale du gouvernement pour exercer l'une des mille branches d'industrie nées depuis la gothique institution des corporations et des maîtrises.

Les observations faites par M. Laing sur l'industrie manufacturière et industrielle de la Suède se résument en quelques mots : « Industrie décrépite dans les langes où l'on comprima son berceau, et sous les restrictions, les prohibitions, les priviléges de toute nature. » On ne saurait attendre de trois millions d'âmes qu'elles se suffisent à elles-mêmes dans l'état de civilisation progressive où l'Europe s'avance, même sous le régime du despotisme éclairé. Mais le plus clair résultat de sa législation, c'est que le peu de manufactures qu'elle possède ne peuvent établir de concurrence à l'industrie étrangère. Elle a de bonnes fabriques d'acier, de faïence, de glaces et de draps; mais elles sont insuffisantes pour la consommation du pays. Stockholm et Guthembourg ont des raffineries importantes. L'horlogerie de la Suède est estimée. Ses manufactures d'armes, ses fonderies alimenteraient un état militaire bien plus nombreux que le sien. Ses limes et ses faux étaient naguère recherchées en Angleterre, en France et en Allemagne. Aujourd'hui on traite l'acier dans ces pays assez habilement pour ne pas redouter sa concurrence.

La construction des navires de commerce pourrait être une industrie plus favorable à la Suède; car elle a sous la main des bois de construction et de mâture excellents, du cuivre pour doubler leur coque, de la grosse toile pour leur voilure, de bonnes corderies, du goudron, et il en coûte moins cher à nos armateurs de les acheter prêts à mettre à la voile que d'en requérir isolément les matériaux.

Le commerce serait pour la Suède une source de richesse plus féconde que l'industrie manufacturière. C'est principalement sur les produits du sol, préparés toutefois, mais de manière à leur laisser leur nature de matériaux, que roulent les exportations. Leurs articles principaux sont le fer et l'acier en barres, les bois de construction et de mâture, les ancres, les cordages, le cuivre, le cobalt, le laiton, l'alun, la potasse, la poix et le goudron, les lins, les cuirs, les fourrures, le poisson sec et salé. Mais ici se rencontre un obstacle qui paralysera, jusqu'à ce qu'il soit levé, le mouvement des étrangers. Toutes les villes du royaume ne peuvent pas commercer avec les étrangers; il en est qui ont ce droit : on les nomme *stapelstader*; d'autres en sont privées : ce sont les *upstader*. En 1816, la législature prohiba l'importation du vin, de l'arak, du rhum, du thé, du porter et des tissus de coton.

La Suède, dit l'écrivain anglais à qui nous empruntons ces détails, aura toujours un immense intérêt à rentrer dans la liberté commerciale. Elle possède avec abondance ce qui commence à manquer au midi de l'Europe, du fer et du bois. Ayant, depuis plus d'un siècle, cessé d'être redoutable comme puissance militaire, qu'elle s'exécute de bonne grâce, et puisse son gouvernement être assez éclairé pour abattre les serres chaudes où son industrie n'a donné jusqu'à ce jour que des fleurs étiolées et des fruits vermoulus avant leur maturité! Qu'elle boive du porter anglais ou du vin de France, si, à cette condition, ses nordlanders, consommant en pain substantiel l'orge perdue à leur faire un détestable grog, envoient dans nos ports ou chez nos voisins des navires achevés, pour les vendre avec les madriers, le goudron, le fer et l'acier qui leur serviront de lest. Que leur manque-t-il pour entrer franchement dans cette voie au lieu de s'isoler? Des routes? l'hiver leur en fait d'excellentes sur la glace. Des canaux? ils en ont plusieurs : le plus important, celui de Gothie, vient d'être achevé; il communique entre le Catégat et la Baltique, à Sodekoping ; il a dix pieds de profondeur, vingt-quatre de large, et parcourt une étendue de vingt-cinq milles. D'autres sont ouverts depuis longtemps, et le plus ancien, celui de Leabord, date du règne de Charles XI. Des navires à vapeur font le commerce d'Upsal, de Stockholm, de Gothemberg, à Hambourg, Stralsund et Dantzig. Il n'en faut pas davantage pour étendre des relations que l'esprit national des Suédois dirigera toujours du côté opposé au golfe de Finlande.

La navigation à vapeur a été un immense bienfait pour ces contrées. Les bâtiments à voile ne faisaient autrefois que trois voyages par an d'Umea à la Baltique ; le Steamboat en fait un tous les quinze jours. Depuis quelques années, les habitants de la Suède méridionale sont venus en foule coloniser les forêts et les clairières de la Laponie ; ils ont transformé en une jolie ville de 1,200 habitants le misérable bourg de Degersford. Les colons de l'intérieur ont quelques rapports avec ceux du haut Canada ou de la Nouvelle-Écosse ; mais le sol et le climat leur refusent les avantages promis à ces derniers. Ils y fabriquent du salpêtre, qu'ils envoient au gouvernement en payement de leurs impôts, de la potasse, du goudron, article fort important si les restrictions qui pèsent sur le commerce étranger étaient modifiées, et si de nouvelles voies de communication favorisaient cette précieuse industrie, dont le bénéfice est presque nul, à cause des difficultés et des frais du transport des sapinières jusqu'au port du commerce. Presque toutes les fermes cultivent le chanvre et le lin, et on les tisse dans chaque famille pour les usages de la maison. Il en est de même dans le reste du pays. On n'y achète au dehors que l'indispensable, quand on ne peut le confectionner soi-même. C'est encore un des résultats les plus fâcheux des priviléges manufacturiers. Les colons les plus misérables, après avoir épuisé le peu de farine de seigle ou d'avoine provenant de leurs récoltes, sont réduits à vivre de l'écorce du pin ; les plus économes font du pain mêlé de ces deux substances, après avoir préparé la seconde à la façon des montagnards norwégiens. Ils ont en outre de petites vaches qui, malgré leur chétive apparence, donnent d'excellent lait. Le gouvernement cède à ces colons des terres à défricher, à des conditions forts douces ; mais le pays sera pauvre tant que l'industrie restera soumise aux liens qui l'entravent.

En général les villes de la Suède sont très-peu peuplées ; il ne faut pas s'en étonner : on ne connaît pas dans ce pays cette foule d'oisifs qui viennent consommer au sein des cités leurs pensions ou les revenus de leurs terres ; le propriétaire, le noble même, jouissent à la campagne et au sein de leur famille de toutes les douceurs de la vie domestique et des occupations agricoles, laissant aux fabricants et aux négociants à peupler les ports de mer et les villes.

Stockholm, la capitale de Suède, offre durant l'hiver, une activité difficile à décrire ; c'est à l'époque des glaces que les habitants de l'intérieur de la péninsule scandinave se rassemblent momentanément dans les villes. Durant cette saison les fêtes et les parties de plaisirs s'y succèdent chaque jour ; les bords du lac Mœlar se couvrent de traîneaux, que des courses lointaines dispersent en longues files sur les flots glacés ou sur la neige qui blanchit la campagne ; une musique militaire accompagne ces joyeuses caravanes qui, après le dîner, rentrent à la ville à la lueur des flambeaux. Le soir, la foule se porte au théâtre pour assister à la représentation de quelque comédie nationale. Dans l'été, une société choisie se rassemble aux eaux de Ramlosa, en Skanie, et à celles de Maderoi, en Ostro-Gothie ; ou bien l'attrait d'un spectacle militaire attire les curieux près des camps d'exercice des régiments nationaux. Des dîners sous la tente et des bals en plein air succèdent aux évolutions militaires ; le son du violon se mêle au roulement des tambours.

La Suède possède deux universités, celle d'Upsal, une des plus célèbres de l'Europe, et celle de Lund; elle a, en outre, onze gymnases. En général, l'éducation publique est dirigée avec soin et succès dans ce pays; l'instruction primaire y est fort répandue.

La langue suédoise ressemble beaucoup à la danoise, et dérive évidemment de la même source que l'allemande; mais, comme elle est peu connue hors des limites de la Suède, les hommes de lettres de ce pays ont souvent publié leurs ouvrages en latin. La nécessité de chercher des renseignements dans les livres des autres langues, rend familiers aux littérateurs plusieurs idiomes étrangers, particulièrement le français, l'allemand, l'anglais et l'italien; en général, les Suédois ont beaucoup de facilité pour apprendre les langues. Les antiquités ont formé autrefois le principal objet de leurs recherches; les sciences physiques et l'histoire naturelle sont devenues, dans le xviiie siècle, leurs études favorites, et elles ont été cultivées avec un grand succès, surtout par Linnée, Bergman, Scheele. La poésie, l'éloquence et l'histoire comptent aussi plusieurs écrivains d'un grand mérite, et trop peu connus dans le reste de l'Europe. Le règne de Gustave III est regardé comme l'époque la plus brillante pour les hommes de lettres et pour les artistes. Les sociétés scientifiques et littéraires sont nombreuses et intéressantes : la Société des antiquaires fut établie dès 1668; la Société médicale, dès 1688; l'Académie royale des sciences le fut en 1739. Il faut citer encore l'Académie suédoise, qui s'occupe du perfectionnement de la langue suédoise, et la Société des sciences d'Upsal, fondée en 1728. On ne compte dans la Suède entière qu'une cinquantaine d'imprimeries, dont un tiers se trouve à Stockholm; il se publie environ 400 ouvrages chaque année.

Les Suédois sont d'une haute stature et d'une constitution robuste, accoutumés à une vie frugale et simple, aux privations et aux fatigues, surtout dans les campagnes, où les mœurs sont honnêtes et hospitalières; ils forment un peuple essentiellement guerrier; ils sont doués, au suprême degré, de cette patience inaltérable, de cette résignation à la souffrance, de cette abnégation des jouissances de la vie, de ce courage calme et persévérant, qui, de tout temps ont distingué les peuples du Nord.

Après avoir parlé de la Suède et du peuple qui l'habite en général, nous entrerons dans quelques courts détails sur les différentes branches de la population.

Le DALÉCARLIEN, ou habitant de la province appelée *Dalécarlie*, est franc, probe, intelligent et grave. Ses réponses spirituelles contrastent souvent singulièrement avec son extérieur rude. Content de ses propres droits, il n'envie jamais les priviléges des autres. Il supporte plutôt l'insulte la plus vive que la moquerie froide. Le paysan de ces contrées est presque toujours lui-même propriétaire de la terre qu'il cultive, et quelque faible que soit son patrimoine, il lui donne pourtant ce caractère fier et décidé, qui perce dans toutes ses actions. A sa mort, son bien se partage entre ses enfants mâles; il en résulte souvent des lots si faibles, que le nouveau propriétaire, ne pouvant tirer son existence de l'agriculture, est obligé d'y ajouter quelque autre branche d'industrie; mais tel est son attachement au patrimoine héréditaire, qu'il préfère en posséder la moindre partie, plutôt que de la vendre, même au delà de sa valeur; il est par conséquent rare qu'il s'en défasse sans y être forcé. Le Dalécarlien tutoie tout le monde; cependant il n'y a pas de province en Suède où les autorités soient plus respectées. Le Dalécarlien montre beaucoup de présence d'esprit dans les circonstances graves et imprévues; habitué à lutter contre les effets d'un climat dur et d'un sol ingrat, il apprend de bonne heure à bien combiner les ressources de son activité. Il fait même ses ustensiles de ménage et d'agriculture, non-seulement pour son propre usage, mais aussi pour en vendre afin de suppléer par ce produit à une chétive récolte.

C'est principalement dans les années de détresse que l'on voit arriver, dans les pro-

FEMME DE TORNA-BARAD. — PAYSAN DE JERFSO.
(Scanie.) (Helsingie.)

vinces méridionales, les malheureux Dalécarliens qui y viennent par centaines chercher de l'ouvrage. Leurs excursions annuelles ont ordinairement lieu aux premiers jours de printemps; jusqu'à leur retour qui s'accomplit vers l'automne, le soin de la terre est laissé au vieux père, à l'épouse ou à quelque voisin. Le Dalécarlien est très-frugal et fait sa nourriture habituelle de pain, de gruau; trois ou quatre sardines et quelques pommes de terre lui composent un dîner délicieux. En général, on ne voit figurer l'eau-de-vie et le beurre que dans les maisons riches, et ce n'est que dans les solennités que l'on brasse la bière nommée *hogtidsricka* (bière de fête). De même que dans tout le nord du royaume, on mange en Dalécarlie une espèce de pain appelé *tunnerod*, façonné en grandes galettes très-minces, et pliées après avoir été passé au four; ce pain se fait ordinairement d'orge ou d'avoine, quelquefois, surtout à Battvik, de farine de pois; mais les habitants des paroisses pauvres sont toujours obligés d'y mêler une portion de farine d'écorce d'arbre. L'antique hospitalité du Nord est encore religieusement observée en Dalécarlie; les habitants partagent leurs modestes provisions avec l'étranger, et regarderaient comme une malhonnêteté de lui demander son nom avant de l'avoir convenablement hébergé. Le Dalécarlien a conservé cet usage, du temps où les lois de l'hospitalité prescrivaient le devoir de protéger tout individu qu'il recevait chez soi, sans même en excepter l'ennemi, et craignant de découvrir quelquefois un nom odieux, il préférait de ne pas le connaître.

En Dalécarlie, la garde-robe d'un ménage est un objet assez coûteux. Elle compose une partie considérable de la valeur du mobilier; car les costumes sont différents, non-seulement dans toutes les paroisses, mais varient encore dans chacune, selon l'importance des solennités; il en résulte qu'on voit souvent dans une maison, les quatre murs d'une pièce considérable garnis d'habits, la plupart cependant faits d'étoffes fabriquées par les paysannes elles-mêmes. Les femmes de Leksand et celles de Mora portent des jupons noirs et plissés; le nombre de ces plis indique l'état de leur fortune.

Le HELSINGIEN, ou habitant de la province de *Helsingie*, a été surnommé le *Hollandais du Nord*, parce qu'en effet on remarque en lui ce calme, cette persévérance, cet esprit actif et industrieux, et cet amour de la propreté qui caractérise le véritable Hollandais. Cependant, il y a de nombreuses dissemblances entre ces deux peuples. Ainsi, le Helsingien n'est dépourvu ni de vivacité, ni même d'une certaine impétuosité lorsqu'il est provoqué; il possède, à la guerre, le courage calme du vrai soldat. On lui reproche quelquefois un peu d'entêtement et de vanité, principalement aux habitants des villages commerçants de Bollnas et Delsbo, chez lesquels le désir du gain a altéré les qualités natives. Toutefois, la Helsingie est peut-être la partie de la Suède où la civilisation soit le plus avancée. Dans leur conversation, les paysans font preuve d'une grande urbanité; presque tous savent lire, et l'on voit assez communément dans leur demeure une petite bibliothèque formée de livres historiques et religieux.

JERFSO renferme l'élite des paysans de la Helsingie. Ses habitants sont de haute taille, avec des cheveux ordinairement blonds, des yeux bleus et pleins de vivacité, et des manières qui dénotent l'assurance des personnes au-dessus du commun. Comme tous les autres, ils sont hospitaliers, mais ils se distinguent par plus de franchise et de loyauté que leurs compatriotes.

Le paysan de Jerfso a conservé le costume helsingien dans sa forme primitive. C'est ce qui nous a engagé à le reproduire dans nos planches.

Les SCANIENS peuvent être divisés en trois grandes tribus : ceux qui habitent le nord de la Scanie, qui ont la taille élevée, les yeux vifs, et sont adroits, agiles et entreprenants; les *Scaniens Sla-bon*, ou habitants du pays plat, qui se distinguent par l'indolence et la lenteur, une taille courte et ramassée, et des traits larges et grossiers; enfin, les individus qui occupent la partie sud-est de la Scanie; ceux-ci ont le visage maigre, anguleux et pâle; leur costume et leurs manières indiquent une peuplade de pêcheurs.

Les habitants de HARNTAD-HARAD, dont nous donnons le costume, sont moins indolents et moins lourds que leurs voisins, et leur manière de se vêtir ne manque pas de grâce. Nous donnons aussi quelques planches représentant les habitants de TORNA-HARAD et de WEMMENTROGS-HARAD.

Nous ne dirons rien des Lapons, que nous avons décrits à l'article *Russie*.

NORWÉGE.

La Norwége est située entre 57° 58' et 71° 10' de latitude nord et entre 2° et 29' de longitude est. Elle a pour bornes : au nord, l'océan Glacial-Arctique; à l'ouest, l'Atlantique et la mer du Nord; au sud, le détroit de Skager-rack, qui la sépare du Jutland; à l'est, la Suède; et au nord-est, la Russie. On évalue sa superficie à 15,670 lieues carrées.

Les côtes présentent de nombreux escarpements et une multitude d'enfoncements; au sud, se présente le golfe de Christiania; à l'ouest, sont le Bukke-fiord, le Hardanger-fiord, le Drontheims-fiord; au nord, le West-fiorden, l'Ulvs-fiord, le Lyngen-fiord, l'Owœnanger-fiord, l'Alten-fiord, le Porsange-fiord, le Lags-fiord, le Tana-fiord et le Waranger-fiord. D'innombrables îles les entourent : le groupe le plus considérable est, sur la côte nord-ouest, celui des Lofoden, dont les îles Senjen, Hvaloen, Ringvadsoe, Arenoe, Sœroe, Seiland, Qvaloe, et Mageroe, forment la continuation nord-est; on remarque à l'ouest, Hitteren, Smœelen et Froyen; les montagnes sont également en grand nombre, ainsi que les cours d'eau et les lacs.

L'aspect de la Norwége est grand et majestueux, mais généralement dépourvu de grâce. Le sol, souvent pierreux et stérile, est en général assez bon dans le sud; il y a des terrains très-productifs dans les environs de Bergen. On n'évalue les terres de labour qu'au centième de la superficie, et les récoltes en grains sont loin de suffire à la consommation : on y supplée par des importations considérables de blé. En été, la longueur extraordinaire du jour compense le peu de durée de cette saison; la chaleur y est telle que le blé mûrit avec rapidité; on cultive aussi, dans quelques endroits, de l'orge et de l'avoine, et, dans la partie méridionale, quelques fruits; les autres productions sont des légumes, surtout des pommes de terre, du lin, du chanvre, du houblon, beaucoup de cumin, et quelques plantes propres à la teinture. Les immenses forêts qui couvrent les montagnes sont peuplées de pins, de frênes, et principalement de sapins d'une grosseur et d'une hauteur extraordinaires : ces bois sont une branche importante d'exportation; il y a de bons pâturages où l'on élève beaucoup de bêtes à cornes de petite espèce, des chevaux petits, mais pleins de feu, des moutons, des chèvres en plus grand nombre et des porcs. Dans la Laponie norwégienne, les troupeaux de rennes forment la seule richesse et presque la seule nourriture des habitants. Le gibier abonde partout; les forêts sont remplies d'ours, de loups, de lynx, de renards, de chats sauvages, etc. Il y a des oiseaux de différentes espèces, une multitude innombrable d'oiseaux aquatiques fournissent aux insulaires des œufs et de l'édredon. Les cours d'eau et les lacs nourrissent des castors, des loutres et beaucoup de poissons; les côtes sont fréquentées par des baleines, des chiens de mer, des morues, des harengs, des homards

HOMME DE HARNTAD-HARAD — FEMME DE WEMMENTROGS-HARAD
Scanie

et des testacés en grand nombre, parmi lesquels on distingue l'huître à perles. La Norwége est riche en minéraux : il existe à Etzwold une mine d'or peu importante; à Kongsberg, une mine d'argent; de nombreuses mines de fer de bonne qualité; des mines de cuivre d'une qualité supérieure se trouvent principalement à Bœraas, dans le sud-est du diocèse de Drontheim; celles de plomb sont peu productives, il y en a de cobalt, d'arsenic et d'alun. La seule grande mine de sel est celle de Waloe. On exploite aussi des carrières de granit, de marbre, d'albâtre, de pierre meulière, de pierres à aiguiser, d'ardoises et de pierre à chaux. Il y a de l'argile, des agates, des grenats, des améthystes et de l'ocre; l'aimant est assez commun pour être exporté. L'industrie se réduit en quelque sorte au travail et à la fonte des métaux. Il y a une fabrique d'armes à Kongsberg, qui peut suffire à l'armée, plusieurs verreries et raffineries de potasse, une manufacture de chapeaux et des tanneries à Christiania; une poterie à Bergen et des fabriques de gants à Drontheim. La navigation et la pêche sont, après l'exploitation des bois et des mines, les ressources les plus intéressantes de ce pays. Les exportations principales sont en bois de construction, fer, cuivre, poissons, bestiaux, cuirs, suifs, huile et blancs de baleine; verreries, potasse, granit, marbre, etc. On importe beaucoup de blé, des étoffes de laine, de coton et de soie, des épiceries et denrées coloniales, du vin et des liqueurs spiritueuses. Les monnaies, poids et mesures de Norwége sont encore les mêmes que ceux de Danemark.

Le gouvernement est franchement démocratique sous un roi. Tout Norwégien âgé de vingt-cinq ans, propriétaire, usufruitier ou fermier à vie d'un immeuble, jouissant dans une ville du droit de bourgeoisie, ou y possédant une maison ou un terrain d'une valeur de 750 francs en capital, est de droit électeur. A trente ans il est éligible, pourvu qu'il n'appartienne à aucun ministère, qu'il ne soit pas attaché à la cour, qu'il ne figure point sur le grand livre des pensions, et qu'il n'occupe aucun emploi subalterne dans une maison de commerce.

Il y a trois degrés d'élection; le vote est public.

Le *storthing* ou parlement est élu pour trois ans; chaque session est de trois mois, et peut s'étendre au delà de ce terme, si les affaires l'exigent. L'époque de chaque réunion est fixée par la loi fondamentale.

Dans les grandes circonstances, telles qu'une guerre, la mort ou l'abdication du roi, le gouvernement peut assembler un storthing extraordinaire, lequel ne doit adopter que des mesures provisoires, à la charge de les faire ratifier par un nouveau parlement régulièrement élu. Sous tous les rapports, les storthings sont indépendants du pouvoir exécutif. La sanction royale est même inutile pour assurer l'exécution d'un bill approuvé par trois législatures différentes. C'est ce qui est arrivé pour l'abolition de la noblesse héréditaire. Elle fut décrétée par les storthings de 1815 et de 1821. En 1824, malgré l'opposition du roi, et sous les yeux de l'armée suédoise qui avait envahi par ses ordres la capitale où siégeait la puissance législative, cette grande mesure fut adoptée pour la troisième fois, et devint une des lois fondamentales de l'État.

Le storthing se composait, en 1836, de quatre-vingt-seize membres. Ce nombre n'est pas invariable; il suit les proportions de la population électorale. Tout député a un suppléant élu en même temps que lui pour le cas de démission ou de décès. Pendant toute la session, il a droit, indépendamment de ses frais de voyage, à une indemnité de deux dollars et demie par jour (environ 12 francs).

Sauf les exceptions que nous avons fait connaître plus haut, toutes les professions honorables sont représentées dans les storthings.

A celui de 1836, on voyait un professeur, quatre recteurs de paroisse; les villes les communautés y envoyent des négociants; les districts ruraux, des cultivateurs. On dirait les assemblées d'État de l'Amérique du Nord, ou plutôt une réunion de fermiers et de marchands, comme on en voit à Édimbourg ou à Haddington, un jour de marché. Les séances, ouvertes à neuf heures du matin, offrent un coup d'œil imposant dans leur simplicité. Le président et le secrétaire sont élus par l'assemblée et renouvelés tous les huit jours.

Au début de chaque session, après la vérification des pouvoirs et la formation du bureau, le storthing désigne un quart de ses membres pour composer le *lagthing*, ou chambre haute. Le reste de l'assemblée remplit les fonctions de chambre des communes.

La chambre haute est dans la législature le pouvoir délibérant; elle n'a point l'initiative; elle reçoit de *l'odelsthing* ou chambre des communes les projets de loi, et, après en avoir délibéré, elle les adopte, les rejette ou les renvoie avec des amendements. C'est elle qui juge les ministres accusés par l'autre chambre. Cette division du pouvoir législatif n'existe pas dans toutes les phases de la confection des lois.

Lorsqu'une motion est présentée et discutée pour la première fois, les deux chambres n'en forment qu'une; mais après l'opération analogue à ce que l'on nomme en Angleterre la seconde lecture (la première étant, comme on sait, une pure formalité), le storthing se divise en odelsthing et en lagthing.

« Cette dernière branche du pouvoir législatif serait, dit M. Laing, un phénomène fort curieux pour les radicaux; elle fonctionne aussi bien que nos évêques, nos ducs et nos barons. Elle se compose actuellement de huit fonctionnaires civils, cinq ecclésiastiques, deux avocats et neuf fermiers ou cultivateurs; en tout vingt-quatre. Ils sont élus par un scrutin de liste, moins par considération pour leur rang ou leurs fonctions, que d'après l'opinion que leurs collègues se sont formée de leurs lumières, de leur sagacité, de leur expérience. Sur les quatre-vingt-seize membres du storthing, quarante-six faisaient partie des précédentes législatures. Les cinquante autres sont de nouveaux députés. »

L'influence du gouvernement étant nulle dans les élections norwégiennes, on ne connaît dans le parlement ni banc ministériel, ni banc de l'opposition; il est fâcheux sans doute qu'aucun ministre ne soit là pour répondre aux questions que son administration peut provoquer, ou pour prendre l'initiative des propositions importantes. Mais les Norwégiens se résignent sagement à cet inconvénient.

L'élocution des députés est simple et lucide, leur discussion substantielle et dégagée de toute observation parasite. Il n'y a là ni déclamateurs, ni improvisateurs de mémoire; mais on y admire, ce qui est de meilleur goût et plus moral pour les esprits sensés, des hommes indépendants, d'une doctrine éprouvée, discutant sincèrement et s'éclairant par l'éloquence des faits.

La démocratie ne s'est maintenue dans la constitution de la Norwége que parce qu'elle était écrite dans ses vieilles mœurs : le système féodal n'y a jamais pris racine. Avant comme depuis l'époque où le Danemark abdiqua sa constitution dans les mains de l'aristocratie, le paysan norwégien est toujours resté libre dans sa personne et ses propriétés, et il n'a jamais reconnu de maître ni de suzerain.

Un des traits les plus saillants de l'état social dans ce pays, c'est la répartition de la propriété foncière et l'égalité générale qui en résulte entre les citoyens. Sur moins d'un million d'âmes, on compte quarante et un mille six cent cinquante-six propriétaires (un sur vingt-deux).

La féodalité n'existant plus en Norwége, on comprend que le droit d'aînesse y soit inconnu. Cependant la législation offre un remède au fractionnement indéfini qui résulterait de l'égalité des partages. Les fermes ou métairies se composent en général de quarante à soixante acres de terre labourable et d'une certaine étendue de bois ou de pâturages contigus au corps de propriété, indépendamment du droit de pacage dans les montagnes voisines, tel qu'il existe dans les highlands de l'Écosse, en Suisse ou dans la Sierra-Morena. Le législateur prévient le morcellement des petites propriétés par *l'odelsbaarn-ret*, retrait lignager. Aussi les enfants ou les plus proches parents du vendeur d'un immeuble ont, pendant cinq ans, à dater du jour de la vente, le droit d'obliger l'acheteur à le leur délaisser moyennant remboursement du capital et de la plus value. Ce retrait s'étend aux droits successifs vendus à des tiers par l'un des héritiers, ainsi qu'aux lots provenant du partage des successions ou des communautés entre les héritiers ou entre les représentants du défunt et l'époux survivant. Il résulte de ce système, que si l'on ne remarque en Norwége ni parcs, ni châteaux, ni grandes fermes, on n'est pas attristé non plus par l'aspect de ces misérables enclos, dont le possesseur est réduit à l'aumône, en attendant la chétive récolte qui lui assurera à peine un mois de subsistance.

Les propriétés, dans leur médiocre étendue, fournissent une variété de produits qui suffisent aux besoins et au confort de la vie, telle que la comprennent ces modestes campagnards. Ils y sont bien logés, bien nourris. Les fabriques indigènes leur procurent de bonnes étoffes, leurs forêts un combustible abondant. Un travail sans fatigue, des loisirs sans inquiétude, le calme de l'esprit, trésors précieux qui disparaissent graduellement du sein de nos sociétés industrielles, tel est le partage de tous les habitants, y compris les laboureurs, les domestiques et les ouvriers. On remarque chez eux une urbanité, une politesse de langage, une affabilité, étrangères aux dernières classes de la société dans les États dont on vante à tant de titres la civilisation avancée. Ainsi vous ne trouverez pas dans les gens du peuple cette rudesse, cette brutalité qui déshonore les rapports mutuels de nos paysans et de nos ouvriers. Les Norwégiens n'ont pas des manières différentes dans leur intérieur et avec des étrangers. Chacun ôte son chapeau au premier venu qu'il rencontre, sans acception de profession ou de rang. Les enfants eux-mêmes ne s'abordent pas dans les rues sans se saluer. Ils aiment et cultivent presque tous la musique instrumentale. Passionnés pour la danse, ils consacrent aux bals et aux concerts leurs longues soirées d'hiver.

Si l'on en croit certains touristes, les Norwégiennes végètent dans une condition inférieure à celle des femmes du reste de l'Europe. Il n'en est rien : elles placent leur dignité et leur bonheur dans les soins domestiques et l'éducation de leurs enfants. Mais si la musique, la danse ou la toilette n'exercent pas exclusivement leur coquetterie, elles ne négligent pas ces talents secondaires. Elles y joignent seulement la coquetterie la plus séduisante pour des hommes libres, celle de la raison et de la vertu.

La classe des cultivateurs salariés est l'une des plus heureuses du pays. Le propriétaire leur cède à un bout de la métairie, une chaumière avec étable, basse-cour et pâtis, où ils peuvent nourir deux vaches et cinq ou six moutons. Ce bail est fait pour toute leur vie et celle de leur femme; mais à la charge par eux de fournir un nombre donné de journées de travail. Ils reçoivent en sus un salaire modique et la nourriture. S'ils veulent quitter leur cottage, il faut qu'ils donnent congé trois mois d'avance; mais le propriétaire ou le fermier qui les emploie ne peut les renvoyer tant qu'ils exécutent fidèlement les conditions du traité. Leurs enfants logent à la ferme comme domestiques, et ils se distinguent en général de la classe des valets par leur zèle, leur bonne tenue et leur ton respectueux sans servilité.

Les garçons de ferme occupent un corps de bâtiment nommé le *rothy*, au rez-de-chaussée, composé d'une cuisine, d'une buanderie et d'une vaste pièce garnie de chaises ou de bancs, d'une grande table et d'un poêle. C'est là que les tailleurs, cordonniers, selliers, qui colportent leur industrie de village en village, viennent travailler pour la maison. L'étage supérieur est divisé en chambres à coucher ayant chacune sa croisée et aboutissant sur une galerie couverte, au moyen de laquelle on donne chaque matin de l'air à la literie. Le samedi, le rothy est lavé, et on l'assainit en y brûlant du genièvre. Tous ces détails, ainsi que la nourriture des domestiques, sont confiés à une fille de service.

Chaque ferme possède un atelier où des femmes cardent, filent et tissent la laine, sous la direction de la maîtresse de la maison ou d'une gouvernante qui la représente et qu'on respecte comme étant de la famille. De cette manufacture domestique sortent de grossières mais solides étoffes, de bons gros draps de lit, du linge de table que la vétusté blanchira, des cotonnades et des linons pour les vêtements de femme.

La condition du cultivateur dans ce pays est, sous plusieurs rapports, analogue à celle des fermiers de la Nouvelle-Angleterre et des États du Nord de l'union américaine.

Ils sont mieux couchés que ne le sont nos ouvriers dans leurs méchantes couvertures de laine ou de coton; ils ont en abondance de bonnes fourrures, des peaux de chèvre, de mouton ou de renne, piquées et ouatées avec le poil de la bête.

Ils sont vêtus sans luxe, mais chaudement et commodément. En hiver, des bottes, des gants, de longs paletots; nulle part la livrée de l'indigence, partout au contraire, le costume du dimanche, à côté de l'habit de travail.

Le luxe des vêtements et l'usage plus fréquent du café, du sucre, des liqueurs et des vins de France, sont les traits caractéristiques de l'aisance, dans un pays où chacun vivant du produit de sa terre, conserve à sa table et dans son mobilier une simplicité uniforme. La moindre habitation a un parquet, des vitres, deux chambres à coucher, une pièce de réception ou de travail et une cuisine où l'on prend ses repas.

Des bords de la mer jusqu'aux montagnes et dans leurs vallées, la classe agricole est distribuée sur des corps de domaines d'une médiocre étendue, qu'elle exploite en pleine propriété. L'importance de ces fermes varie suivant la quantité de son bétail, de quatre à huit chevaux de labour, de vingt à quarante vaches ou bœufs, de vingt à quarante chèvres ou moutons. La moyenne de leur étendue est de trente à quarante acres. Insuffisantes pour les dispenser du travail, elles fournissent à leur famille et à leurs ouvriers une nourriture abondante, variée et de bons vêtements.

Ces robustes cultivateurs, élite morale du pays, ne prodiguent pas leurs sueurs pour amasser de l'or; satisfaits de ce qu'ils possèdent, leur but est de chercher l'aisance dans l'usage direct des produits de leur industrie, et ils ne vendent que ce qu'il faut pour payer l'impôt et se procurer le peu de denrées exotiques qu'ils consomment. Ils construisent leurs maisons et tous les bâtiments qui en dépendent, fabriquent leurs meubles, leurs chariots, leurs instruments aratoires de bois ou de fer, tout ce qui garnit la ferme, sauf les vitres, la poterie, la quincaillerie et les objets en fonte ou en acier.

Les montagnards qui peuplent les forêts et les gorges du *Fielde* ou chaîne de montagnes qui sépare dans le nord la Norwége de la Suède, forment une classe inférieure de cultivateurs. Propriétaires du sol comme leurs frères de la plaine, ils sont logés plus à l'étroit; mais leurs chaumières ont des croisées vitrées, des contrevents, un bon plancher de sapin. La rigueur d'un climat où l'hiver finit avec le mois de mai, et où les gelées blanches se prolongent jusqu'au mois d'août, s'oppose à ce qu'ils aient de bonnes récoltes de grains. Ils vivent de leurs troupeaux, des coupes de bois qu'ils expédient par le flottage sur leurs cours d'eaux torrentueux, et du produit de leurs chasses que leurs traîneaux transportent sur les marchés de l'est et du sud. Leur pain est un mélange d'avoine et de l'écorce la plus tendre qu'ils détachent du sommet des pins quand l'arbre jette sa séve, et qu'ils broient après l'avoir exposée au soleil ou dans un four improvisé sous terre. Les truites des lacs du Fielde leur procurent un savoureux aliment en été et de précieuses salaisons pour l'hiver. Ils tiennent le milieu entre la bourgeoisie rurale de la plaine et les Lapons. Aguerris aux travaux les plus rudes, ils reproduisent à notre imagination, dans leur constitution de fer, dans leurs formes athlétiques, dans la grossière simplicité de leur caractère, les antiques enfants d'Odin. L'égalité de leur condition assure leur bonheur par une fraternelle indépendance; ils forment dans chaque vallée une tribu distincte, qui vit isolée, et dont les familles s'unissent fort rarement à celles des cantons voisins ou de la plaine. Aussi la plupart d'entre elles peuvent se prévaloir d'un arbre généalogique qu'envieraient nos meilleures maisons.

Malgré sa situation aux extrémités de l'Europe, la Norwége est évidemment en voie d'amélioration, et présente même une masse de lumières beaucoup plus grande que certaines contrées européennes les plus favorisées par la nature du climat, par la variété et l'abondance des productions. L'université de Christiania possède des professeurs distingués et des collections scientifiques du plus grand prix. Sur les fonds de l'instruction publique, le gouvernement a fait exécuter, dans le royaume et au dehors, des voyages dans l'intérêt des sciences; à Christiania et à Drontheim on a organisé des écoles d'enseignement mutuel, destinées à répandre ce mode d'instruction : déjà il est mis en pratique à Bergen, à Christiansand, à Kongsberg, à Lauryig, à Friderikshald, à Osterrisœr, à Friderikstad et à Drammen; ainsi, sur une population d'un million d'individus, on compte environ 165,000 écoliers. L'instruction publique en France est loin de présenter un résultat aussi satisfaisant. Dix élèves de la classe des paysans sont élevés aux frais de l'État dans l'école royale d'agriculture. Christiania possède, depuis peu d'années, une école militaire pour le génie et l'artillerie. A Drontheim on a fondé une institution pour les sourds-muets. On s'occupe d'améliorer le sort des aliénés; des caisses d'épargnes ont été fondées à Christiania, à Drontheim, à Bergen, à Christiansand, à Drammen, à Arendal, à Moss et à Tœnsberg. On a organisé entre les villes des côtes, et entre le royaume et l'étranger, un service de bateaux à vapeur ; celui de la poste a été établi dans plusieurs diocèses, et même dans le Finmark. Conformément à un vœu exprimé dans le storthing, les mines de fer de Kongsberg et plusieurs manufactures de toiles et d'étoffes de laine ont cessé d'être exploitées pour le compte de l'État ; le levé trigonométrique de la superficie du royaume est sur le point d'être terminé, et celui des côtes se poursuit activement; enfin, des traités de commerce sont conclus avec l'Angleterre, les États-Unis, la Prusse et le Danemark.

DANEMARK.

La position du Danemark est entre 53° 21′ et 57° 44′ de latitude nord, et 5° 45′ et 12° 51′ de longitude est.

Il se compose : 1° d'une petite portion du continent, bornée au sud par le grand-duché de Mecklenbourg-Schwerin, les territoires des villes libres de Hambourg et de Lubeck, et le royaume de Hanovre, dont l'Elbe le sépare; à l'est par la Baltique, le petit Belt, et le Cattégat; au nord par le Skager-rack, et à l'ouest par la mer du Nord; 2° de plusieurs îles situées soit dans la Baltique, soit dans le Cattégat, soit entre cette mer et ce grand détroit. La presqu'île de Jutland et les duchés de Sleswig, de Holstein et de Lauenbourg, forment la partie continentale de ce royaume. Parmi les îles, on distingue celles de Seeland, de Fionie, de Laaland, de Falster, de Mœen, de Langeland, d'Alsen, de Fehmern, et de Bornholm.

Bien que situé dans la partie la plus septentrionale de la zone tempérée boréale, le Danemark a un climat moins rigoureux que ne le ferait croire sa latitude; les vapeurs de la mer qui l'entoure rompent l'intensité du froid, et le remplacent par des brouillards extrêmement épais et humides.

Les végétaux et les minéraux ne sont pas très-variés; cependant, le Danemark est assez bien pourvu de céréales. La valeur des terres diffère selon les localités.

« D'après un décret émané de la couronne, le roi est majeur à quatorze ans : il préside le conseil d'État qui est spécialement chargé de toutes les affaires majeures. Des colléges composés de plusieurs membres et d'un président remplacent ce que l'on appelle ailleurs des ministres : celui de la *chancellerie* administre la justice, la police générale, l'église, l'instruction publique et tout ce qui regarde l'intérieur du royaume; celui des *finances* propose les taxes, surveille toutes les affaires pécuniaires de l'État, et a sous ses ordres des conseils chargés du trésor, des rentes, des domaines, etc.; le collége d'*économie et de commerce* a dans ses attributions les manufactures et tout ce qui intéresse l'industrie. Les baillis ont à peu près le même pouvoir que les préfets en France; une cour suprême, quelquefois présidée par le roi lui-même, juge en dernier ressort les affaires civiles et criminelles : la peine de mort est prononcée très-rarement.

» Le clergé ne forme point un ordre séparé : les trois seules classes distinctes dans l'État sont la noblesse, la bourgeoisie et les paysans. Tout fonctionnaire du roi fait partie de la noblesse; mais les comtes et les barons jouissent de grands priviléges : ces titres et quelques autres sont assujettis à un droit appelé taxe du rang; l'honneur d'être traité d'excellence s'accorde à qui veut le payer. Les nobles ont plusieurs prérogatives, qui, cependant, diffèrent dans les provinces danoises et allemandes : ainsi, dans le Holstein et le Lauenbourg, auxquels leur ancienne constitution a été garantie par la diète germanique, la diète domine au sein des États; les Frisons des îles qui bordent les côtes occidentales du Sleswig, et les habitants de la ville d'Altona dans le Holstein, jouissent au contraire d'une liberté très-étendue. Ses provinces allemandes placent le roi de Danemark dans la confédération germanique, à laquelle il fournit un corps de 3 000 hommes; elles lui donnent une voix à la diète. Du reste, le gouvernement danois se montre paternel dans l'exercice de son pouvoir, et fort tolérant sous le rapport religieux : la confession d'Augsbourg est la religion dominante; mais les catholiques, les réformés, les mennonites ou anabaptistes, les juifs mêmes sont admis sans distinction aux emplois et aux dignités publiques [1]. »

Quoique le climat du Danemark ne soit pas nuisible à la santé des habitants, il se peut que l'humidité de l'atmosphère et la quantité de viande et de poisson salé dont le Danois fait sa nourriture habituelle, contribuent à rendre son caractère lourd, patient, difficile à émouvoir. « Autrefois, dit Malte-Brun, conquérant insatiable, aujourd'hui brave, mais pacifique, peu entreprenant, mais laborieux et persévérant; modeste et orgueilleux, hospitalier, mais non pas officieux; gai et franc avec ses compatriotes, mais un peu froid et cérémonieux envers les étrangers; aimant ses aises plus que le faste, plus économe qu'industrieux, quelquefois par vanité ou par paresse; imitateur des autres peuples, observateur judicieux; penseur profond, mais lent et minutieux; doué d'une imagination plus forte que riche; constant, romanesque et jaloux dans ses affections; capable d'un grand enthousiasme, mais rarement de ces saillies d'esprit, de ces finesses qui surprennent le succès ou l'admiration, très-attaché à son sol natal et aux intérêts de sa patrie; trop peu soigneux de la gloire nationale; accoutumé au calme de la monarchie, mais ennemi de la servitude et du pouvoir arbitraire : tel est le portrait du Danois.

» Il est rare de trouver dans le Nord de ces brunes piquantes, que le soleil chaud de la France et de l'Italie a colorées de ses feux. Mais les longs cheveux blonds, mais les teints de lis et de rose, mais les yeux bleus, grands, languissants, voilà les charmes dont le sexe s'enorgueillit dans le Nord. Ajoutez à cela une figure ovale, et plus de régularité que de finesse dans les traits, et vous aurez un portrait général des femmes du Nord. Leur teint devient dans la Norwége tellement éblouissant, qu'un habitant du Midi en attribuerait les vives nuances à l'usage du blanc et du rouge; mais l'usage de ces moyens de gâter la nature est presque inconnu en Danemark, même à Copenhague, où cependant l'exemple de la cour autrefois l'avait autorisé.

» Comme nous n'avons pas envie de passer pour flatteurs, nous dirons franchement que le beau sexe dans ce pays ne sait pas assez tirer parti de ses avantages naturels. L'éducation qu'on donne aux demoiselles vaut peut-être mieux que celle des Françaises, sous les rapports moraux et domestiques, mais on néglige trop les parties d'agrément. Cependant, la musique vocale et instrumentale est aujourd'hui généralement enseignée aux jeunes demoiselles. »

Les classes élevées se distinguent par des mœurs plus sévères en réalité qu'en apparence, par des manières moins recherchées que polies; dans les basses classes l'amour de l'ordre n'est pas une qualité rare, excepté chez le matelot qui, par son genre de vie, est poussé à prendre la plupart des vices des diverses nations. Le paysan est laborieux; il s'habille avec propreté; il aime à chanter et à danser, et paraît être plus heureux que dans le reste de l'Europe, et surtout qu'en France. Il est devenu propriétaire, comme dans ce dernier pays, par l'avantage qu'offre à ceux qui les possèdent la vente des terres seigneuriales par petites portions. Les corvées auxquelles il était assujetti sont depuis longtemps abolies, ou remplacées par une rétribution annuelle; beaucoup de

---

[1] Malte-Brun, *Description du Danemark. Géogr. math. phys. et polit.*, de Mentelle et Malte-Brun.

fermes sont louées à titre de bail héréditaire, ce qui n'a pas peu contribué à l'avancement de l'agriculture.

L'instruction est plus répandue en Danemark qu'en France; on trouve rarement un paysan ou un homme du peuple qui ne sache au moins lire. En 1822, le gouvernement permit l'introduction de l'enseignement mutuel dans les écoles élémentaires publiques : l'année suivante, le nombre de celles qui avaient adopté cette méthode était déjà de 204. L'enseignement mutuel ne se borne pas seulement à la lecture, à l'écriture, au calcul et à l'instruction religieuse; il comprend la langue nationale, l'histoire, la géographie, etc.

COPENHAGUE, la capitale du Danemark, est bâtie sur les îles de Seeland et d'Amak, séparées par un petit bras de mer, qui y forme un port superbe. C'est une des plus belles capitales de l'Europe, non-seulement par la beauté de sa position, mais aussi par la régularité de ses rues, la beauté de ses places et le grand nombre de bâtiments remarquables qui la décorent. La partie la plus petite, située sur l'île d'Amak, est nommée *Christianshavn*, tout le reste porte le nom de *Kjobenhavn*; l'usage distingue encore dans cette dernière la *vieille ville* et la *ville nouvelle*; celle-ci nommée *Friderikstadt* dans les papiers officiels, est vraiment superbe, et peut être comparée aux plus beaux quartiers des principales résidences de l'Europe. Les deux grands incendies de 1795 et de 1807 qui ont occasionné de si grandes pertes à Copenhague, ont beaucoup contribué à l'embellir par le soin qu'a pris le gouvernement d'établir des règles d'après lesquelles devaient se faire les nouvelles constructions. Plusieurs rues ont des canaux, des quais et toutes ont des trottoirs en dalles de granit. Cette ville renferme un grand nombre d'établissements scientifiques.

On a pu, jusque dans ces derniers temps, considérer Copenhague comme le centre de l'industrie et du commerce du royaume; en 1826, on y comptait environ deux cent quarante distilleries, cinquante brasseries, trente manufactures de tabac, vingt de draps, cinquante de cotonnades, dix-huit de chapeaux, vingt-quatre de gants, trente de toile de lin, vingt-neuf tanneries et diverses autres fabriques qui occupaient en tout au delà de 11,000 personnes, ou près du dixième de la population; on estimait alors à plus de 5,000 le nombre de bâtiments qui entraient dans son port; mais le système prohibitif, a depuis cette époque, porté dans cette ville les fruits qu'on doit tôt ou tard en attendre : les étrangers ont cessé d'y venir chercher les eaux-de-vie qu'elle fabriquait; ses autres produits ne peuvent plus soutenir la concurrence étrangère; les Anglais et les Américains ont, par leur rivalité, porté un coup mortel à ses relations commerciales avec les Indes : elles est maintenant réduite au seul commerce de consommation; toutes les affaires du Danemark se sont concentrées à Altona, dont le port jouit depuis longtemps d'une complète franchise. La ruine de l'industrie a considérablement fait baisser de valeur les maisons de Copenhague : on a vu même tout récemment des propriétaires vendre les leurs parce qu'ils étaient dans l'impossibilité de payer les contributions.

« Les mœurs de la capitale danoise, dit Malte-Brun, n'ont ni la platitude grossière de certaines autres villes commerçantes du Nord, ni la politesse soignée dans laquelle Stockholm prétend avoir heureusement imité Versailles; il faut distinguer à Copenhague la cour et le corps diplomatique de la masse des citoyens riches ou aisés. A la cour, le germanisme a longtemps été tellement dominant que l'on dédaigne même de parler danois; mais les augustes individus qui composent aujourd'hui la famille royale ont banni loin d'eux cet esprit antipatriotique; ils ont adouci la rigueur du cérémonial et adopté cette noble aisance qui distingua la France dans les derniers temps, en sorte qu'il y a aujourd'hui peu de cours plus nationales et plus aimables que celle de Copenhague. Mais, comme l'économie la plus sévère préside à toutes les dépenses de l'État, on ne voit guère ici cet éclat, cette pompe que les esprits bornés regardent comme nécessaires à l'autorité suprême; on peut, depuis la destruction du magnifique château de Christiansberg, dire avec raison, que la cour de Danemark n'est que la première parmi les bonnes maisons de Copenhague.

» La première noblesse, les ministres ainsi que les ambassadeurs étrangers, se conforment naturellement au goût qui règne à la cour. On a reproché aux hauts cercles de donner au jeu et au dîner une place trop importante parmi leurs amusements, ce qui ne prouve pas que l'esprit y est plus rare que dans les cercles du même rang en France, mais qu'on est plus gêné par l'étiquette et par la pénurie d'amusements publics.

» La classe moyenne, composée de plusieurs fonctionnaires publics, des officiers, surtout de la marine et de l'artillerie, ainsi que de quelques gens de lettres, est ici, comme partout, la partie la plus aimable de la nation. Il n'y a, dans tout le Nord, aucune capitale où cette classe ait plus d'instruction et d'honnêteté. Mais la sociabilité domestique est d'abord rétrécie par cette réserve qui fait partie du caractère national, et qui empêche, ou du moins rend plus rares ces réunions à la française, sans gêne et sans cérémonie; ensuite les hommes de quelque talent ou de quelque amabilité sont absorbés par les clubs; c'est-à-dire par une vingtaine de réunions, semblables aux lycées, où l'on joue, converse, mange, boit, lit les gazettes, etc., et où les femmes ne sont admises que les jours où la musique et la danse viennent chasser de ces salons la politique. Il est vrai que ces fêtes sont ordinairement très-brillantes, surtout le jour de la naissance du roi; mais elles sont uniformes et monotones. Chaque club a son esprit, son ton et ses habitués; ces coteries, ordinairement scrupuleuses dans le choix des membres perpétuels, donnent aux voyageurs qui ne font que passer, un accès facile. En revanche, un étranger qui ne parle pas la langue du pays pénètre difficilement dans l'intérieur des familles, y déplaît et s'y ennuie.

» Cette organisation de la vie sociale est vraiment gênante pour celui qui vient à Copenhague sans s'être procuré une foule de recommandations très-particulières; car il ne trouve qu'un seul théâtre, point de fêtes publiques, et les lieux de réunion ouverts à tout le monde y sont généralement abandonnés à la mauvaise compagnie. Les cafés et les restaurateurs ne s'élèvent qu'à la médiocrité, et encore le plus souvent restent en deçà.

» Il faut cependant observer que dans le milieu de l'été, un parc royal, distant de trois lieues de Copenhague, devient pour quinze jours le séjour des plaisirs et le point de réunion pour toutes les classes de la société, qui s'y rendent sous prétexte de boire de l'eau d'une fontaine renommée. Le jour d'ouverture est le Longchamp de Copenhague. Les belles soupirent après un *tour* à cette fontaine, qui, à ce qu'on dit, est quelquefois la fontaine de l'amour. »

CONFÉDÉRATION GERMANIQUE.

M. Balbi indique ainsi la position astronomique des États confédérés, de l'Allemagne : longitude orientale entre 2° 30′ et 18° environ ; latitude entre 45° 30′ et 55° [1]. Ils ont pour confins : au nord la mer d'Allemagne ou du Nord, la monarchie danoise et la mer Baltique. A l'est de la monarchie prussienne et de l'empire d'Autriche qui ne sont pas compris dans la confédération, le royaume actuel de Pologne et la république de Cracovie. Au sud, les pays de l'empire d'Autriche qui n'appartiennent pas à la confédération, la mer Adriatique et la confédération suisse. A l'ouest, la monarchie Française et les Pays-Bas.

La totalité de la confédération germanique offre une superficie de 184,000 milles carrés ; sa population absolue à la fin de 1826 s'élevait à environ 34,200,000 âmes.

Cette confédération se compose des pays suivants :

Toute l'Allemagne (*Deutschland* ou *Teutschland* des Allemands), ou le ci-devant empire germanique, à l'exception de presque tout l'évêché de Liége, réuni au royaume actuel de Belgique, de l'évêché souverain de Bâle, de deux des quatres villes forestières et du Frickthal, agrégés à la confédération suisse, et de quelques enclaves réunis à la France, plus le grand-duché de Luxembourg et quelques petites fractions détachées dernièrement de l'Alsace et de la Lorraine.

Cette confédération formait autrefois l'*empire germanique*, qui, avant la guerre de la révolution était divisé en neuf cercles : d'Autriche, de Bavière et de Souabe, au sud ; de Franconie, du haut Rhin et du bas Rhin, au milieu ; de Westphalie, de haute Saxe et de basse Saxe, au nord. Outre ceux-ci, il y avait d'autres pays qui ne dépendaient d'aucun cercle, mais qui étaient considérés comme faisant partie de l'empire. Les neuf cercles renfermaient un grand nombre d'États tant séculiers qu'ecclésiastiques de différente étendue, et soumis à des princes indépendants les uns des autres. Tous ces États (environ 300) étaient réunis pour les intérêts généraux sous un chef électif, qui portait le titre d'*empereur d'Allemagne* ; dignité depuis longtemps héréditaire dans la maison d'Autriche.

En 1801, la paix de Lunéville ayant confirmé à la France la cession de la rive gauche du Rhin apporta de grands changements dans l'empire germanique. Presque tous les États ecclésiastiques à la droite du Rhin furent sécularisés, et on supprima toutes les villes impériales, à l'exception de dix. Ces pays furent donnés comme indemnité aux princes séculiers, qui avaient perdu des provinces à la gauche du Rhin. Les électorats

---

[1] Dans ce calcul sont compris tous les pays regardés comme faisant officiellement partie de la confédération germanique.

de *Trèves* et de *Cologne* furent supprimés et on en créa quatre nouveaux : ceux de *Salzbourg*, de *Wurtemberg*, de *Bade*, et de *Hesse-Cassel*. Les villes libres qui restèrent furent : *Hambourg*, *Lubeck*, *Brême*, *Francfort sur le Mein*, *Augsbourg* et *Nuremberg*.

Dans l'année qui suivit la paix de Presbourg, c'est-à-dire en 1806, l'empire germanique fut entièrement dissous, et une grande partie des États qui le composaient se réunirent sous la protection de la France pour former la Confédération du Rhin. Les traités de Tilsit (1807) et de Vienne (1809) ajoutèrent de nouveaux États à cette fédération, qui en 1813, époque de sa dissolution, en comptait 34, dont les principaux étaient le *royaume de Saxe* avec le grand-duché de Varsovie, les *royaumes de Bavière*, de *Wurtemberg* et de *Westphalie*, les *grands-duchés de Bade*, de *Berg-Clèves*, de *Hesse-Darmstadt*, de *Wurzbourg* et de *Francfort*. Le souverain de ce dernier grand-duché avait le titre de *prince primat* et présidait le *collège des rois*, composé des princes qui gouvernaient les États que nous venons de nommer. Les autres États, beaucoup moins considérables, formaient le *collège des princes*, qui était présidé par le duc de *Nassau-Usingen*. Il comptait 24 États qui tous forment partie de la confédération actuelle à l'exception de ceux de *Nassau-Weilbourg*, de *Leyen*, d'*Isenbourg-Birstein*, de *Reuss-Lobenstein* et de *Saxe-Gotha*, qui ont cessé d'exister, soit par l'extinction de la maison régnante, comme *Saxe-Gotha*, *Reuss-Lobenstein*, etc. soit pour avoir été agrégés comme princes médiats à d'autres États, comme ceux de *Leyen* et d'*Isenbourg-Birstein*.

A la suite des événements qui en 1814 et 1815, changèrent la face de l'Europe, il se forma à Vienne une nouvelle confédération qui prit le titre de *Confédération germanique ;* c'est celle dont la description nous occupe en ce moment.

D'après l'acte fédératif du 8 juin 1815, les États de la confédération ont des droits égaux. Les affaires sont confiées à une diète qui se réunit soit en assemblée *ordinaire*, soit en assemblée *générale*. Dans l'assemblée ordinaire, les États sont représentés par leurs plénipotentiaires, qui votent, soit individuellement, soit collectivement. Le nombre des voix est de dix-sept. Ainsi les quatre duchés de Saxe n'en forment qu'*une ;* ceux de Brunswick et de Nassau, *une ;* les deux grands-duchés de Mecklenbourg, *une ;* le grand-duché de Holstein-Oldenbourg, les trois duchés d'Anhalt et les deux principautés de Schwarzbourg, *une ;* les principautés de Lippe, de Waldeck, de Reuss, de Lichtenstein et de Hohenzollern, *une ;* le landgraviat de Hesse-Hombourg et les quatre villes libres de Brême, Lubeck, Hambourg et Francfort, *une ;* le duché de Luxembourg, *une ;* le Danemark, pour les deux duchés de Holstein et de Lauenbourg, *une ;* et enfin chacun des autres États de l'Allemagne, *une*.

C'est seulement lorsqu'il s'agit de délibérer sur une loi fondamentale ou sur une affaire d'intérêt commun que la diète se constitue en assemblée générale. Dans cette assemblée, les voix sont réparties en raison de l'importance des États. Ainsi, l'Autriche, la Prusse, la Bavière, la Saxe, le Hanovre et le Wurtemberg en ont chacun *quatre*, le grand-duché de Bade, la Hesse électorale, le grand-duché de Hesse, le Danemark pour le Holstein et le Lauenbourg, et enfin le duché de Luxembourg en ont chacun *trois ;* les duchés de Brunswick, de Mecklenbourg-Schwerin et de Nassau en ont chacun *deux ;* les vingt-cinq autres États en ont chacun *une*. Il est cependant nécessaire de faire observer que les quatre duchés de Saxe en ont cinq par suite de l'extinction de la branche de Saxe-Gotha, en 1822 ; que la seigneurie de Kniphausen n'ayant été déclarée État souverain que depuis l'organisation de la confédération, n'a pas de voix individuelle, et que les trois principautés de Reuss, partagées en deux branches, n'ont que deux voix à la diète. Le nombre total des voix est de soixante et dix.

En assemblée ordinaire il suffit de la majorité absolue des suffrages pour décider une question ; tandis que dans l'assemblée générale il faut les deux tiers des voix. Lorsqu'il y a partage, le président, qui est toujours un représentant de l'Autriche, décide la question.

Une solidarité générale a lieu, en cas de guerre, pour tous les États de la confédération; aucun d'eux ne peut entamer de négociations particulières avec l'ennemi sans le consentement des autres. Dans les démêlés qui pourraient s'élever entre eux, les États confédérés s'engagent par l'acte fédératif à ne point se faire la guerre, mais à soumettre leurs différends à la décision de la diète. La ville libre de Francfort sur le Mein est le siége de la diète, et à ce titre peut être considérée comme la *capitale* de la confédération.

Selon les dispositions prises dans la diète en 1822, l'armée fédérale doit être fournie par les États de la confédération à raison d'un soldat par cent habitants pour l'*armée active*, et d'un soldat par deux cents habitants pour l'*armée de réserve*. Cette armée est commandée par un général nommé par la diète, et est partagée dans les douze corps suivants :

	Hommes.
I, II et III fournis par l'Autriche, formant un total de	94,822
IV, V et VI fournis par la Prusse, formant un total de	79,234
VII fourni par la Bavière,	35,600
VIII fourni par le Wurtemberg, Bade et Hesse grand-ducale	30,150
IX fourni par le royaume de Saxe, Hesse électorale et Nassau.	21,718
X fourni par le royaume de Hanovre, Holstein-Lauenbourg, Mecklenbourg, Oldenbourg, Brunswick et les villes anséatiques de Hambourg, Brême et Lubeck.	28,038
XI. La division d'infanterie de réserve, pour compléter les garnisons des forteresses fédérales, est fournie par les trois duchés et le grand-duché de Saxe, les duchés d'Anhalt, les principautés de Schwarzbourg, Hohenzollern, Liechtenstein, Waldeck, Reuss, Lippe, le landgraviat de Hesse et la république de Francfort	11,366
XII fourni par le grand-duché de Luxembourg pour la garnison de la forteresse fédérale de Luxembourg.	2,556
Total de l'armée fédérale	303,484

Dans ses possessions, la confédération renferme quelques villes regardées comme forteresses fédérales. Les trois principales sont : *Luxembourg*, dans le grand-duché de ce nom; les Prussiens ont le droit d'y former une partie de la garnison; *Mayence*, appartenant au grand-duché de Hesse, où les Autrichiens et les Prussiens ont le droit de former la garnison conjointement avec les Hessois; *Landau*, possédée et présidée par la Bavière. Dans les protocoles du congrès de Vienne de 1815, il a été établi que l'on construirait une quatrième forteresse fédérale pour la défense du haut Rhin.

On doit remarquer que la confédération n'a point de *flotte fédérale*, quoiqu'elle possède quelques ports dans les États des princes qui en sont membres.

Nous passerons maintenant à la description particulière de chacun des États de la confédération.

BAVIÈRE.

Ce royaume a pour bornes : au nord, la Hesse électorale et les États des maisons de Saxe et de Reuss; à l'est, l'extrémité du royaume de Saxe et l'empire d'Autriche (le royaume de Bohême et le gouvernement de la haute Autriche); au sud, l'empire d'Autriche (le Tyrol avec le Vorarlberg) et une petite partie du lac de Constance; à l'ouest, le royaume de Wurtemberg, les grands-duchés de Bade et de Hesse.

EUROPE. — CONFÉDÉRATION GERMANIQUE.

Le cercle du Rhin, qui est séparé de la partie principale du royaume, confine au nord avec l'enclave appartenant au landgraviat de Hesse-Hombourg, le grand-duché prussien du Bas-Rhin et le grand duché de Hesse; à l'est, avec le grand-duché de Bade; au sud, avec le département français du Bas-Rhin; à l'ouest, avec le grand-duché du Bas-Rhin et avec l'enclave appartenant au duché de Saxe-Cobourg.

La Bavière est, depuis 1818, divisée en huit cercles, subdivisés en plusieurs districts.

Le tableau suivant présente ces divisions et subdivisions :

Cercles.	Chefs-lieux, villes principales et principaux états médiats.
Iser.	Munich, *Nymphenbourg*, *Schleissheim*, *Gross-Heselohe*, *Biederstein*, *Kreuth*. *Rosenheim*, *Tegernsee*, *Landshut*, *Freising*, *Traunsten*, *Reichenhall*, *Berchtesgaden*, *Landsberg*, *Dachau*, *Bergen*, *Mittenwald*.
Bas Danube.	Passau, *Straubing*, *Deckendorf*, *Hafnerzell* ou *Obernzell*, *Burghausen*.
Regen.	Ratisbonne (Regensburg), *Amberg*, *Ingolstadt*, *Sulzbach*, *Landau*, *Waldmunchen*, *Bodenwohr*. Les possessions du duc de Leuchtenberg et prince d'Eichstedt.
Haut Mein (Ober-Mayn).	Bayreuth, *Hoff*, *Culmbach*, *Bamberg*, *Kronach*, *Wunsiedel*, *Banz* *Muggersdorf*, *Pegnitz*, *Auerbach*, *Vorchheim*; les possessions du comte de Giech.
Bas Mein (Unter-Mayn).	Würzbourg, *Oberzell*, *Kitzingen*, *Schweinfurt*, *Brückenau*, *Aschaffenbourg*, *Orb*, *Lohr*, *Kissingen*, *Neustadt*, *Konigshofen*; les possessions des princes Leiningen-Amorbach-Miltenberg.
Rezat.	Anspach, *Nuremberg*, *Rothenbourg*, *Erlangen*, *Windsheim*, *Fürth*, *Schwabach*, *Noerdlingen*, *Oltorf*, *Wilzburg*, *Wessenburg*; les possessions des princes OEttingen-OEttingen; d'OEttingen-Warlestein et du comte de Pappenheim.
Haut Danube (Ober-Donau).	Augsbourg, *Memmingen*, *Neubourg*, *Donauworth*, *Dillingen*, *Gunzburg*, *Lauingen*, *Kempten*, *Lindau*, *Kaufbeuren*, *Ottobeuren*, *Fussen*.
Rhin.	Spire (Speier), *Frakenthal*, *Neustadt*, *Kaiserslautern*, *Hombourg*, *Deux-Ponts* (Zwei Brücken), *Germersheim*, *Landau*, *Anweiler*, *Durheim*, *Otterberg*, *Kussel*, *Pirmasenz*.

Par l'acte constitutionnel du 26 mai 1818, la Bavière forme un royaume indivisible; les domaines de l'État sont inaliénables; la couronne est héréditaire, et la personne du roi est inviolable. Il peut professer la religion catholique ou protestante à son choix. Le trône n'est dévolu aux femmes qu'à défaut de mâles. L'assemblée générale des États se compose de deux chambres : celle des pairs est formée de la réunion des princes de la famille royale, des dignitaires de la couronne, des deux archevêques, des chefs des principales familles seigneuriales, d'un des évêques nommés par le roi, du président du consistoire général protestant, et de tous ceux que le roi désigne, soit comme membres héréditaires, soit comme pairs à vie. Cependant le nombre de ceux-ci ne doit point dépasser le tiers de la totalité. On exige des membres héréditaires un bien-fonds payant 300 florins d'impositions, l'âge de 21 ans pour siéger, et 25 ans pour ceux qui sont nommés à vie. La chambre des députés se compose de 115 membres, dont un huitième appartient à la noblesse, un huitième au clergé, un quart à la bourgeoisie et la moitié aux propriétaires fonciers; de plus, chaque université nomme un député qui doit avoir 30 ans révolus, et qui doit appartenir à l'une des trois communions chrétiennes. Les nombres des membres de cette chambre est déterminé d'après celui des familles, de manière que 700 familles sont représentées par un député; la candidature se renouvelle tous les six ans. Ils sont convoqués tous les trois ans. Les États sont investis du pouvoir législatif et de la faculté de voter les impôts. Le pouvoir exécutif est entre les mains du roi; les deux autorités centrales sont le ministère composé de cinq ministres, et le conseil d'État considéré comme autorité consultative et comme le pouvoir délibérant le plus élevé. D'après la loi fondamentale, nul ne peut être soustrait à ses juges naturels; tous les citoyens sont appelés à remplir les divers emplois de l'État, et le service militaire est obligatoire pour tous.

Les différents cercles que nous avons mentionnés plus haut sont administrés chacun par un commissaire général, qui a sous ses ordres les autres membres de l'administration, qui se divise en deux branches, l'intérieur et les finances : la police y est soumise à l'autorité de plusieurs autres commissaires. Chaque cercle est ensuite subdivisé en diverses justices qui ont chacune leur chef-lieu; plusieurs de ces justices sont sous la dépendance de quelques seigneurs privilégiés ce qui leur fait donner le nom de justices médiates et seigneuriales; nous n'en avons point parlé, parce que nous avons pensé que l'énumération en serait fastidieuse et sans intérêt. La cour souveraine d'appel de Munich est le premier tribunal du royaume; tous les tribunaux d'appel de cercle lui sont subordonnés, de même que les tribunaux de cercles, ceux des villes et des campagnes : les justices patrimoniales et seigneuriales sont subordonnées, à leur tour, à la cour d'appel de chaque cercle.

La capitale de la Bavière est MUNICH. Bâtie sur l'Iser et chef-lieu du cercle de ce nom, elle est la résidence ordinaire du roi, le siége d'un archevêque, du tribunal d'appel du cercle et de toutes les autorités supérieures de l'État. Munich est une des plus belles villes d'Allemagne et une de celles qui plus que les autres s'est accrue et embellie d'une manière extraordinaire depuis le commencement du siècle actuel. Elle le doit surtout au roi régnant, connaisseur intelligent et protecteur magnanime des beaux-arts et à son prédécesseur; ces princes dépensèrent des sommes énormes pour son embellissement et pour la construction d'un grand nombre d'édifices et d'institutions vraiment remarquables. L'irrégularité du plan primitif et quelques édifices du moyen âge qui s'élèvent encore au milieu de constructions modernes, sont compensés par beaucoup de rues larges, bien alignées bordées de trottoirs, garnies de maisons élégantes et de magnifiques hôtels.

Outre plusieurs établissements d'éducation et scientifiques qui font honneur à Munich, cette ville en possède quelques-uns exclusivement réservés à l'éducation des classes pauvres : telles sont l'école destinée aux jeunes gens sans fortune, et l'école gratuite des dimanches et fêtes pour les adultes des deux sexes.

Munich renferme aussi des sociétés philanthropiques et plusieurs établissements publics destinés au soulagement des indigents. Hôpitaux pour les deux sexes, maisons d'orphelins, hospice d'enfants trouvés, établissements pour les aliénés, rien ne manque sous ce rapport à Munich. Ce qu'il y a de plus intéressant, c'est que la plupart de ces établissements sont dus aux fondations vraiment pieuses et philanthropiques de quelques habitants de cette ville; quelques-unes de ces fondations existent depuis près de quatre siècles : il semble que depuis cette époque, les citoyens vertueux, guidés par une noble émulation, aient cherché à soulager dans des établissements publics et durables tous les genres d'infortune et de misère, sans être encouragés ni soutenus par la coopération du gouvernement et de la noblesse. Aujourd'hui que l'administration a suivi cet exemple, les secours n'en sont devenus que plus puissants, les moyens de répression contre la mendicité, que plus sévères et plus efficaces, aussi a-t-on remarqué qu'il y a peu de villes où il y ait moins de mendiants qu'à Munich. On y voit rarement des enfants s'habituant de bonne heure à vivre dans l'oisiveté, en comptant sur les aumônes des passants qu'ils importunent; ceux que l'on surprend à mendier dans les villes et dans les campagnes sont soustraits à cet état dégradant qui engendre tant de vices, et sont élevés aux frais du gouvernement jusqu'à ce que par leur travail ils soient en état de gagner leur subsistance. Plusieurs maisons d'arrêt et de correction sont destinées aux criminels et aux vagabonds; enfin, pour terminer ce que nous avons à dire sur les établissements de bienfaisance et d'utilité publique, rappelons celui dont le plan fut proposé, à Munich, par l'un des hommes auxquels l'humanité et l'économie domestique doivent le plus de reconnaissance. Le projet du comte de Rumford a reçu une exécution complète : dans un édifice destiné à cet usage, 600 indigents reçoivent chaque jour gratuitement leur nourriture; une porte secrète, qui communique de l'extérieur dans le bâtiment, est réservée à ceux qui aiment mieux souffrir que de montrer leur misère. Parvenus à un guichet, ils y reçoivent, sans être vus, une ration d'aliments sains et suffisants. On assure que plusieurs individus respectables, mais victimes des vicissitudes de la fortune, trouvent ainsi dans la ville les moyens de supporter plus facilement le poids de leur indigence.

Les dépenses de la cour et les emplois du gouvernement font vivre la majorité de la population de cette ville, dont le commerce est peu important, bien qu'elle ait dans ses murs quelques fabriques de drap, de quincaillerie et de bijouterie, plusieurs tanneries, des brasseries considérables, et une manufacture de tapisseries de haute lice. La seule branche qui ait de l'activité, est le commerce d'expédition, cependant il se tient à Munich plusieurs foires annuelles, et hebdomadairement des marchés de grains.

On peut remarquer chez les peuples de Bavière quelques traits caractéristiques des différentes souches dont ils sortent : l'habitant de l'ancienne souche est ignorant, superstitieux et colère; le Franc, ou le peuple de l'ancienne Franconie, est rusé, actif, et entreprenant; le Bavarois proprement dit, celui qui descend du mélange des *Vindelici* et des *Boii*, est sérieux, loyal, fidèle à ses engagements, constant dans ses affections, attaché aux cérémonies religieuses plutôt qu'aux préceptes de la religion, et prêt à tout faire pour sa patrie, si le prêtre le lui prescrit au nom de la divinité. Leurs mœurs ne sont pas aussi pures qu'on pourrait le croire : dans les villes la corruption n'est que trop visible et facile à expliquer; jusque dans les montagnes le nombre des enfants naturels annonce une dépravation qui n'est probablement que la suite du défaut d'éducation. Dans chaque paroisse il y a une école élémentaire; un temps viendra sans doute où chaque village en possédera une. Sous ce rapport, la classe aisée est mieux partagée : des lycées, des colléges, des universités sont établis dans plusieurs villes; mais pour une nation qui a la prétention de tenir un rang parmi les plus éclairées, leur nombre est loin d'être suffisant.

Ils parlent les dialectes bavarois, souabe et franconien, qui se rattachent, les deux premiers, au dialecte danubien, ou autrichien; le troisième, au dialecte rhénan, appartenant l'un et l'autre à l'allemand des pays hauts. La prononciation en est assez rude.

Dans les régions montagneuses de la Bavière proprement dite, le sol est d'une qualité médiocre; mais dans les vallées il est très-productif. Le gouvernement cherche à encourager l'agriculture; mais il aura bien à faire pour vaincre l'indolente apathie et l'ignorance routinière des paysans, qui sont autant d'obstacles à toute espèce de perfectionnement. Près d'un tiers des terrains de l'Iser, du bas Danube et de la Negon est encore inculte. Près d'un cinquième de la superficie de la Bavière proprement dite est composé de terres vagues qui ne produisent que de mauvais pâturages.

Le cercle de l'Iser, du haut Danube, ceux du haut et du bas Mein, sont les mieux cultivés et ceux qui récoltent le plus de céréales. Les produits n'y sont point, il est vrai, aussi considérables que dans la Flandre et dans la basse Saxe, mais les habitants

HOMME ET FEMME DU SCHLIRSEE.
(Bavière.)

sont laborieux et susceptibles de comprendre leurs intérêts. Dans les montagnes du Spessart, l'agriculture, autrefois négligée, fait chaque jour des progrès : les pommes de terre forment avec le pain la principale nourriture.

Après l'agriculture, les bestiaux forment la principale branche de la richesse territoriale : les prés qui s'étendent le long des rivières en favorisent l'accroissement et la multiplication; il est même à remarquer que dans les départements où la culture est arrivée à un certain degré de perfection, les moyens d'améliorer les races se sont multipliés. Les chèvres sont nourries avec soin dans la contrée qui s'étend au sud de Munich, ainsi que dans la plupart des montagnes qui bordent le royaume. Le porc est engraissé dans presque toute l'étendue de la Bavière. Les Bavarois ont jusqu'à présent encore moins réussi à améliorer la race des chevaux que celle des autres animaux. Le cheval est rarement employé par l'agriculteur, qui tire du bœuf des secours suffisants. L'amélioration des bergeries commence à devenir le but des soins et des essais des agriculteurs; partout on s'occupe avec beaucoup d'intelligence de croiser les races indigènes avec les mérinos : depuis longtemps les manufactures de draps s'aperçoivent de l'avantage qu'elles peuvent retirer de cette importante industrie. L'éducation des abeilles est encore une des occupations les plus lucratives de quelques propriétaires. Il en est des animaux domestiques comme de l'agriculture : les Bavarois sont également arriérés dans ces deux branches de l'économie rurale. Nous devons donc répéter ici ce que nous avons dit à propos de la culture des terres : l'ignorance, et nous pouvons même dire la superstition du peuple des campagnes, sont dans cette classe les principaux obstacles aux améliorations. Tant qu'on verra le paysan, négligeant les moyens curatifs qui peuvent neutraliser ou faire cesser les ravages causés par les épizooties, conduire en pèlerinage les bestiaux malades, il y aura peu de perfectionnement à espérer dans l'agriculture.

L'horticulture a pris plus d'extension ; on cite plusieurs établissements importants de jardiniers-fleuristes et de pépiniéristes.

L'ignorance du peuple des campagnes n'est point la seule entrave aux améliorations que le gouvernement bavarois a projetées dans l'intérêt de la propriété foncière. Il existe encore en Bavière des débris d'institutions féodales qui résistent depuis longtemps aux efforts de l'administration ; les redevances seigneuriales, les droits de chasse, les dîmes, les corvées inhérentes au sol, et d'autres coutumes non moins surannées, maintenues par les efforts de ceux qui en profitent. En vain une loi récente a-t-elle déclaré que tout individu peut utiliser sa propriété comme bon lui semble : tant que des charges entachées de servitude pèseront sur les terres, le droit de propriété restera presque illusoire; en vain a-t-elle proclamé la liberté de culture : tant que celle des bois sous la surveillance des agents forestiers ; tant que celle de la vigne sera soumise à des règlements, et que les seigneurs fonciers auront le droit de s'assurer si les biens ruraux sont gérés et cultivés convenablement, l'agriculture restera en enfance. C'est en admettant en principe le morcellement des terres incultes; en exemptant les nouveaux propriétaires de toutes charges et contributions pendant un temps plus ou moins long ; en leur donnant même des primes d'encouragement; en livrant à la culture des pâturages trop maigres pour avoir quelque influence sur l'amélioration des bestiaux ; en abolissant le droit de pâture et de parcours sur les terres d'autrui ; en engageant les habitants à donner la meilleure nourriture possible à leurs bestiaux, et à éviter qu'ils ne restent jour et nuit exposés aux intempéries de l'atmosphère; en accordant aux cultivateurs la faculté de faire détruire les arbres forestiers situés dans les prairies où ils ne sont destinés qu'aux plaisirs du propriétaire de la chasse ; en ne déterminant point le *minimum* des terres qui doivent être possédées dans une famille, et surtout en n'exigeant point la possession d'une certaine quantité de terres pour pouvoir bâtir une maison.

WURTEMBERG.

Le royaume de Wurtemberg confine : au nord au grand-duché de Bade et au royaume de Bavière ; à l'est au royaume de Bavière ; au sud à ce même royaume, au lac de Constance et au grand-duché de Bade ; à l'ouest au grand-duché de Bade.

Le Wurtemberg est divisé en quatre cercles [1]. Nous donnons ces divisions et leurs sous-divisions dans le tableau qui suit :

CERCLES.	CHEFS-LIEUX, VILLES PRINCIPALES ET PRINCIPAUX ÉTATS MÉDIATS.
NECKER OU NECKAR.	Ludwigsburg ; Stuttgard ; la *Solitude*, la *Favorite* ; *Hohenheim, Rosestein: Marbach* ; *Sindelfinden* ; *Kochendorf* ; *Kannstadt* ; *Esslingen*, *Heilbronn* ; *Jaxtfeld* ; *Asberg* ; *Weiblingen*.
FORÊT-NOIRE (Schwarzwald).	Reutlingen ; *Rotweil* ; *Rothenbourg* ; *Tubingen* ; *Freudenstadt* ; *Nagold* ; *Ehningen* ; *Calw* ; *Urach* ; *Meitzingen* ; *Ebingen* ; *Schwenningen* ; *Widbad* ; *Bahlingen* ; *Tulllingen*.
JAGST.	Elwangen ; *Hall* ; *Mergentheim* ; *Gmünd* ; *Heidenheim* ; *Giegen* ; *Creilsheim* ; *Schorndorf* ; *Oehringen* ; *Bartestein* ; *Aalen* ; *Taxis*. Les possessions des princes de Hohenlohe ; parties de celles du prince de Thurn-et-Taxis.
DANUBE OU DONAU.	Ulm ; *Gœpingen* ; *Kirchheim* ; *Biberach* ; *Friedrichshafen* ; *Ehingen* ; *Ravensburg* ; *Altorf* ; *Isny* ; *Munsingen* ; *Geislingen*. Les possessions des princes de Waldbourg.

Les ducs de Wurtemberg, dès le commencement du seizième siècle, partageaient la souveraineté avec l'assemblée des États, composée des quatorze principaux ecclésiastiques et de quatre-vingt-neuf députés des villes et districts. Lorsque Napoléon érigea ce duché en royaume, l'assemblée des États fut dissoute ; mais depuis l'établissement de la nouvelle confédération germanique, les districts et les anciens seigneurs du royaume réclamèrent l'établissement d'une nouvelle constitution qui déterminât les droits de la souveraineté absolue, en fondant une représentation nationale. On satisfit à ces réclamations en 1819.

Le roi, d'après la constitution qui consacre l'inviolabilité de sa personne, est majeur à dix-huit ans ; il peut suivre, à son choix, l'une des diverses communions chrétiennes ; à lui seul appartiennent la sanction et l'exécution des lois, le droit de rendre la justice, celui de faire la paix ou la guerre, et le commandement de l'armée.

La loi fondamentale du royaume proclame la liberté de conscience et l'égalité des cultes, garantit la liberté individuelle, et abolit la confiscation des biens ; une loi n'est mise en vigueur qu'autant qu'elle a été approuvée par l'assemblée générale des districts, qui vote aussi les contributions.

La chambre des nobles se compose de treize membres, élus à vie et choisis parmi les propriétaires de biens seigneuriaux ; de six ecclésiastiques protestants ; d'un évêque et

---

[1] En 1822 on a supprimé le petit gouvernement de la capitale, et on l'a réuni au cercle de Necker.

de deux prêtres catholiques; et de quatre docteurs appartenant aux diverses sociétés savantes du royaume. Le tiers des membres sont élus à vie par le roi; les autres sont héréditaires. Ces derniers doivent avoir un revenu de six cents florins, et peuvent siéger à l'âge de majorité.

Les députés nommés par la bourgeoisie forment la seconde chambre; les villes en choisissent un par deux cents habitants; ils sont élus pour six ans, à moins de dissolution extraordinaire. Les dépenses de l'assemblée générale et les frais de voyage des représentants sont couverts par une caisse spéciale, dont les fonds sont pris sur les contributions.

Les députés de districts sont élus par des colléges particuliers, composés de citoyens ayant des possessions dans le district, et qui, pour jouir du droit d'électeur, doivent avoir atteint leur vingt-cinquième année.

Les membres de l'une et de l'autre chambre fournissent à la haute cour de justice la moitié de ses membres. La chambre haute et celle des députés désignent pour la présidence trois membres, parmi lesquels le roi choisit celui qu'il croit digne de remplir cette fonction. Les séances de cette dernière sont publiques.

Le gouvernement de Wurtemberg, dans le but de maintenir le régime constitutionnel et les institutions qui en sont la base, a créé un conseil général, que l'on pourrait appeler conservateur de la constitution, composé de jurisconsultes et de magistrats inamovibles, dont la moitié est nommée par le roi, et l'autre par l'assemblée des districts. C'est devant ce conseil que sont renvoyés les fonctionnaires publics et les membres même des districts qui sont accusés d'avoir tenu une conduite inconstitutionnelle; il est aussi chargé de juger les différends qui peuvent s'élever entre les districts et les ministres eux-mêmes sur la manière d'interpréter la loi fondamentale du royaume. Les districts ont le droit de mettre en accusation les ministres du roi; mais ceux-ci ne peuvent déplacer aucun fonctionnaire public pour lui donner un emploi inférieur; encore moins le destituer, que lorsque son incapacité est prouvée, ou qu'il s'est rendu coupable de quelque délit.

Ce gouvernement n'intervient ni dans la nomination des membres de l'administration communale, ni dans les délibérations des conseils municipaux.

Les revenus du Wurtemberg s'élèvent à 20,183,000 francs qui présentent, pour les contributions directes et indirectes, les salines et les postes, une somme de 11,462,000 francs, ce qui porte les charges individuelles à 7 francs 18 centimes par tête. La dette publique est évaluée à 60,000,000.

Depuis 1829, l'institution des juges de paix a été adoptée dans le Wurtemberg, et l'utilité de ce corps a été démontrée par un nombre de plus de soixante mille procès terminés amiablement dans la première année de son établissement.

Les systèmes hypothécaire et cadastral sont en vigueur.

La liberté de la presse n'est point illimitée : elle est soumise à certaines restrictions contre lesquelles les partisans des libertés publiques ont réclamé jusqu'à présent en vain. Sous le prétexte d'éviter les prétendus abus d'un droit qui est devenu un besoin chez les peuples civilisés, une loi du 30 janvier 1817 permet la publication des ouvrages qui ne renferment rien de contraire aux mœurs et à la tranquillité de l'État. Les journaux sont libres dans les circonstances ordinaires. En temps de guerre seulement ils doivent être soumis à la censure. Mais les tribunaux sont chargés de poursuivre les auteurs des écrits qui blessent la morale ou la religion, répandent la calomnie sur les particuliers, attaquent la conduite des fonctionnaires publics et des députés, ou portent atteinte à la majesté royale et aux agents des puissances étrangères.

Deux ordres de chevalerie et une médaille (en or pour les officiers et en argent pour les soldats) sont les signes distinctifs, destinés à récompenser le mérite civil et le courage militaire. La croix de l'Aigle d'or [1] est destinée aux militaires et aux princes étrangers. Les statuts de cet ordre portent l'obligation d'une union intime entre tous les membres, de se secourir dans les combats, et de s'accorder une assistance mutuelle dans toutes les circonstances de la vie. Le nombre des décorations est fixé à 50 ; mais comme il exige la preuve d'une noblesse assez ancienne, l'ordre du Mérite-civil [2] a été fondé en 1806 pour ceux qui ne peuvent prétendre à la décoration de l'Aigle d'or. Un traitement est affecté aux grand'croix, aux commandeurs et aux chevaliers de cet ordre. Ces distinctions honorifiques, la fortune, la diversité des états et l'importance des emplois civils, servent, depuis 1811, à partager en 10 classes les habitants du Wurtemberg.

Le Wurtemberg possède peu de manufactures en grand. Les habitants de la Rauhe-Alp fabriquent de la toile et des dentelles grossières; ceux des bailliages des Rothenburg, Horb, Nagold, Böblingen, Göppingen, Bahlingen, Neresheim, font des étoffes de laine; les étoffes de coton se fabriquent surtout dans l'est du royaume, et les ouvrages en bois dans la Forêt-Noire. Il y a quelques verreries et un assez grand nombre de papeteries, de moulins à plâtre, de distilleries d'eau-de-vie et de kirschwasser, de tanneries, de fabriques de potasse, etc. On fait beaucoup de cidre et de poiré.

Le gouvernement fait de l'instruction des différentes classes de la nation, l'objet de sa sollicitude. Toutes les villes un peu importantes possèdent des gymnases, et les autres des institutions d'un ordre inférieur. Partout où il y a une école primaire on est sûr d'en trouver une des arts et métiers. Ces établissements sont destinés aux enfants de six à quatorze ans, et pour ceux qui sont en apprentissage, ils peuvent, jusqu'à l'âge de dix-huit ans, fréquenter les écoles ouvertes le dimanche. Chaque village renferme une école gratuite, et dans les hameaux trop éloignés pour pouvoir profiter de ces établissements, un maître d'école réunit deux ou trois fois par semaine les enfants des divers groupes d'habitations voisines. En général, ceux-ci ne peuvent cesser de fréquenter les écoles que lorsqu'ils savent lire, écrire et calculer. Tous ces établissements sont sous la surveillance immédiate des pasteurs et des curés, et chaque année des professeurs envoyés de Stuttgard et de Tubingen sont chargés d'aller inspecter ces diverses maisons. Les écoles industrielles prennent, depuis plusieurs années, un accroissement sensible.

Le nombre des ouvriers qui suivent l'enseignement des écoles du dimanche est de 1500 à 1600. Pour répandre dans les classes inférieures les connaissances horticoles, on a établi quarante-quatre jardins-modèles publics, cinquante-trois vergers et deux-cent-cinquante pépinières : en 1830, ces établissements instruisaient 7,800 enfans. Tous les jeunes gens qui sortent des écoles élémentaires sont soumis à un examen et reçoivent un certificat de capacité, sans lequel il est défendu de leur donner de l'emploi.

Le séminaire général d'Esslingen est une école normale fort bien tenue; c'est de là qu'on tire les maitres qui dirigent les colléges et les écoles. Dans les institutions particulières seulement, on compte quelques ecclésiastiques. Quant aux jeunes gens pauvres qui désirent embrasser l'état ecclésiastique dans les communions protestante et catholique, ils sont élevés et instruits aux frais de l'État. Il y a aussi une institution pour les jeunes femmes qui se destinent à l'enseignement.

Dans le Wurtemberg, où les dîmes enlèvent au cultivateur la moitié de son revenu

---

[1] Elle fut fondée en 1702, et porte pour devise *Virtutis amicitiæque fœdus*.
[2] Il porte pour devise *Bene merentibus*.

net, où les impôts en absorbent un cinquième, où la disette des récoltes se fait souvent sentir, il n'est pas étonnant que le paysan se détermine à émigrer, soit dans les provinces méridionales de la Russie, soit en Amérique. Le géographe *Stein* rapporte que dans les quatre premiers mois de l'année 1817, les émigrations se sont élevées à 12,000 individus. Il est vrai que certaines idées religieuses en engagèrent un grand nombre à prendre ce parti, et que l'aurore boréale qui fut aperçue dans ce pays, au mois de février de la même année fut regardée par plusieurs personnes comme un signe que le ciel favorisait leur détermination.

La capitale du royaume de Wurtemberg est STUTTGARD ou *Stuttgart*, sur le Nesenbach, non loin de son confluent avec le Necker; elle est située dans une magnifique vallée, entourée de montagnes élevées. Toutes les autorités y font leur résidence; on lui donne 35,800 habitants, dont 8,500 militaires ou étrangers.

Stuttgard s'est beaucoup agrandie et embellie depuis le commencement du siècle; on la divise en vieille et en nouvelle ville. La première est bâtie d'une manière irrégulière, les nouveaux quartiers sont d'une grande beauté; les alentours du château surtout offrent un aspect délicieux.

Parmi les établissements de bienfaisance on remarque quelques écoles gratuites, la Société générale de bienfaisance, une maison d'orphelins, la Société des amis du pauvre, et l'hôpital. Sur la place du château, entre l'église catholique et le théâtre se trouvent les ateliers du Dannuker. Dans la ville il n'y a point de fabriques, on s'y occupe de jardinage et de la culture des vignes; son commerce de librairie est considérable.

GRAND-DUCHÉ DE BADE.

Les limites de ce territoire sont : au nord, le grand-duché de Hesse et le royaume de Bavière; à l'est, ce même royaume, celui de Wurtemberg et les principautés de Hohenzollern; au sud, le lac de Constance et le Rhin, qui le séparent de la confédération suisse; à l'ouest, le Rhin, qui le sépare de la France.

Le grand-duché de Bade qui, jusqu'en 1830, était divisé en six cercles, l'est maintenant en quatre. Toutefois, comme nous n'avons point de documents assez positifs sur les nouvelles divisions, nous sommes forcé de donner les anciennes :

CERCLES.	CHEFS-LIEUX, VILLES PRINCIPALES ET PRINCIPAUX ÉTATS MÉDIATS.
MURG et PFINZ.	Durlach, Carlsruhe, *Bruchsal, Pforzheim, Rastadt, Baden, Ettlingen.*
LAC (see).	Constance, *Uberlingen, Supplingen, Salem ;* les possessions du prince de Fürstenberg, ou *Villingen* et *Donaueschingen, Mosekirch, Neussadt.*
TREYSAM.	Freibourg, *Saint-Blaise,Vieux-Brisach* (Alt-Breisach),*Lœrrach, Endigen, Badenweiler, Schopfheim, Todtnau.*
KINZIG.	Offembourg, *Lahr, Kehl, Ettenheim , Gengenbach, Oppenhau, Schonenwald,* les possessions du prince de Leyen.
NECKER.	Manheim, *Heidelberg, Schwetzingen, Weinheim, Philippsburg, Mosbach, Eberbach;* les possessions du prince de Leiningen.
MEIN et TAUBER. . . .	Wertheim, *Bischofsheim;* les possessions des princes de Lœvenstein-Werthheim, ou *Wertheim :* de Leiningen, ou *Waldurn,* etc.

Le gouvernement est une monarchie constitutionnelle. Le 16 mars 1816, le grand-duc publia un décret par lequel il annonçait que, disposé à assurer la tranquillité, le bonheur et la liberté de ses sujets, il ne pouvait mieux atteindre ce but que par une constitution qui déterminât les droits de la nation et ceux de la couronne. D'après la loi fondamentale publiée en 1818 : Au prince appartient le droit de proposer des lois et de lever des contributions; de donner des lettres de grâce et de conférer la noblesse; d'approuver ou de défendre l'établissement des sociétés religieuses; de surveiller tout ce qui a rapport au culte et de faire la paix ou la guerre. Il partage avec les deux chambres le droit de fixer les impôts.

Les chambres doivent être convoquées au moins tous les deux ans; la première chambre se compose de membres héréditaires qui doivent justifier d'un patrimoine de 300,000 florins, de huit membres nommés par le prince, de huit autres élus par la noblesse, et enfin de quatre à la nomination des universités. Ceux que nomme le prince jouissent de leurs fonctions pendant toute leur vie; ceux que la noblesse élit siégent pendant huit années, et ceux qu'élisent les universités pendant quatre.

La deuxième chambre se compose d'environ soixante membres.

Le code français, longtemps en vigueur, a été remplacé par le rétablissement des lois romaines et des anciennes coutumes en vigueur dans le duché avant le protectorat de Napoléon, jusqu'à la publication d'un nouveau code badois en rapport avec les mœurs des habitants. La conscription a été conservée. Le seul bienfait que ce pays ait conservé de ses relations avec la France est l'établissement d'un nouveau système de mesures basé sur la division décimale.

D'après une ordonnance de 1825, on n'accorde point la permission d'étudier le droit et de se destiner à la carrière du barreau, aux fils de paysans, de bourgeois ou de marchands qui ne peuvent justifier de l'espérance d'un patrimoine de huit cent florins, à moins qu'ils ne se distinguent par des dispositions qui laissent entrevoir l'avenir d'un grand talent. Malgré cela, le gouvernement badois favorise l'instruction par de nombreux établissements dont les bienfaits s'étendent chaque jour; il entretient deux universités : celle d'Heidelberg et celle de Freybourg; il a fondé quatre lycées : ceux de Constance, de Bade, de Carlsruhe et de Manheim, et dans les grandes villes dix gymnases et quinze écoles, dont sept où l'on enseigne le latin; il a encouragé la fondation de plusieurs institutions spéciales, telle que celles des sourds-muets, celle des élèves forestiers, celle des architectes, des académies de commerce de Manheim et de Carlsruhe, et il a fondé dans cette dernière ville le séminaire des pasteurs protestants, et à Mersbourg un séminaire catholique.

Nous ajouterons quelques détails, afin de donner une idée exacte de la sollicitude éclairée du gouvernement badois en faveur de l'instruction. Il y a des écoles dans toutes les communes; les enfants sont tenus de les fréquenter dès l'âge de sept ans, jusqu'à treize pour les filles, et jusqu'à quatorze pour les garçons. Mais si à l'époque fixée pour leur sortie des écoles ils n'ont pas acquis l'instruction nécessaire, ils doivent y rester une année de plus, et ne peuvent en être dispensés que par les motifs les plus urgents. Les enfants qui s'absentent des leçons par paresse ou par négligence, sont soumis à des peines corporelles légères; lorsque leur absence est causée par la faute de leurs parents, ceux-ci supportent de petites amendes de 12 à 60 kreutzers au profit des pauvres de la commune, ou bien ils sont punis d'une détention de quatre à vingt-quatre heures, dans la prison bourgeoise, les absences ne sont autorisées que pendant la moisson ou la fenaison. Les ministres de chaque paroisse et le premier magistrat, sont chargés de la surveillance des écoles.

Ces mêmes écoles existent également dans les villes, mais sur un pied élevé. Il existe

HOMME ET FEMME DES ENVIRONS D'ULM.
(Wurtemberg.)

HOMME ET FEMME DE LA FORÊT-NOIRE.
(Grand-duché de Bade.)

encore deux sortes d'écoles latines, les unes élémentaires, et les autres supérieures, destinées aux jeunes gens qui doivent terminer leurs études.

La religion professée par la maison régnante de Bade, est la confession d'Augsbourg; mais près des deux tiers de la population suivent le rit catholique; le reste est partagé entre la foi luthérienne et le culte réformé : le nombre de ceux qui appartiennent à cette dernière communion est quatre fois moins considérable que celui des luthériens. On y compte aussi des mennonites et des juifs; mais ceux-ci ne jouissent point de tous les droits de citoyen. Il existe encore dans le grand-duché plusieurs couvents de femmes, mais ils sont considérés comme faisant partie des maisons d'éducation. Depuis l'année 1811, personne ne peut être appelé à prononcer des vœux dans ces établissements avant l'âge de vingt et un ans accomplis; le terme de ces vœux est fixé à trois ans, après lesquels chaque religieuse a le droit de rentrer dans le monde, et de participer aux charges et aux avantages communs. Depuis cette époque, le silence et l'austérité, et en général toutes les obligations attachées à certaines règles des différents ordres religieux, ont été abolis sur les bords du Rhin et du Mein, on cite plusieurs vignobles qui produisent des vins généreux et pleins de feu : tel entre autres celui d'Affenthal, aux environ de Bade. Ces vins sont une source de richesse pour le pays, puisque dans certaines années on en a exporté pour la valeur de plus de 2,000,000 de florins. La partie de la Forêt-Noire comprise dans le grand-duché de Bade rivalise, pour la fabrication du kirschen-wasser, avec celle qui appartient au Wurtemberg. La plupart des animaux domestiques sont de belle race, à l'exception des chevaux.

Les habitants s'occupent, dans la plus grande partie du pays, de la filature du lin et du chanvre, ainsi que de la fabrication de divers tissus. Le territoire d'Ettenheim exporte annuellement pour 30,000 florins de chanvre brut ou filé; dans celui de Pforzheim, on fabrique pour plus de 1,700,000 florins de quincaillerie. Dans la Forêt-Noire, on fait beaucoup de petits ouvrages en bois et en paille. Cette contrée tire un grand produit de ses fabriques d'horloges en bois, de cuillers en fer étamé, et d'autres branches d'industrie; 6 à 700 horlogers y fabriquent annuellement plus de 187,000 horloges de bois évaluées à la somme de 562,000 florins.

Les exportations consistent principalement en bois de construction qu'on expédie pour la Suisse, la France et les Pays-Bas. Nous avons déjà parlé des vins et du chanvre, ajoutons-y le blé, les fruits secs, le kirschen-wasser, le tabac, des eaux minérales, et divers objets de quincaillerie, nous aurons donné une idée suffisante de la richesse commerciale du pays, qui reçoit en échange des vins de France, du sel, des denrées coloniales, des chevaux et des tissus de luxe.

Un géographe observe, qu'en 1813, le nombre des femmes dépassait considérablement, dans le grand-duché de Bade, celui des hommes; suivant ses calculs, cet excédant était de 13,343 femmes; il attribuait cette disproportion au fléau de la guerre et aux soins que prenaient plusieurs jeunes gens, de se soustraire à la conscription en quittant leur patrie; mais elle ne venait probablement point de cette seule cause, puisque, trois ans après le dernier traité de paix, Hasse évaluait le nombre des femmes à 27,400 de plus que celui des hommes, la proportion était encore à peu près la même en 1826. Cette différence du nombre d'hommes comparé à celui des femmes dans le grand-duché de Bade, paraît être le résultat des émigrations de la classe ouvrière.

PRINCIPAUTÉ DE HOHENZOLLERN.

Ce pays est enclavé entre les royaumes de Wurtemberg et de Bavière, et le grand-duché de Bade. Son étendue est d'environ vingt lieues en longueur, trois en largeur moyenne et soixante et dix en superficie.

Cette principauté est irrégulièrement partagée entre les deux branches de Sigmaringen et d'Hechingen.

La principauté de Hohenzollern-Sigmaringen comprend la partie nord-ouest et la partie méridionale de tout le pays. La population est évaluée à 42,000 ou 43,000 habitants.

Les terres situées au sud du Danube sont fertiles, et jouissent d'un climat tempéré, tandis que le reste est généralement pierreux et ingrat, et sous l'influence d'une température âpre, produite par le voisinage des montagnes de Rauhe-Alp et des immenses forêts qui les couvrent. Cependant, les encouragements que le gouvernement de ce petit pays a su donner à l'agriculture sont tels que les récoltes des blés sont plus que suffisantes pour la consommation des habitants. L'industrie y est peu répandue : elle ne consiste que dans l'exploitation de quelques mines de fer, que dans deux ou trois usines où l'on travaille ce métal, que dans la filature du lin et le tissage de la toile.

Sous le rapport politique, la principauté se divise en deux parties : l'une qui dépend immédiatement du prince, et qui comprend les bailliages de Sigmaringen, Vohringen, Heigerloch et Glatt; l'autre qui forme la seigneurie de Fürstenberg, celle de Thurn et Taxis, et la baronnie de Septh, possessions immédiates de ces trois familles.

Cette principauté vient d'être admise à jouir des avantages d'un gouvernement représentatif. Vers la fin de 1831 le prince avait déclaré, par une ordonnance, sa ferme intention d'exécuter définitivement l'article 13 de l'acte fédéral germanique, par la voie d'un accord avec les députés du pays. Cette promesse tardive est aujourd'hui réalisée : la principauté possède une constitution depuis le mois de juillet 1833.

Sigmaringen, la capitale, est la résidence du prince; le château de celui-ci est sur une hauteur, au nord de la ville. Il y a dans cette petite capitale 1,500 habitants et une école normale.

La principauté de Hohenzollern-Hechingen est située entre les deux portions qui forment la précédente. On donne à ce petit État 21,000 à 22,000 habitants.

Les revenus s'élèvent à 309,000 francs; la dette publique est de 1,200,000 francs.

Hechingen est la capitale, le siége du prince et des autorités. Elle renferme plusieurs fabriques, dont la plus importante est celle où l'on tisse diverses étoffes de laine, et une population de 3,000 âmes.

PRINCIPAUTÉ DE LIECHTENSTEIN.

Placé entre la Suisse et le Tyrol, ce petit État comprend les seigneuries de Vadutz et de Schellenberg.

Cette principauté renferme 6,000 à 6,500 habitants. Son revenu public est de 44,000 francs, et sa dette publique passe pour être d'environ 6,000,000; mais c'est probablement en y comprenant les dettes particulières du prince, qui jouit personnellement d'un revenu de plus de 3,000,000, par les grandes propriétés qu'il possède en Moravie, en Silésie et en Autriche, ainsi que dans d'autres parties de l'Allemagne.

La capitale, ou plutôt le chef-lieu, LIECHTENSTEIN (autrefois Vadutz), a près de 2,000 habitants. Ce bourg est le siége de l'administration de la principauté, qui se compose de la chancellerie de la cour du prince, d'un juge, d'un receveur des impôts, d'un intendant et d'un garde forestier.

Le prince, qui habite ordinairement Vienne, entretient une garde de douze hommes et une compagnie de quatre-vingt-sept grenadiers.

ÉTATS DE LA MAISON DE HESSE.

Les possessions de cette maison sont très-inégalement partagées entre trois États : la *Hesse électorale*, le *grand-duché de Hesse-Darmstadt* et le *landgraviat de Hesse-Hombourg*.

HESSE ÉLECTORALE ou HESSE-CASSEL. — Cette partie de l'Allemagne confine : au nord, au gouvernement prussien de Minden et au royaume de Hanovre ; à l'est, au gouvernement prussien d'Erfurt, au grand-duché de Saxe-Weimar et au cercle bavarois du bas Mein ; au sud, au même cercle et au grand-duché de Hesse-Darmstadt ; à l'ouest, au même grand-duché et à la principauté de Waldeck.

Cet État est divisé, depuis 1821, en quatre provinces et vingt-deux cercles. Le tableau suivant, emprunté à Balbi, n'offre que la division en provinces :

PROVINCES.	CHEFS-LIEUX, VILLES PRINCIPALES ET PRINCIPAUX ÉTATS MÉDIATS.
BASSE HESSE, divisée en 10 cercles	Cassel, *Wilhelmsthal*, *Wilhelmshœhe*, *Sababurg*, *Hofgeismar*, *Karlshafen*, *Spangenberg*, *Melsungen*, *Rothenbourg*, *Allendorf*, *Eschwege*, *Rinteln* (sur le Weser), *Fritzlar*, *Hamberg*, *Gundensberg*.
HAUTE HESSE, en 4 cercles . .	Marbourg, *Frankenberg*, *Ziegenhain*, *Treysa*.
GRAND-DUCHÉ DE FULDE, en 4 cercles	Fulde, *Hersfeld*, *Philippsthal*, autrefois nommé *Kreuzberg*, résidence du landgrave de Hesse-Philippsthal ; *Schmalkalden*, *Steinach*, *Barchfeld*, siége du prince de Hesse-Philippsthal-Barchfeld.
HANAU, en 4 cercles . . .	Hanau, *Gelnhausen*, *Rauheim*, *Bockenheim*, *Bieber* ; les possessions des princes médiats d'Isenbourg-Birstein, Isembourg-Wœchtersbach, Isenbourg-Meerholz.

Le gouvernement est une monarchie constitutionnelle : le pouvoir du prince y est tempéré par celui des états. La liberté de la presse, celle des débats parlementaires, et celle de l'industrie ; le service militaire limité à cinq ans ; l'affranchissement des communes, et la reconnaissance publique de leurs droits ; l'organisation d'une garde bourgeoise, et le principe admis par le gouvernement d'une sorte de concours pour l'admission aux emplois publics, et d'un jugement pour en être destitué : telles sont les principales bases de la constitution que le chef de l'État, cédant au vœu général de la nation, a promulguée le 8 janvier 1831.

L'art du tisserand, la préparation du lin, la fabrication des poteries communes, des faïences, de la porcelaine et du verre ; la confection de diverses étoffes de laine, et l'emploi des métaux, forment la principale industrie des habitants de la Hesse. C'est surtout aux deux extrémités de l'électorat, sur les territoires de Cassel et de Hanau, que les produits industriels sont les plus considérables. Cependant, malgré la protection que le gouvernement accorde à l'industrie, on pourrait désirer plus de liberté sous ce rapport, et surtout moins de corporations ; leur influence routinière, l'esprit qui les anime toutes, sont plutôt nuisibles qu'utiles au perfectionnement. Ce n'est que depuis quelques années qu'il est permis d'exercer tous les métiers dans les villages. Au surplus, le soin qu'on a pris d'établir un conseil des arts et métiers, chargé du maintien des règlements en usage, de l'examen des diverses observations relatives aux inventions et aux améliorations proposées, et de la distribution des médailles d'encouragement pour les plus beaux ouvrages faisant partie de l'exposition industrielle qui a lieu à différentes époques, donnera au gouvernement hessois les moyens de s'éclairer sur les intérêts de ses fabriques.

Bien que la balance commerciale soit un mot vide de sens, puisque chaque État est toujours obligé de fournir pour le commerce une valeur égale à celle qu'il reçoit, on peut dire que, dans ses rapports avec les pays étrangers, la Hesse doit avoir l'avantage, parce que la classe des industriels y est sobre et économe, et que par conséquent elle consomme moins qu'elle ne produit.

GRAND-DUCHÉ DE HESSE-DARMSTADT. — Les territoires dont cet État est formé ne sont point contigus à la province de Hanau, qui appartient à la Hesse électorale. En ne tenant pas compte de cette circonstance, les confins seront : au nord, le grand-duché de Nassau et la Hesse électorale; à l'est, ce dernier État, le cercle bavarois du bas Mein et le grand-duché de Bade; au sud, ce duché et le cercle bavarois du Rhin; à l'ouest, les gouvernements prussiens de Coblentz et d'Arensberg, le duché de Nassau, le gouvernement de Wetzlar.

Cet État est divisé comme suit :

PRINCIPAUTÉS ET PROVINCES.	CHEFS-LIEUX, VILLES PRINCIPALES ET PRINCIPAUX ÉTATS MÉDIATS.
PRINCIPAUTÉ DE STARKENBOURG, divisée en 14 districts.	Darmstadt, *Selingenstadt*, *Heppenheim*, *Auerbach*, les possessions des comtes d'Erbach; celles du prince d'Isenbourg-Birsten, ou *Offenbach*.
PRINCIPAUTÉ DE LA HAUTE HESSE, divisée en 15 districts.	Giessen, *Alsfeld*, *Friedberg*, *Biedenkopf*: les possessions des princes de Solms-Braunfels, etc.; des princes d'Isenbourg-Budingen, etc.; du baron de Riedsel, ou *Lauterbach*.
PROVINCE DE LA HESSE RHÉNANE (Rhein-hessen), 11 cantons.	Mayence (Mainz), *Bingen*, *Alzey*, *Worms*.

Le gouvernement se compose d'une chambre des députés et d'une chambre haute, dont une partie est héréditaire, et dont dix membres sont nommés à vie par le prince. L'âge auquel ils peuvent prendre part aux délibérations est fixé à vingt-cinq ans. La seconde chambre se compose de six députés nobles, de ceux des villes d'Alsfeld, Bingen, Darmstadt, Friedberg, Giessen, Mayence, Offenbach et Worms, et de vingt-quatre députés des bailliages ou districts. L'une des bases fondamentales de la constitution est la liberté de la presse.

Lorsqu'il est nécessaire de lever de nouvelles contributions, les représentants des États sont convoqués par le grand-duc. Depuis 1819, un code de lois a été rédigé sur le modèle des codes autrichiens; une cour suprême d'appel est chargée de la révision de toutes les affaires criminelles; malheureusement, l'inamovibilité des juges n'a point encore été admise en principe. Un conseil suprême, présidé par le grand-duc, surveille tous les travaux publics du pays. Dans chaque province, les justices de paix sont soumises à une régence qui remplit les fonctions de cour de première instance; d'autres cours sont chargées de tout ce qui a rapport à l'administration de la justice; enfin, la révision des comptes des caisses provinciales, et tout ce qui regarde les contributions et les finances, est soumis à des colléges chargés de les contrôler.

Les revenus de l'État sont évalués à 12,650,000 fr. ; la dette publique à 27,920,000 fr.

Les manufactures où l'on travaille les métaux sont peu importantes, si l'on en excepte les forges et toutes les usines où l'on travaille le fer. Mais on compte, dans le pays, treize papeteries, vingt-deux fabriques de potasse, vingt manufactures de tabac, et environ deux de soieries, trois de cartes à jouer, quatre d'amidon, trois de toiles cirées, et quatre de draps. Le commerce est favorisé par le cours du Rhin et celui du Mein, qui forment une partie des limites du grand-duché, et encore par des routes soigneusement entretenues. Malheureusement, le système des douanes neutralise la situation favorable de la Hesse sous le rapport commercial.

La principale ville est Darmstadt, divisée en vieille et nouvelle ville. Elle est la résidence du grand-duc, et renferme une population de 20,000 âmes.

Landgraviat de Hesse-Hombourg. — Ce petit État est partagé en deux parties distinctes : le *landgraviat de Hesse-Hombourg*, enclavé dans la principauté de la haute Hesse (grand-duché de Darmstadt), et la *seigneurie de Meissenheim*, enclavée entre le cercle bavarois du Rhin, le gouvernement prussien de Coblentz, et la principauté oldenbourgeoise de Birkenfeld.

Hombourg vor der Hoehe, sur l'Eschbach, dans le landgraviat de Hombourg, petite ville de 3,000 habitants, est la résidence du landgrave. Meissenheim, dans la seigneurie de ce nom, petite ville bâtie sur le Glan, est l'autre ville la plus remarquable de l'État. Elle a des mines de fer et de charbon, et une population de 2,000 habitants.

DUCHÉ DE NASSAU.

Cet État est circonscrit presque en entier par le grand-duché prussien du Bas-Rhin, et le grand-duché de Hesse-Darmstadt.

En 1816, par suite de l'extinction de la branche de Nassau-Usingen, les possessions de cette dernière furent réunies à celles de Nassau-Weilbourg ; ces deux duchés n'en forment plus qu'un seul sous le titre de *duché de Nassau*. Il appartient aux ci-devant cercles du Haut-Rhin et de Westphalie, et il comprend, outre la plus grande partie des anciennes possessions de cette maison, des fractions des électorats de Mayence, de Cologne et de Trèves ; en outre, les territoires des princes médiats de Leiningen-Westerbourg, partie de Wied-Hunkel, etc., etc. Le domaine de Johannisberg, si renommé par ses vins, et appartenant au prince de Metternich, est situé dans cet État.

Ce duché est gouverné par un prince dont le pouvoir est tempéré par des états divisés en deux sections : la première, composée d'un prince du sang, de six seigneurs et de six députés de la noblesse ; la seconde, de vingt-deux députés des villes. Un conseil d'État, qui compte neuf membres, est chargé de prononcer sur les hautes questions administratives. Une commission générale de contrôle, formée de membres de tous les départements administratifs ; un ministère d'État et une chancellerie régissent les affaires du pays. La cour suprême d'appel, qui siége dans la capitale, ne compte que sept juges ; les autres tribunaux s'assemblent à Dillenbourg et à Wiesbaden.

Malgré les obstacles résultant de l'esprit d'un grand nombre de lois, entachées de féodalité, et d'une organisation qui a laissé subsister une multitude de petites seigneuries, le gouvernement est parvenu à favoriser le développement d'institutions utiles, à diminuer graduellement les impôts, et à contenir l'aristocratie dans de sages limites.

Cependant, quelque soit son bon vouloir, l'industrie n'a encore atteint une importance remarquable que dans l'art de travailler les métaux : l'exploitation des mines et les forges occupent, sans interruption, plus de huit cents ouvriers.

Quoique le prince ait affecté le revenu de plusieurs de ses domaines au remboursement de la dette publique, celle-ci égale encore une année et demie des revenus du duché, que l'on peut porter à 6,400,000 francs.

WIESBADEN est la ville principale, et renferme environ 7,000 habitants parmi lesquels on compte 200 à 300 étrangers, qu'y attirent quatorze sources d'eaux thermales. On y remarque un établissement destiné au soulagement des vieillards indigents.

Le prince réside habituellement à Biberich, petite ville de 200 à 300 âmes, située à une lieue de la capitale.

PRINCIPAUTÉ DE WALDECK.

Ce petit État est formé de la *principauté de Waldeck*, qui est la partie principale, et du *comté de Pyrmont*, qui en est entièrement séparé et dont la surface n'est pas même un dixième de la première. La principauté de Waldeck est enclavée dans les gouvernements prussiens de Minden, d'Arensberg et dans la Hesse électorale. Le comté de Pyrmont est cerné par la principauté de Lippe-Detmold et le royaume de Hanovre.

TORBACH, ville de 2,200 habitants, est la capitale.

POSSESSIONS DE LA MAISON DE LIPPE.

Cette maison est divisée en deux branches qui possèdent les deux principautés de Lippe-Detmold et de Lippe-Schauenbourg. Ses possessions sont situées dans le cercle de Westphalie et sont enclavées dans le gouvernement prussien de Minden et dans les territoires de la maison de Brunswick; elles touchent en partie aux enclaves de la Hesse électorale et de Waldeck.

PRINCIPAUTÉ DE LIPPE-DETMOLD. — Cette division comprend la majeure partie du comté de Lippe, et quelques territoires moins considérables.

Le gouvernement, depuis l'année 1819, est représentatif : les anciens États de la noblesse et de la bourgeoisie ont été remplacés par des députés nommés par les propriétaires, les bourgeois et les paysans; chacune de ces trois classes d'habitants élit sept représentants. Un consistoire est chargé des affaires ecclésiastiques. Antérieurement à l'année 1819, les habitants virent abolir la servitude corporelle avec d'autres abus, l'impôt sur les vins, la contribution de guerre, et plusieurs autres charges qui pesaient sur les contribuables : les droits sur les eaux-de-vie, sur les cartes à jouer et le timbre, sont les principales contributions qui aient été conservées.

Le revenu public est de 1,250,000 francs. La dette publique est de 1,500,000 francs.

La fabrication des toiles est la principale industrie du pays : le nombre des métiers est de 2,000 à 3,000; on y fabrique aussi des étoffes de coton, des tissus de laine, et des pipes en magnésie carbonatée dites pipes d'écume de mer [1]. Enfin la principauté possède deux verreries, cinq papeteries et un grand nombre de moulins à scie. Ses exportations consistent surtout en bois, en fil, en laine et en toile.

---

[1] Leur nom véritable est *pipes de Kummer,* du nom de l'inventeur.

Detmold, capitale, est la résidence du prince, et renferme 2,000 à 3,000 âmes.

Principauté de Lippe-Schauenbourg. — Ce petit État est formé de quatre bailliages du comté de Schauenbourg et de trois autres du comté de Lippe.

Ainsi que dans l'autre principauté, le gouvernement est ici représentatif; c'est depuis l'an 1810 que toutes les charges de servitude corporelle ont été abolies. Le peuple des campagnes est seulement soumis à quelques corvées et à plusieurs redevances qui ont été conservées. En 1816, le prince conféra aux députés des districts le droit d'examiner les dépenses administratives, de régler la quotité des contributions et leur mode de perception, de délibérer sur les lois, et enfin de faire des propositions relatives aux intérêts du pays. Tous les ans ils se constituent en assemblée générale, par ordre du gouvernement.

Duckebourg est la capitale, la résidence du prince, et possède une maison d'orphelins, un gymnase et une école latine. La population ne dépasse pas 2,000 âmes.

RÉPUBLIQUE DE FRANCFORT.

La partie principale du territoire de cette république est enclavée dans le grand-duché de Hesse-Darmstadt et dans la partie hessoise de Hanau; une petite fraction touche au duché de Nassau.

Outre la capitale, cette république comprend deux bourgs et six villages. La population totale est d'environ 66,000 âmes.

Les anciennes villes hanséatiques de Brême, de Hambourg et de Lubeck, dit l'auteur de la *Géographie universelle*, semblaient avoir acquis le droit de redevenir libres, lorsque le congrès de 1815 détermina la division politique de l'Allemagne. Elles n'avaient perdu leur indépendance que pour être incorporées à l'empire français; il parut juste, aux yeux des ministres européens, qu'après la chute du conquérant elles fussent rétablies dans leurs anciens priviléges; d'ailleurs, leur situation aux extrémités de l'Allemagne devait éloigner toute crainte que leur exemple ne devînt contagieux; l'établissement d'une petite *république*, presque au centre de la confédération germanique, n'est donc point sans intérêt, lorsqu'on pense qu'elle fut fondée à l'époque même où les gouvernants paraissaient accorder à regret aux peuples quelques institutions qui admettaient la liberté comme un droit plutôt que comme une simple concession révocable selon les circonstances. L'époque de l'affranchissement de *Francfort* remonte, il est vrai, à une antiquité aussi reculée que celui des villes libres que nous venons de nommer; mais elle n'avait point été considérée comme une conquête de Napoléon, elle n'avait point été réunie à la France, elle était, depuis 1806, la capitale du grand-duché soumis au prince primat, lorsqu'en 1815 elle fut déclarée *ville libre*. Aucune considération majeure ne s'opposait alors à ce qu'elle devînt l'une des plus belles possessions d'un des États de la confédération; mais peut-être parce que son importance a été un sujet de convoitise pour les principautés de Nassau, de Hesse-Darmstadt et de la Hesse électorale, au milieu desquelles son territoire est enclavé, on a préféré lui restituer son antique indépendance; et, sous le rapport de son commerce, elle n'a pu qu'y gagner.

L'acte constitutionnel de 1816, acte qui offre un mélange d'aristocratie et de démocratie, a établi que la souveraineté résiderait, à Francfort, dans le sénat, le corps législatif et les députés permanents de la bourgeoisie. Le pouvoir exécutif repose dans le sénat, qui gouverne l'État, administre la justice, et surveille les communautés des trois cultes chrétiens. Le corps législatif est chargé de la discussion et du vote des lois; il règle la levée des impôts, l'établissement de la force armée, confirme les conventions de l'État; il a, en outre, la surveillance de l'administration.

Le sénat est formé de quarante-deux membres, qui ne peuvent avoir moins de trente ans et ne doivent être au service d'aucune puissance étrangère; ils forment trois catégories; celle des échevins, celle des jeunes sénateurs, et celle des conseillers; chacun comprend quatorze membres.

Le corps législatif est composé de vingt sénateurs, d'un même nombre de députés de la bourgeoisie, et de quarante-cinq membres nommés par les bourgeois qui professent la religion chrétienne. Un collége électoral, formé de soixante-quinze bourgeois, choisit chaque année ces quarante-cinq membres; les autres députés, au nombre de cinquante et un, sont permanents. Tous les ans, le sénat et ces députés permanents choisissent les membres d'entre eux qui doivent faire partie de l'assemblée législative. Le corps des cinquante et un députés de la bourgeoisie ne peut délibérer, si les deux tiers de ses membres ne sont présents. Quiconque est élu député est tenu d'accepter la candidature, sous peine de perdre ses droits de citoyen. Le sénat ne peut accorder le droit de bourgeoisie aux étrangers qui résident depuis dix ans à Francfort, qu'autant que ceux-ci possèdent une fortune indépendante.

Les revenus de la république s'élèvent à 1,600,000 francs; sa dette publique à 5,300,000 francs.

FRANCFORT se glorifie d'être le siége de la diète et la capitale de la confédération, et d'avoir vu naître Charles le Chauve; mais elle a encore d'autres titres de célébrité : elle est la patrie de l'immortel Gœthe, et c'est dans ses murs que fut publiée la plus ancienne gazette allemande.

Malgré plusieurs monuments importants, de beaux palais et des maisons bien bâties, Francfort n'est pas une belle ville; ses rues sont bien pavées et éclairées la nuit, mais étroites et tortueuses. La population est de plus de 50,000 habitants, parmi lesquels on ne compte que 5,000 à 6,000 catholiques, 2,000 réformés et 5,000 israélites; le reste suit le culte de la confession d'Augsbourg.

Les trois grandes communautés chrétiennes pourvoient chacune séparément, sous la surveillance du sénat, à l'entretien de leurs prêtres, de leurs églises et de leurs écoles; mais on est étonné de voir, au XIXe siècle, un gouvernement composé d'hommes sages et éclairés, renouveler à l'égard des juifs les exclusions qui rappellent l'ignorance et la superstition du moyen âge. Si c'est par suite d'une rivalité d'industrie que les notables de Francfort ont imaginé de refuser aux israélites l'exercice de tous les droits de citoyen, cette mesure, aussi injuste qu'impolitique, quoiqu'elle paraisse être en faveur du plus grand nombre, n'en est pas moins extraordinaire. Quoi qu'il en soit, un quartier séparé est exclusivement destiné aux juifs; il leur est permis d'apprendre et d'exercer divers métiers; mais ce qu'on aura peine à croire, c'est que, par une décision prise en 1817, le gouvernement n'autorise par an que quinze mariages entre les israélites.

L'industrie entretient des fabriques d'étoffes de soie, de tissus de laine communs, de toiles, de coton et de lin; des manufactures de tabac et de cartes à jouer; des fonderies de caractères d'impression; enfin des blanchisseries de cire, et des fabriques de faïence estimées; mais ce qui constitue sa principale richesse, c'est son commerce avec l'Allemagne, dont elle est le principal entrepôt; ce sont ses relations continuelles avec les pays qui l'environnent; ce sont les débouchés faciles qu'entretient la navigation du Rhin et du Mein; ce sont surtout ses deux importantes foires de Pâques et de septembre, qui y attirent plus de seize cents négociants des différentes contrées de l'Europe.

Au nombre des établissements utiles de Francfort, il faut citer une maison d'orphelins, un Hôtel-Dieu, une maison de reclusion et de travail, un bel hôpital, et une maison de santé qui renferme un théâtre anatomique. Au lieu d'un mont-de-piété, dont les secours usuraires sont plutôt une calamité qu'un bienfait pour les classes indigentes, elle a établi une caisse destinée à aider dans leur commerce ou dans leur industrie les petits marchands et les artisans qui ont besoin de fonds.

Les arts et les sciences trouvent, dans la classe aisée de Francfort, une multitude d'amateurs.

ÉTATS DE LA MAISON DE BRUNSWICK.

Cette maison souveraine est partagée en deux branches : l'aînée ou ducale, qui ne possède que le duché de Brunswick-Wolfenbüttel, et la cadette ou électorale, devenue *royale* depuis 1814; celle-ci possède le royaume de Hanovre; on l'appelle aussi *branche de Zell* et plus communément de *Lunebourg* ou de *Hanovre*. C'est la même qui depuis le commencement du XVIIIe siècle a donné à l'Angleterre ses rois.

DUCHÉ DE BRUNSWICK.

Les pays principaux qui composent ce duché sont : les principautés de Wolfenbüttel et de Blankenbourg, la prélature de Helmstaedt, le chapitre de Walkenried, et une partie du bas Harz, possédée en commun avec le roi de Hanovre.

Ce duché est divisé en six districts qui portent le nom de leurs chefs-lieux; ce sont : *Brunswick*, *Wolfenbüttel*, *Helmstaedt*, *Gandersheim*, *Holzminden* et *Blankenbourg*.

Au mois de septembre 1830, une révolution éclata dans ce duché; elle fut provoquée par le refus obstiné qu'exprima le duc Charles de Brunswick de convoquer les états, malgré le vœu manifesté par les Brunswickois, de voir enfin les députés remédier à des abus criants. Le 6 septembre, au moment où le prince sortait du théâtre, le peuple s'ameuta et le poursuivit jusqu'au palais. Le lendemain, le prince refusa d'accorder une audience aux députés de la bourgeoisie, et se prépara à comprimer par la force le mouvement populaire : malgré de grands préparatifs de défense, un nombreux corps de troupes et seize pièces de canon placées devant le château, le peuple attaqua le 7 l'asile de son souverain; les troupes repoussées dans le parc y furent cernées, et le soir le palais était la proie des flammes. Tous les meubles furent jetés par les fenêtres, et brûlés sur la place du château; mais rien ne fut pillé. Le prince ne parvint à s'échapper qu'à la faveur d'un déguisement. Les états s'assemblèrent, une commission provisoire de régence fut nommée, et le prince Guillaume, frère cadet du duc, fut appelé à lui succéder. Cette révolution eut pour résultat l'acceptation, par le nouveau souverain, d'une liste civile de 200,000 thalers, le redressement de plusieurs abus, et l'adoption en principe de la liberté de la presse, ce nouveau palladium des libertés publiques.

ROYAUME DE HANOVRE.

Le royaume de Hanovre se compose des pays suivants : dans le cercle de la Basse-Saxe, la plus grande partie de l'électorat de Hanovre, moins une partie à la droite de l'Elbe; l'évêché d'Hildesheim, la ville impériale de Goslar et le bas Eichsfeld, le bailliage de Neuengleichen et la seigneurie de Pless autrefois appartenant à la Hesse électorale, etc., etc. Dans le cercle de Westphalie le reste de l'électorat de Hanovre, l'évêché d'Osnabrück, le principauté d'Ostfrise et la partie basse du comté de Lingen, autrefois à la Prusse; les bailliages ci-devant hessois de Freudenberg, Uchte et Aubourg; les pays médiats de Benthein, d'Aremberg et de Rheina-Wolbeck

Ce royaume est, depuis 1825, divisé en six gouvernements ou préfectures, subdivisés en districts (il comprend aussi le capitanat montueux de Clausthal). Ces gouvernements sont ceux de Hanovre, Hildesheim, Lunebourg, Stade, Osnabrück, Aurick.

La couronne de Hanovre est héréditaire; ce pays est, depuis plus d'un siècle, gouverné par les souverains d'Angleterre, et régi par un vice-roi qui, dans les affaires importantes, prend les ordres du roi à Londres. D'après la constitution, ce royaume est transmissible de mâle en mâle par ordre de primogéniture; et lorsque le sceptre d'Angleterre passe dans les mains d'une femme, celui de Hanovre est confié au plus proche parent du souverain d'Angleterre; et, en cas d'extinction de la maison régnante, il doit passer à la maison de Brunswick. Il est tellement distinct du sceptre de la Grande-Bretagne, que l'on a vu plus d'une fois les rois d'Angleterre faire la paix avec une puissance comme rois de Hanovre, et continuer la guerre comme rois d'Angleterre.

Le gouvernement tient à la fois du régime féodal et du régime représentatif. Les états hanovriens, composés de la noblesse, du clergé et des députés des villes, se divisent en deux chambres, qui s'assemblent annuellement dans la capitale, et y discutent les projets de lois. D'après un décret rendu en 1814, plusieurs coutumes relatives aux droits féodaux, qui avaient été abolies sous le gouvernement français, ont été rétablies. On a de même remis en vigueur les anciennes lois et coutumes du pays jusqu'à ce qu'un nouveau code ait été rédigé. En attendant cette réforme salutaire, les juges appuient leurs décisions sur le droit romain, les constitutions de l'empire, les décrets des empereurs d'Allemagne, ou les coutumes particulières des anciennes provinces. La justice est rendue par les bailliages et les justices, par des chancelleries, des cours de première instance, et la cour suprême établie à Celle.

Une constitution fut proclamée en 1833, et quoique le roi ne l'ait point reconnue, on peut regarder le gouvernement comme représentatif.

La propriété foncière est repartie ainsi : un sixième pour le souverain; autant pour les corporations religieuses et celles des villes; trois sixièmes pour les nobles; et le sixième restant pour les personnes qui n'appartiennent pas à la noblesse. Quoique l'on compte plus de 600 propriétés nobiliaires, peu d'entre elles offrent des habitations seigneuriales; car, dans le hanovre vivre à la campagne quand on n'est point magistrat ou délégué du gouvernement, est regardé comme dégradant pour l'aristocratie.

Les villes et les villages possèdent généralement de vastes biens communaux, et les habitants jouissent de certains droits de pâturage : c'est de cet état de choses que paraît résulter la grande quantité de terres en friche que l'on remarque dans ce pays. Les grands fermiers ont aussi des droits semblables, mais plus étendus. Les fermes n'ont qu'une médiocre étendue; leur contenance varie de dix à quatre-vingts acres (huit à trente hectares, environ).

Comparés aux autres fermiers de l'Allemagne, ceux du Hanovre, dit Hodgson, vivent dans l'abondance et la splendeur. « Ils mangent de la viande trois ou quatre fois par jour, et au lieu d'être vêtus de grosse laine filée par leurs femmes, ils portent de beaux habits anglais et ont l'air de *gentlemen*. Leurs fils partent comme officiers, et l'on dit que leurs filles lisent le journal des modes. Les propriétaires se rendent à la ville à cheval pour prendre leur café, jouer au billard, savoir les nouvelles et parler politique; chez eux ils boivent leur vin dans des verres taillés et prennent leur thé dans des tasses de porcelaine. Leurs maisons sont toutes entourées de grands arbres et de jardins élégants; les planchers sont couverts de tapis, et les fenêtres sont garnies de larges carreaux. Les maisons d'habitations, les granges, les étables pour le bétail, sont toutes couvertes d'un toit immense, et chaque ferme a l'air d'un palais entouré d'un parc. Les propriétaires dirigent les opérations agricoles sans travailler beaucoup eux-mêmes, et par leurs manières cordiales ils ressemblent beaucoup aux fermiers anglais. »

Le Hanovre a peu de fabriques; l'habitant se montre plutôt disposé à aller exercer une industrie quelconque en pays étranger qu'à cultiver les terres, ou à choisir un métier dans son pays. Stein évalue à 16,000 le nombre d'individus qui s'expatrient tous les ans pour la Hollande. Le Hanovrien réussit cependant assez bien dans la fabrication du tabac, du savon, de quelques étoffes de laine, et surtout dans la manutention du fer et du cuivre. La filature et le tissage du lin occupent un grand nombre de bras. Les deux sexes s'en occupent, et l'on cite dans le district de Celle des villageoises qui, dans l'espace de dix-neuf heures, peuvent fournir plus de 78 écheveaux de fil; mais les toiles que l'on y fabrique ne sont point à comparer à celles de la Prusse et de la Frise. Les tanneries du Hanovre ne livrent à la consommation que des cuirs d'une médiocre qualité; cependant la sellerie y est bien exécutée. Il convient encore d'ajouter que pour certains objets de luxe, la joaillerie et la bijouterie sont plus avancées au Hanovre que dans plusieurs autres contrées européennes.

Hanovre, la capitale, renferme 28,000 habitants, et ressemble de loin à un jardin parsemé d'édifices et de clochers garnis de lames de cuivre. L'école normale de cette ville est un modèle en ce genre; on y procure aux deux sexes des connaissances utiles jointes à la littérature et à la morale. Ainsi des jeunes filles, dont on cultive le cœur et l'esprit, y apprennent non-seulement les arts d'agrément, mais encore à coudre, à filer, à broder, et plusieurs autres occupations utiles à des femmes destinées à diriger un jour un ménage. Les garçons, loin de n'y prendre qu'une instruction que le monde et ses distractions leur feront trop tôt oublier, y apprennent à greffer, à lever des plans et d'autres pratiques qui, dans l'occasion, peuvent être d'un grand avantage. Dans les autres écoles on ne fait point, comme en France, pâlir les élèves pendant huit ans sur le grec et le latin; le français, l'anglais, la géométrie et la technologie font partie essentielle de l'éducation; et, dans les écoles de troisième degré, l'étude de la langue hébraïque et de l'archéologie y est considérée comme indispensable. L'institut destiné, sous le nom de *Georgianum*, à la jeunesse noble, est organisé militairement : quarante fils de nobles y sont admis; mais l'instruction y est donnée de manière à préparer les jeunes gens à occuper un jour avec succès les emplois civils aussi bien que les dignités militaires. Enfin la jeunesse studieuse et toutes les personnes qui s'occupent des sciences et des lettres trouvent ici de quoi se satisfaire.

GRAND-DUCHÉ D'OLDENBOURG.

Ce duché comprend : dans le cercle de Westphalie le duché d'Oldenbourg, les bailliages de Vechta et de Kloppenbourg (autrefois à l'évêché de Munster), le bailliage ci-devant hanovrien de Wildeshausen, les seigneuries de Jever et de Varel; dans le cercle de Basse-Saxe, l'évêché d'Eutin ou la principauté de Lubeck; dans le cercle du Haut-Rhin, la principauté de Birkenfeld, jadis partie du duché de Deux-Ponts

Le petit État qui nous occupe est divisé en trois parties principales et très-inégales : le duché d'Oldenbourg et ses dépendances; la principauté de Lubeck ou plutôt d'Eutin; la principauté de Birkenfeld.

Le chef du gouvernement est le grand-duc, dont le pouvoir n'est pas limité par les états du pays : ceux-ci ne se rassemblent que pour voter l'impôt. Le prince préside le conseil suprême dans lequel on discute les affaires importantes; toutes les branches de l'administration sont soumises à un autre conseil que préside le ministre dirigeant (*oberlanddrost*). Un conseil de finances est chargé de tout ce qui a rapport aux revenus et aux dépenses du pays. Le nombre des employés et des fonctionnaires est très-limité : la plus sévère économie règne dans toutes les branches du service public. L'administration de la justice se compose de baillis, de magistrats, d'une chancellerie et d'une cour supérieure. Le grand-duché est divisé en districts, en bailliages et en paroisses. Le magistrat de chaque paroisse et les baillis relèvent de la justice cantonale du district; les magistrats du district jugent en première instance; la chancellerie remplace une cour d'appel; et enfin la cour de justice, tribunal suprême, juge en dernier ressort.

Dans certaines parties seulement de cette contrée, l'Oldenbourgeois peut exercer son industrie sur les produits d'animaux domestiques. L'intérieur du pays est pauvre en terrains propres à l'agriculture, et renferme en quantité des marais et des landes. La récolte des grains ne suffit pas à la consommation. Les forêts sont peu considérables, et le combustible se tire des tourbières. On cultive le lin, le houblon et le chanvre.

Les bêtes à laine constituent une des richesses territoriales, mais leur toison ne sert point seulement à fabriquer des draps, elle est principalement employée à une fabrication de bas tellement importante que dans les seuls cantons de Kloppenbourg et de Vechte le commerce intérieur et d'exportation de cette branche d'industrie s'élève à une valeur de plus de trois cent mille francs par an. Dans le Humling, plaine la plus élevée de tout le pays, et qui forme une lande sablonneuse assez riche cependant en végétaux pour que de nombreux troupeaux puissent y trouver leur pâture, les habitants n'ont d'autres richesses que leurs moutons et leurs abeilles; les premiers fournissent une laine assez grossière; mais les abeilles produisent une grande quantité de miel, grâce aux soins de leurs propriétaires. Au printemps ces paysans quittent cette lande élevée, et transportent leurs ruches au nord dans des plaines basses où l'on cultive de la navette; lorsque la récolte de cette plante est faite, ils se dirigent avec leurs ruches dans les terrains marécageux employés à la culture du blé sarrasin; ils y restent jusqu'à l'époque où les landes qu'ils ont quittées se couvrent de bruyères en fleurs. L'industrie et les mœurs de ce petit peuple nomade rappellent par plusieurs points ces tribus errantes dont nous parle la Bible.

La pêche maritime et celle des rivières est très-productive dans l'Oldenbourg; elle occupe et nourrit un grand nombre d'individus.

A l'égard du commerce, il est favorisé par les embouchures du Weser et de l'Iadhe.

La capitale de cet État est Oldenbourg qui entretient des relations commerciales assez étendues. La population est de 6,000 individus.

SEIGNEURIE DE KNIPHAUSEN.

Cet État, le plus petit de l'Europe, a été reconnu comme puissance indépendante formant partie de la confédération, le 8 mars 1826, par un acte de la diète.

La capitale porte le nom de la seigneurie; mais le prince habite Varel, petite ville enclavée dans le duché d'Oldenbourg.

RÉPUBLIQUE DE BRÊME.

La république de Brême, qui était une ville impériale du cercle de la Basse-Saxe, ne comprend que la ville et le territoire de ce nom placés sur le Weser. C'est un enclave du royaume de Hanovre.

Brême, la capitale est une ville industrieuse et vaste qui renferme 40,000 habitants.

Brême est gouvernée par un conseil suprême, composé de quatre bourgmestres, de deux syndics et de vingt-quatre conseillers, dont dix-sept sont choisis parmi les jurisconsultes, et sept parmi les négociants; les réformés seuls, peuvent en faire partie, et même on a poussé la rigueur jusqu'à exclure des emplois civils tout individu professant la religion luthérienne; cependant le pouvoir législatif est exercé par des citoyens recommandables, quelle que soit leur religion. Ce conseil a non-seulement le gouvernement de la ville et du territoire, mais encore la régence des caisses commerciales; c'est lui qui rend la justice, et dans les affaires de haute importance on convoque les anciens et l'élite des bourgeois, dont la réunion, qui n'a point d'époque fixe, forme une sorte d'assemblée législative.

Les citoyens en état de porter les armes sont, dans cette république, divisés en plusieurs cathégories; les hommes de vingt-six à trente-cinq ans forment trois bataillons les employés du gouvernement en sont seuls exemptés, lorsque leurs fonctions sont incompatibles avec le service militaire; les hommes de vingt à vingt-cinq ans composent aussi un bataillon; c'est le seul qui soit équipé et habillé, ce qui se fait même aux frais de l'État. La ville n'a pas d'autres troupes permanentes que cette espèce de garde nationale; cependant elle est tenue de fournir un contingent à la confédération germanique.

RÉPUBLIQUE DE HAMBOURG.

Le territoire de cette république [1] est (à l'exception de la partie méridionale et du bailliage de Ritzebüttel[2]) environné par les possessions allemandes du roi de Danemark. La préfecture de Lünebourg (dans le Hanovre) forme, au sud, le confin de cette république qui possède en commun avec celle de Lubeck, le bailliage de Bergedorf que traverse la Bille.

Hambourg, capitale, n'est point une belle ville; mais elle est la plus commerçante de l'Allemagne, et son industrie est très-étendue. Les pertes qu'elle fit en 1813 et en 1814. sont déjà oubliées, et sa population alors réduite à 60,000 habitants, est plus que doublée aujourd'hui.

Stein nous apprend que les Hambourgeois forment trois catégories distinctes : les *bourgeois actifs* ou *héréditaires*, les *petits bourgeois* ou *parents de protection*, et les *habitants étrangers*.

Les bourgeois actifs, qui jouissent de tous les droits de cité, peuvent seuls occuper les charges et les emplois honorifiques, exercer librement toute espèce d'industrie, ils sont en outre exempts de toute taxe sur les marchandises qu'ils expédient par des navires indigènes.

Les petits bourgeois n'ont la faculté d'exercer que certain genre d'industrie déter-

[1] Ce bailliage est un enclave de la préfecture hanovrienne de Stade.
[2] De même que Brême, elle était jadis comprise dans le cercle impérial de la Basse-Saxe.

minés; ils sont tenus de payer un droit annuel de un thaler pour la protection qui leur est accordée.

Les habitants étrangers payent aussi annuellement une contribution; ils doivent encore, lors de leur réception, payer cinquante thalers s'ils sont négociants et quarante s'ils ne sont qu'artisans. Ils ne peuvent acquérir de propriété soit dans la ville, soit aux environs, à moins que ce ne soit sous le nom d'un bourgeois.

Quant aux Juifs le droit de bourgeoisie ne leur est point reconnu. Toutefois, il leur est permis de posséder des maisons dans certains quartiers déterminés. La bourgeoisie n'est point héréditaire de droit; néanmoins le fils d'un bourgeois jouit de quelques prérogatives à cet égard, et ne paye point autant qu'un autre pour son admission; ce n'est que depuis 1814 que le gouvernement a concédé aux chrétiens qui n'appartiennent point à la confession d'Augsbourg le droit d'entrer dans la bourgeoisie et d'occuper des emplois civils; mais ils ne peuvent faire partie du conseil.

Le gouvernement est aristo-démocratique : la souveraineté est partagée, d'après les conventions de 1710 et de 1712, entre un sénat composé de trente-six membres, savoir : de trois bourgmestres et de onze conseillers choisis parmi les lettrés; et d'un bourgmestre et de treize conseillers pris parmi les négociants; de quatre syndics, d'un protonotaire, d'un archiviste et de deux secrétaires. La bourgeoisie est représentée par des députés légalement élus et par des bourgeois héréditaires. Ces derniers sont choisis parmi les propriétaires le plus imposés.

« Le sénat se complète lui-même par une élection mêlée du sort. Des dispositions très-positives et rigoureuses empêchent l'accumulation des offices dans les mêmes familles.

» Les affaires étrangères, l'initiative (mais non pas *exclusive*) et la promulgation des lois, ainsi que la représentation de l'État, appartiennent au sénat. Des *comités* de la bourgeoisie gouvernent les affaires de finances, d'administration et autres. La *bourgeoisie héréditaire*, c'est-à-dire l'assemblée générale des citoyens actifs, donne des lois, accorde les impositions, et décide en général toutes les affaires majeures.

» Les citoyens actifs, ou bourgeois héréditaires, doivent posséder des biens-fonds pour 1,000 rixdalers de banque (3,700 francs) dans Hambourg, ou le double hors les murs et le territoire de la ville. Les citoyens actifs sont divisés en *cinq corps*, d'après les cinq paroisses. Les votes sont recueillis par corps. Deux cents citoyens suffisent pour rendre l'assemblée complète. Le plus souvent ce nombre est formé par les seules autorités constitutionnelles dont nous allons parler.

» Le principal contre-poids du sénat est dans le *collége des anciens*, composé de trois citoyens de chaque paroisse. Ils forment le noyau du *collége des soixante* et de celui des *cent quatre-vingts*. Ces corps sont la véritable représentation du peuple. Le sénat confère en secret avec eux sur toutes les affaires importantes.

» Le *comité des finances*, la direction de la banque, le *collége du commerce*, et plusieurs autres administrations composées de citoyens actifs, ont une part très-importante au gouvernement : ils ne dépendent point du sénat dans la gestion de leurs fonctions, quoiqu'ils lui doivent présenter leurs comptes annuels; enfin ils peuvent, même contre le gré du sénat, faire des propositions dans l'assemblée générale des citoyens.

» Les résolutions de l'assemblée générale et les propositions du sénat, n'ont aucune force sans le consentement mutuel. Le sénat peut réitérer ses propositions. Si la bourgeoisie prend une résolution à laquelle le sénat ne veut point accéder, l'affaire est discutée secrètement entre le sénat, le collége des soixante, et celui des cent quatre-vingts, dont le premier fait partie intégrante. En dernier cas de non union, les deux partis doivent nommer, d'un commun accord, une commission de sénateurs et de citoyens, qui sont restés neutres dans la dispute, et cette commission décide souverainement l'affaire en question. »

Hambourg, quoique ville fermée, entretient un corps de troupes peu considérable; sa tranquillité intérieure est maintenue par une garde bourgeoise assez nombreuse : tous les hommes de vingt à quarante-six ans en font partie; on n'en exempte que les magistrats, les pasteurs, les maîtres d'école, les médecins et les pharmaciens, excepté dans les grandes circonstances.

Les revenus de Hambourg et de son territoire s'élèvent à cinq ou six millions de francs. De tous les impôts établis par le gouvernement français, la ville n'a conservé que le timbre et les accises, ou contributions indirectes; dont la répartition est extrêmement modérée; et comme ces contributions seules rapportent tous les mois environ 115,000 fr., elle peut sans surcharger le peuple, acquitter les intérêts de son ancienne dette, qui s'élève à environ trente millions de francs.

La capitale hambourgeoise doit être placée après Londres et Amsterdam pour l'importance de son négoce et le luxe des habitants. L'intérieur des habitations est riche. Dans tous les rangs; on remarque le goût des réunions, de la parure, de la table, de tous les plaisirs.

« Hambourg, a dit Malte-Brun, est un asile ouvert aux hommes de toutes les nations, de tous les partis. Lorsqu'on n'a pas une malheureuse célébrité et que l'on paye son hôte, la police entend raison et laisse à chaque individu une très-grande latitude pour sa conduite particulière. Il est donc naturel de trouver ici un mélange à la fois bizarre et intéressant de toutes les classes, castes et races d'hommes qui habitent l'Europe. Entraînés dans le tourbillon des affaires ou des plaisirs, ces individus n'ont ni le loisir ni l'attention nécessaire pour s'observer l'un l'autre : point de cour qui puisse faire la loi par son exemple; point de caste privilégiée qui puisse se parer du titre de *la bonne société*; point de réunion d'oisifs et de badauds pour former un conservatoire du bon ton. Payer ses billets, c'est être un galant homme. Un portefeuille bien garni, c'est le plus grand costume, c'est l'élégance même; bien calculer les changes, réussir dans les affaires, c'est avoir du talent et de l'esprit; figurer à la bourse, c'est le comble des honneurs; et, à cette cour de Plutus, la considération ne s'évalue qu'en *marcs banco*.

» Mais l'insipidité des amusements publics, calculés pour un semblable mélange d'individus; mais l'impudeur des mœurs publiques dans cette auberge commune de toute l'Europe; mais le silence de sentiments nobles et délicats parmi le bruit de tant de viles et petites passions; tous ces côtés désavantageux que Hambourg offre aux regards d'un spectateur, n'empêchent pas que cette ville n'ait aussi quelques côtés agréables, et même estimables. D'abord, on doit compter pour quelque chose la facilité de pouvoir ici comparer ensemble presque toutes les nations de l'Europe, qui y gardent chacune son idiome, son costume et sa manière de vivre. Ici, vous vous trouvez parmi des Parisiens; montez l'escalier, vous êtes à Londres; traversez la rue, et vous voilà au milieu des glaces de la Russie. Si vous bornez votre attention aux seuls Hambourgeois, vous trouverez nombre de maisons où l'urbanité française, ou plutôt anglaise, s'allie à l'hospitalité des anciens Saxons. Vous verrez un respect sincère des mœurs et de la décence mêlé à un peu d'orthodoxie luthérienne; beaucoup de loyauté, de droiture et d'équité dans les opinions, quelques hommes profondément instruits dans les sciences commerciales; dans l'histoire et dans les langues modernes; même quelques individus d'un goût assez exercé, et qui aiment ou cultivent les belles-lettres et les beaux-arts. Cependant le goût et les lumières ne sont répandus que parmi une classe peu nombreuse.

L'esprit du Hambourgeois semble entièrement absorbé par la pensée du trafic; dans les réunions privées ou publiques, la conversation n'a guère d'autre objet que le cours des marchandises ou la situation de telle opération, de telle entreprise, etc.

On ne voit point dans les rues de Hambourg ces mendiants en haillons dont la présence attriste l'homme de cœur dans tant d'autres villes de l'Europe. Cependant, on compte environ 1,200 pauvres dans ses murs; et cela se conçoit quand on considère la cherté des objets de première nécessité. Mais l'administration entretient des maisons de travail pour les malheureux sans asile et sans pain.

RÉPUBLIQUE DE LUBECK.

Autrefois comprise dans le cercle de la Basse-Saxe, cette république est située entre la mer Baltique, la principauté oldenbourgeoise d'Eutin, le duché de Holstein, appartenant au roi le Danemark, et le grand-duché de Mecklenbourg. Son territoire n'est pas tout contigu, mais composé de plusieurs fractions.

Cette république est fondée sur des bases aristo-démocratiques. La puissance souveraine repose dans un sénat composé de trente membres, et dans la bourgeoisie partagée en douze classes ou colléges.

Les revenus, évalués à un million de francs, sont d'un cinquième supérieurs à la dette publique.

LUBECK, bâtie sur une colline, au confluent de la Wackenitz avec la Trave, ville bien déchue de son ancienne splendeur et peuplée d'environ 20,000 habitants, est la capitale de la république. Elle est le siége du tribunal supérieur d'appel des quatre villes libres de la confédération germanique. Ses liaisons intimes avec Brême et Hambourg sont tout ce qui lui est resté de la célèbre ligue hanséatique, dont elle était la capitale, et dont elle conserve encore les archives. Grâce à sa position favorable, Lubeck fait encore un commerce d'expédition et de transit très-étendu.

ÉTATS DE LA MAISON DE MECKLEMBOURG.

Cette maison souveraine, qui est une des plus anciennes de l'Europe, est divisée en deux branches principales, celle de Mecklenbourg-Schwerin et celle de Mecklenbourg-Strelitz. Elles possèdent les deux grands-duchés de leur nom, dont les territoires appartenaient au cercle de la Basse-Saxe. Le grand-duché de Mecklenbourg-Strelitz renferme les extrémités occidentale et orientale des possessions de cette maison. Leurs confins sont : au nord, la mer Baltique et la province prussienne de Poméranie; à l'est, cette même province et celle de Brandebourg; au sud, cette dernière, la préfecture hanovrienne de Lunebourg; à l'ouest, le duché danois de Lauenbourg, le territoire de la république de Lubeck et la principauté oldenbourgeoise d'Eutin.

L'organisation politique et administrative étant la même dans chacun des deux grands-duchés, nous en parlerons ici d'une manière générale.

Le droit de succession à la couronne ducale est assuré par droit de primogéniture; l'héritier présomptif est reconnu majeur à dix-huit ans; les autres princes du sang reçoivent des apanages en numéraire, et les princesses une dot qui, jusqu'à présent, est fixée à vingt mille reischsthalers. En vertu d'un traité fait en 1442 entre les maisons de Mecklembourg et de Brandebourg, après l'extinction totale de la première, le territoire doit appartenir à la seconde, c'est-à-dire au royaume de Prusse. D'après d'autres traités qui remontent à l'an 1572, et renouvelés plusieurs fois depuis, le grand-duc partage avec les seigneurs le produit des contributions et la faculté de rendre justice;

différents colléges ont en outre le droit de veiller aux intérêts des communes, enfin, les seigneurs des deux grands-duchés forment un corps séparé sous le nom de *Vieille union du pays* (*Alte landes union*).

A la tête des familles seigneuriales, dont le nombre est porté à trois cent et douze, sont placés trois maréchaux des provinces, choisis chacun dans une de ces familles; ils forment, avec huit conseillers et le député de Holstock, un conseil chargé de diriger les affaires seigneuriales et provinciales. Les principales villes du Mecklembourg nomment en outre des députés qui s'assemblent annuellement sur la convocation du grand-duc. La réunion des députés des deux grands-duchés compose les états, qui sont communs aux deux principautés et en discutent les intérêts. Ils s'occupent des affaires relatives aux contributions et de la délibération des lois, que le prince présente par écrit. Dans ces délibérations, les députés ont le droit d'exposer les plaintes de leurs commettants et de demander l'abolition des abus. Les seigneurs ont encore des assemblées particulières dans les chefs-lieux de justice; mais lorsqu'ils jugent convenable de faire des convocations provinciales, ils doivent en avertir le souverain. La cour suprême d'appel de Parchim étend sa juridiction sur les deux duchés. Les villes ont en général le droit de nommer leurs maires; les magistrats et tous les fonctionnaires qui dépendent du ministère de la justice sont à la nomination du prince.

Les économistes sont maintenant d'accord sur ce point, que plus les terres sont réparties dans un grand nombre de mains, plus l'aisance se fait sentir sur tous les habitants d'une contrée. Dans le Mecklembourg, les domaines de la maison ducale comprennent les quatre dixièmes de toute la superficie; la noblesse en possède les cinq dixièmes, et les villes un dixième. La classe des paysans ne participe point à l'avantage d'être propriétaire, et cependant les contributions, les impôts et les charges extraordinaires sont supportés également par tous les individus. Il ne faut point attribuer à une autre cause le peu d'importance de la population : elle est pour les deux duchés d'environ 541,000 âmes sur 733 lieues carrées, ce qui ne donne que 738 habitants par lieue; quantité qui devrait être plus considérable dans un pays gouverné d'ailleurs avec une sagesse toute paternelle. Nous devons cependant faire observer que cette population était moins importante encore avant 1820, et que depuis elle a continué à augmenter.

GRAND-DUCHÉ DE MECKLEMBOURG-SCHWERIN.

Cet État, dont le territoire est tout contigu, comprend les duchés de Schwerin et Güstrow; les seigneuries de Rostock et de Wismar (cette dernière appartenait autrefois à la Suède).

Sous le rapport administratif, cette contrée est divisée en deux cercles (ceux de Mecklembourg et de Wendique); une principauté (celle de Schwerin); deux seigneuries (celles de Wismar et de Rostock).

Schwerin, la capitale, est située sur le lac de ce nom. C'est une ville jolie, bien construite et industrieuse. Sa partie nommée *Neustadt* appartient administrativement à la principauté de Schwerin : en la comprenant dans l'estimation, on aurait pour la ville une population de 13,000 habitants.

GRAND-DUCHÉ DE MECKLEMBOURG-STRELITZ.

Ce petit État est formé de deux parties entièrement détachées; la *seigneurie de Stargard*, ou le duché de Mecklembourg-Strelitz, placée à l'extrémité orientale des possessions mecklembourgeoises, et la *principauté de Hatzebourg*, placée à son extrémité occidentale.

Neustrelitz, bâtie en forme d'étoile à huit rayons, est la résidence du grand-duc et la capitale du pays.

POSSESSIONS DE LA MAISON DE SAXE.

Ces possessions sont partagées en deux branches : la *ducale* ou *Ernestine*, qui est l'aînée, mais dont les possessions sont beaucoup moins considérables, et la *royale*, ci-devant *électorale*, dite aussi *Albertine*, du nom du prince qui en fut la souche. Celle-ci possède le royaume de Saxe; l'autre, depuis l'extinction de la branche de Saxe-Gotha, n'offre plus que quatre branches, auxquelles appartiennent le grand-duché de Saxe-Weimar et les trois duchés de Saxe-Cobourg-Gotha, de Saxe-Meiningen et de Saxe-Altenbourg. C'est entre ces trois duchés que fut partagé le territoire du duché de Gotha, à l'extinction de la branche de ce nom, arrivée en 1825.

ROYAUME DE SAXE.

Depuis les cessions faites à la monarchie prussienne par le traité de Vienne, ce royaume ne possède plus que les pays suivants : la plus grande partie du ci-devant électorat de Saxe, c'est-à-dire l'Erzebirge, le Voigtland, presque tous les cercles de Misnie et de Leipzig, et environ la moitié de celui de Merzebourg; en outre, les possessions médiates des comtes de Schœnbourg, qui sont des fiefs du royaume de Saxe; tous ces pays sont situés dans le cercle de la Haute-Saxe. Il faut ajouter environ deux cinquièmes du margraviat de la Haute-Lusace.

Ce royaume est actuellement divisé en cinq cercles, irrégulièrement subdivisés en districts et bailliages :

Cercles.	Chefs-lieux, villes principales et principaux états médiats.
De Misnie.	Dresde; *Pillnitz*, *Meissen*, *Pirna*, *Kœnigstein*, *Grossenhaym*, *Schandau*.
De Leipzig.	Leipzig; *Grimma*, *Mittweyda*.
D'Erzgebirge.	Freyberg; *Anaberg*, *Schneeberg*, *Chemnitz*, *Zwickau*. Les possessions des princes de Schœnbourg, ou *Waldembourg*, *Glauchau* et *Penig*.
Du Woigtland	Plauen; *Reichenbach*.
De la Lusace.	Bauzen (Budissin), *Zittau*, *Hernnhut*, *Bertelsdorf*, *Geibsdorf*.

Le gouvernement est monarchique et héréditaire; le roi, majeur aussitôt sa dix-huitième année, nomme aux charges, aux emplois civils et militaires. Quelques seigneuries ne sont cependant point soumises à tous les droits de la couronne; plusieurs seigneurs lèvent dans l'étendue de leurs terres des contributions dont un tiers seulement appartient au gouvernement. Les provinces nomment des députés dont l'assemblée générale se réunit sous le nom d'états et d'après l'ordre seul du souverain, ce qui a lieu ordinairement tous les six ans, à Dresde. Ces états se composent de trois ordres : le clergé, la noblesse et les députés des villes. Ils règlent la quotité des impôts, fixent le montant du budget, et délibèrent sur les lois que le roi soumet à leur décision. S'ils refusent les subsides, le roi peut pendant un an continuer à lever les anciens; mais six mois avant l'expiration de ce terme il doit convoquer des états extraordinaires. Les séances des états sont maintenant publiques. Ils se divisent en deux chambres, mais ni l'une ni l'autre n'a le droit d'initiative dans la présentation des lois; celles-ci sont proposées par les ministres, et les chambres ne peuvent les repousser ni refuser les impôts que conditionnellement. L'administration est confiée à un conseil de cabinet, un conseil de finances, un conseil militaire; la justice à une haute cour d'appel, et les cultes à un consistoire supérieur ecclésiastique. Chacun des cinq cercles, qui forment la division territoriale, a une cour de justice et une administration particulière.

La liberté individuelle est entière, même pour les paysans.

Ce royaume compte un grand nombre de manufactures. On y fabrique des toiles, des étoffes de soie, de laine ou de coton, des blondes, des dentelles, des rubans, des mousselines, des chapeaux de paille, du papier, des instruments de musique, des armes, enfin des porcelaines et des faïences également estimées. Ces établissements industriels occupent un personnel considérable.

Quelques-uns de ces établissements sont parvenus à un degré de perfection dû, non-seulement à l'intelligence et à l'industrie naturelle au peuple saxon, mais aussi aux efforts du gouvernement qui, depuis vingt années, emploie tous les moyens propres à favoriser leur essor.

La capitale de ce royaume est DRESDE, l'une des plus jolies villes de l'Europe. Sa population a fait de grands progrès dans ces dernières années; on l'estime actuellement au-dessus de 70,000 habitants. On doit aussi ajouter que la ville de Dresde est sans cesse remplie d'un grand nombre d'étrangers qui s'y arrêtent plus ou moins de temps pour tirer parti des grandes ressources que cette capitale, plus qu'aucune autre de son rang, offre sous le rapport littéraire; ces étrangers confient de préférence l'éducation de leurs enfants aux nombreux établissements tant publics que privés que cette ville renferme.

Les villes les plus importantes après Dresde sont Leipzig et Freybert.

GRAND-DUCHÉ DE SAXE-WEIMAR.

Les pays qui forment ce grand-duché ne constituent pas un tout contigu, mais trois parties principales, séparées par les possessions d'autres princes; ces trois parties sont: la principauté de Weimar, celle d'Eisnach, et le cercle de Neustadt.

En vertu de la constitution de 1816, le gouvernement est constitutionnel. Toute personne, quelle que soit sa religion ou son rang, est éligible, pourvu qu'elle possède un revenu déterminé.

Les principales autorités dans la hiérarchie administrative sont le ministère, divisé en plusieurs départements, huit conseillers privés, la chambre des députés, la chancellerie d'État, l'administration de la justice, le tribunal suprême d'appel d'Iena; dans les autres branches, le collége des finances, l'intendance des bâtiments, la chambre de révision des impôts, celle des comptes et le bureau mathématique; dans les affaires ecclésiastiques, les deux consistoires suprêmes.

L'instruction est très-répandue, surveillée et bien encouragée dans ce grand-duché. Outre l'excellente université d'Iena, on y compte deux gymnases, soixante-neuf écoles bourgeoises, deux écoles normales et 343 écoles de campagne.

Weimar, capitale, renferme 10,000 âmes. Cette ville est riche en établissements de tous genres ; mais il en est un que nous devons particulièrement faire connaître.

Il y a déjà longtemps que le vénérable Hufeland's s'était élevé avec chaleur contre l'insouciance avec laquelle on traite les morts ; aussi c'est à ses vives sollicitations que Weimar vit s'établir, en 1791, la première maison mortuaire qui ait été construite en Allemagne. Il est vraiment déplorable que des institutions si utiles ne se soient pas plus rapidement propagées ; il ne sera donc pas sans intérêt d'en faire connaître les principales dispositions intérieures.

Rien de plus simple que la construction de ces établissements : une grande salle chauffée, destinée à recevoir les morts, et, à côté, une chambre pour le gardien, qui n'est séparée de la salle que par une grande porte vitrée, afin qu'il puisse avoir constamment les morts sous ses yeux ; enfin, un laboratoire et une salle de bains, voilà ce qui constitue une maison mortuaire.

Pour s'assurer qu'il ne reste plus aux personnes déposées dans l'établissement le plus petit souffle de vie, on a fait donner aux gardiens une instruction dans laquelle sont expliqués tous les symptômes de l'asphyxie, et, afin qu'ils soient plus attentifs et plus soigneux, on stimule leur zèle par des prix destinés à celui qui le premier aura découvert chez un sujet réputé mort, des signes de vie. On a pris en outre les dispositions les plus minutieuses pour qu'un asphyxié ne puisse pas faire le moindre mouvement sans qu'on s'en aperçoive. Les mains et les pieds sont mis en rapport avec des fils qui, au plus petit déplacement, agitent une cloche. Le transport des corps a lieu ordinairement douze heures après la mort ; on les couche sur un lit de paille, on les couvre avec une couverture de toile, on leur met des dés sur les doigts, en les faisant correspondre à des fils qui se réunissent au-dessus de la main en un seul qui communique à la détente d'un carillon, de sorte que le plus petit mouvement, même d'un doigt, détermine un bruit extraordinaire. Un médecin attaché spécialement à la maison mortuaire est chargé d'examiner les cadavres. Quand il reconnaît que les symptômes de la putréfaction se manifestent, il l'atteste par écrit dans un registre destiné à cet usage, et seulement alors les parents obtiennent la permission de procéder à l'ensevelissement. Lorsqu'on s'aperçoit, au contraire, de quelque signe de vie, le corps est aussitôt transporté dans une chambre spéciale où l'on met en usage tous les moyens pour ranimer la faible étincelle de vie qui reste.

La maison de dépôt de Weimar n'est pas seulement destinée aux classes pauvres. Pour détruire les préjugés qu'on avait contre ces maisons, une société composée de personnes de distinction, se forma dès le principe, sous la direction de M. Hufeland's, et ses membres convinrent qu'après leur mort chacun d'eux serait transporté dans la maison mortuaire. Le peuple, en voyant les premières familles faire usage de cet établissement, suivit bientôt leur exemple. Maintenant il est généralement adopté.

DUCHÉ DE SAXE-COBOURG-GOTHA.

Ce duché, depuis 1826, comprend les principautés de Cobourg, de Lichtenberg et de Gotha.

Le gouvernement est semblable à celui du duché de Saxe-Weimar.

Gotha, capitale du pays, renferme 12,000 âmes, et plusieurs établissements publics.

Cobourg, deuxième résidence ducale, est une jolie ville commerçante à laquelle on donne 9,000 habitants. On y remarque plusieurs manufactures et fabriques.

PAYSAN DE WENDEN ET FEMME D'ALTENBOURG.

(Saxe.)

DUCHÉ DE SAXE-ALTENBOURG.

Ce territoire est formé de toute la principauté d'Altenbourg, moins le bailliage de Cambourg, qui en a été détaché.
Le gouvernement est monarchique et constitutionnel.
ALTENBOURG est la résidence du duc. Cette ville, dont la population est de 12,000 habitants, n'est dépourvue ni de commerce ni d'industrie.

DUCHÉ DE SAXE-MEININGEN-HILDBURGHAUSEN.

En vertu de la convention faite en 1826, ce duché est formé de toutes ses anciennes possessions, qui consistaient dans une partie du comté de Henneberg et dans une partie de celui de Cobourg; ensuite, des cessions faites à la même époque, par le duc de Saxe-Cobourg, des bailliages de Themar, Saalfeld et Græfenthal; par le duc de Saxe-Hildburghausen, de toutes ses possessions, savoir : les bailliages de Hildburghausen, Eisfeld, Heldbourg et autres moins importants, et par la réunion des bailliages de Rœmhild, Kranichfeld et Cambourg, qui furent détachés de l'héritage de Saxe-Gotha. Presque tous ces pays forment une masse contiguë, quoique d'une forme très-irrégulière; les bailliages de Cambourg et quelques autres fractions moins considérables en sont entièrement séparés.
Cet État jouit des avantages d'un régime monarchique constitutionnel. L'instruction y est fort encouragée.
MEININGEN, résidence du duc, entretient des fabriques de futaines, de crêpes, et d'autres étoffes de laine. On ne lui accorde que 5,000 habitants.
HILDBURGHAUSEN est le siége des autorités supérieures du duché.

POSSESSIONS DE LA MAISON DE SCHWARZBOURG.

Cette maison est partagée en deux branches qui possèdent le comté de Schwarzbourg, situé dans le *cercle de la Haute-Saxe*, et divisé en deux parties distinctes : le *comté supérieur* qui est enclavé dans les possessions des maisons grand-ducale et ducale de Saxe et le gouvernement prussien d'Erfurt; le *comté inférieur*, qui est une enclave de la province prussienne de Saxe. La plus grande partie de ce dernier appartient à la branche de Schwarzbourg-Sondershausen; celle de Schwarzbourg-Rudolstadt possède la plus grande partie du comté supérieur.
PRINCIPAUTÉ DE SCHWARZBOURG-RUDOLSTADT. — Ce petit État est régi par un gouvernement représentatif. Son revenu, qui est de 800,000 francs, dépasse d'un quart le montant de la dette publique.
RUDOLSTADT, résidence du prince, a 4,000 habitants et possède quelques fabriques.
PRINCIPAUTÉ DE SCHWARZBOURG-SONDERSHAUSEN. — Le pouvoir du prince, chef de cet État, est absolu. Les revenus s'élèvent à 675,000 francs; la dette publique à 550,000.
SONDERSHAUSEN, près de laquelle est situé, sur une hauteur, le château du prince, est la capitale, et renferme 3,600 habitants.

POSSESSIONS DE LA MAISON DE REUSS.

PRINCIPAUTÉ DE REUSS-GREIZ. — L'industrie de cet État est fort active : elle consiste en manufactures d'étoffes de laine, en forges, en usines et en fabriques d'acier.

GREIZ, la capitale, quoique n'ayant que 7,000 habitants, se distingue par son industrie et son commerce.

PRINCIPAUTÉ DE REUSS-SCHLEIZ. — Ce territoire a 27 lieues carrées de superficie. La capitale est SCHLEIZ, jolie petite ville à laquelle on donne 5,000 habitants; elle est la résidence du prince, qui possède la seigneurie de *Quarnbeck* dans le Schleswig, deux autres seigneuries en Silésie et quelques villages dans la province prussienne de Brandenbourg et dans le royaume de Saxe.

PRINCIPAUTÉ DE REUSS-LOBENSTEIN-EBERSDORF. — Ce pays produit du fer en assez grande quantité pour alimenter plusieurs forges; il fournit aussi de l'alun et du vitriol dont la vente constitue une partie de son commerce.

LOBENSTEIN, sur le Lemnitz, petite ville industrieuse d'environ 3,000 habitants, peut être regardée comme la capitale de la principauté. Le prince réside aussi quelquefois dans un beau château à *Ebersdorf*, gros bourg habité par environ 1,100 habitants, la plupart employés aux fabriques.

POSSESSIONS DE LA MAISON D'ANHALT.

Ces possessions forment les trois duchés suivants :

DUCHÉ D'ANHALT-DESSAU. — Ce pays possède de nombreuses filatures de laine, des brasseries et plus de 120 fabriques de draps; des moulins à huile, des distilleries, des tuileries et des fabriques de poteries communes. Le chef de cet État possède plusieurs pays médiats des royaumes de Prusse et de Saxe.

DESSAU est la capitale; c'est une jolie ville de 10,000 âmes à peu près, et dont les environs sont charmants.

DUCHÉ D'ANHALT-BERNBOURG. — Le territoire de cet État est coupé en plusieurs parties par le territoire prussien. Il est partagé en *haute principauté*, qui se trouve au pied du Harz, et en *basse principauté*, qui est située le long de l'Elbe et de la Saale.

BERNBOURG, capitale, est assez bien bâtie. Elle possède plusieurs fabriques et une population de 5,000 âmes environ.

DUCHÉ D'ANHALT-COETHEN. — L'industrie est moins active ici que dans les deux États précédents; les habitants s'occupent particulièrement de filer le lin et la laine.

COETHEN, qui a près de 6,000 habitants, est la capitale. Elle fait le commerce des laines, et entretient des fabriques de fil d'or et d'argent pour la passementerie et la broderie.

EMPIRE D'AUTRICHE.

Le savant Balbi établit ainsi la position astronomique de cette contrée : longitude orientale : entre 6° et 24°; latitude, entre 42° et 51°.

Ce vaste empire a pour confins : au nord, la confédération suisse, le lac de Constance, les royaumes de Bavière et de Saxe, la province prussienne de Silésie, la république de Cracovie, le nouveau royaume de Pologne et la Volhynie dans l'empire russe;

à l'est, la Podolie et une lisière de la province de Bessarabie dans l'empire russe, et la principauté de Moldavie, vassale de l'empire ottoman ; au sud, les principautés de Servie et de Valachie, vassales du même empire, la Bosnie et la Croatie, dans l'empire ottoman ; ensuite la mer Adriatique, la légation de Ferrare dans l'État du pape, les duchés de Modène et de Parme ; à l'ouest, le royaume sarde, la confédération suisse et le royaume de Bavière.

L'empire autrichien se compose des pays suivants : dans le ci-devant empire germanique : tout *le cercle d'Autriche avec ses dépendances dans l'Istrie et dans l'Italie ;* partie du cercle de Bavière, savoir : presque tout l'archevêché de Salzbourg et toute la partie de la Bavière, située à la droite de la Saltza ; la *Bohême,* la *Moravie,* et partie de la *haute Silésie,* ainsi que le *duché d'Anschwitz,* qui, quoique formant partie de la Gallicie, est regardé comme compris dans le ci-devant empire germanique. Dans l'Italie, tout le territoire de la ci-devant *république de Venise ;* la ci-devant *Lombardie autrichienne* avec le duché de Mantoue ; la *Valteline,* le *comté de Bormio* et de *Chiavenna,* pays autrefois soumis au canton suisse des Grisons ; ensuite, des fractions des territoires de l'*État du pape* et du duché de *Parme,* situés sur la rive gauche du Pô. Le *royaume de Hongrie* avec ses royaumes annexes de Slavonie et de Croatie ; la *grande principauté de Transylvanie* et les *confins militaires.* La *Dalmatie* et l'*Albanie* ci-devant vénitienne et la ci-devant *république de Raguse.* Dans la Pologne, le royaume de Galicie et *une faible portion* de celui de *Londomirie.* Dans la Turquie d'Europe, la *partie nord-ouest* de la *Moldavie,* dite Boukowine, et réunie à la Galicie.

Par son étendue, sa nombreuse population, la fertilité du sol, la richesse des produits, les nations diverses qu'elle réunit en faisceau, l'Autriche est peut-être, de tous les États de l'Europe, le plus curieux et le plus intéressant à bien connaître. Mais un impénétrable voile couvre les détails du gouvernement autrichien, et cache, non-seulement les desseins, l'avenir, les préparatifs, mais la condition actuelle de l'Autriche, ses ressources, les chiffres sur lesquels repose toute son existence matérielle. Quelques autorités possèdent seules ces documents rares, qui n'ont été gravés que sur des pierres lithographiques, aujourd'hui détruites. Il est défendu de faire allusion à ces mystérieux travaux. Outre que la censure autrichienne est fort sévère, tout sujet autrichien qui fait imprimer, hors des domaines de l'Autriche, un ouvrage non autorisé, paye (à titre d'amende) un ducat par page la première fois ; on le soumet à un châtiment bien plus sévère s'il récidive.

L'immense patronage de l'Église présente une vaste source d'influence au gouvernement. Les dignitaires ecclésiastiques sont nombreux. La présentation aux bénéfices et aux cures de l'empire se fait par la couronne, ou sous son influence directe. Ils sont tous richement rétribués. En proportion du prix des denrées, le clergé autrichien est le plus opulent de l'Europe.

En Autriche, la noblesse n'a, sur les affaires du pays, qu'une influence très-secondaire. La monarchie est venue à bout d'affaiblir toutes les classes l'une par l'autre ; grande tâche, accomplie avec un succès parfait. Les personnes pourvues de charges à la cour ont la préséance sur les membres des maisons les plus illustres. De même que celle de Bohême et de Hongrie, la noblesse allemande accourt à la capitale pour solliciter des clefs de chambellan ou des décorations ; la noblesse italienne montre en général plus de réserve. D'ailleurs, comme la famille impériale mène une vie fort simple, que les présentations se font au prince et à la princesse de Metternich, et que les formes extérieures de la justice s'observent scrupuleusement envers toutes les classes, il en résulte que les priviléges de la noblesse autrichienne se bornent aujourd'hui au droit de porter un titre.

Tout noble qui veut voyager est soumis aux plus pénibles restrictions. Il est obligé de faire élever ses enfants dans l'intérieur du pays; il n'obtient qu'avec peine la permission de les confier à un précepteur étranger; et, en retour, il jouit de quelques droits apparents, comme membre des états provinciaux.

Ainsi que celle de Pologne et de plusieurs autres États d'Europe, la noblesse autrichienne a laissé le monarque s'emparer du beau rôle de bienfaiteur populaire, et augmenter le pouvoir de la couronne en diminuant celui de l'aristocratie. Cette position subalterne a porté l'aristocratie à se tourner du côté de l'industrie. Presque toutes les grandes manufactures sont dirigées par ses agents ou soutenues par ses capitaux.

En temps de paix, l'armée autrichienne est de 190,000 hommes d'infanterie, 40,000 de cavalerie, et 17,800 d'artillerie, indépendamment de l'état-major, des ingénieurs, de six bataillons de garnison, et de sept régiments des frontières militaires, formant un total de 272,000 hommes, qui, en cas de guerre, peuvent être portés à 750,000 hommes, si l'on appelle aux armes les bataillons de milice de chaque régiment, la réserve, et ce que l'on appelle l'*insurrection* hongroise. La *landwehr*, à l'exception de la Hongrie, est organisée dans presque tous les États autrichiens. A chaque régiment d'infanterie de ligne correspond un régiment de landwehr, formé de deux bataillons. Le premier bataillon est composé des hommes les plus propres au service; les autres forment le second bataillon.

Dans le but de tenir ces forces au complet, tout l'empire est divisé en districts de recrutement, et les dépôts de chaque régiment restent dans les lieux qui leur sont assignés. En temps de guerre, les régiments d'infanterie se composent de trois bataillons de 1,200 hommes chacun, auxquels il faut en ajouter deux qui, sous le nom de bataillons de milice, ne sont convoqués que dans les occasions extraordinaires.

Les districts slaves sont ceux qui contribuent le plus à la défense du pays. Du reste, quoique les soldats de chaque régiment soient compatriotes, on prend soin de mélanger autant que possible les officiers. Les soldats sont de beaux hommes, parfaitement armés et équipés. Ils exécutent les mouvements militaires avec beaucoup de précision, mais moins rapidement que les Prussiens et les Russes. On a conservé dans l'armée autrichienne l'usage des chefs de file, ou *flugel manner*, usage nécessaire pour interpréter les commandements, à cause du grand nombre d'hommes qui entendent à peine la langue allemande.

Les Autrichiens sont fiers de leur artillerie. Au moment où ils ont occupé l'État de l'Église, ils avaient 1,000 pièces de canon prêtes à entrer en campagne. Les recrues suivent un cours régulier de mathématiques et d'artillerie théorique et pratique. Tous ceux qui se distinguent par l'instruction et le talent passent dans le corps des bombardiers, et ils ont l'espoir de monter au grade d'officier : seule arme qui offre une semblable perspective. L'exercice du tir se fait tous les ans avec une grande régularité. Le corps des artilleurs de fusées à la congrève, commandé par le général Augustin, à Wiener-Neustadt, a non-seulement perfectionné la composition des combustibles qui entrent dans cette arme formidable; mais la précision et la sûreté de son tir sont vraiment surprenants.

En Autriche, le montant du budget de l'armée est un secret d'État. Il y a lieu de croire qu'il règne dans ce département plus d'économie que dans aucun autre, et que les agents inférieurs y sont plus scrupuleusement surveillés que dans les divers départements civils. Tous les grades, au-dessous de celui de colonel, sont accordés à l'unanimité du célèbre *conseil* auquel tous les désastres des dernières guerres ont été attribués.

Le plus ancien officier général de l'armée, assisté de cinq autres officiers généraux, y occupe la place du président; on discute en secret toutes les affaires purement militaires. Les généraux en activité de service sont soumis à ce conseil. La difficulté de satisfaire tant de volontés différentes a produit les effets les plus funestes dans les campagnes contre la France : l'archiduc Charles a été forcé de le subir; et c'est à cette nécessité que l'on attribue généralement sa retraite. Le même président dirige un second conseil de onze personnes, prises en partie dans l'armée et en partie dans l'administration civile, qui le secondent dans toutes les affaires ordinaires et se partagent les diverses branches de l'artillerie, des vivres, etc. Quatre conseillers de justice remplissent les fonctions de juges-avocats. Le président n'étant point responsable, et les conseillers pouvant rejeter sur le corps dont ils font partie les bévues qui se commettent, les erreurs et la négligence sont fréquents. Ce système, bon pour les détails secondaires, détruit complétement l'énergie et la rapidité, âme des calculs militaires. Aussi les Autrichiens se sont-ils toujours trouvés fort bien préparés pour les cas prévus; mais dès qu'il fallait développer inopinément de grandes ressources, toutes les cordes sur lesquelles le général avait compté se brisaient dans sa main. On doit, depuis peu, au comte de Clam-Martinitz, la réduction du terme de quatorze années que les conscrits étaient tenus de passer au service.

Les autres branches des dépenses publiques ne sont pas moins mystérieuses que le budget de l'armée. On assure que le ministre des finances reçoit rarement les comptes de ses collègues des autres départements; la police et les affaires étrangères sont dispensées d'en rendre aucun. Toutefois, l'article de la *Revue britannique* où nous puisons la plupart des détails qui précèdent, parle ainsi du revenu total de l'empire :

« Ce revenu est généralement estimé à 150,000,000 de florins en numéraire (375,000,000 de francs). Il est le produit de l'impôt territorial, de l'impôt sur le commerce (*erwerb steuer*), du droit de succession, de l'accise, des droits fiscaux, des droits de barrières, des domaines et des droits réguliers, qui comprennent les droits de douane, le timbre, le monopole du tabac et du sel, la poste, la loterie et la monnaie. La Hongrie et la Transylvanie, exemptes de la plupart de ces impôts, sont tenues de fournir en nature une partie des approvisionnements de l'armée.

» L'impôt territorial, qui peut être considéré comme la plus importante de ces diverses taxes, se perçoit dans toutes les provinces, et s'élève, terme moyen, à quinze pour cent du produit. Les récoltes ne sont pas évaluées tous les ans; mais une estimation prise en 1834, par des commissionnaires nommés à cet effet, a été reçue comme base pour la basse Autriche. Dans les autres provinces, une base provisoire a été fixée, en attendant que le cadastre dont on s'occupe soit achevé. Les édifices de tous genres, excepté ceux de la ville capitale de chaque province, sont taxés en proportion de leur grandeur et de leur valeur, et se divise en douze classes, dont la plus élevée paye environ 150 francs, et la plus basse environ 50 francs par an. Dans les villes capitales, c'est le prix de location des domaines qui forme la base de l'impôt, et en y comprenant tous les frais, il s'élève à près de trente-deux pour cent du revenu de la propriété.

» L'impôt sur le commerce (*erwerb steuer*) se paye : 1° par les fabricants; 2° par toute personne exerçant le commerce, surtout celui des matières premières, et par les négociants en gros; ces commerçants sont partagés en trois classes qui, à Vienne et dans la banlieue, payent 1,500 florins, 1,000 florins et 500 florins par an, et dans les provinces, 1,000 florins, 500 florins et 300 florins; 3° par les artistes et les artisans, et spécialement par toute personne jouissant d'une autorisation particulière pour exercer un état quelconque, de brevets d'invention, etc., par les boutiquiers, les colporteurs, etc., 4° par les maîtres de danse, de musique, d'escrime, de langues, d'école, etc., courtiers en marchandises, agents d'affaires, avocats, etc. »

Dans le royaume lombardo-vénitien, cet impôt ne s'élève guère qu'à un sixième de son taux fixé pour les provinces transalpines de l'empire : en Hongrie, on ne le paye pas du tout. Les droits de succession sur toute somme au-dessus de 100 florins, sont de dix, de cinq et de deux pour cent, selon le degré de parenté. Un droit de mutation se perçoit sur toutes les ventes de propriétés immobilières. Les acquéreurs non nobles achètent des lettres de noblesse ou payent quelques-unes de ces contributions doubles : même après avoir obtenu ces lettres de l'empereur, il y a encore des frais considérables à acquitter, si l'on veut être admis aux états de la province, distinction chimérique. Quant aux lettres de noblesse, indépendamment des impôts extraordinaires dont elles affranchissent la terre, elles exemptent la famille de la conscription.

L'accise (*verzchrungs steuer*) est aussi une branche très-importante du revenu public ; elle embrasse : 1° tout établissement où se fabriquent de la bière, du vin, des esprits, des liqueurs, de la drèche, etc.; 2° toutes les provisions apportées aux marchés de Vienne et des capitales de provinces; 3° les provisions exposées en vente par les aubergistes, les bouchers, etc.

Les droits de douane étaient naguère fixés à un taux si exorbitant qu'ils ne rapportaient pas même au gouvernement de quoi couvrir les frais de perception. La contrebande, réduite en système, était établie sur une immense échelle. Les provinces italiennes servaient de centre à ce commerce interlope ; on assure que le service de l'administration de la douane milanaise s'est longtemps trouvé entre les mains des contrebandiers, qui l'avaient remplacé par un faux scel. L'office des douaniers n'est pas seulement de surveiller la contrebande; ils doivent, en outre, protéger les monopoles impériaux, c'est-à-dire, ceux du tabac et du sel. Le tabac de première qualité n'est jamais exposé en vente; celui de la régie offre un mélange tellement inférieur, que, même dans les mauvaises années, le gouvernement peut le fournir au même prix sans y perdre. Quant au sel, l'empire d'Autriche, très-abondant en minéraux de toute espèce, n'a pas de ressource plus productive. A Hall, il existe une vaste saline de laquelle on extrait 200,000 quintaux de sel. Le prix d'extraction revient à environ 1 fr. 75 c. par quintal, et le sel est vendu dans le commerce 13 francs le quintal.

Ces résultats, quelque riches qu'ils paraissent au premier abord, ne donnent qu'une faible idée des trésors que renferment les diverses chaînes de montagnes qui traversent l'empire d'Autriche, et qui suffiraient pour approvisionner de minéraux l'Europe entière, si leur exploitation était confiée aux industries particulières. L'état déplorable des routes dans les régions les plus riches en mines, telles que la Hongrie et l'Illyrie, et la navigation des rivières complétement négligée, empêchent d'exploiter les mines de valeur moindre, et exposent les districts qui les renferment à toutes les angoisses de la disette, lorsque les autres parties de la même province sont surchargées de récoltes.

Quant aux domaines de la couronne, dont les produits sont considérables, on ne saurait établir, même approximativement, le revenu qu'ils donnent. La dépréciation des monnaies, ressource désespérée à laquelle le gouvernement eut recours en l'année 1811, a porté au crédit de l'Autriche un coup dont elle ne s'est pas relevée.

L'Autriche, depuis les événements de juillet 1830, montre dans ses mesures une bien plus grande décision qu'auparavant; sa position à l'égard des autres puissances a changé peu à peu. Ainsi l'intervention contre la révolution de Naples avait été précédée de longues négociations et de deux congrès, tandis que l'occupation de l'État de l'Église par les Autrichiens, en mars 1831, s'effectua avec une précipitation qui mit la France dans la nécessité de faire un mouvement de son côté; mais l'Autriche sut si bien profiter de l'occasion pour étendre son influence morale sur l'Italie méridionale, que l'occupation d'Ancône, en offrant une garantie apparente de la loyauté de ses vues, lui devint en réalité plus utile que nuisible. Les Autrichiens se sont arrogé le droit de dicter toute la politique italienne, et ce droit est devenu une sorte de patronage dont on ne rencontre pas un second exemple en Europe.

La puissance autrichienne a vu s'accroître également son ascendant en Allemagne. Les ordonnances de Francfort, en 1832, émanent de cette puissance; on se rappelle qu'elles avaient pour but d'instituer un tribunal arbitral qui devait surveiller la conduite des états généraux des divers royaumes et duchés : il fut décidé que les séances auraient lieu à huis clos, et la publication des discussions fut défendue. D'autres articles imposaient des restrictions à la presse, et ceux qui ne sont pas encore connus concernent, dit-on, les universités et le système d'éducation. L'adoption de ces résolutions fut précédée de démonstrations militaires, surtout de la part de l'Autriche. Au même système se rapporte l'occupation récente de Cracovie. Par cet ensemble de mesures, le gouvernement autrichien forçait l'Italie, l'Allemagne et la Pologne à reconnaître sa supériorité. Il ne restait plus sur ses frontières que deux autres puissances : l'empire turc et la Suisse. A l'égard de l'un et de l'autre, l'Autriche ne manque pas de prétextes d'intervention armée, et commence elle-même à prendre le ton du protectorat et de la menace. Ce protectorat, on le sait, est déjà établi dans le Piémont, où ses menaces ne sont pas demeurées sans résultat.

Cependant, malgré tant d'efforts, la situation n'est pas encore facile. Le pouvoir russe, en attendant qu'il fasse marcher sur elle ses armées, fait pivoter de toutes parts ses racines dans les flancs de l'Autriche, dont il veut envahir les provinces limitrophes: et l'équilibre et la paix ne se maintiennent qu'à force d'adresse.

Chez les Autrichiens, l'éducation se trouve complétement sous la main du gouvernement : c'est lui qui détermine la dose, la saveur, l'efficacité, la tendance des études qu'il veut bien accorder aux adeptes. Suivre les cours d'une université étrangère, ce serait exposer tout son avenir. On n'obtient d'emploi qu'avec une attestation en règle qui prouve qu'on a suivi la route ordinaire et que l'on est bien réellement un des disciples de la monarchie autrichienne. Il est donc rare de trouver des hommes assez dévoués aux intérêts de la science pour la chercher en dehors du cadre rigoureux dans lequel l'autorité de l'empereur la circonscrit. Les examens sont nombreux, les études sévèrement classiques; tout est organisé de manière à servir les futurs desseins des gouvernants. Des obstacles étroitement calculés entrecoupent tous les degrés du temple; la dépendance de l'esprit habitue l'élève à la dépendance de l'âme.

On enseigne, ou plutôt on impose aux sujets, pour premier devoir, de reconnaître la souveraineté entière et incontestable de l'empereur; comme sa personne se multiplie dans chaque province par des milliers de représentants, l'obligation du respect et de la soumission est celle que l'on est le plus souvent appelé à exercer. Il entre dans les plans du gouvernement d'employer la moitié de la nation à gouverner l'autre. On compte pour l'empire 25,000 individus occupant des places civiles d'un rang honorable, et 25,000 autres dont les places sont peu distinguées ou secrètes. Il faut ajouter à ceux-là 13,000 officiers et sous-officiers, états-majors et commissaires de guerre, qui, placés à la tête de l'armée, constituent un corps gigantesque de défenseurs répandus dans tous les rangs de la société. On ne doit pas oublier le secret qui règne dans toutes les affaires, et surtout dans l'administration de la justice; secret qui met tous les employés à l'abri de la responsabilité.

Pour être apte à remplir ces emplois, tant civils que militaires, il faut avoir reçu l'éducation supérieure dont nous avons parlé, et se placer ainsi au-dessus des classes moyennes : les sciences, l'agriculture, le commerce, les beaux-arts sont ainsi privés d'une grande masse de talents. Les occupations des bureaux ne favorisent nullement ces branches du savoir : et les simples citoyens ne peuvent tenter aucune entreprise importante, sans la sanction de quelques-uns des employés du gouvernement; et ils n'obtiennent souvent qu'à grand'peine la permission de devenir des membres utiles à la société.

Le commerce est, comme l'éducation, monopolisé par le gouvernement. L'histoire des cinquante dernières années a suffisamment prouvé que les tumultes populaires prennent rarement naissance dans la population agricole d'un pays, et que le grand problème de l'administration est de savoir tenir les habitants des villes satisfaits et tranquilles. Convaincu de cette vérité, le gouvernement autrichien a décidé que, dans toutes les villes de l'empire, à commencer par la capitale, la liberté du commerce ne serait accordée qu'à un certain nombre d'individus. Il ne suffit pas d'avoir fait un apprentissage en règle pour créer un établissement. Les étrangers qui arrivent dans une ville sont obligés de prouver qu'ils possèdent des moyens d'existence ou qu'ils peuvent se procurer du travail; sans quoi ils sont sur-le-champ expulsés. En retour de ce privilége qui les débarrasse à peu près de la concurrence, les marchands payent un impôt appelé « taxe du bénéfice » (*erwerb steuer*). Il paraît que le nombre de personnes admises à exercer chaque profession est abandonné à l'arbitraire du gouvernement, qui peut, à son gré, faire naître ou arrêter la concurrence. Le nombre des bouchers est fixé; ils payent une taxe extraordinaire, sous la dénomination d'impôt d'abattage. Quant aux négociants et aux banquiers, ils sont obligés de prouver qu'ils possèdent un certain capital avant de pouvoir entreprendre le commerce.

Les inconvénients qui résultent de pareils règlements sont largement compensés par la tranquillité qui règne dans l'empire.

Depuis le règne mémorable de Joseph II, et particulièrement depuis les efforts faits par l'empereur régnant afin de rendre ses vastes États indépendants des étrangers pour ce qui concerne les produits de l'industrie, les fabriques et les manufactures ont fait de si grands progrès, surtout en Bohême, en Moravie, en Silésie, en Autriche, en Styrie et en Carniole, que plusieurs cantons de ces pays peuvent être comparés sous ce rapport aux contrées les plus industrieuses de l'Europe. Dans cette classe on peut ranger aussi plusieurs districts du royaume lombardo-vénitien. Ce sont surtout les draps, les étoffes de coton, les ouvrages en acier et en ébénisterie et la verrerie qui ont acquis une grande perfection dans ces dernières années. Les articles principaux de l'industrie de cet empire sont : les toiles de Bohême, Moravie et Silésie; les dentelles de Bohême, de Venise, Burano et autres endroits du ci-devant Dogado, ainsi que celles du Tyrol. Les beaux draps de Moravie, ceux de la basse Autriche et du royaume lombardo-vénitien; les étoffes de soie de Vienne, Milan, Vicenza, Venise, etc., etc.; la verrerie de la Bohême, dont quelques articles sont supérieurs, pour le bas prix et pour la qualité, à tout autre objet correspondant fabriqué en France et en Angleterre; les belles et énormes glaces de Neuhaus dans la basse Autriche, celles de Venise et surtout les perles fausses de cette dernière ville, qui sont encore très-recherchées; les fers et les aciers de la Styrie qui, pour la bonté, passent pour être supérieurs à tous ceux des autres fabriques de l'Europe; les armes et la coutellerie de Steyer, de Brescia et autres villes; les peaux chamoisées du Tyrol; les cuirs de la basse Autriche; de la Hongrie et de la Moravie, le cordouan de la Boukowine et de Transylvanie; les papiers de la Bohême et du royaume lombardo-vénitien; les beaux papiers à teinture de Vienne et de la Bohême; les violons de Crémone et du Tyrol; les pianos de Vienne et ceux qui sortent de l'atelier de l'abbé Trentin à Venise; les savons de cette dernière ville, de Debreczin et de Troppau; les pendules de Vienne, sa quincaillerie, et celle de Prague, Carlsbad, Steyer, etc.; les modes et la porcelaine de Vienne; cette dernière est remarquable autant par la qualité de la composition que par la beauté des peintures; les

FEMME DES ENVIRONS DE PRAGUE
(Bohême.)

ouvrages de bois sculptés du Tyrol; les articles d'orfévrerie de Vienne, Milan, Venise, Prague; la thériaque et la crème de tartre de Venise; les rosolio de Zara et de Trieste; la céruse de Vienne; les beaux équipages de Vienne, Milan, Padoue; les souliers de Vienne, qui forment un article important d'exportation pour l'Europe orientale et qui sont recherchés dans plusieurs provinces de l'empire.

Malgré le désavantage d'une position presque entièrement continentale, désavantage augmenté par la position de la chaîne de montagnes qui, à l'exception d'une partie du gouvernement de Venise, sépare la côte de l'intérieur de l'empire, cet État fait un commerce très-étendu et très-important. Il le doit en partie aux routes superbes, presque toutes construites sous le règne actuel et aux canaux, dont nous avons fait mention. Ses principaux articles d'exportation sont : produits du règne minéral, fabriqués ou en état naturel, toileries, verreries, draps, soie en fil ou en étoffes, grains et vins; les autres moins importants sont : tabac, ouvrages en bois, instruments de musique et de mathématiques, miel, cire, goudron, noix de galle, potasse, savon, thériaque, térébenthine, porcelaine, papier, chapeaux de feutre et de paille, etc. Les principaux articles d'importation sont : café, sucre, cacao et autres denrées coloniales, fil de coton de Turquie, bestiaux, peaux tannées et non tannées, laines, coton, bois de teinture et pour ouvrages d'ébénisterie, lin, vin de Chypre; etc. Le commerce de commission est aussi vaste qu'avantageux à cet empire, vu qu'une grande partie des marchandises qui passent de l'Europe orientale et méridionale dans l'Europe occidentale et septentrionale traversent cet État.

Après avoir fait connaître en général le gouvernement et les ressources de l'Autriche, nous passerons à la description particulière de chaque pays qui composent ce vaste empire.

ROYAUME DE BOHÊME.

Compris entre 48° 47′ et 51° 5′ de latitude nord et entre 9° 42′ et 14° 29′ de longitude est, ce royaume confine au sud-est à la Moravie, au nord-est aux États prussiens, au nord-ouest au royaume de Saxe, au sud-ouest à la Bavière, au sud à l'archiduché d'Autriche.

Le gouvernement est monarchique. La couronne est héréditaire dans la famille régnante; le roi, lors de son couronnement, prête le serment de ne point aliéner le royaume, de maintenir la constitution, de protéger les états, etc.

Ces états sont divisés en quatre ordres : 1° les prélats, archevêques, évêques, doyens et chapitres; 2° la noblesse, princes, comtes et barons; 3° les chevaliers ou noblesse inférieure; 4° les citoyens ou députés des villes ou bourgs royaux.

M. Joannes s'exprime ainsi à l'endroit des états de la Bohême : On parle beaucoup à Prague des *herren stende* (messeigneurs les états), et on leur attribue une foule de choses qu'ils n'ont pas l'honneur de faire. Autrefois ils élisaient les rois et ils exerçaient une grande autorité. Aujourd'hui, ils n'ont plus aucun pouvoir réel. Jadis les villes principales de la Bohême y étaient représentées; à présent le très-petit nombre de députés des villes qui y sont admis se voient reléguer sur un seul banc, sorte de sellette, à une extrémité de la salle des séances, aussi aucun d'eux n'oserait-il, à moins d'être doué d'une hardiesse fabuleuse, soumettre son opinion à ses augustes collègues. Messeigneurs les états se composent actuellement en Bohême des principaux membres de la noblesse, des comtes, princes et barons *régnants,* c'est-à-dire des chefs des familles qui possèdent les propriétés de leurs ancêtres.

Le plus haut dignitaire de la Bohême, après le roi, est l'*oberstburggraf*. Ce puissant fonctionnaire a pour l'assister quatorze conseillers de gouvernement ou *gubernialrœthe*, et un vice-président. Aussi le royaume se trouve-t-il divisé en seize cercles, gouvernés en outre par un capitaine et trois commissaires. On nomme le gouvernement bohémien (*die Bœhmische landesregierung*) cette liste graduée de fonctionnaires publics qui commence au *kreiscommissar* ou commissaire du cercle. Presque tous ces emplois sont remplis par des membres des vieilles familles nobles de la Bohême.

Le gouvernement bohémien est placé comme ceux de la Gallicie, de la Moravie, de l'Autriche, etc., sous le contrôle de la cour unie à la chancellerie siégeant à Vienne.

En 1832, on évaluait à 3,895,117 individus la population de la Bohême, les Slaves ou Tchèkhes forment les deux tiers des habitants; on compte 850,000 Allemands et 50,000 Juifs.

L'habitant de la Bohême est robuste, laborieux, d'une taille généralement moyenne, et rarement gras.

La langue tchèkhe ou bohême est un des dialectes slaves que M. A. Balbi désigne sous le nom de *bohémo-polonais*; elle se distingue des autres dialectes, tels que le polonais, le croate et le ragusain, non-seulement par ses formes grammaticales, mais encore par l'usage des lettres allemandes, tandis que ceux-ci se servent des lettres latines. On reconnaît le bohême d'origine tchèkhe à sa prononciation particulière; le bohême allemand conserve la prononciation bavaroise, saxonne, silésienne ou autrichienne, selon qu'il descend de ces différentes nations, ou qu'il habite les frontières qui en sont limitrophes.

Le Tchèkhe et l'Allemand ne diffèrent pas moins sous le rapport moral que sous celui du langage. Ce qui distingue surtout le premier du second c'est le soin qu'il prend de ses propriétés et le désir constant qu'il montre d'en acquérir; il est moins laborieux, moins susceptible d'attachement et de fidélité dans ses affections, plus disposé à rechercher la société et les sujets de dissipation. Il se pique d'une grande prudence et se montre ordinairement méfiant, surtout dans ses rapports avec l'Allemand, qu'il regarde toujours comme une sorte d'ennemi; mais dans le service des armes, l'Allemand et le Slave rivalisent de zèle et de courage. L'habitant des montagnes a pour caractère distinctif une certaine aptitude aux arts, et une noblesse, une fierté dans les sentiments qu'on observe en général parmi les autres habitants.

Il règne parmi ces montagnards un mélange bizarre d'usages antiques et d'idées introduites par le commerce et l'aisance. Les noces se célèbrent avec des solennités singulières; les haut-bois et les cors de chasse annoncent au loin la marche d'un nombreux cortège, conduit par un maître de cérémonies chamarré de galons; ordinairement ce grand personnage est en même temps chargé du rôle d'orateur et de celui de bouffon; tantôt il harangue le couple heureux avec une gravité boursouflée, tantôt il excite de longs éclats de rire par des lazzi et des contes grivois; on l'appelle en bohémien le *plemplatich*, c'est-à-dire le bavard.

» Le jour des Cendres, les jeunes gens des villages vont, masqués, de maison en maison, et demandent l'aumône à toutes les demoiselles ; le soir, celle qui s'est montrée la plus charitable est conduite au bal rustique, dont elle est proclamée la reine. Ces montagnards conservaient encore, il y a un demi-siècle, quelques restes de superstitions païennes; l'esprit des montagnes, ou le *rybezahl*, est encore redouté des enfants et des femmes : cet esprit a, dit-on, entre autres caprices, celui de retenir par les pieds tout paysan qui passe par les montagnes en souliers garnis de clous de fer.

En Bohême, les différences de costume ne sont pas seulement subordonnées à la condition des personnes, elles servent encore à distinguer les diverses classes de la population. Dans les montagnes aussi bien que dans les plaines on reconnaît l'habillement du Slave à sa ressemblance avec celui du Polonais; et quoique quelques Allemands aient aussi adopté ce costume, un caractère particulier de physionomie empêche de confondre les deux peuples. Toutefois, ce n'est que chez les gens de condition inférieure que l'on peut observer ces distinctions, car les personnes riches, et même celles de la classe moyenne ont adopté les modes françaises.

La plupart des juifs ont conservé l'ancien costume resté en usage chez la classe ouvrière; mais ils sont tous reconnaissables par le désordre qui règne dans leur habillement, et surtout par leur malpropreté.

La nourriture, parmi le peuple, ne présente pas de moins remarquables dissemblances, mais elles résultent moins de la richesse ou de la pauvreté de l'habitant que du plus ou du moins de fertilité des cantons.

Partout règne une grande sobriété : dans les montagnes, la farine de seigle, celle d'avoine, le lait et les pommes de terre sont les aliments habituels, surtout chez le laboureur; la bière y est réservée pour les jours de fête. Mais dans les vallées et dans les plaines, où la nature moins avare récompense l'agriculteur de ses soins et de ses peines, la nourriture est plus substantielle et plus variée; l'usage de la viande y est moins rare, et chez les riches cultivateurs la bière est la boisson ordinaire; le vin la remplace quelquefois, mais l'eau-de-vie est réservée pour le dimanche et les repas de cérémonie. Le juif, plus sobre encore que les autres habitants, semble se priver de la nourriture nécessaire, sa maigreur seule suffirait pour le faire reconnaître; ce n'est que le soir qu'il prend quelques aliments chauds, et malgré l'état de misère et de dégradation dans lequel il est tombé, jamais on le voit chercher à s'en consoler en se livrant aux excès du vin, tandis que l'ivresse semble être la jouissance du chrétien dans les jours de désœuvrement.

Il est peu de contrées où l'agriculture soit aussi arriérée qu'en Bohême, l'indolence et la paresse du cultivateur en sont les principales causes, puisque c'est dans les cantons où la qualité de la terre semblerait devoir produire les plus abondantes récoltes, que l'on est étonné de leur médiocrité. Dans les montagnes, au contraire, l'aridité d'un terrain pierreux et l'inclémence des saisons, qui sont autant d'obstacles puissants à la fertilité, ont rendu l'homme plus actif et plus intelligent.

Peu de pays, en Europe, offrent une aussi grande quantité d'écoles élémentaires, et encore moins un nombre aussi considérable d'écoliers admis à les fréquenter. Il suffira de rapporter ici ce chiffre, pour donner une idée des efforts faits en Bohême en faveur de la civilisation. L'enseignement supérieur, qui occupe 269 professeurs, tous hommes de mérite, compte 9,307 étudiants. Quant à l'enseignement populaire ou inférieur, il est divisé en deux sections : les écoles élémentaires majeures et les écoles élémentaires mineures. Les premières sont au nombre de 44, et les autres au nombre de 3,312, auxquelles il faut ajouter 40 écoles pour le sexe féminin : total 3,396. Toutes ces écoles, en 1833, recevaient 364,947 garçons et 336,102 filles, offrant un ensemble de 701,049 écoliers. A cette classe d'enseignement sont attachés 6,636 précepteurs, c'est-à-dire, 1,300 catéchistes, 3,337 maîtres, et 1,999 assistants. La somme totale des dépenses que cette instruction nécessite, s'élève à 456,032 florins. Outre les établissements que nous venons de nommer, il en existe plusieurs autres parmi lesquels nous nous bornerons à signaler les deux institutions des orphelins, l'institution des sourds-muets, celle des aveugles, et les huit maisons d'éducation affectées à un égal nombre de régiments pour l'instruction des militaires.

MORAVIE ET SILÉSIE AUTRICHIENNE.

La Moravie a 45 lieues du nord au sud et 52 du nord-est au sud-ouest. Ses limites sont : à l'ouest, la Bohême; au sud et à l'est, l'archiduché d'Autriche et la Hongrie; au nord, la Silésie.

Depuis 1831, ces deux provinces n'en forment qu'une, divisée en huit cercles.

La Silésie autrichienne s'étend, longue et étroite, du sud-est au nord-ouest, sur une longueur de trente-huit lieues; elle a huit à neuf lieues en largeur moyenne.

Les Slaves occupent en grande partie le centre du pays; ils se divisent en plusieurs branches : les Hannaques, les Straniaques, les Slowaques ou Charwates, les Horaques ou Pohoraques, les Podzulaques et les Wallaques.

Les Hannaques, qui tirent leur nom de la petite rivière de Hanna, ont un langage, des mœurs et un costume particuliers; leur principale richesse consiste en troupeaux et en volaille. Les *Straniaques* habitent près des frontières de la Hongrie. Les autres peuplades se distinguent également entre elles; mais la plus remarquable est celle que l'on nomme *Wallaque* : elle ne descend point de la Valachie, comme on pourrait le croire; elle paraît avoir pris son nom du *Waag* ou du *Waha*, dont elle habitait autrefois les bords, avant qu'elle se fût établie sur le versant occidental des petites Karpathes. Ces Wallaques parlent un dialecte bohémien, et portent le costume hongrois vert ou bleu. Avant le dernier siècle, lorsque d'immenses forêts de hêtres et d'érables couvraient encore les montagnes qu'ils habitaient, ils y recueillaient une grande quantité d'amadou dont ils faisaient un commerce important; aujourd'hui leur sol défriché les oblige à se livrer à l'agriculture. Ils recueillent bien encore l'utile agaric que l'on vend sous le nom d'*amadou*; mais au lieu de cent charretées par an, ils n'en expédient plus que cinq à six que l'on dirige sur Leipzig. Ils se font remarquer par leur propreté, et surtout par la blancheur de leur linge. Ils sont braves à la guerre, tolérants dans leur religion, et d'une probité scrupuleuse dans leurs relations habituelles.

La population allemande comprend quatre branches : les Hochlanders ou Silésiens, qui font leur résidence dans la chaîne du Gosenke; les Kuhhandlers, répandus dans la partie orientale du pays; les Paijaners (Allemands-Autrichiens) et les Schonhangstlers qui habitent le versant oriental des monts Moraves.

D'autres peuples se fixèrent plus tard dans la Moravie. Ce sont les descendants des Allemands qui s'y établirent pendant la guerre de trente ans : les Croates que l'on rencontre dans la seigneurie de Důrholm; les Français dans celle de Goding, et les juifs dans les villes commerçantes.

La Moravie est, sous le rapport de l'industrie, l'une des plus riches provinces de l'empire d'Autriche.

La capitale est Brunn, qui a près de 40,000 habitants.

ARCHIDUCHÉ D'AUTRICHE.

En y réunissant le duché de Salzbourg, l'ancien archiduché d'Autriche a pour bornes : au nord, la Bavière, la Bohême et la Moravie; à l'ouest, la Bavière et le Tyrol; au sud-est, la Hongrie; au sud, le duché de Styrie.

Ce pays, dont l'étendue est de 708 milles carrés, est divisé en deux parties à peu

CHASSEUR ET FEMME DE LA VALLÉE DE ZILLER.
(Tyrol.)

HOMME ET FEMME DE LA VALLÉE DE DUX.
(Tyrol.)

près égales par l'Ens : la partie située à gauche de la rivière porte le nom de pays au-dessus de l'Ens, ou gouvernement de la haute Autriche ; la partie opposée est appelée pays au-dessous de l'Ens, ou gouvernement de la basse Autriche.

Il résulte des invasions dont l'Autriche a été le théâtre, un tel mélange dans le sang des peuples qui s'y sont établis, qu'on ne saurait distinguer les nuances qui les caractérisaient autrefois. Cependant, près des frontières de la Moravie, dans le pays au-dessous de l'Ens, on trouve encore quelques Slaves; dans le pays au-dessus de l'Ens, les descendants des *Norici* ne démentent point leur antique origine : leur langage diffère de celui des autres nationaux; les habitants du district de Salzach surtout montrent dans leurs mœurs et dans leur caractère les restes d'un type particulier. La plupart d'entre eux sont laborieux et doués d'une grande probité.

Le peuple autrichien est laborieux; on remarque chez les habitants de toutes les classes le désir d'accroître les propriétés qu'ils possèdent. Cette circonstance peut expliquer le degré d'avancement où se trouve l'agriculture et l'industrie dans l'archiduché, et qui paraît être en opposition avec l'apathie reprochée aux Autrichiens.

Vienne, la plus grande ville de l'Allemagne, est la capitale de l'empire d'Autriche et renferme environ 330,000 individus. Cette ville est riche en monuments et en institutions de toutes sortes.

Les jouissances du luxe et de la table sont plus recherchées et moins dispendieuses à Vienne que dans les autres capitales de l'Europe. Les richesses de la noblesse viennent s'y enfouir de tous les points de l'empire, et enrichir le commerce et l'industrie. Le désœuvrement et l'ennui y font rechercher, par les riches, les plaisirs des théâtres, qui cependant n'ont point en Allemagne une grande réputation ; la littérature y fait peu d'honneur à la langue allemande; les sciences y jouissent de quelque considération depuis que des membres de la famille impériale et des hommes d'État en font un utile délassement; mais la musique seule y est cultivée avec beaucoup de succès.

Quelques mots sur le costume des Autrichiens compléteront ce que nous avons à dire sur ce pays.

Les hommes se coiffent d'un petit chapeau entouré d'un large ruban de soie. Ils s'habillent d'une longue redingote garnie de boutons de métal ou de soie verte et doublée en toile de coton rouge; sous ce vêtement descend une veste de coton, garnie d'une longue rangée de gros boutons : leurs culottes sont en cuir noir et soutenues par des bretelles en coton, ou par une ceinture en cuir; leurs bas sont presque toujours bleus et leurs souliers garnis de larges boucles en cuivre ou en argent.

Les femmes portent des jupons fort courts et de longs corsets, les uns et les autres en une étoffe d'une couleur foncée; leur bonnet seul est blanc et d'une forme ronde; leur chaussure consiste, comme celle des hommes, en bas bleus et en souliers à boucles.

TYROL.

Le comté de Tyrol est borné au nord par la Bavière, à l'ouest par la Suisse, au sud et à l'est par le royaume lombardo-vénitien, l'Illyrie et la haute Autriche. Il a en superficie environ 1436 lieues carrées, mesure de France.

Les états tyroliens se composent non-seulement de la noblesse, du clergé et des députés des villes, mais encore des paysans, qui ont droit d'en faire partie.

« Le Tyrolien, dit M. Frédéric Mercey, est naturellement gai, sans cependant être léger. Dans les campagnes, au fond des bois, le long des routes, sur les places des villages et des petites bourgades, on entend pendant tout le jour les éclats de rire des hommes mêlés au chant des femmes, surtout parmi le peuple, le paysan. La classe moyenne est plus allemande; et parmi elle vous rencontrez souvent de ces physionomies longues et calmes, fumant avec une sorte de gravité froide et fort comique l'énorme pipe d'écume de mer. Peut-être aussi le chapeau pointu (remplaçant la casquette plate du bourgeois tyrolien), la veste courte et les culottes, contribuent-ils à donner au campagnard un air moins grave, moins rassis et plus éveillé.

» Les femmes sont fortes, souvent jolies, quelquefois fort belles : le calcul sur la beauté m'a presque toujours donné trois sur douze. Leur costume assez éclatant varie peu. C'est une espèce d'uniforme qui ne diffère que par le bonnet et les parements. Les jeunes femmes qui ont un peu d'aisance portent volontiers quelque chaîne ou quelques bijoux d'or ou d'argent. Leur gros bonnet d'ours ou de laine, leur jupon bleu ou noir, leur corsage rouge et blanc leur donnent dans la campagne, lorsqu'une procession défile, l'aspect d'un bataillon de grenadiers.

» Cependant, à Inspruck, le cône de fourrure qui recouvre la tête des femmes, et même celle des hommes, est tronqué. Peu d'habitants, au reste, font usage de cette plaisante coiffure, et beaucoup de femmes n'en portent pas d'autre que celle que la nature leur a donnée. Elles mêlent toutefois aux tresses de leur chevelure de longues chaînes d'argent, et toutes sortes d'ornements de métal qui pendent quelquefois jusqu'à terre. Quant à l'ensemble du costume, il se compose communément d'un corsage qui présente d'une épaule à l'autre une ligne droite bridée, fort laide. Leur robe forme un nombre de plis incalculable, et leur donnerait assez l'apparence d'un gros sac bien rembourré, n'était leur magnifique *tournure*, dont les formes rebondies et les prodigieuses dimensions défient la nature la moins avare : d'ordinaire leurs jupons arrivent au-dessous du genou. Trois couleurs dominent dans leurs vêtements, le rouge, le bleu léger et le noir. Cependant, leur corsage et les bretelles qui les retiennent sont ornés de nuances aussi variées que pourrait le désirer le coloriste le plus difficile. »

On compte dans le comté de Tyrol vingt et une villes, trente-deux villages et 1558 hameaux. Ces derniers sont quelquefois aussi peuplés que les villages, qui, pour la plupart, sont peu considérables.

INSPRUCK ou *Innsbruck* est la ville capitale du Tyrol. Elle renferme 12,000 habitants.

M. Frédéric Mercey parle ainsi des habitants de BOTZEN :

« Les costumes des Botzenois et des habitants des campagnes voisines sont moins variés que ceux des Tyroliens septentrionaux. Les gens du peuple et même les gens aisés ont gardé le long justaucorps de leurs ancêtres et le gilet de couleur sombre ; ils laissent aussi tomber leurs cheveux en longues tresses sur leurs épaules, ce qui donne à leur tournure quelque chose de patriarcal.

» Le costume des femmes est surtout remarquable par une étrange abondance de jupons, tous de longueur différente. Elles en portent quelquefois jusqu'à trois ou quatre l'un sur l'autre, étagés comme les cols d'un carrick. Elles se coiffent avec un chapeau rond et noir, projetant horizontalement et dans toutes les directions de longues cornes ou oreilles qui encadrent leur visage de la manière la plus ridicule et la plus désagréable.

» Aux habitudes physiques cette ville réunit quelques habitudes morales, italiennes aussi. Le sigisbéisme commence à se montrer assez fréquemment et avec peu de ménagements : mais ici, dans ces sortes de liaisons, la constance est encore plus obligatoire que dans les villes d'Italie. Changer de sigisbée ou de maîtresse, c'est faire un éclat, s'afficher, et la réputation des *partenaires* en serait fortement compromise.

DUCHÉ DE STYRIE.

Ce duché, qui a pour limites le royaume d'Illyrie, l'archiduché d'Autriche et la Hongrie, comprend une superficie de 1,109 lieues carrées.

Ce pays est partagé en cinq cercles, dont les chefs-lieux sont *Gratz, Bruck, Iudenbourg, Marbourg* et *Cilly;* il est gouverné comme la plupart des provinces de l'empire d'Autriche. Ses états se composent de trois classes de députés : ceux de la haute noblesse, parmi lesquels figurent les évêques ; ceux de la petite noblesse, et les députés des villes et des bourgs, jouissant du privilége de se faire représenter dans les assemblées.

Le Styrien allemand ou l'habitant de la haute Styrie est grand et robuste, probe, franc et laborieux. Le Styrien *wende* ou l'habitant de la basse Styrie est faible, nonchalant, frivole, libertin et pourtant religieux.

ROYAUME D'ILLYRIE.

Le royaume d'Illyrie est borné au nord et à l'est par l'archiduché d'Autriche, le duché de Styrie, la Croatie civile et le littoral hongrois ; au sud, par le généralat de Carlstadt et le golfe Adriatique, et à l'ouest par le royaume lombard-vénitien et le comté du Tyrol. Le royaume est divisé en deux gouvernements indépendants : celui de Laybach et celui de Trieste. Il a en superficie 1,445 lieues carrées.

La population de l'Illyrie est estimée à 1,039,175 individus ; elle se compose : 1° de Slaves, qui forment la masse de la population, et dont les Wendes sont la tribu la plus importante ; 2° d'Allemands, au nombre d'environ 300,000, en y comprenant les Gottscheweres ou habitants de la ville de Gottsche et de son territoire, qui se distinguent par un langage particulier ; 3° d'Italiens, dont on compte à peu près 60,000 ; 4° d'environ 2,000 juifs, et enfin de quelques Croates et Grecs.

Ce pays n'offre rien d'intéressant sous le rapport des mœurs.

ROYAUME DE GALICIE.

La Galicie est l'État le moins éclairé de tous ceux dont se forme l'empire autrichien. Ce pays est régi par une administration supérieure dont le siége est à Lemberg, et qui a pour président un vice-roi.

Le caractère des Galiciens diffère généralement peu de celui des Polonais. Quoique le gouvernement autrichien ait aboli la servitude chez ce peuple, les propriétés territoriales étant toutes entre les mains de la noblesse, le Galicien roturier s'intéresse peu à la prospérité de son pays, et l'inertie est si forte chez lui qu'il a besoin d'être contraint au travail ; il abandonne presque entièrement le commerce aux juifs.

Plusieurs peuples sont répandus dans la Galicie.

Dans la ci-devant haute Pologne on trouve les Mazurakes qui ne paraissent pas avoir de caractères bien particuliers ; les Gorales ou montagnards ont été décrits par Schultz : « Ils paraissent, dit ce voyageur, former une race particulière, distinguée des autres races slaves par une taille plus svelte, une physionomie plus marquée, un nez plus alongé, des lèvres plus fines. Leurs yeux plus petits et leurs os zygomatiques plus saillants les rapprochent néanmoins de la race slave. Plus vifs, plus agiles, plus robustes, plus dociles et plus rusés que les Slaves de la plaine, ils portent à ceux-ci une ancienne haine. Plus riches et plus puissants que les montagnards, les habitants de la plaine ne laissaient passer autrefois aucune occasion de les opprimer ou de leur intenter quelque chicane; les montagnards irrités ont plus d'une fois envahi la plaine et attenté aux propriétés de leurs oppresseurs, qui enfin n'osaient plus pénétrer dans les gorges des montagnes, certains de ne plus en revenir : mais depuis que la maison d'Autriche est en possession de ces pays, ces désordres ont cessé par le supplice de plusieurs Gorales, supplice qui a réprimé l'audace des autres. Ils se promènent encore dans ces montagnes, la hache à la main, malgré les défenses; mais ce n'est plus que pour braver par leur contenance une loi qu'ils n'osent enfreindre par des actions, et tout voyageur peut maintenant traverser le pays, ou y séjourner en toute sûreté. D'ailleurs, la hache ne pouvait guère être interdite tout à fait aux Gorales ; c'est une arme nationale dont ils se servent avec la plus grande dextérité : ils la lancent à plus de quarante pas sans jamais manquer le but. Elle est aussi pour eux un ornement, et ils ne la quittent jamais, pas même dans leurs jeux et dans leurs danses.

» Les Gorales reviennent des plaines, au commencement de la mauvaise saison, apportant à peine de quoi pourvoir à leur subsistance. Le plus souvent, après avoir passé l'été au milieu des déserts à soigner les bêtes à laine, ils sont obligés de s'éloigner de leurs cabanes pour aller ailleurs chercher leur vie.

» Cependant quelques-uns d'entre ces montagnards possèdent des moyens de subsistance plus certains et plus abondants. Ce sont ceux qui, livrés aux métiers de tisserands, de colporteurs et de merciers, se répandent çà et là dans toute la monarchie autrichienne. Mais le chanvre et le lin que l'on cultive dans ces montagnes sont si gros, si durs et d'une si petite hauteur, qu'ils ne méritent pas d'être travaillés, quoique l'indigence des habitants les force à s'en occuper. Ces individus ont encore une industrie particulière : ils fabriquent des meubles grossiers, qui ne seraient recherchés nulle part ailleurs qu'en Pologne; mais l'espèce de bois dont ils se servent devient chaque jour de plus en plus rare. La stérilité du sol se refuse à produire du froment; l'orge et l'avoine y croissent, ainsi que le sarrasin, dont cependant la culture n'est pas bien connue dans ces montagnes. »

Ces hommes confectionnent eux-mêmes leurs vêtements. L'été, ils portent des caleçons d'une forte toile de chanvre avec une chemise pareille, en dehors de la culotte, serrée seulement au milieu du corps avec une large courroie. En hiver, c'est un drap blanc très-grossier qui forme leurs caleçons; ils y ajoutent en guise d'habit une casaque très-courte, d'un drap brun, aussi grossier que l'autre. Ce drap qu'ils fabriquent eux-mêmes est si compacte que la pluie la plus forte ne saurait le pénétrer. Quant à leur coiffure, ils sont obligés de recourir au bourg voisin où ils se procurent des chapeaux de forme ronde.

Les habitants des provinces centrales de la Galicie sont issus de la race appelée par les Polonais Russini, Rusniaques ou Rousniaques, pour les distinguer des Rosyanie ou grands Russes. Un voyageur s'exprime ainsi à propos des RUSNIAQUES de la Galicie :

« Un air particulier dans la physionomie des habitants vous avertit que vous êtes au milieu d'une horde slave différente; ce sont les *Rousniaques*, gens moins civilisés encore, mais en revanche moins dépravés que les Galiciens : leur frugalité est encore plus grande que la leur ; ils paraissent aussi plus adonnés au travail, quoique plus ignorants en agriculture. Je n'ai jamais vu, par exemple, des femmes galiciennes filer leur quenouille en gardant leurs troupeaux comme on le voit chez les femmes rousniaques. Ils sont de la religion grecque; leurs curés sont mariés, et comme ils sont plus mal payés que les autres ecclésiastiques, et qu'ils ont de plus la charge d'une famille, ils sont dans l'honorable nécessité de travailler; ils prêchent donc d'exemple, et ce n'est point en vain. »

La Bukowine ou *Bokovine* est unie sous le rapport administratif à la Galicie. La population de cet ancien boucan de la nation moldave est évaluée à plus de 260,000 habitants, qui se compose principalement de Moldaves? semblables en tout aux autres Valaques, et soumis à la domination de leurs boyards. On remarque aussi des colonies juives, arméniennes, magyares, etc.

ROYAUME DE HONGRIE
ET SES ANNEXES.

La situation générale des provinces que nous allons décrire, est celle-ci : Les monts Karpathiens ou Karpathes circonscrivent au nord et à l'est la vaste plaine où le Danube semble s'arrêter au milieu de son cours, et qui forme la partie principale de la Hongrie. A l'est de cette plaine, la Transylvanie comprend trois grandes vallées entre les branches des Karpathes. A l'ouest l'Esclavonie occupe l'espace entre la Drave et la Save. Plus loin, la Croatie s'appuie aux dernières branches des Alpes juliennes. Enfin, la Dalmatie descend sur les rivages de l'Adriatique.

On considère généralement la Hongrie comme une province autrichienne et c'est un tort; elle forme un royaume distinct, devenu héréditaire dans la maison d'Autriche, mais régi par des lois et une constitution particulières. Le territoire hongrois se compose de quatre grands cercles ou arrondissements, subdivisés en comtés ou comitats. Ces cercles ou arrondissements sont : 1° le cercle *en deçà du Danube*; 2° le cercle *au delà du Danube*; 3° le cercle *en deçà de la Theiss*, et 4° le cercle *au delà de la Theiss*. La Slavonie, la Croatie, les colonies militaires, les districts des Heiduques, des Jazyges, de la grande et de la petite Cumanie, sont également compris dans le royaume de Hongrie. La grande principauté de Transylvanie, située à l'est de la Hongrie, avec laquelle elle a, dans tous les temps, eu tant d'affinité, est divisée en trois arrondissements administratifs, et jouit aussi d'une constitution qui lui est propre.

Le royaume de Hongrie est divisé en cinquante-deux comtés ou comitats, dont quarante-six sont situés dans la Hongrie proprement dite, trois dans la Croatie et trois dans la Slavonie. On ne comprend pas dans cette division les frontières militaires, qui ont une organisation toute spéciale, et en quelque sorte antihongroise, ni les districts des Jazyges, des Heiduques, de la grande et de la petite Cumanie, qui forment de petits États privilégiés.

Ce beau pays fournit ou pourrait fournir, à l'aide d'une culture habile, toutes les productions de la zone tempérée. On y trouve en abondance du tabac de la meilleure qualité, du chanvre remarquable par sa solidité, du froment qui, au dire même des marchands de Trieste, est bien supérieur à celui de la Russie méridionale; du maïs, du riz, du coton, des vins justement célèbres, parmi lesquels nous devons rappeler en passant le Tokay, le vin rouge de Bude, les vins de Vilany et de Slavonie. Les entrailles mêmes de la Hongrie possèdent encore d'autres trésors bien précieux; nous voulons parler des mines d'or de Kremnitz, des mines d'argent aurifère de Schemnitz, de ces immenses mines de fer, de ces mines de cuivre proportionnément aussi nombreuses et aussi abondantes que celles de Sibérie et d'Amérique; de ces vastes salines qui se rencontrent principalement dans le comté de Saros; de ces houillères que l'on découvre presque chaque jour dans la plupart des comtés. Enfin le Banat, ce jardin de la Hongrie, est arrosé, dans toute sa largeur, par le Témès, belle rivière qui roule des paillettes d'or.

Les cinquante-deux comtés, qui forment à vrai dire autant de petits États, sont malheureusement séparés par des haines et des jalousies mesquines, qui nuisent beaucoup à la prospérité générale du pays. Les habitants d'un comté regardent comme des étrangers, et presque comme des ennemis, les habitants des comtés limitrophes. Dans bien des comtés on répare avec soin les routes du côté où se font les exportations, tandis que l'on néglige exprès tous les chemins du côté où se font les importations. Cet égoïsme étroit n'inspire que trop souvent les délibérations des assemblées et les déterminations des magistrats. C'est un des principaux obstacles qui s'opposent au libre développement des richesses du sol de la Hongrie.

Les Hongrois ne savent guère profiter des richesses naturelles de leur sol. A l'exception des mines, qui sont exploitées pour le compte et par les soins du gouvernement autrichien, la plupart des propriétés sont loin de produire tout ce qu'on pourrait en attendre. L'ignorance et l'apathie des propriétaires, le manque de débouchés, les exigences des lois qui régissent la propriété, forment autant d'entraves aux progrès de l'agriculture et du commerce. En général, les prélats, les magnats, tous les riches seigneurs confient la gestion de leurs grands biens à des intendants qui, jouissant d'un traitement fixe et n'ayant point d'intérêt à améliorer les domaines abandonnés à leur garde, ne se donnent aucune peine pour en augmenter la valeur. Ce sont les petits propriétaires qui savent le mieux tirer parti de leurs terres; malheureusement l'argent leur manque souvent pour mettre en pratique les leçons qu'ils reçoivent, à de rares intervalles, des agronomes étrangers. On cite également plusieurs jeunes magnats qui, depuis quelques années, n'ont pas dédaigné d'administrer eux-mêmes leurs domaines, et qui, encouragés par les bons résultats qu'ils ont déjà obtenus, recherchent avidement toutes les inventions utiles à l'agriculture.

L'éducation des animaux est mieux entendue que la culture des terres. Les bœufs et les cochons de Hongrie sont très-recherchés dans les marchés de Vienne. Ce sont les cochons rouges de Szalonta et de Verocsi, qui fournissent ce lard délicieux dont les Hongrois sont si friands. Les haras sont dirigés d'une manière très-intelligente; mais on ne saurait trop vanter les excellents soins que les Hongrois prennent des moutons. Depuis l'introduction des mérinos, la race des moutons, en Hongrie, s'est tellement améliorée, que le plus clair du revenu de tout propriétaire de la campagne provient de la vente des laines. Les vers à soie n'ont pas réussi jusqu'à ce jour; mais les abeilles fournissent du miel et de la cire que l'on exporte en assez grande quantité.

La population de la Hongrie, que l'on évalue à onze millions d'âmes, est formée du mélange le plus hétérogène de peuples différant d'origine, de caractère, de mœurs et de langage. Les principaux sont d'abord les Hongrois proprement dits, puis les Slowaques, les Allemands et les Valaques. On appelle HONGROIS proprement dits, ou *Magyars*, les descendants de ces conquérants qui, au neuvième siècle, passèrent les monts Karpathes et envahirent la Hongrie sous la conduite de leur duc Arpad. L'origine des Magyars a été le sujet de nombreuses et savantes controverses, dont nous ferons grâce à nos lecteurs, attendu qu'elles n'ont pas réussi à décider la question. Ce que nous pouvons affirmer, c'est que la structure de la langue des Magyars est entièrement asiatique, tandis que leur vocabulaire diffère de tous les idiomes connus. On rencontre aujourd'hui des Magyars, non-seulement en Hongrie et en Transylvanie, mais encore en Moldavie, en Bessarabie et en Bosnie. Quand ils arrivèrent dans les plaines qui baignent le Danube et la Theiss, les Magyars firent une guerre terrible aux habitants, qui étaient presque tous Moraves, Bulgares ou Valaques; ils en tuèrent un grand nombre, firent les autres esclaves ou les repoussèrent dans les montagnes. Les Magyars s'emparèrent ensuite des campagnes fertiles, des vastes pâturages, des forêts pleines de gibier et des rivières poissonneuses. Ils sont encore en partie les propriétaires du sol, et ils forment, en outre, l'élément principal de la noblesse actuelle; car les nobles d'origine slave ou allemande ne sont pas très-nombreux, et sont d'ailleurs pour la plupart entièrement magyarisés. On conçoit que depuis le dixième siècle bien des changements ont dû s'opérer dans la fortune de beaucoup de Magyars; aussi ne sont-ils plus tous riches; mais ceux qui sont ruinés ne jouissent pas moins des priviléges politiques attachés à leur caste, de même que les nobles les plus opulents. Le Magyar pauvre dédaigne ordinairement d'avoir recours au commerce pour réédifier sa fortune; il préfère se livrer à l'agriculture, et surtout à l'éducation des chevaux, son occupation favorite. Riches ou pauvres, les Magyars sont en général intelligents, braves, hardis, aimables et affectueux. Leur grand défaut est l'indolence. Les Allemands leur reprochent encore la haute opinion qu'ils ont d'eux-mêmes et de leur patrie, ce qui aux yeux de certains autres peuples, est loin d'être un défaut. Mais on peut leur adresser une critique plus fondée : nous voulons parler de cet amour de l'ostentation, de ce besoin de paraître, qui est porté chez eux jusqu'à l'excès, et qui produit souvent les effets les plus désastreux dans des familles d'ailleurs fort respectables. L'extérieur des Magyars est agréable; leur constitution est robuste; ils sont grands et bien faits; leurs traits sont réguliers, leur chevelure est généralement noire. La dignité de leur maintien, la douceur de leurs yeux, l'expression un peu sérieuse de leur physionomie, prêtent à toute leur personne un charme vraiment poétique. Ils sont passionnés pour la musique, et surtout pour la musique langoureuse. Presque tous leurs chants nationaux respirent la tristesse et la mélancolie. En résumé, la race des Magyars, qui compte plus de trois millions d'âmes, comporte tous les éléments d'un grand peuple.

Plus nombreuse que celle des Magyars, la race slave comprend au moins quatre millions d'habitants, et se subdivise en plusieurs branches, dont les principales sont les *Slowaques*, les *Rasciens*, les *Croates* et les *Rusniaques*. Tous ces peuples, issus de la même source, sont pourtant bien dissemblables sous le double rapport des facultés intellectuelles et de la conformation physique.

Les Slowaques, habitants des confins de la Moravie, ont beaucoup de traits communs avec leurs voisins les Moraves et les Bohémiens. Ils sont gais, insouciants, aimant la danse et la musique avec passion; ils sont vifs, intelligents, et bien plus propres que les Magyars aux travaux des mines et des manufactures; mais ils sont loin de jouir de l'excellente réputation des Magyars, dont la probité et la droiture sont universellement reconnues. Les Slowaques, au contraire, passent pour être extrêmement rusés, faux et trompeurs. Des pantalons de drap, des bottines, un gilet de drap, sans manches, garni de très-gros boutons d'argent en forme de grelots ciselés et ouvragés à la surface, voilà ce qui compose leur habillement d'été : le gilet ouvert et flottant par devant laisse voir la chemise, qui est brodée sur la poitrine, et quelquefois même sur les manches : une ceinture de cuir sert à maintenir les habits autour du corps, et renferme le briquet, l'amadou, la pipe et le sac à tabac : dans l'hiver, une grande pelisse de drap ou de peau de mouton les garantit des rigueurs de la saison. Quant à la coiffure, elle varie dans les différents lieux : souvent nu-tête, les cheveux huilés et assez bien peignés, ils portent ici un large chapeau rond, là une espèce de long tuyau de poêle sans rebord, d'un pied et demi de hauteur; ailleurs une simple calotte de feutre. Les femmes s'annoncent de loin par le bruit que font leurs bottines à talons de cuivre, et ornées de grelots; elles portent un jupon de drap, et un corset sans manches, ordinairement de couleur foncée; leur chemise, le plus souvent brodée sur les manches, présente quelquefois une garniture en dentelle grossière. Les jeunes filles se coiffent en cheveux, réunis par derrière en une queue garnie de rubans de toutes couleurs qui flottent sur le dos. Les femmes se coiffent avec une longue bande de toile, qui se place par le milieu sur la tête, vient croiser sur le menton, et les deux bouts, après avoir tourné en arrière du cou, reviennent tomber élégamment sur la poitrine : leur visage est tellement enveloppé par cet ajustement, qu'à peine on aperçoit leur nez. Cette coiffure assez bizarre garantit le cou da la froidure du vent.

Les CROATES ont l'aspect belliqueux, les manières hautaines, les traits durs; ce sont d'intrépides soldats. Les RASCIENS ressemblent en tout point à leurs frères valeureux de la Servie qui ont fondé récemment un État indépendant.

Les RUSNIAQUES sont généralement laids, paresseux, ignorants, superstitieux; enfin ils ont presque tous les défauts des paysans russes, sans avoir les qualités qui distinguent ces derniers. « Le mariage, dit Bohrer, n'est pas assujetti chez eux à un ordre légal bien fixe : leurs filles, qu'ils fiancent ordinairement à l'âge de cinq ou six ans, sont élevées dans la maison de leurs belles-mères jusqu'à l'âge de la nubilité; mais quelquefois une fille restée chez ses parents. Dans le village de *Krasnibrod*, près d'un monastère de l'ordre de saint Basile, il se tient un *marché aux filles* trois fois dans l'année. A *Maté-Szalka*, dans le comitat de Szathmar, il y a une réunion de ce genre tous les ans à la Sainte-Madeleine. Des milliers de Rusniaques y font un pèlerinage; les filles s'y présentent les cheveux flottants et ornés de guirlandes; les veuves se distinguent par une couronne de feuilles vertes. Dès qu'un homme aperçoit une personne qui lui plaît, il l'entraîne dans l'église malgré la résistance, peut-être simulée, qu'elle ou ses parents lui opposent; s'il réussit à passer le seuil du temple, il est aussitôt fiancé. Le jour des noces, les deux familles se réunissent; la fiancée fait semblant de se cacher dans la foule; les autres femmes la découvrent et lui présentent leurs dons d'amitié. La loi défend aujourd'hui ces sortes de mariages; mais l'antique coutume se renouvelle encore en secret.

Les SZOTACKS diffèrent des autres Slaves par leur dialecte et par leurs mœurs. Cependant, le seul caractère physique qui les distingue est la couleur de leurs cheveux : ils sont d'un blond presque blanc; rarement on en trouve parmi eux quelques-uns qui aient les cheveux noirs. Ils vivent généralement en famille et d'une manière patriarcale. Le père confie le gouvernement de la maison à celui de ses fils qu'il en croit le plus digne; les autres respectent ses ordres, fût-il le plus jeune. Les Szotacks ne contractent généralement de mariage qu'entre eux.

Les VALAQUES sont au nombre d'environ un million. Ils sont assez mal vus de leurs voisins. On attribue leur extrême indolence à la multitude de jeûnes et d'abstinences que leur imposent constamment les prêtres de la religion grecque. Accoutumé à se priver de nourriture, le paysan valaque se borne à récolter un peu de maïs avec lequel sa femme lui prépare une sorte de gâteau ford lourd, et la *mammaliga* (1), mets national en grande faveur chez ce peuple.

Mais si le Valaque mange peu, il boit beaucoup : s'enivrer avec une espèce d'eau-de-vie de prune appelée *raki*, est pour lui le *nec plus ultrà* des voluptés terrestres. Paysans et seigneurs, maîtres et valets ont une commune passion pour cette liqueur, et se trouvent à peu près au même niveau sous le rapport de l'éducation. C'est avec tristesse qu'on voit cette population abandonnée à des penchants vicieux, car tous ceux qui ont pu l'observer s'accordent à dire que cette nation ne manque d'aucune des qualités qui font les grands peuples.

' C'est la *polenta* des Italiens.

Le Dalmate est d'origine slavone; mais les citadins placés depuis le VIIIe siècle sous la protection de Venise, ont adopté la langue, les mœurs, la dévotion, la jalousie et le cérémonial des Italiens d'autrefois. Une tribu particulière s'est établie dans l'intérieur de la Dalmatie sous le nom de *Morlaques*. Ils se nomment eux-mêmes *Vlach*, c'est-à-dire Valaques, mais ils portent l'empreinte d'une origine particulière : ceux qui demeurent au nord, sur les bords de la Kerka, ont le teint blanc, les yeux bleus, la chevelure blonde ; en même temps, ils ont le nez un peu aplati, la bouche large et un air de douceur; on dirait un mélange de Goths et de Tatares ; ceux qui demeurent plus au sud, le long de la Cettina et vers la Narenta, ont le teint olivâtre, le visage long, les cheveux noirs et l'air menaçant ; tous parlent un dialecte slavon, mêlé de mots latins ou plutôt valaques.

Les Saxons *transylvains* sont vigoureux, bien conformés et de haute taille. Leurs discours ainsi que leurs actions annoncent de la méfiance ou le désir de tromper. Ils ont en général un caractère morose et mélancolique; aussi se réunissent-ils fort peu. Peut-être en doit-on chercher la cause dans l'économie, qui leur est si nécessaire. Les étrangers ne peuvent les trouver aimables ; ils leur paraissent même dédaigneux, tant ils mettent de réflexion dans les moindres actions de la vie.

Les Szeklers paraissent être un reste de Patzinakites qui ont adopté la langue hongroise. Voués au service militaire, ils vivent de leurs champs, de leurs bestiaux, de la coupe de leurs bois, et, quoique leur nom ait retenti relativement aux crimes de Rastadt, ils sont moins barbares que grossiers.

Les *Iasz* ou Jazyges paraissent être une tribu de Kumans que servaient dans l'avant-garde comme archers. Les trois tribus kumaniennes jouissent d'un grand nombre d'immunités ; leur territoire fait partie du domaine de la couronne. Placées sous l'autorité directe du palatin du royaume, elles ont leurs tribunaux; leur système d'impôts, et même, à la diète, leur députation spéciale.

Le pays des Heiduques est, comme celui des Kumaniens, généralement plat et marécageux, mais cependant très-fertile en blé, en vin et en tabac. On y élève de même un grand nombre des bestiaux. Les habitants, au nombre de 50,000, jouissent de priviléges qu'ils tiennent du régent de Hongrie Jean Corvin, qui les leur accorda au XVe siècle, en récompense de leurs services militaires. Ils sont gouvernés par un colonel-général ; ils ne payent pour toute contribution qu'une somme fixe de 22,000 florins.

On rencontre aussi des Français, des Allemands, des Italiens, des Arméniens, des Grecs et des Albanais appelés clémentins, du nom de leur chef Clément, qui émigra avec eux de la Turquie dans le cours du siècle dernier.

La constitution du royaume ne tient pas compte de toutes les différences de religion, de secte, de race, qui existent en Hongrie, et ne reconnaît que deux classes distinctes d'habitants : les nobles, c'est-à-dire tous ceux qui ont des droits politiques, et ceux qui ne sont pas nobles ou qui n'ont pas de droits politiques. La première classe, celle des privilégiés, est si nombreuse, qu'elle forme presque une démocratie. On peut l'appeler, si l'on veut, le corps électoral, ou, selon une expression récemment inventée en France, le pays légal ; ou bien encore on peut lui appliquer la désignation romaine de *populus* : la seconde classe, celle des non-priviligiés, recevra alors le nom de *plèbe*. Telle est la composition de la population en Hongrie, au point de vue politique, et d'après la constitution.

Les Hongrois aiment à faire des rapprochements entre leur constitution, qui est un monument intact de l'époque du moyen âge, et la constitution anglaise. En effet, la constitution hongroise est à peu près aussi ancienne que celle de la Grande-Bretagne, et ressemble beaucoup à ce qu'était la vieille constitution anglaise avant les nombreuses modifications qu'elle a dues au progrès incessant des lumières et de la civilisation dans ce dernier pays.

La classe privilégiée (*populus*) se compose de quatre éléments : les prélats, les magnats, les simples nobles et les bourgs royaux, qui sont regardés comme équivalant chacun à un noble. Le nombre des familles nobles, en y comprenant celles des prélats et des magnats, est évalué à 70,000. On compte seulement quarante-neuf bourgs royaux, qui renferment environ 425,000 habitants. Les bourgs sont indépendants des comtés, et jouissent de certains priviléges analogues à ceux des bourgs d'Angleterre. Le Hongrois a le droit de posséder des terres, mais seulement dans la circonscription de son bourg. Il paye comme le paysan la dîme et les impôts.

Les prélats et les magnats n'ont pas d'autres droits civils que ceux des simples nobles ; mais ce sont eux qui composent la chambre haute, comme les pairs et les évêques d'Angleterre. D'ailleurs, le plus riche magnat, un Batyany, un Esterhazy, n'est pas plus privilégié que le simple noble, réduit par sa propre infortune ou par les malheurs de ses pères à exercer la profession de boucher ou de cordonnier. On compte en Hongrie jusqu'à 800,000 nobles. Ce nombre serait hors de proportion avec le reste de la population, si la noblesse hongroise constituait une aristocratie comme la noblesse d'Angleterre ou d'Allemagne. Il n'en est pas ainsi : on appelle familles nobles, en Hongrie, celles qui sont exemptes des charges qui pèsent sur les paysans, et dont tous les adultes mâles jouissent des droits électoraux. Il y a donc des milliers de nobles qui cultivent de leurs mains le champ qui les nourrit. Il y en a dont la condition est encore plus humble, puisqu'ils travaillent à la terre comme des paysans, pour le compte d'autrui. Dans les villes on trouve des nobles exerçant tous les états, même les moins relevés. Ce sont principalement des nobles qui, en qualité de tailleurs et de bottiers, confectionnent ces costumes nationaux si riches, si élégants, et ces belles bottes hongroises si renommées.

Cependant, on voit aussi, comme on le peut penser, un grand nombre de nobles qui sont riches et qui possèdent de belles seigneuries. D'autres, n'ayant qu'un revenu médiocre, vivent tranquillement dans leurs petits domaines, comme les gentilshommes campagnards de la Grande-Bretagne. Ce sont les fils des nobles de cette dernière classe qui, pour aider leurs familles, sont obligés souvent de prendre des terres à bail, de se placer comme intendants ou régisseurs chez de riches magnats, ou d'embrasser l'état de médecin, de professeur ou d'avocat.

Le droit d'aînesse n'est point en vigueur en Hongrie ; aussi, dans le pays de montagnes, où les familles se sont multipliées assez paisiblement depuis des siècles, sans avoir autant souffert des troubles que les habitants des autres parties du royaume, les propriétés sont-elles divisées à l'infini. Dans les plaines, au contraire, les biens sont moins morcelés. Le Banat et le comté d'Arad ont été fort longtemps au pouvoir de la Porte ; et lorsque les Turcs furent définitivement chassés de ces deux provinces, dans la dernière partie du siècle dernier, le gouvernement autrichien se trouva en possession de la plus grande partie du sol, et concéda à bas prix toutes les terres qui n'avaient plus de propriétaires légitimes. Depuis le dernier siècle, ces terres n'ont pas encore pu être beaucoup divisées ; aussi n'est-il pas rare de trouver, principalement dans le Banat, qui est l'une des contrées les plus fertiles de la Hongrie et peut-être de l'Europe, de simples nobles qui ont un revenu annuel de 250,000 francs.

Le droit d'élire un roi, en cas d'extinction de la dynastie régnante, appartient à la nation, ainsi que celui de faire des lois, d'accord avec le monarque, et de s'imposer elle-même dans des diètes qui doivent être légalement réunies tous les trois ans.

Le roi traite de la paix ou déclare la guerre, mais à la condition d'entendre le vœu de la nation. Il peut décréter la levée en masse de la noblesse; mais les contributions extraordinaires et les levées de troupes doivent recevoir la légalisation de la diète.

« Le roi, dit Malte-Brun, fait serment à la constitution et signe le diplôme du roi André, en protestant toutefois contre l'article qui « autorise les Hongrois à prendre les armes contre lui dans le cas où il violerait leurs priviléges. » Les rois sont obligés de faire exécuter les décisions des cours judiciaires, de ne destituer personne sans jugement, de maintenir les limites du royaume, et de lui faire restituer celles des anciennes provinces que le sort des armes leur aurait fait recouvrer. Enfin, la Hongrie est un royaume indépendant et une monarchie tempérée par une assemblée aristocratique.

» Les diètes se composent de deux chambres, ou, comme on dit, *tables*, chacune subdivisée en deux ordres; la première, ou la chambre haute, se compose des magnats, savoir : les archevêques et évêques, les princes, comtes et barons du royaume, et les gouverneurs des comitats; la seconde est formée de la réunion des prélats, des abbés, des députés des comitats, de ceux des chapitres et de ceux des villes libres royales. Par un ancien abus, les magnats absents envoient des députés qui prennent place parmi les députés des comitats. On compte quelquefois dans ces assemblées jusqu'à 654 députés, parmi lesquels plus de 200 magnats. Les décisions de la diète se prennent en votant par quatre ordres; mais, dans chaque ordre, c'est la majorité qui décide. Les députés sont liés par les instructions de leurs commettants. La diète se réunit tous les trois ans au moins, soit à Bude, soit à Presbourg, dans une vaste salle, à l'extrémité de laquelle s'élève une chaire pour le président. Des tables sont placées dans toute la longueur : elles sont recouvertes de drap vert et de tous les objets nécessaires pour écrire. A la droite du président, mais plus bas que lui, siégent les évêques et les autres dignitaires de l'Église, qui représentent le clergé. Les autres membres portent le costume hongrois, qui consiste en une veste de hussard, un pantalon de drap brun, un kalpac en fourrure, et des bottes à la hussarde armées d'éperons. Chaque membre a l'épée au côté. Les débats ont lieu en latin, langue dans laquelle la plupart des députés s'expriment avec facilité et même avec éloquence, bien que les discours ne durent jamais plus de dix minutes.

» Les autorités chargées de l'administration des affaires publiques du royaume sont : un palatin ou vice-roi (*Nandor Ipsan*) dont l'élection ne peut se faire que conjointement avec les états; un commandant général; la chancellerie hongroise de Vienne jouit des pouvoirs les plus étendus, le conseil royal du gouvernement, ou conseil d'État, qui siége à Bude (*consilium regium*), sous la présidence du palatin; le conseil du gouverneur général, formé de vingt-cinq conseillers, et la chambre des finances.

» L'administration des comitats est en grande partie indépendante de la couronne; chaque comitat a un gouvernement qui correspond directement avec l'administration centrale; treize palatins, ou *ipsans*, possèdent leurs dignités par droit héréditaire, et les autres officiers du comitat sont élus par la *congrégation*, ou assemblée de la province, qui les salarie de sa propre caisse. Les villes ont également leurs administrations municipales, et ressortissent à leurs propres tribunaux suprêmes. L'indigénat hongrois est requis pour remplir une place quelconque, et c'est la diète qui seule naturalise les étrangers. »

Quant aux districts militaires, leur administration dépend directement du conseil aulique de guerre qui siége à Vienne. Elle est confiée, dans chaque régiment, à un commandant qui a sous lui plusieurs officiers. Toutes les affaires sont traitées militairement, ainsi que semble l'exiger une organisation par laquelle le peuple est à la fois soldat et cultivateur.

Le code civil et criminel est formé par la réunion des lois rendues par les divers souverains et acceptées par les états; l'ouvrage de Stephan, ayant pour titre *Tripartitum,* est un code systématique d'après lequel on rend la justice. En certains cas exceptionnels, les tables de lois des districts servent à prononcer des peines. Cependant, d'après M. Beudant, les divers peuples des provinces ont chacun des coutumes particulières, des priviléges qu'ils obtinrent des différents princes qui les ont gouvernés et qui leur ont été assurés lors de la réunion; il en est même qui sont régis par le code germanique. A l'égard de l'application des lois, chaque peuple et chaque ville qui possèdent des lois spéciales ont leurs magistrats particuliers, et, généralement, nul ne peut être jugé que par ses pairs. Mais tous sont libres d'en appeler aux cours suprêmes, au moins pour les cas qui ne sont pas spécialement prévus par les lois.

L'institution du jury vient d'être décrétée tout dernièrement dans le royaume de Hongrie.

Les magnats ont jusqu'à un certain point, adopté les manières et les habitudes de la bonne société de l'Europe civilisée. La plupart ont passé une partie de leur vie à Vienne; quelques-uns ont visité l'Italie, l'Allemagne, la France ou l'Angleterre. Par leur contact avec les hommes distingués qu'ils ont rencontrés à la cour de Vienne, un grand nombre de magnats ont acquis ce vernis d'élégance qui fait ressortir si avantageusement les excellentes qualités de leur caractère, et en même temps ils se sont dépouillés pour jamais de cette écorce rude, de ces allures bizarres qui autrefois constituaient le bon ton en Hongrie; aussi sont-ils accusés souvent par les Hongrois de la vieille école de s'être dénationalisés. Les simples nobles, qui à leur tour imitent les nouvelles manières des magnats, ont reçu pour cette raison le surnom de *quarts de magnat.*

Chez les autres nobles, parmi ceux qui n'ont pas encore cédé à l'influence de la mode, nous retrouvons un mélange curieux des coutumes du bon vieux temps d'Angleterre et des habitudes de la vie orientale. Le riche seigneur entretient une armée de domestiques, qui ne travaillent que le moins qu'ils peuvent, et un nombre égal de chevaux qui ne sont presque jamais montés. La chasse est un de ses amusements favoris; mais ce qu'il aime par-dessus tout, c'est de passer son temps à fumer, étendu sur l'immense sofa qui fait le principal ornement de tout salon vraiment magyar, ou qui est établi sous un portique en dehors de la maison. C'est là qu'il reçoit les voisins qui viennent le visiter; c'est là qu'il écoute les rapports de ses intendants ou de ses avocats, car en Hongrie tout noble riche ou pauvre tient à honneur d'avoir au moins une demi-douzaine de procès à soutenir.

Presque tous les hommes comme il faut sont plus ou moins versés dans la connaissance des lois. L'étude du droit est en quelque sorte le complément indispensable d'une bonne éducation. Quand un jeune homme a terminé son éducation générale, non-seulement il assiste à des cours de droit, mais il passe un certain temps chez un avocat ou chez un magistrat, afin d'être initié à la pratique des affaires. C'est à Pesth, à Eperies, et dans les autres villes où siégent les cours des cercles (*districtual tafeln*), que l'on trouve le plus grand nombre de jeunes gens occupés à l'étude de la jurisprudence. Toute cette jeunesse est bien un peu légère, un peu turbulente; mais elle est loin de mériter la mauvaise réputation que voudraient lui faire les Allemands, et de justifier les alarmes continuelles qu'éprouve à son sujet le gouvernement autrichien. Cette espèce de stage que les jeunes Hongrois font chez un homme de loi est une très-bonne préparation pour les emplois publics, pour toutes les charges et les magistratures auxquelles peut aspirer, comme on sait, tout noble capable ou influent. D'après ce que nous venons de dire il ne faut pas s'étonner si la conversation des Hongrois roule presque toujours sur des points de droit. Quand les nobles campagnards sont réunis ensemble, il est vraiment curieux de les entendre discuter, non pas seulement sur les questions générales, mais même sur les détails les plus délicats et les plus embrouillés d'une procédure obscure et compliquée. Cette manie de la controverse imprime naturellement une certaine sécheresse aux manières des Hongrois; cependant leur caractère est d'ailleurs si franc, si ouvert, et même si chevaleresque, qu'il est impossible de leur faire un crime de leur amour pour la chicane.

Les propriétaires hongrois sont tout à fait *gentlemen*, ils ont cette dignité de maintien, ce respect d'eux-mêmes qui distinguent les hommes comme il faut. Grâce aux railleries et aux critiques du comte Széchengi, ils se sont défaits de la manie de cracher, qui leur a été souvent reprochée par les voyageurs. Le comte Széchengi ne passe rien à ses compatriotes; il attaque dans des ouvrages graves les abus qui pèsent sur l'administration et qui paraissent les ressources du pays; en même temps, dans les journaux et dans des pamphlets spirituels, il accable sous le ridicule les torts et les petits travers de la société hongroise.

« Les priviléges importants de la noblesse, dit Beudant, quoique peu justes dans le fond, et surtout fort éloignés des idées actuelles de la plus grande partie de l'Europe, n'ont pourtant pas, à l'égard du paysan, tous les inconvénients contre lesquels on s'est plu tant de fois à déclamer amèrement. Il fut un temps sans doute où le paysan hongrois était réellement attaché à la glèbe; mais aujourd'hui il est libre, il s'en glorifie, et le bonheur n'habite pas moins sous le chaume que dans les palais. Les lois et l'empire de l'usage sont tels, que le sort du paysan, en Hongrie, est souvent au-dessus de celui que la même classe peut avoir dans les contrées les plus libres de l'Europe. La noblesse possède, à la vérité, toutes les terres, et, en général, a seule le droit de propriété; mais le seigneur est obligé de partager ses domaines en fermes d'un rapport déterminé, qu'il donne aux paysans cultivateurs. Ceux-ci ont, par conséquent, comme dans les pays les plus policés de l'Europe, des terres à faire valoir, et auxquelles ils prennent un intérêt réel; la seule différence est que la location ne se paye pas en argent, mais en services de journées et en redevances. Comme services, le paysan qui a une ferme complète doit au seigneur 54 jours de travail par an, avec une charrette et un double attelage; comme redevance, le fermier doit livrer annuellement au seigneur le neuvième des produits de la terre (pour la première récolte seulement, car s'il y en a une seconde il ne doit rien), le neuvième des agneaux, des chevreaux, du produit des ruches, etc. Il supporte, en outre, diverses charges déterminées et proportionnées à différents droits qu'il peut acquérir. Mais si, avec la permission du seigneur, il a défriché une terre jusqu'alors inculte, il en jouit sans redevances, sans services, et le seigneur ne peut la reprendre qu'il ne soit suffisamment indemnisé de ses soins.

» Au moyen de ces transactions, qui sont loin, sans doute, d'être onéreuses, et dont partout ailleurs beaucoup de fermiers et de petits cultivateurs se trouvent fort satisfaits, le paysan hongrois jouit réellement du prix de son travail. Il peut disposer comme bon lui semble des huit neuvièmes du produit de ses récoltes, qui lui restent pour compenser ses frais et payer son industrie; il devient propriétaire de biens mobiliers, de troupeaux, etc., qui passent à ses enfants; mais il y a plus, le paysan hongrois est plus sûr de son existence que beaucoup de petits propriétaires, que nous retrouvons à chaque pas dans les autres États. Si, par un accident quelconque, ses récoltes sont perdues, ses bestiaux réduits, c'est sur le seigneur que retombe le soin de la famille, c'est lui qui pourvoit à sa nourriture, et qui même doit payer les dettes, remplir les engagements que le paysan a contractés avec son approbation.

» Le paysan qui n'a point de terres à cultiver n'est pas plus maltraité de son seigneur. Habite-t-il une chaumière, c'est le seigneur qui a dû la faire construire, et qui fournit encore les matériaux pour l'entretien et les réparations : quant à lui, il ne doit annuellement que dix-huit journées de travail. Occupe-t-il en outre une portion de terre, il en livre le neuvième en nature ou en argent ; mais il ne doit de journées de service que dans le cas où la pièce qu'il cultive est au moins un huitième de ce qui compose une ferme entière. »

Les Hongrois sont très-sensibles à tous les jugements que l'on exprime sur leur compte dans les autres pays. Ils sont très-désireux d'entrer en relation intime avec les peuples les plus avancés de l'Europe, et surtout avec les Anglais. Chez les Hongrois, l'anglomanie est presque universelle. Ils ne se bornent pas à suivre les modes, à imiter la forme des équipages, à copier les usages des Anglais ; mais depuis quelque temps ils recherchent avidement toutes les occasions d'étudier leurs lois, leur histoire, leur politique, de connaître et d'appliquer leurs procédés en industrie et en agriculture. Autant ils aiment les Anglais, autant ils ont d'éloignement pour la Russie et son régime despotique. Cette antipathie est, certes, bien naturelle. Maintenant que la brave nation polonaise a été écrasée, quel peuple plus que le peuple hongrois est exposé aux attaques des armées russes et aux coups de la politique du cabinet de Saint-Pétersbourg ?

Les dames hongroises sont généralement renommées à tous les titres, comme filles, comme mères et comme épouses. Elles réunissent un grand nombre des excellentes qualités que l'on connaît aux Anglaises et aux Allemandes ; elles sont bonnes, affectueuses, actives, intelligentes ; elles dirigent leur ménage avec ordre et prévoyance, et souvent, tandis que leur seigneur et maître, assis nonchalamment sur son divan, passe le temps à fumer et à bavarder politique ou procès, ce sont elles qui s'occupent des affaires positives et des intérêts sérieux de leur maison. La plupart des dames hongroises connaissent les principaux idiomes qui se parlent dans le pays. Outre la langue hongroise, elles savent l'allemand, le slawaque ou le valaque. Les jeunes personnes ont des notions de français ou d'italien, et possèdent aussi les talents d'agrément que nous donnons à nos filles. Les dames âgées ont reçu une éducation moins brillante, mais plus solide peut-être. On assure que dans certains comtés slawaques il faudrait bien se garder de conter des secrets en latin devant elles.

Les dames de Hongrie doivent partager avec leurs maris les éloges et la reconnaissance des voyageurs. Il n'y a pas de pays dans le monde où les étrangers, et surtout les Anglais, reçoivent un accueil plus bienveillant. On a cherché à déprécier l'hospitalité hongroise ; on a dit que les Hongrois pouvaient être hospitaliers à peu de frais, puisque les vivres sont à si bas prix dans leur pays ; on a dit que l'étranger payait d'ailleurs amplement son écot en apportant de la distraction dans la demeure de ses hôtes, condamnés ordinairement à une vie monotone et isolée. A de semblables accusations, les esprits impartiaux peuvent répondre que les Hongrois ne se contentent pas de donner à souper et d'offrir un lit au voyageur fatigué qui a frappé à leur porte ; mais toutes les fois qu'un étranger de bon ton est admis dans une maison, il y est traité de la manière la plus cordiale : on le met à son aise, on le prie de se considérer comme faisant partie de la famille, et il peut se persuader facilement qu'il a réellement trouvé une nouvelle famille. Ce n'est pas seulement dans la demeure du riche que l'on est reçu avec empressement ; dans les campagnes, le plus pauvre curé, le moindre paysan offre de bon cœur tout ce qu'il a sans vouloir jamais accepter de payement. En voyage, si vous demandez votre chemin à un Hongrois, il ne se contentera pas de vous indiquer verbalement la direction qu'il faut suivre, il se dérangera exprès pour vous conduire, bien que l'indolence soit son défaut capital. S'il trouve l'occasion de vous être agréable ou utile, de vous donner quelque renseignement, de vous faire voir quelque curiosité, il la saisira avec plaisir, et vous fera les honneurs de son pays avec une bonne grâce parfaite, comme il vous aurait fait les honneurs de sa propre maison, si vous étiez descendu chez lui.

Il paraît qu'autrefois, par excès de politesse, on faisait presque violence aux étrangers pour les retenir le plus longtemps possible. Le voyageur qui avait trouvé asile dans une maison devait y passer au moins trois ou quatre jours; s'il insistait pour partir, on enlevait les roues de sa voiture. Il y eut dans le bon vieux temps, dit un chroniqueur, un certain baron qui, perché sur une tour de son manoir, situé dans les monts Karpathes, tâchait de découvrir les voyageurs qui passaient sur la route de Pologne. Quand il en apercevait un, il envoyait à sa rencontre cinq ou six hommes d'armes, avec ordre de l'emmener de gré ou de force. Le baron passait plusieurs jours à boire et à manger avec son hôte, et le laissait partir ensuite en le comblant de démonstrations d'amitié.

Aujourd'hui l'hospitalité hongroise s'exerce très-convenablement. La présence d'un étranger est bien une occasion de fête et de réjouissance, mais elle n'est nullement un prétexte pour faire des excès, ainsi que plusieurs voyageurs allemands l'ont publié. Les Hongrois ont conservé les antiques vertus de leurs pères, tandis qu'ils se sont dépouillés d'un grand nombre de leurs défauts.

ROYAUME DE PRUSSE.

(ÉTATS COMPRIS DANS LA CONFÉDÉRATION.)

Les États prussiens forment une monarchie qui se compose de deux parties principales, l'une orientale et l'autre occidentale : la première est la plus considérable, et forme le noyau du royaume; elle renferme les provinces de la Prusse orientale, de la Prusse occidentale, de Posen, de Brandebourg, de Poméranie, de Silésie et de Saxe; ses bornes sont : au nord, les grands-duchés de Mecklenbourg et la Baltique; à l'est, la république de Cracovie et l'empire de Russie; au sud, le grand-duché de Saxe-Weimar, les duchés de Saxe-Cobourg-Gotha et de Saxe-Hildburghausen, le royaume de Saxe et l'empire d'Autriche ; enfin, à l'ouest, la Hesse électorale, le royaume de Hanovre et le duché de Brunswick; de cette partie des États prussiens, dépendent les pays de Ziegenrück et de Schleusingen, enclavés entre les duchés de Saxe et les principautés de Schwarzbourg et de Reuss. La partie occidentale, qui a reçu le nom de grand-duché du Bas-Rhin, renferme les provinces de Westphalie, de Clèves-Berg et du Bas-Rhin : elle est limitée au nord par le Hanovre; à l'est, par les principautés de Lippe, le duché de Brunswick, la Hesse électorale, la principauté de Waldeck, la Hesse-Darmstadt et le duché de Nassau; au sud-est, par des possessions du duché d'Oldenbourg, du duché de Saxe-Cobourg-Gotha et de la Hesse-Hombourg ; au sud, par la France, et à l'ouest par les Pays-Bas ; à cette division, se rattachent le territoire de Wetzlar, enclavé entre la Hesse-Darmstadt et le Nassau, et celui de Lüde, entre les principautés de Waldeck et de Lippe. Outre les provinces indiquées, le roi de Prusse possède encore la principauté de Neuchâtel, qui n'a toutefois, pour l'administration, aucun rapport avec le reste de la monarchie, et qui forme un canton de la confédération suisse.

Ce pays est divisé en huit provinces : celles de PRUSSE, de POSEN, de BRANDEBOURG, de POMÉRANIE, de SAXE, de WESTPHALIE, de SILÉSIE et la province RHÉNANE. Elles comprennent ensemble vingt-cinq régences.

La population de ces huit provinces se divise dans les proportions suivantes :

Protestants	8,604,748
Catholiques	5,294,003
Grecs	1,300
Mennonites	14,493
Juifs ayant droit de bourgeoisie	102,917
Juifs n'ayant pas droit de bourgeoisie	80,662
POPULATION GÉNÉRALE	14,098,123

Le gouvernement est une monarchie absolue, car on ne peut considérer le pouvoir du souverain comme limité par quelques états provinciaux. La couronne est héréditaire pour les deux sexes; le roi est assisté dans l'exercice du pouvoir législatif par un conseil d'État composé de 51 membres; le chancelier de ce conseil a droit de contrôle sur tout ce qui concerne l'administration et l'exécution des ordonnances royales. Chaque province est administrée par un président supérieur; à la tête de chaque cercle, se trouve un collége de régence.

Le code général que suit la justice des États prussiens, est le *landrecht* publié en 1794; cependant, à la gauche du Rhin, on se sert, avec quelques modifications, du code français. Un tribunal suprême d'appel siége à Berlin. Les armes royales sont une aigle noire couronnée, portant le chiffre F. R. sur la poitrine. Le pavillon national est noir et blanc, de manière que deux bandes noires sont séparées par une bande blanche. Le pavillon royal est blanc avec l'aigle royale au milieu et une croix de fer sur la partie supérieure gauche. Il y a six ordres honorifiques : l'Aigle noire, l'Aigle rouge, l'ordre pour le Mérite, l'ordre des Joannites, l'ordre de la Croix de fer, et l'ordre des Louises. Le roi est le grand maître de tous ces ordres, et il y admet à sa volonté. Berlin est la résidence royale; Konigsberg et Breslau jouissent aussi quelquefois de cet avantage. Les principaux châteaux du roi sont Sans-Souci, près de Potsdam, et Charlottenbourg.

Nous empruntons à la Géographie universelle le passage suivant, tiré de l'ouvrage allemand, *Berlin, wie est ist* : « Le roi de Prusse n'a point de liste civile : l'État lui fait une dotation. Ce souverain, le plus puissant de l'Allemagne après celui de l'Autriche, se plaît à éviter l'éclat qui entoure la plupart des têtes couronnées. Cette simplicité n'a point sa source dans une avare parcimonie, mais dans une sage économie et dans le caractère du prince, ennemi du faste et de la représentation. Le roi dîne à une heure comme le simple citoyen, et tout excès est banni de sa table et de sa cour. Lorsqu'il sort, rien ne distingue sa voiture de celle d'un particulier. Elle est attelée de deux chevaux seulement; lui-même est ordinairement habillé d'une simple redingote, sans aucune marque de sa haute dignité, et il traverse le plus souvent les rues de Berlin sans se faire remarquer. Son exemple est suivi des princes de sa maison, qui, en général, se distinguent très-peu, à l'extérieur, des riches particuliers. Tout le personnel attaché aux princes du sang mariés se réduit à trois dames pour une princesse, et à trois grands officiers pour un prince. Mais cette économie dans les équipages, dans le service domestique, dans la table, n'exclut point la bienfaisance. Jamais l'infortune ne s'adresse vainement à la munificence de la famille royale; le roi l'exerce surtout pour l'embellissement de la capitale.

» Les fêtes de la cour ne sont ni nombreuses ni brillantes; elles se bornent ordinairement à quelques bals donnés par le roi et les princes; mais dans les occasions extraordinaires, on a vu la cour de Prusse déployer une pompe vraiment royale : telles furent les cérémonies qui eurent lieu lors du mariage de la princesse Charlotte avec le grand-duc Nicolas, aujourd'hui empereur de Russie.

» Dans des occasions solennelles, à l'arrivée de quelque prince étranger, aux fêtes publiques, il y a réunion générale de la cour. Ces cercles n'ont jamais lieu à la demeure du roi, dite le palais, mais au château. Tous les employés de l'administration et de l'armée, depuis le simple référendaire et le lieutenant, peuvent s'y montrer sans être invités, et le roi aime à les y voir affluer. Les dames doivent être présentées, mais sans avoir besoin de faire preuve de noblesse. Il y a en général peu de cérémonies, et l'ancienne étiquette est entièrement tombée en désuétude. Elle ne s'est conservée dans toute sa rigueur que pour les mariages de princes et princesses de famille royale. »

Il est certain que la Prusse offre, dans tous ses départements, les marques nombreuses de ce que l'on appelle communément un État bien administré. Son gouvernement est ce qu'on nomme le despotisme éclairé, c'est-à-dire qu'une certaine somme de liberté de fait est accordée aux habitants. Les maisons des citoyens sont inviolables ; tous peuvent suivre la profession de leur choix ; la police veille efficacement sur la vie et la bourse des personnes ; les priviléges de la naissance n'existent plus, du moins en théorie, quoique nous ne prétendions pas dire que, dans la pratique, le noble né au sein de l'opulence n'ait, comme en Angleterre et partout ailleurs, de grands avantages sur le plébéien dont la fortune est à faire. — Rien ne saurait être plus pur, plus exempt de l'ombre même d'un soupçon, que l'administration de la justice, soit civile, soit criminelle. Parmi les juges et les magistrats provinciaux, on rencontrera peut-être parfois un manque d'intelligence ; car ces juges sont élus par le peuple et ne restent en place que trois ans ; mais quant à leur intégrité, on n'a jamais entendu formuler contre eux la plus légère plainte. A Berlin, vous trouverez dans les tribunaux la connaissance la plus parfaite des lois, avec l'inébranlable résolution de se laisser guider exclusivement par elles. Il est bien entendu qu'en faisant l'éloge des tribunaux prussiens nous ne parlons que de ceux qui ne s'occupent pas de causes politiques. Dans celles-ci il est à craindre qu'en Prusse, comme dans toutes les monarchies absolues, il n'y ait point de loi que l'on puisse suivre. Quiconque est soupçonné de comploter contre le gouvernement ou accusé de répandre des opinions dangereuses peut être arrêté sur le plus léger prétexte, et quand même les tribunaux le déclareraient innocent, sa liberté est encore à la discrétion du ministre.

L'organisation militaire est un point dont les Prussiens sont très-fiers aujourd'hui ; mais le moment n'est pas encore arrivé d'en connaître le mérite. On sait qu'avant la la campagne d'Iéna, l'armée prussienne était recrutée et commandée d'après les errements établis par Frédéric le Grand. Ses officiers étaient tirés exclusivement de l'ordre de la noblesse, et ses rangs étaient remplis par une conscription à laquelle tous les habitants étaient soumis, excepté ceux de la classe privilégiée. La discipline y était sévère et même odieuse ; les châtiments étaient cruels à l'excès, et le soldat une fois enrôlé servait, sans la moindre chance d'avancement, tant qu'il lui restait assez de force pour porter un fusil. Avant la réorganisation de l'armée prussienne en 1813, c'était un axiome dans les camps et dans les garnisons qu'il ne fallait jamais se fier à un soldat. Il ne lui était presque jamais permis de se promener hors du camp, et quand il en obtenait le privilége pour quelque motif pressant, il était toujours suivi d'un espion chargé par son capitaine de veiller sur tous ses mouvements, et cela sans qu'il pût deviner à qui cette commission était donnée. A dire vrai, chaque soldat était l'espion de son camarade. Faut-il s'étonner qu'une armée ainsi composée ait cédé à la valeur des Français ? Ne faut-il pas plutôt s'émerveiller de ce qu'elle ait pu faire la moindre résistance ?

Aujourd'hui cet ordre de choses est complétement changé. L'avancement est ouvert à tous les sujets du roi, et tous sont également assujettis à la conscription. A l'exception du clergé, des maîtres d'école, des professeurs dans les universités, et des employés civils du gouvernement ; tous les jeunes gens de dix-huit à vingt-six ans, doivent tirer, et tous ceux qui tombent au sort sont tenus de servir. En attendant, la durée de l'engagement est fort courte : elle est de trois ans au plus. D'après les probabilités, elle ne passe guère deux ans, et souvent même on obtient son congé au bout d'un an. Pour l'artillerie seule, l'engagement est de cinq ans. Toutefois au sortir de l'armée, les jeunes gens ne deviennent pas entièrement libres ; ils retombent dans la *landwehr*, espèce de milice qui s'assemble par régiments et par compagnies, dans des districts spécifiés, une fois tous les ans, et quand ils sont trop vieux pour la *landwehr*, ils font partie de la réserve.

Évidemment, l'effet de ce système est de faire de la Prusse une nation de soldats.

Les avantages sont, que l'on trouve toujours une armée prête quand on en a besoin, et que l'état militaire jouit d'une faveur marquée parmi toutes les classes. Quoique la solde soit faible (moins de 30 centimes par jour pour l'infanterie et 50 centimes pour la cavalerie), les arrangements secondaires sont tels que le soldat peut disposer de cette solde presque en entier. D'un autre côté, le mélange de personnes de toutes les classes a l'influence la plus avantageuse sur le ton et les manières du soldat. L'ivrognerie est un vice très-rare dans l'armée prussienne; le vol l'est plus encore, et partout où ne règnent ni le vol ni l'ivrognerie, la discipline peut se maintenir sans beaucoup de sévérité. Mais, pour balancer ces avantages, il y a un inconvénient grave et sérieux, qui paraît peu de chose en temps de paix, mais qui se ferait vivement sentir si la guerre venait à éclater. Quelque peine que se donnent les officiers, il est impossible de jamais obtenir une armée parfaitement exercée. Avant qu'une recrue connaisse bien son devoir, le terme de son service expire, et l'officier doit recommencer l'éducation de celui qui le remplace.

Le premier rentre dans un corps qui, ne se réunissant que pendant quinze jours tous les ans, ne peut lui fournir aucune occasion de faire des progrès. Tout ce que vous pouvez espérer de lui, c'est qu'il n'oublie pas ce qu'il a appris, tandis que l'officier, semblable à un maître d'école qui est sans cesse occupé à enseigner aux enfants l'alphabet, se dégoûte de sa profession, ou bien tombe dans l'erreur de croire que, faire faire l'exercice à un détachement, ou tout au plus de faire manœuvrer un bataillon, est le *nec plus ultra* de la science. Cela ne veut pas dire que les régiments prussiens ne produisent un fort bon effet quand ils se déploient en ligne ou marchent en colonne. Ils se composent de la fleur de la nation, et tous les soldats sont jeunes. Leur uniforme est à la fois le plus élégant et le plus commode de l'Europe, et ils ont une tenue de matamores que l'on fait bien d'encourager. Mais, en revanche, ils marchent mal; ils font le service à la manière des troupes irrégulières, et leurs manœuvres sont très-imparfaites. En temps de guerre, il peut suffire d'une ou de deux campagnes pour changer des paysans en bons soldats; mais tout le zèle du monde n'y parviendrait pas dans le même espace de temps, à l'aide des exercices qu'on leur fait faire pendant la paix.

Les efforts du gouvernement pour répandre l'instruction dans toutes les classes d'habitants sont dignes d'éloges. Le peuple est non-seulement invité, mais forcé d'envoyer ses enfants aux écoles, dont une existe dans chaque paroisse, et la sollicitude du gouvernement ne se borne pas aux branches élémentaires d'instruction; il a fondé des institutions dans lesquelles les jeunes gens sont initiés gratuitement aux principes de l'art ou du métier auquel ils désirent se consacrer; et il en résulte qu'il y en a plusieurs qui ont atteint à Berlin une perfection que l'on ne rencontre nulle part ailleurs. Les professeurs sont traités partout avec le respect le plus encourageant. Il n'est pas besoin d'expliquer ici comment Wolff réussit à fixer le siége de l'université dans la capitale, ni de rappeler la déférence qui lui est témoignée en toute occasion. Humboldt et Raumer sont les amis personnels du roi : le premier occupe un appartement dans le palais, et quitte rarement son royal patron. Savigny, Ritter, Passalaiqua, Müller, sont des noms universellement honorés. De même, l'académie militaire de Berlin peut soutenir la comparaison avec les institutions les plus célèbres de ce genre. Le seul défaut que l'observateur impartial y remarquera peut-être, c'est que les études y sont trop fortes; et que la discipline y est trop sévère; mais ces défauts ressemblent beaucoup à des qualités.

C'est, disons-nous, le bon plaisir du gouvernement prussien, que ses sujets reçoivent tous de l'éducation, et le bon plaisir du gouvernement prussien est une loi suprême.

L'éducation est donc aussi généralement répandue dans le pays que le peut désirer le plus ferme croyant dans la perfectibilité de la nature humaine. L'ouvrage de M. Cousin nous dispense d'entrer ici dans le mécanisme à l'aide duquel on parvient à ce but; tout le monde n'est pas d'accord avec ce savant sur les conclusions qu'il en tire.

Il est évident que le gouvernement prussien prétend exercer une influence absolue et exclusive sur les facultés intellectuelles aussi bien que physiques du pays. En conséquence, l'éducation est en Prusse si complétement laïque, que l'on pourrait presque l'appeler militaire. C'est la loi qui détermine l'âge auquel les enfants doivent aller à l'école et celui auquel ils doivent la quitter; la loi désigne ce qui doit se faire à l'école jour par jour, heure par heure. La loi fait rentrer, sous l'escorte d'un agent de police, l'enfant qui fait l'école buissonnière et punit le père qui encourage sa paresse. La loi exerce la même surveillance perpétuelle sur les maîtres, par l'entremise des consistoires de paroisse, de commune et de province, placés eux-mêmes sous le contrôle du conseil central à Berlin, qui a pour chef le ministre de l'instruction publique. Ce conseil se divise en trois sections, celles des mœurs, de l'instruction et de la santé.

La Prusse tire ses principales richesses de son sol et surtout de l'agriculture. Ses houillères produisent annuellement près de 11,000,000 de francs.

L'industrie manufacturière est très-importante : les étoffes de lin, de laine, de coton, de soie, et les ouvrages en fer, en sont les principaux objets. Le commerce d'expédition, de transport, de commission est considérable. Le commerce intérieur est favorisé par une belle navigation de cours d'eau et de canaux; mais les routes laissent encore à désirer beaucoup. Les principales places de commerce de l'intérieur sont : Berlin, Breslau, Magdebourg, Cologne, Naumbourg, Francfort sur l'Oder, Thorn, Posen, Erfurt, Nordhausen, Mulhausen, Minden, Munster, Dortmund, Dusseldorf, Aix-la-Chapelle, Coblentz, Elberfeld, etc.

Nous avons dit que la Prusse était partagée en huit provinces; nous jetterons un coup d'œil sur chacune d'elles.

La SILÉSIE est une des provinces les plus industrieuses de la monarchie : les fabriques de toiles et de draps sont l'objet principal de l'industrie manufacturière; celles de cotonnades, de soieries, de cuir, ont aussi de l'importance. On fait beaucoup d'eau-de-vie et d'autres liqueurs.

Les trois régences de la Silésie sont *Breslau*, *Oppeln* et *Liegnitz*.

Les SILÉSIENS se font remarquer par leur bon caractère, leur sobriété, leur probité; mais ils sont crédules, peu éclairés, et d'un respect aveugle et ridicule pour l'aristocratie et les cérémonies de l'étiquette. La noblesse y est fort nombreuse. Il y a un peu plus de protestants que de catholiques. On compte environ 12,000 juifs. Depuis que la Prusse possède ce pays, l'éducation publique y a été très-améliorée; cependant il règne encore une grande ignorance dans la partie qui avoisine la Pologne.

Le BRANDEBOURG, quoique riche en produits naturels, ne fournit pas une récolte suffisante à la consommation des habitants; mais l'industrie y est considérable.

La population se compose d'Allemands, de Français, de Suisses; cependant, le caractère national ne participe point du mélange de ces peuples. Les BRANDEBOURGEOIS des classes inférieures sont généralement lourds, pensifs, taciturnes; mais dans la haute société, on remarque quelque gaieté et une certaine vivacité dans le caractère.

Quoi qu'il en soit, ce peuple aime les arts et les sciences; il se distingue par son patriotisme et sa tolérance en matière de religion.

C'est dans la province de Brandebourg que se trouve la capitale des États prussiens.

L'entrée de BERLIN, du côté de Charlottenbourg, est sans contredit la plus imposante qu'il soit possible de voir. Située dans une plaine parfaitement unie, la ville ne se montre qu'après qu'on a passé la barrière. Cette barrière n'est autre qu'un magnifique arc de triomphe surmonté du quadrige que Napoléon avait fait transporter à Paris, et que les Prussiens reprirent en 1814. Au delà de la barrière, que l'on appelle la porte de Brandebourg, on trouve d'abord la promenade des Tilleuls, où quatre rangs de beaux arbres ombragent des hôtels, chacun desquels peut passer pour un palais, et à l'extrémité de cette promenade, l'œil se porte sur le château royal, sur l'élégante et légère colonnade du musée, sur la Grande-Garde, d'une belle architecture, sur l'Opéra italien et sur l'Université. Telle est la splendeur que présente tout d'abord l'aspect de Berlin; mais le reste de la ville est loin de répondre à l'idée que l'on a pu en concevoir à la première vue. Il n'y manque pas, à la vérité, de beaux monuments, d'élégantes maisons, de larges rues et de places spacieuses; mais tout cela est monotone, roide, et surtout dépourvu de vie et d'activité. Une morne tristesse s'empare involontairement de vous en parcourant cette capitale, la seule peut-être de l'Europe qui soit trop grande pour ses habitants. On s'aperçoit que cette ville ne s'est point accrue, comme les autres, en raison du nombre de ses citoyens, mais qu'elle a été bâtie *à priori*, sauf à la population à augmenter ensuite pour la remplir.

Les deux régences de Brandebourg sont *Postdam* et *Francfort*.

La POMÉRANIE, dont le chef-lieu est Stettin, se divise en trois régences : *Coslin*, *Stettin* et *Stralsund*.

La population de cette province se divise en trois classes : la noblesse, les bourgeois et les paysans; la première jouit de plusieurs priviléges. Les bourgeois, composés en grande partie de réfugiés protestants, sans jouir des priviléges des nobles, ne sont pas néanmoins assujettis au vasselage, l'unique partage des paysans.

La province de SAXE est une des dernières et des plus importantes acquisitions qu'ait faites la Prusse; elle est formée, en grande partie, de diverses portions enlevées, en 1815, aux États saxons.

Cette province, dont le chef-lieu est Magdebourg, est divisée en trois régences : *Magdebourg*, *Mersebourg* et *Erfurt*, subdivisées en quarante et un cercles.

Les habitants sont actifs et industrieux; ils ont peu de manufactures, mais un assez grand nombre de métiers particuliers, pour la fabrication des toiles, des étoffes de laine et des cotonnades; on fabrique du tabac, du papier, de l'empois, beaucoup de bière et d'eau-de-vie. Les établissements pour le travail des métaux sont assez nombreux.

La province de WESTPHALIE comprend trois régences, dont les chefs-lieux sont *Minden*, *Munster* et *Arnsberg* ou *Arensberg*.

Le grand-duché de POSEN est partagé en deux régences : *Posen* et *Bromberg*.

Le paysan est ignorant, adonné à l'ivrognerie, et, malgré les efforts de la législation et de l'administration pour l'élever au rang d'être raisonnable, ses progrès sont lents et incertains. Selon Holsche, les petits nobles, du temps de la république, traitaient les paysans comme des nègres : « ils violaient toute fille qui leur plaisait, et répondaient par cent coups de bâton à quiconque s'en plaignait; il n'y avait ni lois ni justice pour un paysan. » Mais c'était le temps des guerres de la confédération. La vie physique du paysan était, de l'aveu du même témoin oculaire, plus agréable que celle des cultivateurs allemands : une nourriture très-abondante, des vêtements grossiers, mais propres à résister au froid, une chaumière sale, mais bien couverte, un lit de plumes, la liberté de danser, de chanter et de s'enivrer, voilà les *conforts* de ces esclaves. Il est difficile d'ennoblir une race abâtardie par des siècles d'habitudes serviles, surtout quand, chez elle, toute idée morale a fait place à la superstition.

La province RHÉNANE est divisée en cinq régences : *Cologne*, *Dusseldorf*, *Coblentz*, *Trèves* et *Aix-la-Chapelle*.

ÉTATS EN DEHORS DE LA CONFÉDÉRATION GERMANIQUE.

Les États de la monarchie prussienne qui doivent être regardés comme *États non germaniques* sont : la Prusse orientale, la Prusse occidentale et le grand-duché de Posen.

La PRUSSE ORIENTALE (autrefois *Prusse ducale*) comprend deux régences : *Konigsberg* et *Gumbinnen*. L'élève des chevaux et des bestiaux, ainsi que diverses branches d'industrie, enrichissent cette province.

La PRUSSE OCCIDENTALE (jadis *Prusse royale*) est partagée en deux régences : *Dantzig*, et *Marienwerder*.

Nous aurons encore recours à Malte-Brun pour obtenir quelques détails sur les peuples répandus dans ces deux provinces.

« Les habitants de la Prusse royale et de la Prusse orientale se composent aujourd'hui de seigneurs, de simples nobles, de possesseurs de terres libres sous le *droit de culm*, de bourgeois avec des priviléges plus ou moins étendus, et de paysans, tous libres de leur personne, et propriétaires du sol, depuis la loi du 11 septembre 1811, mais soumis à diverses redevances et corvées envers les possesseurs de terres nobles, à l'exception des cultivateurs de *werders* et des habitants de colonies nouvelles. Il est, dans les *werders*, des paysans très-riches, qui commencent à élever leurs enfants avec soin, et qui ne se refusent ni le vin, ni le café, ni les habits de bon drap; la civilisation de cette classe serait très-avancée sans la dernière guerre.

» A l'autre extrémité du pays, les paysans dits *lithuaniens*, mais qui au fond sont les descendants des anciens *Pruczi*, conservent avec leur idiome un reste de paresse et d'ignorance routinière; ils fabriquent cependant eux-mêmes l'étoffe épaisse dont ils s'habillent. Ces Lithuaniens portent une écharpe colorée, appelée *margin*, et roulée autour des hanches. Les Koures, qui vivent en pêcheurs sur les bords du Haff, mettent le *margin* sur les épaules; leurs femmes portent des bottes et des bonnets d'hommes. Une ceinture en argent ou en fer-blanc, chargée d'un grand nombre de clefs, est l'orgueil des femmes ménagères. Ces peuplades mériteraient le coup d'œil d'un observateur, et peut-être existe-t-il sur elles des renseignements dans les *magasins* allemands; mais, privés de secours, nous nous bornons à faire remarquer que le *margin* des Prussiens-Lithuaniens semble être le *plaid* des Écossais montagnards, circonstance qui offrirait un rapprochement inattendu dans l'assertion singulière de Tacite, qui attribue aux anciens *Æstyi* l'usage de la « langue britannique. »

» La noblesse comprend quelques descendants des anciens chevaliers teutoniques qui, renonçant à leurs vœux monastiques, ont formé les nœuds du mariage. D'autres familles sont arrivées plus tard du nord de l'Allemagne. Ils conservent un air de commandement, une dignité de manières que tempère aujourd'hui l'usage du monde. On y reconnaît quelques traits de la noblesse livonienne; leur fierté aristocratique, adoucie par des sentiments philanthropiques. Les richesses de la noblesse prussienne sont très-modérées; il n'y a pas une terre de la valeur d'un million de francs.

» Les bourgeois diffèrent, selon la grandeur des villes et selon l'origine plus ou moins purement allemande ou mêlée de sang polonais et wende. Memel, Konigsberg, Elbing, Dantzig, Thorn, conservent le plus de traces de leur ancienne liberté comme villes hanséatiques.

HOLLANDE.

Abstraction faite du grand-duché de Luxembourg, la position astronomique de la Hollande est : Longitude orientale entre 1° et 4° 48′ ; latitude entre 51° et 53°.

Ce pays confine : au nord à la mer du Nord ; à l'est à la confédération germanique (Hanovre, provinces de Westphalie et du Rhin) ; au sud à la Belgique ; à l'ouest à la mer du Nord.

La Hollande est politiquement divisée en dix provinces, subdivisées en districts et en cantons. Le tableau suivant présente les divisions principales.

Provinces.	Chefs-lieux, villes principales et lieux remarquables.
Hollande septentrionale.	Harlem, AMSTERDAM, *Hilversum*, *Amsteiveen*, *Naarden*, *Saardam* (Zaandam), *Hoorn*, *Edam*, *Medenblick*, *Enkhuyzen*, *Alkmaar*, *Helder*, *Willems-Ord*, *Niew-Diep* : les îles *Texel*, *Vlieland*, *Ter Schelling*, et *Wierengen*.
Hollande méridionale.	La Haye ('S Gravenhage), *Scheveningen*, *Katwyk*, *Leide*, *Rotterdam*, *Vlaardingen*, *Delfshaven*, *Schiedam*, *Delft*, *Gouda*, *Schoonhoven*, *Dordrecht*, *Gorkum* (Gorinchem), *la Brielle* (Briel), *Hellevoetsluys* (Helvoetsluys).
Zélande.	Middelbourg, *Flessingue*, (Vlissingen) et *Westkapelle*, sur l'île Walcheren, l'*Écluse* (Sluis), *Goes*, sur l'île Sud-Beveland, *Hulst*, *Axel*, *Sas-de-Gand*, *Zirikzee*, dans l'île Schouwen, *Tholen*, dans l'île Tholen.
Brabant septentrional.	Bois-le-Duc ('S Hertogenbosch), *Ravenstein*, *Grave*, *Tilburg*, *Breda*, *Oosterhout*, *Geertruidenberg*, *Moerdyk*, *Berg-op-Zoom*, *Eindhoven*, *Oirschot*, *Helmont*.
Utrecht.	Utrecht, *Zeyst*, *Amersfoort*, *Soest*, *Veenendael*.
Gueldre.	Arnhem, *Nieuwkerk*, *Harderwyk*, *Loo*, *Zutphen*, *Doesbourg*, *Nimègue* (Nimwegen), *Saint-André* (San-Andries), *Thiel*, *Kuilenbourg*.
Overyssel ou Over-Yssel.	Zwoll, 14. *Ommerschans*, *Kampen*, *Zwarte-Sluys*, *Deventer*, *Almelo*.
Drenthe.	Assen, *Meppel*, *Coevorden*, *Frederiksoord*.
Groningue.	Groningue, *Winschoten*, *Nieuwe Schanz* (Langeacker), *Appingadam*, *Delfzyl*.
Frise.	Leeuwaarden (Liewerden), *Franeker*, *Harlingen*, *Dokkum*. Les îles *Ameland* et *Schiermonigkoog*, *Sneck* (Snitz), *Bolsward*, 3. *Herrenveen*.
Limbourg.	Maestricht (Maastricht), *Galoppe* (Gulpen), *Sittard*, *Vaels*, *Stefanswerd*, (Saint-Stevens-Waard), *Ruremonde*, (Roërmonde), *Weerd*, *Venloo*.
Luxembourg.	Luxembourg, *Diekirch*, *Echternach*.

Le climat de la Hollande est humide, l'air froid, pesant et très-variable. Cependant l'hiver qui y règne pendant quatre mois de l'année et qui couvre la terre de frimas et de glace, le vent d'est qui souffle fréquemment dans cette saison, dissipent les miasmes d'une atmosphère insalubre. Les étés sont assez agréables; les plus grandes chaleurs se font sentir dans les mois de juillet et d'août ou après le solstice d'été.

Le sol est ingrat et peu fertile, mais l'industrie et l'activité des habitants de cette province en ont su tirer parti d'une manière étonnante.

L'éducation des bestiaux, la grande et la petite pêche, le cabotage, les voyages de long cours, constituent principalement l'active industrie qui règne dans la Hollande : elle a aussi beaucoup de briqueteries, des tuileries, des fabriques de cordages, de toiles à voiles et de toiles fines renommées; des raffineries de sucre et de sel, des blanchisseries de cire et de toiles, des papeteries, des moulins à huile et à scier les bois, et des chantiers de construction.

Le commerce de cette province est considérable : les vaisseaux de la compagnie des Indes y importent des épiceries et d'autres denrées, qu'une foule de navires font ensuite passer sur divers points de l'Europe, avec les produits des manufactures, une énorme quantité de fromages et de beurre, et des morues et harengs salés, séchés et fumés, qui ont fait de tout temps une des principales branches du commerce de la Hollande; on exporte aussi des eaux-de-vie de grains, qui se débitent beaucoup en Angleterre et dans le Nord. Le commerce intérieur est singulièrement favorisé par les nombreux cours d'eau et les canaux qui entrecoupent ce pays dans tous les sens. Les places de commerce les plus importantes sont Amsterdam, Dordrecht, Harlem et Rotterdam; on y remarque Saardam, village considérable, célèbre par le séjour qu'y fit Pierre le Grand, et qui possède de vastes chantiers de construction.

Les grandes routes, mal entretenues autrefois, et souvent impraticables, sont maintenant très-bien soignées, et généralement bordées d'arbres.

Le gouvernement est constitutionnel. Le roi partage le pouvoir législatif avec les états généraux, divisés en deux chambres : la première chambre est composée de membres nommés à vie par le roi, parmi les personnes les plus distingués par leurs services, leur naissance ou leur fortune; la seconde chambre se compose des députés nommés par les provinces.

La constitution assure et garantit à tous les citoyens les mêmes droits. Chaque province a ses états particuliers, composés de membres élus par les trois ordres de l'état, qui sont la noblesse ou l'*ordre équestre,* l'*ordre des villes* et l'*ordre des campagnes*. Ils s'assemblent au moins une fois l'an, et chaque fois qu'ils sont convoqués par le roi. Le gouvernement des colonies appartient exclusivement au roi.

Les habitants peuvent être partagés entre deux souches : la *germanique* à laquelle appartiennent les *Hollandais* qui forment la masse de la population des anciennes sept provinces; les *Allemands* qu'on ne rencontre que dans une partie de la province de Limbourg, dans le grand-duché de Luxembourg, et dans les grandes villes des autres provinces, les *Frisons* qui se trouvent dans la Frise et dans quelques îles qui en dépendent. La souche *greco-latine* d'où sont sortis les *Wallons*.

Tous les cultes sont librement professés en Hollande.

Le Hollandais est de sa nature réservé et taciturne; son éducation, son esprit ne le portent pas à rechercher les dehors brillants, à s'exercer à cette joute vive et capricieuse qu'on appelle la conversation. Il aime son travail, ses affaires, l'intérieur de la maison, la vie de famille. La visite d'un étranger dérange nécessairement la régularité systématique de ses habitudes, et lui apporte de la surprise, du trouble. Avant de l'introduire dans un cercle domestique, le Hollandais veut voir son hôte en particulier; il est froid et contenu avec lui; puis une fois qu'il le connaît et l'apprécie, il l'accueille avec abandon et cordialité; car il traite les relations du monde avec la même prudence et les mêmes qualités honnêtes que les affaires. Qu'on aille proposer une spéculation à un négociant hollandais, il ne se laissera pas surprendre de prime abord par tout ce qu'elle pourrait offrir de séduisant ; il voudra l'étudier à l'écart, la retourner sous toutes ses faces, l'approfondir ; mais quand il aura promis de s'y hasarder, dût sa fortune s'y engloutir, il tiendra sa parole.

L'économie est une autre cause de l'extrême réserve avec laquelle les Hollandais ouvrent leur maison. Car on ne se réunit pas seulement dans ce pays pour se grouper autour d'une cheminée, pour causer et échanger les nouvelles du jour ; dès qu'une demi-douzaine de personnes se trouvent ensemble, il faut que les dieux de l'abondance y soient aussi. On comprend que moins la réunion est nombreuse, moins considérables en sont les frais.

Les enfants apprennent à respecter et à pratiquer l'économie, dès leur plus bas âge. Chaque année, au lieu de leur donner le 1er janvier, de fragiles étrennes, leur père leur remet une petite somme d'argent qu'on leur reprend quelques jours après pour la mettre dans une caise d'épargne. Bientôt ils ont la joie d'administrer eux-mêmes leur capital, d'en toucher les intérêts, de les replacer, et de voir ainsi de mois en mois leur trésor s'accroître. Lorsque après avoir goûté pendant dix ou quinze ans ces joies du calcul, ils entrent dans les affaires, on peut croire qu'ils connaissent la valeur d'un florin.

Les calculs d'économie si chers aux Hollandais sont mis de côté dès qu'il s'agit d'une question d'utilité publique ou de charité. Il est peu de pays ou il y ait autant de beaux et vastes établissements de bienfaisance, de maisons de refuge pour les pauvres et les orphelins. La religion exerce à cet égard sur eux une grande influence. Le peuple hollandais est très-attaché à ses croyances, et il ne se contente pas de vénérer les maximes de la Bible et de l'Évangile, il les met en pratique.

Le Hollandais, n'est pas moins économe de ses gestes, de ses paroles, que de son argent. L'ouvrier s'en va à pas comptés à son travail ; le négociant prend gravement le chemin de la bourse. Les oisifs s'asseyent gravement dans les cabarets sans chanter ni crier. Tout en Hollande est prévu, mesuré et soumis à une impulsion régulière. Tout se meut comme par les rouages d'une machine en bon état. Il y a du silence jusque dans le mouvement. Les bateaux chargés de marchandises suivent mollement les sinuosités du canal ; les bateliers, assis au gouvernail, se laissent ainsi porter vers les vastes entrepôts de Rotterdam ou d'Amsterdam, en fumant leur pipe. Les enfants, qui reviennent de l'école, ont déjà un petit air grave et doctoral.

Lorsque l'on entre dans une ville hollandaise, on ne voit point de curieux dans les rues, point de gens affairés qui courent çà et là et se heurtent sur les trottoirs. La plupart des maisons sont gardées par une chaîne en fer qui s'étend tout le long de la façade et arrête les passants à trois pieds de distance. Les portes, vernies et ornées d'un magnifique marteau de cuivre, sont hermétiquement fermées, et les fenêtres voilées à l'intérieur par une pièce de toile blanche qui en occupe toute la largeur.

En Hollande la plupart des villes semblent bâties sur un même modèle, dont Amsterdam et Rotterdam sont les types ; mais chacune d'elles a quelque particularité remarquable ou quelque souvenir historique qui la distingue.

La Hollande conserve un genre de luxe qu'on ne retrouve nulle part au même degré ; ce sont les riches tapis, les laques et les vases de la Chine, les belles tasses en porcelaine que la maîtresse de la maison lave et essuie elle-même dès qu'on s'en est servi, de peur que la main maladroite d'une servante ne vienne à les briser. La maison de campagne est la joie, l'orgueil du négociant hollandais. C'est là que sa femme se retire en été, et qu'il va chaque dimanche se reposer des travaux de la semaine. Sa journée se passe là comme à la ville au milieu des siens et quelquefois dans un très-petit cercle d'amis. On ne connaît pas en Hollande le besoin d'avoir sans cesse du monde autour de soi. A part la Haye, où les habitudes françaises ont un certain empire. La maison hollandaise n'est ouverte qu'aux parents, aux amis intimes, aux gens d'affaires. Deux ou trois fois l'hiver, le riche propriétaire, le banquier, donne un grand bal, ou un dîner. Ce jour-là on ouvre les grands appartements, on étale toute les magnificences amassées depuis des siècles dans la maison, on prodigue aux convives les productions de l'Orient et les vins de toutes sortes. Puis le lendemain, la housse retombe sur les meubles de soie et de damas, les porcelaines et les cristaux sont remis dans l'armoire, le grand salon est fermé, la famille redescend dans ses petits appartements et rentre dans son repos.

Tout le jour les femmes sont occupées du soin de leur ménage, le soir elles restent avec leurs enfants, et les hommes vont au club. L'art, la science, l'industrie, l'opinion, sont représentés dans les clubs. A Amsterdam, par exemple, il y en a un où l'on amasse des livres, des tableaux, des sculptures, où l'on donne des concerts; un autre où l'on reçoit les journaux politiques et étrangers; un troisième où l'on trouve une ménagerie et un cabinet d'histoire naturelle; un quatrième qui s'est formé pour avoir seulement trois ou quatre bals et quatre soupers par hiver; un cinquième, c'est le club des patriciens où l'on trouve peu de journaux, mais plusieurs tables de jeu. Quelques-uns de ces clubs sont très-anciens et fort riches. Presque tous ont une maison à eux et un mobilier considérable. Chaque membre a le droit d'amener au bal ou au concert sa femme ou sa fille, et d'y introduire pour deux ou trois semaines un étranger. L'entrée en est absolument interdite aux habitants de la ville qui ne font pas partie du club.

Les personnes, qui n'ont pas le moyen de faire partie des clubs, s'en vont le soir avec leur femme et leurs enfants dans les établissements publics, où un orchestre presque aussi bruyant que celui de Musard, exécute avec une rare naïveté les nouveaux opéras, et où une troupe d'acteurs joue en hollandais les vaudevilles de Scribe. Toute la salle est pleine de chaises et de petites tables rangées symétriquement. D'un côté est le théâtre, et de l'autre on voit le buffet du restaurateur et du limonadier, la théière fumante, les larges tranches de veau ou de jambon, dont l'aspect seul amène sur les lèvres des Hollandais un indicible sourire de satisfaction. L'honnête père de famille s'assied avec les siens à une table, prend comme un nabab, des mains de la servante, la longue pipe en terre qui se donne partout gratis dans les plus beaux cafés comme dans les dernières tavernes; puis il commence son souper, il regarde, il écoute, il boit et il fume.

Dans les environs de Dordrecht, de Gorcum, de Schoonhoven, et le long de la haute Meuse, les deux sexes sont, en général, d'une taille moyenne et d'une santé robuste; il y en a même un assez grand nombre de haute taille. Les hommes y ont les épaules larges et les jambes bien fournies. Tous les habitants ont la peau blanche et belle, et quoiqu'il y ait, ainsi qu'ailleurs, des blondes parmi les femmes, on peut dire néanmoins que les brunes y sont en plus grand nombre. Elles ont aussi, en général, l'œil bleu tirant sur le brun, et leur taille est plutôt grande que petite. Le long de la Meuse, et de l'autre côté de cette rivière jusqu'à Rotterdam, les hommes sont d'une taille moyenne. Ils ont les yeux d'un gros bleu et enfoncés dans la tête, avec un regard assuré, quoique doux et modeste, qui ne laisse apercevoir aucun signe de haine, d'astuce ni d'envie. Leurs membres sont robustes et leurs jambes grosses, principalement celles des marins. Les femmes y sont gracieuses; elles ont les hanches larges, le sein assez gros, et un air de santé. Leur peau est blanche et de la plus belle carnation.

Les hommes du côté de la Gueldre et d'Utrecht ont les yeux bleus, mêlés de brun, vifs, brillants, et offrent un regard fier sous des paupières épaisses. Ils ont les lèvres grosses, une grande bouche, des joues charnues, le nez bien fait, droit et rond du côté des narines, le front découvert et le contour du visage ovale. Leurs cheveux sont châtains et bouclés; on en trouve aussi beaucoup de noirs. Ils sont taciturnes et d'une humeur querelleuse. Pour la moindre chose ils en viennent aux mains; et c'est dans ces cantons qu'on affectionne surtout le combat du couteau, particulièrement du côté de Woerden. Ils n'aiment pas les étrangers, et se méfient même des habitants des villes; ils sont néanmoins affables entre eux. Impétueux dans leurs passions, quand ils aiment, ils s'abandonnent facilement à la jalousie, quoique d'ailleurs ils soient naturellement froids et indifférents. Les femmes ont la tête ronde et bien faite, les joues potelées; leurs yeux d'un bleu foncé ont le regard fort doux. Leurs lèvres sont aussi un peu épaisses, mais vermeilles, et d'une forme agréable. La plupart sont blondes, ou d'un châtain clair, et ont le teint frais et brillant. Quoiqu'elles allaitent leurs enfants, leur sein conserve néanmoins toute sa fermeté et toute son élasticité.

Dans la plupart des provinces de la Hollande, les mœurs sont restées ce qu'elles étaient jadis. Certaines coutumes sont trop curieuses pour que nous puissions nous abstenir d'en parler.

Le jeune homme qui a fixé son choix demande aux parents de la fille de la voir et de lui faire sa cour. Une réponse favorable à cette demande est ordinairement suivie, dans le sud, d'un mariage; ce qui n'a pas toujours lieu dans le nord. Les parents donnent un repas de famille, où l'on établit tous les articles du contrat. L'époque des fiançailles arrêtée, on le fait savoir aux parents et amis, soit par des billets, soit de vive voix. Au jour marqué, la fiancée, conduite par sa mère, et le fiancé, accompagné de son père, se rendent avec les plus proches parents à la maison de ville, où le magistrat fait aux futurs époux quelques questions d'usage, et les inscrit sur les registres des fiançailles.

Après cette cérémonie vient la publication des bans, qui pour les personnes de la religion dominante se font dans l'église, et pour celles des autres religions, au perron de l'hôtel de ville, pendant trois dimanches consécutifs.

Les fiancés se font mutuellement des présents; c'est ce qu'on appelle se donner *promesse de mariage*. Le premier dimanche de la publication, les jeunes habitants des deux sexes se rendent à la maison des fiancés, pour les complimenter; ils y sont régalés avec du thé et du vin ou de la bière. Ordinairement le fiancé fait aussi un présent en argent à cette assemblée, qui va le dépenser dans quelque cabaret voisin.

Pendant le temps de la publication des bans, les deux familles se donnent mutuellement des repas, auxquels on invite aussi les meilleurs amis. Ces repas sont accompagnés de certaines cérémonies et de certains honneurs qu'on rend aux fiancés; tels que des arcs de triomphe pour les personnes en place, et des couronnes nuptiales pour les particuliers, avec quelque emblème relatif au sujet. Mais lorsque l'un des futurs époux a eu quelque aventure galante, ou qu'il a eu un enfant naturel avant le mariage, on attache à leur porte des couronnes ou des poupées de paille; de même que dans certaines villes, on jette devant la porte de ces personnes de la paille hachée. Si le fiancé ou la fiancée d'un village ont été enlevés à quelque autre personne qui l'aimait, on sème de l'herbe, du sable ou de la paille hachée depuis une maison jusqu'à l'autre.

Un jour ou deux avant celui du mariage, les *paranymphes* et les autres convives s'assemblent pour orner la table des noces avec des fleurs et des guirlandes de pervenches ou liseron, sur les feuilles duquel on a appliqué de l'or en feuilles et de la canetille; c'est ce qu'on appelle en hollandais *nouer le liseron*.

Le jour de la célébration du mariage, la fiancée est habillée par ses paranymphes; elle porte au côté gauche un bouquet de fleurs, où les chiffres des futurs époux se trouvent entrelacés d'une manière ingénieuse. Les paranymphes la conduisent hors de la maison jusqu'au delà du perron, lequel se trouve jonché de fleurs et de liseron, dont on orne aussi quelquefois la porte. Un jeune homme et une jeune fille marchent devant les fiancés, pendant quelques pas, en jetant des fleurs sur leur passage; après quoi la fille renverse ordinairement le panier par-dessus sa tête, pour suivre avec son cavalier les fiancés à l'église. Cette même cérémonie se répète en rentrant dans la maison.

Les gens de la campagne mettent encore beaucoup d'appareil dans leur marche à l'église, soit en barque, soit en voiture, suivant la situation du lieu. Si c'est par eau, le mât de la barque est orné d'une couronne de verdure et de banderolles de toutes couleurs; par terre, ils se servent de leurs cabriolets, dont les chevaux, ainsi que le fouet, sont ornés de rubans. En revenant, ils se rendent chez eux, après avoir fait quelques tours, et l'on ferme aussitôt les portes de la maison pour commencer la fête. Tout est de nouveau orné de rubans, jusqu'à la pipe du nouveau marié, qu'ordinairement il conserve précieusement toute sa vie. Après avoir passé une ou deux heures à fumer et à boire du thé et du café, la compagnie va faire, à pied, une promenade dans le village. Ce sont presque toujours les nouveaux époux qui ouvrent la marche, et le reste de la compagnie les suit deux à deux: les hommes en fumant, et les femmes en tenant une branche de fleurs à la main. La promenade finie, on se rend dans la maison où doit se faire le repas de noce, qui est suivi d'un bal. Vers le milieu du bal, on enlève, comme par force, la mariée, qui n'est rendue à son époux qu'à condition qu'il donnera une seconde fête: c'est ce qu'on appelle *vendre la mariée*.

Celle-ci est ensuite conduite dans la chambre nuptiale, par les paranymphes, pendant que les jeunes gens font des efforts pour lui arracher quelque ruban ou sa jarretière même. Celui qui a ce bonheur est le roi du bal, et porte cette jarretière autour de la jambe pendant le reste de la fête; mais s'il a une amie, il lui en fait présent, comme un heureux présage de leur prochaine union. Le reste de la compagnie prend des fleurs et du liseron pour s'en orner le chapeau ou l'habit.

Le lendemain matin, la mère de la mariée, accompagnée d'une domestique et de la paranymphe, se rend à la chambre à coucher. Lorsque l'épouse en a ouvert la porte, sa mère et la paranymphe lui font quelque compliment; tandis que la servante offre au nouveau marié une cuvette avec de l'eau et une serviette; soin qui celui-ci récompense par un cadeau: c'est ce qu'on nomme *présenter l'eau du matin, et recevoir le don nuptial*. Ensuite les époux reçoivent la visite des convives et leurs présents de noce. Dans certains endroits, l'on sert du vin ou de l'eau-de-vie, et l'on joint ordinairement aux présents une jatte de crème et du beurre frais.

Lorsqu'une femme mariée s'aperçoit qu'elle est enceinte, elle le déclare à son mari et à sa mère, et en leur absence, à une tante ou à quelque amie mariée, jusqu'à ce que les signes extérieurs rendent publique sa grossesse. Il est d'usage en Hollande qu'aux repas et assemblées on salue la femme enceinte en buvant à la santé de l'enfant qu'elle porte, ce qu'on appelle communément « boire à la santé du petit Jean de la cave » (*Hansje in de kelder*). On souscrit avec un empressement singulier à tous les désirs que peuvent former les femmes pendant leur grossesse, et cette déférence générale pour celles qui se trouvent dans cet état, vient sans doute de l'amour que les Hollandais ont pour leurs enfants; peut-être aussi doit-on l'attribuer à l'idée qu'on a qu'une *envie* qui n'a pas été satisfaite, peut influer, par la force de l'imagination de la mère, sur la conformation de l'enfant; idée qui est généralement admise par les habitans de ce pays. Les hommes portent ce respect fort loin, et c'est peut-être cette soumission à ses volontés, qui, dégénérée en habitude, a fait dire aux étrangers qu'en Hollande c'est la femme qui porte les culottes, pour signifier qu'elle y est la maîtresse absolue.

C'est ordinairement au septième mois de la grossesse qu'on choisit des parrains pour l'enfant à naître, et qu'on arrête la sage-femme et la garde auxquelles on donne des arrhes. Ce sont presque toujours les père et mère de l'époux que l'on choisit pour parrains du premier enfant. Aux secondes couches, la mère de l'enfant a le droit de nommer ses parents à cette cérémonie, et pour les enfants qui viennent à naître ensuite on prend d'autres parents ou des amis pour parrains. Parmi les gens de la campagne, à la mort du père et de la mère, les parrains prennent de leur filleul le même soin que ceux-ci auraient pu en avoir eux-mêmes.

Dès que la mère est délivrée, on remet l'enfant entre les mains de sa grand-mère, ou de quelque autre proche parente, qui récompense cette attention par un présent. Ensuite les femmes présentes examinent attentivement si la couche a été bien faite et sans accident. Lorsque l'enfant a été emmailloté, la sage-femme le donne au père, qui lui fait également un présent, et montre à l'assemblée le nouveau-né, qu'il porte ensuite au lit de la mère, où les deux époux lui donnent conjointement leur bénédiction. Cet acte de piété accompli on fait entrer dans la chambre les autres enfants de la famille, s'il y en a, pour leur présenter leur nouveau frère ou leur nouvelle sœur; et sur la demande ordinaire qu'ils font, d'où leur vient cette sœur ou ce frère, on leur répond que la mère a été la prendre sous un chou de quelque jardin potager, ou qu'elle a été le chercher avec un bateau.

Lorsque l'intérieur de la maison se trouve un peu rangé, le père du nouveau-né en fait savoir la naissance aux parents, aux amis et aux voisins, qui pendant neuf jours ne manquent pas de s'informer de la santé de la mère et de l'enfant. Durant ce temps on a soin de faire envelopper la sonnette, ou le marteau de la porte, afin de prévenir le moindre bruit qui pourrait troubler le repos de l'accouchée.

Dans certains endroits de la Hollande, on attache aux portes des maisons où il y a une femme en couche, une petite planche couverte d'une pièce d'étoffe de soie, couleur de rose, par-dessus laquelle il y a une dentelle plissée aux quatre coins en forme d'éventail. On place sous cette dentelle un morceau de papier blanc, qui couvre à peu près la moitié de cette planche. Ce papier qu'on peut ôter à volonté, y reste quand le nouveau né est une fille; mais si c'est un garçon, on le retire de dessous la dentelle pour laisser voir en entier l'étoffe couleur de rose. Chez les pauvres on se contente d'envelopper d'un ruban blanc le loquet de la porte.

En Hollande les délassements qui remplacent les premiers amusements de l'enfance, sont ceux de faire l'exercice, de tirer au blanc et à l'oiseau.

Les Hollandais ont encore d'autres jeux, entre autres celui qui consiste à pendre une oie, par les pattes, à une corde tendue sur un grand chemin. La tête de l'oiseau, qui est enduite de graisse et de savon, se trouve à une hauteur que les joueurs placés sur un chariot peuvent atteindre de la main. Lorsque les rangs sont marqués, un conducteur fait passer le chariot au grand galop dessous la corde à laquelle l'oie est suspendue. Alors le coureur tâche de saisir la tête de l'animal et de l'arracher; et tandis qu'il fait cet effort, le chariot s'élance de dessous lui; de sorte qu'il tombe souvent assez rudement par terre. Celui qui de cette manière parvient à se rendre maître de la tête de l'oie, est déclaré vainqueur. Ce même exercice se fait sur l'eau avec des batelets conduits par des rameurs vigoureux et agiles.

L'art d'aller à patins est porté en Hollande, à un si haut degré de perfection, qu'il fait l'étonnement de tous les étrangers; et, en effet, l'on ne peut qu'être surpris, de voir l'agilité et la hardiesse avec laquelle un patineur fait, en une heure de temps, trois ou quatres lieues de chemin. Les habitants de chaque canton ont une manière particulière d'aller à patins. Les Hollandais en général se distinguent par l'aisance et la grâce avec lesquelles ils penchent leur corps en dehors, ce qui offre le spectacle le plus singulier que puissent donner les lois de la pondération. On en voit qui, à chaque tour ou à chaque coup de patin, forment une portion de cercle de trois ou quatre toises; d'autres tracent toutes sortes de traits, de chiffres ou de caractères avec le derrière de leur patin.

Il nous reste à parler des jeux nautiques qui sont en usage en Hollande; il n'y a presque pas de village situé sur le bord ou près de quelque lac ou rivière, où l'on ne s'amuse, au moins une fois par an, à se disputer l'honneur d'être le plus habile à conduire une barque à voile; à cet effet, on se sert de chaloupes légères. Au jour marqué, les concurrents se placent le long d'un quai, suivant le rang qui leur est échu par le sort. Au signal donné, il est permis à chacun de donner un coup de perche pour s'éloigner du rivage, et aussitôt on hisse la voile, et chacun cherche à prendre l'avantage du vent, sans qu'il soit permis d'user de ruse. Celui qui aborde le premier à l'endroit indiqué remporte le prix, qui consiste ordinairement en un pavillon que donne l'hôte de l'auberge, chez qui la compagnie s'assemble. Les habitants des bords du Zaau, du lac de Harlem, de l'Y et de la Meuse se distinguent, surtout par leur adresse, dans ces sortes de jeux. Dans d'autres endroits on se dispute le prix a force de rames.

La FRISE est la province la plus curieuse de tout le royaume. Là il y a une langue à part; une poésie naïve et originale, des traditions anciennes et des mœurs qui ont un caractère primitif. Les hommes sont généralement grands et forts. Les femmes ont la taille élancée, les cheveux blonds et abondants, les yeux d'un bleu limpide. Elles sont renommées dans toute la Hollande pour leur beauté. Elles portent une courte mantille qui dessine élégamment leur taille; un léger bonnet couvre le sommet de leur tête, retombe sur leur col, et deux larges lames d'or leur ceignent les tempes. Les plus riches y ajoutent un diadème en perles ou en diamants. Il y a de simples paysannes qui, le dimanche, portent ainsi à l'église une parure de la valeur de 1,800 ou 2,000 francs. Les plus pauvres tiennent beaucoup à porter aussi cette parure. Elles font pendant plusieurs années des économies sur leurs gages dans le but d'acheter d'abord un bandeau en argent, et puis de l'échanger plus tard contre un bandeau en or. A voir toute cette belle race de la Frise, ces hommes à figure mâle, aux formes robustes, ces femmes avec leur démarche à la fois noble et gracieuse, et leur diadème au front, on comprend qu'il y ait en eux un profond sentiment d'orgueil national.

LEEUWARDEN, capitale de la Frise, est une ville de dix-huit mille âmes, elle est régulière, élégante et bien bâtie.

DRENTHE, est la province la plus triste, la plus aride de la Hollande, on n'y aperçoit que des bruyères incultes ou des marais. La tourbe et le produit de quelques bateaux, telles sont les ressources de cette malheureuse province, qui, du reste, est à peine peuplée.

ASSEN, qui en est la capitale, ressemble à un village, et de loin en loin on ne rencontre que de pauvres cabanes où l'on ne distingue même plus aucune trace de propreté hollandaise.

Nous nommerons les villes les plus importantes de la Hollande :

AMSTERDAM, est la cité principale de toute la monarchie; elle a un port formé par l'Ye ou Y. L'Amstel, petite rivière, la divise en deux parties, entrecoupées par beaucoup de canaux, qui forment 90 îles communiquant entre elles par 290 ponts, les uns en pierre, les autres en bois. Les rues, presque toutes alignées au bord des canaux, sont bien pavées, garnies de trottoirs, et la nuit, convenablement éclairées; les deux plus belles appelées le *Heeren-Gracht*, et le *Keisers-Gracht*, au centre de la ville, sont magnifiques et d'une longueur cosidérable. Rien n'égale leur richesse; mais ce ne sont pas, dit un écrivain élégant, comme dans les villes d'Italie, des palais qui en font l'ornement; les maisons,

DEMOISELLE DE LA FRISE.
(Pays-Bas.)

ENFANTS ORPHELINS.
(Amsterdam)

toutes bâties en briques et peintes de diverses couleurs, sont garnies avec goût des plus brillantes étoffes, et la profusion des magasins ornés de tous les produits des deux mondes, annonce la richesse d'une ville qui posséda longtemps le commerce de l'univers; Le *Kalver-Straat* et le *Nievedek* surtout ressemblent à des galeries d'exposition en plein air de tous les trésors de l'industrie. Amsterdam est le siége de l'administration générale de la marine dont les magasins et les chantiers de construction sont vraiment remarquables.

La Haye, capitale de la monarchie, était jadis la résidence des stathouders, c'est aujourd'hui la résidence de la famille royale, des hauts fonctionnaires, du corps diplomatique; elle est depuis plus de deux cents ans le théâtre principal de la politique hollandaise. Ses rues sont larges et élégantes, ses environs charmants. La population est d'environ 55,000 habitants.

Leyde est une des villes classiques de la philosophie et de l'érudition. Les glorieux souvenirs de l'histoire s'y allient à ceux de la science.

Harlem, patrie de Laurent Koster, est le domaine de Flore, quoique les tulipes de Harlem ne se cotent plus comme des bons sur le trésor à la bourse d'Amsterdam.

Saardam est célèbre par la prétendue cabane de Pierre le Grand, que l'on y montre encore.

Groningue, chef-lieu de la province de ce nom est la ville la plus considérable du nord de la Hollande. Elle a une université, un bon port et fait un commerce considérable avec l'Allemagne.

Les autres villes ont été nommées dans le tableau des provinces, chefs-lieux, etc., qui précède.

Même en ne tenant pas compte des îles formées par les travaux des hommes, cette contrée en offre un grand nombre. On peut les ranger en deux groupes : le *groupe méridional*, qui comprend les îles formées par les divers bras de la Meuse et de l'Escaut; le *groupe septentrional*, qui comprend les îles rangées à l'entrée du Zuyderzée et le long des côtes de la Frise. *Kadzand*, *Nord* et *Sud-Beveland*, *Walcheren*, *Tholen*, *Schouwen*, *Over-Flakee*, *Vorn* et *Beyerland* sont les plus considérables du groupe méridional; *Wieringen*, *Texel*, *Vlieland*, *Ter-Schelling* et *Amelland* méritent d'être mentionnés dans le groupe septentrional.

Malgré les cessions importantes faites dernièrement par la Hollande, ses colonies sont encore très-considérables. Elles forment ce que nous appelons l'*Océanie*, l'*Afrique* et l'*Amérique hollandaises*. Voyez ces articles à leur place respective. La totalité de la monarchie hollandaise donne une *superficie* de 244,000 milles carrés et une population de 12,000,000 d'âmes.

ROYAUME DE BELGIQUE.

La position astronomique de la Belgique est : Longitude orientale entre 0° 15' et 5° 46', latitude entre 49° 32' et 51° 28'.

Ce royaume confine : au nord à la Hollande ; à l'est à ce même pays et aux provinces rhénanes de la monarchie prussienne ; au sud à la France ; à l'ouest à cette même monarchie et à la mer du Nord.

La superficie du territoire belge est de 2,814,000 hectares ; la population est de 5,800,000 habitants.

Le tableau suivant fait connaître les divisions administratives de la Belgique.

PROVINCES.	CHEFS-LIEUX, VILLES ET LIEUX LES PLUS REMARQUABLES.
BRABANT.	BRUXELLES (*Brussel*), Laeken, Anderlecht, Tervueren, Halle, Vilvorde, Louvain (*Leuven*), Nivelles, Waterloo, Wavre, Braine-Lalleu, Tubise, Aerschot.
ANVERS	Anvers (*Antwerpen*), Lillo, Boom, Saint-Bernard, Malines (*Mechelen*), Lierre *ou* Lier, Turnhout, Hoogstraeten, Gheel, Wartel.
FLANDRE ORIENTALE.	Gand (*Gend*), Waershoot, Audenarde, Renaix (*Ronse*), Grammont, (*Geeraerdsbergen*), Ninove, Termonde (*Dendermonde*), Ruppelmonde, Alost, (*Aalst*), Wetteren, Zele, Lokeren, Tamise, Saint-Nicolas, Eccloo.
FLANDRE OCCIDENTALE	Bruges (*Brugge*), Dam *ou* Damme, Blankenberghe, Ostende, Thielt, Furnes (*Veurne*), Dixmude, Nieuport, Ypres (*Yperen*), Poperinghe, Warneton, Courtrai (*Cortryck*), Comines, Werwick, Roulers, (*Rousselaer*), Menin (*Meenen*).
HAINAUT (Henegouwen).	Mons (*Bergen*), Jemmappes, Hornu, Frameries, Dour, Quaregnon, Wasmes, Enghien, Soignies, Tournai (*Doornick*), Lessines, Ath, Fontenoi, Beaumont, Braine-le-Comte, Fontaine-l'Évêque, Peruwelz, Charleroi, Fleurus, Marchienne, Binche, Thuin, Chimai.
NAMUR.	Namur (*Namen*), Andenne, Dinant, Bouvignes, Gembloux, Rochefort, Voneiche, Han-sur-Lese, Philippeville, Bouvin, Marienbourg, Florennes.
LIÉGE.	Liége (*Luik, Lüttich*), Herstal, Chaudfontaine, Herve, Abbaye de la vallée de Saint-Lambert, Glons, Seraing, Dalhem, Verviers, Theux, Limbourg, Spa, Stavelot (*Stablo*), Huy.
LIMBOURG.	Hasselt, Fauquemont (*Valkenburg*), Maseyck, Tongres (*Tongeren*), Saint-Trond (*Sint-Truyen*), Bilsen, Looz.
LUXEMBOURG.	Arlon, Mersch, Neufchâteau, Bastogne, Dieckirch, Bouillon, Marche en Famenne, Saint-Hubert.

Le sol belge fournit en quantité le froment, le seigle, l'épeautre, l'orge, l'avoine, les pommes de terre, les légumes de toutes sortes, les plantes à fourrage, le lin, le chanvre, le houblon, la betterave, le tabac, le colza, la garance, les arbres fruitiers et les bois de construction.

Le Brabant, les deux Flandres, et Anvers sont les provinces où l'agriculture a atteint le plus haut degré de perfection.

Les manufactures sont nombreuses en Belgique, l'industrie y est aussi étendue qu'en aucun autre pays.

Les provinces de Hainaut et de Liége ont des mines de houille très-riches, et dont on exporte le charbon de terre en France et en Hollande; et dans les provinces de Hainaut, de Liége, de Luxembourg et de Namur, on trouve des mines de fer et de quelques autres métaux ou minerais, tels que le plomb, le cuivre, le zinc, l'alun et le soufre; des carrières de marbre, de pierres de taille et de pierres à chaux.

Parmi les mines et les manufactures les plus importantes, il faut citer les fonderies, les forges, les clouteries, les manufactures d'armes et de machines; celles de carrosses, de quincaillerie, de coutellerie, d'orfévrerie, et de bijouterie; celles de poteries, de porcelaines, de faïence, de verre, de cristaux, de glaces; les fabriques de produits chimiques; les teintureries; les papeteries, les imprimeries et les lithographies; les manufactures de soieries, de chapellerie, de toiles, de dentelles, de draps, d'étoffes de coton, de bonneterie et de tapis; les blanchisseries; les brasseries et distilleries; les fabriques d'huile et de savon; les raffineries de sucre et de sel, et les tanneries.

Le commerce intérieur est considérable; le commerce extérieur se fait principalement avec l'Allemagne, la France, la Hollande et l'Angleterre. Les exportations de la Belgique se composent des produits du sol, des manufactures et des fabriques; les importations consistent surtout en denrées coloniales, en vins et en fruits du Midi, ainsi que dans les matières premières nécessaires à ses fabriques. Cette prospérité si remarquable avait d'abord beaucoup diminué par les troubles qui ont agité ce beau pays, mais depuis 1833 les craintes de la guerre générale ou de la guerre avec la Hollande, ayant cessé de préoccuper les esprits, l'industrie et le commerce ont pris une activité, inconnue même à l'époque la plus heureuse de la réunion de la Belgique à la Hollande.

La librairie est actuellement une des branches de commerce les plus productives. Un seul des ateliers d'imprimerie de cette ville donne annuellement en produits autant que l'eussent pu faire toutes les presses réunies à l'époque de la domination française. Cet immense accroissement est dû aux réimpressions des meilleurs ouvrages publiés en France et qui sont livrées à moitié prix de l'édition originale.

Les peuples qui, dès la plus haute antiquité, avaient passé le Rhin pour venir occuper les contrées fertiles habitées dans le principe par les Celtes, furent appelés *Belges*, du mot tudesque *belgen*, qui signifie quereller, disputer, parce que ces peuples, originaires des Germains, nation scythique, en changeant de climat n'avaient point changé de mœurs. Mais cette espèce de férocité qu'ils tenaient de leurs ancêtres, s'adoucit insensiblement par le commerce des Romains, et ils n'en retinrent que ce courage mâle auquel le plus grand des capitaines rend un témoignage si éclatant. Parmi les diverses nations qui, à cette époque, formèrent une confédération pour mettre des bornes aux conquêtes de Jules-César, et sauver leur indépendance du péril imminent qui la menaçait, on distingue les Tréviriens, les Nerviens, les Éburons, les Ménapiens, les Atuatiques et les Morins. Les Belges avaient apporté dans le pays auquel ils donnèrent leur nom les usages et la constitution des Germains. Aussi, toujours fidèles et dévoués à leurs chefs, les voit-on, à toutes les époques de leur histoire, montrer un amour ardent de la liberté, un caractère inébranlable, et une valeur intrépide.

Deux illustres maisons ont autrefois possédé les riches provinces belgiques : celle de Hainaut, et celle de Flandre, auxquelles les autres se rattachent, soit par des alliances, soit par des réunions et des cessions, et toutes ces provinces ayant été réunies sous la domination de la maison de Bourgogne, formèrent sous Philippe le Bon un vaste État qui devint l'un des plus puissants de l'Europe. Jusqu'à cette brillante époque la Belgique avait toujours été confondue et comme perdue dans les grands États. Soumise aux Romains pendant 500 ans; réunie à l'empire des Francs, sous la première et la deuxième races, pendant plus de 350 ans; incorporée au royaume d'Austrasie et à celui de Lotharingie; changeant dans l'espace de cent ans de gouvernement et de dénomination, tantôt soumise aux rois de France, tantôt à ceux de Germanie; envahie par les uns et par les autres, partagée et réunie, cédée en tout ou en partie, on peut dire que pendant toutes ces vicissitudes, qui comprennent une période de plus de dix siècles, la Belgique n'a eu pour ainsi dire aucune existence fixe dans l'ordre politique. Ce n'est que sous le règne de la puissante maison de Bourgogne que les Belges eurent une patrie : après cette période de gloire et de prospérité, les provinces belgiques, réunies sous la domination autrichienne, passèrent successivement à la branche espagnole et à la branche allemande : leur histoire se confond ici, comme dans les premiers siècles, avec celle de ces deux grandes souverainetés. Unie pendant vingt ans au vaste empire français, puis soumise à la Hollande, elle avait presque disparu de la liste des nations, mais en 1830, une révolution assura l'indépendance de la Belgique, et les Belges ont de nouveau une patrie.

Aujourd'hui le gouvernement est constitutionnel, il y a deux chambres : celle des sénateurs et celle des représentants. Le sénat se compose de 51 membres; la chambre des représentants de 102.

Tous les Belges âgés de 25 ans, payant une contribution qui varie selon les localités de 20 à 80 florins, sont électeurs.

Pour être éligible à la chambre des représentants, il faut être âgé de 25 ans, être Belge et jouir des droits civils et politiques. — Pour être éligible au sénat, il faut être âgé de 40 ans, être Belge, jouir des droits civils et politiques, et payer 1,000 florins (2,116 fr.) d'impôts.

Il y a six ministres : 1° de l'intérieur, 2° des affaires étrangères et de la marine, 3° de la justice, 4° des travaux publics 5° des finances, et 6° de la guerre.

Les ministres sont seuls responsables des actes de l'administration supérieure. — Le pouvoir de faire des lois appartient au roi de commun accord avec la chambre des représentants et le sénat.

Les armes du royaume sont le lion belge avec la légende : *L'union fait la force.* Les couleurs nationales sont le rouge, le jaune et le noir. Le pavillon belge se compose de ces trois couleurs disposées verticalement.

« Les Belges, dit M. Huot, jouissent en paix des libertés qu'ils ont conquises; ils se livrent entièrement à la propagation de l'instruction, à développer leur agriculture si belle et si riche, à exciter l'essor de leur industrie et de leur commerce, à mettre leurs lois en harmonie avec leurs besoins moraux et matériels. L'établissement des chemins de fer prouve qu'ils comprennent l'importance de leur commerce et le mérite de leur fabrication.

» Un bel avenir est réservé à ce peuple, s'il se décide à marcher dans la voie du progrès qu'il s'est ouverte lui-même; mais il faut l'avouer, entiché d'une vanité déplacée, ne comprenant pas les avantages d'une grande union sociale, il reste divisé et sans force. La commune moderne a, pour ainsi dire, pris naissance au sein de la Belgique et la commune était alors un immense progrès, mais les Belges en sont restés à cette idée de leur enfance nationale dont l'influence a été fatale à la première révolution qu'ils ont essayée contre l'Autriche en 1790. Les Belges ne comprennent pas les avantages du système unitaire et centralisateur de gouvernement, si nécessaire pour opérer l'unité nationale dont un pays faible et resserré dans d'étroites limites a un si grand besoin.

Chaque ville veut vivre de sa vie propre et indépendante, et l'on reconnaît dans cette tendance les restes de l'ancienne organisation politique du pays, composée de souverainetés distinctes, également importantes par l'étendue de leur territoire, par leur population et par leurs richesses et le plus souvent hostiles les unes envers les autres. Le soin principal du gouvernement nouveau doit être de faire disparaître ces rivalités, ces jalousies de ville à ville, de province à province; pour y parvenir, il faut qu'il cherche à augmenter l'importance politique de la capitale, que l'esprit municipal et provincial tend à ne faire considérer que comme une simple commune seulement un peu plus peuplée que les autres; mais le meilleur auxiliaire que le gouvernement aura pour atteindre ce but, ce sera le chemin de fer qui, rendant faciles et fréquentes les communications entre presque toutes les villes de la Belgique, servira à détruire les préjugés et les haines de localité, et opérera bien mieux que les lois ou l'influence directe du gouvernement la fusion des intérêts et l'union des diverses parties du pays.

» Le peuple belge a le sentiment des beaux-arts : les Rubens, Van Dyck, Teniers, les Orlando Lasso, les Grétry et tant d'autres artistes, morts ou vivants, que la Belgique a produits, suffi. aient pour prouver la supériorité qu'elle s'est acquise sous ce rapport. Sa population, peu nombreuse relativement à celle de la France dont elle parle la langue et dont elle reçoit les idées comme elle se façonne à ses mœurs, lui interdit peut-être l'espoir de posséder jamais une littérature originale et en quelque sorte exclusive, décorée du titre de nationale; mais toutes les fois que les Belges cultiveront les sciences avec le patient génie qui les caractérise, ou qu'ils auront à s'exprimer dans la langue universelle des beaux-arts, ils ne se montreront point au-dessous des peuples qui les environnent.

» Depuis quelques années la musique surtout est devenue en Belgique un besoin impérieux pour toutes les classes. Un grand nombre de sociétés particulières où les habitants des villes et des campagnes se réunissent le soir après le travail et les affaires, prennent le titre de Grande-Harmonie et exécutent souvent de la musique ; mais ce n'est point comme en France, de ces concerts qui vous assourdissent, ce sont des amateurs distingués que l'on y va écouter. A certains jours de l'année et pendant les fête locales, ces divers corps de musique luttent entre eux au milieu d'une population qui attache le plus grand intérêt au résultat du concours, dont le prix, qui consiste en une médaille d'or que l'on suspend à la riche bannière de la société, est décerné par les mains du bourgmestre.

» Le Belge ne vit point frugalement; le bien-être qui est répandu dans les classes inférieures par suite de leur esprit laborieux et industrieux, et souvent de leur économie, leur permet de se procurer beaucoup de jouissances inconnues à la population des mêmes classes dans bien d'autres pays. Il se fait une consommation énorme de bière, qui est la boisson la plus générale et dont le prix est très-modique. Cette boisson, légèrement amère est assez agréable au goût lorsqu'on y est habitué, mais les personnes qui en font un usage exclusif et fréquent sont disposées à contracter des engorgements pâteux des viscères abdominaux et un embonpoint excessif. L'usage du vin est habituel dans les repas chez les habitants aisés des villes.

» L'esprit des Belges étant spécialement dirigé vers la pratique des affaires et le travail qu'exige l'agriculture et l'industrie, en général on connaît peu dans ce pays le prix d'une bonne éducation ; on conçoit cependant qu'il y ait à cette règle de nombreuses exceptions; mais les jeunes gens, surtout ceux des classes élevées, sont d'une ignorance impardonnable ; la plupart des artistes, même des plus célèbres, ont l'esprit peu cultivé et sont privés des connaissances indispensables que donne une éducation ordinaire. Hâtons-nous d'ajouter que l'impulsion donnée maintenant aux établissements de haute

DEMOISELLE EN FAILLE, A BRUXELLES.

(Ce costume commence à se perdre.)

instruction et d'instruction moyenne et primaire, changeront ce fâcheux état de choses et autorise à fonder de grandes espérances sur la génération actuellement appelée à profiter de ces heureuses innovations.

» Les habitants des Flandres, du Brabant, d'Anvers et du Limbourg rappellent les qualités et les défauts de la race germanique dont ils sont issus : flegmatiques, sérieux, lents à concevoir et à s'exprimer, un peu égoïstes et trop dévotieusement attachés peut-être à leurs coutumes, ce qui est un obstacle au progrès, ils se distinguent par un grand bon sens pratique, par leur patience et par un sage esprit d'ordre et d'économie. Ceux qui, au contraire, habitent la longue bande méridionale qui court de l'ouest à l'est et nommée le pays wallon, c'est-à-dire les habitants du pays de Liége, de Namur et de Hainaut, descendants des Gallo-Romains, sont gais, vifs, passionnés, inventifs, entreprenants, industrieux et façonnés aux affaires. Pour le malheur peut-être de la Belgique, ils ont peu de sympatie pour la race flamande. Il serait à désirer que l'esprit de certains d'entre eux, de ceux de Liége par exemple, fût moins entiché de cette turbulence qui, chez eux, *est un trait caractéristique.* »

La capitale de la Belgique est BRUXELLES qui s'embellit de jour en jour; sa population est d'environ 160,000 âmes. Le quartier du parc et le faubourg de Schaerbeek sont en général habités par la noblesse et les étrangers. Vers le sud, une population active et rusée, mais peu nombreuse et composée de Wallons, se distingue par sa physionomie et son langage. La ville basse est presque exclusivement peuplée de Flamands, attachés à leur idiome et à leurs anciennes coutumes. Le quartier situé entre ce dernier et celui du Parc, est le centre du commerce et des plaisirs : là demeurent des bijoutiers, des modistes et tous les industriels qui trafiquent sur le luxe des gens riches. La rue de la Madeleine, montueuse et mal pavée, mais flanquée de maisons curieuses par leurs pignons bizarrement sculptés et souvent dorés, est le point de réunion des plus beaux magasins.

Le Bruxellois aime à se montrer avec un faste qui souvent dépasse ses moyens pécuniaires, dans les réunions brillantes, et surtout dans d'élégants équipages, sur les boulevards qui entourent la ville, et sur l'*Allée verte*, délicieuse avenue plantée d'arbres séculaires et située entre le canal qui joint celui de Charleroi au Rupel, et entre le chemin de fer dont le mouvement vient embellir cette promenade, couverte de chevaux et de voitures.

Parmi nos planches, nous en avons donné une représentant une Bruxelloise portant une *faille*, ou écharpe de soie, disposée sur la tête et les épaules. Cette partie du vêtement n'est plus guère en usage que parmi les classes inférieures, ou les personnes âgées. Cependant la faille, très-gracieuse du reste lorsqu'elle est bien portée, est encore fort bien vue dans certaines parties de la Belgique.

CONFÉDÉRATION SUISSE.

La Suisse est située entre 45° 50′ et 47° 50′ de latitude nord, et entre 3° 40′ et 8° 5′ de longitude est. Elle est bornée à l'ouest par la France; au nord, par le grand-duché de Bade et le royaume de Wurtemberg; à l'est, par la province autrichienne du Tyrol; et au sud, par le royaume lombardo-vénitien et celui de Sardaigne. Son étendue de l'ouest à l'est est d'environ 80 lieues, et du nord au sud de 50; sa superficie est de 1,985 lieues carrées.

La température de la Suisse est très-variée : tandis qu'un hiver perpétuel règne sur les sommets des Alpes, on jouit, dans les vallées voisines, d'un climat doux et bienfaisant; et le voyageur peut, dans une route de quelques heures, éprouver toutes les différences de chaud et de froid qu'on trouve dans l'Europe entière.

Le sol de ce pays est riche. Nulle part la nature ne présente un mélange aussi diversifié de pâturages, de prés, de lacs, de bois, de collines et de prairies. Le règne animal offre de magnifiques produits. Quant aux minéraux, ils ne sont pas très-abondants.

La Suisse comprend vingt-deux cantons qui forment vingt-quatre États ou républiques, parceque Unterwald et Appenzell sont divisés chacun en deux républiques particulières.

Le tableau suivant présente les cantons avec leurs chefs-lieux, suivant l'ordre qu'ils occupent dans la confédération :

Cantons.		Villes et bourgs.	Population.
Zurich.		Zurich.	11,500
		Winterthur.	13,500
Berne.		Berne.	23,000
		Thun.	2,000
Lucerne.		Lucerne.	6,500
		Sursee.	3,700
Uri.		Altorf.	1,700
Schwitz.		Schwitz.	4,900
		Einsiedlen.	3,200
Unterwald.	Obwalden.	Sarnen.	3,500
	Nidwalden.	Stanz.	2,200
Glaris.		Glaris.	4,100
Zug.		Zug.	2,900
Fribourg.		Fribourg.	6,500
Soleure.		Soleure.	4,000
Bâle.		Bâle.	17,000
Schaffhouse.		Schaffhouse.	7,500
Appenzell.	Ausser-Rhoden.	Appenzell.	3,200
	Inner-Rhoden.	Hérisau.	7,000
Saint-Gall.		Saint-Gall.	9,000
Grisons.	ligue grise (*Grau-Bundten*).	Ranz.	600
	ligue cadée (*Gotteshaus-Bundten*).	Coire.	3,400
	ligue des dix juridictions (*Zehn-Gerichten*).	Tusis.	3,000

CANTONS.	VILLES ET BOURGS.	POPULATION.
Argovie.	Arau.	3,500
	Bade.	1,700
	Zoffingen.	1,700
Thurgovie.	Arbourg.	1,100
	Frauenfeld.	1,800
	Bischofzel.	2,000
Tessin.	Bellinzone.	1,400
	Lugano.	3,602
	Locarno.	1,500
Vaud.	Lausanne.	10,200
	Vevey.	4,500
	Yverdun.	2,500
	Nyon.	2,100
	Morges.	2,000
Valais.	Sion.	3,000
Neufchâtel.	Neufchâtel.	5,000
Genève.	Genève.	23,700

Les huit républiques démocratiques pures (Uri, Schwitz, Glaris, Zug, les deux Appenzell, les deux Unterwald), sont demeurées ce qu'elles étaient en 1815, à l'exception toutefois de Schwitz, où les bailliages extérieurs ont voulu avoir des droits semblables à ceux des bailliages intérieurs. Les deux cantons démocratiques représentatifs, les ligues grises et les dizains du Valais, ont aussi apporté quelques modifications à leur constitution. Les cinq cantons représentatifs, Saint-Gall, Argovie, Thurgovie, Vaud, Tessin, ont tous élargi le cercle de leur représentation, et Genève, cédant au mouvement populaire qui se manifesta le 22 novembre 1841, a nommé une constituante, afin d'établir les bases d'une représentation aussi large que possible. Les trois cantons représentatifs qui ont un chef-lieu prépondérant, Zurich, Bâle et Schaffhouse, se sont vu forcés d'augmenter le nombre des conseillers campagnards, et Bâle, qui s'était refusé à cette admission, est aujourd'hui partagé en deux fractions indépendantes. Les républiques aristocratiques de Lucerne, Berne et Fribourg, sont devenues des cantons représentatifs, par suite de la réunion de Balstadt, qui proclama la souveraineté du peuple à Soleure. Enfin, Neufchâtel lui-même, bien que soumis au roi de Prusse, a obtenu, depuis 1830, des concessions qui lui avaient été refusées jusque-là.

En vertu de l'acte fédéral du 7 août 1814, les vingt-deux cantons se réunissent en confédération pour le maintien de leur liberté et de leur indépendance. La diète (*Tagsatzung*) dirige les affaires générales de la confédération ; elle se compose des députés des vingt-deux cantons qui votent d'après les instructions de leurs gouvernements respectifs. La plupart des cantons y ont une voix; d'autres, celui d'Appenzell, par exemple, n'ont qu'une demi-voix. Elle se réunit alternativement deux ans de suite dans le chef-lieu du canton directeur qui prend le nom de *vorort*. Le président de la diète, qui est censé être le chef de la confédération, a le titre de *landammann*. La diète a seule le pouvoir de faire des traités de paix et d'alliance ; mais elle ne le peut qu'avec les trois quarts des voix : elle seule conclut des traités de commerce. Les cantons peuvent traiter en particulier avec les gouvernements étrangers pour des capitulations militaires, ainsi que pour des objets économiques et de police; mais ces conventions ne doivent blesser en rien ni le pacte fédéral, ni les droits constitutionnels des autres cantons. La diète nomme et révoque les agents diplomatiques; elle prend toutes les mesures nécessaires pour la sûreté intérieure et extérieure de la Suisse; elle règle l'organisation du contingent des troupes et en nomme le général. Lorsque la diète n'est pas réunie, le directoire, ou vorort, alterne de deux ans entre les cantons de Zurich, Berne et Lucerne. Ce tour de rôle a pris cours le 1ᵉʳ janvier 1815.

La Suisse est le seul pays de l'Europe qui n'ait pas contracté de dette nationale. Le budget fédéral est destiné à couvrir les frais de l'administration générale, de la caisse militaire et de la caisse d'instruction; ce qui a lieu avec les intérêts de certains capitaux destinés à ce but Pour les autres dépenses extraordinaires, chaque canton doit fournir un contingent proportionné à ses ressources; la somme totale depuis 1818 a été fixée à 539,275 francs suisses, équivalant à environ 700,000 francs, argent de France. Cet impôt n'est cependant levé en totalité que lorsque des événements extraordinaires, une guerre, par exemple, y obligent; dans des temps ordinaires on ne le prélève qu'au fur et à mesure des besoins.

Ce pays n'entretient pas d'armée permanente. La force armée se compose des contingents que chaque canton est tenu de fournir à l'armée fédérale : deux hommes par cent âmes. Les hommes en état de porter les armes forment deux catégories : premier ban et contingent de réserve, forts chacun de 33,700 hommes. La levée en masse (*landwehr*) est évaluée à 200,000 combattants. Chaque canton est obligé de pourvoir aux besoins de son contingent. La haute direction des affaires militaires appartient à la diète. Il n'y a des troupes sous les armes que dans quelques cantons; encore sont-elles en petit nombre.

L'industrie de la Suisse est fort active; le nord et l'ouest possèdent des fabriques d'étoffes de coton et de soie, de dentelles, de toiles, d'indiennes, de rubans, de papier, d'horlogerie, de tabac; la confection du fromage et du beurre occupe une grande partie des habitants des campagnes. La Suisse exporte une quantité considérable de ces objets; en échange, elle tire des pays étrangers des moutons, du blé, des vins, du sel, des épiceries, des drogueries, des tissus, des articles de luxe. La navigation des cours d'eau et des lacs, de belles routes, dont quelques-unes ont été construites à grands frais, à travers les Alpes, facilitent le commerce intérieur et extérieur.

Les sciences et les arts fleurissent en Suisse, quoiqu'ils n'y soient pas arrivés à un état aussi avancé que dans quelques autres pays. Il y a une université à Bâle, des académies à Lausanne, Berne, Zurich et Genève, et dix-huit gymnases ou colléges. Beaucoup de sociétés et d'établissements littéraires, de précieuses bibliothèques, de nombreuses imprimeries et librairies, propagent partout le goût des sciences et l'amour de l'étude.

La Suisse n'a pas de capitale permanente. Ce rang est alternativement dévolu à BERNE, ZURICH et LUCERNE; Berne a commencé à jouir de cette prérogative en 1835; Lucerne lui a succédé deux ans après, et ainsi de suite.

Il y a en Suisse une grande diversité de langues; la plus répandue est un allemand très-pur en usage dans les trois quarts des cantons. Le français se parle dans plusieurs; l'italien dans le canton de Tessin et dans une partie de celui des Grisons.

La pureté des mœurs de la Suisse a été beaucoup exagérée; les riches qui la parcourent se font le plus souvent illusion sur les impressions qu'ils éprouvent à la vue d'un pays si riche par ses sites, si différents de ceux du reste de l'Europe, le seul qui nourrisse dans certaines parties un peuple de bergers et d'agriculteurs, unis sous un gouvernement populaire. L'image de la vie paisible des montagnards porte le citadin à envier leur sort : il les croit heureux, parce qu'il est heureux lui-même des sensations nouvelles que produit sur lui la variété des objets; il se fait une illusion favorable de leurs vertus, parce qu'éloigné de la sphère des intrigues, il lui semble que le peuple qui l'entoure est sans ambition, sans chagrins et sans vices. L'habitant des villes est porté à considérer le montagnard heureux : on sait cependant que ce n'est point toujours au village qu'il faut chercher l'exemple des vertus et des bonnes mœurs : l'ignorance et la pauvreté sont rarement compagnes des qualités morales. Peut-être faut-il attribuer au protestantisme, qui domine en Suisse, l'esprit d'union et de tolérance répandu dans tous les rangs : c'est dans ce pays que l'on voit fréquemment le même temple réunir deux cultes différents.

La vie isolée des montagnards semblerait devoir développer chez eux cette vertu, cette pureté de mœurs que l'on attribue aux premiers âges des sociétés humaines. Un air pur, les travaux agricoles, l'éducation des bestiaux, l'absence de besoins, et l'ignorance du luxe, devraient y prolonger les jours de l'homme comme au temps des patriarches. Cependant, la morale n'y est point sans tache, et la vie ne s'y prolonge guère au delà de soixante à soixante et dix ans.

Les habitants des villes recherchent peu la société; mais ils goûtent avec plus de charmes les jouissances de la vie intérieure : dans la bourgeoisie, on pourrait citer bien des exemples de morale, de vertus et de félicité, souvent trop rares dans les pays où les sensations sont moins concentrées, où les plaisirs sont extérieurs. Les hommes se réunissent, mais c'est pour causer, fumer et se promener de long en large dans une chambre où trois chaises sont plus que suffisantes pour une réunion de douze personnes. En Suisse, chaque individu se présente sans fard, avec des manières et des allures à soi. C'est ce qui fait dire à M. Meister, auteur du *Voyage de Zurich à Zurich* : « Aux concerts, à l'église, dans tous les rassemblements un peu nombreux, mais surtout au spectacle, qui pour n'être permis que rarement chez nous n'en est que plus suivi, il est impossible qu'un œil observateur ne remarque avec surprise la prodigieuse diversité des physionomies qu'offrent les têtes de tout âge, et très-particulièrement celles des jeunes personnes; l'extrême mobilité de leurs traits, l'ingénuité comme la vivacité de leur expression. »

Le même écrivain zurichois dépeint les mœurs de ses compatriotes et parle de leurs habitudes qui les éloignent de la société des femmes pour les concentrer dans une atmosphère de fumée, au milieu de la boisson, de la politique et des affaires.

L'attachement au pays et le respect pour les anciennes coutumes forment dans toutes les classes les principaux traits du caractère national. Dans les pays de plaines, la masse du peuple est plus éclairée que partout ailleurs. La torture n'y est point légalement abolie, et la justice s'y rend à huis clos. Le moyen âge y est encore en quelque sorte debout. Il subsiste dans les monuments comme dans les lois et dans les mœurs. Le droit de bourgeoisie est dans toute sa vigueur : on achète ce droit à un prix plus ou moins élevé, selon l'importance des lieux, et l'on jouit en retour, de sa part dans les revenus communaux : on peut avoir, par exemple, pendant toute l'année, sa provision de bois, de vins, etc.

La plupart des cantons se distinguent par des costumes particuliers, mais qui ne se conservent que chez le peuple. On a sagement soumis quelques cantons à des lois somptuaires. La paysanne du canton de Berne se reconnaît tantôt à sa petite calotte de paille chargée de fleurs comme une corbeille, tantôt à son bonnet de dentelle noire, ou, dans les jours de fête, à son bonnet de velours noir, garni d'une sorte de dentelle roide faite avec des crins de cheval, et son corset brodé d'or et garni de chaînes en argent qui pendent sur les épaules; ce corset est relevé par des manches empesées, larges, de la plus grande blancheur, et qui descendent jusqu'au coude. Les femmes portent des jupons qui ne dépassent pas le genou.

La coiffure des paysannes du canton de Fribourg consiste en un grand chapeau de paille parfaitement plat, et garni de rubans et de fleurs. Les paysannes du canton de Schaffhouse vont nu-tête, mais elles ont de longues tresses de cheveux qui descendent jusque sur leurs talons.

La jeune fille du canton d'Unterwald se pare la tête de nattes roulées sur le sommet et ornées de rubans de soie et de lames ou de feuilles d'argent, tandis que la femme mariée se fait remarquer à un double morceau de mousseline empesé et plissé comme un jabot qui s'élève en forme de crête depuis la nuque jusqu'au sommet de la tête.

Dans le canton de Vaud, elle porte un grand chapeau de paille pointu et terminé par un prolongement en forme de gros tube qui sert à mettre et à prendre cette coiffure.

Les blonds cheveux de la paysanne du canton de Soleure se cachent en partie sous une coiffe noire orné d'un ruban froncé de la même couleur, dont les deux bouts viennent se nouer sur la poitrine.

La paysanne du Valais relève ses cheveux en forme de chignon et se couvre la tête d'un petit chapeau dont le bord arrondi est entouré d'un ruban, tandis qu'un autre ruban froncé entoure la forme du chapeau. Ajoutez à toutes ces coiffures si variées l'éclat du reste des vêtements : les cravates de velours noir, les bas rouges, le tablier rayé de diverses couleurs, le jupon brodé et mille autres petits détails qui varient selon le caprice et le goût de chacune de ces coquettes villageoises. L'imagination aura même l'avantage de les peindre avec la grâce et la beauté qui leur manquent trop souvent.

Dans le canton d'Uri, les métayers excellent à fabriquer les fromages.

Le costume des femmes est fort gracieux : leurs tresses, rassemblées dans un réseau, et recouvertes parfois d'un chapeau de paille, ou contenues par une pièce d'argent en forme de glaive ou de flèche, sont d'un fort bon effet. Ursern se rapproche des modes italiennes : des mouchoirs noués en forme de voile y sont très-fréquents. Dans le Schæchenthal, les robes sont de laine rouge et le vêtement supérieur est blanc, le tout recouvert d'un fichu noir. Les femmes ne mettent que des demi-bas, et leur pied nu est protégé par des sandales attachées par des courroies. Le costume des hommes perd chaque jour son caractère primitif, et depuis que le service militaire les oblige à prendre des pantalons, ils ont abandonné leurs petites culottes de cuir noir.

Dans l'Oberwalden, l'ancien costume se composait d'un habit noir, de culottes courtes descendant à peine aux cuisses, et recouvertes sur le genou de bas blancs ; le corps était entouré d'une ceinture de cuir. Partagés sur le front, les cheveux étaient rabattus derrière les oreilles. Les habitants du Nidwalden ont des culottes bleues, un gilet rouge, des bretelles chargées de boutons et des bas fort blancs. Malheureusement, le costume national, et surtout celui des femmes, se perd tous les jours davantage : c'était un jupon ample et court, d'étoffe brune, ceinture rouge, grand chapeau sans forme, bas bleus bien tirés et souliers élégants; les cheveux tressés en forme de nattes et contenus par une double cuiller d'argent. Leurs souliers sont souvent rehaussés par des talons de métal. Ce costume va fort bien à celles qui sont jolies; mais ce qu'il y a de bizarre, c'est l'habitude de porter à la bouche une courte pipe. Aujourd'hui, par un bizarre assemblage, les modes françaises viennent se mêler à tout ceci. Le paysan de Nidwalden se rase le devant de la tête, et laisse pousser sa chevelure en arrière.

C'est dans l'Entlibuch, district le plus méridional du canton de Lucerne, que se trouve la race d'hommes la plus remarquable de toute la Suisse, par sa force, sa beauté et les qualités dont elle est douée. Ces hommes sont naturellement fiers et indépendants, et s'adonnent aux luttes du corps, le métier de pasteur leur laissant tout le loisir nécessaire pour pratiquer cet exercice. Il existe d'ailleurs chez eux des usages assez bizarres.

Les mariages sont de ce nombre. Quand ils sont conclus, on met la mariée à l'enchère, en ayant soin que le futur ait la dernière mise. Le jour de la noce, une vieille femme habillée de jaune s'empare de la ceinture de la mariée et du bouquet du marié, et jette l'un et l'autre au feu. A la manière dont ils brûlent, elle tire l'horoscope du couple. C'est surtout dans le canton de Lucerne que prévaut l'usage du *kiltgang*, ou visite nocturne que les garçons rendent à leur belle. Après la prière du soir, ils s'échappent de leur demeure et vont, souvent à plusieurs lieues, à la fenêtre de la bien-aimée, qui en reçoit un bouquet de belles fleurs. La conversation ne finit qu'avec le lever du soleil. On vante beaucoup la constance de ces liaisons, la fidélité des amants, celle des époux. Malheur à qui la tenterait. Si un étranger essayait de se substituer à celui qui est attendu, il s'en trouverait fort mal.

Les costumes, dans le canton de Zug, sont fort gracieux : les jeunes gens se parent de rubans noués de mille manières diverses sur des vêtements de couleurs fort variées; des bas à arabesques sont surmontés de jarretières rayées; enfin, la chaussure écarlate est nouée avec des cordons jaunes. Au corset élégant de la jeune fille se placent des rubans d'un rouge vif; une longue chaîne de similor vient retomber sur un tablier à larges plis; le jupon est court et serré. Tels sont les habits de fête de la population qui se livre à la danse avec passion le dimanche, après avoir travaillé sans relâche pendant toute la semaine. Le caractère général des physionomies, c'est la franchise et la gaieté. Nulle part on ne trouve autant de filles jolies, et leur coquetterie même est empreinte d'innocence. Il y a plaisir à les voir conduire une barque sur les ondes tumultueuses du lac, quand elles s'abandonnent à la vague qu'elles ne peuvent plus maîtriser sur un frêle esquif construit sans art et presque sans précaution.

Le vêtement des Bâloises se distingue par la variété des couleurs; elles portent communément un mouchoir de soie sur le cou, et leurs cheveux sont tressés, tandis que les jeunes filles laissent flotter les leurs. La jupe de coutil noir, à plis serrés, recouvre un jupon rouge, tous deux assez courts pour laisser voir une assez forte jambe chaussée d'un bas rouge, ce qui est d'un assez vilain effet. Le corset de couleur sombre, échancré par derrière, est relevé par l'éclat de belles manches d'un blanc très-propre. Tel qu'il est, ce costume paraît l'un des moins avantageux de la Suisse. Les hommes n'ont plus rien qui les distingue de tous les autres paysans du Sundgau ou du duché de Baden.

Les paysans et les paysannes du Tessin portent des sandales et vont nu-pieds. Les costumes de femme sont jolis, et varient pour ainsi dire de district en district. Les plus remarquables sont ceux des vallées de Versasca, de la Maggia et d'Onsernone : un jupon assez court, un tablier serré à la taille par une ceinture, un corset de couleur vive boutonné sur le devant, une collerette, enfin, par-dessus le tout, une redingote ouverte du haut en bas. La coiffure est un bonnet noué en forme de mouchoir, dont les bouts retombent sur les épaules; ce bonnet est surmonté d'un chapeau assez grand. Dans quelques parties du canton, les femmes portent à leur vêtement de larges franges. Celles du val Marobbio ont un costume qui approche du froc des capucins. Les personnes qui ont quelque prétention suivent les modes françaises, ou portent des voiles très-longs, abandonnant ainsi le costume national, au grand détriment de la simplicité et de l'originalité antiques.

Les exercices d'adresse et de gymnastique, comme la lutte, la course et le tir, sont les amusements journaliers de la jeunesse. Les jeux de hasard y sont défendus. De tous les arts que les Suisses cultivent, celui dont le goût paraît le plus répandu est la musique. Dans quelques cantons ils sont soumis à des lois somptuaires.

La Suisse pourrait se dispenser d'importer des grains et d'autres aliments de première nécessité, sans la variation des climats. Le nombre et la beauté des pâturages favorisent la propagation des bestiaux. Dans les montagnes, la principale bête de somme est le mulet, recherché pour sa marche assurée. Les chevaux sont endurcis à la fatigue, mais ils ne sont pas d'une race fine.

Dans le canton de l'Unterwald, les habitants unissent à une grande dévotion l'esprit démocratique; ils se livrent à l'agriculture et à l'éducation des bestiaux. La branche principale du commerce est le fromage qu'ils expédient en Italie. On y compte environ 25,000 habitants.

Le canton de Neufchâtel forme trois régions, dont la plus élevée, l'hiver, se prolonge sept ou huit mois. Cette région, exposée par son élévation à la température des climats septentrionaux, semblerait ne devoir être habitée que par un peuple ignorant. Cependant, il n'en est point de plus intéressant par son industrie, ses lumières, et l'on pourrait même dire sa richesse. La gravure, la peinture, et l'horlogerie principalement y sont cultivées avec succès. Presque toute la population de la vallée du Locle est occupée à travailler l'or, l'argent, l'acier, pour la coutellerie et l'horlogerie; ce dernier genre d'industrie ne paraît même y avoir été exercé que depuis 1680. Un montagnard nommé Jean Richard, âgé alors de quinze ans, ayant examiné une montre, parvint à en faire une semblable et fonda par son génie une source de richesses qui s'étendit sur toute la Suisse.

Le Valais est une contrée pittoresque et riche en produits végétaux; mais un spectacle affligeant y attriste l'âme du voyageur. Nous voulons parler de l'état de dégradation morale et physique où l'homme peut descendre pour former cette race de crétins que l'on rencontre dans tout le canton, et particulièrement dans les villages de Branson, Fouly, Sierre et Xasimbre.

La cause véritable du crétinisme n'est point encore connue; les uns l'attribuent aux eaux trop froides qui proviennent de la fonte des neiges; les autres, à la nature des eaux qui tiennent en dissolution du sulfate ou du carbonate de chaux; d'autres enfin, aux obstacles que l'air éprouve pour se renouveler dans les vallées profondes.

« Les goîtres, dit M. Rohrer, accompagnent souvent cette dégradation de la nature humaine, mais n'en forment point un système caractéristique. Tout indique chez ces malheureux êtres un relâchement extrême; leurs chairs sont molles et flasques; leur peau est flétrie et pendante; leurs lèvres, grosses et saillantes, laissent entrevoir leur langue épaisse; leur teint, d'un jaune brun, accroît l'horreur qu'inspire leur vue. Il y en a qui ne sont capables d'aucun mouvement spontané, si ce n'est celui de la déglutition : on les nourrit à la cuiller comme des enfants nouveau-nés. On voit des crétins qui ne profèrent que des sons inarticulés, d'autres qui balbutient quelques mots; il y en a qui, sans avoir l'usage de la raison, apprennent par imitation à vaquer à quelques travaux domestiques. »

ITALIE.

Un savant géographe indique ainsi la position astronomique de l'Italie : Longitude orientale, entre le 14e et le 46e degré; latitude, entre le 37e et le 47e degré. La Sicile est comprise dans ces calculs.

Les limites de cette contrée sont : au nord, la chaîne des Alpes qui la séparent de la confédération suisse et l'empire d'Autriche; à l'est, l'empire d'Autriche, la mer Adriatique et la mer Ionienne; au sud, la Méditerranée; à l'ouest, cette même mer et les Alpes qui séparent l'Italie de la France et de la Savoie.

Nous considérons comme faisant partie de l'Italie les pays suivants : le royaume sarde, à l'exception de la Savoie et du comté de Nice; l'Italie suisse, ou le canton du Tessin et quelques fractions de ceux des Grisons et du Valais; l'Italie autrichienne, qui comprend le royaume lombardo-vénitien, le Tyrol italien et la plus grande partie du gouvernement de Trieste, dans le royaume d'Illyrie; les duchés de Parme, de Modène et de Lucques; le grand-duché de Toscane; les États du pape; le royaume des Deux-Siciles; la république de Saint-Marin; la principauté de Monaco; l'Italie française, ou l'île de Corse; et l'Italie anglaise, ou le groupe de Malte.

Nous allons décrire succinctement chacun de ces pays.

ROYAUME DE SARDAIGNE.

Ce royaume a pour bornes : au nord, la confédération suisse, et proprement le canton de Genève, le lac de ce nom, les cantons du Valais et du Tessin; à l'est, ce dernier canton, le gouvernement de Milan dans l'empire d'Autriche, le duché de Parme, la Lunigiane toscane et le ci-devant duché de Massa, dépendant de celui de Modène; au sud, la Méditerranée; à l'ouest, la monarchie française et proprement les départements du Var, des Basses et Hautes-Alpes, de l'Isère et de l'Ain.

Il se compose des pays suivants : l'ancien duché de Savoie, moins une petite portion cédée au canton de Genève; la principauté du Piémont, les duchés d'Aoste et de Monferrat, la seigneurie de Verceil, les marquisats de Saluces et d'Yvrée, les comtés de Nice et d'Asti, et l'île de Sardaigne. A ces anciennes possessions le congrès de Vienne a ajouté une petite partie du Milanais, le territoire de l'ancienne république de Gênes l'île de Capraja.

Les États sardes forment une monarchie héréditaire de mâle en mâle, dont le pouvoir n'est limité, dans l'île de Sardaigne, que par une assemblée des états, et dans les provinces nouvellement incorporées, que par des priviléges particuliers. Le roi prend le titre de roi de Sardaigne, de Chypre et de Jérusalem, duc de Savoie, de Gênes, etc., prince de Piémont, etc., etc. Il est assisté dans le gouvernement par cinq ministres; il y a un conseil royal qui remplit les fonctions de conseil d'État et de cour suprême. L'administration de la justice est confiée à quatre cours supérieures de justice, qui siégent à Turin, Gênes, Chambéry et Nice, et à un nombre suffisant de tribunaux de second ordre, ainsi que des tribunaux de commerce ou consulats. La capitainerie générale est un tribunal qui connaît de toutes les affaires attribuées autrefois à l'amirauté de Gênes. Les provinces sont administrées par des intendants ou des sous-intendants, suivant leur importance. La religion catholique est la dominante.

Les divisions administratives sont les suivantes :

PROVINCES.	CHEFS-LIEUX, VILLES PRINCIPALES ET LIEUX REMARQUABLES.
ÉTATS DE TERRE FERME.	
TURIN (Tornio) Principauté de Piémont).	TURIN. Venaria Reale, Stupinigi, Superga, Chieri, Rivoli, Chivasso, Carignano, Moncalieri, *Biella, Ivrea*, Caluso, Locana, *Pinerolo*, Fenestrelle, Vilafranca di Piemonte, *Susa*, Exilles, Giaveno.
CUNEO.	Cuneo ou Coni, Busca, Fossano, Chiusa, *Alba, Brà, Mondovi*, Cherasco, *Salluzzo* ou *Saluces*, Savigliano, Barge, Racconigi.
ALESSANDRIA.	Alessandrie ou Alexandrie, San-Salvadore, Valenza, *Asti*, Nizza, *Casale, Tortona*, Castelnuovo, *Voghera*.
NOVARA.	Novara, Borgomanero, *Mortara*, (Lomellina), Vigevano, *Domo-d'Ossola* (Ossola), *Pallanza*, Arona, *Varallo*, (Valsesia), Borgosesia, *Vercelli*, Trino.
AOSTA (Aoste).	Aosta, Donnas, Saint-Vincent, Courmayeur.
NIZZA (comté de Nice).	Nizza ou Nice, Villafranca, Sospello, *Oneglia* ou *Oneille*, Porto-Maurizio ou Port-Maurice, *San-Remo*, Ventimiglia.
GENOVA (duché de Gênes).	Genova ou Gênes, Voltri, l'île Capraja. *Savona*, Cairo, *Albenga*, Finale-Marina, *Novi*, Gavi, Bobbio, *Chiavari, Spezia* (Levante), Sarnaza.
SAVOIA (duché de Savoie).	Chambéry (*Savoia Propria*. Savoie proprement dite), Aix, Montmeillan, les Échelles, l'Hôpital (*alta Savoia*, haute Savoie, confians, *Saint-Julien* (Carouge), *Thonon* (Chablais), *Bonneville* (Faussigny, Cluse, *Annecy* (Genevois), *Saint-Jean* (Maurienne), Lesseillon, *Moutiers* (Tarentaise).
ILE ET ROY. DE SARDAIGNE.	
CAGLIARI.	CAGLIARI, Quarto, *Iglesias*, Villacidro, Guspini. Les îles San-Antioco avec *San-Antioco*; et San-Pietro avec *Carloforte*, *Isili*, Nurri, Mandas, *Busachi*, Oristano, Ales, *Lanusei*, Villaputzu, *Nuoro*, Dorgali, Oliena.
SASSARI.	Sassari, Nulvi, Sennori, Porto de Torres, Itiri-Canedu, Osilo. L'île Asinara, Castel-Sardo, autrefois Castel-Aragonese, *Alghero*, Bonorva, Villanova, *Ozieri*, Tempio, Terravona, Pattada. L'île Maddalena, *Cuglieri*, Bosa.

Les provinces sardes sont en général pauvres; il faut toutefois en excepter le territoire de l'ancienne république de Gênes. Mais il est administré avec économie. Le peuple y serait même peu chargé de contributions (puisqu'il ne paye que 16 fr. 25 c. par tête, tandis qu'en France la contribution donne 19 fr. 26 c. par individu) s'il n'était rigoureusement soumis à l'ancienne coutume, rétablie depuis la restauration, de payer la dîme au clergé. Il est vrai que plusieurs taxes, telles que celle des portes et fenêtres, celles des patentes, du timbre, de l'enregistrement et de l'impôt universitaire, ont été abolies et n'ont point été remplacées par d'autres. Le produit des impôts directs et indirects est évalué à environ 65 millions de francs, et la dette publique à 150 millions.

Divers États sardes avaient accueilli avec joie la mise en vigueur des codes français; mais ils ont été remplacés par les anciennes coutumes plus ou moins incertaines ou contradictoires qui régissaient autrefois ces pays. Les fils héritent à l'exclusion des filles. La tentative d'émigration est punie d'amende et de peines infamantes; la confiscation des biens réduit à la misère la famille du coupable de quelque crime ou de quelque délit ; les juges nommés et révoqués à volonté fixent à leur gré les frais de procédure; les grâces mêmes que le prince accorde sont payées sous le titre d'*émolument royal*. On a si bien organisé dans ce royaume le système de centralisation, que le gouvernement, dit un voyageur, revient suivant son bon plaisir sur la *chose jugée*, révoque des transactions librement consenties entre particuliers, annule des testaments, change à son gré les compétences, et délègue à des commissaires la connaissance des causes des hommes puissants ou protégés. Dans les matières criminelles, l'accusé ni le défenseur ne sont présents à l'audition des témoins; l'instruction, les débats, le jugement, tout se fait en secret, et si, malgré ces moyens accablants pour l'accusé, son innocence est reconnue, il n'est rendu à la liberté que lorsqu'il a payé les frais d'une procédure onéreuse.

Toutes les faveurs du gouvernement sont acquises aux nobles; eux seuls peuvent prétendre aux grades élevés de l'armée; ils sont exempts de toute corvée, dont les autres classes sont surchargées; ils ne sont pas justiciables des tribunaux ordinaires; un noble qui ne veut pas acquitter ses dettes obtient du roi l'autorisation de ne pas payer pendant dix ou vingt ans les intérêts de ce qu'il doit.

De pareils faits indiquent suffisamment la nature du gouvernement sarde : c'est le despotisme dans toute sa pureté. Mais il faut dire aussi que ce qui le rend supportable, c'est que les princes de la maison de Savoie se sont toujours distingués par la réunion de toutes les vertus privées. C'est à leurs lumières que les sciences et les arts doivent les encouragements qu'ils ont reçus jusque dans ces derniers temps; c'est par eux que l'instruction publique est arrivée au degré d'avancement qui la distingue; mais en favorisant tout ce qui tend à répandre les connaissances utiles dans les hautes classes de la population, on paraît avoir totalement oublié le peuple : il languit dans l'ignorance et la superstition ; les écoles primaires sont peu nombreuses et peu fréquentées.

DUCHÉ DE PIÉMONT.

Le Piémont, quoique montagneux en grande partie, est fertile et cultivé avec soin , les productions principales sont : le blé, l'orge, le maïs, le riz, du vin médiocre, de l'huile et des fruits. On y trouve de grandes quantités de truffes blanches, dont il se fait des expéditions à l'étranger. Les pâturages, nombreux et excellents , nourrissent de grands troupeaux de bestiaux, une des principales richesses du pays; mais l'éducation des vers à soie est pour lui une source de prospérité bien plus considérable, car sa soie est la plus estimée de l'Italie pour sa finesse et sa force. Il est très-riche en mines de fer, il a aussi des mines de plomb, de cobalt, d'or, d'argent et de cuivre, et nombre de carrières de marbre. L'industrie, qui y est active, consiste dans le travail du fer, la filature de la soie, la fabrication d'étoffes de soie, de laine, de coton et de lin ; on y compte dix verreries.

Les Piémontais sont industrieux et fins; leur langage est un dialecte particulier, mélangé d'italien et de français.

Turin, chef-lieu de l'intendance générale de la province de ce nom, est la capitale de tous les États sardes. Elle est la résidence du roi, le siège d'un sénat royal ou cour de justice supérieure, qui comprend dans sa juridiction les divisions de Turin, d'Alexandrie, de Coni, de Novare et d'Aoste; d'une préfecture de justice de première instance, et la résidence d'un archevêque qui a pour suffragants les évêques d'Acqui d'Alba, d'Asti, de Coni, de Fossano, d'Ivrée, de Mondovi, de Pignerol, de Saluces et de Suse.

Turin est une des villes les plus régulièrement bâties de l'Europe. Les promenades fréquentées de préférence sont les jardins royaux, le Rondo et le Valentin.

DUCHÉ DE GÊNES.

Le climat de cette partie des États sardes est salubre, tempéré et favorable aux productions les plus précieuses de l'Italie ; cependant, le sirocco y exerce quelquefois sa funeste influence. Le sol n'est pas généralement fertile : dans quelques endroits il est couvert de forêts ou présente de délicieux pâturages ; dans d'autres il n'offre que des rochers nus et arides. Les terres labourées y sont rares et ne fournissent point à la consommation des habitants ; on y recueille du vin, des châtaignes, de l'huile, de la soie, des citrons, des oranges, des figues, des amandes et autres excellents fruits. On y trouve de riches carrières de marbre, de l'albâtre, de l'ardoise, de la chaux, de l'amiante et de la houille. On y fait beaucoup de sel.

C'était anciennement une république célèbre. A l'époque de la réunion de la ville au royaume de Sardaigne, elle fut déclarée port franc ; on accorda à son commerce le transit libre à travers les États sardes, et on lui accorda une espèce de gouvernement représentatif. Cependant, pour les contributions et le contingent à fournir à l'armée, elle est traitée sur le même pied que les autres provinces. Ce duché est divisé en trois parties, l'*orientale*, ou *Riviera di Levante*; l'*occidentale*, ou *Riviera di Ponente*, et le margraviat de *Finale*.

La ville de Gênes fait un commerce très-considérable avec le Levant. « On est frappé à Gênes de l'extérieur d'aisance et de propreté du peuple, de l'obligeance et de la politesse de la classe supérieure, et des manières simples de la noblesse. On n'y voit point, comme à Turin, ces seigneurs poudrés et frisés comme nos marquis de théâtre, ni cette morgue, ni cette étiquette qui règnent dans les villes où les nobles sont riches et puissants : et c'est sans doute aux occupations commerciales qu'il faut en attribuer la cause. Les femmes mettent beaucoup de recherche et d'élégance dans leur toilette ; elles portent avec une grâce particulière, quand elles vont à pied, un ample voile blanc, appelé *mezzaro*, dont elles couvrent plutôt qu'elles ne cachent une partie de leur visage, les épaules et les bras. Cet ajustement, qui descend jusqu'aux pieds, ajoute à l'élégance d'un bas de soie bien tiré et d'une chaussure légère. Toutes les femmes de la haute classe ont leurs *sigisbées;* mais cette mode qui, hors de l'Italie, passerait pour scandaleuse, est regardée à Gênes comme tellement indifférente en elle-même, que l'on est tenté de croire qu'elle est aujourd'hui presque sans conséquence. L'amour des arts, la culture de l'esprit, une certaine liberté dans les idées, distinguent les Génois de la plupart des Italiens méridionaux. La nation, portée vers le commerce, excelle encore dans plusieurs genres d'industrie : Gênes a des manufactures de soieries, de velours et d'étoffes d'or : l'orfévrerie y est portée à un haut degré de perfection ; ses parfumeries et ses fleurs artificielles sont recherchées. Parmi les productions de son sol, ses huiles sont plus estimées que ses vins [1]. »

[1] *Géog. univ.*

COMTÉ DE NICE.

Le climat du comté de Nice est des plus agréables : les vents de mer y tempèrent la chaleur de l'été, qui est souvent trop sec; l'hiver y est très-doux et très-beau. Dans les parties montagneuses le sol est peu fertile, les pentes des montagnes et les vallées offrent des pâturages, tandis que les cimes sont couvertes de forêts. La partie méridionale, au contraire, présente la végétation la plus belle et la plus variée : on y récolte peu de blé, mais beaucoup de maïs et d'orge; la vigne, l'olivier, les orangers, les amandiers, les citronniers, les figuiers, les grenadiers, les pistachiers, les jujubiers, les câpriers, croissent en abondance. Les forêts fournissent des bois de construction. L'éducation des vers à soie et des abeilles y est très-importante, et la pêche abondante. Il y a une mine de plomb tenant argent, près de Tende. On remarque de nombreuses filatures de soie; quelques fabriques d'étoffes de laine communes, de savon et de papier et ses distilleries d'essences. On exporte du vin, des fruits, du miel, de la cire, des bois de construction, des filets de pêche, des parfums et des liqueurs.

La ville de NICE est la résidence d'un évêque et d'un sénat judiciaire ou d'un tribunal d'appel; elle a un théâtre, quelques édifices assez beaux, des bains publics et un port qui favorise son commerce assez étendu; la douceur du climat et la beauté de la situation y attirent tous les ans un grand nombre d'étrangers qui y vont passer l'hiver; ses rues sont étroites et mal bâties.

DUCHÉ DE SAVOIE.

La surface de la Savoie est moins admirable par la beauté de ses sites que par la sublimité des tableaux qu'elle offre à chaque pas et qui produisent sur l'âme du voyageur des impressions continuelles d'étonnement, de tristesse et même de terreur. Les vallées y sont presque toujours étroites, cultivées en grains ou en vignes; des pâturages s'élèvent de la base de la plupart des montagnes à une assez grande hauteur de leurs versants; des forêts succèdent ensuite.

L'industrie manufacturière de ce pays est peu importante; après quelques usines pour le travail des métaux, elle se borne à la fabrication de toile grossière, de papier, d'articles de quincaillerie, et à quelques tanneries. Les exportations se réduisent à des bestiaux, de la laine brute, du fromage, du beurre, du chanvre et des cuirs bruts ou tannés. Les communications avec l'intérieur sont peu actives, les routes étant souvent impraticables pour les voitures, et les fardeaux assez généralement transportés à dos de mulets ou de chevaux.

Les Savoyards ont en général le teint brun, qu'ils doivent à leur exposition fréquente au grand air : ils sont renommés pour la simplicité de leurs mœurs, leur frugalité et leur sobriété. Un grand nombre d'entre eux abandonnent, encore jeunes, leurs montagnes, pour aller exercer les professions de ramoneurs, portiers, domestiques, etc.

Le chef-lieu de cette division des États sardes est CHAMBÉRY.

ILE DE SARDAIGNE.

La Sardaigne est généralement couverte de montagnes. La température y varie selon l'élévation du sol. L'industrie y est fort arriérée. Les animaux domestiques y sont nombreux; mais, circonstance digne de remarque, on n'y rencontre aucune espèce de bêtes féroces ou de reptiles venimeux.

Depuis la domination de la maison de Savoie, cette île a fait quelques progrès, mais elle est encore loin des améliorations dont son heureux climat et sa fertilité la rendent susceptible.

Les Sardes sont de taille moyenne, mais de constitution robuste; ils sont bien faits, pleins de vigueur; ils ont les yeux vifs, la physionomie spirituelle et très-mobile. Les femmes sont remarquables par leurs beaux yeux noirs et par la finesse de leur taille. Ce peuple est doué d'une grande vivacité d'esprit, et paraît plus propre aux lettres qu'aux sciences abstraites. On est étonné de l'imagination poétique et de la facilité à versifier des habitants de la campagne. Le Sarde est hospitalier, vif, laborieux par boutade; il aime la chasse, la danse, les festins, les courses de chevaux, et le luxe dans ses habillements; il ne thésaurise pas; cependant, il est plutôt libéral que généreux; constant dans sa haine comme dans ses affections, jaloux, il ne pardonne pas la moindre injure faite à son honneur; très-attaché à son pays, il l'est aussi à ses anciens usages; on lui reproche d'être rusé et vindicatif.

DUCHÉ DE PARME.

Les États de Parme sont formés du duché de ce nom et de ceux de Plaisance et de Guastalla. Ils ont pour bornes : au nord, le Pô, qui le sépare du royaume lombardo-vénitien; à l'est, le duché de Modène; au sud, quelques territoires dépendant de ce même duché, la Lunigiane toscane et le royaume sarde; à l'ouest, ce même royaume.

Les États de Parme sont gouvernés par Marie-Louise, ex-impératrice des Français; son pouvoir est absolu; à sa mort, le duché est reversible au souverain de Lucques, dont l'État passera alors à la Toscane et à Modène. La duchesse est soutenue dans son administration par un conseil d'État; il y a deux ministères : celui de l'intérieur et celui des finances. Une cour d'appel et une cour suprême de révision siégent à Parme; des tribunaux de première instance sont à Parme, Plaisance et Borgotaro, il y a en outre quarante-quatre prétures de justice. En général, on conserve, soit pour le civil, soit pour la justice, le système établi par le gouvernement français.

On fabrique surtout des soieries, des chapeaux, des futaines et des toiles de ménage. Il y a une célèbre fonderie de caractères, nommée Bodoniana; les distilleries d'eau-de-vie sont assez nombreuses. Le duché de Parme n'importe que des draps, des toiles, des denrées coloniales et des articles de luxe. Il exporte des grains, du vin, du fromage, du gros bétail engraissé, et des porcs. Les routes sont généralement bonnes.

La capitale du duché est PARME, à laquelle on donne environ 40,000 habitants.

DUCHÉ DE MODÈNE.

Ce duché a pour limites : au nord, le royaume lombardo-vénitien; à l'est, les États du pape; au sud, ces derniers États, le grand-duché de Toscane et le duché de Lucques; à l'ouest, la Lunigiane toscane et le duché de Parme.

Il se compose du duché de Modène proprement dit, et de ceux de Reggio et de Mirandola; ensuite des principautés de Correggio, de Carpi et de Novellara et d'une partie de la seigneurie de Garfagnana. Par la mort de la duchesse Marie-Béatrix, le duché de Massa-et-Carrare vient d'être réuni à cet État.

Ce duché, dont la capitale est Modène, se divise en trois districts : Garfagnana, Modène et Reggio; celui de Modène est subdivisé en dix-sept cantons, et celui de Reggio en dix. Il y a trois évêchés, suffragants de l'archevêché de Bologne. Les revenus sont d'environ 3,367,000 francs. La force armée est de 2,080 hommes.

DUCHÉ DE LUCQUES.

Le duché de Lucques a pour confins : au nord, les duchés de Modène et de Toscane; à l'est et au sud, ce dernier État; à l'ouest, la Méditerranée, l'enclave toscan de Pietra-Santa et le duché de Modène.

Par décision du congrès de Vienne, ce duché continue d'être régi par la constitution qui lui fut donnée, en 1805, par les Français. Le pouvoir législatif est confié à un sénat, composé de trente-six membres, qui discute les lois proposées par le souverain et approuve les impôts; les revenus montent à 1,440,000 francs, à peu près dix francs par individu, et sa dette publique à 730,000 fr. La liste civile est fixée à 300,000 fr.; mais à ces revenus du prince on doit ajouter une rente de 500,000 fr., que l'Autriche et la Toscane se sont engagées à payer à la famille régnante, jusqu'à ce qu'on lui ait procuré un autre établissement. La force armée est de 800 hommes de troupes réglées; la garde du prince n'est pas comprise dans ce nombre.

La capitale est Lucques, qui renferme 22,000 habitants. Les remparts, plantés, offrent de jolies promenades. Il y a une université, une académie des sciences et des arts, une école célèbre pour l'éducation des demoiselles, un hospice d'orphelins et deux hôpitaux. L'industrie y est active : on y compte quelques manufactures de draps et plusieurs fabriques pour la préparation de la soie; le commerce de ce dernier article et de l'huile d'olive est surtout considérable.

PRINCIPAUTÉ DE MONACO.

Placé entre l'intendance générale de Gênes et celle de Nice, ce petit État est une enclave du royaume sarde. Avant la révolution, le roi de France y entretenait une garnison; ce droit a depuis été acquis au roi de Sardaigne.

Le climat est favorable à toutes les productions qui exigent une grande chaleur; on y récolte en abondance des oranges, limons, olives et autres fruits. On y trouve un grand nombre de bestiaux. La pêche et le petit cabotage y sont actifs.

Monaco, la capitale, est une petite ville de 1,000 habitants. Mentone, seconde ville de ces États, en renferme 3,000.

RÉPUBLIQUE DE SAINT-MARIN.

Ce petit État est situé entre Cesena, Rimini et Urbin. C'est une enclave des États du Pape, sous la protection duquel elle se trouve. Elle ne consiste que dans la ville de San-Marino et dans les quatre villages qui l'environnent.

C'est un des États les plus anciens de l'Europe, qui doit sa conservation surtout à sa petitesse.

GRAND-DUCHÉ DE TOSCANE.

On donne pour limites à ce duché : au nord, les duchés de Lucques et de Modène et la partie septentrionale des États du pape, ou les provinces de Bologne, Ravenne et Forli; à l'est, les États du pape; au sud, la mer Méditerranée; à l'ouest, cette mer et le duché de Lucques. La partie de la Lunigiane dépendante de la Toscane, ainsi qu'une partie de la Garfagnane, sont de petites fractions de territoire qui confinent avec les duchés de Parme, de Lucques et de Modène, et avec les possessions du roi de Sardaigne.

Les pays compris dans la Toscane sont : tout le ci-devant grand-duché de Toscane. Ensuite par le traité de Vienne : l'État des Présides et la petite partie de l'île d'Elbe, qui dépendaient autrefois du roi de Naples; la principauté de Piombino avec ses dépendances, cédée dernièrement moyennant une redevance annuelle par le prince Ludovisi Buoncompagni, qui, par le traité de Vienne, la possédait sous la suzeraineté du grand-duc; les anciens fiefs impériaux de Vernio, Montauto et Mont Santa-Maria, renfermés dans le territoire toscan.

Cet État est divisé en cinq *compartimenti* (divisions); de *Florence*, de *Pise*, de *Siene*, d'*Arezzo* et de *Grossetto*, subdivisés en plusieurs *territori communitativi*.

La Toscane possède peu de grandes manufactures, et a à peine adopté jusqu'à présent l'usage des machines : aussi les objets manufacturés et la main-d'œuvre y sont-ils chers, tandis que les productions de la terre sont à bas prix. Florence fournit des ouvrages en stuc, en marbre et en albâtre, des mosaïques en pierre dure, des galons fins et faux, du tabac, des soieries renommées, entre autres du taffetas, du satin, du damas et des bas, quelques étoffes de laine, de belles tapisseries, des chapeaux de paille, de la porcelaine; Livourne a des manufactures de coraux et de savon.

Ce grand-duché renferme 1,275,030 habitants, généralement bien faits, et remarquables, entre tous les autres Italiens, par leur douceur, leur civilisation, leur franchise et leur droiture; les femmes y sont très-belles et bien élevées.

Livourne, Porto-Ferrajo et Piombino sont les principaux ports de la Toscane : le premier fait à lui seul presque tout le commerce maritime de cette contrée.

C'est au duc Léopold que cette contrée doit la prospérité dont elle jouit encore. En 1772, il avait déjà fait cesser bien des abus : les couvents y étaient beaucoup moins nombreux que dans le reste de l'Italie : on n'y avait conservé que les ordres les moins inutiles; l'inquisition n'y existait que de nom; la peine de mort y était presque abolie : elle ne fut infligée qu'une fois sous son règne; les impôts furent dégagés de toutes leurs entraves; enfin l'éducation fut encouragée chez la classe que l'on retient en Italie dans la plus abjecte ignorance. Ces réformes, qui font honneur au plus grand prince qu'ait eu la Toscane, avaient préparé les esprits à adopter sans répugnance les lois françaises; mais à la restauration, une partie de la vieille législation a été amalgamée à notre code; d'anciennes communautés religieuses sont rentrées dans leurs biens; de nouveaux abus se sont introduits, et le peuple toscan, dont la douceur a passé en proverbe, peuple peut-être plus facile à contenter qu'un autre, n'est point sans quelque sujet de plaintes. Toutefois, l'extinction de la dette publique prouve que la Toscane est administrée avec économie.

ÉTATS DE L'ÉGLISE.

Les États de l'Église, appelés aussi États romains et États du pape, confinent : au nord, au royaume lombardo-vénitien et à la mer Adriatique; à l'est, à cette mer et au royaume des Deux-Siciles; au sud, à ce même royaume, à la Méditerranée et au grand-duché de Toscane; à l'ouest, à ce grand-duché et au duché de Modène.

Ces États comprennent : tous les ci-devant États du pape, moins le comté d'Avignon avec ses dépendances cédé à la France, et quelques fractions du Ferrarais dont la cession a été faite à l'Angleterre.

Le climat de ce pays est extrêmement doux, principalement vers le nord, où il est semblable à celui de la Lombardie; sur les côtes méridionales, exposées à la funeste influence du sirocco, la chaleur est tempérée par les brises de la mer et par les vents qui viennent des montagnes. Dans les Apennins, l'hiver commence dès la mi-octobre et dure jusqu'en avril, mais l'air y est sain; les exhalaisons méphitiques des marécages qui existent, sur plusieurs points des côtes, produisent, des maladies contagieuses.

Le sol est généralement fertile; l'ancienne marche d'Ancône surtout se fait remarquer par sa fécondité. Malheureusement l'agriculture est négligée presque partout, et il n'est pas rare de voir des étendues très-considérables de terrain incultes et désertes, en sorte que cette partie de l'Italie, qui pourrait fournir à l'exportation beaucoup de céréales de toutes espèces, n'en produit guère que pour sa consommation.

Le gouvernement des États de l'Église est monarchique. Le pape en a la souveraineté absolue au spirituel et au temporel; les lois fondamentales, il est vrai, donnent aux cardinaux quelque part au gouvernement, mais un pape habile sait y mettre des bornes. Les principales fonctions remplies par des cardinaux sont celles de *camerlingue*, ou de ministre des finances, chargé de l'administration des revenus de l'État et de présider la chambre apostolique : celles de *secrétaire d'État*, dont les attributions analogues à celles du ministre des affaires étrangères consistent à correspondre avec les nonces et les légats; celles de *dataire*, chargé de la nomination aux bénéfices, des dispenses et des annates; celles de *vicaire*, qui, outre les fonctions épiscopales qu'il exerce dans Rome, remplit celles de ministre de la police, et qui est chargé de tout ce qui regarde les mœurs, la conduite des filles publiques et les affaires relatives aux juifs; celles de *chancelier*, dont le titre indique suffisamment les fonctions; celles d'*auditeur*, qui a dans son département la justice, les affaires contentieuses et l'examen de ceux que l'on propose pour l'épiscopat; enfin celles de *secrétaire des brefs*, chargé de l'expédition de toutes les dispenses.

Le principal collége par lequel les affaires sont administrées, est le consistoire de Rome, qui se compose des cardinaux; les colléges subalternes sont les congrégations présidées par un cardinal, et dénommées d'après le genre d'affaires dont elles ont à s'occuper : telles sont les congrégations consistoriales de l'index, de l'inquisition, de la propagande, etc.

Bien que l'exemple de l'administration française ait donné lieu à d'importantes réformes dans les lois, la justice et les finances, il reste encore tant à faire sous ce rapport, qu'il est à craindre que les papes ne parviennent jamais à établir dans leurs États la pureté de mœurs, l'industrie et l'aisance dont les peuples soumis au saint-siége seraient sans doute susceptibles sous un autre régime.

Le territoire de l'Église est divisé en quatorze parties sous les noms de délégations et de légations, à l'exception du territoire de Rome qui a le titre de *comarca*.

Pour juger du gouvernement et des mœurs des États de l'Église il n'est pas nécessaire de parcourir le pays : la capitale peut en donner une idée suffisante pour les faire apprécier.

« A Rome, dit un savant écrivain, la vie habituelle est une espèce de long carême, tant on s'acquitte avec ponctualité des devoirs extérieurs de la religion. Cette grande cité, qui pourrait contenir facilement trois fois plus d'habitants qu'elle n'en renferme, est d'un aspect triste que rendent encore plus frappant ses places spacieuses, ses rues larges et sans mouvement, les ecclésiastiques et les religieux de tous les ordres qu'on y rencontre, et les ruines majestueuses que l'on y aperçoit à chaque pas. Il n'est pas jusqu'aux marchés qui ne présentent le même calme. Mais ce silence se change tout à coup en une joie bruyante à l'époque du carnaval; Rome n'est plus la même ville, tant elle acquiert d'activité : tous les rangs sont alors confondus, tous les temples deviennent déserts, et les rues peuvent à peine contenir une population qui s'empresse de quitter ses habitations pour courir après la joie et le plaisir. On voit pendant ces jours de folie de jeunes abbés, de graves magistrats, des prélats même, se couvrir d'un costume et d'un masque, et courir les aventures qui ne manquent point de se présenter ; car chez les deux sexes, chacun les cherche, persuadé que quelques moments d'erreurs seront facilement expiés par les pénitences et les saintes privations du carême. La cour devient le rendez-vous d'une foule tumultueuse, les équipages s'y succèdent sur deux files, les balcons sont couverts de tentures, une pluie de dragées couvre les piétons et les équipages, aux acclamations d'un peuple de masques de toutes couleurs. A un signal donné, le milieu du Cours devient libre ; une foule de chevaux en liberté, mais aiguillonnés par des plaques garnies de pointes, et par une mèche allumée que l'on a la barbarie de leur introduire entre cuir et chair, s'élancent de la place du Peuple et parcourent l'espace, moins pour remporter le prix de la course que pour fuir les instruments de douleur qui les pressent. Aux folies du carnaval, qui rappellent les lupercales de l'antique Rome, succèdent le soir du mardi gras les *moccoletti*, petites bougies allumées dont chacun porte un faisceau, et avec lesquelles on se poursuit pour les faire éteindre ou les rallumer. Les équipages qui n'en seraient point pourvus seraient arrêtés et forcés par la foule à s'en munir. Cette coutume est un reste de la fête que l'on célébrait en l'honneur de Cérès, cherchant sa fille Proserpine.

» Dans un pays infesté de brigands avec lesquels le gouvernement transige au lieu de les soumettre, on doit croire que la police est aveugle ou sans vigilance ; cependant il en est peu où elle soit mieux faite qu'à Rome : point de rixes, point de vols, de ces petits brigandages si communs dans les villes populeuses, et qui, au sein de la foule, font disparaître les mouchoirs et les montres. Il y est bien quelquefois question de quelques coups de stylet, mais ils sont toujours provoqués par la jalousie et non par la cupidité. Les rues de Rome ne sont point souillées par ces êtres dégradés, tolérés partout comme une lèpre nécessaire, et dont la vue est un sujet de tentation pour le vice, de scandale pour la vertu : les filles publiques en sont impitoyablement proscrites, ou du moins

SERGENT SUISSE DE LA GARDE DU PAPE.

JEUNE FEMME DE NETTUNO.
(États romains.)

elles ne peuvent point y étaler leur honteuse effronterie, et l'on doit dire à la louange du gouvernement papal que, pour extirper autant qu'il est en son pouvoir la licence et la débauche, il a tout fait pour favoriser les unions légitimes. Les mariages secrets n'y éprouvent aucune entrave : une permission de se marier, dit un auteur, est délivrée par le vice-régent, avec autant de facilité qu'un passe-port, et avec cette permission, le curé de la paroisse donne immédiatement la bénédiction nuptiale. A Rome, celui qui abuse de la crédulité d'une jeune fille, est condamné à l'épouser ou à passer cinq ans aux galères.

» L'Église blâme l'usure, mais à Rome elle permet que des cardinaux se livrent en secret à des opérations mercantiles sur des objets de première nécessité. Les épiciers et les boulangers ne sont souvent que leurs prête-noms ou leurs agents. Ceux qui parmi ces derniers veulent exercer leur industrie pour leur compte, sont exposés à plus d'une vexation. Ailleurs les agents du gouvernement taxent le prix du pain, afin que le peuple ne le paye pas trop cher; à Rome, on met à l'amende le boulanger qui le vend trop bon marché. Dans la plupart des contrées de l'Europe, on commence à sentir tout ce que le jeu de la loterie a d'immoral; à Rome, ce funeste impôt, levé sur l'ignorance et la misère du peuple, est sanctionné par les ministres de la religion : c'est en présence des différents chefs de congrégations et des cardinaux même que le tirage se fait avec solennité. L'enfant qui doit mettre la main dans la roue fatale ne le fait qu'après un grand signe de croix, et cependant l'Église ne permet point les jeux de hasard.

» Dans plusieurs capitales de l'Europe, les gendarmes président de droit aux spectacles et aux fêtes; à Rome, on va plus loin : pendant les folies du carnaval, et devant la porte des spectacles, on voit le bourreau se promener gravement près du *cavalletto,* instrument de supplice destiné à punir la joie turbulente de ceux qui dépassent les bornes prescrites pendant ces jours d'allégresse, ou les habitués du parterre qui s'avisent de troubler une représentation théâtrale. Ce *cavalletto* est formé de deux planches jointes en dos d'âne, et soutenu par quatre pieds de bois, dont les deux de devant sont plus bas que ceux de derrière. On couche sur ce *petit cheval* le patient, et on lui applique sur les reins un certain nombre de coups de nerf de bœuf. Le même supplice attend le restaurateur qui se permet de servir pendant le carême des mets qui ne sont point réputés maigres. Pour les délits plus graves, la loi inflige la peine de l'estrapade, qui consiste à élever en l'air, au moyen d'une corde, le condamné, dont les mains sont liées derrière le dos, et à le faire retomber avec roideur sur ses pieds; cependant cette peine et celle du cavaletto commencent à être infligées rarement. L'assassin est puni de mort, mais c'est après l'avoir laissé plusieurs jours dans son cachot en proie aux inquiétudes d'un jugement qu'il ignore; c'est après l'avoir obligé à écouter les exhortations d'un prêtre qui l'engage à se confesser et à communier. Son supplice a lieu trois jours après ces cérémonies; mais s'il refuse les consolations de la religion, on le met à la diète, il est obsédé par toutes les congrégations religieuses jusqu'à ce qu'il consente à se confesser, et s'il persiste dans son refus, son supplice ne s'exécute qu'après un ordre du pape. Si l'assassin a tué un prêtre, il est assommé, puis égorgé, coupé en quatre et une partie de son corps est exposée à chaque porte de la ville. Ce supplice eut encore lieu sous le pontificat de Léon XII. C'est à dater de l'avénement de ce pape que les plaidoyers, qui précédemment avaient lieu en latin, se firent en langue nationale. La torture est depuis longtems abolie.

» Les Romains, et en général tous les sujets du pape, offrent le type de la superstition ; ils remplissent scrupuleusement les devoirs extérieurs de la religion; mais sur ce point tout est plutôt affaire de règle que de véritable dévotion. La confession est une pratique dont chacun s'acquitte plutôt par habitude que par humilité chrétienne, plutôt pour mettre sa conscience à l'abri que pour se corriger de ses défauts et de ses vices. Une belle donne rendez-vous à son amant dans une église; mais s'y trouvât-elle seule avec lui, elle ne le regardera point, elle ne lui parlera point qu'elle n'ait épuisé tous les grains de son chapelet. Le peuple reçoit à genoux les bénédictions du pape; mais ce n'est point à Rome que le chef de l'Église est regardé comme participant du pouvoir divin : ce qu'il gagne en autorité temporelle, il le perd en puissance spirituelle. Dès que l'octave de Pâques est révolu, les curés exigent de leurs paroissiens des certificats de communion, sous peine de faire figurer les noms de ceux qui n'en présentent point sur le tableau des excommuniés; mais autant le gouvernement papal se montre rigoureux à l'égard de ses sujets sur les pratiques du culte, autant il professe la tolérance la plus illimitée à l'égard des étrangers; ainsi, à Rome, on n'intente point un procès à celui qui ne tapisse pas sa maison le jour de la Fête-Dieu, et celui qui n'a pas l'air de le faire par affectation, peut passer dans la rue sans se découvrir à la vue d'une croix ou du viatique. Enfin, quels que soient ses principes, tout homme peut mourir avec sécurité : son corps, transporté à l'église, n'y occasionnera aucun scandale; pourvu qu'il paye, il y sera reçu avec les honneurs que la religion réserve après leur mort à tous les chrétiens.

» Il est inutile de parler des *sigisbées* ou cavaliers servants; ils ont autant de crédit à Rome que dans quelques autres grandes villes d'Italie. Pendant le séjour des Français, le ridicule que ceux-ci avaient jeté sur ces galants leur avait beaucoup nui, mais les mœurs n'y avaient point gagné : les intrigues amoureuses avaient remplacé cette espèce de contrat que le mari passe ici avec le complaisant qu'il choisit à sa femme. Les étrangers qui ont observé Rome depuis peu s'accordent à dire que sur ce point les anciennes mœurs redeviennent à la mode : c'est une conséquence naturelle dans un pays où l'éducation ne fait rien pour la régénération des mœurs.

» Un gouvernement tout à fait pacifique comme celui de Rome pourrait se consoler de sa nullité politique par la protection et l'encouragement accordés aux lettres, aux sciences et aux arts; mais tout sommeille à Rome. Les sciences y sont moins cultivées que dans tout le reste de l'Italie; cependant, cette ville, qui renferme tant de trésors pour l'archéologie, a produit des antiquaires dignes d'être comparés à ceux de l'Allemagne et de la France. Si ces académies littéraires jouissent d'une faible réputation et s'élèvent à peine à la hauteur de nos plus obscures académies de province, c'est à la censure qu'est dû ce résultat. La littérature théâtrale, par exemple, ne peut être encouragée dans une ville où il n'est pas permis de représenter les tragédies d'Alfieri; où les théâtres ne sont ouverts que pendant quelques jours qui précèdent et qui suivent le carnaval. L'école romaine de peinture ne compte plus un seul nom digne des beaux jours d'Italie, et sans les anciens chefs-d'œuvre dont la ville est remplie, l'Académie française des beaux-arts serait tout aussi bien établie ailleurs. Le seul art dans lequel Rome excelle est celui des mosaïques.

» Dans les hautes classes de la société, l'ignorance et le désœuvrement sont aussi répandus ici qu'à Venise; les jeunes gens qui lisent ne connaissent d'autre lecture que celle des œuvres badines de Voltaire; les jeunes personnes et les femmes, pour se dédommager du temps qu'elles ont passé dans les couvents, ne s'occupent que de lectures aussi frivoles que dangereuses. Le peuple de la ville sait lire et écrire, mais ces connaissances sont très-rares dans les campagnes. »

FEMMES DE FROSOLONE.
Abruzzes.

ROYAUME DES DEUX-SICILES.

Le royaume des Deux-Siciles est situé entre 36° 37′ et 42° 54′ de latitude nord, et entre 10° 8′ et 16° 9′ de longitude est.

Cette contrée, qui, depuis le 11 décembre 1816, forme un seul État indivisible, se compose des deux ci-devant royaumes de Naples et de Sicile, moins ses possessions dans la Toscane. Elle a 5,500 lieues de superficie ; le nord-ouest, où elle confine aux États de l'Église, est le seul côté où elle ne soit pas baignée par la Méditerranée, qui porte sur trois points des noms différents : au nord-est, on la nomme mer Adriatique ; au sud-est, la mer Ionienne, et à l'ouest, la mer Thyrrhénienne.

Ce royaume est divisé en vingt-deux provinces ou intendances, indiquées dans le tableau suivant :

Provinces ou intendances.	Chefs-lieux et villes principales.	Population.
\multicolumn{3}{c}{ROYAUME DE NAPLES.}		
Naples.	Naples (*Napoli*), Pouzzoli, Somma, Ottajano, Portici, *les restes d*'Herculanum, Torre del Greco, Torre dell' Annunziata, *les restes de* Pompeia, Castellamare, Sorrento.	743,000
Terre de Labour (Terra di Lavoro).	Caserta, Piedimonte, Arpino, Gaëte, Capoue, Sainte-Marie, Nola, Acerra, Aversa, Fondi.	668,000
Principauté citérieure.	Salerne, *les ruines de* Pœstum, Amalfi, Nocera, Cava.	480,000
Principauté ultérieure.	Avellino, Ariano, *l'ermitage de* Monte-Virgine, Atripalda.	365,000
Molise.	Campobasso, Agnone, Morcone, Spino, Trivento.	334,000
Abruzze ultérieure IIe.	Aquila, Avezzano, Civita-Ducale, Sulmona.	279,000
Abruzze ultérieure Ire.	Teramo, Penne (*Civita di Penne*).	185,000
Abruzze citérieure.	Chieti (*Cività di Chieti*), Lanciano, Vasto, *l'ancien couvent de* San-Vito.	278,000
Capitanate.	Foggia, Bovino, Lucera, Manfredonia, San-Severo, *le groupe des îles* Tremiti *où se trouve l'île* San-Nicola, etc.	296,000
Bari.	Bari, Terlizzi, Altamura, Barletta, Trani, Molfetta, Giovenazzo, Monopoli.	418,000
Terre d'Otrante.	Lecce, Otrante, Brindes (*Brindisi*), Tarente, Gallipoli.	351,000
Basilicate.	Potenza, Lagonero, Matera, Melfi.	436,000
Calabre citérieure.	Cosenza, Cassano, Castrovillano, Rossano, Paola ou Paula.	379,000
Calabre ultérieure IIe.	Catanzaro, Santa-Severina, Cotrone, Nicastro, Pizzo, Monte-Leone, Tropea.	352,000
Calabre ultérieure Ire.	Reggio, Seglio, Gerace, *et les ruines de* Locres.	246,000
\multicolumn{3}{c}{ROYAUME DE SICILE.}		
Palerme.	Palerme, Montreale, Corleone, Termini, Cefalù, Bisacquino.	438,000
Messine.	Messine (*Messina*), Melazzo, Patti, Mistretta, Randazzo, Taormina, Castroreale.	255,000
Catane.	Catane (*Catania*), Aci-reale, Mascali, Paterno, Bronte, Nicosia, Caltagirone.	293,000
Syracuse.	Syracuse (*Siragosa*), Agosta (*Augusta*), Noto, Spaccaforno, Ispica, Modica, Scicli, Ragusa, Comiso, *l'îlot* Marzamene.	190,000

Provinces ou intendances.	Chefs-lieux et villes-principales.	Population.
Caltanisetta.	Caltanisetta, Leonforte, Mazzarino, Terranova, Piazza, Castro-Giovanni, Pietra-Perzia.	161,000
Girgenti.	Girgenti, Palma, Naro, Mussomeli, Siacca, Sambucca, Alicata, Cannigati, Cattolica, Rivona.	199,000
Trapani.	Trapani, Monte-Giuliano, Castellamare, Alcamo, Calatafimi, Salemi, Castelvetrano, Mazzara, Marsala.	146,000

Le gouvernement des Deux-Siciles est une monarchie absolue. Les revenus de ce royaume s'élevaient en 1823 à 123,177,000 francs, et les dépenses à 124,597,000. La dette publique, qui ne montait en 1820 qu'à 127,800,000 francs, s'élevait en 1826 à 500,000,000. La force armée consiste en 53,500 hommes environ.

On compte dans l'ordre judiciaire sept cours d'appel, savoir : quatre dans la partie en deçà du Phare, et trois dans celle au delà ; chaque province a une grande cour criminelle et un tribunal civil.

La population du royaume des Deux-Siciles est d'environ 7,500,000 âmes. Les femmes sont, en général, plus nombreuses que les hommes. Une portion de cette population se compose de marchands et d'artisans ; l'autre est formée d'agriculteurs peu habiles et de mendiants, ces derniers vivant des aumônes des églises et des couvents, et souvent de vols et de rapine : les habitants sont, en général, misérables.

La noblesse est nombreuse, ainsi que le clergé : on compte dans la partie continentale un ecclésiastique sur cinquante habitants, et dans la Sicile un sur vingt-trois.

ROYAUME DE NAPLES.

Le royaume de Naples projette deux presqu'îles remarquables : celle de Calabre au sud, et celle de la terre d'Otrante, au nord.

Quoique seulement de taille moyenne, les Calabrais sont bien proportionnés ; ils ont le teint basané, les traits prononcés et les yeux très-expressifs. Ils portent, ainsi que les Espagnols, auxquels ils ressemblent sous bien des rapports, de grands manteaux qui leur donnent un aspect sombre et lugubre. Comme ils sont haineux et vindicatifs, aucun d'eux ne marche sans être armé, ils sortent rarement aux approches de la nuit. Ils passent leur vie dans une oisiveté complète et se réunissent rarement. Les femmes ont peu d'attraits : mariées fort jeunes, elles sont bientôt flétries ; mais leur fécondité est extraordinaire. La condition des paysans est des plus malheureuses. Les fortunes sont tellement disproportionnées, qu'on ne voit que des riches ou des pauvres ; les petits propriétaires sont fort rares. Il en résulte un manque d'émulation et de courage pour fonder des établissements d'industrie et pour améliorer l'agriculture.

A l'exception d'un petit nombre de villes et de quelques bourgs bâtis avec régularité, le reste de la Calabre présente l'aspect le plus misérable et le plus dégoûtant.

On voit en Calabre un assez grand nombre de zingaris. Les hommes coupent leur barbe, mais ils laissent croître leur cheveux sans jamais les peigner ; les femmes sont d'une saleté non moins dégoûtante. Les hommes vivent de leur industrie, qui consiste à trafiquer sur les ânes et les chevaux qu'ils achètent ou qu'on les charge de vendre ; à façonner la ferraille à divers usages ; à jouer des gobelets et à faire des tours d'adresse

PAYSAN CALABRAIS.

sur les places publiques; mais le plus souvent à s'adonner au vol, dont ils s'acquittent avec beaucoup de dextérité. Les femmes parcourent le pays en disant la bonne aventure. Sans demeures fixes, habitant sous des tentes où ils s'entassent pêle-mêle, hommes, femmes, enfants et animaux, ils ne contractent jamais d'alliance avec les Calabrais et se marient toujours entre eux. On dit qu'il est difficile de se faire une idée de leur ignorance et de la dissolution de leurs mœurs. Leur idiome particulier indique par certains mots une origine orientale, mais ils parlent aussi l'italien; leur religion est un mélange de pratiques superstitieuses et de croyances chrétiennes : ils admettent la divinité de Jésus-Christ, mais n'ont aucune vénération pour la Vierge. Ils se conforment volontiers aux cérémonies catholiques pour les mariages, les enterrements, les baptêmes; mais lorsqu'ils ont quelques difficultés avec les ministres du culte, ils ne se font point scrupule de se passer de leur ministère, et alors ils y suppléent par des cérémonies qui rappellent celles du paganisme.

Dans le royaume de Naples, les manufactures ont fait peu de progrès et se sont peu multipliées : les principales sont celles de soie, qui ne consomment pas la moitié de la récolte. Dans les provinces de l'est, on fabrique des mousselines et d'autres étoffes de coton. En général, les autres articles, tels que les couvertures de coton de Nardo et de Galatona, la poterie de Teramo et la plupart des produits de la capitale, sont encore peu importants. La navigation et le commerce sont restreints : l'exportation est réduite aux produits bruts du territoire, tels que huile, soie, laine, fruits, et une petite quantité de blé, de vin et de coton; les importations, beaucoup plus variées, consistent en denrées coloniales, épiceries, drogueries, lainages, tuiles, tissus de coton de diverses espèces, pendules, montres, bijoux, meubles, poissons salés, etc.

La ville de NAPLES est la capitale du royaume de ce nom. Lorsqu'on voit se dérouler le riche panorama qu'offrent les environs de cette ville, on ne peut s'empêcher de dire avec le Napolitain : « Voir Naples et mourir ! » Les quais, animés par la foule qui se presse, annoncent une ville populeuse. Lorsqu'on la parcourt, on voit partout régner une très-grande activité; mais c'est dans la rue de Tolède qu'on s'en fait une juste idée. Aucune rue dans Paris ne présente autant de confusion, ne retentit d'autant de fracas; trois cents chars, aux essieux dorés, la traversent aussi prompts que l'éclair, et s'y croisent en tous sens, sans s'inquiéter s'ils trouveront un passage. Il semble voir le soc d'une charrue qui creuse un sillon, et jette doucement la glèbe de chaque côté, car personne ne bouge, et jamais aucun accident n'arrive : le Napolitain pressent l'arrivée du char, détourne légèrement l'épaule, et reprend ensuite sa première position. La rue de Tolède est de toutes les rues celle où se passent les scènes les plus bizarres : c'est une foire perpétuelle. L'*Aquaiolo* y distribue sa boisson rafraîchissante et glacée; le lazzarone y vend ses figues; le bateleur y dresse ses tréteaux, et, mêlant dans ses parades le sacré et le profane, donne à ses auditeurs une idée des béatitudes du paradis, par le plaisir qu'ils éprouvent à manger du macaroni. Quelquefois, au milieu de la foule, un convoi s'avance processionnellement avec tout l'appareil d'un triomphe, car le coffre qui renferme la bière dépositaire du cadavre est éblouissant d'or et de sculpture, et repose sur une estrade revêtue d'un riche tapis.

Les Napolitains se remuent et se tourmentent sans rien faire, comme ils se querellent et se menacent avec fureur, sans jamais en venir aux mains. Il règne dans la dernière classe de Naples un sentiment de haine très-prononcé contre ceux qui tiennent la balance de la justice. Rouez de coups de canne un filou qui vous met la main dans la poche, le peuple approuvera la correction : conduisez-le au corps de garde, il murmurera. Un crime est-il commis, on plaint la victime; l'assassin est-il arrêté, c'est lui qui excite la pitié. Que l'on ne confonde point dans ces traits caractéristiques la pitié pour l'homme qui ne peut manquer de subir son châtiment, avec cette sorte de haine jalouse que le peuple a souvent pour les classes riches.

Les lazzaroni du port semblent avoir renoncé à leur ancienne paresse : ils sont actifs et fort occupés. Depuis longtemps ils ont abandonné la sauvage nudité qui leur avait valu le nom de *lazzari* (lazares) ; ils portent une chemise, un caleçon de toile ; et, quand il fait froid, un long gilet à manches et à capuchon, de grosse étoffe brune ; ils ne campent plus perpétuellement, comme jadis ; ils sont locataires, paroissiens, et ils n'ont plus enfin tout ce pittoresque qu'avaient observé et peint spirituellement mesdames de Genlis et de Staël. Ces hommes, qui, pour la valeur de quinze centimes, se procurent autant de macaroni qu'ils peuvent en manger, qui, pour deux liards, s'abreuvent d'eau glacée, ont facilement gagné de quoi satisfaire les besoins les plus impérieux. Cette portion du peuple, désœuvrée par goût et soumise par paresse, ne trouble point la tranquillité d'une ville où la police ne fait presque rien pour la sûreté publique.

La glace est de première nécessité à Naples ; on a dit qu'un jour sans glace ferait soulever le peuple napolitain ; cette assertion est moins exagérée qu'on ne le pourrait croire ; aussi le gouvernement met tous ses soins à la tenir à bas prix.

Le vol ne se pratique plus à Naples avec cette hardiesse originale qui donnait une si grande réputation à la rue de Tolède ; mais le Napolitain a un tel goût naturel pour le bien d'autrui, qu'il n'a pu se guérir tout à fait : les filous, poursuivis et traqués de toutes parts, se sont rabattus sur les foulards, qui, en quelque sorte, leur sont abandonnés jusqu'à nouvel ordre, et ils exploitent avec acharnement cette proie, la seule qui leur soit encore permise. Grâce aux mesures énergiques qui ont été prises, les attaques nocturnes ont déjà presque complétement cessé.

Dans cette ville, la mendicité prend toutes les formes pour tromper les étrangers ou pour émouvoir les passants.

L'orgueil et la vanité, dans les classes au-dessus du commun, sont le mobile de toutes les actions : les femmes, dit M. Simond dans son *Voyage en Italie*, ne vont point à pied, et celles qui n'ont point d'équipage restent chez elles ; les dames du bon ton se font accompagner à l'église par un valet à livrée, qui porte les heures et le coussin ; celles qui n'ont point de domestique en louent un, et l'on assure même que des maris complaisants ont quelquefois, par économie, endossé la livrée afin de faire passer leurs femmes pour des dames de qualité. Les riches font remarquer leur luxe dans l'élégance des équipages et dans le nombre et la beauté de leurs chevaux. Quant aux mœurs, ajoute M. Simond, les hautes classes ne paraissent point chercher à sacrifier la réalité aux apparences : une femme parle avec autant d'indifférence de ses liaisons, de ses intrigues que de ses devoirs, et de ses amants que de son mari.

On trouve dans les beaux quartiers l'éclairage au gaz, de beaux magasins, enfin tout le luxe d'une capitale. Tous les métiers s'exercent en plein air ; des milliers d'ouvriers travaillent au milieu de la rue. Les marchands d'eau glacée, avec leur petit tonneau et leur comptoir mobile, se montrent partout. Partout on rencontre de longues tables, chargées de fruits au plus bas prix, et qui paraissent très-fréquentées par les consommateurs. Le bien-être et la bonne humeur respirent sur tous les visages. Les rues ont un air de propreté qui charme ; elles sont parfaitement pavées.

Naples est le pays de l'Europe où la vie est la plus facile, le ciel le plus affable, le plaisir le plus naturel.

Les bénédictins du mont Cassin étaient jadis propriétaires et seigneurs de toutes les terres environnantes ; aujourd'hui ces terres appartiennent à la couronne, et les environs de l'abbaye sont infectés de brigands. Les cadavres suspendus de distance en distance aux branches des arbres annoncent le châtiment qu'on leur réserve, mais ne les effrayent point. Une physionomie particulière fait remarquer cette partie des Apennins : au mois de juin, le sommet des montagnes est couvert de longues bandes de neige, auxquelles les rayons du soleil prêtent des reflets argentés, tandis que dans les vallées, des paysans, qui ne les habitent point parce qu'elles sont fiévreuses, récoltent les cerises et s'occupent des autres travaux champêtres. Une danse assez singulière est leur principal délassement, à l'époque de la moisson ; huit moissonneurs forment un cercle, s'entrelacent les bras, et huit jeunes filles, s'élançant sur leurs épaules, s'y maintiennent pendant qu'au son de la flûte champêtre (*zampagna*), ces couples dansent, courent et font mille évolutions en passant tour à tour sous les bras des danseurs ; après quoi chaque jeune fille vient danser et chanter au milieu du rond, afin de mériter la gerbe de blé qui est la récompense de ses talents naturels. A un signal donné, toutes les mains se désunissent, et chaque moissonneur reçoit dans ses bras celle qu'il portait sur son dos. L'extérieur robuste des danseurs et la légèreté des danseuses, l'élégante bigarrure des vêtements de celles-ci (deux pièces d'étoffe, l'une rouge et l'autre verte, leur ceignent la taille, une longue épingle d'argent retient leurs longs cheveux noirs), contribuent à donner à cette danse quelque chose de bizarre.

ROYAUME DE SICILE.

Le climat de cette île est des plus agréables. On ne peut voir un ciel plus beau, plus pur que celui de la Sicile. Les paysages y sont enchanteurs.

Le sol, volcanique et calcaire, a toujours été célèbre par sa fertilité.

En Sicile, on se sert généralement des bœufs pour le labourage, comme pour les transports au moyen des chariots ; pour voyager, on emploie les mulets, si remarquables par leur adresse à franchir les chemins escarpés, et par leur patience à supporter les plus rudes fatigues. Du reste, le soin des bestiaux est loin d'être aussi important qu'il pourrait le devenir. Le gibier est commun ; la plupart des animaux sauvages du continent européen se trouvent en Sicile. Le miel d'Hybla est toujours renommé. La pêche la plus importante qui se fait sur les côtes est celle du thon. Les vers à soie réussissent parfaitement.

Il n'y a des établissements manufacturiers de quelque importance qu'à Palerme, Messine et Catane ; ils fabriquent des soieries, des cotonnades, des toiles et des lainages. Un grand nombre des articles dont les habitants des campagnes ont besoin sont faits par eux-mêmes : ainsi se perdent les avantages de la division du travail et de l'emploi des machines ; de là, peu d'activité dans les échanges, peu de relations entre les villes et les campagnes, et stagnation générale dans le pays.

La variété des productions de la Sicile, la bonté de ses ports, la sûreté de la navigation autour de ses côtes, pourraient donner au commerce de cette île une grande importance, sous un gouvernement éclairé et avec plus d'activité de la part de ses habitants ; mais la valeur des exportations ne s'élève qu'à 5,600,000 ducats, et celle des importations, à 6,750,000. Les principales exportations consistent en soie, blé, sel, huile d'olive, sumac, vin, fruits, peaux de chèvres et autres. L'absence totale de grandes routes rend le commerce intérieur impossible et le pays peu sûr. Au commencement de ce siècle, la présence de la cour et surtout celle des Anglais enrichirent beaucoup cette île : le commerce et l'agriculture prirent un grand essor ; la valeur des terres

NUMÉROS.	DÉLÉGATIONS.	VILLES.	POPULATION.
14.	Bellune.	Bellune.	8,000
		Feltre.	5,000
		Trévise.	15,000
15.	Trévise.	Castel-Franco.	4,000
		Conegliano.	4,500
		Serravalle.	5,500
		VENISE.	110,000
		Burano.	7,000
		Chioggia.	22,000
16.	Venise.	Mestre.	5,500
		Murano.	4,000
		Pelestrina.	7,000
		Portogruaro.	4,000
		Udine.	18,000
		Cividale.	4,000
17.	Udine.	Gemona.	4,500
		Palma-Nova.	2,000
		Pordenone.	5,000
		Tolmezzo.	2,000

Cet État a été déclaré partie intégrante et inaliénable de la monarchie autrichienne. On y a établi un simulacre de représentation nationale, mais les membres qui la composent n'ont que la faculté de délibérer sur certaines questions que le gouvernement leur soumet. La couronne est héréditaire, pour les deux sexes et en ligne directe, dans la maison d'Autriche. L'empereur est représenté par un vice-roi qui nomme à toutes les charges de l'État et prend les décisions importantes; il réside à Milan.

La Lombardie vénitienne est répartie en deux commandements militaires généraux, dont les chefs résident à Milan, pour la partie lombarde, et à Padoue pour le gouvernement vénitien. L'armée consiste en huit régiments d'infanterie et un régiment de cavalerie légère. La plus grande partie des bâtiments de la marine de l'empire d'Autriche stationne à Venise. Les revenus de ce royaume montent à environ 52,000,000 de francs, et les dépenses à environ 41,600,000 francs.

L'industrie est assez importante, mais moins active qu'autrefois. L'abeille et le ver à soie reçoivent des soins assidus en Lombardie. Les églises consomment une énorme quantité de cire, et, de toutes les branches d'industrie, la fabrication des étoffes de soie et de laine grossière sont du petit nombre de celles qui n'y sont pas restées arriérées. Cependant les filatures de coton, les fabriques de draps et de toiles ont encore une assez grande activité : le produit moyen de ses exportations est, selon quelques auteurs, d'environ 85,000,000 de francs, et consistent principalement en soie, riz, fruits, armes, verreries, fil, toiles de lin, étoffes de laines et de soie, fromages et quelquefois en blés; les importations sont des denrées coloniales, des mousselines, des tissus de coton et des draps, du gros et menu bétail que l'on tire de la Suisse et du Tyrol, du cuir, de l'huile, de l'acier, des merceries, des drogueries et du poisson sec et salé. Le principal entrepôt du commerce est Venise; après, viennent Milan, Brescia, Bergame, Padoue et Vérone. Le commerce est favorisé par les rivières et de nombreux canaux, par de grandes et belles routes, et par d'excellents chemins vicinaux.

Ces chars pesants, à roues basses et massives, traînés par plusieurs paires de bœufs dont les longues cornes sont ornées de boules de fer poli et dont la queue est assujettie de côté par des rubans ou des guirlandes; ces paysannes, dont les cheveux, relevés en tresses, sont attachés avec une flèche d'argent; ces bergers, portant, au lieu de hou-

PORTEUSE D'EAU A VENISE.

lette, un bâton en forme de crosse et dont l'épaule gauche est élégamment drapée d'un manteau, rappellent quelques traces de l'antiquité qui se sont conservées dans le Milanais. Ces moutons, dont le nez arqué, les oreilles pendantes, les pattes minces et élancées rappellent certains bas-reliefs antiques, annoncent l'*Italie* et ses riches souvenirs. Mais ces caractères forment un contraste pénible avec la misère du paysan. La race des bêtes à cornes y est belle; elle est l'objet des soins des paysans qui se livrent à la fabrication d'excellents fromages.

ILE DE CORSE.

Cette île est l'une des cinq plus grandes de la Méditerranée. Elle est située entre 11° 17′ et 43° de latitude nord, et entre 6° 12′ et 10° 12′ de longitude orientale. Elle a en superficie 495 lieues géographiques carrées.

L'histoire de cette île, depuis les temps les plus reculés jusqu'à l'époque où elle fut définitivement réunie à la France, dit l'auteur de la *Géographie universelle*, n'est qu'un tableau fatigant de guerres, de révoltes et de carnage. Hérodote prétend qu'elle fut primitivement habitée par des Phéniciens qui la nommèrent *Collista*; elle s'appelait précédemment *Thérapné*. Elle reçut ensuite une colonie de Lacédémoniens ou de Phocéens d'Asie qui la nommèrent *Théra*, du nom de leur chef Théras. Les fréquents rapports que l'île eut avec la nation grecque lui firent donner par ceux-ci les noms de *Cyrnos*, de *Cerneatis* et de *Corsis*. Mais les Romains, après l'avoir enlevée aux Carthaginois, la désignèrent par celui de *Corsica*, dont l'origine est incertaine. Ces Phéniciens, ces Lacédémoniens, ces Phocéens nous semblent appartenir à l'antique race des Pélasges; c'est ce qui nous a déterminés à placer la nation corse parmi les débris de cette race célèbre.

Les anciens ne sont pas d'accord sur le portrait qu'ils nous ont laissé des Corses. Strabon les peint vivant de brigandages, et plus sauvages que les bêtes mêmes. « Toutes les fois, ajoute-t-il, qu'un général romain, après s'être avancé dans l'intérieur des terres, et y avoir surpris quelques forts, en ramène à Rome une certaine quantité d'esclaves, c'est un spectacle singulier que de voir leur férocité et leur stupidité. Ou ils dédaignent de vivre; ou, restant dans une apathie et une insensibilité absolues, ils fatiguent leurs maîtres, et font bientôt regretter la somme, quelque petite qu'elle soit, qu'ils ont coûté. » Cependant, comme le fait remarquer l'annotateur de Strabon, Diodore de Sicile témoigne tout le contraire : « Les esclaves corses, dit-il, paraissent l'emporter sur tous les autres, pour le service, dans toutes les choses utiles à la vie; leur physique les y rend singulièrement propres. L'aversion qu'ils ont toujours eue pour leurs vainqueurs leur a fait conserver le type primitif de leurs ancêtres : ils sont encore sobres, courageux, hospitaliers et passionnés pour la liberté; ils ont le regard vif, la taille moyenne et le teint légèrement basané. »

La Corse passa sous la domination des Goths après la chute de l'empire romain; elle ne se plia ni à la barbarie de ses maîtres, ni au régime féodal qu'ils y établirent; et cette conquête fut un sujet continuel d'assassinats et de combats sanglants dont l'histoire n'a conservé qu'un souvenir confus. Au VIIIe siècle, les Arabes et les Sarrasins succédèrent aux Goths, mais leur occupation fut de courte durée : il était réservé à la république naissante des Génois de faire peser pendant neuf siècles, sur cette île, son joug cruel et tyrannique. Dans cet intervalle les Corses éprouvèrent toutes les vicissitudes d'un peuple vingt fois arraché et rendu à ses oppresseurs. Rome même en brigua la conquête. Au xie siècle, elle fut annexée au domaine du saint-siége, puis cédée aux Pisans; pendant les xiiie et xive siècles, le pape la donna deux fois aux rois d'Aragon. En 1365, Gênes, qui en était devenue la maîtresse, la céda, et bientôt la reprit au duc de Milan; en 1553, Henri II envoya des secours aux Corses et les délivra des Génois; mais six ans après, cette conquête leur fut rendue par le traité de Cateau-Cambrésis. Enfin la Corse, désespérant de voir l'Europe s'intéresser à son sort, eut, en 1564, recours à la révolte. Elle trouva dans son sein des hommes capables d'organiser et de diriger des insurrections, mais non de ces génies faits pour affranchir leur patrie. La tranquillité ne renaissait que chaque fois que Gênes promettait d'alléger le poids de sa domination; et dès que le gouvernement génois reprenait son autorité, c'était pour se jouer de ses promesses.

Pendant que les partis unis contre les Génois étaient divisés sur le choix d'un chef, un baron westphalien nommé Théodore de Neuhof, débarqué dans l'île pour prendre du service parmi les insurgés, y acquit un tel crédit, qu'il fut proclamé roi. Guerrier sans talent, monarque sans énergie, cet aventurier ne sut ni disperser les Génois, ni réunir les factions qui déchiraient son royaume éphémère. Deux fois il alla chercher en pays étranger des secours et des munitions qu'il ne pouvait obtenir des siens, lorsque pendant son absence une armée auxiliaire, fournie à Gênes par la France, réprima l'insurrection; mais l'île ne fut pas plutôt conquise par les Français, en 1741, que l'on vit renaître la révolte et reparaître le roi Théodore. En 1749, la France remit encore l'île sous le joug des Génois; cette fois ceux-ci trouvèrent dans Pascal Paoli un ennemi redoutable : il ne se contenta pas de vaincre; il fut le libérateur et le législateur de son pays; et déjà il envoyait des députés dans les principales cours de l'Europe pour annoncer que les Corses régénérés et rendus à la civilisation, fatigués de la mauvaise foi de Gênes, se croyaient autorisés à proclamer leur indépendance, lorsque la république génoise, en 1768, céda son droit de souveraineté sur la Corse à la France.

Les habitants ne confondirent point dans leur haine les Génois et les Français : quelques-uns se soumirent volontairement; une campagne suffit pour détruire le reste du parti indépendant; et Paoli, après avoir épuisé les ressources de son génie, se réfugia en Angleterre. Cependant, une circonstance imprévue ranima ses vertus républicaines : la révolution française venait d'éclater, Paoli reparut sur la scène politique. Aidé par les Anglais, il avait repoussé les troupes françaises, et croyait avoir fondé la république de Corse, lorsque le roi d'Angleterre se fit proclamer souverain de cette île. Mais les habitants avaient appris à juger le caractère anglais, et ce fut pour la France une conquête facile que celle qui les délivra de la suprématie de la Grande-Bretagne.

CORSE.

ROYAUME DE PORTUGAL.

La monarchie portugaise est comprise entre 36° 56′ et 42° 7′ latitude nord, et entre 9° 54′ et 11° 50′ longitude ouest. Elle est bornée au sud et à l'ouest par l'Atlantique, au nord et à l'est par l'Espagne. Sa superficie est, selon Balbi, de 5,064 lieues géographiques carrées.

Cette monarchie est formée du royaume de Portugal proprement dit, de celui des Algarves et de l'archipel des Açores.

Le Portugal est peut-être le pays de l'Europe qui, proportionnellement à l'étendue, possède la plus grande abondance et la plus riche variété des produits des trois règnes de la nature; mais il s'en faut de beaucoup que les habitants tirent tout le parti possible de ces avantages.

Le gouvernement est constitutionnel. Don Pedro, fils aîné de Jean VI et héritier de la couronne, a donné, en 1826, à ce royaume une constitution. Ce prince a renoncé à ses droits à la couronne de Portugal en faveur de sa fille dona Maria II, reconnue par l'Angleterre, la France et d'autres grandes puissances; mais don Miguel, frère de don Pedro, nommé régent par ce dernier, manquant à ses serments, usurpa la couronne et changea le gouvernement constitutionnel en un despotisme le plus absolu. Don Pedro tenta une expédition en Portugal, s'empara de Porto, puis de Lisbonne et chassa don Miguel du royaume. Il réunit les cortès et mourut, laissant sa fille reine de Portugal. En 1836 un mouvement militaire, à Lisbonne, eut pour résultat le renouvellement de la constitution de 1820; des cortès constituantes, convoquées peu de temps après, furent chargées de modifier cette constitution.

Quoique les troubles survenus depuis l'adoption par les cortès du projet de la nouvelle division territoriale, n'aient pas permis de mettre à exécution ce décret utile, nous donnons cependant cette division parce qu'elle est plus simple que l'ancienne, et que, d'ailleurs, il est plus que probable qu'elle sera mise en vigueur aussitôt que les circonstances le permettront.

PROVINCES.	COMARCAS.	PROVINCES.	COMARCAS.
Alto Minho (haut Minho).	Viana. Braga. Guimaraes.	Alta Estramadura (haute Estramadure).	Leira. Thomar. Alemquer.
Baixo Minho (bas Minho).	Penafiel. Porto.	Baixa Estramadura (basse Estramadure).	Lisboa. Angra. Ponta Delgada.
Tras-os-Montes.	Bragança. Villa-Real.		Horta.
Alta Beira (haute Beira).	Lamego. Viseu.	Alto Alem-Tejo (haut Alem-Tejo).	Portalegre. Evora.
Beira oriental (Beira orientale).	Guarda. Castello-Branco.	Baixa Alem-Tejo (bas Alem-Tejo).	Setubal. Beja.
Beira Maritima (Beira maritime).	Aveiro. Coimbra.	Algarve. Madeira (Ile de Madère).	Faro. Funchal.

L'industrie n'est pas aussi arriérée que le prétendent la plupart des géographes et des voyageurs.

Les draps et autres étoffes de laine fabriqués dans cette contrée ne sont, en général, que de médiocre qualité; cependant, on estime les draps de Portalegre, de Covilhao et de Fundao. La filature de coton de Thomar est la plus importante. On fabrique particulièrement des soieries à Lisbonne, à Oporto et à Bragance; dans les provinces du Minho, de Tras-os-Montes et de Beira, on fait une grande quantité de toile de lin d'une très-bonne qualité. Il existe à Lisbonne et aux environs quelques fabriques assez importantes de toiles peintes et imprimées. Parmi les tanneries, assez nombreuses dans l'Estramadure et le Minho, quelques-unes livrent de très-beaux maroquins de différentes couleurs. On fait beaucoup de nattes et autres objets en sparte et en paille. La chapellerie est assez bien entendue à Lisbonne, Oporto, Elvas, Coïmbre, Evora et Thomar. On fabrique des armes à Lisbonne et à Oporto; la bijouterie, l'orfévrerie, les ouvrages en fer-blanc, sont bien travaillés dans les mêmes villes. On trouve une papeterie importante à Alemquer. Lisbonne a une manufacture royale de porcelaine : cette capitale et Oporto possèdent des raffineries de sucre; des manufactures de tabac et de savon, au compte de la ferme. Ces deux villes fournissent aussi des eaux-de-vie et des liqueurs passables, du chocolat et des confitures estimés. La vanerie est un article intéressant de l'industrie. Les Portugais excellent dans l'art de la broderie, et font de belles dentelles et quelques fleurs artificielles de bon goût. Les opticiens et les facteurs d'instruments de physique et de chirurgie sont en petit nombre. Il y a peu d'imprimeries et les caractères sont généralement médiocres.

Le mauvais état des routes, le manque de canaux, le petit nombre des cours d'eau navigables, la rareté du gros bétail et d'autres moyens propres à faciliter la circulation des produits du sol et de l'industrie, rendent presque nul le commerce intérieur du Portugal. Le commerce extérieur est considérable : le Portugal exporte en Asie et sur la côte orientale de l'Afrique, des vins, du papier, du rhum, de la verroterie d'Italie, des jambons et autres viandes salées; il en importe une immense quantité de toileries, du poivre, du thé, de la canelle, des épiceries, des drogues, du salpêtre, des nankins, de l'ivoire, de la poudre d'or, des perles, de la porcelaine, du coton, de la soie et des soieries, des rotins, de l'écaille : le pays ne consomme que la moindre partie de tous ces articles. Les exportations pour les îles du Cap-Vert et les établissements sur la côte occidentale de l'Afrique continentale, consistent en métaux, eaux-de-vie, vin, huile, corail, verroterie, étoffes de laine, thé, toiles étrangères, habillements et meubles d'ornements, beaucoup de sabres et d'armes; les importations tirées de ces mêmes parties sont la cire, l'ivoire, les cuirs, la gomme, l'or, l'orseille, le maïs, le sel, les ânes, les bœufs, le rhum, les toiles de coton. Le Portugal envoie aux Açores beaucoup de cire, d'huile et de sel, de l'eau-de-vie, des planches, du chocolat, une grande quantité de produits de ses manufactures, des étoffes étrangères de laine et de soie, de la toile, du papier, des métaux, des médicaments, des couleurs, etc.; il en reçoit du froment, du maïs, de l'eau-de-vie, des fèves, de l'orge, des haricots, des pommes de terres, des lupins. Il exporte pour Madère de l'huile, des soieries, des ustensiles de fer et d'autres articles de métaux travaillés, de la faïence, de la poterie, du sucre, du chocolat, du café, des fruits, du beurre et du fromage, des tuiles, des briques, de la chaux, etc.; cette île lui fournit du vin, de l'eau-de-vie, des douves et du cédrat confit. L'Angleterre est le pays d'Europe avec lequel le Portugal fait le commerce le plus considérable.

Les Portugais ne sont point basanés, et n'ont pas, comme on l'a dit, les lèvres épaisses et le nez retroussé; leur teint est celui des peuples méridionaux; leur taille, peu élevée,

MARCHAND DE VOLAILLE DE PARDILHO.
(Portugal.)

JEUNE FILLE A PORTO.

est ordinairement bien prise, et rien n'est plus rare parmi eux que des individus estropiés ou contrefaits. La province de Minho, le Tras-os-Montes et les montagnes d'Estrella renferment les hommes les plus beaux et les plus robustes du royaume : leur peau est assez blanche, et leurs cheveux sont blonds ou châtains. Dans les autres provinces, le noir est la couleur dominante de la chevelure. La belle carnation des Portugaises, leurs grands yeux noirs, leurs dents blanches et bien rangées, leurs longs cheveux d'ébène, leur aimable vivacité, les mettraient au rang des Européennes les plus séduisantes, si à la grâce des Françaises elles joignaient la petitesse du pied espagnol.

Le Portugais est essentiellement bon, tranquille et sobre; la politesse est extrême dans toutes les classes, sans en excepter le bas peuple, qui est très-officieux envers tout le monde, mais qui, en revanche, exige beaucoup d'égards. Il est rare d'entendre un Portugais, de quelque condition que ce soit, jurer ou prononcer des paroles obscènes. Si le peuple est généralement dévot, il faut néanmoins convenir qu'il n'a jamais été fanatique.

Les hommes de cette nation ont beaucoup d'aptitude pour les sciences et les arts : la poésie fait leurs délices, et l'on trouve en Portugal, comme en Italie, d'excellents *improvisateurs*, les autres arts y sont plus négligés, et l'on s'y borne pour l'ordinaire à l'imitation des chefs-d'œuvre étrangers. Les Portugais, en général, sont bons matelots et bons soldats. On peut dire qu'ils se distinguent, par une civilisation plus avancée, du reste de la Péninsule; on retrouve partout, chez eux, les traces des progrès que les arts et les sciences ont faits en Europe; les ouvrages français et anglais se rencontrent fréquemment dans les bibliothèques particulières; les mémoires de l'Académie royale de Lisbonne et les *Éphémérides* de Coïmbre sont connus dans le monde savant. Si l'influence qu'a exercée sur le Portugal, depuis plus d'un siècle, le gouvernement britannique, y a altéré l'indépendance nationale, il faut reconnaître, d'un autre côté, qu'elle a eu d'heureux résultats pour les progrès des arts, de l'industrie et de l'instruction.

Mais si, de la littérature et des beaux-arts, nous passons à l'éducation des masses, nous dirons qu'il est inutile d'accumuler les raisonnements pour prouver un fait que l'on n'est que trop porté à croire d'après une foule d'indices; c'est que l'instruction publique élémentaire est très-négligée en Portugal, et, qu'à l'exception de l'Espagne, qui lui est fort inférieure sous ce rapport, il est peu de pays où le nombre relatif d'écoliers soit moins considérable. Cependant les établissements d'instruction destinés aux enfants des classes riches ou privilégiées peuvent soutenir la comparaison avec ceux des autres États de l'Europe; l'enseignement des sciences est confié à des professeurs habiles, et de bons ouvrages nationaux en facilitent l'étude.

S'il fallait s'en rapporter à l'opinion de certains voyageurs, les mœurs du clergé ne seraient point irréprochables; elles présenteraient même l'image de la plus honteuse corruption. Cependant il paraît que depuis une vingtaine d'années les mœurs nationales se sont améliorées, et que le Portugais a même perdu quelque chose de son caractère original par ses fréquents rapports avec les étrangers. Ce n'est plus ce peuple superstitieux, outrageant sans crainte les saintes lois de la morale, et portant au pied des autels un cœur fermé au repentir. Ses soldats ne ressemblent plus à ceux qui, pendant la guerre de la succession, ne consentirent à marcher que lorsque le roi don Pedro leur eût donné pour général, saint Antoine, patron de Lisbonne; et, nous le répétons, si le Portugais est encore dévot et un peu superstitieux, il ne fut jamais fanatique.

Tous les Portugais se plaisent à vanter leur nation, mais c'est une conséquence du rôle important qu'ils ont joué sur le théâtre du monde, et du peu de lumières qu'on a laissé pénétrer dans leur pays. On leur reproche de l'indolence et de la présomption, et cela peut être vrai pour les paysans de certaines provinces; mais, en se montrant sévère sur leurs défauts, il faut tenir compte de leurs qualités : ils sont, en général, fort attachés à leur patrie, amis généreux et fidèles à remplir leurs promesses. M. Balbi, qui a observé ce peuple d'un œil impartial, dit que l'habitant de la province de Minho est plein de feu, d'esprit et d'industrie; que celui de Tras-os-Montes rachète des dehors grossiers par des mœurs pures et simples, par sa bravoure et son activité; que celui de la province de Beira est le plus laborieux ; que celui de l'Estramadure est le plus policé, et que l'Algarvien surpasse tous les autres par sa vivacité.

La langue portugaise n'a point les sons gutturaux de l'espagnole; cependant la fréquence des hiatus et des terminaisons nasales, la propension au néologisme qu'on remarque en elle, la facilité avec laquelle elle s'empare des expressions des autres langues, nuisent à son harmonie et feraient croire à sa pauvreté, si des écrivains modernes n'avaient prouvé tout le parti que l'on peut tirer du langage portugais.

Nous avons dit que le Portugais était plein de vivacité, que son imagination était brillante; il en résulte qu'il paraît, en quelque sorte, affamé de dissipations; la musique, la danse, le spectacle, les processions et les combats de taureaux, en un mot tout ce qui peut retracer les plaisirs des sens, a sur lui un empire irrésistibles. L'étranger n'entend pas sans quelque satisfaction la musique vive et légère de ce peuple, et les chants populaires, qu'accompagne la guitare, ne seraient dépourvus ni de grâce ni d'agrément, si les paroles n'étaient parfois empreintes d'une trop grande licence. La danse nationale, appelée la *Foffa*, est tellement lascive, qu'on ne peut s'empêcher de déplorer la corruption du peuple en la voyant exécuter, non-seulement dans la campagne, mais au sein des villes et même sur les théâtres.

Les montagnes d'Estrella sont, au dire de M. Breton, la partie du Portugal où l'ancien costume s'est le plus fidèlement conservé. Les filles, reléguées dans un espèce de cloître, y vivent entièrement séparées des hommes. Ces habitations séparées se trouvent même chez les paysans. Jamais les filles ne mangent avec leurs parents, et, chez les gens qui ont quelque aisance, elles n'ont à leur service que des femmes. Il est cependant des fêtes et des repas d'où elles ne sont pas exclues, bien que les étrangers y soient admis ; mais elles doivent y demeurer dans un profond silence. Les femmes mariées seules ont la faculté de se mêler à la conversation, et chantent vers la fin du repas des chansons amoureuses, sortes de compositions pastorales qui ont le ton de l'élégie.

L'ancien costume national consiste en une cape et un manteau, dont le Portugais s'enveloppe tout le corps.

Les dames suivent les modes françaises et anglaises, et lorsque, par hasard, elles sortent à pied elles sont accompagnées de laquais.

Les hommes de condition inférieure, les jeunes gens principalement, aiment à affecter un air martial. Le manteau, qu'ils portent indifféremment dans toutes les saisons, est différent de celui des Espagnols; il est à manches et on le jette en travers de l'épaule ainsi qu'une couverture. Ce manteau cache souvent des vêtements fort sales, sur lesquels se promène la vermine.

Ce que nous venons de dire peut être vrai; mais c'est l'exception. En général, on doit comprendre que les mœurs, ainsi que le costume, ont dû subir de grandes modifications par le contact avec l'Angleterre et la France.

La capitale du Portugal est LISBONNE, bâtie en amphithéâtre sur plusieurs collines, le long de la rive droite du Tage, résidence d'un patriarche, avec un des plus beaux mouillages de l'Europe et environ 260,000 habitants. La ville ancienne, échappée à la terrible catastrophe de 1755, est mal bâtie et très-malpropre; la nouvelle, au contraire, se distingue presque partout par la beauté de ses maisons, par l'alignement de ses rues et par sa grande propreté.

Parmi les établissements scientifiques de Lisbonne, il faut citer l'observatoire de la marine, dont plusieurs travaux ont servi à l'avancement de la physique céleste; l'Académie royale de la marine, qui a fourni plusieurs marins distingués; l'école royale de construction et d'architecture navales; l'Académie royale de fortification, d'artillerie et de dessin; l'école royale de chirurgie et celle de sculpture. Nous citerons encore l'école de commerce, le collége royal militaire, celui des nobles, les écoles royales du monastère de *Saint-Vincent de Fora*, où l'on enseigne les langues anciennes et le français, la physique, la géométrie et la philosophie; l'école royale de dessin et d'architecture civile, dont les cours durent cinq années; l'institut de musique (*seminario musical*), où l'on enseigne le chant, la musique instrumentale et la composition; le collége royal de Saint-Patrice, créé en 1590 pour l'instruction des prêtres missionnaires irlandais; le collége royal des catéchumènes, fondé en 1579 pour instruire dans la religion les infidèles convertis; le collége de Saint-Antoine et de Saint-Pierre, destiné aux orphelins et aux enfants vagabonds; les écoles royales de la congrégation de l'Oratoire, où l'on enseigne principalement le latin; enfin les écoles de grammaire, de rhétorique et de philosophie, établies à l'hospice royal de Notre-Dame de Necessidades. Le premier corps savant du royaume est l'Académie royale de Lisbonne.

Le caractère portugais se montre avec moins d'avantages dans la capitale que dans le reste du royaume; le peu d'activité des habitants donne à cette ville une teinte de tristesse: ils sont d'ailleurs superstitieux, portés à se venger, mais sobres, économes et loyaux dans leurs relations commerciales.

Nous terminerons la description du Portugal par quelques extraits empruntés à l'un des meilleurs recueils périodiques actuels.

La misère à laquelle est réduite la maison royale ne saurait être mieux appréciée qu'en signalant ce fait, que le gouvernement trouve convenable de se charger de la dépense et de l'entretien de la maison royale, plutôt que de payer une somme fixe pour l'usage du souverain.

Tous les traitements sont fort arriérés, et les personnages régnants sont dans une telle détresse d'argent, qu'ils sont obligés de s'en procurer, pour un immense escompte, sur leurs propres billets, auprès des juifs et d'autres personnes.

Les dépenses du palais sont réglées. Le roi et la reine dînent presque toujours ensemble, quoique le premier prenne ses déjeuners, et surtout ses déjeuners à la fourchette, séparément. Il n'y a point d'autres tables, point de conviés, point de courtisans qui y soient admis. Ce qui reste de la table royale est immédiatement distribué aux pauvres. Les domestiques et tous les gens de service ont des gages de table. Les réceptions sont très-rares au château, et, lorsqu'il y a audience, à peine la reine ouvre-t-elle les lèvres, à peine même a-t-elle quelques relations avec qui que ce soit. Les prêtres ont une grande influence sur Sa Majesté.

Les finances sont dans un état embarrassé; une banqueroute totale pourra seule les relever, dit-on, et elle arrivera un peu plus tôt, un peu plus tard. Les lois promulguées par le gouvernement, sous les différentes dénominations de *decretos*, *alvaras*, *posturas* et *avisos*, ne s'élèvent pas à moins de 14,000, généralement copiées sur les lois françaises, et elles sont non-seulement en opposition aux mœurs et aux usages des Portugais dans la plupart des circonstances, mais encore la rédaction en est si obscure et si confuse qu'elles se contredisent souvent l'une l'autre. Aussi la confusion s'est-elle répandue partout, et ce n'est qu'à Lisbonne, Oporto et dans les grandes villes, que règne la tranquillité; tandis que dans les provinces, à trente mille de Lisbonne même, le pays est livré à une anarchique barbarie.

« Quelques Portugais, dit le marquis de Londonderry, à qui nous empruntons ces détails, m'assurèrent avec beaucoup de gravité « que la plus grande propreté s'observait maintenant dans la ville; qu'à la vérité, il était autrefois permis de vider toute espèce de choses par les fenêtres, à toute heure du jour et de la nuit, mais que cette faculté se restreignait strictement aujourd'hui entre dix heures du soir et cinq heures du matin. » A ceux qui ont pu voir les abominables saletés des rues étroites de Lisbonne, il n'est pas nécessaire de les décrire ici; quant à ceux qui n'ont point voyagé, ils peuvent avoir recours aux descriptions de lord Byron.

« Quels que soient les changements que don Pedro ait faits, ces changements, s'il faut en juger sur les apparences, n'ont abouti à rien moins qu'à l'avantage général. L'abolition de coutumes et de lois depuis si longtemps en usage, la fermeture des couvents, la spoliation de l'aristocratie, ce sont là des mesures qui ont dû inévitablement donner au Portugal l'apparence d'un État déchu, et, vraiment, les seuls charmes qui lui restent ce sont son climat, ses bosquets d'orangers et ses vignobles, que la législation même la plus erronée ne peut lui ôter.

» Le 24, la voiture du duc de Terceire vint nous prendre, à onze heures, pour nous conduire à l'église de San-Vicente, où devait avoir lieu une cérémonie funèbre et une messe solennelle. La cour entière y assistait, ainsi que tous les hauts fonctionnaires de l'État et les officiers de l'armée. Nous étions placés derrière l'autel, directement en face du roi et de la reine, que nous vîmes parfaitement. Le grand concours des assistants se trouvait dans la nef de l'église. Leurs Majestés étaient assises ensemble dans une loge ou banc au centre de l'un des côtés de la cathédrale. C'est une grande et vieille église: mais quel tableau de grandeurs et de splendeurs déchues! De vieilles tapisseries, de vieilles tentures de drap, des dorures plusieurs fois séculaires, des ciselures vermoulues, du stuc tombant de vétusté et se détachant par pièces, telle était la décoration du spectacle bien propre à rappeler la fin de toutes choses en ce bas monde; rien de royal, rien qui fût digne de la solennité! Quoi qu'il en soit, la musique était certainement belle, et le service dura deux heures; mais je le trouvai très-inférieur aux cérémonies de l'Église grecque dans le nord de l'Europe.

» Des valets mal vêtus suivaient le cortége royal, et les voitures étaient dans un état de délabrement et de misère indicible. Je me rappelle qu'autrefois les équipages des nobles en Portugal, bien que d'une forme incommode, étaient dorés, propres, bien tenus, et généralement traînés par des mules qui ne valaient pas moins de 300 moidores la pièce. Maintenant la race de ces animaux paraît éteinte, et la pauvreté, l'étrangeté des voitures ne peuvent se comparer qu'à la misérable apparence des chevaux. On m'apprit que le duc de Terceire, qui est grand écuyer, se donnait beaucoup de peine pour augmenter les écuries du roi; elles ont, en effet, besoin d'améliorations, et, en songeant à son énergie et à son intelligence, je ne doute pas qu'avec le temps cette amélioration n'ait lieu. »

ARCHIPEL DES AÇORES.

Ces îles sont situées dans l'océan Atlantique, entre 36° 54′ et 39° 46′ de latitude nord, et entre 27° 50′ et 40° 42′ de longitude ouest.

L'archipel des Açores se divise en trois groupes: le premier, situé au sud-est, comprend: Sainte-Marie, Saint-Michel et les Formigues; le deuxième, celui du centre, Terceira, Graciosa, Saint-George, Pico et Fayal; et le troisième, au nord-ouest, Corvo et Flores. Toutes ces îles sont de formation volcanique; leur aspect général est des plus pittoresques.

Les Açores sont exposées à des fléaux redoutables, tels que des coups de vent et des déluges de pluie. Toutefois, le climat, quoique humide, est d'une grande douceur. Le sol, arrosé par beaucoup de ruisseaux, est extrêmement fertile; quoiqu'il soit mal cultivé, il donne deux récoltes par an : mieux soigné, il produirait successivement toute l'année. Tel qu'il est, il fournit en abondance à la population tout ce qui est nécessaire aux besoins de la vie.

Colonisées par des Portugais, des Espagnols et des Flamands, les Açores renferment aussi des individus qui ont dans les veines quelque peu de sang more. La population actuelle est évaluée à 250,000 habitants, et ce n'est pas le quinzième de ce que ces îles, bien cultivées, pourraient nourrir.

En général, les Açoriens sont pâles, bien faits, et ont les cheveux touffus et noirs; ils sont d'une humeur sombre : les gens du peuple sont actifs et colères, mais hospitaliers et humains. Il est difficile à un étranger de trouver une auberge. Les personnes riches et surtout les commerçants se font un plaisir de les recevoir. Il règne beaucoup d'union parmi eux; l'usage du thé, qu'ils ont adopté des Anglais, donne lieu à des assemblées charmantes, où les jeunes personnes font de la musique; le chant et la danse suivent ordinairement. Les personnes plus âgées jouent le whist. Les dames déploient beaucoup d'amabilité et de politesse. La nature ne leur a pas refusé les grâces de leur sexe; leur prononciation est douce, chantante, légèrement empreinte d'une nuance d'afféterie qui n'est pas sans charme.

Les hommes, à l'exception d'un petit nombre, encore fidèles au grand manteau de drap et au chapeau à trois cornes, ont adopté complétement l'habit anglais. Les femmes, de leur côté, ont copié les modes anglaises, mais elles saisissent avec empressement toutes les occasions de les modifier à la française. Quant au costume national, ce n'est plus que chez les femmes du peuple, et surtout dans la campagne, qu'il faut en chercher quelques traces. Parmi les premières, on en rencontre parfois qui, vêtues d'une longue robe d'étamine noire, et cachées sous un voile de même étoffe, qui descend jusqu'à terre, se rendent à l'église d'un pas lent et grave. Quant aux secondes, plusieurs portent encore, comme sous le règne de Sébastien, un cotillon d'une grosse étoffe de laine, et couvrent leur tête d'une large bande de toile ou de mousseline, bordée de filet et d'une grosse dentelle. Cet ornement, qui est fixé sur la tête au moyen d'un feutre élevé et pointu, tombe de chaque côté sur les épaules et descend jusqu'aux genoux. — On trouve dans ces îles de nombreux monastères d'hommes et de femmes. Les premiers sont presque déserts. Il n'en est pas de même des autres, qui sont remplis de jeunes victimes sacrifiées pour la plupart à la fortune de quelques enfants privilégiés, ou par suite de vœux indiscrets formés par leurs parents, et qu'elles sont appelées à ratifier dès l'âge de seize ans.

Le régime féodal règne encore dans ces îles avec tous ses inconvénients. Les grands domaines seigneuriaux des *morgados* se transmettent de race en race, et les tenanciers de ces domaines, en butte à la tyrannie, aux extorsions et au caprice des maîtres, sont victimes des abus les plus cruels qui aient jamais signalé ce régime dans les diverses contrées de l'Europe. Ils vivent donc au jour le jour, et, comme on dit, de la main à la bouche, privés des ressources de l'industrie, négligeant l'agriculture, dans laquelle ils sont fort arriérés, et qui ne leur procure aucun avantage direct ou permanent. L'Angleterre reçoit la plus grande partie de leurs exportations, qui se composent principalement d'oranges et de citrons, de vins et d'eaux-de-vie en petite quantité; elle leur envoie, en retour, de la quincaillerie, des étoffes de laine et de coton. Les Açores entretiennent encore quelques relations de commerce avec la mère patrie : elles exportent de grosses toiles et des vins au Brésil, ainsi qu'aux États-Unis.

    Les *morgados* croupissent dans la paresse, et ne paraissent avoir d'autre bonheur que celui de manger, dormir et amasser de l'argent; ils sont tous riches, et cachent ordinairement leurs trésors dans les murailles de leurs maisons : ce n'est qu'à leur mort qu'ils indiquent leurs dépôts à leurs héritiers.

FEMMES DE MIRANDA.

ROYAUME D'ESPAGNE.

L'Espagne est située entre 36° 0′ 30″ et 43° 46′ 40″ de latitude nord, et entre 1° 0′ 35″ de longitude est, et 11° 36′ 15″ de longitude ouest.

Ce royaume, qui occupe la majeure partie de la péninsule ibérique, a pour limites : au nord, les Pyrénées, qui la séparent de la France, et cette partie de l'Atlantique désignée sous le nom de golfe de Gascogne; à l'est et au sud, la Méditerranée; et à l'ouest, l'Atlantique et le Portugal.

La monarchie espagnole est formée des pays suivants : les territoires qui formaient autrefois le royaume de Castille; ceux qui dépendaient de la couronne d'Aragon avec les îles Baléares; le royaume de Navarre; les provinces basques, et le territoire d'Antequera. On doit ajouter la place forte d'Olivença avec la fraction du territoire ci-devant portugais qui l'environne sur la rive gauche de la Guadiana, acquisition faite en 1801.

L'Espagne recèle presque toutes les productions minéralogiques les plus utiles; mais toutes, l'or et l'argent, par exemple, ne sont pas assez abondantes pour couvrir les frais d'exploitation.

On récolte du blé dans presque toute l'Espagne; quelques provinces, notamment l'Aragon et l'Estramadure, qui est appelée le grenier de l'Espagne, en produisent au delà de ce qui leur est nécessaire : néanmoins, on évalue que ce royaume est obligé de tirer de l'étranger un trentième de ce que demande sa consommation. L'Espagne produit aussi du seigle, un peu d'orge et d'avoine, du maïs, du riz, du chanvre, du lin très-doux, de la soie et du coton.

En vertu de la constitution de 1812, dite des *cortès,* le gouvernement est une monarchie limitée héréditaire. Le pouvoir législatif est exercé par la reine et les cortès. Le pouvoir exécutif appartient à la reine; il est exercé par des ministres responsables. Les cortès se composent de deux chambres. Depuis 1836, les cortès, élues suivant les dispositions de la constitution dont nous venons de parler, l'ont, après de longs débats, modifiée en plusieurs points, afin de la mettre en harmonie avec celles des autres régimes constitutionnels de l'Europe.

L'Espagne est divisée, sous le rapport financier et administratif, en quarante-neuf provinces; sous le rapport militaire, en douze grandes capitaineries et cinq petits gouvernements ou commandements généraux d'une étendue beaucoup moindre [1]; sous le rapport judiciaire, en douze cours royales ou tribunaux supérieurs, subdivisés en *corregidorias* (siéges de corrégidors).

---

[1] Ces petits gouvernements sont ceux de Mahon, Iviça (dépendant de la capitainerie de Majorque), ceux de Gibraltar, dans la province de Cadix, de Ceuta, sur la côte d'Afrique, et des îles Canaries.

CAPITAINERIES GÉNÉRALES.	PROVINCES.	COURS ROYALES [1].
NOUVELLE-CASTILLE.	Madrid. Guadalaxara. Cuença. Tolède. Manche.	
VIEILLE-CASTILLE.	Burgos. Logrono. Santander. Oviedo. Soria. Segovia. Avila. Leon. Palencia. Valladolid. Salamanque. Zamara.	Oviedo (audience royale des Asturies, résidant à). Valladolid (chancellerie royale de).
GALICE.	La Corogne. Lugo. Orense. Pontevedra.	La Corogne (audience royale de Galice résidant à).
ESTRAMADURE.	Badajoz. Cacerès.	Cacerès (audience royale d'Estramadure, résidant à).
ANDALOUSIE.	Séville. Huelva. Cadix. Cordoue. Jaen.	
ROYAUME ET CÔTE DE GRENADE.	Grenade. Malaga.	Grenade (chancellerie royale de).
VALENCE.	Valence. Alicante. Castellon de la Flana. Murcie. Ulbaïète.	Valence (audience royale de).
CATALOGNE.	Barcelone. Tarragone. Lerida. Gironne.	Barcelone (audience royale de Catalogne, résidant à).
ARAGON.	Saragosse. Huesca. Teruel.	Saragosse (audience royale d'Aragon, résidant à).
ROYAUME DE NAVARRE.	Navarre.	Pampelune (conseil royal de Navarre résidant à)
GUIPUSCOA.	Alava. Biscaye ou Viscaya. Guispuscoa.	
MAJORQUE ET GOUVERNEMENTS DE MAHON ET IVIÇA.	Palma.	Palma (audience royale de Majorque résidant à).

Presque entièrement environnée par la mer, ayant des ports magnifiques sur l'Océan et la Méditerranée, l'Espagne n'a en face d'elle que la côte d'Afrique, où la civilisation ne fait que de naître; aussi semble-t-il qu'elle ne puisse attendre son avancement sérieux et rapide que de ses rapports avec la France, son seul voisin d'Europe, le seul auquel elle ait pu jusqu'à ce jour emprunter, et de toutes les nations du continent, la plus capable, par sa proximité, par la fraternité de sa langue et par le besoin d'expansion continuel qu'elle éprouve, de l'aider à se dégager des entraves qu'a multipliées

[1] L'une de ces cours réside à Las-Palmas, chef-lieu de la grande Canarie, sous le nom d'audience royale des Canaries.

sur sa route le génie systématiquement et énergiquement rétrograde de Philippe II, génie qui a inspiré ses successeurs, sans qu'une réaction également franche et décidée ait encore ouvert à l'Espagne une route meilleure. Il faut dire aussi que, sur ce point, les esprits en Espagne n'ont point pris le change; la France est, pour tous les hommes éclairés, un objet d'études continuelles. Les émigrations occasionnées par les agitations intérieures du pays ont poussé vers la France un bon nombre d'intelligences distinguées; et si, pour le moment, la préoccupation des idées françaises exerce quelquefois une influence nuisible, si l'on ne distingue pas toujours, autant qu'il serait à souhaiter, les modifications que la différence des deux pays doit introduire dans l'application des mesures empruntées à la France, toujours peut-on dire que la voie est bonne, largement ouverte, et que le temps et la discussion feront justice des engouements irréfléchis. Une remarque encore doit contribuer à bien faire espérer de l'avenir de la nation espagnole : c'est la rare intelligence de ses populations. On est surpris, quand on a affaire aux gens du peuple les plus dénués de culture, du bon sens, de l'esprit et de la facilité avec lesquels ils s'expriment. Sous ce rapport, ils sont bien supérieurs aux paysans français; ils n'ont rien de leur lourdeur et de leur embarras; leur cercle n'est pas large, la sphère de leurs idées n'est pas étendue; mais ce qu'ils comprennent, ils le comprennent bien, et l'on peut croire que si l'éducation, si l'habitude de préoccupations plus générales avaient développé leur intelligence, ils porteraient dans des notions plus élevées cette rectitude et cette netteté qui semblent innées chez eux, mais qui, aujourd'hui, ne s'exercent guère en dehors de leurs intérêts immédiats.

En Espagne, l'aristocratie est considérée, populaire, et n'excite ni haine ni envie. Le noble n'est point arrogant et le bourgeois n'est pas jaloux; il y a entre eux la différence de la richesse, mais pas d'autre. Il règne entre les diverses classes une égalité de ton et une familiarité de manières dont les démocrates les plus ombrageux se contenteraient. Non-seulement le bourgeois, mais le paysan, l'ouvrier, le portefaix, le porteur d'eau gardent avec le noble leurs libres allures. Si une fois la maison leur a été ouverte, ils iront, viendront, s'assiéront et causeront avec leur noble propriétaire sur le ton de la plus parfaite égalité. — La raison de ces rapports qui nous étonnent, c'est qu'en Espagne il n'y a jamais eu de roture; c'est que le paysan n'est pas de race conquise, ni le noble de race conquérante.

La considération morale dont a joui si longtemps la noblesse tient surtout, dit M. Guéroult, à ce que, entre tous les conquérants, leurs ancêtres furent les plus puissants et les plus braves; tandis que d'autres restaient à cultiver leurs champs, eux se battaient et reculaient les frontières de la chrétienté espagnole. Cette conduite leur a justement valu la considération et le respect, sans que ce respect pût jamais rien avoir de servile, puisque entre eux et le dernier Espagnol il n'y avait pas l'abîme de la conquête, mais seulement un degré différent d'activité et de courage.

Moins redoutable que le clergé et presque aussi riche que lui, la noblesse ne fut point favorisée par la royauté. En diverses circonstances où des guerres formidables avaient épuisé les ressources, la couronne imagina de faire contribuer la noblesse en faisant reviser les donations royales qui l'avaient mise en possession de ses immenses domaines, lorsque la donation n'était point en règle, et on avait soin qu'elle le fût rarement, on la cassait, et les dépouilles des nobles venaient, sous le nom de restitution, grossir le trésor royal; mais ce fut surtout à partir de l'avénement au trône d'Espagne de la maison de Bourbon que le crédit de la noblesse alla chaque jour déclinant. La noblesse espagnole avait été généralement contraire à la clause du testament de Charles II, qui appelait le duc d'Anjou sur le trône; la plupart penchaient pour l'archiduc. Aussi, lorsque l'influence du duc d'Harcourt et les intrigues de Portócarrero eurent enfin assuré la couronne au petit-fils de Louis XIV, c'en fut fait du crédit politique de la noblesse espagnole. Les Bourbons, indépendamment des révisions exercées contre elle, la tinrent presque constamment éloignée des affaires. Les grands noms de la monarchie espagnole disparaissaient pour faire place à Alberoni, Riperda, Grimaldi, des étrangers, ou à des noms récemment anoblis ou d'une noblesse secondaire, tels que Ensenada, Aranda, etc., ou enfin à des favoris, comme Manuel Godoy, ou à des créatures tirées des derniers rangs de la société, comme Calomarde.

Éloignée forcément des affaires, la noblesse finit par en perdre les traditions et l'aptitude, et, de ce moment, sa décadence fut rapide. Les fils de la noblesse, possesseurs d'une immense fortune comme l'aristocratie anglaise, mais ne voyant point, comme les jeunes lords, s'ouvrir devant eux la carrière de l'ambition politique, négligèrent complétement les études sérieuses et se firent remarquer par leur ignorance au milieu de l'ignorance générale. Le plaisir, la débauche et la dissipation devinrent le seul emploi de leur temps, et leur intelligence, comme leur fortune, eut également à souffrir de ce triste régime. La plupart des grandes familles sont endettées; leurs biens, mal administrés, ne suffisent pas à une dépense mal calculée, et l'on peut dire, en ce sens, que les nobles ont contribué, pour leur part, à familiariser les esprits avec les idées de banqueroute, les plus populaires qu'il y ait dans toute l'Espagne.

Mais depuis que l'Espagne s'agite pour de vagues essais de rénovation, on a vu plusieurs des membres de la noblesse secouer leur léthargie héréditaire, se mettre au courant des idées étrangères, refaire une éducation trop souvent négligée, remettre de l'ordre dans l'administration de leurs biens, et se rendre dignes et capables en tout point de marcher à la tête de ce qu'on pourra peut-être un jour tenter de raisonnable pour la régénération politique de leur pays, et l'on peut ajouter que les connaissances pratiques et réelles qu'ils doivent à leur qualité de grands propriétaires leur assureront un grand avantage sur la bourgeoisie théoricienne des villes, le jour où les affaires publiques pourront être traitées sérieusement, régulièrement et par d'autres moyens que les conspirations militaires et les débiles émeutes imitées de la révolution française.

On évalue à cinquante environ le nombre de familles qui portent le titre de *grandesse*. Quant aux nobles simplement titrés (*titulos de Castilla*), on en compte de cent à cent cinquante. Toutefois, par une bizarrerie remarquable, ce n'est ni la grandesse, ni le titre qui constituent la noblesse véritable et réellement considérée; il y a telle famille, pauvre et sans titre d'aucun genre, qui date de beaucoup plus loin que les noms les plus en évidence, et qui est fière en proportion de son ancienneté.

La bourgeoisie espagnole n'est pas, comme celle de France, cette classe innombrable qui s'étend depuis l'ouvrier récemment établi jusqu'au pair de France roturier, et qui forme, tant par sa masse que par le libre accès qu'elle ouvre toujours aux classes inférieures, le fond même et l'étoffe de la nation. Soumise longtemps comme tout le reste au despotisme royal, ne possédant ni les lumières, ni les richesses du haut clergé, ni surtout son crédit sur les masses, la bourgeoisie espagnole, en admettant qu'elle doive un jour marcher sur les traces de la bourgeoisie française, n'est encore qu'au début de sa carrière; c'est encore une classe isolée qui doit compter comme classe, mais qui n'est point en état aujourd'hui d'absorber ou de supplanter toutes les autres. Depuis trente ans, depuis vingt surtout, la bourgeoisie s'est donné beaucoup de mouvement; c'est elle qui a fait la révolution de 1820, c'est elle qui vient encore de jouer un rôle plus important que brillant dans les événements de ces dernières années. Pourquoi sa première tentative révolutionnaire a-t-elle trouvé si peu d'appui dans le pays? Pourquoi la seconde vient-elle de plonger l'Espagne dans un inexprimable désordre? En dehors de l'influence accidentelle des événements, nous en trouverons la cause dans la constitution même de la bourgeoisie. Elle ne possède, nous l'avons vu, ni la popularité, ni la richesse que possédait le clergé; elle n'a vécu jusqu'ici que du commerce et des emplois publics.

Or, l'opinion en Espagne a été longtemps défavorable au commerce, l'ancien point d'honneur castillan étant sévère pour les pratiques de l'habileté commerciale; et, comme le dit un proverbe espagnol, l'honneur d'un commerçant est plus fragile que celui d'une vierge. Le noble qui faisait le commerce encourait la déchéance. Aussi, les gentilshommes ruinés préféraient-ils entrer en service comme domestiques, conformément à un vieil adage qui dit que, dans la domesticité, la noblesse sommeille, mais que dans le commerce elle périt. Ces anathèmes portés par l'opinion sur une classe suffisent le plus souvent, on le sait, pour engendrer les vices qu'ils condamnent. Si l'on met, en outre, en ligne de compte la pratique universelle de la contrebande par les négociants, le coup porté au commerce espagnol par l'émancipation de l'Amérique, et la substitution des fraudes de détail et de la méfiance à l'esprit des grandes affaires, on concevra que la classe, d'ailleurs peu nombreuse, des négociants, ne soit point en état d'aspirer aujourd'hui à aucune suprématie morale ou politique. Il y a des exceptions, sans doute, mais c'est la règle qui nous occupe.

Quant à la classe des employés, sa situation morale est moins favorable encore. Grâce aux antiques abus du système de gouvernement, à l'absence de contrôle réel, au mauvais exemple depuis si longtemps donné d'en haut, les emplois publics sont aujourd'hui le réceptacle de toutes les corruptions.

A ces classes (les commerçants et les employés) il faut joindre les avocats et les gens de justice, qui exigent une mention spéciale; et l'on aura une idée de ce qu'il faut entendre par ce mot : *la bourgeoisie espagnole.* « Les formes extérieures de la justice espagnole, dit M. Ad. Guéroult, ne sont pas sans quelque analogie avec la marche de notre procédure; avant d'être admis en première instance, les plaideurs doivent se soumettre à un *jugement de conciliation* prononcé par l'alcade qui, à ses fonctions ordinaires de magistrat municipal, réunit en cette circonstance les attributions de juge de paix. Si les parties ne se trouvent pas bien jugées, elles portent leur différend devant le juge de première instance. Au-dessus du juge de première instance est placée la *audiencia real*, qui répond à nos cours royales, et qui, comme elles, se divise en plusieurs chambres. Le plaideur peut appeler du premier jugement d'une chambre devant une autre chambre qui, par cette raison, prend le nom de chambre de révision (*sala de revista*). Enfin, de l'audience royale, la cause est portée à Madrid, devant un tribunal suprême, comme est chez nous la cour de cassation; seulement, pour user de ce dernier degré de juridiction, il faut, au préalable, déposer une assez forte somme, qui, lorsque le jugement de l'audience royale est confirmé, est confisquée au profit des magistrats qui ont prononcé l'arrêt. Sauf cette disposition fiscale, les degrés de juridiction sont échelonnés à peu près comme chez nous. L'alcade réside dans toutes les municipalités; le juge de première instance (*el juez de primera instancia*) habite d'ordinaire au centre des populations, qui, dans ce pays inégalement peuplé, appartiennent à sa juridiction. Son siége, du reste, n'est point fixe; il fait des tournées et se porte tantôt sur un point, tantôt sur un autre, selon les besoins du service; enfin l'audience siège dans toutes les capitales de province.

» Une des causes qui ont contribué à corrompre en Espagne l'administration de la justice, c'est l'effroyable confusion qui règne dans la jurisprudence. Les lois *alfonsines*, *la novisima recopilacion*, les décrets royaux qui, sous le régime absolu, avaient force de loi, tout cela réuni forme un chaos de termes contradictoires, dont on porte le chiffre à quatre-vingt mille environ. C'est là ce qu'on appelle la législation espagnole. Toutes ces lois, promulguées à des époques différentes, dans des intérêts contraires, sans que les dernières en date aient entraîné l'abolition des précédentes, contiennent par conséquent un peu de tout ; le pour et le contre s'y peuvent également invoquer, et comme d'ailleurs il n'est pas de mémoire humaine qui puisse supporter ensemble le poids de tout ce fatras, il en résulte que le bon plaisir du juge est, en définitive, la loi suprême et la seule possible ; et cela est si bien entendu, qu'une disposition spéciale interdit aux avocats de citer, dans leurs plaidoiries, le texte de la loi qu'ils invoquent en faveur de leur client ; ils doivent s'en rapporter à la mémoire, c'est-à-dire au libre arbitre du juge.

» Cette immense latitude, laissée par le fait à la volonté du juge, devait faire de cette volonté souveraine le point de mire de toutes les attaques et de toutes les séductions des plaideurs, aidés d'ailleurs en ceci par la modicité du traitement alloué aux fonctions judiciaires ; mais, avant de passer outre, il faut que je vous dise un mot d'un personnage qui joue un rôle capital dans l'administration de la justice, et dont l'esprit, les fonctions, et jusqu'au nom, jouissent ici d'une célébrité proverbiale ; je veux parler de l'*Escribano*. L'Escribano n'est pas, de sa nature, un être facile à définir ; il y a en lui du greffier, du juge d'instruction, du notaire, du rapporteur ; il fait tout, il est tout, il est l'âme, la cheville ouvrière de toute la machine ; si vous vous mariez, c'est l'Escribano qui rédige votre contrat ; si vous achetez un bien, c'est lui qui dresse et conserve l'acte de vente ; si vous avez un procès, c'est à l'Escribano qu'il faut faire parler ; si vous avez eu le malheur, dans un moment de besoin ou de vivacité, de prendre la poche d'un passant pour la vôtre, ou d'enfoncer la lame de votre *navaja* trop avant entre les côtes d'un ami, c'est encore à l'Escribano qu'il faut vous adresser ; car c'est lui qui rédige le rapport de votre affaire et le jugement aussi, et qui fait signer le juge de confiance ; c'est lui, si le juge est méchant, qui sait les arguments capables de l'émouvoir ; c'est lui qui vous dira, au juste, à combien d'onces (80 francs) vous reviendra la mort d'un homme, et qui, suffisamment *encouragé*, saura, s'il le faut, vous retirer du fin fond de l'enfer. Point de prison si noire, de cachot si profond, de barreaux si serrés et si épais qui résistent au pouvoir de l'Escribano. Au demeurant, il est homme de conscience, et sait faire acception de la condition et des ressources de chacun.

» Indépendamment de la vénalité, qui est le péché dominant de presque tout le corps judiciaire en Espagne, il existe, dans la législation même, de nombreuses causes d'abus. Il règne en général, dans la procédure criminelle, par exemple, un esprit de fiscalité peu en rapport avec l'élévation connue du vieux caractère castillan ; on dirait que l'idée fixe du législateur a été de rentrer à tout prix dans ses déboursés et de *faire ses frais*. Le résultat a été atteint, mais vous allez voir ce qu'il coûte. Un homme est assassiné dans la rue, il crie et appelle au secours. Il est encore de bonne heure, on passe encore dans la rue, les portes des maisons sont encore ouvertes, et l'on voit de la lumière aux fenêtres. Si pareille chose arrivait chez nous, en pareille circonstance, chacun accourrait aux cris de la victime, les passants s'attrouperaient, les voisins sortiraient avec des flambeaux, tout le quartier serait en rumeur. En Espagne, un homme assassiné crie au secours, qu'arrive-t-il ? Les passants s'enfuient à toutes jambes, les portes se ferment, les lumières s'éteignent ; cette rue, tout à l'heure si vivante et éclairée, devient un sombre désert ; vainement les cris de la victime redoublent, il s'établit autour d'elle un silence de terreur, et les meurtriers peuvent consommer leur crime en pleine sécurité. D'où vient donc cet épouvantable égoïsme ? Sont-ce les assassins qu'ils redoutent ? non, c'est la justice ; car si, mu par un sentiment irréfléchi d'humanité, vous venez au secours et que la justice arrive, la première chose qu'elle fera, ce sera de vous saisir comme témoin; et si, par malheur, l'homme assassiné, ou sa famille, n'est pas en état de payer les frais de la poursuite, ce sera sur vous, témoin, que retombera le fardeau ; et voilà comment la justice peut être légitimement accusée et de l'assassinat commis, et du lâche égoïsme de tous ces témoins cachés qui retiennent leur souffle de peur de trahir leur présence. »

Après avoir parlé de la justice, nous sommes naturellement amenés à dire un mot des voleurs, qui exercent surtout leur métier dans l'Andalousie.

L'une des principales causes de la prédominance du mal dans cette province, dit un écrivain anglais, est le voisinage de Gibraltar, ce foyer de la contrebande, cette pépinière de *smugglers* (fraudeurs de douane), matière première des voleurs et des assassins. Les erreurs financières du gouvernement espagnol ont créé les contrebandiers tout exprès pour s'en faire corriger, *trovata la legge, trovato l'inganno.* Les règlements fiscaux sont tellement absurdes, compliqués et vexatoires, qu'ils gênent les commerçants honnêtes et sérieux autant et plus peut-être qu'ils ne favorisent leurs nombreux rivaux.

En frappant de droits excessifs certains objets nécessaires, indispensables à la masse du peuple, tels que le tabac, par exemple, la loi offre à une foule d'individus des tentations de la violer, trop fortes pour qu'ils puissent y résister : elle nuit au véritable commerce, elle diminue les revenus de l'État, elle rend paresseux, voleurs et cruels, des hommes qui, sous un système plus sage, et ne se voyant pas exposés à de si puissantes tentations, eussent été sans doute d'honnêtes ouvriers. La haine des prohibitions de la douane est presque un instinct mutuel à tous les peuples. Dans l'opinion de la plupart des Espagnols, les contributions ne font que voler ceux qui volent la nation. Est-ce donc un si grand crime? Souvent même les curés, du haut de leur chaire, blâment la contrebande comme un crime conventionnel et non comme un crime moral. Aussi, loin d'être déshonoré par la profession qu'il exerce, le smuggler espagnol est aussi populaire dans son village que le braconnier l'est en Angleterre; il jouit de cette brillante réputation qui, chez une nation vaine des exploits individuels, récompense toujours l'audace victorieuse; il est le héros du théâtre, il arrive sur la scène avec le costume du *majo* andaloux, avec son *retayo* (espingole) à la main; il chante sa singuidilla bien connue, *yo, que soy contrabandista yo ho,* à la très-grande satisfaction de tous ses auditeurs, depuis le détroit de Gibraltar jusqu'à la Bidassoa.

Le *contrabandista* est la réalisation du Robin Wood, du Turpin, du Macheath, de tous ces héros des vieilles ballades et des vieilles comédies anglaises, qu'ont fait disparaître, plus vite encore que la crainte de la prison ou de la corde, les clôtures des propriétés, la facilité toujours croissante des communications, et surtout la macadamisation; car de tous les spectacles possibles, la vue d'une bonne route est celui qui cause aux voleurs la plus profonde et la plus douloureuse affliction. Dans leurs écrits, Johnson, Fielding et Smollet nous ont dépeint des mœurs dont l'Angleterre n'est délivrée que depuis fort peu de temps, et dont, nous le craignons du moins, on ne délivrera jamais entièrement l'Espagne. Le contrabandista, pur de tout mélange étranger, se voit fêté à son arrivée dans chaque village : c'est une espèce de gazette ambulante; il apporte du thé et des nouvelles au curé, de l'argent et des cigares au procureur, des rubans et de la dentelle aux femmes; il a un costume magnifique, ce qui offre un grand charme à tous les yeux moro-ibériens, il est brave et résolu : « les braves seuls méritent l'amour des belles, » dit Dryden (*Alexander's feast*); il est bon cavalier, bon tireur, il connaît le pays mieux que ceux qui l'habitent : en un mot, il est admirablement élevé pour le grand chemin, pour cette vie que Froissart, parlant du célèbre Camerigot Tête-Noire, appelle « une bonne et joyeuse vie. »

La profession de brigand est donc tellement importante dans la Péninsule, que les

Espagnols, quoique en général ils aiment peu les classifications, l'ont partagée en plusieurs branches aussi clairement séparées ou dessinées que diverses branches d'une science.

D'abord, et en première ligne, en ce qui touche l'honneur et la gloire, vient le *ladron*, le voleur par excellence, le grand de première classe, l'un de ces hommes illustres qui dévalisèrent, près de Larisse, le pauvre Apulée, et ne lui laissèrent pas même le plus léger vêtement. Ces ladrones appartiennent à des bandes de brigands régulières et organisées, montées sur des chevaux légers, tenant toujours la campagne et commandées par un chef, *gefe*.

La seconde branche ou classe est celle des *salteadores*, ainsi nommée du mot *saltus*, bois, ou du mot *saltar*, sauter, parce que, comme un tigre, le salteador s'élance d'une forêt sur le voyageur sans défiance. Ce nom, si commun dans les écrits de Cervantes et de Quevedo, a beaucoup vieilli ; on l'emploie rarement aujourd'hui. Les salteadores sont plus cruels et plus lâches que les ladrones, d'ordinaire généreux et compatissants en proportion de leur grandeur. On peut les comparer aux royalistes volontaires. Ils s'assemblent dans certaines occasions avec un but déterminé ; mais lorsque ce but est rempli, ils se dispersent et vont dans leurs villages exercer leur profession apparente, déclarée, connue de tous. Outre le ladron et le salteador, il y a aussi le *ratero*, le rat, espèce de voleur fort méprisée des deux autres classes supérieures, surtout de la première.

Enfin, pour terminer cette nomenclature, le *raterillo*, reptile rampant, se trouve encore placé dans l'échelle sociale au-dessous du ratero lui-même. —Quand il perd sa cargaison, le smuggler ou contrabandista se fait immédiatement ladron, et il agit prudemment, car il court dès lors des risques bien moins grands. Aux termes de la loi espagnole, frauder la douane, c'est-à-dire voler les revenus du roi, est un crime indigne de pardon ou de miséricorde, tandis que le brigand qui pille et dévalise seulement les sujets de Sa Majesté a pour lui les innombrables chances que lui offrent l'apathie ou la vénalité des autorités.

Pour faire connaître la nation espagnole, il faut parcourir chacune des provinces de ce pays.

Les habitants de l'Andalousie sont surnommés les Gascons de l'Espagne, à cause d'un certain orgueil qui leur est propre. Leurs *majos* et leurs *majas*, dandys et élégantes de l'Andalousie, sont renommés pour les rôles de bouffon qu'on leur fait jouer dans les comédies, sur les théâtres de Madrid et de la province. Les majos remplacent la *montera* (bonnet à mailles fort long et commun à toutes les classes) par un chapeau large et de forme ronde. L'attachement des Andalous pour leurs anciennes coutumes leur a fait conserver ce chapeau, ainsi que leurs larges manteaux, malgré un ordre précis de Charles III, qui les défendit comme servant aux malfaiteurs pour se déguiser. Autant les majos sont rebutants, autant sont avenantes les majas, auxquelles M. de Laborde donne une taille svelte, des manières aisées, une démarche leste, un œil vif, séduisant et animé, un sourire doux et caressant, un air dégagé, une jolie chaussure, un habillement léger et élégant, des grâces variées, un son de voix harmonieux, une amabilité naturelle et un geste expressif. Les Andalous sont passionnés pour le *fandango* et le *bolero*, sortes de danses dont nous parlerons plus loin.

Les Aragonais sont ennemis des besoins factices et du luxe, et s'habillent fort simplement.

Ce qu'il y a de beau, de magnifique dans Saragosse, de plus beau que les souvenirs et que les édifices, c'est la population. A voir ces hommes aux formes athlétiques, à l'œil africain, à la barbe épaisse, à la démarche grave, on se croirait en Orient, et l'on s'explique comment Saragosse, située dans une plaine, sans murailles, sans fossés, dominée par l'éminence du Torrero qui était au pouvoir des Français, put soutenir contre leurs armées deux siéges dont le second dura soixante-deux jours. Les passions des Aragonais s'allument vite et s'éteignent lentement; leur opiniâtreté, comme celle des Biscayens, est proverbiale. Pour en donner une idée, on représente ordinairement le Biscayen enfonçant un clou dans un mur avec sa tête; mais l'Aragonais, lui, enfonce la tête du clou dans le mur en frappant du front contre la pointe.

La beauté des Aragonaises n'est pas renommée comme celle des Andalouses et des Valenciennes, et pourtant il est impossible de ne pas admirer le genre de beauté qui leur est particulier et auquel les yeux, dans nos climats septentrionaux, ne sont pas habitués. Ce qui frappe dans les Aragonaises, c'est la richesse et l'ardeur de la constitution, la pureté du teint, le feu des yeux qui brillent sous leurs mantilles noires; car par une singularité digne de remarque, le noir est, dans ce climat brûlant, la seule couleur portée par les femmes dont la contagion des modes françaises n'a pas encore défiguré le costume. Ce voile noir, posé sur la tête nue, et tombant sur les épaules et sur les bras, a quelque chose de monastique qui donne aux jeunes femmes un air de nonnes agitées de passions profanes, et aux vieilles un air de prophétesses et de sibylles qui parle à l'imagination.

Les habitants de Saragosse portent sous leur manteau noir ou brun un simple justaucorps sans collet ni cravate. La seule chose qui distingue les individus des diverses classes, c'est le plus ou le moins de finesse dans l'étoffe du manteau. En été, les plus riches le portent en soie et le placent de manière à laisser une épaule découverte avec l'habit et la belle dentelle dont est brodé le col de leur chemise. La même simplicité règne dans le vêtement des femmes. Les villageoises se font néanmoins remarquer par une espèce de collerette de toile fine et plissée, qui remonte jusqu'à la moitié de leur tête en s'élargissant comme le calice d'une fleur : usage qu'on prétend avoir pris naissance dès le temps de la reine Isabelle Ire. Les paysans portent pour coiffure un bonnet de feutre ou de laine en forme de calotte, et pour vêtement une espèce d'habit assez semblable à la dalmatique de nos diacres. Leur chaussure s'attache à la jambe avec des cordons qui se croisent jusqu'au genou.

En Biscaye, les nobles forment presque la moitié de la population; et en général cette classe d'hommes, appelés *hidalgos*, n'est nulle part aussi nombreuse que dans cette province.

Les Biscayens, qui descendent des anciens Cantabres, ont un dialecte qui leur est propre.

La civilisation n'a pas beaucoup altéré leur caractère national; ils ont le teint brun, la physionomie animée, le regard vif, l'air riant et ouvert, et de la vivacité dans les mouvements; ils aiment le vin et la bonne chère, et s'écartent à cet égard de la sobriété des autres Espagnols.

L'habillement des gens de la ville ne diffère point de celui du reste de la nation, et ils suivent par conséquent les modes généralement usitées en Europe. Mais les habitants de la campagne conservent encore leur antique simplicité. Les hommes portent des caleçons de toile blanchâtre, un bonnet de laine, qui ressemble tantôt à la calotte des Catalans, tantôt à la *montera* des habitants de Murcie et de l'Andalousie, un justaucorps rouge, large, court et ouvert, et enfin un grand chapeau de laine. Le vêtement des villageoises ne diffère guère de celui des autres pays dont nous avons parlé plus haut, si ce n'est que les femmes mariées se ceignent la tête d'un mouchoir de toile ou de mousseline, qu'elles s'attachent sur le bout de la tête, et dont elles laissent retomber les bouts en arrière. Elles sont robustes et accoutumées à la fatigue, n'ont pour tout vêtement qu'une jupe très-courte, et vont sans bas, sans souliers et les bras nus jusqu'aux épaules. Elles font les batelières, portent de pesants fardeaux, travaillent à la campagne, exercent les métiers les plus pénibles, et le plus souvent finissent la journée par des danses au son du tambourin, dans lesquelles elles se tiennent toutes par la main.

Les habitants de la Vieille-Castille sont extrêmement dévots, peut-être à cause du grand nombre de couvents et d'églises qui se trouvent dans cette province.

Ils sont en outre plus graves et plus taciturnes que les autres Espagnols. Pauvres pour la plupart, ils n'ont pas cet air de tranquillité intérieure que donne ordinairement l'aisance. Toujours réservés, ils semblent dans tous leurs discours peser leurs paroles, donner une grande importance aux moindres de leurs actions, et font tout avec une lenteur insupportable. La jalousie et la vengeance sont les passions dominantes dans les deux sexes, et les crimes les plus atroces ne leur coûtent rien pour les satisfaire. Mais ce qui doit paraître extravagant, c'est qu'en même temps qu'ils méditent la mort de quelqu'un, ils font des neuvaines et des prières aux saints et pour les âmes du purgatoire, baisant les reliques et n'omettant aucun acte de dévotion, dans la vue d'intéresser le ciel au succès de leur projet.

L'habillement des gens de la ville n'y diffère guère encore de celui des habitants de Madrid, et il suit également les caprices des modes européennes. On sait que le costume des dames espagnoles en général, était autrefois d'une magnificence extraordinaire pour la quantité d'ornements en argent, en or et en pierreries dont il était enrichi. Les Castillanes conservent encore une image de cette magnificence dans les pierreries et les perles fausses dont elles se font de larges chaînes, qu'elles s'attachent à un des côtés. Elles ne portent point de colliers, mais seulement des bracelets, des anneaux et des pendants d'une forme bizarre, si larges et si pesants, que le bout de l'oreille court risque quelquefois d'en être déchiré. Elles mettent beaucoup d'ostentation dans leur habillement de deuil, qui est fait de laine noire, et par-dessus lequel elles portent un manteau de soie de la même couleur, et qui leur descend jusqu'aux pieds; elles se couvrent, en outre, la tête d'un morceau de mousseline noire, qui leur tombe sur la poitrine et leur cache les cheveux et le visage. Durant la première année de leur veuvage, elles habitent une chambre toute tapissée en noir, où il n'entre pas un rayon de lumière du dehors.

L'ancien costume des montagnards n'a point varié. Les femmes portent un corps de jupe brun, qui est étroit autour du cou, avec des manches tailladées jusqu'au coude, et qui se serrent au poignet : une large ceinture de laine les étreint au-dessous du sein; elles ont pour coiffure une montera de feutre, et leurs cheveux retombent en longues tresses derrière leur tête. Les hommes ont aussi conservé l'habillement des anciens Cantabres, qui consiste en un chapeau pyramidal, un justaucorps court et étroit, un collier, de larges caleçons et une espèce de guêtres de drap qui se serrent avec des boutons.

L'activité, l'industrie, le courage et la fermeté forment le caractère des Catalans. Leur vivacité naturelle les tient toujours en mouvement; et jointe à ses autres qualités, elle les rend capables de grandes entreprises, comme ils l'ont prouvé dans la guerre contre Napoléon. Aussi constants dans leur affection que dans leur haine, il n'est pas de sacrifice auquel ils ne se soumettent pour la patrie et pour le prince qui a su gagner leur bienveillance. A un esprit martial, accompagné de galanterie, ils allient une extrême dévotion, qu'ils font paraître particulièrement dans leurs processions, dans leurs pèlerinages et dans toutes les cérémonies du culte intérieur; il n'y a pas encore longtemps que les amants chez eux aimaient à se faire voir chargés de chaînes, et même à se fustiger jusqu'au sang sous les fenêtres de leurs maîtresses.

FEMME DES ENVIRONS DE VALLADOLID.
(Vieille-Castille.)

HABITANT DE LA MURCIE.
(Espagne)

Ils parlent un dialecte fort rude, et dans les passions violentes ils s'expriment avec une énergie qui se manifeste dans leur accent, dans leur geste et dans les mouvements de leur visage.

Les Catalans suivent, en général, les modes de France pour leur habillement; mais les marins et les muletiers portent des vêtements étroits et de couleur brune, avec un bonnet de laine rouge et un réseau de soie par-dessous, qui forment la coiffure ordinaire des artisans et de tous les villageois espagnols.

Les villageoises ont une espèce de corset d'étoffe noire, et des souliers sans talons; elles vont les épaules nues, et se couvrent d'un voile noir qui s'attache avec des rubans.

Les dames de Barcelone se piquent de luxe, particulièrement dans leurs souliers, qui sont enrichis d'ornements en or, en perles et en broderies élégantes. On doit remarquer aussi que les Espagnoles ont généralement le pied très-petit, et que la plus grande faveur qu'une femme puisse accorder à son amant, c'est de lui laisser toucher son pied.

Les habitants de l'Estramadure mènent pour la plupart la vie pastorale, et ils sont si peu sociables, qu'ils fuient même la compagnie des Espagnols des autres provinces: leur sobriété et leur endurcissement à la fatigue en font d'excellents soldats.

Les habitants de la Galice sont pauvres, et cela se conçoit si l'on considère combien le sol qu'ils foulent est ingrat.

A Léon, et dans les autres villes du royaume de ce nom, les personnes aisées suivent les modes de Madrid; mais dans la classe du peuple, l'habillement est généralement de couleur brune. Les servantes se font particulièrement distinguer dans ce pays par leurs manières aisées et libres. Elles portent une jupe d'étoffe brune très-courte, et un mantelet noir ayant une espèce de capuchon qui leur couvre la tête; elles ont en outre un tablier orné le plus souvent de broderies et de cordons des plus vives couleurs. Cette mode domine particulièrement à Salamanque, où les couleurs les plus brillantes sont recherchées dans tout ce qui tient à l'ornement de l'habillement, qui ne semble être fait d'étoffe à fond brun, que pour faire ressortir davantage l'éclat des accessoires. Rien de plus pittoresque, en effet, ni de plus propre à donner de la grâce au corps, que l'habillement des bourgeois des environs de Salamanque.

Les hommes, en général, portent un justaucorps de couleur, garni de broderies et d'une quantité de petits boutons, avec des poches à la hauteur du bas-ventre. Les élégants le tiennent ouvert par devant, pour laisser voir une chemise de toile fine avec un jabot de mousseline et une collerette en forme de réseau. Ce justaucorps a, en outre, les manches tailladées au coude, et est orné de rubans de couleur. Un large manteau, avec un collet de couleur brillante, est négligemment jeté sur leur épaule droite et leur couvre presque tout le bras. Leur coiffure se compose du réseau et d'un chapeau large et rond. Les femmes portent aussi un large chapeau rond garni d'un ruban formant un nœud, d'où pend une espèce de demi-voile; elles se mettent encore sur la tête un mantelet orné de broderies, qui leur descend sur les épaules. Elles ont une chemisette sans manches et ouverte sur le devant, qui laisse voir une pièce d'estomac richement brodée avec plusieurs colliers d'or, d'argent, de corail et d'ambre, qui, le plus souvent, sont faux. Les manches de leurs chemises sont aussi garnies de larges broderies vers les extrémités, avec des manchettes au bout. Un tablier très-court, et une jupe avec un bord en couleur complètent leur habillement. Les hommes et les femmes font usage d'une pièce d'estomac ornée de boutons d'argent en filigrane d'un travail curieux.

Les habitants de la province de Murcie, n'offrent rien de particulier sous le rapport du vêtement. Murillo, les taxe de paresse : les enfants, dit-il, sont tellement gâtés par leurs mères, qu'ils se déterminent difficilement à perdre de vue le clocher du lieu qu'ils habitent : aussi trouve-t-on peu de gens de ce pays dans les universités, moins dans les armées, et moins encore dans la marine. Ils n'aiment que le repos et les passe-temps.

Les Navarrais sont braves, laborieux, agiles à la course, bons sauteurs et passionnés pour le jeu de boule; mais en même temps fiers, violents et querelleurs. Quant à l'habillement des hommes de la campagne, il consiste, comme celui des Aragonais, en une tunique de laine, ayant sur les côtés de longues ouvertures par où passent les bras; un large collier, qui est attaché à la chemise, leur tombe sur la poitrine, et ils ont un chapeau rond et large; leurs souliers sont garnis de boucles. Dans les vallées, les femmes ont un habillement qui leur est propre : leur coiffure est garnie d'un long voile, et elles ont, à la manière des religieuses, une gorgerette qui leur monte jusqu'aux oreilles. Elles portent, par-dessus leur chemisette à manches étroites, une robe longue dont les manches sont larges, avec un tablier étroit de diverses couleurs, qui est soutenu en haut par une ceinture.

Les habitants du royaume de Valence sont accusés de légèreté : ce qui a fait dire, que les hommes y sont des femmes et que les femmes n'y sont rien. Murillo dit également qu'ils sont légers d'esprit et de corps, spirituels, gais, pleins d'égards pour les étrangers, passionnés pour la danse, pour les plaisirs et pour les spectacles tant sacrés que profanes; mais inconstants et incapables de conserver de l'attachement pour quoi que ce soit. M. de Laborde assure néanmoins que, suivant les circonstances, ils savent aussi être sérieux et graves; qu'ils se montrent actifs dans le commerce, industrieux dans les arts, infatigables dans les travaux de l'agriculture et profonds dans les sciences. Valence a produit, en effet, plusieurs grands artistes et savants.

Il nous reste à parler du commerce, de l'industrie, etc., de l'Espagne. Cette contrée est riche en soude, en sel, en fer et en autres métaux; elle produit de l'huile, du savon, des fruits secs et des vins, la laine est la plus estimée que l'on connaisse, et la soie la plus belle après celle de l'Italie. Le vin est la plus lucrative de ses productions, et le serait davantage si les droits de sortie en étaient plus sagement calculés. On en exporte cependant chaque année vingt à vingt-cinq mille tonneaux, qui donnent lieu à un bénéfice net de plus de quinze millions de francs. La soie que l'on récolte dans les provinces d'Aragon, de Valence, de Grenade et de Murcie, ne le céderait point à celle de l'Italie, si l'exportation en était favorisée et si l'on encourageait la culture du mûrier. Les mines, malgré leur abondance, n'offrent pas tout l'avantage que l'on devrait en attendre. Au commencement de ce siècle, elles produisaient en mercure, en cuivre, en fer, en plomb, en zinc et en antimoine, une valeur d'environ huit millions de francs. Depuis cette époque, de nouvelles mines de fer ont été ouvertes : déjà celles du Guipuscoa seules livrent au commerce pour plus de huit cent mille francs de ce métal. Dans les Asturies on a découvert des houillères qui donnent plus de neuf cent mille quintaux de combustible. Les montagnes des Alpuxarras et celles de Gador, depuis 1822 jusqu'en 1833, ont fourni du plomb au commerce pour plus de cent millions de francs. Enfin aujourd'hui, si l'Espagne se livrait aux spéculations industrielles, elle pourrait fournir à l'Europe, et en quantité considérable, non-seulement les substances que nous venons d'indiquer, mais encore de l'or, de l'argent et de la plombagine. On a peine à croire qu'avec une aussi grande étendue de côtes que celle qu'elle possède, l'Espagne soit tributaire de l'étranger pour tout le poisson sec ou salé qu'elle consomme. Un auteur espagnol a calculé qu'elle en importe annuellement pour plus de douze millions de francs. Ainsi donc, dans son seul commerce de consommation intérieure, elle perd, d'un côté, la plupart des avantages qu'elle retire de la fécondité de son sol.

C'est à l'insouciance de l'Espagnol qu'il faut attribuer la médiocre importance de leur commerce extérieur. Il est peu de nations qui se trouvent dans une situation naturelle plus favorable; et, pourtant, le pavillon espagnol est celui qui flotte le moins fréquemment sur les mers. Ses marins, qui ont des relations avec quelques ports de la Méditerranée, n'en conservent que de bien insignifiantes avec ceux de la Baltique, et, s'ils traversent l'Atlantique, ce n'est que pour communiquer avec ce qui lui reste de ses colonies, jadis si nombreuses et si importantes.

La décadence commerciale de l'Espagne est un fait qui résulte des taxes dont les produits agricoles et industriels sont chargés; de la diversité des poids, des mesures et des monnaies; du mauvais état des routes; de l'insuffisance des canaux, dont la navigation des plus utiles a été interrompue.

Cette situation est affligeante sans doute, mais elle n'est pas sans remède. Un jour, dit un géographe, le gouvernement, éclairé sur les intérêts du pays, prenant une marche opposée à celle qu'il a suivie, sentira le besoin de sages réformes et d'encouragements utiles, et nous osons prédire que lorsqu'elle ne sacrifiera pas les avantages réels de son territoire aux avantages hypothétiques que lui offrent ses possessions d'outre-mer, l'Espagne deviendra l'une des plus florissantes et des plus riches contrées de l'Europe.

C'est en parlant de la capitale de l'Espagne, que nous aurons occasion de dire un mot des sciences et des arts dans ce pays.

MADRID est bâtie sur la rive gauche du Mançanares, et occupe plusieurs collines inégales et peu élevées, au milieu d'une plaine sèche et nue, à 2,000 pieds au-dessus du niveau de la mer. La partie moderne, qui est de beaucoup la plus étendue, peut passer pour une fort belle ville, à cause de plusieurs maisons d'une belle apparence, de ses rues bien alignées, pavées en silex et garnies de larges trottoirs. C'est aussi celle qui est la plus propre. Nous ne nous arrêterons pas à décrire les édifices publics de cette ville; mais nous devons dire que, malgré le reproche sévère qu'on adresse sans cesse aux Espagnols de négliger les sciences, Madrid possède plusieurs établissements scientifiques, qui, par leur importance, lui assignent une place distinguée à côté des premières capitales de l'Europe; nous citerons le musée des sciences naturelles, où des professeurs habiles font des cours publics de minéralogie, de zoologie, de mathématiques, d'agriculture et de botanique, et auquel appartiennent le cabinet d'histoire naturelle et surtout la collection des minéraux, comptée parmi les principaux établissements de ce genre, ainsi que le jardin botanique, le plus riche de toute la Péninsule; on y conserve la *Flora de Bogota*, collection précieuse qui n'a pas encore été publiée, et la *Cérès espagnole*; le conservatoire des arts et métiers, institué dans le même but que celui de Paris; on y enseigne la géométrie, le dessin des machines, la physique, la mécanique et la chimie appliquées aux arts; la direction des mines, où l'on donne des cours de chimie docimastique; l'école de pharmacie, où la chimie, la physique, la minéralogie, la zoologie, la botanique, la pharmacie expérimentale et la matière médicale sont enseignées avec tous les développements convenables; le laboratoire, le cabinet de physique, les collections d'histoire naturelle sont dignes de ce bel et vaste établissement; Le magnifique institut de Saint-Isidore (Estudios reales de San Isidor), espèce d'université qui compte seize professeurs; l'école de médecine pratique, etc. Viennent ensuite le collège de chirurgie médicale de Saint-Charles, l'école des ingénieurs-géographes, le collège royal des nobles, avec vingt-trois professeurs et maîtres; l'école vétérinaire; l'école des poinçons, annexée à l'hôtel des monnaies. Madrid compte actuellement treize académies ou sociétés savantes, parmi lesquelles se distinguent les Académies des beaux-arts, de la langue espagnole, de l'histoire d'Espagne, d'économie et de médecine. On doit ajouter la bibliothèque royale, une des plus riches de l'Europe;

celle de Saint-Isidore ; le médailler ; l'observatoire ; la magnifique collection de tableaux établie dans le local du musée royal des beaux-arts, qui est une des plus nombreuses et des plus belles du monde ; elle compte environ 2,000 tableaux. La bibliothèque particulière du roi, qui a été dernièrement enrichie de tous les ouvrages les plus importants publiés récemment, ainsi que sa superbe collection d'estampes.

ILES BALÉARES.

Ces îles sont situées entre 39° 6' et 40° 5' de latitude nord, et entre 0° 2' et 1° 50' de longitude est. Les Grecs les appelaient *Gymnesiæ*, parce que leurs habitants allaient nus ; ils les nommèrent aussi Baléares, du mot grec βαλλω, qui signifie lancer, à cause de l'habileté des habitants à manier la fronde. Ces îles sont au nombre de cinq : Majorque, Minorque, Iviça, Formentera, Cabrera. Elles formèrent une subdivision de la couronne d'Aragon ; elles composent maintenant la province de Palma. Les villes les plus considérables sont : Palma, Mahon et Iviça. Le climat est tempéré et sain. Les terres sont fertiles, et produisent principalement du blé, du vin, de l'huile, des oranges, des citrons ; des figues, ainsi que du lin, du chanvre, du safran, etc. Dans quelques-unes il y a des forêts. On y élève du bétail et des vers à soie. Il y a des carrières de marbre, des salines et quelques filatures de soie. La navigation et la pêche sont très-actives.

Iviça renferme quelques groupes d'habitations auxquels on donne le nom de villages. Les mœurs de ses habitants ont la rudesse de celles des peuples abrutis par la misère et l'ignorance. Ils n'ont qu'un seul genre de modulation pour chanter leurs amours, et que le son monotone du flageolet et du tambourin accompagnés de la castagnette, pour animer leurs danses bizarres et sans grâces. Le costume des paysans consiste en une veste courte et un pantalon étroit, qui descend à mi-jambes ; leur coiffure est un bonnet de laine rouge, et leur chaussure consiste en *spardilles*, ou semelles de jonc terminées en pointes recourbées comme des sabots, et attachées avec des cordes du même végétal. Celui des paysannes est plus élégant : un vaste chapeau rond un peu penché sur l'oreille recouvre une guimpe qui leur enveloppe le menton et descend jusqu'à la ceinture. Cette guimpe, ouverte par derrière, laisse flotter une longue tresse de cheveux noirs ; trois colliers de différentes grandeurs, dont deux supportent une croix, s'étagent sur leur poitrine ; un tablier étroit, richement brodé, tranche sur la couleur noire de leur jupon, et la spardille recourbée est, comme chez les hommes, leur principale chaussure.

Majorque comprend seize villes de 3,000 à 6,000 habitants ; mais la capitale, *Palma*, en a plus de 34,000.

Les habitants des campagnes de Majorque ont reçu le nom de Pagès. Leur costume n'est pas le même que celui des Iviçains. Si leur visage n'était point ombragé par un large chapeau, ils ressembleraient beaucoup à des paysans Grecs par leurs sandales, leurs jambes nues, leurs larges culottes plissées qui descendent jusqu'aux genoux et leur veste ronde et sans collet. Les femmes sont chaussées comme les hommes. Ce qui les distingue de ceux-ci, c'est une guimpe qui diffère de celles des paysannes d'Iviça en ce qu'elle est ouverte par devant, flotte sur les épaules, et, couvrant le haut de la tête, laisse voir sur le front deux mèches de cheveux partagés en bandeau. Les mœurs et les vêtements des riches sont les mêmes qu'en Espagne. Le peuple paraît être plus superstitieux que les Espagnols, mais il est plus hospitalier que ces derniers.

L'île de Minorque renferme cinq villes; *Mahon* en est la capitale. On retrouve ici les mœurs de l'île dont nous venons de parler, avec cette différence que les Minorquains passent pour être moins adonnés à la superstition que les Espagnols.

RÉPUBLIQUE D'ANDORRE.

Ce petit État, qui a environ sept lieues dans sa plus grande longueur du nord au sud et à peu près autant en largeur de l'est à l'ouest, est situé entre la France et l'Espagne.

Le sol y est extrêmement montagneux, rocailleux, et peu fertile. Les hauteurs sont couvertes de pins. Les pâturages y sont excellents. Plusieurs petites rivières y prennent leurs sources : la principale est l'Embalire, qui reçoit toutes les autres, et se jette dans la Sègre. Il y a une mine de fer à Ransol, et quatre forges placées à Encamp, aux Caldes, à Ordino et à Serra. Le hameau des Caldes est encore remarquable par des eaux thermales très-abondantes. Cette vallée, renfermant six communautés, qui sont : Canillo, Encamp, Ordino, la Massane, Andorre la vieille et Saint-Julien, et 34 villages ou hameaux, forme une espèce de république gouvernée par ses propres magistrats, et dépendant de l'évêque d'Urgel quant à la juridiction spirituelle. Le gouvernement se compose d'un conseil général de 24 membres nommés à vie : 4 dans chaque communauté. Ce conseil a 2 syndics qu'il choisit; ils convoquent les assemblées, et gèrent les affaires publiques. Andorre la vieille en est le chef-lieu. L'Andorre était autrefois une dépendance de la vicomté de Castelbon ou du pays d'Urgelet; l'évêque d'Urgel et le comte de Foix la possédaient par indivis, en vertu d'une décision arbitrale du 8 septembre 1278, rendue en présence de Pierre d'Aragon, qui en garantit l'exécution; les deux seigneurs pouvaient retirer tous les ans alternativement une taille de leurs sujets : l'évêque avait le quart et le comte les trois quarts des amendes. La justice était rendue par deux viguiers, nommés l'un par l'évêque, et l'autre par le comte. Les jugements de ces viguiers étaient portés devant un juge d'appel, aussi nommé par les deux seigneurs, et qui prononçait en dernier ressort. Cette convention fut exécutée jusqu'à la réunion du comté de Foix à la couronne de France, par Henri IV. Les rois de France continuèrent de conserver, à quelques changements près, leurs droits sur cette vallée jusqu'en 1790, époque à laquelle les droits que payait cette vallée, ayant été regardés comme féodaux, ne furent pas acquittés. Le gouvernement français cessa dès lors de s'immiscer en aucune manière dans les affaires intérieures de cette république. Cet État politique paraît n'avoir éprouvé aucun changement depuis la restauration de Ferdinand VII en Espagne.

FRANCE.

La position de la France est indiquée ainsi par Balbi : longitude entre 7 et 9° occidentale et 5° 56′ orientale; latitude entre 42° 20′ et 51° 5′. Elle confine : au nord, à la Manche et au Pas-de-Calais, qui la séparent de l'Angleterre; au royaume de Belgique, au grand-duché du Bas-Rhin (Prusse) et au cercle du Rhin (Bavière) ; a l'est, au grand-duché de Bade, aux cantons suisses de Bâle, Berne, Neufchâtel, Vaud et Genève, et au royaume sarde; au sud, à la Méditerranée, à la monarchie espagnole et à la république d'Andorre; à l'ouest, à l'océan Atlantique et en partie à la Manche. Sa plus grande longueur est de 584,000 mètres; sa plus grande largeur de 499,000 mètres. Sa superficie de 40,346,000 mètres carrés. La population est d'environ 32,500,000 habitants.

La France actuelle est formée des pays suivants : tout le ci-devant royaume de France avant la révolution de 1789, sauf quelques petites fractions de territoire qu'on en a détachées dans les départements du Nord, des Ardennes, de la Moselle et du Bas-Rhin; mais en échange de parties bien plus considérables qu'on y a ajoutées dans les départements du Haut et du Bas-Rhin, du Doubs (la république de Mulhausen, jadis alliée de la Suisse, la principauté de Montbéliard, autrefois dépendante du duc de Wurtemberg, etc.), et de Vaucluse; la plus grande partie de ce dernier est composée de nouvelles acquisitions, c'est-à-dire du territoire d'Avignon, du comtat Venaissin, etc., dépendant autrefois des États de l'Église.

Ses principales îles dans l'océan Atlantique sont : OUESSANT et SEIN, dans le département du Finistère; GROAIX et BELLE-ILE, dans le Morbihan ; NOIRMOUTIER et DIEU, dans la Vendée; RÉ et OLÉRON, dans la Charente-Inférieure. Les principales dans la Méditerranée, outre la CORSE, qui forme à elle seule un département, sont : les groupes d'HYÈRES et de LÉRINS, dans le Var; dans ce dernier groupe se trouve l'ILE DE SAINTE-MARGUERITE, dont le château fort, ancienne prison d'État, est devenu célèbre par la détention du mystérieux prisonnier au masque de fer. Nous ajouterons que la CAMARGUE est la plus grande des îles qu'on trouve dans le delta du Rhône.

Excepté une partie de la Champagne, dite Champagne Pouilleuse, et du département des Landes, le sol montagneux à l'est et au sud, inégal au nord et à l'ouest, formant d'immenses plaines au sud-ouest et au nord-est, est partout fertile. Toutes les productions de l'Europe sont propres à la France.

La charte de 1830, dit M. Huot, déclare tous les Français égaux devant la loi, la liberté individuelle et la liberté des cultes garanties, la censure des écrits à jamais abolie. La puissance législative est exercée collectivement par le roi, la chambre des pairs et celle des députés : la proposition des lois appartient à chacune de ces trois branches du pouvoir législatif. La personne du roi est inviolable; ses ministres sont responsables ; à lui seul appartient le pouvoir exécutif; il commande la force militaire, fait les traités de paix et d'alliance, nomme à tous les emplois, fait les règlements et les ordonnances nécessaires pour l'exécution des lois, promulgue celles-ci, mais ne peut jamais suspendre leur exécution ni admettre des troupes étrangères au service de l'État qu'en vertu d'une loi.

L'organisation judiciaire se compose d'une cour de cassation, qui prononce sur les demandes en cassation contre les jugements rendus par les autres cours du royaume; d'une cour des comptes, qui vérifie la gestion de tous les comptables des deniers publics; de vingt-six cours royales, qui prononcent sur les appels des causes jugées par les autres tribunaux; d'une cour d'assises par département, composée des juges du chef-lieu, présidée par un conseiller de la cour royale auquel le département ressortit, et assistée de douze jurés pris dans la classe des citoyens : elle s'assemble à diverses époques et juge les délits graves et les crimes; d'un tribunal de première instance par arrondissement, qui juge les délits en police correctionnelle et les procès civils; d'une justice de paix par canton, chargée de juger les matières de contravention et de terminer les contestations qui peuvent s'élever entre les particuliers; enfin, de tribunaux de commerce, établis dans les principales villes commerçantes du royaume. Un conseil d'État, composé de conseillers, de maîtres des requêtes et d'auditeurs, examine les projets de lois et les règlements préparés dans chaque ministère.

La France est le pays de l'Europe dont les habitants sont le plus opposés aux priviléges et le plus jaloux de posséder les institutions propres à assurer les libertés publiques. Cette disposition, que l'on remarque dans toutes les classes, a mérité à la nation française la première place parmi les nations les plus éclairées. Cependant l'instruction est beaucoup moins répandue en France que dans quelques autres États, tels que l'Angleterre, l'Autriche, la Belgique, la Prusse et surtout la Suisse. Elle ne compte qu'un écolier sur vingt habitants, c'est-à-dire que la moitié seulement des enfants y reçoit l'instruction primaire. Il est vrai que depuis 1832, il y a un progrès bien marqué sous ce rapport; car, avant cette époque, le quart seulement des enfants participaient à ce bienfait. Les classes élevées et moyennes y sont plus instruites que dans la plupart des autres contrées de l'Europe; mais les classes les moins aisées, et surtout le peuple des campagnes, sont dans un état d'ignorance qui mérite toute la sollicitude d'une administration sage et paternelle.

Ce qui prouve combien le peuple français est digne de recevoir les bienfaits de l'instruction, c'est l'amour de l'ordre qui règne jusque dans la classe la plus populeuse : la révolution de juillet, qui s'est accomplie sans qu'aucun excès l'ait souillée, même au plus fort de la lutte et dans la ville qui, renfermant le plus d'éléments de corruption, renferme aussi la lie de la société, en serait une preuve convaincante pour tout esprit non prévenu; mais nous en trouvons une preuve irrécusable dans la statistique criminelle de la France, comparée à celle des autres États de l'Europe.

Administrativement, la France est aujourd'hui divisée en quatre-vingt-six départements, qui prennent leurs noms des rivières qui les baignent, des montagnes qu'on y trouve, de leur situation, ou de quelque autre localité. Chaque département, administré par un préfet, est subdivisé en sous-préfectures ou arrondissements, et ceux-ci en cantons.

Sous le rapport ecclésiastique, tout le royaume est divisé en quatre-vingt diocèses, dont quatorze sont des archevêchés et soixante-six des évêchés. Les Églises réformées ont des consistoires, dont cinq forment un synode; celles de la confession d'Augsbourg ont un consistoire général et cinq inspections.

Sous le rapport militaire, la France forme vingt divisions.

Si l'on considère la population par lieue carrée, on peut se convaincre que le nombre plus ou moins grand d'habitants témoigne du plus ou du moins de prospérité des départements. Sans parler de celui que la capitale forme presque en entier, les départements du Nord, du Rhône, du Haut et du Bas-Rhin, et de la Seine-Inférieure, se trouvent à la fois les plus peuplés et les plus industrieux. Ceux des Basses et des Hautes-Alpes, des Landes, de la Lozère, sont, au contraire, les moins peuplés, et en même temps les moins productifs et les moins industrieux. On pourrait multiplier beaucoup ces rapprochements, et indiquer les causes de l'agglomération plus ou moins grande en raison de la fertilité des terres, de l'industrie, de l'abondance des débouchés et de la salubrité du climat; mais de telles considérations ne peuvent figurer dans les bornes qui nous sont imposées.

On compte trois millions d'habitations rurales en France; ce qui laisse supposer qu'il n'y a que 111 maisons par lieue carrée, et que chacune d'elles est au milieu d'un désert de 46,000 toises carrées. Les maisons urbaines, réparties entre 38,000 communes, sont au nombre de 2,450,000, et il y a 19,000 villes, 50,000 paroisses, et plus de 100,000 villages. Dans les départements où sont des villes populeuses, la demande des productions de l'agriculture est en raison de la masse des habitants; elle diminue, au contraire, en raison de la dissémination, dans les départements privés de grandes villes. Autour de Paris, le produit de l'hectare est de 216 francs; il est de 45 autour de Lyon, et de 68 dans la Seine-Inférieure, qui joint aux avantages d'une riche industrie la possession de débouchés à l'extérieur et à l'intérieur. Dans le midi, qui manque des ressources créées par les manufactures dans le nord, le produit de l'hectare est encore de 32 fr. dans la Gironde, et de 27 dans les Bouches-du-Rhône, à cause du voisinage de Bordeaux et de Marseille. Il est de 28 fr., terme moyen, pour toute la France.

Le nombre des propriétés est si considérable en France, qu'il y en a une, grande ou petite, à raison de trois individus de tout sexe et de tout âge; il résulte de cette division de la propriété qu'un grand nombre d'individus, ne cultivant que pour eux et leur famille le quartier de terre qu'ils possèdent, ne contribuent pour rien à la splendeur commerciale du pays, et que, vivant en quelque sorte isolés, ils se civilisent lentement, et apportent peu d'améliorations et dans leurs cultures et dans leur manière de vivre.

Dans des pays de petite culture, le paysan ne connaît rien de ce qui pourrait améliorer son sort : sa nourriture ne consiste souvent qu'en pain de mauvaise qualité, qu'il assaisonne quelquefois de choux ou de lard; dans quelques portions de la Lorraine, il ne connaît que la pomme de terre et un peu de lait caillé. Dans le Berri, il n'a le plus souvent qu'une soupe graissée avec de l'huile de noix ou de navette, dans laquelle il fait frire une croûte de pain. En général, la classe des paysans est, en France, routinière et attachée aux coutumes de ses ancêtres; ce n'est que dans les départements septentrionaux, où le voisinage d'une civilisation très-avancée est d'une grande influence, que l'on trouve des exceptions notables à cet esprit de routine et d'attachement aux préjugés. Quelques portions du bassin de la Loire, notamment cette partie de la rive gauche qui formait le Berri et le Poitou, sont remarquables par l'insouciance et l'apathie du cultivateur. Dans la partie la plus occidentale de la France, l'ancienne Bretagne, des passions fortes et l'entêtement caractérisent les habitants : un esprit de querelle et de litige, beaucoup de finesse et un sentiment de son propre intérêt, sont particuliers aux Normands. Sur les rives de la Somme, les mœurs sont simples, mais on se fâche facilement. A l'extrémité septentrionale de la France, les mœurs flamandes sont assez répandues : les liqueurs fortes, principalement le genièvre, sont d'un grand usage, et le peuple y est peu communicatif; l'usage de vivre, ou plutôt de languir dans les caves n'y est pas entièrement perdu : on le retrouve dans Arras et autres lieux.

Dans le bassin de la Marne et la partie supérieure de celui de la Seine, qui comprenaient la Champagne, les mœurs sont très-simples, et l'habitant est très-soigneux de ses intérêts. Les montagnards de la rive gauche du Rhin participent au caractère des Allemands : ils sont francs, et d'un flegme difficile à émouvoir; leur penchant à l'hospitalité a enraciné chez eux un genre de mendicité qui n'est point déshonorant et que les ouvriers appellent faire le tour du pays. Sur le Jura, on est sobre et étranger aux passions impétueuses; ce caractère de tranquillité et de lenteur se retrouve peu au sud du parallèle de 45°. Dans cette partie, que baignent le Rhône, la Dordogne, la Garonne et l'Adour, les habitants sont généralement vifs, et mettent dans leurs démonstrations cette chaleur qu'anime un langage passionné, rapide et métaphorique; quelques nuances se remarquent néanmoins. Dans la Provence, cette vivacité d'esprit s'allie souvent à des formes peu aimables et peu polies; dans le Languedoc, c'est le contraire. Dans la Guienne et la Gascogne, l'esprit naturel des habitants n'est pas toujours franc. Dans les montagnes de l'ancienne Auvergne et du Limousin, une partie des habitants est d'un extérieur parfaitement en harmonie avec la tristesse du sol qu'ils cultivent : en général, ils sont pleins de bonhomie et de candeur, charitables et hospitaliers; un grand nombre quittent avec regret le sol qui ne peut les nourrir, pour aller exercer quelque métier dans les villes, où ils forment, avec les émigrants des montagnes du Dauphiné, la majeure partie des portefaix, des porteurs d'eau, des marchands de parapluies, et autres marchands ambulants. Dans quelques parties de la France, le costume a un caractère d'originalité vraiment remarquable : nous citerons celui des femmes du pays de Caux, dites *Cauchoises*, et celui des femmes de Vaucluse, qui n'est pas sans rapport avec celui des anciennes Grecques.

Ce que nous venons de dire ne caractérise qu'une certaine portion des habitants de la France. Le caractère général de la nation est la vivacité; prompt à saisir tout ce qui peut être offert à son imagination ardente, le Français embrasse avec chaleur et enthousiasme les projets les plus hardis, et se livre aux entreprises les plus aventureuses; mais on lui reproche que cette vivacité naturelle, qu'on qualifie souvent de légèreté, le fait se rebuter facilement, et abandonner ses premiers projets pour de nouveaux. Le passé lui laisse peu d'impressions; il s'occupe beaucoup du présent, et ne songe pas toujours à l'avenir. Le Français est en outre connu par son urbanité et la finesse de son esprit, son caractère généreux et hospitalier.

Le manque de routes et surtout de communications par eau n'est pas la seule cause qui contrarie le développement des facultés des agriculteurs et l'amélioration de leur condition; les patois en usage dans une grande partie du royaume sont aussi un obstacle à la propagation de l'instruction. Dans le nord, le flamand est assez usité; dans le bassin de la Somme, c'est le picard, composé de latin, de celtique et du langage corrompu apporté par les Germains dans les Gaules. Entre les Vosges et les Ardennes, on emploie le patois lorrain ou messin, espèce de dialecte romain corrompu par les mots français et allemands que la succession des temps y a introduits. Entre les Vosges et le Rhin, un allemand corrompu est encore l'idiome d'une partie considérable des habitants. En 1793, on ne comptait que 15 départements situés dans l'intérieur où la langue française fût parlée exclusivement, et on évaluait au quart de la population de cette époque le nombre des individus qui ignoraient la langue nationale. La Bourgogne et le Berri sont peut-être de toutes les anciennes provinces celles où le français est le plus dégagé d'accent. Sur les bords de la Vilaine, le langage d'une partie des cultivateurs est le français du XIIIe siècle; dans les villages bas-bretons, les tailleurs, qui forment une caste à part, refusent de parler devant les étrangers leur idiome, appelé *lucache* (langue des veaux), dont presque tous les mots sont dérivés du grec. Dans cette même partie de la Bretagne, on parle l'idiome dit bas-breton, que plusieurs auteurs prétendent être, avec plus ou moins d'altération, la langue des Celtes. Dans toute la partie de la France, au sud du 46e parallèle, on parle la Langue d'oc ou provençale plus ou moins corrompue. Le celte fut primitivement la seule langue de ces contrées; les Phocéens y firent connaître le grec; les Romains y apportèrent leur langue; les Huns, les Vandales, les Goths, les Lombards et les Mores y introduisirent successivement leur idiome, et ce mélange s'enrichit d'un grand nombre de tournures africaines, aragonaises, espagnoles et italiennes, que l'on retrouve dans les divers dialectes du midi.

Nous ne saurions terminer ce volume sans dire un mot sur les mœurs des provinces françaises.

La PROVENCE forme aujourd'hui les départements des *Basses-Alpes*, des *Bouches-du-Rhône* et du *Vaucluse*.

Le PROVENÇAL qui a subi la domination de l'Espagne, de l'Italie et de la France, est tour à tour Italien, Espagnol et Français! Mais voyons-le dans chacune de ses villes.

Avignon, chef-lieu du département du Vaucluse, et siége d'un archevêché, s'étend au milieu d'une plaine délicieuse, embellie par des plantations de mûriers, des vergers et des prairies. Une longue ceinture de vieilles murailles crénelées en dessine l'enceinte environnée d'un boulevard extérieur planté d'arbres magnifiques. Presque au centre de ses murs l'ancien palais des papes, aujourd'hui transformé en caserne, s'élève sur la cime d'un rocher escarpé du côté du Rhône, et présente un coup d'œil majestueux. La vue s'étend au loin sur tout le cours du fleuve et sur la plaine du Comtat, toute resplendissante de la verdure des peupliers, des saules et des vergers innombrables qui la couvrent. Le mont Ventoux, avec ses cimes rougeâtres couronnées de nuages, paraît à l'horizon comme une immense barrière derrière laquelle on entrevoit les Alpes. Le faubourg de Villeneuve, surmonté de ses vieilles tours, occupe la rive droite du Rhône où commence le département du Gard. Les rues de la ville sont étroites et tortueuses, mais garnies de maisons bien bâties, qui, depuis peu d'années, commencent à remplacer les hôtels à vieilles armoiries.

Avignon est une ville essentiellement religieuse, monacale; c'est la ville des cloches par excellence. Dans les quartiers que n'animent point encore l'industrie, le silence n'est troublé que par le son de la clochette qu'agite un enfant devant le prêtre qui va porter le viatique à un moribond. Quand passe le funèbre cortége, malheur à l'étranger qui ne se découvrirait pas. La population avignonnaise lui ferait un mauvais parti. — De tous les cotés le regard est frappé par des images religieuses. Là c'est une madone, ici un pénitent noir qui va mendiant de porte en porte.

Mais ce n'est ainsi que dans une partie de la ville. Dans l'autre on ne rencontre partout que cafés, hôtels, magasins, boutiques, toute la gaieté, tout le mouvement d'une ville civilisée.

Le caractère de l'Avignonnais a deux faces comme sa ville : l'une résultant de l'industrie, de la civilisation; l'autre de l'influence du passé.

Le peuple a des confréries de pénitents, des congrégations de toutes sortes, et il n'est pas rare de voir entre elles des rixes sanglantes qui n'ont d'autre cause que la rivalité; qu'amène une question de préséance dans une procession. Alors tout devient une arme, et le pénitent noir assomme avec la croix qu'il porte le pénitent blanc ou bleu son adversaire.

L'ouvrier, quoique fort attaché aux pratiques du culte, n'en est pas moins corrompu, et quittera volontiers le sac de pénitent pour danser à la guinguette ou siffler au théâtre une Déjazet qui l'impatiente. Les jeunes filles de la classe inférieure puiseront dans la dévotion des habitudes de coquetterie. Dans la congrégation du Sacré-Cœur de Jésus, dont cette taffetatière fait partie, elle rencontrera des demoiselles bien élevées dont elle écoutera les conversations; le directeur, afin que son troupeau fasse bonne contenance aux processions, lui apprendra de quelle manière on porte convenablement son bonnet, comment on peut être gracieuse en se tenant droite, et comment pour éviter le regard des hommes, on doit baisser timidement son grand œil vers la terre. Et la jeune fille se souviendra de cette dernière partie du catéchisme, et l'apportera à la promenade, dans les trains ou fêtes patronales de village, et surtout dans le tête-à-tête.

Le négociant et le bourgeois avignonnais n'ont rien qui les distingue des bourgeois et des négociants des autres parties de la France, si ce n'est que le dernier croit parfois au retour de Henri V et porte au cou un cordon vert et blanc.

La grisette avignonnaise ne le cède qu'à la grisette de Marseille. C'est une belle fille à l'œil noir, à la taille fine, au pied menu comme Paris n'en fournit guère. Elle est taffetatière ou taveleuse (1); si la fabrique donne, elle est assidue au travail et constante avec son amant; mais qu'une crise arrête l'industrie, et sa tolérance porte le chiffre de ses bons amis à un point exagéré.

On a jusqu'ici calomnié une classe d'individus à laquelle M. Taxile Delord rend plus de justice : celle des portefaix du Rhône. On les a, dit cet écrivain, dépeints comme des sauvages qui fondent sur le voyageur à la sortie du paquebot; mais en réalité ce sont d'honnêtes lazzaroni qui attendent votre arrivée, tranquillement étendus au soleil, et qui porteront volontiers votre bagage et vous appelleront Excellence, le tout pour quelques baïoques, si vous ne cherchez pas à les railler parce que le mistral souffle et qu'ils disent : Tron de Diou! — Un type charmant ajoute M. Taxile Delord, c'est l'imprimeur qui n'a jamais eu qu'une seule fonte dans ses casses, et qui passe sa vie à composer avec des têtes de clous des livres de messe, et les œuvres complètes de son compatriote, le marquis de Sade.

En résumé, Avignon est une ville triste. Pour trouver un peu de gaieté il faut parcourir ses environs. Le dimanche la population de tous ces villages qui bordent le Rhône et la Durance, chante de joyeuses sérénades, danse d'enivrantes farandoles au son du tambourin; et le rossignol unit ses mélodies aux soupirs des amoureux qui se glissent, les mains enlacées, entre les grands peupliers qui les couvrent de leur ombre protectrice.

Peut-on quitter Avignon sans dire un mot de la célèbre fontaine de Vaucluse? C'est sur les bords de son bassin que l'Académie de Vaucluse, fit, en 1809, ériger une colonne majestueuse portant cette inscription : *A Pétrarque*. Écoutons ce qu'en dit M. Adolphe Blanqui : « La fontaine de Vaucluse a subi l'influence du temps. Une charmante papeterie a remplacé sur ses rives le château ruiné des seigneurs du lieu; et quoique le village illustré par Pétrarque soit encore une bourgade misérable, du moins on y arrive par une route praticable aux voitures, et on y trouve une bonne hôtellerie. La Sorgues, jadis si poétique, est devenue industrielle, sans rien perdre du charme de ses eaux, qui n'arrivent au fleuve qu'après avoir animé un grand nombre d'usines et fertilisé cinq à six lieues de pays.

Arles est l'un des chefs lieux du département des Bouches-du-Rhône. Un obélisque de 50 pieds de haut, qui décore la place de l'hôtel de ville, un amphithéâtre, qui n'a jamais été achevé; les ruines de deux temples, d'un arc de triomphe, d'un capitole; les Champs Élysées ou *aliscamps*, qui sont sur une colline hors de la ville; la tour Roland,

---

(1) La taffetatière fabrique le taffetas, la taveleuse dévide l'écheveau autour des moulins à soie.

les catacombes, des tombeaux de toutes grandeurs, des fragments, des colonnes entières de marbre et de granit, et beaucoup d'autres monuments, attestent l'ancienne splendeur d'Arles.

Peu peuplée, mal bâtie, médiocrement commerçante, les souvenirs et ces restes de son antique magnificence la mettent seuls au rang des villes les plus curieuses du royaume.

Les arlésiens sont mariniers ou agriculteurs ; ils domptent les flots du Rhône où les chevaux et les taureaux de la Camargue.

L'Arlésienne occupe en Provence la place qu'avaient en Grèce et à Rome, les femmes de Milet : ce sont les plus belles et les plus nombreuses courtisanes du midi. Les Arlésiennes ont la taille élevée, le port majestueux, les traits d'une rare pureté. Leur costume frappe par sa singularité : il se compose d'un corsage à taille très-haute, à manches étroites; de jupons courts, de bas de couleur, de souliers de satin garnis de boucles. La coiffure est plus pittoresque encore que le vêtement; c'est un réseau de mousseline assez élevé qui retient leur chevelure, et qu'assujettissent, autour du front à l'aide d'énormes épingles d'or, de larges rubans découpés en bandelettes. Leur cou est orné de boucles d'oreilles qui décrivent un grand cercle.

Aix est le siége d'une cour royale et d'un archevêché. C'est une ville très-bien bâtie, mais que l'on dirait habitée par des ombres tant elle est triste : Elle compte un assez grand nombre d'antiquités. On en voit de belles collections à l'hôtel de ville et chez plusieurs particuliers. Au milieu de la place du marché, devant l'hôtel de ville, est une fontaine surmontée d'une assez belle colonne qui pose sur une mauvaise base. A peu de distance est la tour de l'horloge, dont les ressorts font agir différentes figures. Cette ville renferme plusieurs édifices d'architecture du moyen âge.

La procession de la Fête-Dieu, qui attire à Aix une foule de curieux, est un assemblage bizarre de sacré et de profane, de saints du paradis, de diables aux longues cornes, enfin une mascarade ridicule, dans laquelle, suivant un antique usage, figurent les autorités et le clergé. Cette cérémonie avait été abolie pendant la révolution ; on aurait pu, en la rétablissant, en retrancher tout ce qui blesse les idées du siècle et le respect dû à la religion.

M. Delord nous apprend que l'école de droit d'Aix est la seule qui proteste encore de toutes ses forces contre les envahissements de la mode bourgeoise. L'étudiant de cette ville ne ressemble à aucun autre. Il a conservé une physionomie dont l'empreinte bien marquée ressort davantage au milieu de la décadence générale. Les uns ont des idées de féodalité et de galanterie comme aux temps des cours d'amour; d'autres sont révolutionnaires comme au début de Mirabeau; plusieurs ont adopté les dogmes néochrétiens; un grand nombre sont paresseux, éclectiques et artistes comme le bon roi René. Il y a en outre, dit le spirituel écrivain à qui nous empruntons ces lignes, deux étudiants qui sont fouriéristes, et trois fils de receveurs qui appartiennent à l'école gouvernementale.

Mais ce n'est pas tout. La Corse et les colonies expédient annuellement une vingtaine d'étudiants à Aix. Les compatriotes de Napoléon sont tous cousins du grand homme, et professent la *vendetta* à l'endroit des *Institutes* et du code civil. Les créoles se montrent plus inoffensifs, passent leurs journées dans un hamac, et se promènent le soir seulement et en chapeau de paille, veste blanche et pantalon rayé, comme doivent le faire d'honnêtes colons.

Il paraît que ces nuances ne se confondent point. Chaque classe fait bande à part et ne se mêle pas avec les catégories opposées, à l'exception des éclectiques qui font battre les Corses, mangent les ananas des créoles et vont au bal des aristocrates déguisés en Robert-Macaire. C'est du sein de l'éclectisme qu'est né cette fantastique création qu'on appelle le *cadet* d'Aix.

Ce type semble appartenir au moyen âge; il tient le milieu entre le pape des Fous et le roi de la basoche. C'est un étudiant qui a dévoré son patrimoine et qui, à trente ans, n'a pris encore que deux inscriptions. Il n'a d'autres ressources que quelques napoléons que, de temps à autre, il parvient à arracher à la tendresse d'une vieille tante, et qu'une excursion à Marseille a bientôt absorbé. En temps ordinaire, il vit des libéralités de ses condisciples. Roi et doyen de l'université, il est le boute en train de toutes les réunions, le principal acteur de toutes les farces. C'est lui qui fait disparaître les bâtons des chaises à porteurs; — c'est lui qui commence le tapage aux cours des professeurs mal notés; — lui qui arrange à l'amiable tous les duels. Ses assiduités dans les cafés, ses hauts faits nocturnes, ses courses dans les guinguettes finissent par le faire connaître de tous les habitants qui lui décernent à l'unanimité le titre de cadet. Si le destin lui permettait d'avoir une maîtresse, il mourrait étudiant; par malheur il n'y a, à Aix, ni grisette, ni rien qui puisse en tenir lieu. Aussi, lorsqu'a sonné son septième lustre, le cadet songe à faire une fin. C'est ordinairement aux pieds de la première belle limonadière venue, qu'il va déposer son titre de roi pour prendre la serviette et la queue de billard du garçon de café.

Entourée de manufactures, assise sur le penchant d'une colline, et dans une plaine qui s'étend jusqu'à la mer, Marseille offre un coup d'œil dont aucune ville de France ne peut donner l'idée. Son abord est celui d'une ville riche, peuplée et commerçante. Ses environs sont partout cultivés, plantés, divisés en jardins, en vignobles, en bastides ou maisons de campagne, dont le nombre ne s'élève pas à moins de 6,000, mais qui fatiguent l'œil par leur nudité. Mais il ne faut point juger Marseille par la vieille ville, que l'on traverse en venant de Toulon; la partie la plus belle est le plus près de la mer : un quai magnifique, où se pressent des matelots de toutes les nations; des rues larges, alignées et garnies de trottoirs, surtout celle de la Cannebière, bordée de belles maisons et de riches magasins; le cours, la promenade autour du port, l'un des plus beaux du royaume, assez vaste pour contenir 1,200 navires, en font le centre tumultueux du commerce français avec l'Orient.

C'est parmi les pêcheurs du quartier Saint-Jean que se retrouve, dans toute son intégrité le vieux sang marseillais. Braves gens pour la plupart, ces hommes se montrent marins médiocres et pêcheurs timides. L'originalité de ces pêcheurs est toute dans leurs sabots et leurs bas de laine quadrillée, ainsi que dans la coutume toujours en vigueur de faire juger leurs procès par des prud'hommes à chapeaux à plumes.

Le port de Marseille est comme — et plus que bien d'autres ports — fréquenté par des hommes de toutes les nations; aussi ne nous arrêtons-nous pas à le décrire. C'est à la promenade que nous passerons en revue la population de la capitale actuelle de la Provence.

C'est aux allées de Meilhan qu'est le rendez-vous général. L'avenue du milieu est plus particulièrement destinée aux « gens comme il faut »; le reste de la population se partage les deux autres. Examinons les classes inférieures.

Voici d'abord le *nervi* endimanché. On le reconnaît à sa casquette placée de travers, à la fleur qui orne invariablement ses lèvres, à sa veste jaune très-courte, à son pantalon aussi collant que possible par le haut, démesurément large par le bas. Le nervi remplace dans le midi, ce que dans le nord on nomme un gars : c'est un garçon paresseux, batailleur, susceptible à l'excès; on ne lui connaît point de métier; sa vie est indolente et oisive. Le matin, il s'achemine sur les bords de la mer, là surtout où les cabarets abondent. Pour déjeuner, il s'élance au milieu des rochers, à la recherche d'un coquillage excentrique que l'on nomme *arapède*; s'il est actif, il plonge dans la mer et en rapporte l'*oursin* aux pointes innombrables. Après déjeuner, il parcourt le village des Catalans, cause avec les jeunes espagnoles qui racommodent leurs filets ou peignent leur puissante chevelure. Puis, s'il est las de la vie espagnole, il rentre en France en traversant le fort Saint-Nicolas. De son dîner, il s'en remet à la grâce de Dieu. Au crépuscule du soir, il poursuit la grisette qui revient de son travail; et la nuit venue il se réunit à une troupe de ses semblables. Tous s'en vont alors, se tenant sous le bras, par les rues de la ville en chantant des chœurs qui valent un peu mieux que ceux de nos opéras.—Le nervi quand il a assez de son existence vagabonde, se fait remplaçant. Excellent soldat au feu, il n'est pas supportable au quartier; on est obligé de le faire passer en Afrique. Les *nervis* marseillais forment en grande partie le régiment des zouaves.

A côté du nervi, se promène un autre individu, en pantalon gris en habit bleu et très-long; il est coiffé d'un chapeau à ballon; une chaîne d'or resplendit sur son gilet; sa main fait jouer une badine : c'est un portefaix, un aristocrate parmi la démocratie. Les portefaix marseillais constituent une corporation qui a seule et par privilège le transport de certains fardeaux, le chargement des charrettes, des voitures, des diligences, des paquebots, des navires.

Le portefaix et le nervi ont généralement une compagne. Celle du nervi est la fille du peuple dont la corruption à besoin d'un bras protecteur; elle se distingue par une effronterie, une insolence que rien n'égale si ce n'est la hardiesse de sa démarche qui a des mouvements aussi accidentés que ceux de la polka exagérée que dansent les *étudiantes* parisiennes : La maîtresse du nervi deviendra bientôt — si elle ne l'est déjà — la maîtresse de tout le monde. — La compagne du portefaix est timide quoique fière. Elle ne fixe personne, et cependant elle aime à être regardée; son jupon écourté laisse apercevoir sa jambe gracieuse, son pied mignon, chaussé d'un bas jaune et d'un soulier de satin : c'est une amante qui, avant six mois, sera la femme de son cavalier.

Une classe qui mérite bien quelques mots, c'est celle des Génoises qui forment une colonie de portefaix femelles; elles transportent sur leurs magnifiques têtes italiennes des fardeaux à faire reculer un *fort* de la halle. Tandis que les unes travaillent, leurs compagnes se reposent, assises sur la vaste corbeille dans laquelle elles placent les marchandises.

Il nous faut parler aussi du *quecou* et du *mandri*.

Le *quecou* est le gamin de Marseille; il a l'instinct de l'association; pour agir, il se réunit par bandes, et fait de la flibusterie collective. Le *mandri* est le *titi* marseillais; il racle ordinairement les bariques vides de sucre; mais l'habitude n'est pas tellement forte qu'il ne s'oublie parfois et ne mette les mains dans les bariques pleines. Lorsque les quecous et les mandris forment une alliance, les douaniers, les jaugeurs et les courtiers marrons maigrissent sous la multiplicité des infortunes qui les accablent, leurs ennemis se taillant une part léonine dans les marchandises. — Le quecou est criard, corrompu, lâche; le mandri est concentré, brave et généreux.

Les plaisirs de la jeunesse consistent dans les cercles, les grisettes, le théâtre, la chasse. Les cercles sont semblables à ceux de Paris; les grisettes ne diffèrent de celles de la capitale qu'en ce qu'elles sont plus jolies, et que, pour les séduire, il faut parler un peu patois. Le théâtre est, comme tous ceux de la province, fréquenté principalement par les femmes galantes.

Nous ne quitterons pas la Provence sans parler de *Toulon*. Lisons la description qu'en a fait l'amiral Dumont-Durville :

« Considérée comme citadelle maritime, Toulon peut offrir sa protection à des milliers de bâtiments : aussi le regard se perd dans cette multitude de vaisseaux, de frégates, de corvettes, goëlettes, flûtes, gabarres, avisos, etc., amarrés dans la rade et les bassins avec une symétrie pittoresque. Cette forêt de mâts et d'agrès dérobe en partie l'aspect de la côte. Une montagne domine la ville et la protége contre les vents du nord. Le long des flancs de cette montagne, à travers des cultures variées, entre des groupes d'oliviers, d'orangers, d'arbres exportés de l'Afrique et de l'Italie, on voit poindre, à perte de vue, comme des colombiers, les bastides, maisonnettes blanches et recrépies, où les Toulonnais se rendent par petites caravanes, pour des fêtes et des collations rustiques. A travers les haies de lentisques et de genêts d'Espagne qui serpentent sur la montée, on s'arrête pour payer un tribut à la coquetterie des Toulonnaises : une robe qui ne descend jamais jusqu'à la cheville laisse voir la jambe la mieux prise et le pied le plus fin. Un chapeau de paille ou de castor, dont la large passe se balance au pas saccadé des montures, préserve leur carnation des atteintes du soleil. Le soir, quand la rosée tombe, ces nombreux détachements se rabattent sur la ville, avec le même ordre, avec la même joie.

» Le premier aspect de Toulon est confus. Les rues sont étroites, les places irrégulières, mais décorées de fontaines qui combattent les chaleurs de l'été : la profusion des travaux hydrauliques est une des richesses de la ville. Ces vasques de pierre, couvertes de mousses et de végétations, embellissement naturel que le bon goût du peuple respecte comme une poésie de plus, répandent jour et nuit une fraîcheur salutaire. Les habitations en sont plus saines, les promenades du soir plus fréquentées. En général, les maisons ont de l'élégance. La place du Champ-de-Mars, qui fut le théâtre de représailles sanglantes, lorsque les conventionnels reprirent la ville sur l'amiral Hood et sir Sydney Smith, est belle, vaste, entourée d'un double rang d'arbres. Il ne faut pas oublier, sur le quai large et aéré, qui porte le nom de *Quai des Marchands*, les cariatides monumentales qui supportent le balcon de l'hôtel de ville : elles seront un témoignage éternel de la susceptibilité du célèbre sculpteur Puget, qui voulut se venger des tracasseries de deux prud'hommes en les vouant à la risée de ses compatriotes. La cathédrale mérite peu qu'on en parle : elle n'appelle en rien la curiosité de l'artiste. Le port et ses accessoires absorbent plus particulièrement l'intérêt du voyageur, du militaire et du marin. Il est composé de deux portions : l'une construite sous Henri IV, et qu'on réserve pour les bâtiments de guerre : c'est le vieux port ; l'autre, entreprise et achevée par Louis XIV : c'est le port neuf. Tous deux communiquent par un chenal ; et des forts, des parapets armés de canons veillent sur la rade dont le circuit n'a pas de rival, de l'aveu même des étrangers. C'est dans le port neuf que vous voyez les pontons qui servent de bagne. Les forçats y sont renfermés et organisés au nombre d'environ 4,000. On arrache la plupart de ces malheureux à la corruption de la chiourme, en les employant par brigades au déblai des bassins, au service fatigant des chantiers, des arsenaux et du port. Ce sont eux qui transportent les immondices et qui nettoient chaque jour les rues de la ville. Le nom de Vincent de Paule, dont le bagne de Toulon rappelle le dévouement évangélique, y vient quelquefois sur les lèvres du philanthrope comme une critique de notre système pénitentiaire. L'arsenal frappe encore l'imagination de ceux qui ont visité les arsenaux de Rochefort, de Brest, de Cherbourg. Des pyramides de grenades, de boulets ramés, de bombes, forment plusieurs rangs que séparent de lourds mortiers de fonte, des canons, des caronades. Le spacieux magasin présente vingt mille fusils qui lambrissent ses murailles ; des piques, des hallebardes, des pistolets sont rangés symétriquement sur des lignes parallèles ; des sabres dont les poignées se touchent, dont les lames divergent, forment des soleils et des rosaces sur les plafonds, et chaque fût de colonne est hérissé, depuis le chapiteau jusqu'à la base, d'un revêtement de baïonnettes. L'antiquaire s'arrête avec émotion devant une chronologie militaire où l'on retrouve, rangées par ordre de siècles, les armures de nos aïeux, depuis la masse de fer des guerriers gaulois, en passant par les cuirasses resplendissantes des temps de la chevalerie, jusqu'au fusil moderne à double percussion. En évaluant les souvenirs que ces armes réveillent, on s'étonne qu'il reste des hommes sur la terre. De cet arsenal on entre dans la corderie : c'est un atelier de près de seize cents pieds de longueur ; la voûte est un tour de force d'architecture usuelle : on y peut fabriquer six câbles à la fois, et chaque jour de nouveaux essais sur des matières filamenteuses, de nouvelles machines pour abréger et perfectionner le travail, prouvent la sollicitude des marins à l'égard de cette industrie, de première nécessité pour la navigation. On doit visiter pareillement la menuiserie, la tonnellerie, la fonderie de canons, les forges, où cent marteaux travaillent sur l'enclume des masses ardentes de fer, la boulangerie, toujours en activité, la salle des modèles, où l'on peut étudier les façons de toutes les espèces de bâtiments. Une pépinière de braves se forme dans ces grandes salles aux expéditions périlleuses qui porteront un jour le commerce de la France chez des peuples inconnus, sous la protection de notre pavillon. C'est au bassin de carénage, construit de notre temps par M. Grognard, et qui forme une caisse de trois cents pieds de long sur cent pieds de large, qu'il faut aller apprendre comment on peut radouber à sec un vaisseau. On clôt les portes de ce bassin par le moyen d'un bateau dont la forme est celle d'un cône tronqué : une surcharge d'un poids énorme en fait glisser perpendiculairement la masse dans une rainure de manière à triompher de la force de résistance qu'opposent les eaux de la mer : l'absence du flux et du reflux dans la rade a facilité cette entreprise. »

Le LANGUEDOC forme actuellement les départements de l'*Ardèche*, de la *Lozère*, du *Tarn*, de la *Haute-Garonne*, de l'*Aude*, et la moitié de celui de la *Haute-Loire*.

Malgré les différences locales, les Languedociens ont un caractère commun, des passions, des vertus ou des vices identiques.

Voyons d'abord le Languedocien de *Toulouse*. Cette ville est, par son étendue, une des cités les plus considérables de France, et l'une des plus importantes par sa population, que l'on peut évaluer à 60,000 habitants, en y comprenant 2,000 élèves de ses diverses écoles, et une garnison de 3,000 hommes; ses murailles, construites en 1345, et que l'on voyait naguère encore flanquées de deux grosses tours rondes et percées de neuf portes, tombent de jour en jour sous le marteau démolisseur. Voici comment M. Vaysse de Villiers parle des habitants de Toulouse : « Beaucoup d'esprit et de gaieté; beaucoup de penchant à l'obligeance et aux sentiments affectueux; beaucoup de douceur et d'amabilité dans le commerce de la vie, tels sont, avec un grand fonds de vivacité, source trop ordinaire d'une excessive promptitude dans le jugement comme dans la détermination, les traits éminemment caractéristiques du Toulousain. L'étude des lois et leur application, les travaux scientifiques et littéraires, la culture des arts, particulièrement de la danse et de la musique, les plaisirs et les fêtes, tels sont les principaux et les divers éléments des occupations auxquelles il se livre avec le plus d'ardeur. Le Toulousain, dans toute sa charge, est un Gascon renforcé : comme tel, il est satisfait de lui-même, et pense que tout le monde doit l'être. Vient-il dans la capitale de la France, il y porte le même ton et la même assurance qu'il avait dans celle de son département. Il l'y conserve sans altération, et ne voit pas de raison pour changer en rien ses habitudes, ni pour apporter aucune modification à ses manières qu'on peut appeler *ultra-provinciales*. Ne doutant de rien, il affirme tout ce qu'il dit, il dit tout ce qui lui passe par la tête, toujours avec cette gaieté languedocienne qu'accompagne trop souvent la légèreté, et toujours avec son accent toulousain. Si quelquefois il fait rire à ses dépens, quelquefois aussi il amuse la société par les saillies gaies et piquantes dont il assaisonne ses discours. Dans tous les cas, il est le premier à rire de ce qu'il dit, et ne demande pas mieux que de faire rire, sans s'embarrasser si c'est de sa personne ou de ses bouffonneries; il est même fort bon joueur à cet égard.

» Voilà pour les manières plus encore que pour le caractère; et pour la classe lettrée bien plus que pour celle du peuple, dont nous allons nous occuper. Ici la teinte se rembrunit : cette légèreté nationale qui, accompagnée d'une grande mobilité d'esprit, calcule peu et ne prévoit rien, n'ayant pas été modifiée par l'éducation, rend et a rendu le peuple toulousain extrême en tous points, comme en tous temps. Lors de nos dissensions religieuses, on le voit se livrer à tout le délire du fanatisme, d'accord avec son parlement, ainsi que ses capitouls qui refusent d'enregistrer les édits de tolérance échappés parfois, et comme par hasard, à la sanguinaire cour de Charles IX. Il repousse avec une sorte de rage toute mesure de douceur, accueillant au contraire avec transport la nouvelle et l'ordre du massacre de la Saint-Barthélemy, ordre qu'il exécute avec une atroce émulation, de manière à ne pas le céder en férocité aux égorgeurs de Paris. Peu de temps après, il épouse les excès de la Ligue avec la même fureur, et massacre le vertueux président Duranti pour s'être montré dévoué à la cause royale. Au temps de la révolution, il en épouse d'abord les principes avec ardeur, ensuite les excès avec violence, puis les excès opposés avec une violence égale, et les uns et les autres y ont eu leurs égorgeurs et leurs victimes. Plus tard, Bonaparte est accueilli avec enthousiasme; plus tard encore, on accueille avec le même enthousiasme lord Wellington et son armée......... Peu de temps après, le général Ramel, envoyé à Toulouse par le roi, à titre de commandant, y est massacré pour avoir refusé de soudoyer les compagnies, secrètes, qui, s'instituant volontaires royaux, voulaient commander elles-mêmes dans le midi. »

On le voit, le Languedocien est extrême en tout; il ne ressent point d'amour, mais de l'adoration; la haine chez lui se transforme en exécration; il n'applaudit pas, il trépigne. Plein d'enthousiasme et d'ardeur, il exagère tout, le bien et le mal. Il fait de la douleur du désespoir, de la joie de l'ivresse, de la foi du fanatisme, de la bravoure de la témérité.

Les *grisets* forment une classe dont nous devons parler. Pour comprendre leur nom, il faut remonter à cette époque où les seigneurs de la cour dépensaient follement leur argent avec des femmes de théâtre; il faut se rappeler le costume gris de ces laquais dépravés qui déposaient leur livrée à Versailles pour apporter des billets doux à de jeunes et pauvres filles du peuple. Et si l'on n'a pas oublié la conduite ignoble des Dubarry, on s'expliquera comment, après le retour à Toulouse du mari de la maîtresse du roi, et après l'exil du *roué*, le nom de griset fut donné aux hommes qui s'alliaient ou vivaient avec ces malheureuses, parmi lesquelles les Dubarry allaient chercher leurs victimes. Le valet donnait son nom à celle que son maître allait flétrir, et qui le reportait sur celui qui la relevait de l'opprobre ou qui le partageait.

Ainsi que la plupart des méridionaux, le griset est doué au plus haut degré du génie musical. Il faut l'entendre, par une belle soirée d'été, moduler des airs simples, mélancoliques, auxquels succèdent des mouvements gais, vifs, mais toujours suaves, harmonieux. Alors seulement on peut se faire une idée de son goût exquis, de la délicieuse expression de ses chants.

Isolé, nonchalant, le griset est indifférent aux honneurs, aux rêves d'ambition qui dévorent les autres hommes. S'il ne se mêle jamais aux artisans, ce n'est pas par fierté, c'est parce que l'ouvrier, être nomade, a abandonné les vieilles coutumes, auquel il tient, lui, avec un fanatisme qui va souvent jusqu'à la férocité.

Aux jours fériés, il porte une casquette ou un chapeau rond, sous lequel frisent des papillottes, brillent des boucles d'oreilles, et s'épanouissent les fraîches couleurs de son teint. Son cou est entouré d'une cravate bigarrée, négligemment attachée; et s'il ne porte plus la culotte traditionnelle, il n'a pas adopté non plus les sous-pieds : son pantalon laisse voir les tiges de ses bottes, ou l'extrémité d'une jambe nerveuse, un bas bleu et un escarpin luisant.

Le patois languedocien, par ses diminutifs multipliés, se prête à merveille à l'expression des sentiments amoureux. Les grisets composent pour leurs belles des vers, des couplets, des madrigaux, tout enjolivés de gentillesses florianesques. Lorsqu'ils donnent une sérénade, ils ont soin de faire crier par les exécutants le nom de la jeune fille en l'honneur de qui elle est donnée, afin d'éviter les malentendus. Quand la noce suit une cour assidue, le griset rime lui-même son épithalame, et, accompagné des conviés, promène sa fiancée par la ville au son des hautbois et des tambourins.

Les femmes que l'on appelle grisettes à Paris sont désignées en Languedoc sous le nom de *modistes* ou *demoiselles*. On nomme grisettes les ouvrières qui portent le costume national et n'ont point de chapeau. Lorsqu'une dame est ainsi vêtue, on dit qu'elle est « en grisette. »— Les jolies grisettes du Languedoc sont bien dignes des hommages qu'on leur rend. Leur costume est peut-être disgracieux; leurs robes bleues d'indienne ou de filoselle de Castres, leurs châles de toile peinte voilent les contours de leur taille ; leur large coiffe à la dévote ombrage impitoyablement leurs yeux noirs. Mais leurs charmes triomphent de ces désavantages, leur coquetterie sait tirer parti des plus simples vêtements, et leur élégance naturelle peut d'ailleurs se passer de celle du costume.

Il y a entre le griset et l'étudiant une haine profonde, invétérée; car de tout temps on a accusé les grisettes d'avoir un faible pour les élèves en droit et en médecine. La jalousie est donc le mobile de cette aversion pour le futur docteur, qui semble naître avec le griset. Aussi n'est-il pas rare de le voir, accompagné d'une centaine d'amis, attaquer les élèves à la sortie des écoles. On conçoit que chacun prenant parti pour les siens, c'est un combat général, et qui ne se termine souvent que par la mort de plusieurs individus.

De même que celles de la Provence, les farandoles du Languedoc semblent offrir certaines analogies avec les rondes du sabbat. Danseurs et danseuses se tiennent par la main en longue file, se plient, se replient, ondoient et sautent en chantant des refrains populaires. De temps à autre le chef de la farandole s'arrête, et, levant le bras, forme, à l'aide de son voisin immédiat, une sorte d'arcade sous laquelle passe le reste de la bande.

Lou chibalé (le chevalet, petit cheval) est une des principales danses nationales. Voici comment la tradition en rapporte l'origine. En 1217, Pierre II, roi d'Aragon, s'étant réconcilié avec sa femme, la reine Marie, la ramena en croupe à Montpellier, ce dont les vassaux de Pierre témoignèrent grande joie en gambadant autour du palefroi. Pour conserver le souvenir de cet événement, on imagina de célébrer l'anniversaire de cette entrée triomphale par une danse dans laquelle figure un cheval empaillé. Dans le principe, plusieurs danseurs, les jambes garnies de grelots, environnaient un homme à moitié enfermé dans un cheval de carton, et feignaient de lui offrir la *civada* (avoine).

A cette heure, il n'y a plus qu'un seul donneur d'avoine, chargé de la présenter au chibalé, lequel, afin de l'éviter, rue, caracole, pendant que des musiciens jouent l'air du chibalé, et que deux douzaines de danseurs, vêtus de pantalons blancs et parés de rubans verts, entonnent, en formant des rondes, un chant particulier à la circonstance.

Le jeu du mail est aussi une particularité remarquable à Montpellier. Les luttes et les courses de taureaux sont les délassements les plus goûtés du peuple des départements du Gard et de l'Hérault.

Les haines de religion, amorties dans le bas Languedoc, sont encore toutes vivantes près des limites de la Provence. A Toulouse, le catholicisme règne en vainqueur; mais à Nîmes sa suprématie y est contestée, et les protestants et les catholiques nourrissent une inimitié que trois siècles de guerre n'ont pu entièrement assouvir.

Dans cette ville de Nîmes, la dévotion est extrême des deux parts. On distingue les quartiers protestants et les quartiers catholiques, et celui des juifs. Cette démarcation a lieu jusque dans les promenades.

Greffés sur les antipathies religieuses, les dissentiments politiques tendent à s'y substituer. Faisant abstraction du culte, les royalistes recherchent ceux de leur parti ; les libéraux agissent de même. Mais la noblesse demeure étrangère à ce mouvement. Fidèle à la croix et aux fleurs de lis, rien ne peut porter atteinte à ses vieilles rancunes, à ses anciennes prédilections.

Montpellier ne compte pas, dans ses 30,000 habitants, les étudiants qui viennent y chercher l'instruction, ni les étrangers que la douceur de son climat y attire. Sa fondation n'est pas fort ancienne. L'industrie et le commerce sont cultivés ici avec autant de soin que les sciences et les arts. Le peuple de Montpellier professe un goût royal pour la bâtisse, et honore le métier de tailleur de pierre. Les femmes ont pour le commerce une vocation prononcée ; elles tiennent les livres, dirigent les maisons de leurs maris, et savent suppléer à l'indolence, à la prodigalité de ces messieurs par l'économie et l'activité. On trouve ici des portefaix, des maçons, des décrotteurs et des gâcheurs en jupons. Mais cette aptitude aux rudes travaux ne nuit en rien aux inclinations prédominantes. Dames et grisettes sont vêtues avec luxe, étincelantes de joyaux, versées dans le choix et l'arrangement des étoffes qu'elles emploient.

Les MONTPELLIÉRAINS ont une grande déférence pour la science d'Esculape et sont tous à moitié médecins. La réputation de leur faculté attire bon nombre de malades sur l'opulence desquels docteurs et marchands prélèvent d'importantes contributions. Mais l'indigène opère moins fructueusement dans les spéculations dont les élèves en médecine sont l'objet. L'étudiant de Montpellier est moins soigneux que celui de Toulouse ; sa toilette est généralement délabrée ; ses cheveux sont d'une longueur fantastique ; sa barbe semble vierge de toute espèce de culture, et jamais on ne vit de débiteurs plus récalcitrants que lui.

La GASCOGNE est limitée à l'ouest par l'Océan ; au nord par la Guienne ; à l'est par le Languedoc et le pays de Foix.

Le GASCON est plein de vanité ; il est bravache, hâbleur, et il a un trop grand fonds d'honnêteté pour s'en défendre. Son sang est chaud, son imagination prompte ; ses passions sont fortes, ses organes souples. Sa constitution suffit pour démontrer ce dont il est capable. Il s'émeut subitement ; l'indignation, la rivalité, la colère, le bruit de la guerre, celui d'une querelle, la vue du péril ou de l'injustice, se terminent chez lui en un ébranlement nerveux et rapide. On ne saurait prévoir où s'arrêtera son emportement. Il participe de l'organisation nerveuse de la femme, et peut comme elle, en de certaines circonstances, pousser la hardiesse jusqu'à la témérité, ou se montrer timide jusqu'à la lâcheté.

Cependant, l'épithète de lâche lui est rarement applicable ; et cela se comprend. Il faut qu'il justifie la réputation que ses vanteries lui ont faite, la valeur dont il se targue. Qu'on le jette tout à coup dans une mêlée, qu'on le défie, qu'on le regarde surtout, lui si vif, si bouillant, si sensible à la gloire, et il accomplira des choses impossibles, non qu'il soit capable d'une bravoure réfléchie, mais parce que l'orgueil, la haute opinion qu'il a de lui-même qu'il veut imposer aux autres, ne lui permettront pas de reculer devant l'accomplissement d'une promesse même inconsidérée.

L'imagination du Gascon a trop de puissance et de poésie, et c'est ce qui rend son humeur fanfaronne. Enfant, s'il se mêle à ses petits compagnons, il faut qu'il soit à leur tête; il sera le chef, l'orateur. Il est doué d'un désir de briller, de dominer qui l'accompagne dans toutes les phases de sa vie; il rêve tous les succès et voudrait réunir tous les lauriers sur son front.

C'est M. E. Ourliac qui a le mieux défini le Gascon. Selon cet écrivain, s'il se trouve dans une compagnie, dans un repas, dans une voiture publique, un garçon d'esprit, un conteur, c'est un Gascon. Dans l'équipage d'un navire, dans un collége, un régiment, une chambrée, l'homme qui en racontant, émeut ou fait rire; celui qui sait danser, chanter, faire de la musique, tourner une lettre; qui organise une partie, une sérénade, une comédie, et qui a besoin de ce mouvement qu'il traîne partout après lui; enfin, celui qui frise le mieux sa moustache, qui manie supérieurement le bâton, qui dame le pion à Achard pour le couplet de vaudeville; cet homme qui est le plus leste, le plus fat, le plus adroit, le plus intrépide, le plus écervelé, soyez-en sûr, cet homme est un Gascon.

Au milieu des traverses les plus dures, des calamités les plus terribles, le Gascon est là qui chante, qui raille, qui vous arrache un sourire par les plaisanteries les plus excentriques.

Trop éloigné de la capitale de la France pour en suivre tous les mouvements, et privé de moyens locaux d'instruction, le Gascon n'est plus aujourd'hui qu'une façon d'ilote que Paris amuse du pamphlet d'hier et des modes de l'an passé. Il se croit sans préjugés, parce qu'il est sans religion; sans philosophie, parce qu'il est tour à tour la dupe de l'intrigue politique, des novations impossibles, des lubies, des chimères qui éclosent journellement dans le cerveau visionnaire des charlatans de notre siècle de progrès.

La grossièreté de l'esprit du Gascon perce dans son vêtement aussi bien que dans ses manières. Il devient méprisable par son ignorance, ridicule par son entêtement vaniteux. Paris se moque de lui; ses gamins le montrent au doigt, ses comédiens le jouent sur le théâtre, ses filous le dépistent d'une lieue. Et ceci est applicable à bon nombre d'habitants du midi; car les départements méridionaux étant le plus écartés du centre, resteront encore longtemps arriérés. — Cependant, l'ambition a survécu à sa dégradation morale, et le provincial, rougissant du métier dans lequel il s'est enrichi, rêve pour son fils la robe de M. Odilon Barrot, le scalpel de Dupuytren, ou le laboratoire d'Orfila : ce fils ne peut être qu'un puits de science ou un tribun éloquent.

Mais en résultat, qu'arrive-t-il? Le jeune homme lancé dans la moderne Babylone pour y faire son droit, y forme des liaisons mauvaises quand elles ne sont pas honteuses. L'estaminet et la guinguette se partagent ses instants; abandonné à lui-même, entouré de conseillers pernicieux, il passe sa vie à courir la grisette ou l'émeute, à jouer au billard et à inventer des histoires pour soutirer à sa famille l'argent nécessaire à cette existence de débauche ou tout au moins d'oisiveté. — Et si par hasard les études s'achèvent ou à peu près, les difficultés se présentent; la concurrence ne permet pas de percer la foule sur-le-champ. La famille, déjà épuisée, doit subvenir aux avances, aux frais d'établissement; des années peuvent encore s'écouler avant que le débutant qui approche de la trentaine s'il ne la dépasse, soit à même de se suffire à lui-même. — C'est là pourtant le plus beau côté de cet incroyable travers de notre époque, qui porte les parents à rêver pour leur progéniture une place à l'Académie ou un fauteuil à la chambre. — Car, en général, ces futurs grands hommes finissent par faire un écrivain pitoyable, un mauvais barbouilleur ou un histrion de campagne...., à moins qu'ils ne soient arrêtés dans leur carrière par un duel, une condamnation politique, une balle dans un conflit révolutionnaire, ou par cette horrible monomanie, ce dégoût prématuré de la vie : le suicide.

C'est dans le Gers que l'on retrouve le plus de traits de l'ancienne physionomie de la Gascogne. Le paysan y est resté fidèle à son ancien costume, et fête encore les antiques solennités. Le dimanche on peut voir, comme jadis, les jeunes filles danser joyeusement au sortir de l'église, et les garçons les accompagner en agitant de longs bâtons où sont passés, en guise d'anneaux, ces *tortillons* ou gâteaux de forme ronde, dont chacun fait des galanteries en en laissant tomber un dans le tablier de la belle qu'il s'est choisie. Que le tortillon roule à terre, et les vœux de l'amant sont repoussés; mais s'il demeure dans le tablier, c'est que la jeune fille répond à l'amour qu'elle inspire, et le cortége s'achemine gaiement vers la place du village, où l'on se met à danser en chantant une ronde.

Environ cent mille âmes forment la population basque, agglomérée dans dans le *Labourd*, la *Soule* et la *basse Navarre*, qui dépendent des arrondissements de Bayonne et de Mauléon.

Le BASQUE, fier et réservé, entiché de son origine illustre, se regarde comme noble et veut être considéré comme tel. S'il rencontre un voyageur, jamais il ne saluera le premier, et vous ne le verrez pas, s'il est au milieu du chemin, dévier d'un pouce pour faciliter le passage. Le villageois est très-hospitalier; il défendrait, au péril de sa vie, l'étranger qu'il a admis sous son toit, qu'il reçoit de son mieux et auquel il ne fait point de questions sur sa position ou le but de ses courses.

Les Basquaises repoussent rarement les galanteries du voyageur ; mais que celui-ci y prenne garde! S'il excite le soupçon, s'il fait naître la jalousie d'un amant mystérieux, la vengeance ne tardera pas à suivre le triomphe. — Toutefois, la coupable n'a pas à craindre de rester fille; elle trouvera un épouseur quand même.

Les noces basques sont de véritables noces de Gamache : repas indéfinis, danses pareilles, couplets incessants, tout dénote une folle prodigalité. Mais ces fêtes sont précédées d'un service solennel à la mémoire des ancêtres, auquel on a invité les parents, les amis et les voisins des deux familles. C'est là un devoir impérieux auquel un Basque ne manque pas.

Les rapports entre deux époux, l'extrême réserve qu'ils gardent l'un vis à vis de l'autre, sont chose surprenante. Le Basque tutoie ses amis, ses enfants, sa femme jamais, si ce n'est les jours de fête. Pendant le repas de son mari, elle le sert avec dignité, complaisance, et ne se permettra pas de s'asseoir avant le dessert. Alors seulement elle prend un siège, et soutient la conversation, tout en filant le lin qui doit accroître la quantité de linge dont chaque ménage est pourvu. Les filles, occupées à filer leur trousseau futur, ne rompront point le silence, à moins qu'elles ne soient personnellement interpellées, ou que leur père ait quitté la table. Quant aux garçons, ils vont, selon leur âge, jouer ou travailler au dehors, et il faut des occasions exceptionnelles pour qu'ils assistent au repas du chef de la famille. L'aîné seul, fille ou garçon, n'est pas compris dans cette exclusion; destiné à succéder à ses père et mère, il prend d'avance le titre d'héritier. Son mariage est subordonné à des arrangements de famille; et s'il contracte une alliance d'inclination, ses droits sont transportés à sa sœur ou à son frère puîné.

Nous avons dit que le Basque était fier; ce sentiment perce dans ses regards, dans ses traits, dans toute sa personne. Il marche la tête droite, les épaules effacées, l'air résolu. Son front est énergique, ses sourcils noirs ombragent un œil qui reflète le sang; tout cela lui donnerait un aspect assez farouche, s'il n'avait dans la physionomie quelque chose de franc et de gai qui rassure.

MOEURS, USAGES ET COSTUMES.

Le Basque est grand, agile, élancé, plein d'animation; il a les cheveux longs, le teint brun, des yeux noirs qui étincellent dans la joie ou la colère, des gestes décidés, de brusques intonations. Très-courageux, il ne saurait se soumettre à la discipline militaire; il lui faut des chefs de son choix, qui sachent guider sa fougue impétueuse. Naturellement querelleur, il devient furieux quand il a bu un peu trop de ce vin de Peralta qu'il rapporte d'Espagne par fraude.

Son costume se compose d'une veste bleue de drap ou de velours, d'un pantalon de même étoffe, d'une chemise très-blanche. Il porte une ceinture de soie rouge, roulée sept à huit fois autour du corps, et dans laquelle il glisse sa pipe de terre, sa bourre et souvent son redoutable couteau. Son col est paré d'une cravate à la batelière, et sa tête est couverte d'un béret bleu posé sur l'oreille; lorsqu'il doit se livrer à quelque danse nationale, il fait usage de sandales garnies de grelots.

Jadis, le noir, couleur nationale des Cantabres, dominait presque exclusivement dans l'habillement des femmes basques. Aujourd'hui, les choses ont changé : jupe, corsage et fichu ne se font faute de couleurs variées. Toutefois, il est deux objets qui sont encore de couleur noire : ce sont le tablier et le mantelet..... et peut-être bien ces deux parties du costume des Basquaises n'ont-elles été maintenues dans leur nuance primitive que parce qu'elles ne se mettent que pour aller à l'église. — Les femmes mariées ont pourtant un ajustement assez sévère, et pour coiffure elles ont la *sabanilla*, espèce de carré blanc fort peu gracieux. — Les jeunes filles se coiffent d'un mouchoir aux couleurs éclatantes, et flottant par derrière; les jours fériés, il est remplacé par du liseron artistement noué sur le front, que couvre, en outre, un chapeau de paille rubané.

Du 15 au 20 août, les Basques vont prendre des bains de mer à Biaritz. Cette époque est tous les ans pour eux un temps de loisir et de bonne chère. Il faut les voir, hommes et femmes, demi-nus, se tenant par la main, sur une ligne unique, pour résister mieux aux vagues, chantant de lentes complaintes, et jetant de temps à autre leurs cris sauvages et assourdissants.

De tous les méridionaux, les Basques sont ceux qui aiment le plus la danse : c'est un délire, une fureur. Tous les endroits lui sont bons lorsqu'il veut improviser des rondes, des sauts ou des pas cadencés par un fifre aigre et par le véritable tambour de basque, instrument grossier, ayant la forme d'une lyre et garni d'un chevalet avec trois cordes, sur lesquelles frappe l'exécutant. La principale des danses basques est le *saut* ou le *mouchico*. Cette danse, que ne peuvent exécuter que des danseurs émérites, exige des costumes spéciaux. Alors on voit les danseurs, vêtus d'habits élégants, ornés de festons, de rubans, de fleurs, déployer toute leur légèreté, toute la souplesse de leurs formes parfaites.

Le Basque n'abandonne sa danse et son tambourin que pour le jeu de paume, auquel il se livre de bonne heure avec une véritable frénésie. C'est, du reste, un exercice qui double ses forces et met en évidence des avantages physiques dont il se montre très-vain. — Dans les joutes de la paume, provoquées souvent par des espèces de cartels, et accompagnées de paris considérables, des témoins ou juges du camp veillent à ce que les règles du jeu ne soient pas enfreintes, et prononcent sur les coups douteux. — Vêtus légèrement, chaussés de sandales ou d'*espadrilles*, la main garnie d'un gantelet, les joueurs prennent champ dans un vaste cirque, se défient, courent, bondissent en se renvoyant une balle élastique, mais dure et pesant jusqu'à seize onces. — La partie finie, on acquitte les paris, et l'on va boire. C'est alors que les bardes entonnent des chants triomphaux; mais si l'un d'eux jette aux échos des vers trop caustiques, et qui offensent les vaincus, ces couplets deviennent le signal d'une rixe qui se termine rarement sans que le sang ait coulé.

Bayonne est en France la seule place de commerce qui jouisse de l'avantage d'avoir deux rivières où remonte la mer ; la *Nive* et l'*Adour* la partagent en trois quartiers à peu près égaux, appelés le *grand Bayonne*, le *petit Bayonne* et le *faubourg de Saint-Esprit*. Ce dernier, qui compte 5,503 habitants, dépend, sous le rapport administratif, du département des Landes. Le port est d'un accès difficile pour les gros navires, mais sûr et très-fréquenté. On y fait le grand et le petit cabotage, et des armements pour la pêche de la morue. L'industrie de Bayonne rivalise avec *Andaye* pour la fabrication de la liqueur qui porte le nom de ce village. Son chocolat est renommé, les vins de son territoire sont exquis, l'air y est pur, et les femmes y joignent l'amabilité française à la grâce espagnole.

Les LANDES donnent leur nom à un des quatre-vingt-six départements de la France. C'est dans les grandes landes qu'il faut étudier la race landaise, dont chaque trait est un sujet d'observations ethnographiques et de méditation fort tristes.

Le LANDAIS est petit et maigre ; il a le teint hâve, décoloré, des cheveux lisses et noirs, les yeux plombés, la physionomie morne, ses traits impassibles et que le sourire anime rarement, ont, ainsi que le remarque M. Gaillard, cette expression méditative analogue à celle que l'on rencontre chez quelques maniaques. Quoique d'une constitution frêle, délicate et consumée par la fièvre durant une grande partie de l'année, le landais se livre aux plus rudes travaux et brave toutes les intempéries des saisons. Ses vêtements grossiers l'accablent pendant l'été, et ne le préservent point du froid en hiver.

Son habitation serait dédaignée d'un sauvage du Groenland, tant elle est sale et ignoble. La pièce principale est une vaste cuisine, dont le foyer est garni d'un chaudron colossal dans lequel la doyenne de la famille agite l'*escoton*, sorte de bouillie de farine de maïs ou de millet qui forme ordinairement la nourriture du Landais. Dans cette cuisine se pressent des femmes occupées à filer en silence, des enfants qui attendent le repas, et des hommes qui ont pour sujet habituel de conversation le loup-garou en crédit ou la résurrection d'un sorcier.— Les gynécées landais sont des bouges obscurs et dans lesquels l'air ne pénètre pas. Hommes et femmes, quel que soit leur âge, s'y blottissent pêle-mêle pendant la nuit ; les uns couchent par terre sur des peaux de mouton ; les autres sur de mauvais grabats, entre deux lits de plumes, supportant une chaleur qui ferait durcir un œuf.

Le berger est le souverain des bruyères et des marais des Landes. Mais si la classe des bergers est la plus nombreuse elle est aussi la plus misérable. Comme ils sont ordinairement éloignés des habitations et qu'ils vivent souvent des semaines entières sans entrevoir une figure humaine, ces pâtres emportent avec eux un petit sac de farine de millet ou de maïs, de lard parfaitement rance, et d'un chaudron pour apprêter le fameux escoton, et qui lui sert aussi à faire bouillir son eau dont il est obligé de corriger le goût détestable au moyen de vinaigre et de sel. Perché sur de longues échasses qui le hausse de six pieds, il enjambe les bruyères, traverse les marais et lutte de vitesse avec les chevaux sauvages indigènes. Quelquefois il erre à l'aventure en filant ou tricotant la laine de ses moutons. De temps à autre, la rencontre d'un second berger vient lui apporter une distraction au milieu de ses longues heures de solitude. Ce n'est que rarement qu'un bouvier s'écarte de la route pour repaître ses bœufs au milieu des bruyères ; s'entretenir avec l'exilé du revenant qui met en émoi la bourgade voisine, et surtout de la santé de leurs bêtes.

En hiver, le berger se vêtit de peaux de mouton, dont la laine est en dedans et qui recouvrent toutes les parties du corps, à l'exception des pieds toujours nus et de la tête qu'il abrite sous son béret brun. Ils ont en outre une pelisse blanche d'une étoffe de laine grossière, et dont la partie supérieure se termine par un capuchon pointu, orné

HABITANTS DES LANDES.

de bandes rouges et de crins flottants. Ce vêtement qu'ils appellent un manteau de Charlemagne est remplacé en été par une espèce de dolman en peaux d'agneau; des peaux semblables succèdent alors à celles de mouton sur les cuisses et les jambes du berger où elles sont fixées par des attaches rouges. Le berger porte aussi une chemise de toile, mais il est douteux qu'elle ait jamais été lavée.

Le *résinier* est un homme qui s'éveille avec le jour, s'arme d'un hache affilée, d'une longue perche façonnée en guise d'échelle, d'un sac contenant des vivres, et qui, chargé de cet attirail, se rend en hâte dans les forêts de pins dans lesquelles il passe la plus grande partie de son existence. Il prélude à ses travaux par quelques articulations discordantes qui ont la prétention d'être une chanson. Puis il dresse sa perche à étrier contre la tige élancée d'un pin, et s'élève à une hauteur considérable, sans autre appui que le petit support où il place son pied gauche, tandis que sa jambe droite, projetée contre l'arbre, contient la perche et l'empêche de vaciller. Suspendu ainsi, il trace à la surface de l'arbre et à coups de hache un étroit canal que l'on jurerait fait au rabot. C'est par cette entaille longitudinale qui aboutit au pied de l'arbre, que découle la résine que cet homme ramassera et transportera plus tard aux distilleries.

Séquestré de toute société, il ne connaît pas l'ennui, et, de même que le berger, il ne changerait pas sa vie contre une existence plus confortable. — Le dimanche seulement il quitte les *piguadas* (forêts de pins) de bonne heure et se rend au cabaret où il oublie ses fatigues et s'efforce de couvrir — ce à quoi il ne parvient pas toujours — des éclats de sa grosse gaieté la voix glapissante des femmes et les clameurs des enfants entassés autour des tables encombrées de bouteilles et de verres. Les libations se succèdent sans interruption, et quand la nuit arrive l'ivresse est générale. Le lendemain le résinier se remet au travail comme si l'orgie n'avait fait que lui prêter plus de force et de vigueur.

Le costume du résinier se compose d'une veste de gros drap, d'un pantalon de toile grise, serré par une ceinture rouge, et d'un béret ou d'un chapeau de paille. En cas de pluie, il s'affuble d'un manteau noir à manches ouvertes, dont la forme exceptionnelle n'a subi aucune variation depuis le moyen âge et qui ne se rencontre que dans le Marausin.

Les landaises s'occupent des travaux domestiques, de la culture des terres et de la confection du charbon; ce sont elles qui nourissent les abeilles et font l'éducation des vers à soie. Presque toutes les femmes des landes naissent jolies et restent telles jusqu'à vingt ans; passé cet âge, elles dépérissent à vue d'œil: leurs traits délicats, la beauté, la douceur de leurs yeux, leurs charmes en un mot disparaissent et font place à un ensemble repoussant dont la laideur est incroyable. Et il faut bien l'avouer ce sont les rudes occupations auxquelles on les soumet qui les fane et les vieillit prématurément. — Ce que nous venons de dire n'est pas applicable aux femmes des villes et des bourgs, et on rencontre rarement dans une ville d'égale population autant de jolies femmes que l'on en compte à Dax.

Les Daquoises ont des charmes éminemment attractifs; elles plaisent d'autant plus qu'elles ont le naturel doux et prévenant, et la conversation vive et enjouée. Fort coquettes à l'égard des étrangers, elles réservent pour le soupirant indigène le triste surnom de « galant à la noix. » Ce qu'est un galant à la noix, nous allons tâcher de vous le dire.

Lorsqu'un paysan de la contrée de Born a l'intention de demander la main d'une jeune fille, il va le soir frapper à la porte de la maison habitée par la belle. Prévenus de la visite, les parents lui ouvrent, et chacun prend place autour d'une table où un souper abondant est servi. Pendant ce repas, qui dure toute la nuit, la sobriété n'est pas plus respectée que le silence; mais pas un mot relatif à l'objet de la visite n'est prononcé. Au point du jour, la jeune fille se lève de table et va querir un dessert toujours composé de plusieurs plats. Si l'un d'eux contient des noix, le prétendant abandonne aussitôt la place, saluant à peine, et suivi de ses amis, témoins de ce congé très-formel, quoique symbolique. La mésaventure est publique, et, jusqu'à ce qu'on lui présente un dessert plus heureusement servi, le poursuivant dédaigné conserve le titre peu enviable de galant à la noix.

Dans les parties des landes comprises dans le département de la Gironde, les mariages se traitent fort cavalièrement. Aux jours de fête, à la suite de la messe, les paroissiens se placent d'un côté devant l'église; de l'autre côté, les paroissiennes se tiennent accroupies, et formant un cercle au milieu duquel est un pâtre, huché sur une pierre; derrière lui sont disposés par groupes les jeunes gens des deux sexes. Après s'être recueilli deux ou trois minutes, le pâtre lève les deux bras et hurle plutôt qu'il ne chante un air favori dont l'incohérence euphonique ne peut se décrire. Ce chant sauvage devient le signal d'une danse vraiment grotesque. Chaque homme saute lourdement devant sa danseuse fort attentive à imiter tous ses mouvements. C'est alors que les garçons se sentent saisis de velléités matrimoniales; l'un d'eux prend brusquement la main de sa danseuse et la presse à différentes reprises. Lorsqu'à ces provocations, qui ne laissent aucun doute sur les sentiments du jeune homme, la belle répond par une étreinte aussi peu équivoque; elle est entraînée par le galant hors du cercle : tous deux, qui jusqu'ici avaient tenu les yeux baissés, se regardent, échangent quelques mots et deux ou trois taloches, et vont trouver leurs parents, auxquels ils apprennent comme quoi ils s'agréent. Les arrangements sont pris sans désemparer; le curé est appelé et fixe le jour du mariage, auquel assisteront tous les paroissiens. Au jour solennel, la mariée paraît vêtue d'étoffes grossières, taillées sans goût, coiffée d'une capuce formée de plusieurs mouchoirs ou d'un bonnet à larges bandes dentelées de rouge coquelicot; par-dessus, elle met un grand chapeau orné de rubans noirs et d'une branche d'immortelles de mer. Son corset de siamoise laisse entrevoir sa gorge, et à ses bras pendent deux paniers destinés à recevoir les offrandes que l'usage commande d'offrir au nouveau ménage.

Le landais est bon, obligeant, respectueux envers l'autorité, peu enclin au vol et à la fraude; mais, dans un accès d'irritabilité nerveuse, il ne reculera pas devant un assassinat. — Il est religieux, et nul plus que lui ne donne de marques touchantes de souvenir et de regret à la mémoire des morts. Lorsqu'un habitant vient à mourir, le hameau auquel il appartient assiste en masse à son convoi, et des femmes couvertes d'habits lugubres vont s'asseoir sur sa tombe, où elles récitent des prières.

Le passe-temps le plus agréable du landais est le cabaret; toutefois, ceux qui habitent les deux rives de l'Adour se permettent le divertissement des courses de taureaux, et cela en dépit des prohibitions les plus expresses.

Quant au citadin landais, c'est un provincial comme un autre; un peu gascon par la lisière, mais généreux, franc, et incapable de manquer à ses engagements. Il aime le jeu et la bonne chère; mais le jeu l'amuse, et on vit à bon compte dans ce pays. Affable et prévenant pour l'étranger, il est d'un commerce agréable. On voit qu'au demeurant c'est une assez bonne créature, dont les qualités peuvent racheter bon nombre de petits défauts.

Avant de quitter la Guienne, disons un mot de *Bordeaux*. Il faut la voir, la reine marchande, avec ses quais peuplés de milliers de têtes, avec les grincements de ses innombrables poulies, ses douaniers aux fracs verts échelonnés sur les ports, ses édifices grandioses, et ses rues coupées en échiquier. Le port de Bordeaux décrit un arc dont les deux extrémités sont éloignées d'une lieue ; il peut contenir mille vaisseaux. Son importance et le mouvement qui y règne le mettent au premier rang dans le royaume. Il est difficile de retenir son admiration à la vue de cette belle ligne d'édifices qui le bordent dans toute sa longueur ; de cette foule de navires de toutes grandeurs et de toutes nations ; de ce fleuve qui coule avec rapidité, et qui s'étend sur une largeur de trois quarts de lieue ; de ce pont magnifique composé de dix-sept arches, et qui, jeté sur la partie la plus étroite de la Garonne, forme cependant une étendue de quatre cent quatre-vingts mètres de longueur ; monument d'autant plus hardi, que les difficultés qu'offrait sa construction paraissaient presque insurmontables. Il a fallu vaincre les obstacles que présentaient le fond sablonneux et mouvant du fleuve, sa profondeur de sept à dix mètres, le flux qui, deux fois par jour, élève ses eaux de quatre à six mètres, et les courants qu'il occasionne, et dont la vitesse est souvent de plus de trois mètres par seconde.

Le Forez est compris tout entier dans le département de la Loire.

Saint-Étienne, chef-lieu d'arrondissement et de l'ancienne province du Forez, a été décrit par un savant économiste, M. Adolphe Blanqui. « C'est, dit-il, la ville des contrastes. Non loin du bel hôtel de ville que les habitants ont élevé sur la place Neuve, on aperçoit encore des masures enfumées, vraies demeures de cyclopes, sans carreaux de vitres, surchargées plutôt que couvertes de tuiles à gouttières. Les chemins sont remplis d'une poussière noirâtre qui s'attache aux vêtements, aux habitations, aux meubles, et leur imprime promptement le caractère de la vétusté. C'est pourtant sur le bord de ces routes qu'on fabrique les gazes légères, les tulles, les rubans éclatants, dont l'Europe entière est tributaire. Ici, des armuriers ; plus loin, des brodeuses ; dans les champs le bruit des forges ; dans les rues celui des métiers. On rencontre souvent à cheval des hommes tout couverts de fumée, qui semblent manquer de linge, et qui possèdent des usines productives. Je n'ai pas pu faire accepter la moindre gratification à des mineurs sans chemises, et l'on voit à Paris des hommes qui mendient en jabot. J'ai trouvé au milieu de Saint-Étienne des maisons que j'avais vues, il y a quelques années, à ses portes. Sa population s'est élevée de 20,000 âmes à 40,000 en moins de dix ans, tandis que celle de Montbrison, chef-lieu de préfecture, ville de rentiers et de gentilshommes, décroît incessamment, et devient le rendez-vous de tous les mendiants du Forez. »

Le Forézien est marchand par excellence. Il semble, selon l'expression de M. L. Roux, obéir à un instinct, à une vocation qui est de vendre, d'acheter et de produire ; car les temps modernes l'ont fait industriel, et les socialistes l'ont nommé producteur.

L'industrie de Saint-Étienne comprend deux articles principaux : le fer et la soie, qui tous deux marchent dans une voie égale de perfection. De la même ville, et, pour ainsi dire, de la même main, sortent la soie et le fer ouvrés. Le Forézien n'a besoin du secours de personne : il ne doit qu'à lui les machines et les métiers qui lui sont nécessaires pour fabriquer tel genre d'articles ; il les met en activité, et cherche lui-même des débouchés aux nombreux produits qui en résultent. On naît inventeur à Saint-Étienne ; mais il y faut être né pour s'y plaire. L'étranger n'y séjourne qu'à regret ; il se plaint de la compression des mœurs, de la rude éducation du travail qu'il faut avoir subie pour l'apprécier, et qu'il faut pratiquer sans interruption pour n'être pas tenté d'en rêver une autre.

Le négociant stéphanois est peut-être l'expression la plus complète du commerçant ; il est le plus matinal du personnel de sa maison, descend au magasin en veste et en casquette, avant le plus diligent de ses commis, et son travail équivaut à celui de quatre ouvriers. Sa femme doit lui apporter en dot une aptitude innée aux affaires et ce qu'on appelle « une belle main ; » les heures charmantes qu'une Parisienne passe à sa toilette, elle les utilise à des occupations de teneur de livres. Le fils de ce négociant type naît avec le génie spécial de la famille; il hérite des vertus commerciales de son père avant d'hériter de ses capitaux; de bonne heure il s'établit pour son compte et ne tarde pas à édifier une fortune. — Ce n'est que lorsqu'il est vieux que le négociant de Saint-Étienne se retire des affaires. Et encore, dans la petite propriété qu'il a acquise sur les bords de la Loire, il ne faut pas penser qu'il restera oisif : il vend son vin, son blé, toutes ses récoltes; car vendre est sa vie; s'il ne vendait pas, il mourrait.

Le négociant Stéphanois a un magasin, et en général une maison a lui; des commis, des ateliers et des capitaux à part; il tient ses prix et fabrique en grand; il forme ce qu'on peut appeler une bonne maison. Enfin, c'est lui qui donne à Saint-Étienne le caractère unique qu'on lui connaît.

Le passementier de Saint-Étienne se distingue du canut de Lyon par une aptitude plus complète à un travail plus compliqué. Il a des allures libres; mais sa fierté tient à un sentiment de dignité qui ne messied pas à l'ouvrier. Il s'habille d'une veste ronde ou carmagnole; dans l'atelier il porte un bonnet. La mode du pays est constamment la sienne et il n'est jamais esclave de ses ajustements.

Le dessinateur de fabrique est devenu une nécessité de l'art. Dans l'origine on le payait au poids de l'or. Aujourd'hui on le paye encore assez cher parce que ses dessins font assez souvent la fortune d'une maison. Peu de maisons sont assez importantes pour avoir un dessinateur à elles seules, et cet artiste fait des affaires avec toutes.

L'ourdisseuse donne à Saint-Étienne un cachet particulier; à huit heures du matin elle se rend par troupes à son magasin d'où elle sort à midi. Elle n'a ni l'indépendance de la grisette parisienne, ni sa main mignonne, ni son pied menu, ni ses bas à jour, ni sa réputation.

Les femmes de la classe industrielle aisée n'osent point porter chapeau, et l'ourdisseuse rougirait d'introduire un bout de ruban dans sa toilette; car pour elle, le ruban n'est point un luxe, une parure, c'est un travail dont elle connaît le prix.

Saint-Étienne a deux espèces d'armuriers. Le fabricant d'armes bourgeoises gagne généralement plus que l'ouvrier de fabrique, et passe pour un raffiné. L'ouvrier attaché à la manufacture royale est une sorte de soldat tarifé, retraité.... et stéphanois.

Le paysan forézien n'a que de vagues notions de la vie civilisée qui expire au seuil de sa demeure. Sa maison n'est point une chaumière et cependant elle en approche; elle a des fenêtres ogivales qui indiquent qu'elle a pu être jadis un château; c'est là une présomption que semble confirmer le plafond en chêne sculpté de la pièce principale, et les voûtes en pierre des écuries. — Ce paysan est sobre, âpre au travail, intraitable quant à l'économie domestique. Dans la semaine son habit à larges basques est en cadi, le dimanche il est de drap de Montauban; son costume est complété par un pantalon flottant, des bas de coton, des souliers lacés, une chemise de toile primitivement jaune, et blanchie par l'usage, une cravate de mousseline et un chapeau rond modernisé.

Sa femme a une coiffure brodée au tamis ornée d'une profusion de dentelles, relevée en bandeau au moyen d'une épingle d'or. Cette coiffure qui souvent est d'un grand prix reçoit toute sa richesse des cheveux de la paysanne, qui sont d'une grande beauté, forment chignon, et s'arrondissent autour du col avec un art naturel, dans un volume régulièrement gracieux. — La seule époque de luxe, d'élégance, de joie pour cette femme, c'est l'époque de son mariage. Le dimanche qui en suit la célébration est aussi solennel, aussi paré que le jour des noces. C'est à l'occasion de son mariage qu'elle achète les parures qu'on lui verra toute sa vie. — Dans la classe pauvre, la femme se marie pour avoir une robe de drap, et la noce a lieu dans un cabaret de village.

Rive-de-Gier, ville de 8,000 âmes, doit son importance à ses belles houillères exploitées au moyen de quarante machines à vapeur, à ses verreries et à ses usines. On y remarque le beau bâtiment appelé la Maison du canal, et le magnifique bassin qui est en face. C'est ici que nous verrons le mineur et le verrier.

Le mineur ne diffère guère par l'apparence physique du charbonnier dont il porte le costume. Il a constamment avec lui un sac, vide quand il rentre dans son souterrain, plein quand il en sort, car il doit avoir sa part de mine. Un panier à charbon lui sert de véhicule pour descendre dans son puits. Le mineur est invariablement armé d'une lampe en fer; son port est austère, ses mœurs sont calmes; il est complétement indifférent aux choses qui se passent sur la surface du globe. Son existence est toute concentrée entre la mine et le foyer domestique. Sa figure estompe de couleurs sombres la physionomie des lieux qu'il habite. Partout où il passe, la route est noire, l'atmosphère chargée d'atomes salissants, les mœurs sont lourdes et comprimées. Chaque fois qu'il doit rentrer dans ses vastes catacombes, il dit adieu à sa famille, car il n'est jamais sûr de la revoir.

« L'origine du verrier, dit M. Roux, ses talents si variés, ses priviléges, ses rivalités d'atelier, la conscience de sa dignité, de sa noblesse blasonnée sur le génie de l'inventeur avant de l'être sur le travail de l'ouvrier, le rattachent puissamment à l'histoire de l'industrie en général, et l'associent au Forézien comme travailleur. » Jadis les verriers étaient gentilshommes et travaillaient l'épée au côté. A l'heure qu'il est, ce qui constitue entre eux une véritable aristocratie, c'est le talent, le souffle. La *capacité* du verrier se mesure sur celle de la bouteille qu'il peut souffler. A quarante ans la poitrine de cet homme s'épuise, son souffle perd de sa force et son ardeur s'éteint, son cristallin s'épaissit, sa rétine s'émousse, il y voit à peine. Alors, s'il y a une caisse de secours, il se retire; et son fils destiné comme lui à vivre la moitié d'une vie d'homme le remplace sur le fourneau.

L'ancienne province du LIMOUSIN est bornée au nord par la Marche; à l'est, par l'Auvergne; au sud et à l'ouest, par la Guienne. Elle était divisée en haut Limousin, au nord-ouest, et bas Limousin, au sud-est, et forme aujourd'hui la plus grande partie du département de la *Haute-Vienne* et de celui de la *Corrèze*. Cette contrée est en général montagneuse et pauvre; les châtaignes en sont une des plus importantes productions, et elle fournit des chevaux renommés pour la selle.

L'absence de bons chemins vicinaux, de rivières navigables, de canaux, rendent l'écoulement des produits très-difficile; aussi les manufactures se sont-elles formées tardivement et avec peine. Les haras, en partie détruits par la révolution, se repeuplent lentement de chevaux de belle race. L'agriculture est encore dans l'enfance; la moitié des terres en jachère, et les fermiers se contentent des récoltes strictement nécessaires à leur consommation, sans oser tenter des améliorations qui seraient inutiles par suite du défaut de débouchés. L'élève des bestiaux est préférée à la culture du sol, parce qu'elle est plus lucrative. Grâce à la multiplicité des eaux vives, il est facile d'arroser, et même, le cas échéant, d'inonder entièrement les prairies, au moyen d'une pêcherie ou réservoir placée à la source du cours d'eau. Les gras pâturages de la Limoges sont donc la principale richesse du paysan de la Haute-Vienne; mais elle n'est pas suffisante pour le soustraire au dénûment et à la disette; et quoique la vigueur et la beauté physique de cette classe de Limousins n'aient pas été altérées par une nourriture grossière, une température variable, et des mariages trop précoces, ils sont tristes et incultes comme le sol où ils sont nés. Cependant, le climat étant plus chaud dans la Corrèze, où les vignes serpentent, où les fruits abondent, il en résulte que la population de cette partie du Limousin est plus gaie, plus dissipée, plus méridionale; mais sa vivacité n'atteint jamais le même degré que celle du Provençal ou du Languedocien. La Corrèze possède des carrières d'ardoises et de pierres de taille molles et faciles à travailler; aussi l'emploi de ces matériaux donne-t-il aux villages de ce département un air d'aisance et de propreté que sont loin d'avoir les huttes en lattes et en terre de la Haute-Vienne, habitations informes et malsaines, couvertes de chaume ou de tuiles rondes. Écoutons à ce sujet le docteur Vidalin :

« Dans son habitation, dit-il, le campagnard de la Corrèze est misérable et souverainement à plaindre; ses habitations présentent la triple image de l'insalubrité, de la saleté et de la misère. La plupart adossées à des terrains humides, situées sur des plans inférieurs à celui du sol environnant, elles reçoivent l'humidité qui ruisselle des murs et de la terre. Exposées sans art, percées sans connaissance, elles attirent les souffles froids et humides de l'hiver en concentrant les chaleurs dévorantes de l'été. La fumée de leurs foyers, ne trouvant pas d'issue par des cheminées vicieusement disposées, se condense dans l'appartement; l'air, saturé de cette vapeur irritante, va affecter péniblement l'œil; des ophthalmies chroniques rebelles s'ensuivent, et la *cécité souvent*. Ajoutez à ce récit pénible le voisinage très-immédiat et souvent la cohabitation d'un animal sale et dégoûtant, le cochon; et vous aurez une idée assez exacte du malheur de l'habitant des campagnes retiré sous son toit. »

Accoutumées dès l'enfance à se mêler aux travaux du vigneron sur les coteaux rocailleux, les Corréziennes perdent promptement leur sauvagerie primitive dans leurs relations avec l'autre sexe. Le dimanche, jour de marché dans toutes les paroisses, elles se rendent au bourg le plus proche, entrent un instant à l'église pour y entendre la messe, pendant laquelle les cris irrévérencieux de leur volaille se mêlent à la voix de l'officiant. Elles vont ensuite vendre leurs produits, échanger des médisances avec les commères, de grosses plaisanteries avec les garçons.

Dans le département de la Haute-Vienne, la vie des femmes est plus solitaire et moins active. Elles vont rarement aux foires, et leur occupation se borne à la garde des chèvres. Une fois mariées, elles restent au logis, préparant la *bréjoado,* ou soupe aux raves et au lard, les *gerlitons*, crêpes faites avec de la pâte de sarrasin levée et de l'huile de noix, et cuites sur une plaque que l'on nomme *plotino;* elles filent, tricotent, et donnent leurs soins à leurs nombreux enfants qu'elles allaitent jusqu'à l'âge de trois à quatre ans.

Les traits caractéristiques des montagnards limousins peuvent être résumés ainsi : esprit d'économie naturel à ceux dont le gain est faible et pénible; horreur du service militaire, la dépréciation du sexe féminin, qui fait que l'on regarde à peine les filles comme des enfants; enfin, cette confiance dans les cures miraculeuses qui guérit souvent le corps en relevant l'âme abattue.

Le patois limousin a beaucoup d'analogie avec les dialectes du Midi, notamment avec la langue espagnole. — Les bourrées que l'on danse au son de la musette dans la Haute-Vienne, et du fifre dans la Corrèze, sont accompagnées de refrains dont la quantité prouve la multitude de rimeurs de village.

Le *couérou* (mendiant) est un personnage dans les campagnes; on le fait asseoir au coin du feu; on lui présente les châtaignes cuites dans le *toupi* (grande marmite de fer), et le pain de seigle rond que l'on appelle *tourto.* — Pour reconnaître ces bons procédés, le couérou chante des ballades, récite des légendes, et apprend à ses hôtes comment la sainte Vierge a été bergère en Limousin, et comment, pour s'abriter en gardant son troupeau, elle a élevé ses dolmens dont on ne connaît point l'origine. Quelquefois le couérou est ménétrier, et c'est une profession assez lucrative dans le Limousin.

En dépit des dispositions contraires des lois modernes, le droit d'aînesse est maintenu dans le Limousin avec autant de ténacité que d'astuce. De même que l'on n'est jamais parvenu à faire comprendre aux villageois de cette province la nécessité de l'instruction primaire, de même on n'a pu jusqu'à présent leur persuader que tous les enfants doivent avoir une part égale dans l'héritage paternel. Il n'est pas rare qu'après avoir été, du vivant de son père, hébergé au préjudice de ses frères et sœurs, l'aîné soit avantagé d'un quart après le décès du chef de la famille. L'héritage, en mettant en présence des avidités rivales, est partout une source de contestations et de désunion ; il engendre, parmi les rudes et grossiers laboureurs, des haines que l'exaspération peut pousser au crime ; chez les bourgeois, il donne lieu à des procès entamés avec aigreur, poursuivis avec persévérance, et qui durent d'autant plus longtemps qu'ils font diversion à la monotonie d'une vie d'oisiveté.

Tout le monde est cavalier dans le Limousin ; chaque ferme est pourvue de chevaux de selle, et le fermier se rend souvent aux foires sur une monture que ne dédaignerait pas un dandy. Les femmes sont aussi d'habiles écuyères ; tantôt elles montent par couple, l'une à droite et l'autre à gauche, sur de grandes selles plates ; tantôt elles se placent à califourchon, les jambes cachées par de longues jupes de laine qui de chaque côté tombent jusqu'à terre.

Limoges, chef-lieu de la Haute-Vienne, s'élève en amphithéâtre, ce qui donne à ses rues tortueuses l'inconvénient d'être très-rapides ; mais aussi l'air vif et pur que l'on y respire, première cause peut-être de la santé des habitants et de la fraîcheur des femmes, entretient, à l'aide de ruisseaux limpides, la propreté de cette ville. De belles promenades et plusieurs places publiques occupent la partie la plus élevée : l'une de celles-ci, appelée la place d'Orsay, se trouve sur l'emplacement d'un amphithéâtre romain. — Chaque année il s'y fait des courses de chevaux où concourent ceux de la Haute-Vienne et ceux de neuf départements voisins, et l'on distribue des primes pour l'amélioration de la race bovine.

Limoges est la cité la plus commerçante et la plus luxueuse des deux départements formés par le Limousin. Ses ouvriers sont tranquilles, honnêtes, laborieux ; mais ils ont, comme les campagnards, le caractère incertain, résigné, apathique, fruit de la misère et de l'ignorance, qui fait qu'ils ne tentent jamais d'améliorer leur sort. — Les bouchers forment encore une corporation redoutée. Ils vivent isolés, dans une rue qu'ils habitent exclusivement et qui est gardée par d'énormes mâtins. — Quoique moins modestes que les ouvrières de village, les grisettes de Limoges sont plus rangées que celles de Paris. L'éclat agaçant de leurs grands yeux langoureux, l'expression de mélancolie répandue sur leur visage, la blancheur éblouissante de leur teint, la douceur insinuante et mielleuse de leur langage, leur attirent trop d'hommages pour qu'elles puissent résister toujours aux séductions de la flatterie, à l'entraînement du plaisir. Mais comme elles tiennent à se marier, le besoin d'une position stable met un frein à leur coquetterie. Elles ont, au reste, un penchant à la coquetterie qui progresse de jour en jour. Il y a cinquante ans, celles qui se paraient de rubans passaient pour empiéter sur les droits des bourgeoises ; et celles-ci ne se faisaient faute de coups de langue à l'endroit de l'ouvrière ambitieuse. Aujourd'hui, la grisette de Limoges porte un petit bonnet en forme de serre-tête et bordé d'une garniture de tuyaux relevés et empesés.

C'est à la fin de juillet qu'il faut visiter Limoges, où les habitants de toutes les parties de la province accourent pour assister à la foire de Saint-Loup. Alors le coup d'œil est des plus variés. Ici, les Corréziennes aux chapeaux de paille aplatis sur les côtés, et ornés de rubans ; là, les fermières de la Haute-Vienne avec leurs bonnets de toile à barbes de mousseline ; plus loin, de vieux paysans en surtout bleu, en chapeaux ronds à larges bords ; ailleurs, les métayers astucieux, discutant chaudement leurs intérêts sur le champ de foire ; les propriétaires campagnards surveillant la vente de leurs bestiaux; les paysannes arrêtées en extase devant les merveilles inconnues étalées le long des rues et sur les places.

Quant à la capitale de la Corrèze, il faut la voir au mois de décembre. On peut alors y faire de la dépense, danser, jouer, se divertir avec des gens portés au plaisir et à l'ostentation, et dont les saillies et les fanfaronnades ont comme un fort parfum de Gascogne.

Le département des *Pyrénées-Orientales* est formé de l'ancienne province du ROUSSILLON.

Le ROUSSILLONNAIS des villes n'a presque plus d'individualité; mais tout le passé revit lorsqu'on gagne les vallées, surtout si l'on gravit jusqu'à la Cerdagne, jusqu'au Capier.

Le Roussillonnais est belliqueux, indépendant par caractère, vif, brusque, pétulant, prompt à s'irriter; moins vindicatif que l'Espagnol, il peut pardonner une injure, mais il ne l'oublie pas. Plein de courage et de hardiesse, il se fait un jeu du combat; on retrouve encore en lui le descendant de ces montagnards qui, au temps des rois de Majorque, couraient impétueusement aux armes, aussitôt que l'étranger pénétrait sur le sol natal.

Quoiqu'elle ne se soit pas précisément attiédie, la foi du Roussillonnais a dû subir les mêmes modifications que le temps a apportées dans son humeur guerrière. Sa croyance est toujours ardente, sincère, pleine de conviction, mais il laisse en ruines les vieux cloîtres.

Visitons d'abord *Perpignan*. Cette ville est à deux lieues de la mer, au pied d'une colline, et probablement sur l'emplacement de l'ancienne cité municipale de *Flavium Ebusum*. Ses fortifications consistent en une enceinte murée, garnie de bastions et défendue par quelques ouvrages avancés, et en une citadelle très-forte qui domine la ville au sud et les environs. A l'exception d'une ou deux rues, les autres sont étroites et sombres; les maisons sont mal bâties, et le seul édifice remarquable est la cathédrale. Il y a plusieurs belles promenades le long de la grande levée en terre qui entoure la ville.

La vie du Perpignannais est, comme celle de la plupart des méridionaux, toute extérieure. Ils passent la moitié de leur temps à flâner sur la place de la Loge, en fumant la cigarette indigène fabriquée à la façon espagnole; après avoir causé de leurs affaires un peu, de celles du voisin beaucoup, ils vont voir parader les troupes de la garnison sur la place d'armes. En été les ombrages épais des Platanes, en hiver les vastes allés de la Pépinière sont les promenades habituelles des Perpignannais. C'est là que se rendent le soir, grandes dames et grisettes en toilette, celles-là *se montrant*, celles-ci clignant du coin de l'œil, toutes jouant de la prunelle et de l'éventail, en femmes qui ont du sang espagnol dans le cœur.

Le Perpignannais est joueur acharné, à ce point qu'un bailli de cette ville publia, en 1502, un édit portant que « nul ne pourrait, sous peine de cinq sous d'amende, jouer sa chasse ou ses fromages » c'est-à-dire toutes les richesses du montagnard.

Mais pour trouver des mœurs tranchées, des coutumes bien particulières, il nous faut quitter le chef-lieu du Roussillon.

Dans tous le pays, les prêtres, avant de donner la bénédiction nuptiale, ne se contentent pas du simple *oui* que prononce en tremblant la jeune vierge; ils font répéter mot à mot à la mariée la formule de l'engagement réciproque.

D'étranges formalités accompagnent le mariage dans le Capier. Lorsqu'un jeune homme a su se faire aimer d'une fille et que les parents de celle-ci l'ont agréé, il se rend suivi de ses parents et de ses amis, à la demeure de sa fiancée, où, bien que toutes les conventions aient été arrêtées à l'avance, le père feint une grande surprise à la vue du nombreux cortège qui vient lui soumettre la demande du prétendant. Il se lève et va d'un air grave, frapper à la porte de la chambre de sa fille où ses sœurs et ses compagnes se sont réunies. La porte s'ouvre et toutes sortent les unes après les autres. A chaque jeune fille qui passe, le père adresse à son futur gendre cette question : « Est-ce celle-ci que vous désirez pour votre épouse. — Non, réplique le jeune homme. » La demande et la réponse se renouvellent jusqu'à ce que la fiancée, qui est toujours la dernière se présente. Dès qu'il l'aperçoit — « Voici celle que j'ai choisie, s'écrie le jeune homme. — Prends-la donc » répond le père. » Et il réunit l'une dans l'autre les mains des futurs.

Le jour de la célébration, le marié se rend seul à l'église. La fiancée y est conduite par sa famille et les invités. C'est le plus proche parent du futur qui lui donne le bras, et qui, avant de partir lui a chaussé lui-même une paire de souliers dont il lui fait présent.

La principale, la grande, l'immuable passion du Roussillonnais, c'est la danse. Il danse à tout âge, toujours et quand même. Une fête de village, et chacun a la sienne, est un des spectacles les plus curieux qui se puissent voir dans le pays.

Le jour de la *festa majou* (fête majeure) toute la population, quel que soit l'âge ou le sexe, est sur pied. Avec l'aube naissent les cris, les chants, la plus bruyante gaieté. De tous côtés arrivent des troupes d'amis et d'invités. Les hameaux voisins émigrent en laissant chez eux, comme le dit pittoresquement un spirituel écrivain [1], tout au plus les malades et les chiens. — Après avoir entendu la grand'messe, on se rend en masse sur la *grand'place* — ou plutôt sur la place publique, car il se peut qu'elle ne soit pas grande — pour danser tout d'abord ce qu'on nomme le *ball* [2] *de l'office*. Chaque cavalier entraîne sa danseuse, qui est pour l'ordinaire une fiancée ou pour le moins une cousine. Cette première danse paraît emprunter une partie de son caractère à la solennité de l'acte qui l'a précédée; elle est grave, compassée, presque aussi majestueuse que l'historique menuet. Mais aussitôt après le *festin* — pour lequel toutes les économies d'une année se sont fondues en un jour — excepté les seuls vieillards qui jouent le *flor* ou la *manille*, toute la population commence les bals. C'est alors un entraînement irrésistible; deux ou trois générations dansent pêle-mêle. On doit attribuer une grande partie de cette ardeur à la musique qui exerce une influence invincible sur le système nerveux des auditeurs. En vain il voudrait demeurer spectateur paisible; un Roussillonnais, aux premiers sons du hautbois, n'est plus maître de lui. Et il faut le dire, cette musique vibrante a une action qui se fait sentir même sur l'étranger; et l'on ne sait trop si c'est à la musique qu'il faut attribuer le goût de la danse, ou si c'est l'amour passionné de la danse qui a fait naître la musique roussillonnaise. L'orchestre est composé de hautbois grands et anciens, de clarinettes, de cornemuses, et d'un flageolet trèsaigu à trois trous, et dont joue le chef d'orchestre, qui marque la mesure avec une légère baguette sur un petit tambour de quelques pouces de hauteur et de diamètre, suspendu au bras qui tient le flageolet.

Le contre-pas est une danse qu'exécutent les hommes entre eux; ils figurent en rond en se tenant par la main, ou isolément les uns devant les autres; ils sont souvent au nombre de cent, deux cents et même trois cents individus. On connaît dans le Capier, une autre danse appelée le *saut à deux*. La femme, enlevée par son cavalier, reste assise quelques instants sur sa main, tandis qu'il tournoie sur lui-même en jouant avec un vase qu'on nomme *almaratxa*. Ce vase, dont le nom est comme la danse d'origine moresque, est une burette de verre blanc, à pied, à large panse, à goulot étroit; il est garni de plusieurs becs par lesquels les danseurs arabes faisaient pleuvoir des eaux de senteur sur les almées.

[1] M. A. Achard.
[2] On doit prononcer *bail*.

Parmi les autres danses roussillonnaises, dont la nomenclature générale serait trop longue, nous citerons les seguidillas, danse catalane qui s'exécute au chant de couplets du même nom par un cavalier et deux danseuses, sur un rhytem, vif court et animé; puis, le *ball de cérémonia* dansé par un seul cavalier qui figure devant chacune des danseuses qui l'accompagnent, et dont le nombre est indéterminé.

Aux jours ordinaires, le Roussillonnais est sobre, infatigable, patient; habitué dès le berceau aux rudes travaux des champs, il vit de peu et s'occupe sans relâche. — Et quand l'hiver aura été plus âpre que de coutume, quand les pluies d'automne auront balayé le flanc des montagnes, quand la *tramontane*, le mistral des Provençaux, aura couché sa jeune moisson, le paysan jeûnera toute l'année. La famille n'aura d'autre nourriture que des plantes arrachées au hasard et cuites ensemble dans une énorme marmite, suspendue au-dessus du foyer; et les pauvres petits enfants souffriront de la faim et souvent du froid!

L'amour de la chicane est inné chez les montagnards. Ils ont un si grand désir d'acquérir quand il n'ont rien, une telle crainte de perdre s'ils possèdent déjà, qu'ils n'épargnent rien pour acquérir ou conserver quelques parcelles de champ qui peuvent les mettre à l'abri du besoin.

Les pèlerinages sont en grand nombre dans le Roussillon; les plus renommés sont ceux Saint-Ferriol, de Domanouse, et de Nourri; à ce dernier les jeunes femmes dont les prières ont pour but d'avoir un enfant, se plongent la tête dans un vase profond.

Dans ces occasions, les Roussillonnais se vêtent de leurs plus riches habits. Les hommes ont le bonnet de laine rouge, qui pend sur l'épaule, et que l'on pose fièrement sur le côté du front, l'espadrille, sorte de sandale catalane qui s'enroule autour de la jambe, retenue par des rubans aux couleurs éclatantes, disposés en losanges; la longue ceinture de soie ou de laine rouge qui presse la taille, et vient se nouer coquettement sur la hanche; enfin, la veste à boutons de cuivre, qui se balance sur le bras comme le dolman du hussard. — Les femmes ont le corset de velours, la jupe écarlate qui laisse voir la jambe fine et le pied leste, la coiffe blanche, gracieusement rejetée sur le derrière de la tête, avec une bande de dentelle cintrée en arcade au-dessus des cheveux nattés sur le front. — Les femmes des hauts plateaux du Capier enveloppent leurs cheveux tordus et serrés, dans un réseau de soie qui s'effile jusqu'au gland flottant sur les épaules. — Celles de la Cerdagne croisent sur leur tête un mouchoir de soie à carreaux; deux bouts se nouent sous le menton; les deux autres pendent sur le cou.

Les Roussillonnais ont religieusement conservé les mystères du vieux temps. Pendant la *festa majou*, les habitants du village dressent souvent sur la place publique, un grand tréteau de planches couvert de feuillage : c'est le théâtre, autour duquel se range confusément une foule avide, curieuse, impatiente. A la nuit, quand les danses ont cessé, la représentation commence : c'est toujours une narration longue et diffuse de la vie de quelque martyr, à moins que le sujet ne soit tiré de la Bible. On compte parfois jusqu'à quatre-vingts personnages sur la scène. L'attention des spectateurs est profonde, et tout interrupteur serait assurément très-mal venu.

L'ancienne principauté du *Béarn* forme actuellement une partie du département des Basses-Pyrénées.

Pau, la capitale du Béarn est sur une hauteur que coupe un ravin profond, sur lequel on a jeté un court et large pont. Pau est bien bâtie et bien percée: on distingue surtout la grande et large rue qui la parcourt dans sa longueur de près d'une demi-lieue. Si Pau n'avait pas vu naître Gaston de Foix, célèbre sous le titre de duc de Nemours; Jeanne d'Albret, qui, reine d'un petit État, occupe une si grande place dans notre

MOEURS, USAGES ET COSTUMES.

histoire; le vicomte d'Orthès, qui, dans Bayonne, épargna le sang des victimes que Charles IX vouait au massacre de la Saint-Barthélemy; Pierre Marca, l'un des plus savants prélats de l'église gallicane; Pardiès, connu par ses travaux astronomiques; enfin ce général qui renonça aux affections de la patrie pour occuper un trône où les vœux des Suédois le firent monter, il lui suffirait d'avoir donné le jour à Henri IV. Dans son château, d'une construction irrégulière et bizarre, qui fut transformé en caserne pendant la révolution, et depuis la restauration érigé en maison royale, on conserve, avec un religieux respect, l'écaille de tortue qui servit de berceau à ce prince; et l'on ne peut visiter sans un sentiment d'intérêt les jardins qu'il parcourut tant de fois dans son enfance.

C'est un jour de procession qu'il faut voir la population de Pau. — La physionomie des hommes est avenante; ils ont en général le nez aquilin et les pommettes saillantes.

La gaieté est comme stéréotypée sur leur visage; quelques rides moqueuses le long de la paupière, et une habitude de visage qui, peu à peu, relèvent les coins de la bouche, contribuent à donner au type national une expression satirique et gaillarde. Les hommes ont à peu près le costume traditionnel; le béret plat, brun ou bleu, quelquefois surmonté d'une houppe de laine blanche ou rouge, l'antique *blandi* bleue, rarement écrue; la veste brune, et, en général, la large ceinture rouge du catalan, tranchant sur un gilet de laine blanchâtre. On regrette que le pantalon vulgaire ait succédé aux guêtres collantes, à la braie aux larges plis. — Les paysannes ont un costume des plus originaux. Il se compose de *capulets* écarlates ou blancs, de fichus aux vives couleurs. Quant aux dames de la ville les unes portent le long manteau noir et roide à capuchon, qui les enveloppe de la tête aux pieds, les autres font usage du madras à carreaux bruns et verts, rouges et jaunes, posé de côté, et d'une façon très-coquette. Ce madras couvre en partie des cheveux du plus pur ébène. Toutes ces femmes ont généralement de beaux yeux, des lèvres qu'entr'ouvre un agaçant sourire; leur démarche preste et assurée, comporte ce singulier mouvement des hanches que les Espagnols appellent *meneo*, et qui semble une provocation à l'amour. Les Bearnaises semblent être nées tout exprès pour danser la *Polka*.

Le costume des habitants de la vallée de Gan est admirable. Les hommes ont la veste rouge, le gilet de laine blanche bordé de noir, et de larges culottes attachées à mi-jambes. Le vêtement des femmes consiste en une large chemise de toile attachée au cou, et que serrent sur les hanches les cordons d'une simple jupe de futaine noire, très-courte. Parfois, elles portent des bas de laine, mélangés de bleu et de blanc, bordés d'une petite frange, et qui, ne descendant que jusqu'à la cheville, laissent passer le pied nu; mais le plus généralement, elles vont les jambes à découvert. Leur capulet est ordinairement noir; quelquefois seulement il est blanc avec une bordure noire. Elles ont sur la poitrine un petit cœur et une croix d'argent que soutient un ruban noir ou un collier doré. — Ces femmes méritent bien leur réputation de beauté; la noblesse de leur port est surtout remarquable : lorsqu'en échange de ses regards curieux, elles jettent, par-dessus l'épaule, un sourire bienveillant au voyageur, on est tenté de les prendre pour des princesses déguisées, courant les plaines incognito.

Le Béarnais est plus subtil encore que le Gascon, dans sa façon de se conduire. Insinuant et flatteur, sa main est toujours en avant pour demander s'il est pauvre, sa bouche toujours ouverte pour cajoler s'il est riche. Il n'est pas moins adroit conseiller que courtisan parfait; s'il n'est guère qu'un mauvais ami, il fera certainement un très-bon député. Ennemi des partis extrêmes, des opinions trop hardies, il est la plus simple expression du juste milieu; il est d'une nationalité stricte, car il sait que l'amour du pays est un masque très-convenable pour l'esprit de coterie; pour justifier ses flagorneries, il ne vous répondra que par ce proverbe tout Béarnais :

« Qui n'a pas d'argent dans sa bourse
Dans sa bouche doit avoir du miel. »

Les superstitions sont nombreuses dans le Béarn, et en quelques endroits enracinées. Les fontaines, les lacs, les ruisseaux sont l'objet d'une sorte de culte. On jette dans leurs eaux des pièces d'argent, des aliments, des étoffes, pendant la nuit qui précède la fête de la Saint-Jean; on y lave ses yeux ou les parties du corps affaiblies par quelque infirmité; les personnes atteintes de quelque maladie de la peau se roulent dans des champs d'avoine inondés de rosée. La plupart des paysans ont foi aux sorcières, et plusieurs vous assureront avoir vu leurs rondes infernales, entendu leurs chants blasphémateurs.

Le loup-garou, disent ces gens ignorants, se tient arrêté dans les carrefours à quatre chemins, sous la forme d'un gros chien blanc, ou révèle sa présence par le bruit de ses chaînes qui traînent sur les rochers. Ils croient aux fées (*hadas*) qui sont à leurs yeux de belles femmes vêtues de blanc, qui se promènent la nuit en chantant des romances plaintives; la fée d'*escout* distribue les biens de ce monde à ceux qui lui vont adresser une prière dans son antre, en ayant soin d'y déposer un vase destiné à recevoir ses présents.

Qu'un enfant soit atteint de fièvres périodiques, sa nourrice n'aura pas recours au médecin; elle adressera une invocation rimée à un pied de menthe sauvage, et lui offrira du pain couvert de sel. A la neuvième prière la plante doit être morte et l'enfant guéri.

On remarque à l'entrée de la vallée d'Aspe un rocher de forme conique, les femmes vont y frotter leur ventre lorsqu'elles sont frappées de stérilité. On n'en finirait pas s'il fallait énumérer toutes ces ridicules croyances.

Non loin de Lestelle, sur une montagne, est la chapelle de Betharam; c'est la Mecque béarnaise. Chaque année une foule d'invidus des deux sexes y viennent en pèlerinage; mais leur dévotion est quelque peu équivoque en ses manifestations. La journée se passe bien en prières et en stations sur les sentiers arides de la montagne, au pied de fétiches grossièrement peints, qu'un artiste des temps primitifs y a semés; mais la nuit venue, hommes et femmes campent pêle-mêle dans la forêt, éclairée par quelques lampes accrochées aux arbres et qui jettent une lumière vague; le chant des cantiques couvre des appels furtifs; dans les sentiers errent des couples qui se montrent et disparaissent comme des ombres, et il est probable que les indulgences acquises le matin se dépensent alors assez rondement. Le pèlerinage accompli, des bandes tumultueuses de jeunes gens sillonnent les chemins, bras à bras, marchant de nuit pour réparer le temps perdu, et réveillant par leurs litanies assourdissantes, les bourgeois endormis de chaque ville qu'ils traversent.

Les départements de l'*Isère*, de la *Drôme* et des *Hautes-Alpes* sont formés du ci-devant *Dauphiné*.

Comme il existe de notables différences entre les habitants des diverses localités, nous visiterons d'abord les villes, puis nous parlerons du véritable *Dauphinais*, du paysan.

GRENOBLE est la première ville des trois départements : c'est une très-ancienne ville d'origine gauloise, qui portait, du temps des Allobroges, le nom de *Cularo*; sous les Romains, elle conserva ce nom jusqu'à ce que l'empereur Gratien, l'ayant fait agrandir par la rive droite de l'Isère, changea son nom en celui de *Gratianopoli.*

Le Grenoblois n'a pas changé depuis que le Pays en traçait le portrait suivant : « La galanterie et l'esprit y (à Grenoble) paraissent plus qu'en aucun lieu du monde; les femmes y sont bien faites et, quoique montagnardes, ne peuvent point passer pour bêtes farouches. En l'un et l'autre sexe, il se fait grand commerce de fleurettes et de soupirs; on y a si grande connaissance de ces deux sortes de marchandises, qu'on y juge d'abord si les fleurettes sont de bale ou façon de maistre, de la cour ou de la province. Après cela, monsieur, vous demeurerez d'accord que jamais demeure ne fut moins sauvage que celle-ci, et qu'un honnête homme y doit passer la vie fort agréablement. » Lekain, l'acteur célèbre, homme à bonnes fortunes, et très-compétent en telle matière, disait des habitants de Grenoble : « Ce peuple est né rusé, spirituel et sensible; il aime les arts, fait peu de commerce, et, malgré sa pauvreté, il est très-hospitalier. Les femmes sont aimables, adroites, fort galantes et remplies d'esprit, mais en tout, elles conservent une décence qui leur donne le vernis des bonnes mœurs. Voilà l'idée que je m'en suis faite, et je la crois juste. » Tout cela est encore à présent exactement vrai.

Au bas de la montagne qui s'élève à l'ouest de Grenoble, le bourg de *Sassenage* est renommé par les excellents fromages qui se fabriquent dans ses environs. Les curieux vont y visiter deux grottes que la crédulité populaire rendait autrefois célèbres parce qu'elles renferment deux petites excavations cylindriques appelées les cuves de *Sassenage,* qui se remplissaient spontanément d'eau, et dont la hauteur faisait présager l'abondance ou la pénurie des récoltes. Depuis que dans ces grottes, d'ailleurs fort curieuses, l'imposture ne trafique plus sur l'ignorance et la crédulité, elles sont moins visitées, mais n'en sont pas la digue. Formée et cimentée par la nature, ce fut la nature qui la détruisit; les eaux du lac qui la minaient dès longtemps la rompirent enfin, dans le XIIIe siècle, en septembre 1229, et se précipitèrent avec impétuosité dans la vallée inférieure, et de là dans celle du Drac, enfin dans celle de l'Isère. Elles entraînèrent avec elles tous les villages, toutes les habitations qui se trouvaient sur leur passage.

Après Grenoble, nous visiterons *Valence* chef-lieu de préfecture, bâti avec irrégularité, dépourvu de belles places et d'édifices dignes d'être cités, et qui présente cependant plusieurs objets intéressants comme antiquité. — Le Valentinois cherche un remède à ses chagrins — quand il en a — dans la boisson, et il boit également au plaisir. La science se résume pour lui en deux mots : « bien vivre ». Ce qu'il lui faut, c'est un bon lit, une bonne table, l'estaminet soir et matin, la chasse en été, et très-peu de travail en tout temps. A ses défauts, qui sont bien un peu ceux de tout le monde, il peut opposer l'hospitalité, la générosité et une grande facilité de caractère. Ce qui lui manque surtout, c'est une volonté soutenue, car il n'a guère que celle de se battre, c'est-à-dire des éclairs — mais de beaux éclairs — de courage. De sorte qu'en pareil cas, il agit en conscience et assez bien pour se faire tuer de prime abord. Le Valentinois n'a rien dans le langage ni dans le costume qui rappelle l'habitant de la Provence, et pourtant à six lieues de Valence tout est provençal.

La fabrication de la soie occupe tout ce qu'elle trouve : hommes ou femmes, enfants ou vieillards, honnêtes gens et vagabonds. Les nombreuses fabriques du Dauphiné absorbent les jeunes filles, qu'elles occupent une partie de l'été. Ces jeunes filles, que feront-elles l'hiver? nul ne le sait; mais au printemps, vous les retrouverez à leur poste telles qu'elles étaient en le quittant, ni plus laides ni plus déguenillées, et toujours, avant comme après, sans inquiétude du lendemain comme sans le moindre souci du passé.

La fileuse travaille presque en chemise, avec une braillette à laquelle pend un mauvais jupon de couleur retroussé de côté, et d'où ressort la chemise, laissant à nu la moitié de ses jambes toutes hâlées. Elle est toujours plus attentive à sa chanson qu'à son ouvrage. Elle ne sait ni lire ni écrire; mais elle est plus profondément athée que Voltaire, et tandis que les garçons suivront les offices jusqu'à quinze ou seize ans, les filles appelleront *corbeau* le curé qu'elles ne peuvent pas souffrir. Le jour du dimanche est pour elle le jour de la danse et du plaisir, et aucune considération ne les fera renoncer à leurs *piarres* (amants) et à leurs débauches.

C'est dans les montagnes qu'il faut chercher le véritable Dauphinais, le Dauphinais primitif. Chaque année, 4,000 à 5,000 habitants des Hautes-Alpes émigrent dans le reste de la France pendant cinq mois, à partir de la fin de l'automne : ce sont des colporteurs, des bergers, des cultivateurs, des rémouleurs, des marchands de fromages, des mégissiers, des cordonniers, des marchands de parapluies et des instituteurs qui vont enseigner dans les départements voisins. Mais tous ces individus reviennent—ceux qui se sont enrichis, aussi bien que ceux qui sont demeurés pauvres—mourir aux lieux où ils sont nés.

Les montagnards du Dauphiné ont des habitudes moins austères, moins graves et moins calmes que celles des Vaudois, mais tout aussi pures quoiqu'avec plus d'éclat et d'expansion. S'il s'agit d'un mariage, tout le village est sur pied, les amis y accourent de trois lieues à la ronde. Avant de se rendre à l'église, le cortège passe par toutes les rues du village, au son du fifre ou de la musette; car il faut que les conviés montrent partout leurs beaux habits de fête et leurs immenses cocardes de rubans bigarrés. La cérémonie terminée, on s'en revient dans le même ordre et par les mêmes chemins; la joie est plus grande, et le parrain ne manque pas de distribuer quelque menue monnaie aux enfants qui l'attendent à la porte.

Du baptême, passons au mariage. L'amoureux ne peut se déclarer lui-même; il lui faut l'entremise d'un ami. Lorsque celui-ci arrive le samedi soir, habillé comme aux grands jours, la famille de la jeune personne comprend de suite l'objet du message. Aussi il suffit de décliner le nom du soupirant, et l'on n'engage le visiteur à s'asseoir que si le prétendant agrée. Dans cette occasion, la jeune fille n'est pas consultée; mais son tour viendra; le samedi suivant l'amoureux arrive à pareille heure, conduit par son ami; et tandis que celui-ci va s'occuper avec les parents des arrangements sérieux, lui emploiera toute son éloquence à décider celle qu'il aime.—Neuf heures sonnent; on se met à table; la belle fait les honneurs du repas, et sert tout le monde, comme une fille bien élevée qu'elle est. Cependant la bouillie, le dessert du pays, paraît sur la table : c'est l'instant suprême. Si le prétendant est accueilli, elle lui fait connaître le degré de préférence qu'elle lui porte par la quantité de fromage râpé dont elle couvrira son assiette. Si elle repousse les avances qui lui sont faites, elle glisse dans la poche de l'infortuné quelques grains d'avoine. De là le dicton *avoir reçu l'avoine* pour exprimer un refus essuyé. Dans le cas où contre l'ordinaire, le soupirant ne se tiendrait pas pour battu, la cruelle peut mettre un terme à toutes poursuites, et pour cela elle n'a qu'à repousser les cendres chaudes du foyer du côté du poursuivant tenace : c'est un arrêt sans appel.

Quand l'amant accueilli est étranger à la commune, son bonheur et son épouse lui seront chèrement vendus. Aussitôt après la noce, les jeunes gens du village prennent les armes, et vivent gaiement à l'auberge pendant plusieurs jours, le tout aux frais du marié. L'infortuné cherche bien à leur échapper, et plus d'un nouveau couple a tenté de déloger la nuit, mais il y a danger à le faire. On les poursuit, et quand on les atteint, il y a bataille sanglante parfois; et si l'on parvient à enlever la mariée, l'époux ne peut se la faire rendre qu'en payant double rançon. A cet inconvénient près, le voyage matrimonial n'est qu'une longue ovation ; et à chaque village que les nouveaux mariés traversent pour se rendre au domicile conjugal, la jeunesse les reçoit, leur offre un repas de vin et de confitures, et les escorte jusqu'au village suivant.

Lorsqu'à Paris on rencontre un de ces malheureux enfants qui sont prêts à tout faire, qui jouent de l'orgue, font danser un singe, un chien, montrent une marmotte et vous poursuivent en vous prodiguant les qualités les plus honorables, depuis celle de *moussu* jusqu'au titre de prince; lors, dis-je, qu'un de ces enfants vous suit en demandant *un p'tit sou*, on se dit aussitôt : « C'est un Savoyard ou un Auvergnat. » Eh bien, c'est presque toujours, au contraire, un Dauphinais; il est, en général, des environs de Barcelonnette ou de Briançon. Ces enfants ont traversé la France et sont venus à Paris à la suite d'un mercenaire à qui leur famille les a loués pour trois ou six ans, moyennant une somme annuelle de cinquante, soixante et au plus quatre-vingts francs. Ce loueur d'hommes les traitera durement, les exploitera de toute façon, mais sans remords, car il les regarde comme sa propriété, et il faut bien qu'il tire l'intérêt de son argent. Il les *habille* d'ailleurs — et l'on sait comment; — il les nourrit et les loge dans une *pension* bourgeoise, moyennant une rétribution quotidienne de *quatre sous* par individu. — Celui qui ne rapporte que cinq sous, c'est-à-dire un sou seulement de bénéfice, celui-là est non-seulement privé de la meilleure partie de sa nourriture, mais encore il est impitoyablement battu; ce n'est que lorsque le *sujet* a fait une recette qui dépasse *un franc* que le maître lui permettra de tremper les lèvres dans son verre, où se trouve du vin, et lui donnera, comme récompense, un ou deux sous. — Une des clauses de leur contrat stipule qu'on leur apprendra à lire et qu'on leur fera faire leur première communion, et elle est scrupuleusement observée : tous les jours, de deux à quatre heures, ils se rendent à l'école ou au catéchisme. Une punition sévère attend celui qui manquerait à l'église ou aux leçons.

De l'ancienne FRANCHE-COMTÉ, on a formé les départements du *Doubs*, du *Jura* et de la *Haute-Saône*.

Les origines divreses du FRANC-COMTOIS expliquent seules les différences, les traits opposés de son caractère. Sa pensée est rapide et son expression lente; son accent traîne lourdement, et contraste avec le mordant de ses phrases, débitées avec une apparente bonhomie. Endurant et calme, il est cependant vindicatif, mais il dissimule, et attend, pour se venger, que vous ne soyez point sur vos gardes. Simple à l'extérieur, il a pourtant au moins autant de vanité que le Gascon. Ce qui le distingue surtout, c'est une envie immuable : il passera son temps à dénigrer son semblable plutôt que de soigner ses propres intérêts. Il s'établit une lutte perpétuelle entre la vivacité de son imagination et l'inflexible rectitude de son jugement. La fantaisie lui plaît, mais il n'a d'estime que pour la réalité. Sans être parcimonieux, il est économe. Sa persévérance est poussée à un très-haut degré.

Sa conduite est ordinairement régulière; mais s'il se déprave, ce ne sera point à demi. Il a des principes de morale et de probité plus solides que partout ailleurs; mais s'il est intrigant ou bandit, le récit de ses exploits ferait pâlir les hauts faits des plus habiles galériens.

Les habitants de la plaine sont peu religieux et ont des opinions politiques modérées, tandis que les montagnards ont, en général, une grande piété, en même temps que des idées radicales qui vont souvent jusqu'à l'exagération.

Privés d'encouragement dans leur pays, les jeunes gens que leur vocation paraît appeler aux travaux de l'intelligence s'élancent vers Paris dès que les ailes leur sont poussées.

Rien n'égale le dédain qu'affecte le Franc-Comtois à l'égard du Parisien. Il ne recherche pas ses compatriotes; au contraire, il s'isole, travaille dans un coin et cache sa misère et ses déboires. — Plus tard, quelle que soit sa position, il garde les plus simples allures, car il ne méprise rien tant que cette sotte engeance qui s'appelle un dandy.

Le Comtois se reconnaît dans la capitale à son accent, à la tournure singulière de sa phraséologie qui étonne tout le monde, excepté lui. On ne connaît pas un Comtois qui, allant rendre une visite, ne se mouche en montant l'escalier. Il est d'une politesse remarquable avec *les gens*, et d'une solennité quelque peu roide avec les personnes qu'il visite. — Si on lui fait admirer quelque objet, il faut qu'il le touche de la main ; ce qui a fait dire qu'il avait les yeux au bout des doigts.

Le Comtois est infatigable, leste, sensible et serviable, surtout pour l'étranger, qu'il recherche à Paris et qu'il évite dans sa province.

Les Comtoises se reconnaissent à leurs pieds un peu forts, à la façon lourde dont ils sont attachés, et à la grosseur de la malléole interne. Ces femmes ne sauraient traverser une rue sans se crotter. Elles ont pour l'ordinaire un nez pointu et la mâchoire inférieure très-développée. Elles ont la tenue grave et l'esprit moins acéré que celui des hommes. Leur taille est courte, et il est rare que leur châle ne soit pas placé de travers.

Ce n'est guère que dans la haute montagne que l'on retrouve quelques-unes des anciennes mœurs. Les histoires de fées y sont encore admises, et le récit des guerres de partisans du XVIIe siècle se transmet de génération en génération, durant les longues veillées d'hiver. On y voit encore des familles qui portent les mêmes prénoms depuis des siècles, qui se marient entre elles, font de leur aîné un magistrat, du second fils un prêtre. Quant aux autres enfants, ils rebâtissent l'habitation paternelle à mesure qu'elle se démolit, sont servis par leur mère ou par leurs sœurs, et continuent, après leurs aïeux, le trafic des buis ou des fromages.

Voyons maintenant quelques-unes des villes de la Franche-Comté.

Besançon est le chef-lieu du département du Doubs, et le siége d'une cour royale et d'un archevêché ; elle renferme 25,000 âmes, et près de 29,000, en réunissant à la population renfermée dans ses murs celle qui occupe la banlieue. Cependant on ne comprend pas dans ce nombre les étrangers, les étudiants et les militaires qui forment à peu près 7,500 individus. Cette ville tient en activité de nombreuses fabriques ; elle est le centre d'une grande fabrication d'horlogerie, qui occupe plus de 1,800 ouvriers, et son commerce recevra un accroissement rapide lorsque le canal de Monsieur la traversera. Citer Suard et Moncey parmi les hommes célèbres auxquels elle a donné naissance, c'est prouver qu'elle a contribué à la gloire littéraire et militaire de la France.

Les habitants de Besançon se montrent fiers et rogues ; ils parcourent peu leurs rues noires, solitaires, et dans lesquelles on ne peut faire dix pas sans rencontrer un ancien couvent. La noblesse et la bourgeoisie ne se confondent pas. Les Besantins sont concentrés, vindicatifs ; leur ancienne nationalité est profondément vivace dans leurs cœurs. Les femmes sont d'une réserve qu'explique suffisamment cette horrible jalousie conjugale qui les tient souvent en charte privée.

Dôle ne pardonne point à Besançon qui, en 1674, lui a ravi son parlement, ses écoles et son titre de capitale. Les habitants de ces deux villes se portent réciproquement une haine mortelle.

Le commerce que Pontarlier fait avec la Suisse, et l'industrie de ses habitants, ont, depuis quarante ans, doublé sa population. On y fabrique annuellement environ 90,000 litres d'extrait d'absinthe ; elle renferme une belle forge de fer et d'acier, une fonderie de cuivre, et cinq tanneries.

On voit près du bourg de Levier un abîme dont l'ouverture est peu étendue, mais dont la cavité vaste et profonde paraît être une suite de grottes placées à différents étages. Les habitants des environs ont l'habitude de jeter dans cette cavité les animaux morts. En 1828, des bergers qui s'approchèrent de l'ouverture entendirent les aboiements d'un chien; chaque fois qu'on y jetait des pierres ces aboiements recommençaient. Quelques jeunes gens munis de flambeaux s'y firent descendre à l'aide de cordes et de paniers; parvenus à la profondeur de 150 pieds, ils aperçurent deux gros chiens, qui, tombés dans cette grotte depuis longtemps, y avaient fait des petits et se nourrissaient des animaux morts qu'on y jetait; une ouverture les conduisit à une seconde grotte dont le sol est à 100 pieds au-dessous de la première, et dans laquelle ils virent une sorte de puits étroit, dont ils ne purent trouver le fond à l'aide de la sonde.

L'ALSACE forme les départements du *Haut* et du *Bas-Rhin*.

Quoique son pays n'ait été réuni à la France qu'au XVIIe siècle, l'ALSACIEN a voué une inaltérable affection à sa patrie adoptive, à la nation la plus démocratique de l'Europe, ce que l'on comprend en se rappelant que l'Alsace eut antérieurement une constitution républicaine.

L'Alsacien n'a pas l'expansion des méridionaux; quoique franc et cordial, son caractère ne se manifeste pas extérieurement. Il est froid, mais non pas dissimulé comme le Normand. Lorsqu'il sort de son calme habituel, il devient terrible.

Aujourd'hui que toute famille un peu aisée rachète ses enfants du service militaire, l'humeur belliqueuse de l'Alsacien est exploitée par les agents de remplacement, qui entassent dans les diligences et expédient pour la capitale de robustes paysans qui ne brilleront pas généralement par l'élégance; mais qui seront impassibles au feu.

Ici, comme partout, la foi est plus vive dans les campagnes que dans les villes. Les chaumières catholiques ont pour lambris des images de saints, et les fidèles s'acheminent encore vers les lieux de pèlerinage. Il faut dire toutefois que la piété n'est pas tout à fait le seul motif qui attire à celui d'Odilimberg, le plus célèbre de tous; l'amour de la promenade et des dîners sur l'herbe y est évidemment pour quelque chose.

Les protestants, plus zélés que les catholiques, se distinguent, en général, par des mœurs sévères, une allure grave et des habitudes régulières. L'intérieur des maisons rappellent la Hollande: le plancher y est sablé, les meubles reluisent sous la cire; les vastes armoires regorgent de linge, et la ménagère, toujours occupée, semble vous dire: « C'est à moi que l'on doit l'ordre et la propreté qui règnent ici. »

On retrouve parmi les protestants alsaciens quelques coutumes en usage dans le Palatinat. De ce nombre est la *Christ nacht* (nuit de Noël), qu'attendent si impatiemment les enfants.

Une branche de chêne, placée dans un coin du salon, est ornée de rubans, d'anges en cire, de noix dorées, de clinquant, de bonbons, de pommes d'api, d'une foule de choses petites, jolies et voyantes. La table est couverte de friandises et de jouets.

Entièrement vêtue de blanc, une personne de la famille remplit le rôle de *Christ kindel*; elle va prendre par la main les enfants, et les introduit dans la pièce, où se trouvent les étrennes qui leur sont destinées; mais s'ils n'ont pas été sages, si de trop graves espiègleries leur ont mérité le courroux paternel, le *hanstrap* (mauvais génie) leur présentera un paquet de verges, et ils n'auront aucun de ces charmants objets qu'une bonne conduite seule peut faire obtenir.

Le paysan alsacien sait lire et s'efforce de donner à ses enfants une instruction élémentaire. Sans avoir une très-grande activité, il est très-laborieux; mais rien ne saurait le contraindre à s'écarter de la ligne de conduite qu'il s'est tracée. Il ne sort de son calme que lorsque, le dimanche, il entend le son de la grosse caisse et les violons des ménétriers. A ce signal, les jeunes gens mettent leur bonnet blanc, leur veste de velours à boutons de métal, et vont se livrer au plaisir de la valse et du galop.

Leur costume, aux environs de Strasbourg et de Schelestadt, se compose d'un habit de serge noire à larges basques, à collet droit, d'un gilet de drap rouge, d'un pantalon boutonné sur le côté dans toute sa longueur, ou d'une culotte courte avec des bottes molles; enfin, d'un tricorne de feutre rabattu sur le front. Ce costume donne aux fermiers alsaciens une tournure à la fois grave et coquette, imposante et gaie.

Le vêtement des femmes est beaucoup plus riche et plus gracieux; un grand chapeau de paille à forme basse couvre leur chevelure, dont les tresses flottantes, terminées par des nœuds de ruban, sont un emblème de la virginité; les femmes mariées n'ont pas le droit d'en porter. Au chapeau souvent elles substituent de longues flèches d'or qui retiennent leurs tresses relevées en forme de couronne. Une cravate de soie noire retombe sur leur poitrine. Un corset dont le devant est chargé d'ornements en or et de rubans; de larges manches d'une toile blanche et fine, retenues au poignet, où elles se terminent par une manchette plissée, se rattachent à une jupe de serge verte bordée d'un large ruban rouge, et qui laisse voir à moitié une jambe fine chaussée d'un bas blanc bien tiré et un pied maintenu par une boucle d'argent dans un soulier à haut talon.

Visitons quelques cités alsasiennes. Vu de loin, Strasbourg, dominé par sa haute et majestueuse cathédrale, présente un aspect imposant. L'industrie est très-active dans cette ville, où l'on trouve des fabriques renommées d'orfévrerie, boutons de métal, amidon, alun, acide sulfurique, blanc de céruse, acier, savon, coutellerie, épingles, poterie de fonte de fer, émail, porcelaines, faïence, fil, tissus métalliques, bonneterie, étoffes de laine et de coton, flanelles imprimées, toiles à voiles, toiles cirées, tapisseries, pelleterie, chapeaux, chapeaux de paille, papiers peints, cuirs, maroquins, cartes à jouer, peignes, café-chicorée, huile de graine, etc.; des filatures de coton, blanchisseries de toiles, teintureries, corderies, tanneries, brasseries, imprimeries importantes, fours à plâtre et tuileries, une forge à martinet, une fonderie de caractères d'imprimerie, une raffinerie de sucre, une manufacture royale de tabacs, etc. On vante les pâtés de foies gras de Strasbourg. Les produits des manufactures de cette ville, et surtout sa situation, qui en fait un entrepôt naturel entre la France, la Suisse, l'Allemagne, la Hollande et l'Italie, donnent lieu à un commerce considérable de transit et d'entrepôt, favorisé singulièrement par le Rhin, qui ouvre des débouchés avec la mer du Nord, par le canal du Rhône au Rhin, qui communique à la Méditerranée par la Saône, à l'Atlantique par le canal du Centre et la Loire, et à la Manche par le canal de Bourgogne et la Seine; il faut ajouter que de belles routes en partent dans toutes les directions. Il s'y fait un grand commerce des articles que fournit son territoire.

L'ancienne province de BRETAGNE forme les départements des *Côtes-du-Nord,* du *Finistère,* d'*Ille-et-Vilaine,* de la *Loire-Inférieure* et du *Morbihan.*

Un écrivain remarquable a tracé le portrait suivant du paysan breton : Brusque, et peu communicatif, sa franchise n'est qu'une sorte de grossièreté naturelle; enclin à la mélancolie, il manifeste rarement sa satisfaction; dissimulé avec les citadins, il ne se montre tel qu'il est qu'avec ses égaux. Naturellement avare, il ne vit que de privations même au milieu de l'aisance; il est souple et suppliant lorsqu'il demande, et soigneux de cacher ses facultés pécuniaires à moins qu'un intérêt majeur ne le porte à exagérer ses ressources. Comme chez les Celtes ses ancêtres, le mari est maître absolu chez lui. Une vertu commune chez les Armoricains est la fidélité avec laquelle ils tiennent leurs engagements. Quoique leur taille dépasse rarement cinq pieds, les Bretons sont en général robustes et durs à la fatigue. Malgré leur lenteur habituelle, ils aiment la danse avec passion : ils font quelquefois plus de deux lieues pour se rendre à l'*aire neuve* où l'on entend la musette, qu'ils nomment *biniou*. Les fêtes patronales, appelées *pardons,* attirent au pied des autels une foule empressée qui y assiste avec beaucoup de recueillement et va ensuite remplir les cabarets ou danser au son du *biniou.* Dans l'Armorique, les costumes sont aussi variés que les dialectes : à Rumingol, chapelle située près de la petite ville du *Faou,* dans le Finistère, on en peut juger aux jours de fêtes. On y voit le montagnard avec son habit de berlinge; les demi-messieurs des environs de Brest portant l'habit à poches ou la veste ronde du matelot; le paysan de Plougastel avec sa culotte longue et son bonnet de laine; celui de Landivisiau avec un énorme chapeau, une large redingote, l'ample *bragou-bras* noué aux genoux, et de longues guêtres de cuir; celui d'Audierne vêtu de grosse toile et d'une espèce de capuchon de camelot qui couvre son feutre et ses épaules. Le costume des femmes n'est pas moins diversifié : l'habillement de la paysanne de Lambezellec se rapproche de celui des riches artisans des villes; les femmes de Pleyben, fraiches et sveltes, sont vêtues d'étoffes de coton rayées : celles des environs de Douarnenez portent des jupons de diverses couleurs étagées, dont les bords sont garnis d'un galon d'or ou d'argent; celles de Morlaix ont une camisole ouverte et une guimpe d'une blancheur éclatante; enfin on remarque celles de Fouesnant qui passent pour les plus jolies du Finistère, et celles de Morlaix dont la coiffure enrichie de dentelles rehausse encore l'éclat.

La Bretagne n'est plus ce pays docile à la voix de quelques chefs ambitieux et toujours prête à se soulever. M. de Romieu nous représente ce pays sous les couleurs les plus vraies. « Le gouvernement, dit-il, a pu concevoir des craintes ; j'ajouterai même qu'elles étaient fondées pour certains cantons. Auray, la presqu'île de Quiberon, Ploermel, là dorment encore des souvenirs que le moindre bruit éveillerait. Mais là même, une seule et simple mesure anéantirait tout : *l'impôt du sel est supprimé;* écrivez ces mots sur une bannière, même tricolore, faites-la porter par un seul homme dans cent communes soulevées; et le clergé de 1790, avec les ombres des vieux chefs morts, restera sans force devant cette économique armée. La Bretagne n'était pas, sous l'ancien régime, soumise à la gabelle. On comprend quelle charge pèse aujourd'hui sur des malheureux qui pouvaient autrefois prendre du sel à la mer, et qui, habitant ses côtes, sont forcés maintenant de payer vingt centimes la livre une denrée qu'ils consomment en si grande abondance. Leur nourriture se compose exclusivement d'aliments fades, de la bouillie, des farineux, des crêpes. On calcule qu'il faut douze livres de sel par an pour un individu seul. Une famille de quinze personnes (et il y en a beaucoup de semblables) emploie donc trente-six francs par année pour un simple assaisonnement de ses mets. Qu'on juge de l'énormité de cette dépense, là où la pauvreté abaisse les gages d'un ouvrier jusqu'à la somme de vingt-quatre francs. »

Suivons maintenant M. de Romieu dans un des marchés de la basse Bretagne, et nous verrons l'intérêt que prend le peuple aux affaires publiques :

« Qui n'a pas vu un marché de la basse Bretagne ne saurait s'en figurer le spectacle; et qui le verrait pour la première fois pourrait se croire jeté dans les tribus errantes du Canada. Des chevaux, des bœufs, des hommes, pressés pêle-mêle; de grands chapeaux, de grands cheveux, de grandes guêtres; de l'or et des haillons, des femmes à figures d'hommes, un bruit aigre et perpétuel de mots inconnus; des juremens et des colères à faire craindre du sang; des personnages qui semblent se battre et qui concluent simplement une affaire; des signes de croix sur la tête d'un veau ; puis un notaire qui installe son étude volante dans un cabaret; puis des estropiés de toute nature étalant leurs plaies hideuses auprès de fraiches denrées; des chapelets, des images de mille saints, trois perdrix qu'on achète et dont il faut payer le prix total par tiers successifs et séparés; ici un *rebouteux* ou charlatan de campagne qui prononce des paroles bizarres pour guérir une vache ; plus loin un aveugle qui chante... Je m'approchai de celui-là. Un groupe nombreux l'environnait : c'était sans doute quelque complainte ; je le crus à l'avidité qui accueillait ses chants, à l'empressement avec lequel on s'arrachait ses petites feuilles. Je donnai aussi mes deux sous, et je parcourus de l'œil les cinquante couplets qu'il vendait si cher. Je lus le commencement. Certes, j'étais loin de m'attendre à ce que ces lignes barbares signifiaient : « Écoutez attentivement, Bas-Bretons, ce récit véritable ; vous y verrez en entier les détails de cette révolution qui vient d'être accomplie si rapidement par le courage de la nation. »

» J'étais loin de m'attendre à retrouver dans les glapissements d'un sauvage aveugle, au milieu de la cohue que j'ai décrite, les noms de la charte, des chambres, de l'école polytechnique et de Louis-Philippe Ier. J'ai cependant vu acheter plus de mille exemplaires de cette chanson, et par des hommes qui, venant de trois lieues, avaient craint d'exposer leurs deux sous à quelque utile emplette. J'ai rencontré depuis des braconniers qui savaient les cinquante couplets par cœur. »

Rennes est la capitale de l'ancienne Bretagne. Placée sur une rivière navigable, et au centre de douze grandes routes, elle pourrait devenir un entrepôt considérable ; mais son industrie et son commerce prendront une nouvelle extension lorsqu'on aura terminé le canal qui doit lui ouvrir des communications avec Saint-Malo. Cette ville renferme une maison centrale de détention destinée aux condamnés des quatre départements qui ressortissent à sa cour royale. Nous n'avons pas besoin de rappeler que Rennes fut le théâtre de quelques-uns des principaux événements de notre histoire : son parlement a contribué aux difficultés qui ont amené la convocation des états généraux en 1789. Pendant la Ligue, elle prit successivement les armes pour et contre son roi. Au XIVe siècle, les Anglais, sous le commandement de Lancastre, furent forcés par Duguesclin d'en abandonner le siége ; et si nous remontons au delà de l'établissement de notre monarchie, nous verrons qu'elle fut une ville importante sous les Romains, ainsi que l'attestent plusieurs antiquités conservées dans ses murs.

Après Bordeaux, Nantes est la place maritime la plus importante qui communique avec l'Océan.

Dans les environs de *Lamballe*, et en général dans les campagnes autour de *Saint-Brieuc*, on remarque des coutumes particulières qui remontent à une époque très-reculée. Les plus grandes fêtes sont le jour des Rois et le mardi gras : on ne travaille pas ces jours-là ; on se visite les uns les autres ; on fait trêve aux crêpes et à la bouillie pour manger de la viande. Pendant l'été, il y a presque tous les dimanches des *pardons*, ou assemblées près des chapelles dédiées à quelque saint. Les dimanches où il n'y a pas de *pardons*, et pendant l'hiver, les jeunes paysans vont à la *fillerie*, c'est-à-dire, faire la cour aux filles.

Brest est situé sur le penchant d'une colline, et se divise en haute et basse ville. Les embellissements qui y ont lieu sont plus nombreux dans cette dernière, où le quartier de Recouvrance augmente le nombre de ses constructions modernes aux dépens de ses maisons gothiques, et laisse entrevoir l'époque rapprochée qui le mettra en parallèle avec le quartier voisin du port. Dans les rues escarpées et tortueuses des quartiers supérieurs, les changements sont lents et difficiles : plusieurs maisons ont le cinquième étage au niveau des jardins des autres maisons, et les communications entre les deux villes ne se font que par des escaliers, qui ne sont point sans danger pendant la saison des pluies et des neiges. Au pied des tours et près de l'entrée du port, on remarque une belle machine à mâter les vaisseaux. A l'aspect de ces quais magnifiques bordés de vastes bâtiments construits en pierres de taille, couverts en ardoises et surmontés de paratonnerres, il est difficile de ne pas rendre hommage au génie de Richelieu, qui les fit commencer, et qui devina le degré d'importance qu'une heureuse situation donnerait un jour à ce bourg, qu'il élevait au rang de ville maritime.

Les départements du *Cantal* et du *Puy-de-Dôme* sont formés de l'ancienne Auvergne.

« Veut-on, dit M. Huot, se faire une idée de la civilisation arriérée du peuple des campagnes? Que l'on parcoure les montagnes : on verra partout l'Auvergnat traînant ses gros sabots, et armé d'un long aiguillon, conduire lentement des bœufs attelés à des chariots en bois, dont les roues sans ferrure font retentir les airs du cri aigre produit par le frottement de l'essieu; qu'on le suive dans ses champs, où, conservant l'antique *araire*, la charrue sans roues, il arrête ses bœufs par ces mots qu'il a conservés de la langue de ses anciens maîtres, *sta bos*, et qu'il prononce en ignorant leur antique origine; qu'on entre dans son habitation, à peine éclairée par des vitraux, à peine garantie du souffle des vents par des ais mal joints qui forment le plancher, on le voit courbé sous le poids du travail et de la misère, se nourrir du fromage de ses vaches chétives, amaigries par l'usage qu'il en fait en les employant à la place du bœuf. Ce peuple, cependant, est susceptible de perfectionnement; il aime le travail, et les paysannes, portant sur leur tête les provisions qu'elles vont vendre à la ville, ne cheminent jamais sans occuper leurs mains au tricot dont elles se chaussent, ou sans faire mouvoir rapidement le fuseau. On est souvent étonné du soin que prend l'Auvergnat de transporter sur des sommets à peine accessibles quelques hottées de terre qu'il livre à la culture. Il est abruti par les préjugés qui régnaient partout il y a trois siècles, et par l'ignorance la plus profonde, non de ses devoirs, car il est probe, mais de tout ce qui peut augmenter son aisance et son bien-être, et l'on peut dire avec vérité que des lumières de plus et des superstitions de moins, le mettraient à portée de jouir des avantages que lui promet sa persévérance laborieuse.

Nous emprunterons encore quelques passages à la *Géographie universelle* :

Dans les hautes vallées, sur les cimes les plus élevées, et jusqu'au sommet du *Plomb du Cantal* la plus importante montagne de ce groupe, dont elle occupe le point central, les pacages et les prairies sont couverts de bestiaux; leurs vastes herbages nourrissent même ceux des départements voisins. Les bœufs engraissés dans le Cantal sont expédiés sur tous les points de la France; les moutons sont dirigés vers les départements méridionaux; les peaux de chèvres et de chevreaux, objets de commerce entre le Cantal et l'Aveyron, sont expédiées à Milhau, où on les convertit en parchemins; les chevaux, d'une petite taille, mais vigoureux, sont employés pour le service de la cavalerie légère. C'est dans les *burons,* cabanes dispersées au milieu des pâturages, que le lait des troupeaux est employé à faire le beurre et des fromages de trois qualités différentes. L'agriculteur cultive le seigle et le sarrasin, ses principaux aliments; le lin, qui par sa finesse rivalise avec celui de Flandre; le chanvre, que l'on tisse en toiles grossières employées dans notre marine ou vendues aux Espagnols; des pommes de terre, des arbres fruitiers de diverses espèces, surtout des châtaigniers dont le fruit est d'une grande ressource pour la nourriture, et quelques vignes enfin, qui ne donnent qu'un vin médiocre. La fabrication des chaudrons et des divers ustensiles en cuivre employés dans les cuisines, celle de la dentelle et du papier, constituent presque toute l'industrie de ce département; à l'exception de quelques houillères, aucune mine n'y est exploitée, mais un grand nombre d'habitants vont chaque année exercer en France, en Espagne et même en Hollande, le métier de chaudronnier.

Dans l'espace de trois lieues qui sépare Aurillac de *Vic-en-Carladez,* appelé aussi *Vic-sur-Cère,* parce que la Cère traverse cette petite ville de 2,500 âmes, qui possède un établissement d'eaux minérales très-fréquenté, on est frappé de la fraîcheur, du teint et de la grâce qui distinguent les villageoises, et l'on peut dire, non comme ce voyageur qui, à propos de l'humeur et des cheveux roux d'une hôtesse, qualifiait de rousses et d'acariâtres toutes les femmes d'un canton, que dans celui de Vic la plupart des femmes ont les cheveux noirs et les yeux bleus.

Au fond d'une gorge profonde où coule un des affluents de la Truyère, *Chaudes-Aigues* était connue des Romains sous le nom de *Calentes-Aquæ*. Elles est peuplée de 2,000 habitants. Ses eaux thermales, réputées dans le pays, amènent pendant la saison un nombre de malades égal à sa population. Ces eaux, qui se font jour au travers des roches volcaniques, varient de température entre 20 et 65 degrés; elles ne seraient point utiles pour la santé qu'elles le seraient sous d'autres rapports : elles servent à tremper la soupe, à faire la lessive, et à tous les usages domestiques auxquels on emploie l'eau chaude, et, distribuées dans chaque maison par des canaux souterrains, elles échauffent, l'hiver, les chambres de rez-de-chaussée.

On trouve sur la rive droite de la Maronne, *Salers*, petite ville bâtie sur une coulée volcanique qui couronne un plateau : elle donne son nom aux montagnes d'alentour, où on nourrit les plus beaux bestiaux de toute l'ancienne Auvergne. Les habitants de ces montagnes ont la réputation d'être mutins et querelleurs.

Arrivé au-dessus de la région des sapins, des pâturages couvrent les flancs de tous ces *puys* qui se groupent autour de celui de Sancy ; leurs bases forment un plateau vers le sud ; des bestiaux paissent çà et là ; quelques cabanes dispersées animent ce triste paysage qui n'offre qu'une verdure uniforme, sans un seul arbre pour se mettre à l'abri des rayons du soleil. Une chapelle gothique, bâtie au XVIe siècle, sert de point de réunion aux habitants dispersés dans la montagne ; chaque année il s'y fait un pèlerinage célèbre dans la contrée, et chaque semaine, le jour consacré au service divin y amène un grand concours de montagnards. Près de cette chapelle, une cabane, qui passe pour une auberge, est le rendez-vous des promeneurs du Mont-Dor et des Auvergnats qui, pour se rafraîchir, ne se contentent point d'une eau limpide qui coule à quelques pas de là d'une source consacrée à la Vierge. On ne trouverait point un guide qui consentît à passer à *Vassivière* sans s'arrêter dans cette cabane. A l'approche de l'hiver, ces habitations éparses sont abandonnées ; la chapelle est fermée jusqu'au printemps, et la neige ne forme plus au loin qu'un vaste tapis qui cache la trace des chemins.

De l'ancienne CHAMPAGNE on a formé les départements de l'*Aube* de la *Haute-Marne*, de la *Marne* et des *Ardennes*.

La région de l'Aube, dépouillée d'arbres, mérite sous tous les rapports le nom de *Champagne Pouilleuse* : l'habitant y est aussi pauvre que le sol. La région du sud-est est, sous le point de vue géologique, à peu près de la même nature que la précédente ; mais la craie y est partout revêtue d'un épais dépôt d'alluvions terreuses doué d'une grande fertilité, qui exige, dans certains cantons, douze chevaux pour y traîner la charrue. La richesse de ces terrains fait une heureuse diversion à la stérilité des autres : on y élève des bestiaux, des volailles et des abeilles ; cependant la Champagne Pouilleuse pourrait, nous en sommes convaincu, être productive si l'on avait soin d'y multiplier les arbres verts et résineux qui ne demandent point une grande épaisseur de terre. La population de ce département est au-dessous du terme moyen de la France ; mais sa richesse en céréales est trois fois plus considérable ; la quantité de pommes de terre que l'on y récolte est surtout énorme. Il produit d'excellents vins dont il exporte les deux tiers ; il est abondant en chevaux, mais pauvre en bêtes à cornes et à laine. Ses manufactures et son commerce ne sont pas sans importance : la craie, exploitée et façonnée sous le nom de *blanc d'Espagne*, la fabrication du coton et des draps, diverses espèces de charcuteries renommées, sont les branches d'industrie qu'on exploite avec le plus de succès.

Le Champenois de l'Aube, de la partie nord et nord-est de ce département, que l'on

ALSACIENNE.

nomme la Champagne Pouilleuse se fait remarquer par quelques signes caractéristiques, reflets de l'ingratitude du sol de ce coin de la France, au contraire le Champenois de Troyes et de tout le territoire au sud et au sud-est de cette ville, nous donne une idée des richesses du sol par son maintien, sa mine réjouie et vivace, et par sa pétulance qui nous annonce qu'il a l'heureuse habitude de boire du vin excellent. Le même caractère se fait remarquer dans les habitants du département de la Marne, autre partie de l'ancienne province de Champagne. Vous voyez, dans la Haute-Marne, dont quelques parties frontières se confondent avec les Vosges et la Franche-Comté; dans le Champenois cette vigueur, ce développement hardi de la taille qui révèle une mère patrie aux montagnes escarpées, à l'air salubre et vif.

L'habitant de l'Ardenne, autrefois la haute Champagne, est fort agile, et a une physionomie martiale et sévère. On reconnaît en lui les traces d'une jeunesse passée à courir sur le flanc des montagnes à grimper aux vieux et nobles arbres des forêts qui couronnaient les hauteurs du pays. Quand il parle vous comprenez qu'il a grandi à l'ombre des vieux bastions de Sedan, de Charlemont, de Rocroi, de Mézières; qu'il a joué aux boules dans les arsenaux avec des bombes, qu'il a été élevé dans des traditions de siéges, de batailles; qu'il a appris le maniement du fusil et la manœuvre du canon de lui-même et sans efforts; tandis qu'il lui a fallu un curé et un maître d'école pour apprendre le catéchisme et l'art de parler et d'écrire. L'Ardennais est élevé au milieu des images et des traditions de la guerre. Le Champenois, dans l'Ardenne, est un homme rude, un marcheur opiniâtre, patriote, froid, honnête. On fabrique des armes dans son pays, on y élève des chevaux pour la cavalerie légère, et le service de la garde nationale y est pris au sérieux.

Si vous allez rendre visite au Champenois vigneron, il vous fera une réception, il établira de suite avec vous des rapports qui ne seront plus du tout ceux du propriétaire de la haute et basse Bourgogne et de la Côte-Rôtie. L'accueil que vous recevrez de lui sera confortable, il ne vous fera manger que des petits pieds, il vous prêtera son fusil pour aller à la chasse, et il vous parlera de Rubini.

Le commis voyageur champenois pour les vins du cru loge dans un hôtel garni de la Chaussée-d'Antin ou du quartier de la Bourse. Il a horreur de l'intempérance : c'est un convive au goût fin que les gras morceaux et les libations immenses révoltent. Il ne parle de son article qu'avec modération, et il le débite pour l'ordinaire dans les salons, au foyer de l'Opéra, ou dans les promenades.

Le paysan bourbonnais, abandonné à lui-même, denué de ressources, attendrait paisiblement la mort plutôt que de recourir à la mendicité; car il est fier, et sa fierté est toujours plus grande que son malheur, élevé dans le respect de la propriété d'autrui, il pousse la probité jusqu'au scrupule dès qu'il est devenu le féal de la maison. Il est très-intelligent; il comprend vite et retient facilement; mais là s'arrête le travail de son esprit; il est rare que la même idée l'occupe longtemps; il a une élocution vive et rapide; sa prononciation est pleine d'élisions. Sa gaieté revêt souvent une teinte d'ironie et de finesse piquante qui anime. Rien de doux et de gai comme son humeur.

Lorsqu'un jeune homme a fait son choix, il se rend, à la veillée, chez les parents de la fille, il emmène avec lui le *gourland*, personnage officieux, chargé d'exposer la demande du prétendant, et de discuter les dots respectives. Le gourland porte, en signe de sa mission, ou une branche d'arbre à la main, ou un bouquet de sauge à son habit. A leur arrivée, la ménagère met la poêle au feu ; est-ce pour une omelette? la demande sera refusée; est-ce pour une *farinade* (large beignet)? elle sera accueillie.

Après un entretien plus ou moins long, les fiancés se rendent à l'église avec leurs parents; le prêtre officie, et, à la fin de la messe, nos jeunes gens font un *nœud*, c'est-à-dire qu'ils s'engagent par serment à ne pas contracter d'autre mariage avant un délai d'un an et un jour. Celui des fiancés qui violerait cette promesse trouverait difficilement à entrer dans une autre famille.

Dans quelques villages, à la messe de mariage, le garçon de noce quitte son banc et vient frapper deux légers coups de pied sur les talons de la mariée; ailleurs, il va détacher sa jarretière ou prendre un ruban qu'elle a caché entre sa *pièce* et son fichu.

Les époux oublient, à table, tout ce qui les entoure, pour vivre en eux et pour eux. On les voit étroitement pressés l'un contre l'autre, manger dans la même assiette, et quelquefois se prendre amoureusement les morceaux des lèvres. A minuit, les époux se retirent. En Bourbonnais, l'inépuisable gaieté, s'exerce même dans la bourgeoisie, aux dépens des nouveaux mariés qui souvent, trouvent dans leur lit, à leur grande terreur, soit une grenouille, soit un saucisson colossal. Il n'est pas rare encore que les secrets de l'alcôve aient un témoin caché sous le lit.

Les jeunes gens se réunissent le lendemain pour *planter le chou*. La cérémonie consiste à aller attacher sur le pignon de la maison le plus gros chou du jardin, que l'on a couronné de rubans et de fleurs.

Les fêtes du mariage ne sont pas les mêmes pour toutes les parties du Bourbonnais; on y trouve, dans cette circonstance, d'autres usages.

Le montagnard du Bourbonnais est un homme de haute taille, aux traits rudes, à l'œil grave, à la force athlétique. Il est généreux, hospitalier, mais violent et vindicatif. Autrefois il portait une longue blouse blanche et un large chapeau dont il relevait les bords par devant; aujourd'hui il a remplacé la blouse par une veste blanche, à basques très-courtes, ornées de quatre rangées de boutons métalliques, à quatre ou dix boutons par rangée. Le gilet est rouge. Quand il descend en ville, il porte un court et noueux rotin, attaché à l'une des boutonnières de sa veste. Dans les bois de sapin où il passe presque toute sa vie et contracte des habitudes de farouche indépendance, on le voit toujours coiffé du véritable bonnet phrygien.

Les femmes ont une robe à corsage et une jupe dont les plis forment un bourrelet derrière la taille; les manches descendant un peu au-dessous du coude; le reste de l'avant-bras est nu; le bonnet est orné de barbes relevées en mitre, qu'on laisse tomber sur les épaules dans certaines cérémonies, aux enterrements, par exemple. Généralement ces femmes sont belles; elles ont les yeux vifs quoique un peu durs, les lèvres fines, les dents magnifiques; la tête est carrée et les pommettes saillantes. Elle est l'inférieure de son mari : elle le sert à table et n'y prend place qu'après lui.

Quand un garçon va demander une fille en mariage, l'ami qui l'accompagne doit s'armer d'un bâton dont il aura eu soin de brûler les deux bouts; sans cette précaution la demande ne serait pas accueillie. A l'issue de la messe nuptiale, le cortége se mêle et tous les gens de la noce s'embrassent cordialement. De retour à la maison, ils doivent goûter avec la même cuiller, et à commencer par la jeune mariée, à une soupe fort poivrée, dit-on, que la maîtresse de la maison leur présente sur le seuil de la porte.

On peut diviser la bourgeoisie du Bourbonnais en deux catégories. Ce qui est commun aux deux bourgeoisies, c'est un caractère facile et doux, une grande affabilité, un esprit hospitalier et généreux, une impressionnabilité ardente. Ce qui leur est commun, c'est une rare mobilité d'idées qu'on pourrait peut-être expliquer par l'inconstance de la température. Ce qui leur est encoce commun, c'est une vanité naïve et imperturbable, qui fait que la moindre famille de bourgeoisie se pavane d'un arbre généalogique, dont les racines s'enfouissent au moins de cinq siècles dans le passé. Ce qui leur est commun enfin, c'est une tendance démesurée à excéder la limite de leur revenu, et même à attaquer la plus pure substance du capital.

MACONAISE ET BRESSANE.

La classe des petits propriétaires est très-nombreuse dans le Bourbonnais, et ils résident presque tous dans leurs domaines. Ce sont généralement d'anciens négociants qui se sont retirés avec 1,200 à 1,500 livres de revenu, s'estimant, avec cette petite fortune, les gens les plus heureux du monde, et se promettant, pour le reste de leurs jours, une vie de flânerie et de plaisir; et vraiment ils tiennent parole, car rien de plus insouciant, de plus délicieusement paresseux que ce brave bourgeois. Il chasse, pêche, dîne et dort, puis dort, dîne, pêche et chasse.

Le jour des fêtes patronales, il transforme sa maison en une sorte de caravansérai où il héberge et loge toute sa famille, qui, dans cette circonstance, s'enrichit d'une foule de cousins inconnus. Ce jour-là encore, le bourgeois le plus mûr danse avec une ardeur toute juvénile; quelques-uns même s'échappent furtivement pour payer en secret des rubans aux paysannes... Le soir il y a bal, qui s'appelle généralement le bal de la Saint-Crépin. Les toilettes sont charmantes; le plaisir étincelle dans tous les yeux; on danse avec amour, avec fureur. Le dévouement et un peu de politique s'en mêlent; on voit même les mamans figurer au quadrille de leurs filles. Le bal fini, les jeunes filles changent de toilette, se *mettent au matin*, et se promènent dans la campagne en attendant le déjeuner, qui est immédiatement suivi du dîner, que suit de près la seconde soirée dansante.

Le propriétaire, dans ses relations avec le paysan, est tout patriarcal. Après la moisson, il donne une fête aux travailleurs et les fait danser; il reçoit amicalement son métayer, qui ne le quitte jamais sans vider un verre de vin du maître. Il a une chambrière qui est presque toujours jeune, accorte, et qu'il protége. Il est mécontent si, en partant, ses convives oublient la chambrière. Le bourgeois est maire, ou adjoint, ou capitaine de la garde nationale; il a son banc à l'église, privilége auquel il attache le plus grand prix.

Le gros propriétaire n'a ni les aimables défauts, ni les qualités réelles du petit. Celui-là est un homme politique dans les diverses acceptions du mot : il thésaurise, il spécule, il est membre d'une bande noire particulière au pays, et dont les opérations consistent à prêter, à forts intérêts, à un paysan qu'on est certain d'exproprier à l'échéance, faute de payement. On les reconnaît à un généreux embonpoint, à leurs airs de tête superbes, à leur dédaigneux silence. Du reste, ces messieurs se marient entre eux, ne voient qu'eux, n'estiment qu'eux, et sont, comme de juste, essentiellement conservateurs.

Un écrivain du XVIIe siècle décrit de la manière suivante le bourgeois citadin : « Les habitants de Gannat, dit-il, ont conservé la grossièreté et l'impolitesse des Auvergnats; mais, comme eux, ils sont actifs et laborieux. Les citadins de Bourbon, Moulins et Vichy, continue-t-il, sont pleins de bonnes manières et de civilités; il se policent dans le commerce qu'ils ont avec les gens de qualité. »

Il est bien d'autres provinces dont nous devrions parler; mais l'espace nous manquant, nous sommes forcé de renvoyer le lecteur à notre *Supplément aux Mœurs, usages et costumes.*

APPENDICE.

La description de plusieurs peuples ayant été omise dans la rédaction des premières livraisons du volume de l'*Europe*, nous avons cru devoir ajouter ici un *appendice* afin de suppléer à cette lacune.

LES MONTÉNÉGRINS.

Nous trouvons sur ce peuple des renseignements aussi curieux qu'importants :
« Le Monténégro a environ soixante milles d'étendue du nord au sud ; sa plus grande largeur n'est guère que de trente-cinq milles anglais. Toute cette région est entourée et hérissée de montagnes. Le nombre en est expliqué par ce mot plaisant des naturels : « Lorsque Dieu, disent-ils, sema les montagnes sur la terre, le sac qui les contenait creva sur le Monténégro. » Le pays est divisé en plusieurs districts nommés *nahies*. Il n'y a pas de villes ; mais on y trouve une centaine de villages, dont les plus considérables renferment un millier d'habitants. Le chiffre de la population n'est pas bien connu ; cependant, divers voyageurs s'accordent à dire que le Monténégro peut fournir 15,000 hommes armés, et qu'il en réunirait trois fois autant pour un cas de guerre défensive. Les villages sont situés en général dans des vallées ou sur le bord des rivières. Les maisons particulières sont communément bâties en pierre, sans ciment, et couvertes de chaume. Elles se divisent en deux compartiments : l'un destiné au bétail, l'autre à la famille. Cette dernière pièce est très-simple ; elle a pour principal ornement les crânes des ennemis que le chef de la maison a abattus. Ces trophées humains sont conservés avec un soin religieux, afin d'exciter l'émulation des jeunes gens, et de leur rappeler la gloire de leurs aïeux. On compte aussi des maisons particulières élevées de deux étages ; elles sont d'une construction solide, comme celle des monastères : quant à ces derniers édifices, il n'y en a que deux dans le pays.

» Le premier, *Cettigne*, principale résidence de l'archevêque, a des murailles percées de meurtrières et défendues par quelques canons. C'est là que s'assemble la diète nationale, et que sont déposés, parmi d'autres archives, les diplômes délivrés par la cour de Russie à chaque nouveau prélat. Le second couvent, nommé *Stavievichi*, fut concédé autrefois aux Monténégrins par le gouvernement de Venise. Il est situé sur les limites de la province, dans une position inexpugnable, protégé par une muraille avec un parapet et des canons. L'église de ce monastère, bâtie par les Vénitiens, est décorée de nombreux présents que les empereurs de Russie ont envoyés.

» Le climat du Monténégro est froid, mais sec et très-salubre. La longévité des habitants est remarquable. L'agriculture est à l'état primitif. On cultive la terre au moyen de la bêche; car la nature pierreuse du sol interdit tout autre mode de labourage, et l'on ne voit qu'un très-petit nombre de bœufs et de chevaux. Cependant, la contrée fournit une quantité suffisante de blé, et des fruits en abondance; on trouve même dans quelques vallées les productions ordinaires des climats méridionaux. Les ânes et les mulets servent à transporter les fardeaux. Mais la principale richesse des habitants consiste en troupeaux de chèvres et de moutons. Chaque hiver, ils vont à *Cattaro* en vendre une partie, attendu que les prés ne donnent pas assez de fourrage. Les Monténégrins réparent, au printemps, cette diminution de leurs troupeaux par les déprédations qu'ils commettent contre leurs voisins, et particulièrement contre les Turcs. Toutes leurs relations commerciales finissent à Cattaro. Ils amènent au marché de cette ville du blé, du beurre, de la laine, de la soie en cocon, du bois, du charbon, une grande quantité de fromages, et des tranches de mouton fumé que l'on exporte à Trieste. Ils approvisionnent encore de volailles le marché de Cattaro, et ils prennent en échange des armes de toute sorte et de tout calibre, ainsi que divers objets d'ameublement et de toilette dans le goût le plus simple. Comme les avantages de ce commerce sont de leur côté, on peut supposer qu'ils amassent des sommes d'argent assez considérables; mais ils enfouissent soigneusement dans la terre leurs richesses.

» Les Monténégrins sont en général des hommes très-ignorants : lire et écrire est considéré par eux comme le dernier terme de la science; toutefois, les membres du haut clergé, et ceux d'entre eux qui ont servi dans les armées russes, ne manquent pas d'instruction. Leur industrie manufacturière est très-arriérée, chaque famille tissant elle-même la quantité de drap et de toile dont elle a besoin. Ils sont tous un peu serruriers, assez du moins pour réparer leurs sabres, fusils et pistolets. Leur idiome, qui est un dialecte du servien, est cependant pur de tout mélange de mots étrangers. On le considère comme celui qui se rapproche le plus de l'ancien slavon, cette langue dans laquelle saint Cyrille et Methodius traduisirent, au IX° siècle, les saintes Écritures, et qui continue d'être la langue sacrée pour tous les peuples slaves de l'Église d'Orient. Aux yeux des Monténégrins, il n'y a de livres orthodoxes et canoniques que ceux qui ont été imprimés à Kiof, et la Russie ne les en laisse pas manquer.

» Le gouvernement du Monténégro est une véritable république. Chaque village élit son chef, appelé *knius* ou *glavar*. Les affaires générales se décident dans une diète ou assemblée de tous les chefs. Ceux-ci nomment, par voie d'élection, l'archevêque, le gouverneur, et les *serdars* ou commandants militaires. La réunion a lieu toutes les fois que l'intérêt de la nation le demande, dans une vaste prairie, au milieu de laquelle est situé le monastère de Cettigne. C'est l'archevêque qui présente aux chefs la nécessité de commencer la guerre ou de conclure la paix, et qui leur expose les affaires publiques, leur demandant s'ils sont, ou non, de son avis. Le sujet est ensuite débattu par eux au milieu de l'agitation et du bruit, quoiqu'il n'y ait pas d'exemple qu'ils en soient venus aux coups dans de telles occasions : lorsque la discussion a continué ainsi pendant quelque temps, la cloche du monastère ordonne le silence, et, quelque animés que soient les membres de la diète, tous se taisent à ce signal. L'archevêque leur demande de nouveau s'ils rejettent ou approuvent son avis; la réponse est invariablement la même : *Budi po tv oyemu, vladika!* — Qu'il soit fait comme vous l'entendez, vladika!

» La dignité d'archevêque est devenue héréditaire dans la maison des Petrovich, ainsi que celle de gouverneur dans la maison des Radonich; cependant, cette dernière dignité fut abolie en 1832. A cette époque, le gouverneur fut accusé de vouloir s'emparer des divers pouvoirs de l'État : on le bannit avec toute sa famille. Aujourd'hui l'archevêque réunit en lui seul l'autorité spirituelle et l'autorité temporelle; aussi lui donne-t-on fréquemment le titre de *upravrtel,* c'est-à-dire régulateur. Toutefois, cette influence du vladika n'est guère que morale : les Monténégrins ne sont tenus d'obéir ni à lui, ni à tout autre dignitaire. Il n'y a point chez eux d'autorités constituées, point de lois établies; le dernier des habitants peut dire au premier : « Je vaux autant que toi. » Eût-il commis dix meurtres dans un jour, on ne saurait employer contre lui aucun moyen de répression; le vladika lui-même n'a pas le droit d'ordonner des mesures coercitives, il se borne à de simples avis, auxquels, il est vrai, la religion donne une certaine force; et il se voit souvent forcé, afin de maintenir son crédit, de gagner par des présents ceux des habitants qui ont le plus d'influence.

» Nous retrouvons donc ici ces mœurs primitives qui ont précédé, dans les États européens, l'institution des lois, et qui, partout ailleurs, n'existent plus que dans l'histoire. Ces mœurs se modifieront sans doute; mais les améliorations viendront lentement, et leur marche sera embarrassée de mille obstacles. La plus importante est l'abolition de ce qu'on pourrait appeler le droit de guerre particulière : jusqu'en ces dernières années, chaque meurtre était toujours vengé par les parents de la victime, et si le meurtrier avait quitté le pays, la vengeance retombait sur son parent le plus proche. Celui-ci trouvait à son tour des vengeurs; il arrivait ainsi que tous les habitants d'un village étaient en guerre les uns contre les autres; ni le gouverneur, ni le vladika ne pouvaient arrêter l'effusion du sang.

» Cette obligation de vengeance n'engageait pas seulement les familles : elle armait des villages et des districts tout entiers contre d'autres districts et d'autres villages. Les partis ennemis convenaient parfois d'une trêve, lorsque, par exemple, ils avaient à cultiver un champ qui était commun entre eux, ou des terres adjacentes. Arrivait-il que l'un des deux partis eût besoin de prolonger la trêve, il devait payer une certaine somme pour chaque jour de répit. L'attaque d'un ennemi étranger pouvait seule mettre fin à ces hostilités particulières : il y avait aussi une autre manière de les terminer, et on l'emploie encore aujourd'hui : on choisit de chaque côté un nombre égal d'arbitres; ils sont d'ordinaire de dix à quinze. Ces arbitres, nommés *kmeti,* reçoivent les plaintes, examinent soigneusement toutes les circonstances de l'affaire, et estiment les diverses blessures faites par le fusil ou par le sabre. Après une mûre délibération, ils rendent leur sentence, qui est sans appel : le parti qui a été trouvé coupable est condamné à payer une amende sur le pied de dix ducats pour une blessure, de vingt ducats pour deux blessures, et de cent vingt ducats pour un meurtre. Toute querelle entre particuliers, familles ou districts, peut être arrangée par ce moyen. On rapporte qu'il y a quelques années deux villages, situés près de Cattaro, s'en servirent pour faire la paix : une jeune fille appartenant à l'un de ces villages avait été insultée, à une époque déjà ancienne, par des soldats vénitiens qui passaient sur le territoire de l'autre : le premier réclama du second une indemnité de cinquante ducats. Il fallut que les arbitres, afin de s'édifier, recourussent à un contemporain du fait : c'était un septuagénaire, et tout ce qu'on put tirer du bonhomme, c'est que, dans sa jeunesse, il avait entendu raconter quelque chose de semblable.

» Dans le cas d'homicide, le coupable est tenu de faire amende honorable; et voici avec quelles cérémonies cela se pratique. Les juges et les spectateurs forment un large cercle : au milieu est le meurtrier, portant suspendu à son cou son fusil, ou son sabre, ou son poignard. Il doit s'agenouiller devant le représentant de la famille offensée. Celui-ci le relève et l'embrasse en lui disant : « Que Dieu te pardonne! » Alors les spectateurs poussent des exclamations de joie, et félicitent les ennemis réconciliés, qui, non-seulement oublient leurs injures, mais encore deviennent souvent des amis sincères. Cette cérémonie, appelée le *cercle du sang*, se termine par un festin donné aux dépens du meurtrier, et auquel sont conviés tous les assistants.

» Un mari a-t-il des preuves de l'infidélité de sa femme, il peut mettre celle-ci à mort, sans s'exposer à aucune conséquence fâcheuse, non plus que s'il tuait un voleur en flagrant délit. Mais si l'innocence de la victime vient à être reconnue, le mari doit payer l'amende du meurtre, ou supporter les suites de son action. La jeune fille qui s'est laissé séduire est lapidée, et son père lui lance la première pierre. Quant au séducteur, il périt de la main de ses parents. Ces exemples sont extrêmement rares ; car les Monténégrins ont conservé une grande pureté de mœurs. Chez eux les voleurs sont tenus de payer sept fois la valeur de l'objet dérobé. La manière dont on procède en ces occasions est assez curieuse. Celui qui a été dépouillé annonce publiquement ce qu'on lui a pris, et la somme qu'il donnera à quiconque le lui fera rendre. Si quelqu'un connaît, par hasard, l'auteur du vol, il ne le dénonce pas ; mais il lui envoie dire par un intermédiaire que son crime est découvert, et qu'il doit songer à le réparer sur-le-champ. L'intermédiaire se charge de la restitution, et l'homme volé ignore le nom de son voleur. Voilà ce qu'on peut appeler une discrétion rare!

» Un Monténégrin est toujours armé, même dans ses travaux les plus pacifiques ; il porte un fusil, des pistolets, un yatagan et une giberne. Ces hommes emploient leurs heures de loisir à tirer à la cible. Dès leur enfance, ils sont formés à cet exercice. Leurs jeux mêmes ont un caractère guerrier ; aussi passent-ils pour les tireurs les plus habiles. Accoutumés à la fatigue et aux privations, ils supportent gaiement les marches les plus pénibles : les fossés, les précipices, que d'autres soldats ne pourraient traverser qu'au moyen d'un pont, ils les franchissent en s'appuyant sur leurs longs fusils ; ils grimpent avec agilité au travers des rocs les plus escarpés ; enfin, ils endurent avec une patience stoïque la faim, la soif et toutes sortes de privations. L'ennemi bat-il en retraite, ils le poursuivent vivement, et ils suppléent à la cavalerie, qu'on ne saurait employer dans cette région montagneuse ; ils sont, comme les anciens chevaliers de Malte, toujours en guerre avec les Turcs. Comme leur pays présente à chaque pas des gorges, des défilés, où une poignée de braves peuvent tenir contre une armée, ils ne craignent pas les surprises. Leurs frontières sont constamment gardées, et vingt-quatre heures leur suffiraient pour porter leurs troupes sur le point menacé. Si l'ennemi est en force, ils brûlent leurs villages, dévastent leurs champs ; et après l'avoir attiré au milieu des montagnes, ils l'entourent, le pressent, et le combattent avec furie. Tant que le pays est en danger, ils font abnégation de leurs sentiments, de leurs intérêts, de leurs inimitiés ; mourir les armes à la main leur paraît une faveur de la Providence. Ces guerriers, si dignes de ce nom dans les limites de leur contrée, quand ils se répandent hors de chez eux, ne sont plus que des sauvages et des barbares qui mettent tout à feu et à sang. Ils ont sur la guerre des idées entièrement différentes de celles que professent les nations civilisées. Ils coupent la tête aux ennemis qu'ils prennent les armes à la main ; ils épargnent seulement ceux qui se rendent avant le combat. Un Monténégrin se défend littéralement jusqu'à la dernière extrémité. Jamais il ne demande grâce ; et s'il est grièvement blessé et hors d'état de se sauver, ses camarades lui tranchent la tête. A l'attaque de Clobuck, un détachement de troupes russes fut forcé de battre en retraite. Un officier de marque se laissa tomber de fatigue et d'épuisement. Aussitôt un Monténégrin courut à lui, et tirant son yatagan : « Tu es brave, lui dit-il, et tu désires que je te coupe la tête ; dis une prière, et fais le signe de la croix... » Épouvanté d'une telle proposition, l'officier parvint à se relever ; et aidé de son ami le montagnard, il rejoignit le détachement.

» Ces hommes considèrent comme tués ceux d'entre eux qui tombent au pouvoir de leurs ennemis. Ils emportent hors de la mêlée, sur leurs épaules, leurs blessés, et je dois ajouter à leur honneur qu'ils rendirent le même service à nos officiers et à nos soldats. Ils ressemblent aux Circassiens, qui, poussés par l'amour du butin, se hasardent sans cesse en petites troupes, et regardent de telles expéditions comme des actes de chevalerie. Ils surpassent tous leurs voisins dans la guerre de partisans. Personne n'ose les attaquer dans leurs retraites, aussi continuent-ils impunément le cours de leurs déprédations sans se mettre en souci des menaces du divan ou de la haine de leurs voisins; en un mot, leur nom seul répand la terreur. Des armes, un morceau de pain et de fromage, une gousse d'ail, un peu d'eau-de-vie, un vieux sarrau, deux paires de sandales en peau écrue, tel est leur équipage. Jamais ils ne songent à se garantir de la pluie ou du froid. S'il pleut, ils couvrent leur tête de leur *strooka*, sorte de châle en étoffe grossière. Ils se couchent à l'endroit où ils se trouvent; et plaçant sous eux leur fusil, ils dorment comme dans le lit le plus confortable. Trois ou quatre heures de repos leur suffisent. Il est impossible de les retenir à l'arrière-garde; la vue de l'ennemi les met en fureur. Après avoir épuisé leurs cartouches, ils courent en demander aux officiers; et lorsqu'ils s'en sont procuré, ils reviennent combattre aux premiers rangs. L'action terminée, ils chantent, ils dansent; ils vont en maraude, et l'on peut dire, sans leur faire tort, qu'ils y sont passés maîtres. Ils n'emploient pas les mots sonores d'imposition, réquisition, tributs forcés, etc., ils appellent simplement *pillage* le pillage, et ils en tirent vanité.

» Voici leur manière de combattre : s'ils sont en force, ils se cachent dans des ravins, et détachent quelques tirailleurs qui, en se retirant, attirent l'ennemi dans l'embuscade; ils préfèrent alors le sabre au fusil, comptant sur leur courage et leur vigueur, qui les rend supérieurs aux autres hommes. Si au contraire ils se voient trop peu nombreux, ils prennent une position avantageuse au sommet des rochers, et de là ils accablent d'outrages leurs adversaires, afin de les provoquer au combat. Leurs attaques ont lieu surtout pendant la nuit, à cause de leur système de surprises. Cependant, quelque faibles qu'ils soient, ils ne cessent jamais de harceler l'ennemi. Ils ont détruit, dans toutes les occasions, les postes avancés des meilleurs voltigeurs français. D'abord ils avaient peur du canon, mais ils ne tardèrent pas à se familiariser avec cette arme, et ils attaquèrent résolûment les plus fortes batteries. Leur tactique consiste à bien ajuster : une pierre, un arbre, leur tient lieu de rempart. Comme ils tirent couchés ventre à terre, ils sont difficilement atteints, tandis que leurs balles rapides portent la destruction dans les rangs d'une troupe régulière. Leur coup d'œil est infaillible; ils font feu en fuyant. Les Français, qui voyaient dans cette manœuvre un signe de crainte, payèrent chèrement leur erreur. Les Monténégrins sont toujours sur leurs gardes : on dirait qu'ils sentent l'ennemi, tant ils l'aperçoivent de loin. Leur audace incroyable triompha fréquemment de l'habileté et de l'expérience des Français. Attaquant les colonnes de front et sur les côtés, ils n'étaient point intimidés par les feux de bataillon. Le général Lauriston voulut envoyer à Paris deux de ces montagnards qu'il avait faits prisonniers : l'un se brisa la tête contre une muraille, l'autre se laissa mourir de faim.

» Pour conclure, les Monténégrins ne sauraient être opposés à des troupes régulières que dans l'enceinte de leurs montagnes. Le manque de discipline leur fait souvent perdre le fruit de leur courage, et contre-balance les avantages qu'on tire de leur secours. Ainsi, pendant le siége de Raguse, il fut impossible de connaître exactement combien d'entre eux étaient sous les armes; ils allaient sans cesse du camp à leurs habitations, emportant le butin qu'ils avaient saisi; d'autres venaient les remplacer, et après quelques jours d'excursions infatigables, ils s'en retournaient de même pour mettre en sûreté une proie insignifiante. Il ne faut donc pas songer à entreprendre avec eux aucune expédition lointaine, ni à accomplir aucun projet important. Sous d'autres rapports, leur habileté à faire la guerre de montagnes, leur endurcissement aux fatigues, leur agilité, les rendent extrêmement précieux; dispersés au milieu des rochers, cent ou cinquante d'entre eux ne craignent pas d'attaquer une colonne forte de mille soldats. Ils ont certains cris qui leur servent de signaux pour se précipiter sur les points les plus faibles de l'armée ennemie. C'est alors un spectacle effrayant que celui de ces hommes courant parmi les rochers, portant, suspendues à leur cou, des têtes humaines toutes sanglantes, et poussant des clameurs sauvages. En général, on les emploie très-utilement pour combattre aux postes avancés, surprendre les convois, détruire les magasins, etc. »

Le commandant en chef de l'armée russe eut beaucoup de peine à les empêcher de couper la tête à leurs prisonniers. Cependant il en vint à bout, grâce au ducat qu'il leur payait pour chaque homme livré vivant. Il réussit même, aidé du vladika, à les engager dans une expédition maritime, et, chose inouïe! ils s'embarquèrent. Plusieurs d'entre eux montèrent à bord du *Moscow*. Malgré l'indulgence avec laquelle on les traitait, ils étaient des hôtes fort incommodes : lorsque le capitaine invitait à sa table leurs officiers, tous les autres se présentaient pour entrer dans la cabine. Aussitôt que le but de l'expédition fut atteint, et que la forteresse de Curzola fut prise, ils prièrent instamment le capitaine de les ramener au plus vite à Cattaro. Celui-ci leur ayant expliqué que le vaisseau ne pouvait pas avancer contre le vent, les pauvres gens tombèrent dans un découragement extrême; on les voyait assis sur le pont, immobiles, la tête baissée : mais lorsqu'ils commencèrent à distinguer dans le lointain des flots leurs noires montagnes, ils poussèrent des cris de joie, ils se mirent à danser et à chanter; en arrivant au port, ils embrassèrent affectueusement le capitaine, les officiers et ceux de l'équipage qu'ils avaient pris en amitié, les priant de venir les visiter chez eux. Ils furent très-ébahis en apprenant que les matelots ne pouvaient pas descendre à terre sans la permission de leurs supérieurs : Mais, disaient-ils, si vous voulez faire une chose, quel droit un autre a-t-il de vous en empêcher?

Leurs prêtres, qui sont ignorants jusqu'à savoir à peine lire, prennent toujours une part active à la guerre. Ils se battent à la tête de leurs paroissiens, et ils se distinguent par leur audace. Ils déposent leurs armes en entrant dans l'église; mais après avoir célébré le divin sacrifice, ils ont soin de les reprendre. Lorsque le cri d'alarme *Kto jest vitiaz* (Qui vient combattre)? est poussé, ils se présentent généralement les premiers. Le grand chef militaire et spirituel, le vladika qui, à cette époque, gouvernait les Monténégrins et commandait leurs troupes contre les Français, mérite une mention particulière.

SERBIE[1].

Borné à l'ouest par la Save et la Drina, au nord par le Danube, à l'est par le Timok, au sud par la Bosnie et la Macédoine, le petit État qui depuis 1830 s'appelle principauté de Serbie n'occupe qu'un territoire de treize cents lieues carrées, et ne compte que cinq ou six cent mille habitants au lieu d'un million, comme le prétendent les voyageurs.

---

[1] Tous les détails qui vont suivre sont empruntés à M. Cyprien Robert.

Telle qu'elle est aujourd'hui cette contrée se divise en dix-sept nahias ou départements, qui sont ceux de Kragouïevats, Roudnik, Chabats, Valiévo, Tchatchak, Oujitsa, Belgrad, Pojarevats, Smederevo, Tjoupria, Alexinats, et les six nouveaux districts cédés par la Turquie, c'est-à-dire la Kraïna, la Tserna-Rieka, les deux cercles de Krouchevats ou de Parakine, le Stari-Vlah et le Podrinski, ou pays de la Drina. Si l'on excepte Belgrad, peuplée d'à peu près seize mille âmes, Oujitsa, qui en contient cinq mille, et Iagodina, qui paraît en avoir autant, les autres chefs-lieux, n'ont pas plus de deux mille habitants. En général, les villes serbes ne sont que des amas de huttes ou de boutiques en bois, ceintes d'un talus palissadé, et qu'aucune voie régulière n'unit entre elles, car les chemins de ce pays ne sont encore que des sentiers à peine tracés par monts et vallées.

Dans les villes les habitants ont subi la double influence des mœurs turques et du luxe allemand; seuls les habitants des campagnes ont conservé dans toute sa force le le type de la nationalité serbe, type éminemment oriental, par cela même qu'il est profondément slave. L'esprit de tribu, ce principe des sociétés asiatiques, n'est point encore éteint dans la serbie ; on y voit, dans certains districts, les familles alliées se grouper en confrérie (bratstva). Chacune de ces confréries ou tribus a un président qui, sous le nom de *knèze* ou *hospodar*, est à la fois le juge de paix et le patriarche de toute la knéjine ou du district que possède la tribu. La dignité de knèze est dans certains lieux électoraux, dans d'autres héréditaires; mais cette hérédité ne constitue nullement une noblesse territoriale, puisque le même sang coule des les veines de tous les enfants de la tribu, qui ne forment qu'une famille et sont également nobles : aussi voit-on les sociétés ainsi organisées tendre à la démocratie.

Ce peuple, qui a pour trait distinctif un amour exalté de l'indépendance, et que des publicistes slaves appellent la *nation la plus démocratique de l'Orient*, forme en effet une véritable république; seulement c'est une république orientale, qui n'exclut point, comme les démocraties européennes, la subordination de soi-même à la famille dont on est membre. L'égalité dont les Serbes sont avides ne consiste point à se ravaler tous au rang de *vilains*, mais à se croire tous *gentilshommes*. Je demandais à ces paysans s'il y a des nobles parmi eux: « Oui, me répondaient-ils, nous le sommes tous (*mi smo svi blagorodni*). L'hospodar n'est pas plus illustre que ceux dont il gère les intérêts, et qui, s'il administre mal, élisent à sa place ou son fils ou un un autre de ses parents. Le même droit qu'il exerce sur ses hospodars particuliers, ce peuple l'a toujours exercé à l'égard de l'hospodar suprême, tout en reconnaissant l'hérédité dynastique. Rebelle à tout joug, sans journaux, sans capitale qui lui serve de forum, il dicte la loi à ses maîtres. L'énergie du Serbe, comme celle du lion, ne se révèle pas au premier abord; c'est sans émotion et sans bruit qu'il accomplit les choses les plus difficiles. Une pensée nouvelle, un vœu populaire, volent, comme par des télégraphes invisibles, d'un village à l'autre. Alors commencent ces sourdes rumeurs si connues de ceux qui ont habité l'Orient, et si lentes à grandir avant d'éclater un jour comme la foudre. Une indomptable fierté, un grand amour de la patrie et de la gloire, une fougue qui n'exclut point la patience, telles sont en résumé les qualités du peuple serbe.

Les tribus serbes actuelles aspirent au même genre de liberté que nos pères du XIIIe siècle. Il faut savoir concilier l'établissement d'un pouvoir unitaire avec leur légitime besoin d'une large existence municipale. Bien des germes d'une organisation factice ont déjà été implantés dans ce pays ; il faut qu'il sache s'en délivrer, ou qu'il craigne pour sa vie propre. Si la Serbie ne peut, à l'exemple de la Grèce, secouer l'influence occidentale, la séve de sa nationalité se retirera dans les montagnes, en Hertsegovine et au Monténégro. Déjà ce dernier pays se trouve dans une voie de développement bien plus normale, bien plus réellement *serbe*, que la principauté danubienne.

L'organisation militaire de la Serbie ne présente pas moins d'anomalies que son état civil. En se contentant d'exercer la jeunesse dans les villages, sans l'arracher de ses foyers en temps de paix, ce peuple fournirait aisément soixante mille hommes bien disciplinés; mais il s'obstine à créer, au moyen de la conscription, une armée permanente à l'européenne, une garde du prince, au lieu d'une garde nationale, et le gouvernement n'a pu jusqu'ici obtenir plus de trois mille hommes de troupes régulières. Les soldats font l'exercice à la russe, portent l'uniforme vert à parements rouges, et reçoivent chacun cinq francs de gratification par mois. Quelque restreinte que soit cette conscription, et quoique le temps de service n'excède pas six années, le gouvernement n'ose lever lui-même les recrues; il se décharge de cette tâche sur les knèzes : chaque knéjine, suivant les usages orientaux, choisit elle-même ses conscrits, ou leur achète à volonté des remplaçants. Une autre mesure non moins conforme au génie oriental est l'élection des officiers par les soldats, qui, rassemblés périodiquement, présentent leurs candidats à la ratification de l'état-major. Parmi les troupes d'élite, il faut signaler la cavalerie, qui, montée sur ses petits chevaux slaves, manœuvre admirablement. Quant à l'artillerie, elle ne se compose que d'une trentaine de pièces mal servies. Les soldats employés comme musiciens reçoivent leur congé au bout de trois ans, et, en quittant le drapeau, emportent leur instrument, afin de répandre dans les campagnes le goût de la musique européenne. Dans le cas d'une levée en masse des citoyens, chaque knèze marche à la tête des gens de son district, et les grades civils deviennent des grades militaires. Cette levée de la masse a lieu chaque fois que la patrie est en danger; mais, dans aucun cas, elle ne pourrait être destinée à soutenir le sultan. Le seul et dernier signe de dépendance qui rattache, depuis 1833, les Serbes à la Porte, est le tribut annuel de 2,300,000 piastres, formant à peu près le quart du buget total de la principauté.

Le commerce entre ce pays et la Turquie est entièrement libre; les Serbes n'ont pas un centime à payer pour écouler leurs produits dans l'empire, tandis qu'au contraire les objets importés de Turquie chez eux payent un droit à la frontière, comme les marchandises européennes.

BULGARIE.

M. Cyprien Robert nous dit que l'on peut distinguer deux Bulgaries, l'une au nord l'autre au sud du Balkan, inclinées la première vers le Danube, la seconde vers cette partie de la Méditerranée voisine de la Grèce, et que le Bulgare appelle *Bielo-more-to* (la mer Blanche). L'une offre tous les produits valaques et hongrois, l'autre tous les produits grecs. Le Bulgare du sud et le Bulgare septentrional se reconnaissent aussi à des traits distincts. Outre leur idiome, qui se rapproche du russe, ceux du nord ont gardé beaucoup plus des mœurs tatares, et ont fourni par conséquent à l'islamisme bien plus d'adeptes que les Bulgares du sud, presque hellénisés. Les premiers, farouches et incultes, sont moins hospitaliers envers l'étranger, et plus humbles envers le maître : ils parlent avec une telle volubilité, que leur langage saccadé devient presque inintelligible. La langue des méridionaux, fortement mêlée de tournures serbes et grecques, est, au contraire, harmonieuse et très-douce. La différence qu'on remarque entre les deux régions s'aperçoit dans les enfants même : ceux du sud viennent en sou-

BULGARE.

MOEURS, USAGES ET COSTUMES.

riant vers le voyageur, ceux du nord fuient à son approche, et l'expression d'étranger (*strannïï tchelovêk*) est dans leur bouche une insulte.

C'est à tort que l'on regarde la Bulgarie comme ne formant qu'une seule grande province : la Bulgarie a été divisée, par la nature même, en cinq ou six régions distinctes, dont chacune a encore aujourd'hui pour chef-lieu une ville de trente à cinquante mille habitants.

Frappés uniquement de l'activité agricole du Bulgare, et oubliant les avanies qui l'accablent, les touristes anglais peignent cette partie de l'empire d'Orient comme un paradis terrestre où tout est joie, où coulent le lait et le miel. La réalité ne ressemble guère à ces peintures. Rien ne rappelle mieux les hameaux des sauvages qu'un celo (village bulgare). Toujours éloigné de la grande route ou du terrain libre auquel on donne ce nom, invisible par conséquent pour la plupart des voyageurs, le celo s'étend le plus souvent en longueur sur une prairie, au bord d'un ruisseau qui lui sert de fossé et comme de défense naturelle. Ces villages sont très-nombreux, ils se succèdent presque de lieue en lieue. Chaque celo se compose de quatre à cinq *cours* ou groupes de maisons, séparées l'une de l'autre par des espaces où croît l'herbe. Les *cours*, enceintes d'une haie épaisse, dessinent comme autant d'îles dans cette mer de verdure. Le nombre des huttes qui forment une *cour* est presque toujours de dix à douze. Ces huttes sont tantôt construites en claie d'osier, ce qui les fait ressembler à de vastes paniers, tantôt enfoncées en terre et recouvertes d'un toit conique en chaume ou en branches d'arbres jetées pêle-mêle. Chaque espèce de créatures a sa demeure à part dans cette arche du désert : il y a les huttes aux poules, aux moutons, aux porcs, aux bœufs, aux chevaux. Au milieu des nombreuses dépendances de son habitation, le paysan bulgare occupe une cabane qui lui sert à la fois de cellier, de grenier, de cuisine et de chambre à coucher. On y dort sur des fourrures étendues par terre autour du foyer, trou circulaire creusé au centre de la chambre. Ces habitations obscures n'élèvent guère que leur toit au-dessus du sol; on y descend par un escalier de quelques marches, et les portes sont si basses, qu'il faut se courber pour les franchir. Néanmoins ces pauvres maisons sont aussi propres, aussi ornées à l'intérieur qu'elles peuvent l'être, grâce à l'infatigable *baba* (ménagère bulgare), pour qui l'occupation est si nécessaire qu'elle file sa quenouille même en faisant la cuisine, même en portant au marché ses denrées. La cigogne mélancolique perche d'ordinaire sur ces huttes pyramidales, comme sur la cheminée du paysan polonais; debout sur ses longs pieds, couvrant son vaste nid des jours entiers sans que le moindre mouvement, le moindre cri trahisse son existence, cet oiseau sacré de l'Orient est un des plus frappants symboles de la civilisation asiatique.

Si des villages on passe aux villes, on peut s'assurer qu'elles sont encore, en Bulgarie, ce qu'étaient les primitives cités slavones. Une ville bulgare se compose ordinairement de trois parties distinctes : le *grad* ou la forteresse, ville haute, tout à fait isolée ; le *varoch*, ville basse, quartier de l'industrie et des marchands, ceint le plus souvent d'un fossé avec un parapet crénelé et des portes qui se ferment la nuit ; enfin la *palanke*, troisième enceinte, entourant le varoch et contenant les faubourgs habités par le bas peuple. Cette partie extérieure de la ville n'est protégée que par un simple talus avec palissade en troncs d'arbres plantés debout. Ces trois parties constituent en Orient la cité complète ; il y a cependant des villes qui ne peuvent s'appeler que *grad* ou forteresse, ou qui sont seulement *varoch*, ville de commerce sans fortifications ; il y a enfin de simples *palankes*, villettes palissadées. En dehors de chaque ville considérable s'étend, selon l'usage antique, un espace désert consacré exclusivement aux tombeaux, dont les longues files, au bord des sentiers, représentent la cité des mânes ou des ancêtres.

Le sceau de nationalité des villes bulgares, le caractère spécial qui les distingue des autres cités de la Turquie, est peu saisissable au premier coup d'œil; cependant un examen plus attentif dénote au voyageur les habitudes champêtres de la population. Il règne moins de luxe dans les villes bulgares que dans les cités turques : les choses nécessaires à la vie y sont, en revanche, plus abondantes. Les troupeaux se promènent dans les rues, les chèvres broutent l'herbe des places, les magasins de comestibles offrent une prodigieuse quantité de fruits, tandis que les boutiques d'armuriers, qui font d'ordinaire en Orient l'honneur des bazars, sont en très-petit nombre et peu fréquentées. Chaque grande ville bulgare a aussi son horloge placée dans une tour, et qui sonne les heures, mais à la turque. Toute construction d'époque récente est en bois; dans les monuments publics, l'ancienne splendeur ottomane a été remplacée par la plus extrême mesquinerie. La plupart de ces villes, comme Sofia, Vidin, Ternov, Philibé, n'ont plus à leur entrée que de grossiers portails à solives posées de travers, et qui feraient croire au voyageur qu'il met le pied dans une métairie ravagée. Telles sont les villes que le Bulgare a bâties, qu'il approvisionne, et où il forme encore la majorité de la population; mais, depuis trois siècles et demi, il ne peut plus y entrer qu'en descendant de cheval, et c'est à pied seulement qu'il passe devant les sentinelles turques; tout au plus, s'il est riche et très-considéré, a-t-il le droit de traverser les rues monté sur un âne.

Tous ceux qui connaissent le Bulgare actuel n'ont qu'une voix pour louer ses paisibles vertus. Empressé à rendre service, assidu au travail et d'une tempérance extrême, il n'agit qu'avec circonspection; mais, une fois décidé, il porte dans ses entreprises une persévérance prodigieuse, qui, soutenue par une force athlétique, lui fait braver de sang-froid et sans jactance les plus grands périls. Bien qu'il soit le plus opprimé des cinq peuples de la péninsule, la misère ne l'a point avili; aujourd'hui comme autrefois, son regard est fier, sa taille haute et belle, son honneur à toute épreuve; on peut en pleine sécurité lui confier sans témoins les plus grosses sommes d'argent; il les portera fidèlement à leur destination. On l'accuse de trembler devant le Turc; le Bulgare ne tremble point : mais, quand toute résistance est impossible, il sait, comme tout homme raisonnable, se soumettre en silence à la force.

Mais il y a une ombre à ce tableau : le Bulgare joint à ces qualités de graves défauts. Il a l'esprit borné; inférieur à ses voisins par l'intelligence, il contraste surtout par sa lourdeur et son flegme avec les Slaves vifs et pétulants qui l'environnent. Si le Grec dans la péninsule a la suprématie de l'intelligence et le Serbe celle du courage, le Bulgare ne peut prétendre qu'à la supériorité de la patience et du travail; mais cette supériorité lui est bien acquise. La race bulgare bêche et cultive partout où elle peut; jusque sur les grands chemins des caravanes, elle va planter des arbres, dont le voyageur seul aura les fruits. Elle alimente Constantinople, et soutient à elle seule l'agriculture dans cet empire de pasteurs et de marchands. On écrase le Bulgare d'avanies; les percepteurs des impôts, quand il ne peut plus les payer, le dépouillent même de son héritage : cependant rien ne le dégoûte du travail; l'amertume au cœur, il s'en va plus loin élever une hutte et défricher de nouveau. Son instinct le porte à rendre partout la terre habitable, comme celui des Grecs les appelle à la couvrir de riches cités.

Les femmes bulgares sont douces, compatissantes et laborieuses. Leur taille est haute et svelte. Elles offrent, après la femme grecque, le plus beau type de femme de la Turquie européenne. Les soins de mère et de sœur dont elles entourent l'étranger logé dans leurs cabanes, sont vraiment touchants. Aucun mouvement de fausse pudeur ou de défiance n'éloigne de l'inconnu la femme bulgare; elle est trop sûre de sa vertu pour recourir aux précautions qui ailleurs sont nécessaires. Le voyageur dort sur le même plancher, avec la mère, l'épouse et les filles.

MOEURS, USAGES ET COSTUMES. 355

Mêlé dès l'origine aux Tatars du Volga, le Bulgare n'est lui-même qu'un Tatar converti au slavisme. Il a conservé des traces nombreuses de son premier genre de vie. Comme le Tatar, il a la tête rasée et ne garde au sommet du crâne qu'une longue mèche de cheveux, qu'il partage en deux tresses. Comme l'enfant des steppes, il est inséparable de son cheval. Chaque Bulgare de la campagne, sans excepter le plus pauvre, a le sien, qu'il monte sans cesse, même pour faire quelques centaines de pas hors de sa cabane. Des têtes décharnées de chevaux ou de buffles sont plantés sur des piquets devant sa demeure; c'est pour le paysan bulgare un signe de puissance.

Quoique vivant dans le même pays, l'Ottoman et le Bulgare s'habillent aujourd'hui d'une manière toute différente. Venu du midi, l'Ottoman se revêt d'une étoffe légère de lin ou de coton à larges plis flottants; fils du nord, le Bulgare au contraire est toujours, même l'été, vêtu chaudement. Il a conservé le costume que portaient ses ancêtres sur les froids plateaux de l'Asie septentrionale. Sa capote courte avec ou sans manches, les bandes épaisses dont il enveloppe ses jambes et dont l'usage est inconnu aux Slaves restés primitifs, son pantalon, sa tunique, sa large ceinture, tout est en laine. Le costume des femmes est plus gracieux. La jeune fille marche la tête nue, avec un réseau de fleurs sur le front; fiancée, elle prend un voile blanc ou se couvre d'une coiffe à longs bords flottant sur ses épaules; au sommet de sa tête et par-dessus ce voile, elle place un souci, emblème de sa vie laborieuse, ou une rose fraîchement cueillie. C'est ainsi que l'on voit dans les monuments antiques une flamme ou le *lotos* épanoui surmonter le voile de Vesta.

Croyant racheter par une riche parure leurs charmes disparus, les femmes âgées se couvrent de colliers en verroterie et de bracelets; elles portent une ceinture en cuivre doré, et chargent leur tête d'une coiffure disgracieuse en forme de casque, d'où tombe un réseau de piastres, de paras, et souvent de médailles antiques déterrées dans les champs. Dédaignant ce luxe puéril, les jeunes filles laissent au contraire flotter leur superbe chevelure, qui se déroule en flots tellement épais, qu'on serait tenté d'en attribuer la croissance à des moyens artificiels. Elles pourraient à la lettre se couvrir de cette chevelure comme d'un vêtement, souvent elle dépasse même leurs pieds; et quand, obligées d'aller à un travail pressant, elles n'ont pas eu le temps de relever ces tresses tantôt blondes, tantôt d'un noir de jais, leurs cheveux, qui flottent derrière elle comme le pan d'un manteau, traînent sur les fleurs des prairies. On croit rêver en voyant pour la première fois ces beautés du monde barbare; on admire ces formes où l'énergie la plus virile n'efface pas la mollesse des contours; on regarde avec étonnement passer ces vierges du Balkan, comme on regarderait fuir la gazelle du désert ou le cygne des lacs de la Grèce. Le voyageur qui les questionne craint de les trouver silencieuses, tant elles paraissent appartenir à un autre âge du genre humain; il craint qu'avec la beauté majestueuse d'une statue antique, elle n'en aient l'insensibilité. Mais, quand on s'aperçoit peu à peu que ces belles créatures cachent sous leur rude extérieur une âme capable des plus délicates affections, il y a un moment où l'on doute malgré soi de la supériorité des femmes de la civilisation sur ces vierges de la nature.

Les peintres qui voudraient retrouver vivantes les plus naïve figures du Pérugin, les plus suaves créations de Fiesole et des fresques florentines; n'ont qu'à voyager dans le Balkan. Malheureusement ce peuple, dont le type est si beau, dont l'origine slave est si puissamment accusée, a conservé dans ses mœurs moins de poésie que les peuples environnants, et le seul sentiment que le Bulgare porte encore jusqu'à l'héroïsme, c'est une jalouse susceptibilité pour l'honneur de sa compagne. Dans quelques districts du nord, la femme bulgare ne sort que la figure voilée, et, sous cette épais bandeau, elle pourrait être confondue avec la femme turque, si elle ne laissait sa bouche à découvert, contrairement à l'usage des musulmanes. Comme tous les Slaves, le Bulgare charme sa misère par le chant. Le matin quand elles sortent, le soir quand elles rentrent au villages, la faucille à leur ceinture, rangées processionnellement sur deux lignes, les femmes chantent, et les hommes, qui les suivent à cheval, en portant les instruments du labourage, répondent par des refrains monotones aux accents de leurs compagnes. Quoique l'âge et les fatigues ne tardent pas à flétrir leur beauté, les femmes bulgares ne perdent jamais pour cela ni la gaieté ni la grâce; jamais non plus elles n'oublient, le dimanche, de se couronner de fleurs.

Des voyageurs assurent que, dans les villages de Bulgarie, les jeunes filles vont au-devant de l'étranger, et l'amènent jusqu'à la maison de leurs parents en lui jetant des roses. Cette poétique fiction ne pourrait guère se réaliser, quand même le Bulgare en aurait le désir; car le plaisir qu'il goûte en exerçant l'hospitalité est sans cesse troublé par la crainte de l'arrivée d'un Turc. Les Ottomans, comme toute aristocratie, mettent leur orgueil à exercer une hospitalité fastueuse; aussi voient-ils d'un œil jaloux le Bulgare rivaliser avec eux sous ce rapport. Pour recevoir un hôte, le *handjia* (maître d'hôtellerie bulgare) doit s'assurer l'agrément du pacha; sinon, la bastonnade sous la plante des pieds sera son châtiment. L'accueil du Bulgare n'offre donc pas ce caractère d'empressement chevaleresque qui distingue l'hospitalité grecque et celle des riches musulmans. Les aubergistes turcs refusent de déclarer au voyageur ce qu'il doit, et le laissent payer à son gré; l'hôtelier raïa commence toujours au contraire par demander pour combien de piastres on veut prendre de telle chose.

Cependant, malgré les obstacles qui en gênent l'exercice, l'hospitalité bulgare conserve néanmoins encore quelque chose de poétique et d'affectueux. C'est seulement dans le haut pays, sur les plateaux du Balkan, que le Bulgare offre tous les caractères d'un peuple montagnard resté à l'état primitif : vivacité, fierté, amour exalté de la race, passion du merveilleux et de la vie héroïque. Là, derrière ses rochers, le Bulgare se sent appuyé sur une force terrible, les *haïdouks*. Il y a peu de familles nombreuses dont quelques membres ne soient *haïdouks* ou brigands dans la montagne. Ces haïdouks sont divisés en bandes plus ou moins nombreuses, sous des capitaines qui, comme faisaient certains barons dans les temps d'anarchie féodale, interceptent les défilés, attaquent les caravanes turques, les percepteurs arméniens, et tâchent de faire dégorger ces sangsues de leur patrie. On cite d'eux des prodiges de force et de courage qui sembleraient fabuleux, s'ils n'étaient fréquents : deux ou trois haïdouks disperseront quelquefois tout le cortège d'un pacha. Quant au voyageur inoffensif, il a rarement à craindre une déloyauté de leur part; en se faisant brigands, les haïdouks suivent uniquement la voix qui leur crie de venger l'oppression des leurs, ils croient remplir un devoir.

Aussi sur tous les points où des bandes cachées de haïdouks le protègent, le paysan bulgare relève la tête en face de ses oppresseurs. Quand, par malheur, j'avais pris un guide musulman pour visiter ces districts, il n'y avait jamais rien à acheter aux *mehanas* (hôtelleries). Il me fallait écarter le Turc, pour dire à l'hôte : Donne à dîner, frère; je suis aussi, moi, Bulgare. — A ce mot, il apportait tout ce qu'il avait.

La carrière héroïque du haïdouk se termine très-souvent par l'*otmitsa*, ou l'enlèvement d'une jeune fille qu'il épouse clandestinement. Cette union secrète est bénie par un papas, entraîné également de vive force dans les bois. S'il veut, après son mariage, se voir réintégrer dans la société paisible, le haïdouk est contraint de payer une somme considérable aux autorités turques; celui qui n'a pas acquis assez d'argent pour satisfaire à cette formalité reprend sa vie aventureuse, et presque toujours il meurt en martyr.

On rencontre en Bulgarie une autre espèce d'aventuriers, les colporteurs (*kiradchias*), qui, en qualité de commissionnaires et de rouliers des négociants, parcourent toutes les provinces, et vont, jusqu'en Syrie, jusqu'au Caucase, porter des marchandises aux comptoirs indiqués, d'où ils reviennent avec un nouveau chargement, que leurs chameaux ou leurs petits chevaux du Balkan rapportent en Europe. Ces hommes se distinguent par une droiture à toute épreuve : on détournerait le soleil de sa route plutôt que le kiradchia de la sienne.

FIN DE L'EUROPE.

mesurer avec les Turcs; leur courage, qui dégénère souvent en témérité, prend encore de la force d'une connaissance parfaite de leurs défilés. Souvent des dissensions ensenglantent leurs chaumières : implacables dans leur haine et dans leur vengeance, ils n'abjurent les unes et les autres qu'à la voix des vieillards les plus respectables du canton. Les avis de ces vieillards sont des oracles. C'est devant eux que l'on règle dans des *synodes* les dépenses communes, et que l'on détermine les mesures de sûreté et de conservation pour le pays. Ces mesures concertées dans les réunions des capitaines, sont adressées à un chef qui les met à exécution. Ce chef ou bey, simulacre de puissance, recevait autrefois une investiture du gouvernement turc, lorsque les Maïnotes lui avaient déféré le commandement. Ce peuple, qui a bravé si longtemps les forces ottomanes, est peu nombreux. On n'estime la population du pays qu'à 60,000 âmes, dans lesquelles on ne compte que 15,000 hommes faits. Les productions de ce petit pays et les principaux objets de son commerce sont l'huile, la vallonée, le seigle, le miel, la cire, la noix de galle, le coton, le kermès, les cuirs bruts et les laines. L'agriculture a fait depuis quelque temps de très-grands progrès. Les cantons du nord se fertilisent insensiblement; les ports du Magne, capables de recevoir les plus gros vaisseaux, sont destinés à acquérir un jour un haut degré de splendeur. Sobres, courageux et amis de la liberté, comme les Spartiates dont ils descendent, ils ont puissamment contribué à la conquête de l'indépendance de la Grèce. Les Turcs n'ont jamais pénétré dans leurs montagnes.

Les *Cacovouniotes*, pirates sanguinaires, qui demeurent vers le cap Matapan, ne doivent pas être confondus avec les Maïnotes. Ennemis du genre humain, ils ne respirent que le pillage et le meurtre. On en dit autant des *Baniotes* qui demeurent dans l'intérieur.

Les plus ardents admirateurs des Grecs, quand ils cherchent à excuser leurs défauts, disent : « Que pouvait-on attendre d'eux, après avoir été soumis pendant quatre siècles à l'empire des Turcs? » Ce qui signifie, en d'autres termes, que les Grecs ont dû nécessairement adopter les vices de leurs maîtres. Si cela est ainsi, la justice doit être singulièrement corrompue chez eux; car on sait que, dans les *makhemis* turcs, elle est vendue au plus offrant, et que les témoins trafiquent de leur conscience, à la vue, pour ainsi dire, du mollah.

On s'étonne souvent que les Grecs ne se soient pas encore plus dégradés sous le gouvernement ottoman; mais, en ce cas, pourquoi les Turcs eux-mêmes sont-ils moins dégradés encore que les Grecs? Ceux-ci étaient soutenus par leur religion, leur langue, leurs souvenirs, par la sympathie de l'Europe, par des écoles et par un vaste commerce. Les Turcs ne jouissaient pas des mêmes avantages; leur croyance leur apprenait à baiser la main qui les opprimait; leur langue, par sa difficulté, mettait un obstacle à leurs progrès, ils dédaignaient le commerce, et pourtant les Turcs sont hospitaliers, sobres, charitables, citoyens paisibles et maîtres indulgents. On a souvent loué les Grecs d'être restés fidèles à leur religion, malgré les avantages que l'apostasie leur offrait. Sans rien ôter à cet égard au mérite des Grecs, n'allons pas imaginer qu'ils aient seuls donné un si bel exemple. Portons les yeux sur les catholiques d'Irlande, qui ont eu une épreuve plus cruelle à subir, et à laquelle ils auraient pu se soustraire avec un bien moins grand sacrifice de principes, pour recueillir des avantages plus considérables. Combien peu cependant ont cédé à la tentation !

Au fond, les Grecs n'ont rien perdu moralement sous le gouvernement des Turcs. Visitez un district chrétien en Turquie, vous y trouverez plus d'hospitalité, plus de bienveillance, plus d'industrie que dans la Grèce indépendante. Un des motifs que la Porte alléguait pour ne pas affranchir la Grèce, était la crainte que les raïas n'émigrassent pour se rendre dans le nouvel État. On devait naturellement s'y attendre : eh bien ! le résultat a été tout le contraire; l'émigration s'est faite de Grèce en Turquie. Dans les trois années de 1834 à 1836, plus de 60,000 personnes ont quitté la Grèce indépendante. Pouqueville, Thiersch, Dood, Kirnnaird, Douglas, tous zélés partisans de la cause des Hellènes, avouent cependant que les Grecs jouissent d'un véritable bien-être en Turquie. Des écrivains plus anciens, et qui par conséquent n'étaient point aveuglés par la manie du libéralisme, sont plus équitables encore dans leurs observations. Il n'y a pas jusqu'à lord Byron qui ne nous montre les Grecs, dans ses journaux et dans ses lettres, bien différents de ce qu'ils sont dans ses vers. Quand on arrive pour la première fois en Turquie, on est étonné de voir un Grec oisif et un Turc travaillant. Hâtons-nous de dire cependant qu'au Fanar et dans les riches villages grecs du Bosphore, la position des deux peuples paraît renversée.

De tous les malheurs, de toutes les fautes des Grecs, le plus grand a été, sans contredit, leur révolution. Les progrès qu'ils ont faits pendant le dernier quart du XIXe siècle ont été si marqués, ils avançaient si rapidement en richesse et en importance, que, s'ils fussent restés tranquilles, ils n'auraient pas manqué, par la seule force d'inertie de leurs maîtres, de se trouver en peu de temps sur un pied d'égalité avec les musulmans.

Veut-on savoir ce que c'est qu'une auberge dans la Grèce moderne? Ce n'est ni un magasin, ni une boutique, ni une échoppe, ni une taverne, mais quelque chose de tout cela. Le rez-de-chaussée suffit à tout : au bout de la salle, vous voyez un comptoir chargé d'une demi-douzaine de bouteilles remplies du vin résineux que préfèrent les Grecs, et de quelques autres fioles contenant le rachie, liqueur favorite parmi les gens du peuple, et qui provient de la distillation de l'anis. Sur quelques planches accrochées à la muraille, vous voyez des brimborions de papier qui contiennent du sel, du poivre, du café, et constituent le fonds d'épicerie du propriétaire; plus loin, des narguilés et des pipes, et, plus loin encore, des pains, du riz et de la farine. Une ou deux tables et des chaises grossières composent tout le mobilier. Contre les parois de la salle règnent des bancs de bois sur lesquels on peut s'asseoir ou dormir. Dans les meilleures auberges, une espèce de lit de camp pratiqué au fond de la chambre permet à deux ou trois voyageurs de s'étendre sur la dure. En général, on pratique au-dessous de cette plate-forme oblique un enfoncement qui sert à protéger des bouteilles, de la farine, des barils de vin et des barils de vinaigre, deux liqueurs très-analogues en Grèce, et que l'on confond aisément l'une avec l'autre. Messieurs les aubergistes grecs se tiennent presque toujours au fond de leur antre, les jambes nues et croisées, fumant sans faire attention aux voyageurs, et comme s'ils vous en voulaient de venir les déranger. L'un de ces braves gens avait été bandit dans sa jeunesse, et l'on voyait bien, à sa manière d'écorcher les étrangers qu'il tenait, que son premier métier avait laissé des traces chez lui.

ILES IONIENNES.

Ces îles sont au nombre de sept principales : Corfou, Paxo, Sainte-Maure, Thiaki, et Céphalonie à l'ouest du golfe de Lépante ; Zante, près de la côte occidentale de la Morée, et Cérigo, au sud-est de cette même contrée. Les autres îles moins remarquables de ce petit État sont Merlera, Fano, Samotraki, au nord-ouest de Corfou ; Anti-Paxo, près et au sud-est de Paxo ; Kalamo, Meganisi, à l'est de Sainte-Maure ; enfin Cérigotto, au sud-est de Cérigo.

Toutes ces îles forment un État aristocratique indépendant, sous la dénomination d'États-Unis des îles Ioniennes, et placé sous la protection immédiate de la Grande-Bretagne, qui y entretient un lord haut commissaire, et a droit d'occuper les forteresses et d'y tenir garnison. Ce gouverneur convoque l'assemblée législative, et entretient un subdélégué sur chacune des sept îles ; il est en même temps le chef de la force armée. L'assemblée législative, composée de quarante députés des îles, tient ses séances à Corfou, qui est le siége du gouvernement. L'administration est confiée au sénat, qui est composé d'un président, de cinq sénateurs et d'un secrétaire : le président est choisi par le lord haut commissaire, et nommé pour cinq ans ; les autres cinq membres le sont par l'assemblée législative.

Il y a une cour de justice supérieure à Corfou, qui est en même temps la cour d'appel des sept îles, tant au civil qu'au criminel ; il y a aussi des juges de paix, et les lois romaines sont seules en usage. Les revenus de ces îles s'élèvent à environ 3,000,000 de francs, et les dépenses à 2,600,000 francs, dans lesquelles ne se trouvent pas comprises les dépenses du gouvernement anglais, qui se montent à 1,250,000 francs. Une partie de ces dépenses est affectée à l'entretien d'une force militaire de 2,400 hommes et quelques frégates ; il y a en outre quelques régiments composés d'indigènes formés récemment. Corfou est la station ordinaire de la marine britannique dans ces parages.

La plupart des habitants des îles Ioniennes sont d'origine grecque : un recensement de 1814 en porte le nombre à 218,000 ; on l'évalue maintenant à 230,000, parmi lesquels on ne compte guère que 8,000 Italiens et 7,000 juifs. On y voit aussi maintenant des Anglais. Les Ioniens sont, en général, superstitieux ; les femmes ont des mœurs très-relâchées, ce qu'on attribue à leur mauvaise éducation, et à la vie retirée à laquelle les jeunes filles sont condamnées : la tendance de certaines idées religieuses et la facilité des prêtres peuvent aussi y contribuer. Il existe peu de rapports sociaux entre les Anglais et les Ioniens, malgré les efforts des lords hauts commissaires. La langue des îles Ioniennes a été jusqu'à ces derniers temps un italien corrompu, mais maintenant le grec moderne prédomine. On y compte vingt-neuf écoles d'enseignement mutuel, un collége, une université fondée en 1823, et quelques autres établissements d'instruction.

TABLE DES MATIÈRES

CONTENUES DANS CE VOLUME.

EUROPE.

	Pages.
Aperçu géographique.	1
TURQUIE D'EUROPE.	3
Provinces, villes ou peuples; Constantinople.	7
Macédoine, Salonique.	14
Bulgarie.	15
Bosnie, Baïas.	17
Servie.	29
Valachie.	30
Moldavie.	33
GRÈCE.	41
ILES IONIENNES.	47
EMPIRE DE RUSSIE.	49
Provinces, villes ou peuples : Province de la Baltique, Saint-Pétersbourg.	53
Grande Russie, Moscou.	60
Petite Russie.	64
Russie méridionale.	65
Russes (grands et petits).	78
Tatares.	87
Cosaques du Don.	88
Abasekhs (Eminosks, Antichoks, Jedeghis), Karatchas.	89
Souanes, Badilles, Dugores, Tcherkessates, Ingouches, Touches, Lesghis.	90
Kouvesches, Karakaïdaks, Kaïdaks, Koumouks, Mordouins (Mokchanis, Erzanis, Krataï.	91
Votiaikes, Pormiaikes, Siriaines, Cosaques ouraliens, Backkirs, Metchosiatths, Teptiaires, Tchouvaches.	92
Tcheremisses, Lapons.	93
Finlandais.	98
Esthoniens.	100
Lettons, Samogitiens, Lithuaniens.	101

TABLE DES MATIÈRES.

	Pages.
POLOGNE.	102
ANGLETERRE ET PRINCIPAUTÉ DE GALLES.	109
ÉCOSSE.	121
Édimbourg.	125
IRLANDE.	131
Iles Hébrides.	136
— Orcades.	137
— Shetland.	138
— Anglo-Normandes.	140
— Sorlinges.	141
SUÈDE.	143
Villes ou peuples : Stockholm.	149
Dalicarliens.	150
Helsingiens, Scaniens.	151
NORWÉGE.	152
DANEMARK.	159
CONFÉDÉRATION GERMANIQUE.	163
États, peuples, villes, etc. : Bavière.	165
Wurtemberg.	170
Grand-duché de Bade.	175
Principauté de Hohenzollern.	176
Principauté de Liechtenstein.	Ib.
États de Hesse.	177
Duché de Nassau.	179
Principauté de Waldeck, possessions de la maison de Lippe.	180
République de Francfort.	181
États de Brunswick.	185
Seigneurie de Kniphausen.	186
République de Brême et de Hambourg.	187
— de Lubeck, États de la maison de Mecklenbourg.	190
Possessions de la maison de Saxe.	192
— — — de Schwarzbourg.	195
— — — de Reuss, d'Anhalt, empire d'Autriche.	196
Royaume de Bohême.	205
Moravie et Silésie autrichienne, archiduché d'Autriche.	206
Tyrol.	207
Duché de Styrie, royaume d'Illyrie, royaume de Galicie.	209
Royaume de Hongrie.	211
Hongrois ou Magyars.	212
Slowaques.	213
Croates, Rusniaques, Szotacks, Palaques.	214
Dalmates, Saxons transylvains, Szekers, Jazyges, Heyduques.	215
ROYAUME DE PRUSSE.	225
Silésie prussienne, Brandebourg, Berlin.	227
Poméranie, province de Saxe, province de Westphalie, grand-duché de Posen, province rhénane.	228
Prusse orientale, Prusse occidentale, Lithuaniens.	229
HOLLANDE.	231
Leeuwarden, Drenthe, Assen, Amsterdam,	238
La Haye, Leyde, Harlem, Saardam, Groningue, Iles hollandaises.	239
ROYAUME DE BELGIQUE.	241
Bruxelles.	245
CONFÉDÉRATION SUISSE.	247
Cantons de Zurich et de Fribourg.	250
Cantons d'Unterwald, de Vaud, Soleure, Valais, Uri, Oberwalden, Lucerne.	251
Cantons de Zug, de Bâle, du Tessin.	252
Canton de Neufchâtel.	253

TABLE DES MATIÈRES.

	Pages.
ITALIE, Royaume de Sardaigne.	255
Duché de Piémont.	257
— de Gênes.	258
Comté de Nice, duché de Savoie.	259
Iles de Sardaigne, duché de Parme.	260
Duchés de Modène et de Lucque, principauté de Monaco.	261
République de Saint-Marin, grand-duché de Toscane.	262
ÉTATS DE L'ÉGLISE.	263
Rome.	264
Royaume des Deux-Siciles.	267
— de Naples, Calabre.	268
Naples.	269
Royaume de Sicile.	271
— Lombardo-Vénitien.	272
ILE DE CORSE.	275
ROYAUME DE PORTUGAL.	277
Archipel des Açores.	282
ROYAUME D'ESPAGNE.	285
Andalousie, Aragonais.	292
Biscaye.	293
Vieille Castille, Catalans.	294
Estramadure, Galice, Leon, Murcie.	295
Navarrais, Valençais.	296
Madrid.	297
Iles Baléares (Iviça, Majorque, etc.).	298
République d'Andorre.	299
FRANCE.	301
Provence.	305
Languedoc.	311
Gascogne.	314
Basques.	316
Landes.	318
Forez.	321
Limousin.	325
Rousillonnais.	326
Béarn.	328
Dauphiné.	330
Franche-Comté.	333
Alsace.	335
Bretagne.	336
Auvergne.	335 lisez 339
Champagne.	336 — 340
Ardenne.	337 — 341
Bourbonnais.	Ib. — Ib.
APPENDICE.	341 — 345
Monténégro.	Ib. — Ib.
Serbie.	346 — 350
Bulgarie.	348 — 352

FIN DE LA TABLE.